外来整形外科のための
スポーツ外傷・障害の理学療法

小関博久 編

稲垣郁哉
入谷　誠
大屋隆章
小関泰一
小関貴子
小関博久
財前知典
平山哲郎
藤原　務
松田俊彦
　　　著
（五十音順）

医歯薬出版株式会社

執筆者一覧

編者
小関博久（こせき ひろひさ） 専門学校東都リハビリテーション学院学院長 整形外科学 医）博聖会 広尾整形外科理事長

執筆者（五十音順）
稲垣郁哉（いながき ふみや） 医）博聖会 広尾整形外科リハビリテーション科
入谷　誠（いりたに まこと） （有）足と歩きの研究所
大屋隆章（おおや たかあき） トータル・ワークアウトプレミアムマネージメント（株）
小関泰一（こせき たいいち） 医）博聖会 広尾整形外科リハビリテーション科
小関貴子（こせき たかこ） 医）博聖会 広尾整形外科リハビリテーション科
小関博久　前掲
財前知典（ざいぜん とものり） 医）博聖会 広尾整形外科リハビリテーション科臨床顧問
平山哲郎（ひらやま てつろう） 医）博聖会 広尾整形外科リハビリテーション科
藤原　務（ふじはら つとむ） 医）博聖会 広尾整形外科リハビリテーション科（元Jリーガー）
松田俊彦（まつだ としひこ） 医）博聖会 広尾整形外科リハビリテーション科 主任理学療法士

執筆協力（五十音順）
川﨑智子（かわさき ともこ） 医）博聖会 広尾整形外科リハビリテーション科
関口　剛（せきぐち つよし） 医）博聖会 広尾整形外科副院長
田﨑貴成（たさき たかなり） 医）博聖会 広尾整形外科リハビリテーション科
田中和孝（たなか かずたか） 医）博聖会 広尾整形外科リハビリテーション科
多米一矢（ため かずや） 医）博聖会 広尾整形外科リハビリテーション科
藤原　愛（ふじはら あい） 医）博聖会 広尾整形外科リハビリテーション科
濱田夏世（はまだ なつよ） 医）博聖会 広尾整形外科リハビリテーション科
平田史哉（ひらた ふみや） 医）博聖会 広尾整形外科リハビリテーション科
藤田　仁（ふじた ひとし） 医）博聖会 広尾整形外科リハビリテーション科
古橋沙やか（ふるはし さやか） 医）博聖会 広尾整形外科リハビリテーション科
柳澤史人（やなぎさわ ふみひと） 医）博聖会 広尾整形外科リハビリテーション科科長
山岸千鶴（やまぎし ちづる） 医）博聖会 広尾整形外科リハビリテーション科
山本尚美（やまもと なおみ） 医）博聖会 広尾整形外科リハビリテーション科

This book was originally published in Japanese
under the title of :

GAIRAI SEIKEIGEKA NO TAMENO SUPÔTSU GAISYOU SYOUGAI NO RIGAKU RYÔHÔ
(Physiotherapy of a sports injury and dyskinesia for ambulatory orthopaedics)

Editor :
KOSEKI, Hirohisa

　Mayor of Academy and the Chief Director, Touto Rehabilitation Academy
　The Chief Director, Hiro-o Orthopedics Clinic

© 2014　1st ed.

ISHIYAKU PUBLISHERS, INC.
　7-10, Honkomagome 1 chome, Bunkyo-ku,
　Tokyo 113–8612, Japan

序

オリンピックやワールドカップなど種々のスポーツ競技が，テレビやインターネットによってリアルタイムで報道される情報化社会となったわが国では，将来のスポーツヒーローを夢見る少年少女のスポーツ人口が年々増加している．そして，欧米を中心とした国民の健康増進指向に伴って，一般成人のスポーツ人口も世界的に増加傾向にある．また，高齢化社会となった今日では，高齢者のスポーツ愛好者も増えている．スポーツ活動により心身の健康増進が得られるが，同時に外傷や障害も発生するのはやむをえない．われわれ医療技術者やスポーツ指導者は，スポーツ活動で発生する外傷や障害を極力予防し，発生してしまった外傷や障害を徹底して治療するべきである．

スポーツ外傷・障害の治療において，選手の競技レベルや環境によって異なる治療方法が選択されるべきではないが，プロスポーツ選手やアマチュアトップレベルの選手では，外傷・障害発生以前の身体状態に戻さなければならないだけでなく，さらに競技レベルが向上するような状態にもっていかなければならないという，医療技術者にとっては厳しい診療環境で行われるべきである．また，発育期にあるスポーツ少年少女の治療においては，身体の成長・発育を妨げるような治療方法を選択してはならない．健康増進を目的とするスポーツ愛好者の治療においても，日常生活の活動が不自由なく可能な状態にしなければならないのはもちろんであるが，趣味のスポーツ活動が継続できるように治療するべきである．これは高齢者も同様である．

健康増進目的で行うスポーツ活動でも，身体の使い方によっては健康を損なうことも少なくない．われわれは，プロ・アマを問わず，その選手の身体に合った合理的な身体の使い方をみつけることが予防・治療の基本であると考えている．

われわれの外来におけるスポーツ外傷・障害の治療は，主に理学療法によって，運動器の身体環境を，バランスの良い健康な状態に戻して維持し，競技の技術レベルが向上することを目的としている．機能解剖学を礎として運動連鎖に注目し，全身の運動機能を向上させる運動療法の技術は，多くのスポーツ選手や愛好家の治療に寄与している．すでに米国のメジャーリーグや欧州のプロサッカーリーグの選手をはじめとする多くの有名プロスポーツ選手を治療し，選手の競技技術レベルアップに貢献しておられる足と歩きの研究所の入谷誠先生には，本書でもご執筆いただいている．入谷誠先生をはじめ，ご執筆いただいた諸先生方と医歯薬出版の各位には，深甚の謝意を表する．

2014年2月

小関博久

目 次

序　小関博久　*iii*

第1章　股関節・膝関節のスポーツ障害

1. 股関節・膝関節の機能解剖　小関博久 ……………………………………… 1
股関節の特徴 …………………………………………………………………… 1
膝関節の特徴 …………………………………………………………………… 1
股関節の可動域 ………………………………………………………………… 3
膝関節の可動域 ………………………………………………………………… 4
関節構成体 ……………………………………………………………………… 4
　股関節…4　膝関節…7
膝関節の運動 …………………………………………………………………… 11
　転がりすべり運動…11　スクリューホームムーブメント…11
下肢の筋の機能上の特徴 ……………………………………………………… 12
　open kinetic chain（OKC）における運動…12　closed kinetic chain（CKC）における運動…12
股関節と膝関節の双方へ作用する二関節筋と運動 …………………………… 13
　大腿直筋…13　縫工筋…13　ハムストリングス…14　薄筋…16
股関節の単関節筋と運動 ……………………………………………………… 16
　腸腰筋…16　股関節外転筋群…17　大殿筋…17　股関節外旋筋群…19　股関節内転筋群…19
膝関節の単関節筋と運動 ……………………………………………………… 21
　広筋群…21　膝窩筋…21　腓腹筋…21
股関節と膝関節の指標 ………………………………………………………… 21
　スカルパ三角…21　ローザー–ネラトン線…23　股関節各部の角度…23　膝関節各部の角度…23

2. 股関節・膝関節のスポーツ障害　財前知典 …………………………… 24
股関節のスポーツ障害 ………………………………………………………… 25
　滑液包炎…25　恥骨結合炎…26　鼠径周辺部痛…26　梨状筋症候群…26

iv

膝関節のスポーツ障害 …………………………………………………………… 27
前十字靱帯損傷…27　後十字靱帯損傷…27　内側側副靱帯損傷…27　外側側副靱帯損傷…28　半月板損傷…28　膝蓋腱炎…28　オスグッド–シュラッター病…29　腸脛靱帯炎…29　鵞足炎…30　膝蓋下脂肪体炎…30　膝蓋軟骨軟化症…30

3. 評価　財前知典 …………………………………………………………… 30
股関節疾患に対する整形外科テストとメカニカルストレス ……………………… 30
大転子部滑液包炎…31　小転子部滑液包炎…31　坐骨結節部滑液包炎…31　恥骨結合炎…31　鼠径周辺部痛…31　梨状筋症候群…33

膝関節疾患に対する整形外科テストとメカニカルストレス ……………………… 36
ACL損傷に対する整形外科テスト…36　PCL損傷に対する整形外科テスト…37　MCL・LCL損傷に対する整形外科テスト…38　半月板損傷に対する整形外科テスト…38　膝蓋腱炎・オスグッド–シュラッター病に対する整形外科テスト…39　腸脛靱帯炎に対する整形外科テスト…40　膝蓋下脂肪体炎に対する整形外科テスト…41　膝蓋軟骨軟化症に対する整形外科テスト…41

そのほか膝関節疾患の病態把握に必要な評価 ……………………………………… 41
鵞足炎に対する評価…41　荷重位での膝関節評価…42　圧痛評価…43

4. 治療　財前知典 …………………………………………………………… 66
股関節に対するアプローチ ………………………………………………………… 66
股関節の軟部組織伸張運動とalignment改善…66　股関節外旋筋群による股関節安定化…66　腸腰筋による股関節安定化…67

膝関節に対するアプローチ ………………………………………………………… 67
大腿直筋を抑制した広筋群収縮運動…67　膝窩筋収縮運動…68

体幹に対するアプローチ …………………………………………………………… 68
腹横筋による体幹安定化…68　多裂筋による安定化…68　体幹安定化筋による長軸方向への伸展…68　横突棘筋群による脊柱の安定化…69　ボールを用いた安定化運動…69

下肢・体幹の協調運動獲得を目的としたアプローチ …………………………… 70
体幹正中位保持における下肢運動…70　ボールを用いた協調運動…70　バランスディスクを用いた協調運動…71

第2章　下腿・足部のスポーツ障害

1. 足関節と足の機能解剖　小関博久 ……………………………………… 75
足の骨構成…75　足のアーチ…75　足関節（距腿関節）の構成要素…76　足部の関節…77　足関節・足の運動定義…78　足関節・足の筋…79　支帯と足根管…84　足関節の安定性…84　歩行…84

2. 下腿・足部のスポーツ障害　小関博久　……………………………………… 86
下腿のスポーツ障害 …………………………………………………………… 86
シンスプリント（脛骨骨膜炎）…86　コンパートメント症候群（筋区画症候群）…86　アキレス腱周囲炎…86　アキレス腱断裂…86
足部のスポーツ障害 …………………………………………………………… 86
足関節靱帯損傷…86　腓骨筋腱脱臼…87　腓骨筋腱炎…87　足根洞症候群…87　シーバー病（セバー病）…87　足関節インピンジメント症候群…87　第5中足骨骨折…87　二分種子骨…88　後脛骨筋腱炎…88

3. 評価　小関博久　………………………………………………………………… 88
問診（一般的な障害の聴取） ………………………………………………… 88
障害局所の圧痛部位の確認 …………………………………………………… 88
荷重方向の分類 ………………………………………………………………… 88
足部の形態評価 ………………………………………………………………… 89
下腿骨…90　距腿関節…90　距骨下関節…90　横足根関節…90　足根中足関節…90　中足趾節関節…90　趾節間関節…91　足部アーチ…91
入谷式徒手誘導 ………………………………………………………………… 91

4. 治療　入谷　誠　………………………………………………………………… 91
アキレス腱障害 ………………………………………………………………… 91
入谷式足底板…92　テーピング…92　運動療法…92
シンスプリント ………………………………………………………………… 94
入谷式足底板…94　テーピング…94　運動療法…94
腓骨筋腱炎 ……………………………………………………………………… 94
入谷式足底板…95　テーピング…96　運動療法…96
後脛骨筋腱炎 …………………………………………………………………… 96
入谷式足底板…96　テーピング…96　運動療法…96
足底筋膜炎 ……………………………………………………………………… 96
入谷式足底板…96　テーピング…96　運動療法…97
母趾種子骨障害 ………………………………………………………………… 97
入谷式足底板…98　テーピング…98　運動療法…99
シーバー病 ……………………………………………………………………… 99
入谷式足底板…99　テーピング…99　運動療法…99
外反母趾 ………………………………………………………………………… 99
入谷式足底板…99　テーピング…99　運動療法…100

第3章　肩関節のスポーツ障害　101 page

1. 肩関節の機能解剖　小関博久 ……………………………………………… 101
肩甲骨の形態 ……………………………………………………………………… 101
肩関節の種類 ……………………………………………………………………… 101
　肩甲上腕関節…101　肩峰上腕関節…101　胸鎖関節…101　肩甲胸郭関節…101　肩鎖関節…101
肩関節の可動域 …………………………………………………………………… 101
肩甲上腕関節の構成体 …………………………………………………………… 103
　上腕骨頭…103　臼蓋…103　関節唇…103　関節包…103　靱帯…103
肩甲上腕関節の筋 ………………………………………………………………… 104
　上腕二頭筋…104　回旋筋…104　三角筋…104　大胸筋…105　広背筋…105　大円筋…105　烏口腕筋…105
ゼロポジション …………………………………………………………………… 106
肩峰上腕関節（第二肩関節） …………………………………………………… 106
胸鎖関節 …………………………………………………………………………… 106
肩甲胸郭関節 ……………………………………………………………………… 107
肩甲胸郭関節の運動筋 …………………………………………………………… 107
　前鋸筋…107　僧帽筋…107　肩甲挙筋…108　菱形筋…108　小胸筋…108　鎖骨下筋…108
肩鎖関節 …………………………………………………………………………… 108
四辺形間隙（外側腋窩隙） ……………………………………………………… 108

2. 肩関節のスポーツ障害　小関泰一 ………………………………………… 109
肩関節のとらえ方 ………………………………………………………………… 109
スポーツ選手の肩関節動作 ……………………………………………………… 109
肩甲胸郭関節と肩甲上腕関節の関係 …………………………………………… 109
脊柱 alignment と肩関節可動範囲 ……………………………………………… 110
肩関節挙上運動時に必要な体幹機能（抗重力活動に着目） ………………… 111

3. 病態　小関泰一 ……………………………………………………………… 112
インピンジメント症候群 ………………………………………………………… 112
　肩峰下インピンジメント…112　インターナルインピンジメント…112
上腕二頭筋長頭腱炎 ……………………………………………………………… 113
肩鎖関節症 ………………………………………………………………………… 113

4. 評価　小関泰一 ……………………………………………………………… 113
障害肩の病態を把握するための評価 …………………………………………… 114
　インピンジメント徴候…114　腱板に対するテスト…115　上腕二頭筋長頭腱に対するテスト…116　肩鎖関節症に対するテスト…116

肩関節の機能評価 …………………………………………………………………… *117*

　肩甲上腕関節機能評価…*117*　触診…*118*　各ポジションでの肩関節内旋・外旋評価…*118*　胸鎖関節の評価…*119*　肩鎖関節の評価…*120*　肩甲胸郭関節の評価…*121*　他部位からの運動連鎖による肩甲骨評価…*124*　上肢固定性の評価…*125*　前腕の評価…*126*　動作観察のポイント…*127*

5. 治療　　小関泰一 ……………………………………………………………… *130*

肩関節に対する理学療法アプローチ ……………………………………………… *130*

肩甲上腕関節へのアプローチ ……………………………………………………… *130*

肩甲胸郭関節へのアプローチ ……………………………………………………… *132*

　徒手的な肩甲骨 mobility 改善…*132*　脊柱の動きと同期させた肩甲骨へのアプローチ…*133*

肩鎖関節へのアプローチ …………………………………………………………… *133*

　肩鎖関節の位置を調整する…*133*

脊柱へのアプローチ ………………………………………………………………… *133*

　上半身重心の前方化〜スリングアプローチ〜…*134*　腹部前面筋リリースによる腰椎伸展促通…*134*　側腹部伸張性の改善…*134*

前腕へのアプローチ ………………………………………………………………… *135*

　前腕可動域改善へのアプローチ…*135*

上肢へのアプローチ ………………………………………………………………… *137*

　肩甲上腕関節を安定させた状態（求心位）での上腕二頭筋と上腕三頭筋の再学習…*137*

第4章　肘関節・前腕のスポーツ障害　*139 page*

1. 肘関節の機能解剖　　小関博久 ……………………………………………… *139*

肘関節の構成体 ……………………………………………………………………… *139*

　腕橈関節…*139*　腕尺関節…*139*　近位橈尺関節…*139*

肘関節の指標 ………………………………………………………………………… *139*

肘関節の運動と可動域 ……………………………………………………………… *139*

肘関節の運動筋 ……………………………………………………………………… *143*

2. 手と指の機能解剖　　小関博久 ……………………………………………… *145*

手と指の骨構成 ……………………………………………………………………… *145*

指の関節の構成 ……………………………………………………………………… *146*

手のアーチと機能的肢位 …………………………………………………………… *146*

手関節の運動と可動域 ……………………………………………………………… *147*

手関節の筋と運動 …………………………………………………………………… *147*

手関節掌屈筋…147　手関節背屈筋…148　手関節回内筋…148
指の関節の運動と可動域 …………………………………………………… 149
指の関節の筋と運動 ………………………………………………………… 150
外来筋…150　内在筋…152
手根管・腱鞘の機能と構造 ………………………………………………… 154
手根管…155　腱鞘…155

3. 肘関節・前腕のスポーツ障害　稲垣郁哉 …………………………… 155
上肢の科学 …………………………………………………………………… 155
スポーツにおける上肢の科学 ……………………………………………… 155
上肢安定化機構 ……………………………………………………………… 156
肘関節の安定化機構…157　前腕の安定化機構…158　手関節の安定化機構…158
上肢の運動連鎖 ……………………………………………………………… 160
荷重位における上肢運動連鎖…161　非荷重位における運動連鎖…161

4. 病態　稲垣郁哉 …………………………………………………………… 163
上腕骨外側上顆炎…164　上腕骨内側上顆炎…164　三角線維軟骨複合体損傷…165　ドゥケルバン病…165　円回内筋症候群…165　橈側手根伸筋腱鞘炎…167　尺側手根伸筋腱鞘炎…167　前腕コンパートメント症候群…167

5. 評価　稲垣郁哉 …………………………………………………………… 167
病態把握 ……………………………………………………………………… 167
上腕骨外側上顆炎…167　上腕骨内側上顆炎…169　TFCC 損傷…171　ドゥケルバン病…172　円回内筋症候群…172
ROM 評価 …………………………………………………………………… 173
肘関節屈曲・伸展…173　前腕回内・回外…174　筋力評価…175　姿勢評価…176　機能評価…177

6. 治療　稲垣郁哉 …………………………………………………………… 194
上肢安定化アプローチ ……………………………………………………… 194
肘関節…194　前腕…195　手関節…196　上肢帯…197

第 5 章　頸椎のスポーツ障害　205 page

1. 頸椎の機能解剖　小関博久 …………………………………………… 205
2. 頸椎のスポーツ障害　小関泰一 ……………………………………… 209
頸椎 alignment の重要性 …………………………………………………… 210
良好な頸椎 alignment 保持によるスポーツ応用 ………………………… 211
コンタクトスポーツによる頸椎への負担（鞭打ちの原理から）………… 213

C_5，C_6 に障害が生じやすい解剖学的背景 213
　　　コンタクトの方向により影響を受けやすい部位 214
　　　頸部筋緊張のとらえ方〜頸椎 alignment 改善を図る〜 215
　　　頸椎由来の肩甲帯周囲への疼痛 216
　3. 病態　小関泰一 217
　　　頸椎椎間板ヘルニア 217
　　　　症状・診断…217
　　　外傷性頸部症候群（頸椎捻挫） 218
　　　Barré-Liéou 症候群 218
　　　　Barré-Liéou 症候群の発生機序…218　一次性 Barré-Liéou 症候群…219　二次性 Barré-Liéou 症候群…219
　　　バーナー症候群 219
　4. 評価　小関泰一 219
　　　問診 220
　　　神経症状の病態把握 220
　　　　椎間板や椎間関節由来の頸部・肩甲帯部痛…221
　　　K 点の圧痛評価 221
　　　　K 点…221
　　　神経根症状評価 222
　　　　Valsalva sign…222　Jackson head compression test…222　Jackson shoulder distraction test…222　Spurling test…222
　　　神経症状に対する評価 222
　　　　頸椎屈曲で疼痛・しびれが生じる場合…222　頸椎伸展で疼痛・しびれが生じる場合…223
　　　疼痛・しびれ領域の確認 223
　　　　筋力…223　感覚…223　深部腱反射…223　病的反射…223　Hoffmann 徴候…223　Babinski 徴候…224
　5. 頸部機能評価　小関泰一 224
　　　頭頸部 alignment 評価 224
　　　上位頸椎の可動性評価 224
　　　頸椎屈伸動作の評価 224
　　　頸椎回旋・側屈評価（中・下位頸椎） 225
　　　脊柱 alignment と頭部 226
　　　体幹機能 226
　　　　腰椎の分節的伸展運動評価…226　バンドを用いた評価（腹横筋の機能を再現させる）…227
　　　咬筋，側頭筋（咬合筋）の筋緊張評価 227

各動作における頭頸部位置の確認……228
6. 治療　小関泰一……228
急性期へのアプローチ……229
頸椎カラーの力学的特性…229
上位頸椎へのアプローチ……229
上位頸椎（後頭下筋群）リリース…229
顎関節運動を利用した上位頸椎へのアプローチ……230
頸椎 alignment に対するアプローチ……231
頭部前方位の補正…231　頸長筋，頭長筋の作用…231　タオルを利用した頸椎前弯 alignment へのアプローチ…231　頭頸部へのスリングアプローチ…231　頸椎の側方安定化…232
多部位からのアプローチ……232
脊柱 alignment へのアプローチ…232　背臥位にてスリングアプローチ…234　座位にてスリングアプローチ…234　胸郭正中化による脊柱 alignment へのアプローチ…234　腰椎抗重力活動に伴う頭頸部位置の修正…235

第6章　胸郭のスポーツ障害　平山哲郎　237page

1. 機能解剖……237
骨……237
胸椎…237　胸骨…238　肋骨…238
関節，靱帯……239
椎間関節…239　椎体間関節…239　脊柱の靱帯…240　肋椎関節…240　胸肋関節…240　肋軟骨間関節…241
運動学……241
脊柱屈曲…241　脊柱伸展…241　脊柱側屈…242　脊柱回旋…242
呼吸機能……243
呼吸時の胸郭運動……244
胸郭垂直方向への変化…244　胸郭前後，横方向への変化…244
呼吸時の筋活動……245
安静時吸気筋…245　強制吸気筋…247　呼気筋…247
胸郭に作用・付着するその他の筋……248
脊椎深筋群…248　脊椎中間筋群…249　板状筋…249　後鋸筋…249　菱形筋…250　広背筋…250　僧帽筋…250　前鋸筋…250　鎖骨下筋…251　小胸筋…251　大胸筋…251　胸鎖乳突筋…251　肋骨挙筋…252　胸横筋…252　大腰筋…252　腰方形筋…252　腹横筋…253　内腹斜筋…253　外腹斜筋…253　腹

直筋…254　胸腰筋膜…254

2．病態とメカニカルストレス ……………………………………………………… 255
病態 ………………………………………………………………………………… 255
胸椎椎間板ヘルニア…255　棘上・棘間靱帯炎…255　筋・筋膜性腰背部痛…255　肋骨骨折…256　その他の胸郭の痛み…257
運動学からみた体幹の身体ストレス ……………………………………………… 258
体幹伸展ストレス…258　体幹屈曲ストレス…259　体幹側屈ストレス…259　体幹回旋ストレス…259

3．理学療法展開 …………………………………………………………………… 259
胸郭に求められる機能 …………………………………………………………… 260
胸郭運動と運動制限因子 ………………………………………………………… 260
上肢，頸部と胸郭の運動 ………………………………………………………… 261
体幹の安定化機構 ………………………………………………………………… 263
姿勢 alignment と体幹機能 ……………………………………………………… 265
ジャンプ動作における胸郭の役割 ……………………………………………… 265

4．評価 ……………………………………………………………………………… 266
姿勢 alignment 評価 ……………………………………………………………… 266
脊椎 alignment 評価 ……………………………………………………………… 267
胸椎棘突起の alignment 評価…267　胸椎横突起の alignment 評価…268　脊柱伸展の可動性評価…269
胸郭の評価 ………………………………………………………………………… 269
胸郭運動の評価…269　呼吸機能評価…269　胸郭の可動性評価…270　肋骨リングの評価…272
体幹前面の機能評価 ……………………………………………………………… 272
自動下肢伸展挙上テスト…272　外腹斜筋機能評価…273　腹横筋機能評価…274
体幹後面の機能評価 ……………………………………………………………… 275
腰背部筋群の評価…275　股関節伸展テスト…277
座圧中心評価 ……………………………………………………………………… 278

5．治療 ……………………………………………………………………………… 278
胸椎後弯に対するアプローチ …………………………………………………… 279
ハーフポールによる胸椎伸展…279　スリングを使用した胸椎伸展…279　頸部伸展運動に伴う胸椎伸展運動…279
前額面上での体幹偏位に対するアプローチ …………………………………… 280
体幹偏位と座圧中心偏位に対するアプローチ ………………………………… 281
肋骨に対するアプローチ ………………………………………………………… 282
肋骨の下制運動が困難な場合に対するアプローチ…282　不規則な肋骨リング

の配列に対してのアプローチ…282
体幹不安定性に対するアプローチ ……………………………………………… 283
骨盤前傾運動の低下に対するアプローチ…283　一側の腰方形筋の過収縮に対するアプローチ…283　一側の外腹斜筋の過収縮に対するアプローチ…284　一側の大殿筋と広背筋ラインの過収縮に対するアプローチ…285

第7章　腰仙部のスポーツ障害　287 page

1. 腰仙部の機能解剖　小関博久 …………………………………………… 287
腰仙部の形状 ……………………………………………………………… 287
腰椎の運動 ………………………………………………………………… 287
腰椎の構成 ………………………………………………………………… 287
前柱（腰椎前方部分）…287　後柱（腰椎後方部分）…289　脊柱管…290
腰椎の動力筋 ……………………………………………………………… 290
腰椎の屈筋…290　腰椎の伸筋…290
腰仙部・骨盤帯の安定筋 ………………………………………………… 292
体幹インナーユニット…292
仙腸関節の運動 …………………………………………………………… 293
2. 腰仙部のスポーツ障害　小関貴子 ……………………………………… 294
腰仙部のスポーツ障害 …………………………………………………… 294
腰仙部痛の原因とメカニカルストレス ………………………………… 294
腰仙部へのメカニカルストレスを軽減する適切な脊柱の運動 ……… 294
スポーツ選手における腰仙部痛 ………………………………………… 297
腰椎の前弯増強に伴う腰仙部痛…297　腰椎の前弯減少に伴う腰仙部痛…298
体幹の側屈・回旋動作の繰り返しにより発症する腰仙部痛…298
骨盤底筋群での支持機構 ………………………………………………… 298
腰椎部と股関節の連鎖と腰仙部痛 ……………………………………… 299
3. 病態　小関貴子 …………………………………………………………… 301
腰椎椎間板ヘルニア ……………………………………………………… 301
分類…301　症状…302　検査方法…302
腰椎分離症，腰椎分離すべり症 ………………………………………… 303
腰椎分離症…303　腰椎分離すべり症…303
腰椎椎間関節症 …………………………………………………………… 304
筋・筋膜性腰痛症 ………………………………………………………… 304
仙腸関節痛 ………………………………………………………………… 304
4. 評価　小関貴子 …………………………………………………………… 304

xiii

整形外科テスト ……………………………………………………………………… 304
疼痛誘発テスト…304　仙腸関節不安定性テスト…305　知覚・筋力検査…306
深部腱反射…306
腰椎・仙腸関節機能の評価 ……………………………………………………… 306
腰椎機能評価…306　仙腸関節機能評価…307　骨盤底筋群機能評価…308
姿勢・動作の評価 ………………………………………………………………… 310
座位評価…310　立位評価…311　しゃがみ込み動作評価…315
5. 治療　小関貴子 …………………………………………………………………… 315
急性腰痛症に対するアプローチ ………………………………………………… 315
腰椎 alignment の改善 …………………………………………………………… 315
生理的な腰椎前弯 alignment 獲得に対するアプローチ…315　腰椎の前額面上
alignment に対するアプローチ…316
骨盤底筋群機能の改善 …………………………………………………………… 316
内閉鎖筋・梨状筋機能の改善…316　骨盤底筋群機能に伴う抗重力伸展活動の
学習…317
股関節機能の改善 ………………………………………………………………… 318
多裂筋機能の改善 ………………………………………………………………… 319
広背筋～殿筋機能の改善 ………………………………………………………… 319
胸部・肩甲帯部の機能の改善 …………………………………………………… 319
足部機能の改善 …………………………………………………………………… 319
矢状面の姿勢の改善 ……………………………………………………………… 320

第8章　野球における投球障害─投球障害肩　大屋隆章　323 page

1. 投球動作 ……………………………………………………………………………… 323
第1相　ワインドアップ期 ………………………………………………………… 323
第2相　早期コッキング期 ………………………………………………………… 325
第3相　後期コッキング期 ………………………………………………………… 325
第4相　加速期 ……………………………………………………………………… 325
第5相　フォロースルー期 ………………………………………………………… 325
2. 肩関節の機能解剖 …………………………………………………………………… 325
静的安定化メカニズム …………………………………………………………… 325
動的安定化メカニズム …………………………………………………………… 327
3. 病態 …………………………………………………………………………………… 327
上方関節唇損傷 …………………………………………………………………… 327
牽引力…328　関節内の組織衝突…328　peel back 現象…328

internal impingement	328
肩峰下インピンジメント症候群	329
腱板断裂	329
多方向性不安定症	329
上腕二頭筋長頭腱炎	330
Bennett 病変	330
神経障害	330

肩甲上神経障害…330　腋窩神経障害…330

上腕骨近位骨端離開（リトルリーグショルダー）	331
4. 評価	331
問診	331
局所的評価	331

疼痛部位の評価…331　ROM 測定…332　腱板機能評価…332　肩甲胸郭関節機能評価…334　臨床所見（疼痛誘発テスト）…336　関節唇損傷ストレステスト…336　腱板ストレステスト…337　多方向性不安定症に対する牽引ストレステスト…338　上腕二頭筋長頭腱ストレステスト…339

| 全身的評価 | 339 |

姿勢（alignment）評価…339　各種 alignment 評価…340　下肢・体幹機能評価…341　一般的動作による評価…344　投球動作を評価する…346

5. 治療	347
病態部の時期の確認	348
肩関節への直接的アプローチ	348

側臥位での肩関節へのアプローチ…348　背臥位での肩関節へのアプローチ…349

| 肩甲胸郭・体幹から肩へのアプローチ | 350 |
| 各投球動作から判断して機能的にとらえる | 350 |

ワインドアップ期からコッキング期にかけて…350　早期コッキング期から後期コッキング期にかけて…351　コッキング期から加速期にかけて…352

| 手へのアプローチ（ボールの握り方） | 352 |

上腕骨内側上顆付着部筋のストレッチ…354　上腕骨外側上顆付着部筋のストレッチ…354　長橈側手根伸筋のストレッチ…354　虫様筋エクササイズ…355

| 足部からのアプローチ | 355 |
| 投球動作指導 | 356 |

ソフトボール下手投げ…357　真横投げ…358　正面を向いての体重移動での投球…358　投球側を向いての体重移動での投球…358　ラケットを使用しての投球動作…358

| 6. おわりに | 359 |

第9章　野球における投球障害―投球障害肘　松田俊彦

1. 肘関節の解剖とスポーツ障害肘における特徴 ……………………………… 361
2. 病態 …………………………………………………………………………… 362
   投球動作における相分け ……………………………………………………… 362
   　ワインドアップ期…362　コッキング期…362　加速期…362　フォロースルー期…363
   損傷部位による分類 …………………………………………………………… 363
   　内側型…363　外側型…365　後方型…366　尺骨神経障害…367
3. 評価 …………………………………………………………………………… 368
   問診・触診 ……………………………………………………………………… 368
   視診 ……………………………………………………………………………… 368
   　ヒューター線…368　ヒューター三角…368　運搬角…368　手関節にみられる皮線および母指の掌側偏位量…369
   整形外科的テスト ……………………………………………………………… 369
   　肘関節内反・外反ストレステスト…369　MVST…370　肘関節屈曲試験…370　手関節掌屈テスト…370　前腕回内テスト…370　肘関節伸展強制テスト…370
   関節可動域テスト（理論と技術，外来整形） ………………………………… 371
   　上肢…371　体幹…372　下肢…373
   筋力評価 ………………………………………………………………………… 374
   肢位・姿勢評価 ………………………………………………………………… 376
   　上肢の肢位…376　姿勢評価…377　胸郭形態・体幹機能評価…379
   動作評価 ………………………………………………………………………… 382
   　前腕回内・回外動作…382　リーチ動作…383　上肢挙上（片側・両側）…384　上肢引き込み動作…385　座位での体幹回旋評価…385　立位での回旋評価…386　片脚立位…386　steping（lange）動作…387　つま先立ち動作…388
   歩行との関連性 ………………………………………………………………… 388
   　LR（荷重応答期）〜MSt（立脚中期）での体幹側屈・骨盤帯前方移動増強…388　立脚中期以降での投球側の足部回内増強…388　足底接地の早期化…388　非投球側膝関節の外側動揺出現，骨盤の側方動揺増強…389　過大な前方への上肢の振り…389　過大な後方への上肢の振り…389
   ポジション別による特異性の把握 …………………………………………… 389
   　捕手…389　内野手（一塁手，二塁手，三塁手，遊撃手）…389　外野手（左翼手，中堅手，右翼手）…392
4. 治療 …………………………………………………………………………… 394
   前腕筋群緊張緩和 ……………………………………………………………… 394
   肘関節安定化 …………………………………………………………………… 395

手指MP関節伸展可動性の獲得 ………………………………………………… 395
肩関節可動域獲得 ………………………………………………………………… 395
回旋偏位改善，胸郭可動性向上，肋骨下制運動…395　不安定板を用いての外腹斜筋エクササイズ…396　胸郭後方の安定化…396　胸椎伸展運動…396　バランスボールエクササイズ…397　不安定板などを用いた動的バランストレーニング…397

動作指導 …………………………………………………………………………… 398
上肢へのアプローチ…398　体幹〜上肢の動作的連結を意識したアプローチ…399　下肢〜体幹の動作的連結を意識したアプローチ…401

第10章　サッカー障害　藤原　務　407 page

1．サッカー障害の病態 …………………………………………………………… 407
サッカーキック動作 ……………………………………………………………… 407
サッカーキックにおける相 ……………………………………………………… 410
アプローチ期…410　テイクバック期〜コッキング期…410　アクセレレーション期〜インパクト期〜フォロースルー期…410

インサイドキックの特徴 ………………………………………………………… 412
インステップキックの特徴 ……………………………………………………… 413
ポジション特性によるキック動作の特徴 ……………………………………… 415
下腿の方向により加わるメカニカルストレスと予想されるスポーツ障害 …… 415
2．評価 ……………………………………………………………………………… 419
機能評価 …………………………………………………………………………… 419
インナーユニット機能評価…419　多裂筋機能評価…419　外腹斜筋機能評価…420　腰方形筋機能評価…421　大殿筋機能評価…421　腸腰筋機能評価…421　大腿四頭筋機能評価…421　ハムストリングス機能評価…422

動作機能評価 ……………………………………………………………………… 424
体幹並進動作機能評価…424　体幹回旋動作機能評価…424　移動方向による再現痛の把握…424　閉眼ジャンプ動作評価…424　方向転換ジャンプ動作評価…426　着地動作評価…427　スクワット動作評価…427　サイドレンジ機能評価…427

筋連結機能評価 …………………………………………………………………… 428
後部斜方系連結機能評価…428　前部斜方系連結機能評価…428　前鋸筋・外腹斜筋筋連結評価…428　外腹斜筋機能および下肢連結機能評価…429　前斜走系連結機能評価…429　前鋸筋・外腹斜筋筋連結機能および下肢連結機能評価…431

サッカーキック動作部位別 431
　骨盤帯機能評価…431　　膝関節機能評価…432　　相別機能評価…432
歩行分析 433
3. 治療 434
ファンクションレベル 434
　下腿後方移動へのアプローチ…434　下腿前方移動へのアプローチ…435　下腿内旋アプローチ…436　下腿外旋アプローチ…436　大腿前方移動へのアプローチ…436　大腿後方移動へのアプローチ…437　大腿外転移動へのアプローチ…437　大腿内転移動へのアプローチ…437　大腿外旋アプローチ…438　大腿内旋アプローチ…438　体幹へのアプローチ…439　骨盤へのアプローチ…439
ダイナミックエクササイズ 440
　アプローチ～テイクバックを意識したレンジトレーニング…440　テイクバック～フォロースルーを意識したレンジトレーニング…441　骨盤や体幹および軸足下肢の安定化トレーニング…442　前方並進動作を意識したトレーニング…442　側方並進動作を意識したトレーニング…442
スポーツエクササイズ 444
4. おわりに 444

索引 446

第1章
股関節・膝関節のスポーツ障害

1. 股関節・膝関節の機能解剖

　股関節と膝関節は大腿骨を介して連結し，両関節に同時に作用する筋も多い．これらの関節運動やalignmentは相互に影響を与える．これらの関節は下肢軸として足部の上に立ち，荷重を受けながら運動するため，足部のalignmentや運動に影響を受ける．

　また，股関節と膝関節の上に骨盤帯や腰椎・胸椎・体幹が載って運動するため，これらにも影響を与え，また影響も受ける（図1-1, 2）．

　股関節と膝関節は連動するため，両関節は相互に影響を受ける．股関節伸展位では，大腿直筋の張力により膝関節屈曲は制限されて屈曲角度は小さくなり（図1-3），股関節屈曲位では，大腿直筋が弛緩するため膝関節屈曲は増大する（図1-4）．

膝関節伸展位では，ハムストリングスの張力により股関節屈曲は制限されて屈曲角度は小さくなり（図1-5），膝関節屈曲位では，ハムストリングスが弛緩するため股関節屈曲は増大する（図1-6）．

股関節の特徴

　寛骨臼と大腿骨頭からなる球関節であり，広い可動性と強固な安定性を併せもつ（図1-7）．

膝関節の特徴

　大腿骨・脛骨・膝蓋骨からなる関節で，不安定であるため，その運動は高度な負荷を受けやすいという特徴がある．大腿脛骨（FT）関節と膝蓋大腿（PF）関節の2つの関節からなり，1つの関節包に包まれている（図1-8）．

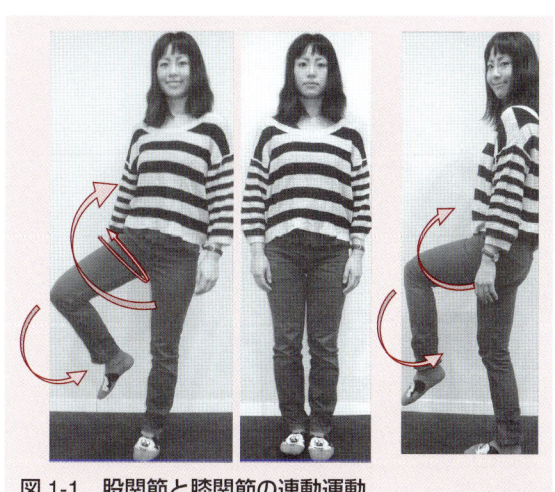

図1-1　股関節と膝関節の連動運動

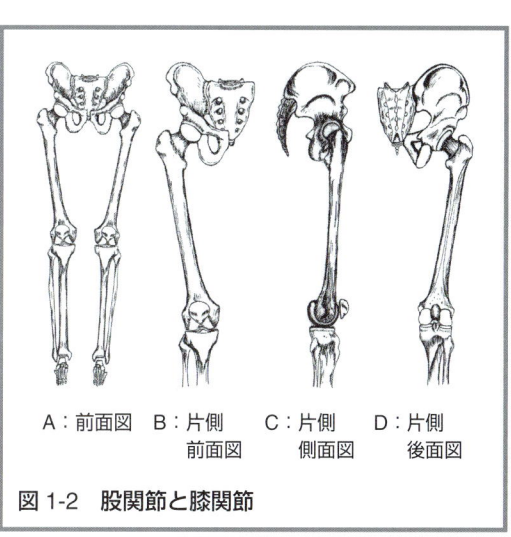

A：前面図　B：片側前面図　C：片側側面図　D：片側後面図

図1-2　股関節と膝関節

第1章 股関節・膝関節のスポーツ障害

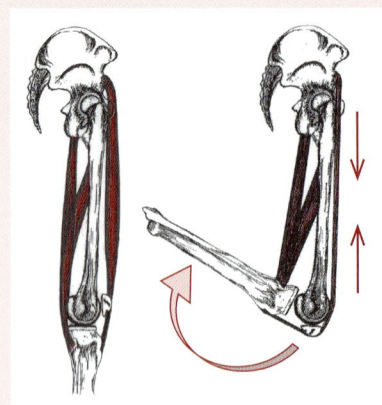

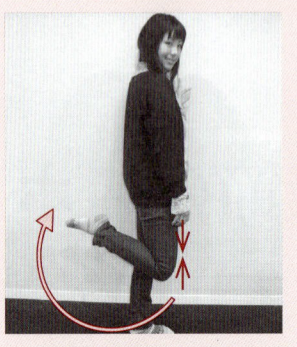

B：股関節伸展位では大腿直筋に制限されて膝関節屈曲角度は小さくなる．

C：股関節伸展位では大腿直筋に制限されて膝関節屈曲角度は小さくなる．

図1-3 股関節伸展位

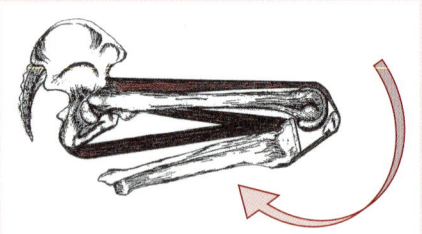

A：股関節屈曲位では大腿直筋が弛緩するため膝関節屈曲角度は大きくなる．

B：股関節屈曲位では大腿直筋が弛緩するため膝関節屈曲角度は大きくなる．

図1-4 股関節屈曲位

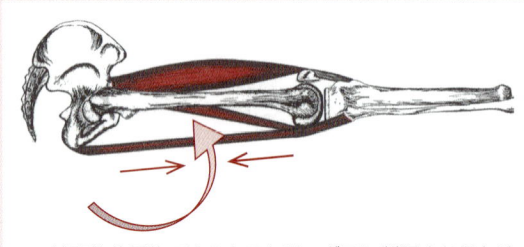

A：膝関節伸展位ではハムストリングスに制限されるため股関節屈曲角度は小さくなる．

B：膝関節伸展位ではハムストリングスに制限されるため股関節屈曲角度は小さくなる．

図1-5 膝関節伸展位

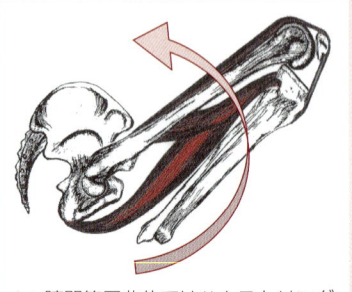

A：膝関節屈曲位ではハムストリングスが弛緩するため股関節屈曲角度は大きくなる．

B：膝関節屈曲位ではハムストリングスが弛緩するため股関節屈曲角度は大きくなる．

図1-6 膝関節屈曲位

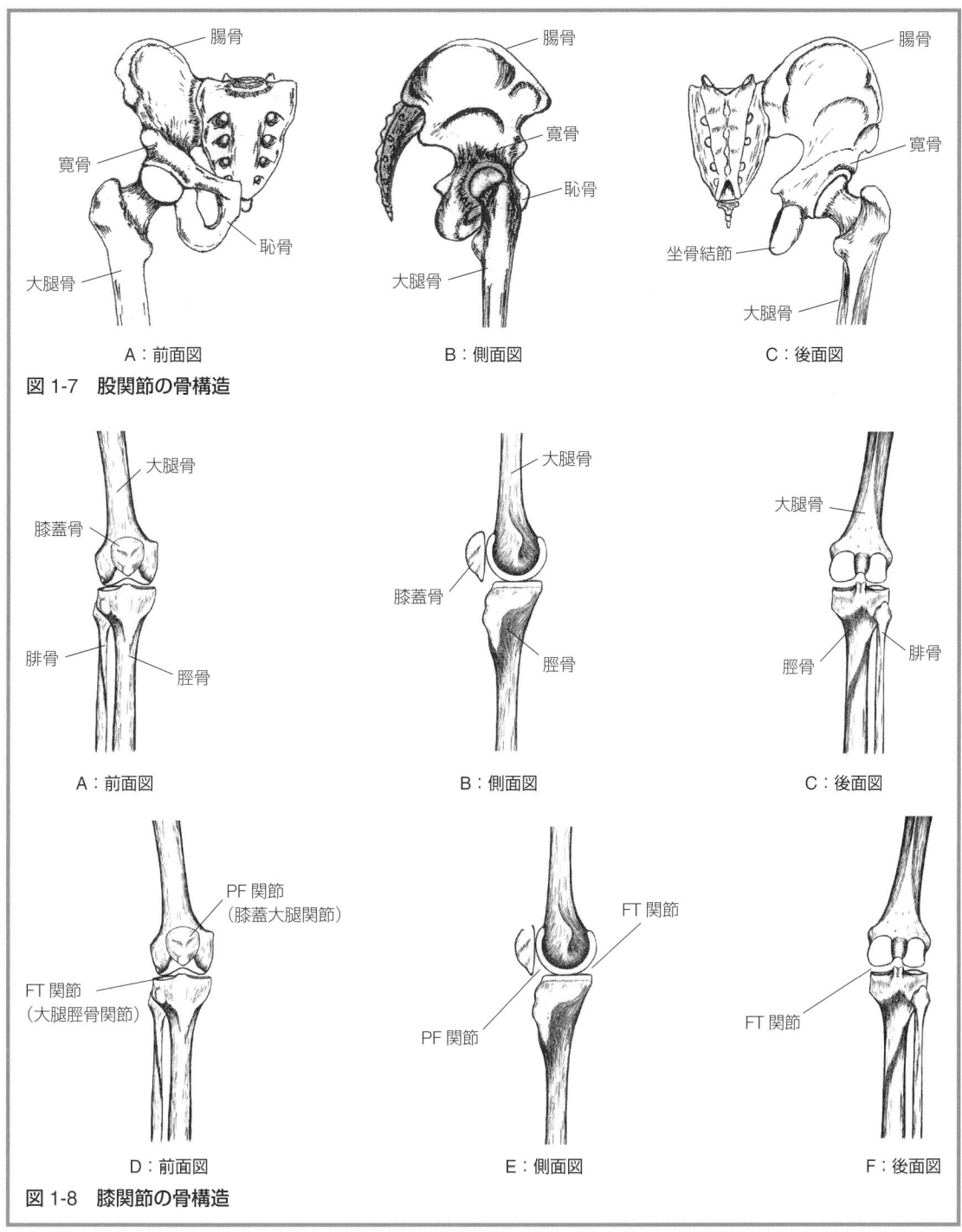

図 1-7 股関節の骨構造

図 1-8 膝関節の骨構造

股関節の可動域

股関節の平均可動域は，屈曲 125°，伸展 15°，外転 45°，内転 20°，内旋 45°，外旋 45° である（図 1-9）．

分回し運動は，股関節を中心に下肢が円錐状の軌跡を描く運動である．

第1章 股関節・膝関節のスポーツ障害

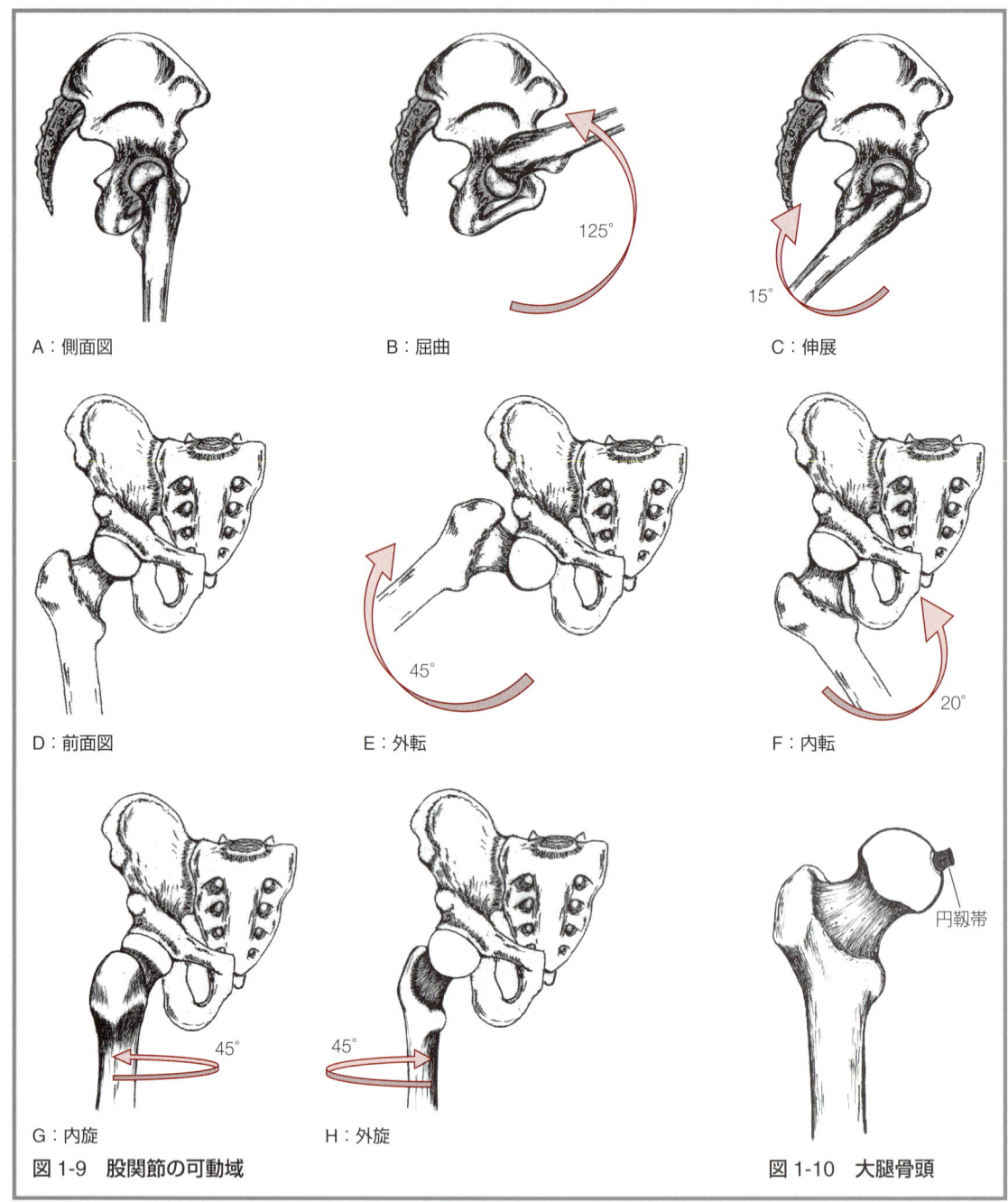

図1-9 股関節の可動域

図1-10 大腿骨頭

膝関節の可動域

膝関節の平均可動域は，屈曲140°，伸展0°である．

関節構成体

股関節

大腿骨頭（femur head）（図1-10）

球形を呈し，中央に円靱帯の付着する陥凹があ

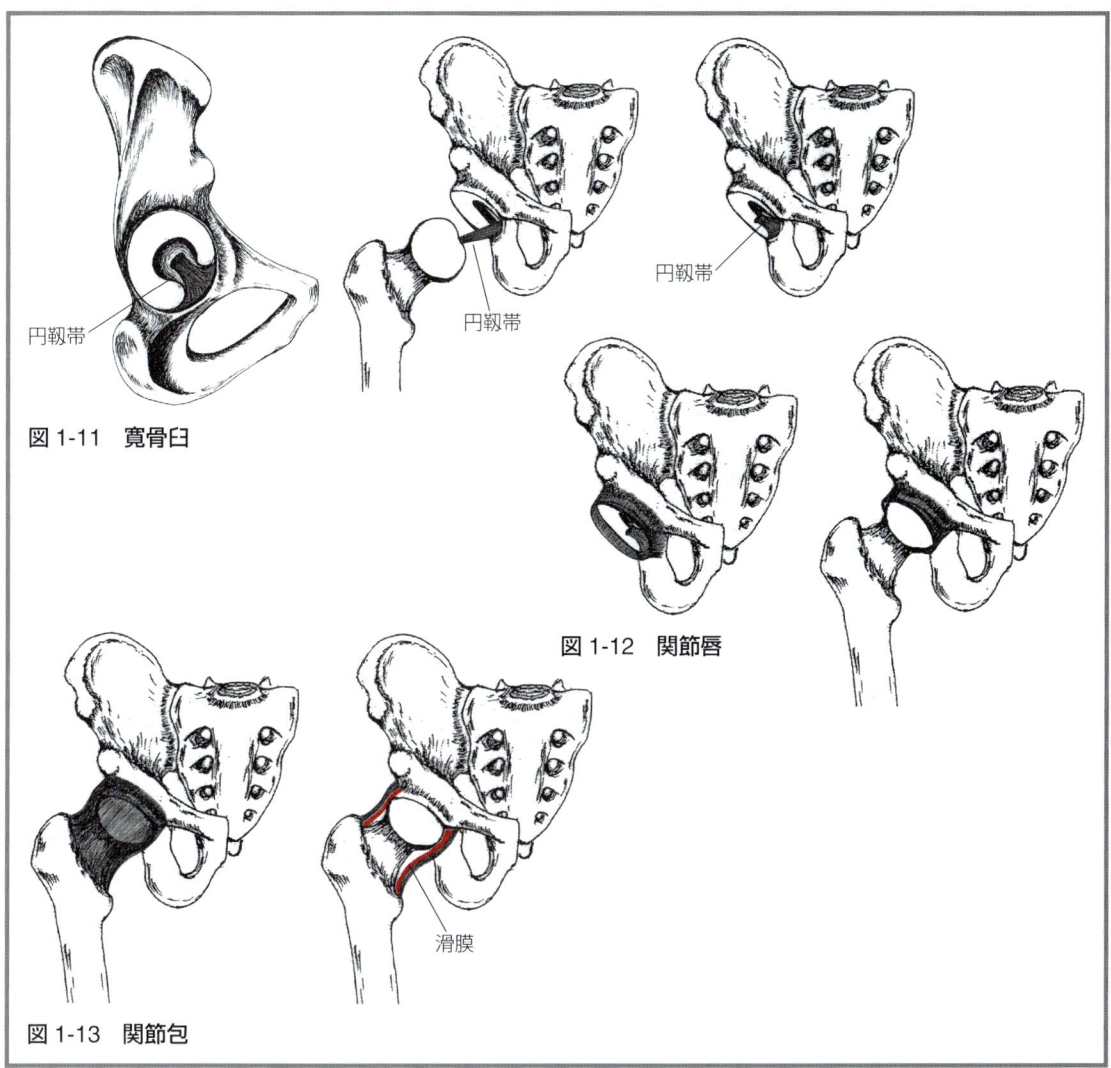

図 1-11 寛骨臼

図 1-12 関節唇

図 1-13 関節包

る．表面は関節軟骨で覆われている．

寛骨臼 (acetabula)（図 1-11）

大腿骨頭に適合する受け皿の役割を有する関節面は馬蹄形を呈し，表面は関節軟骨で覆われている．関節面中央の寛骨臼窩は大腿骨頭と接触せず，円靱帯が付着する．

関節唇 (labrum)（図 1-12）

寛骨臼外縁に付着する線維軟骨で，大腿骨頭を包み込み安定させる．

関節包 (capcele)（図 1-13）

砂時計状に大腿骨頭と頸部を閉鎖腔として包み込んでいる線維性の袋で，その内壁は滑膜で覆わ

れ，内腔は滑液で潤っている．

靱帯 (ligament)（図 1-14）

前方要素

腸骨大腿靱帯（iliofemoral ligament）：股関節の伸展・外旋・内転を制御する．

恥骨大腿靱帯（pubofemoral ligament）：股関節の伸展・外旋・外転を制御する．

後方要素

坐骨大腿靱帯（ischiofemoral ligament）：股関節の内旋と外転を制御する．

第1章 股関節・膝関節のスポーツ障害

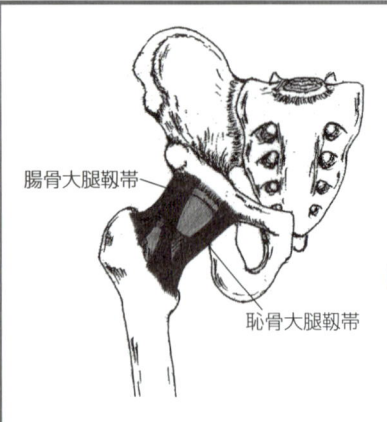

A：前面図

B：恥骨大腿靱帯は 股関節外転を制御（→）．

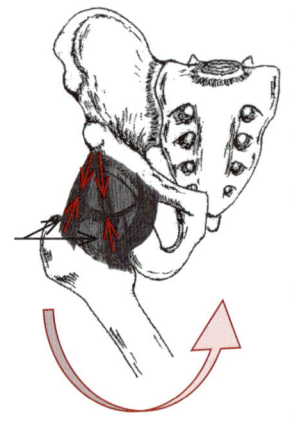

C：腸骨大腿靱帯は股関節内転を制御（→）．

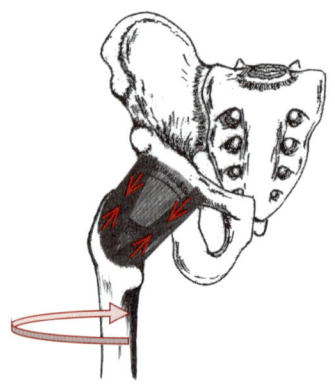

D：両靱帯はともに股関節外旋を制御．

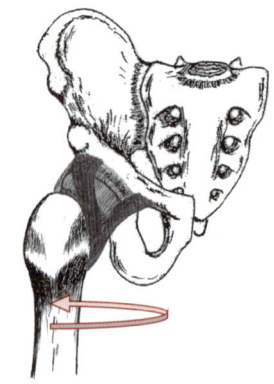

E：両靱帯とも股関節内旋に対する制御力はない．

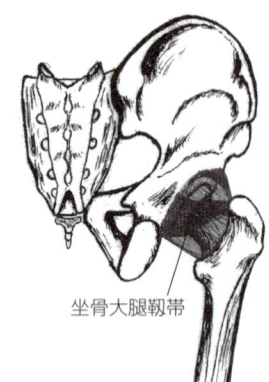

F：後面図

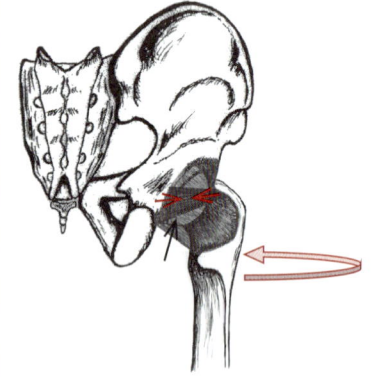

G：坐骨大腿靱帯は 股関節内旋を制御（→）．

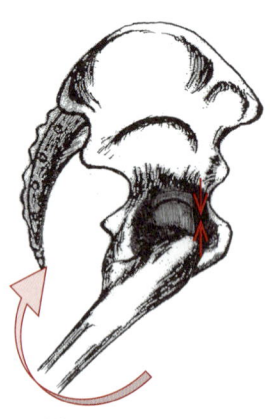

H：側面図
腸骨大腿靱帯と恥骨大腿靱帯は股関節伸展を制御．

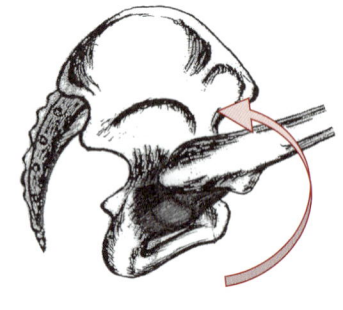

I：股関節屈曲に対する制御靱帯はない．

図1-14 **靱帯**

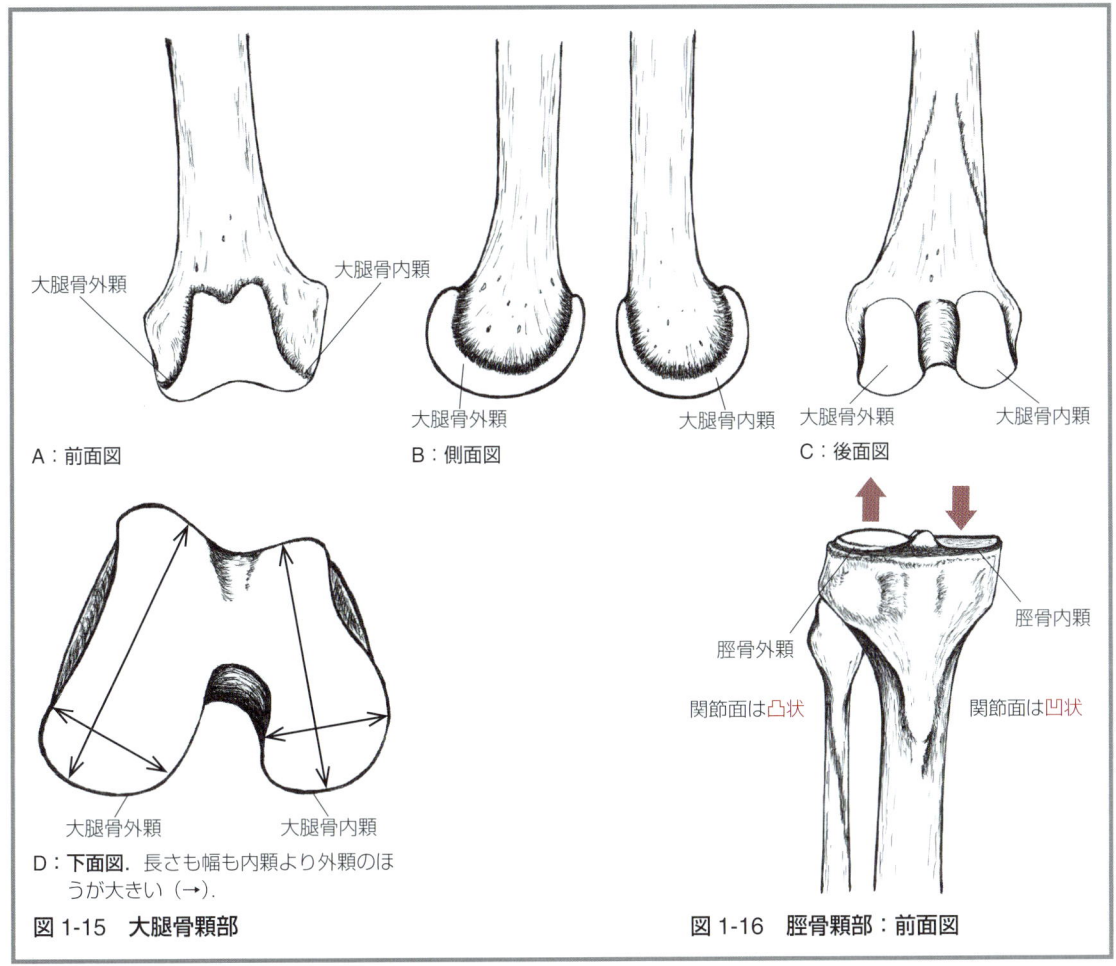

図 1-15 大腿骨顆部

図 1-16 脛骨顆部：前面図

膝関節

大腿骨顆部（femur condyle）（図 1-15）

側面から観ると，外顆は楕円形に近く内顆は円形に近い．下面から観ると，内顆より外顆のほうが前後方向に長く幅も広い．関節面は関節軟骨で覆われている．

脛骨顆部（tibia condyle）（図 1-16）

中央の顆間隆起により境される2面の屋根状を呈し，外顆は凸型で丸みを帯び，内顆は凹型を呈する．関節面は関節軟骨で覆われている．

膝蓋骨（patella）（図 1-17）

上縁には膝伸筋である大腿四頭筋が付着し，下縁には膝蓋腱が付着する．膝の伸展効率を高める機能を有する．関節面は関節軟骨に覆われている．

関節包（capsule）（図 1-18）

FT関節とPF関節の両方を包み込む線維性の袋で，その内壁は滑膜で覆われ，内腔は滑液で潤っている．

半月板（meniscus）（図 1-19）

脛骨顆部平面上に載る球状の大腿骨顆部を安定させるため，平面上に球を固定させる受け皿のような形状をしている．膝への荷重による圧縮応力を分散させる機能や滑液を関節内に拡散させる機能も有する．内側半月板はC型で大きく，外側半月板はO型で小さい．外周1/3以外は血行に乏しい．

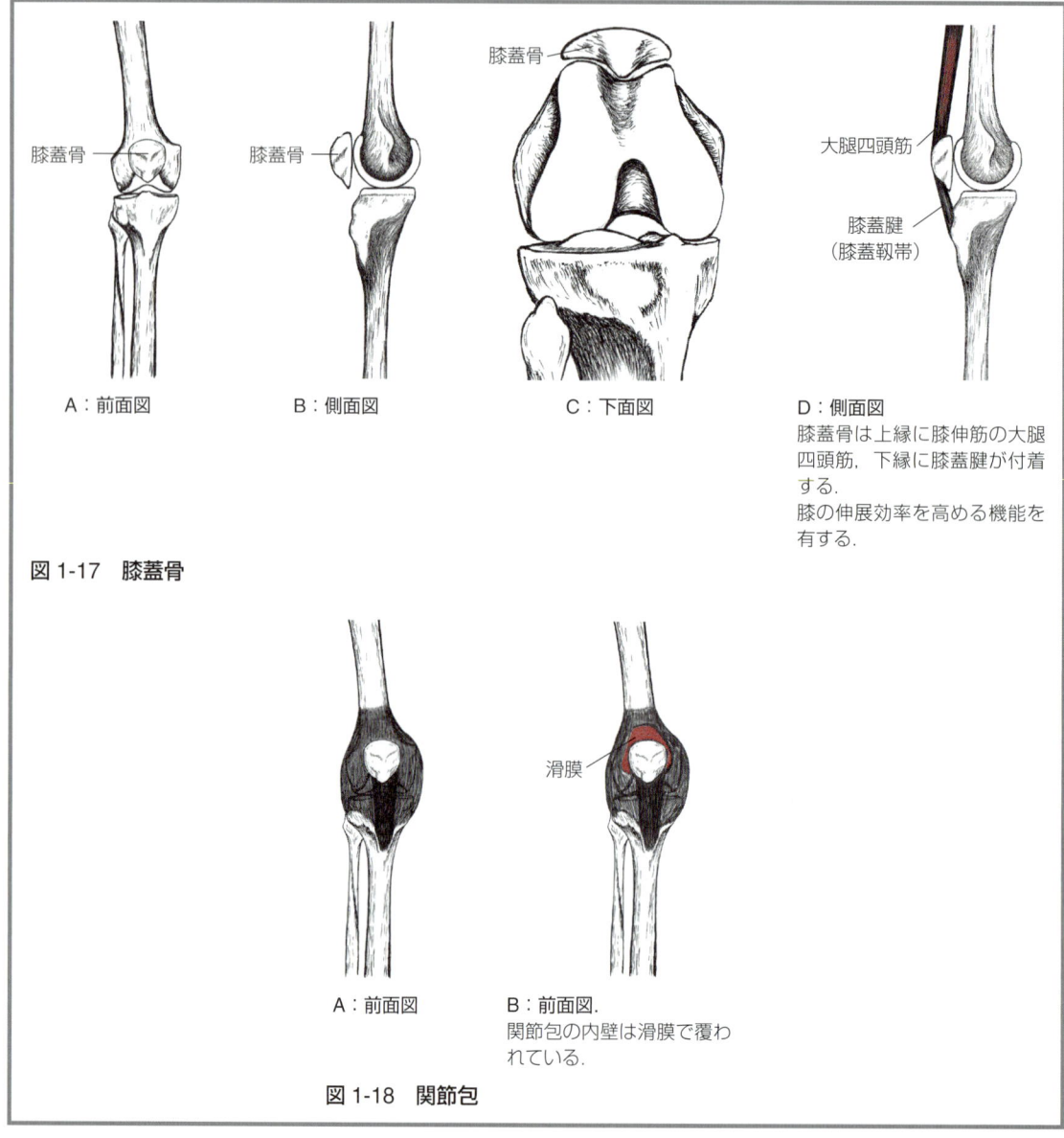

図 1-17 膝蓋骨

図 1-18 関節包

側副靱帯（collateral ligament）（図 1-20）
　膝関節伸展時に緊張し，屈曲時に弛緩して制御する．

内側側副靱帯（medial collateral ligament）（図 1-21）
　大腿骨内顆と脛骨内顆を結び，浅層と深層からなる．深層は関節包や内側半月板にも付着する．膝関節の外反を制御する．

外側側副靱帯（lateral collateral ligament）（図 1-22）
　大腿骨外顆と腓骨頭を結び，膝関節の内反を制御する．

十字靱帯（cruciate ligament）（図 1-23）
　屈曲時も伸展時も緊張している．
　十字靱帯は交差しているため下腿の回旋制御機能も有する．膝関節の内反・外反を制御する機能もある．

1. 股関節・膝関節の機能解剖——関節構成体

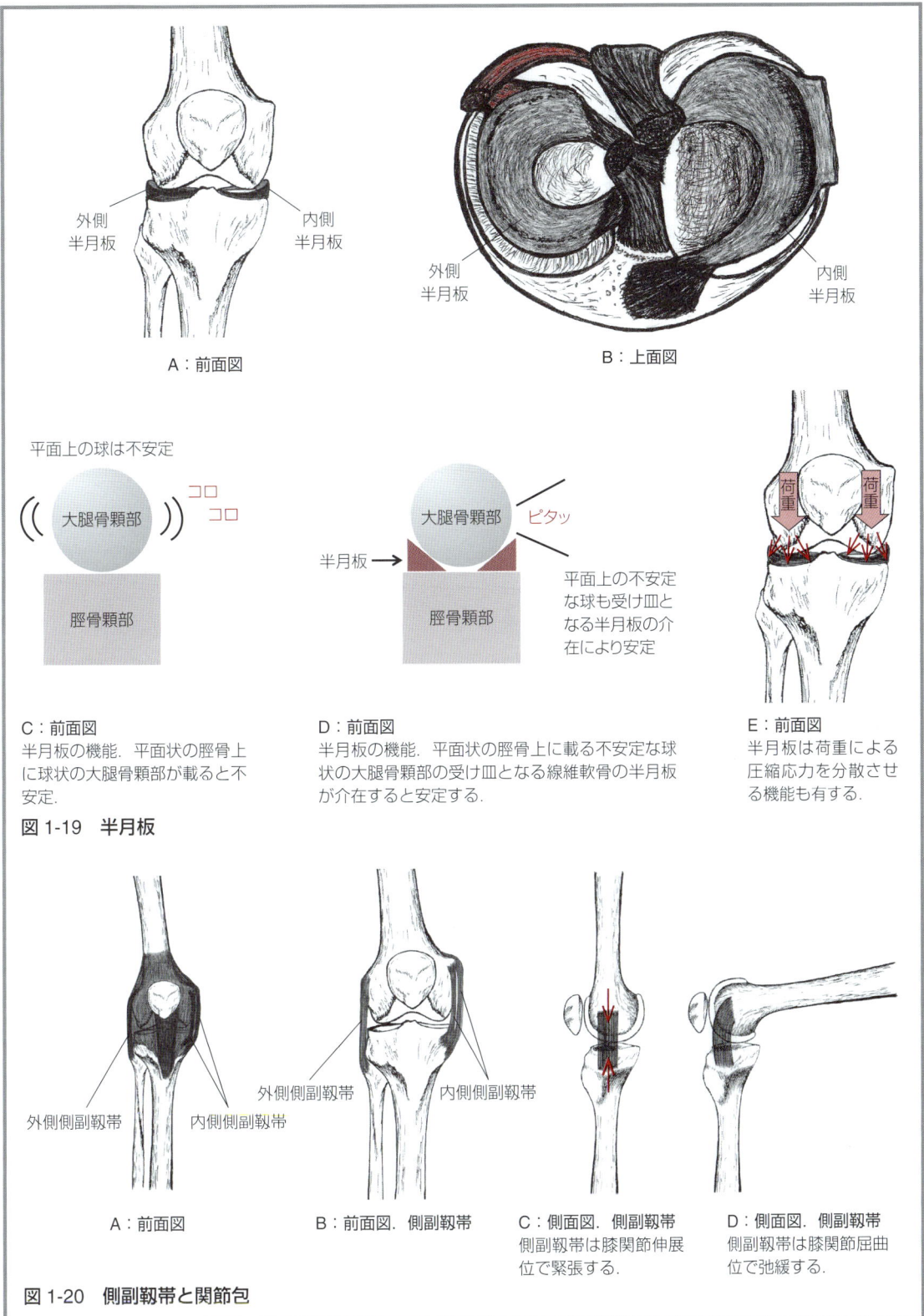

図 1-19 半月板

図 1-20 側副靱帯と関節包

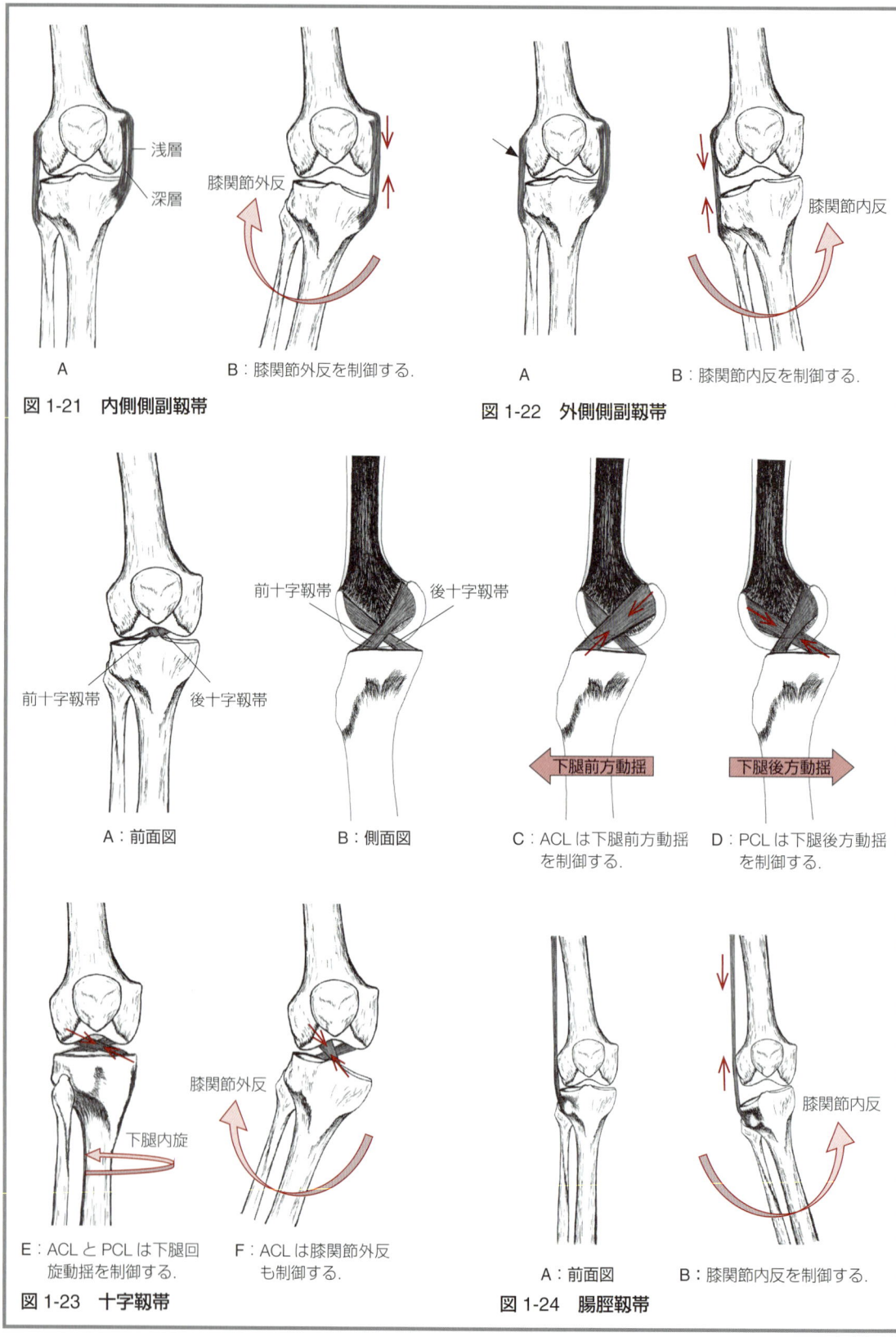

図1-21　内側側副靱帯
図1-22　外側側副靱帯
図1-23　十字靱帯
図1-24　腸脛靱帯

1. 股関節・膝関節の機能解剖——膝関節の運動

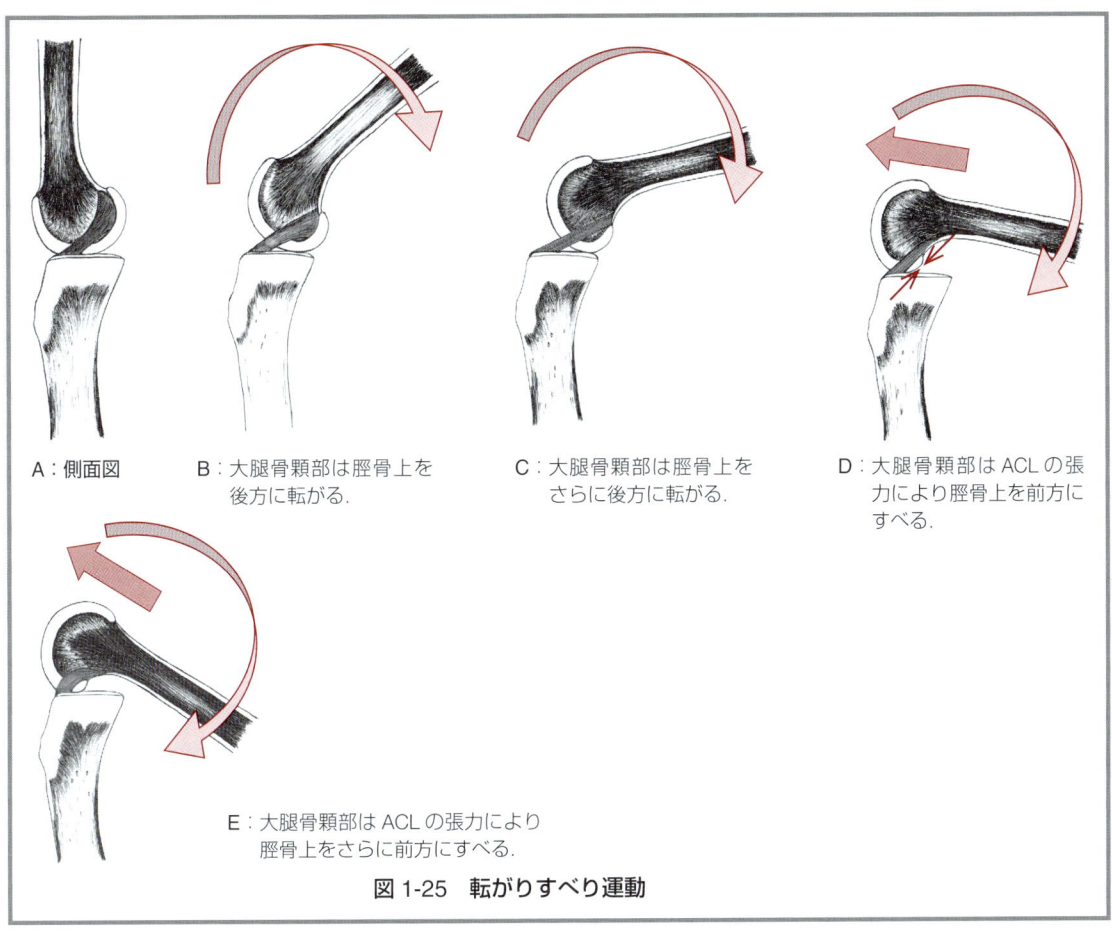

A：側面図
B：大腿骨顆部は脛骨上を後方に転がる．
C：大腿骨顆部は脛骨上をさらに後方に転がる．
D：大腿骨顆部は ACL の張力により脛骨上を前方にすべる．
E：大腿骨顆部は ACL の張力により脛骨上をさらに前方にすべる．

図 1-25 転がりすべり運動

前十字靱帯（anterior cruciate ligament：ACL）
　大腿骨外顆後方と脛骨内顆前方を結び，下腿の前方動揺を制御する．

後十字靱帯（posterior cruciate ligament：PCL）
　大腿骨内顆前方と脛骨外顆後方を結び，下腿の後方動揺を制御する．

腸脛靱帯（ilio tibial tract：ITT）（図 1-24）
　上前腸骨棘・腸骨稜・大腿筋膜張筋停止部に起始し，脛骨 Gerdy 結節に停止する．靱帯状の強靱な筋膜で膝関節内反を制御する．

膝関節の運動

転がりすべり運動（rotation gliding）（rolling and sliding）（図 1-25）

　膝関節が伸展位から屈曲する際に，屈曲初期では，大腿骨顆部は脛骨上を転がって後方へ移動するが，ACL の張力により，屈曲後期にはすべり運動へ転換する．

スクリューホームムーブメント（screw home movement）（図 1-26）

　膝関節伸展時に下腿は外旋し，屈曲時に内旋する．転がり運動からすべり運動へ移行する際に，大腿骨外顆が脛骨外顆の凸面を前方に押し出すた

11

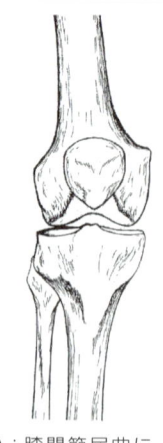  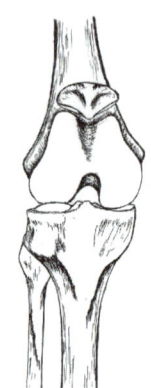 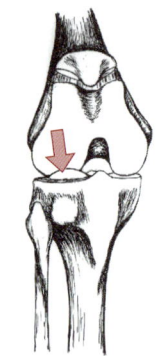 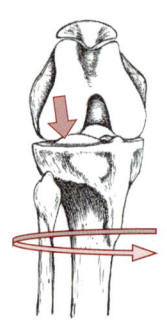

A：膝関節屈曲に伴って下腿は内旋していく．

B：膝関節屈曲に伴って下腿は内旋していく．

C：膝関節屈曲に伴って下腿は内旋していく．

D：転がり運動からすべり運動へ変換される際に大腿骨外顆が脛骨外顆の凸面を押し出す．膝関節屈曲に伴って下腿は内旋していく．（色→）．

E：転がり運動からすべり運動へ変換される際に大腿骨外顆が脛骨外顆の凸面を押し出す．膝関節屈曲に伴って下腿は内旋していく．（色→）．

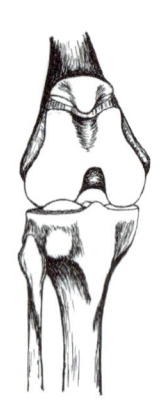 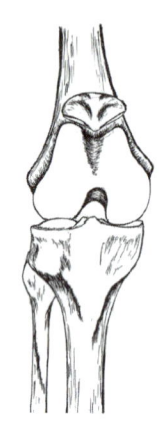 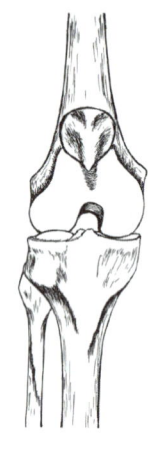 

F：伸展とともに外旋し元に戻っていく．

G：伸展とともに外旋し元に戻っていく．

H：伸展とともに外旋し元に戻っていく．

I：伸展とともに外旋し元に戻る．

図1-26　スクリューホームムーブメント

めに起こることによる．

下肢の筋の機能上の特徴

open kinetic chain（OKC）における運動

非荷重時の関節運動における骨の動き．

closed kinetic chain（CKC）における運動

荷重時の関節運動における骨の動き．

1. 股関節・膝関節の機能解剖——股関節と膝関節の双方へ作用する二関節筋と運動

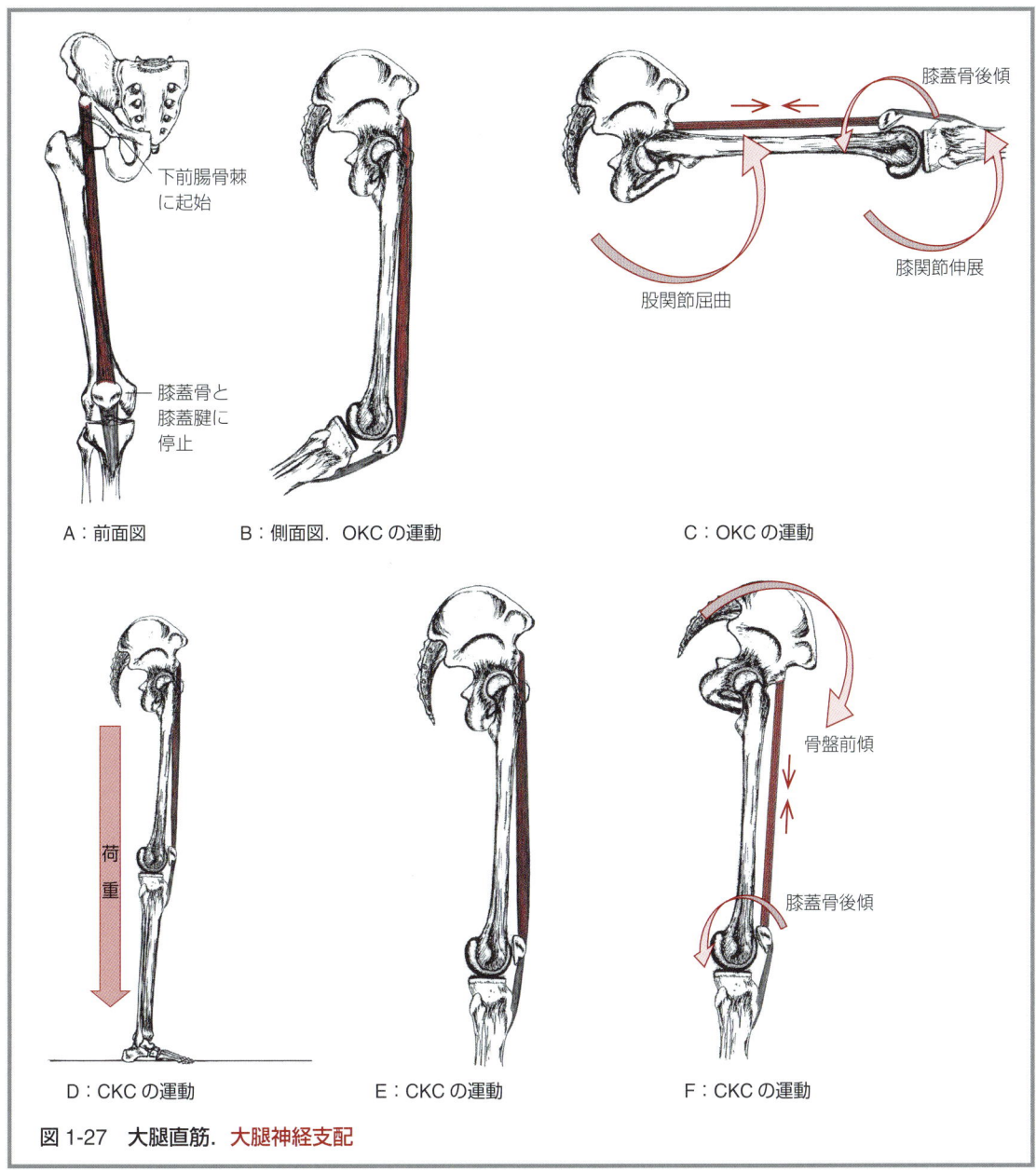

図1-27 大腿直筋．大腿神経支配

股関節と膝関節の双方へ作用する二関節筋と運動

大腿直筋（rectus femoris）（図1-27）

　大腿神経に支配され，下前腸骨棘に起始し，膝蓋骨と膝蓋腱に停止する，股関節と膝関節をまたぐ二関節筋である．OKCとして股関節屈曲，膝関節伸展，膝蓋骨後傾に作用し，CKCとして骨盤前傾，膝蓋骨後傾に作用する．

縫工筋（sartorius）（図1-28）

　大腿神経に支配され，上前腸骨棘に起始し，脛骨の鵞足部に停止する，股関節と膝関節をまたぐ二関節筋である．OKCとして，股関節の屈曲・外転・外旋，膝関節屈曲に作用し，CKCとして骨盤前傾

第1章　股関節・膝関節のスポーツ障害

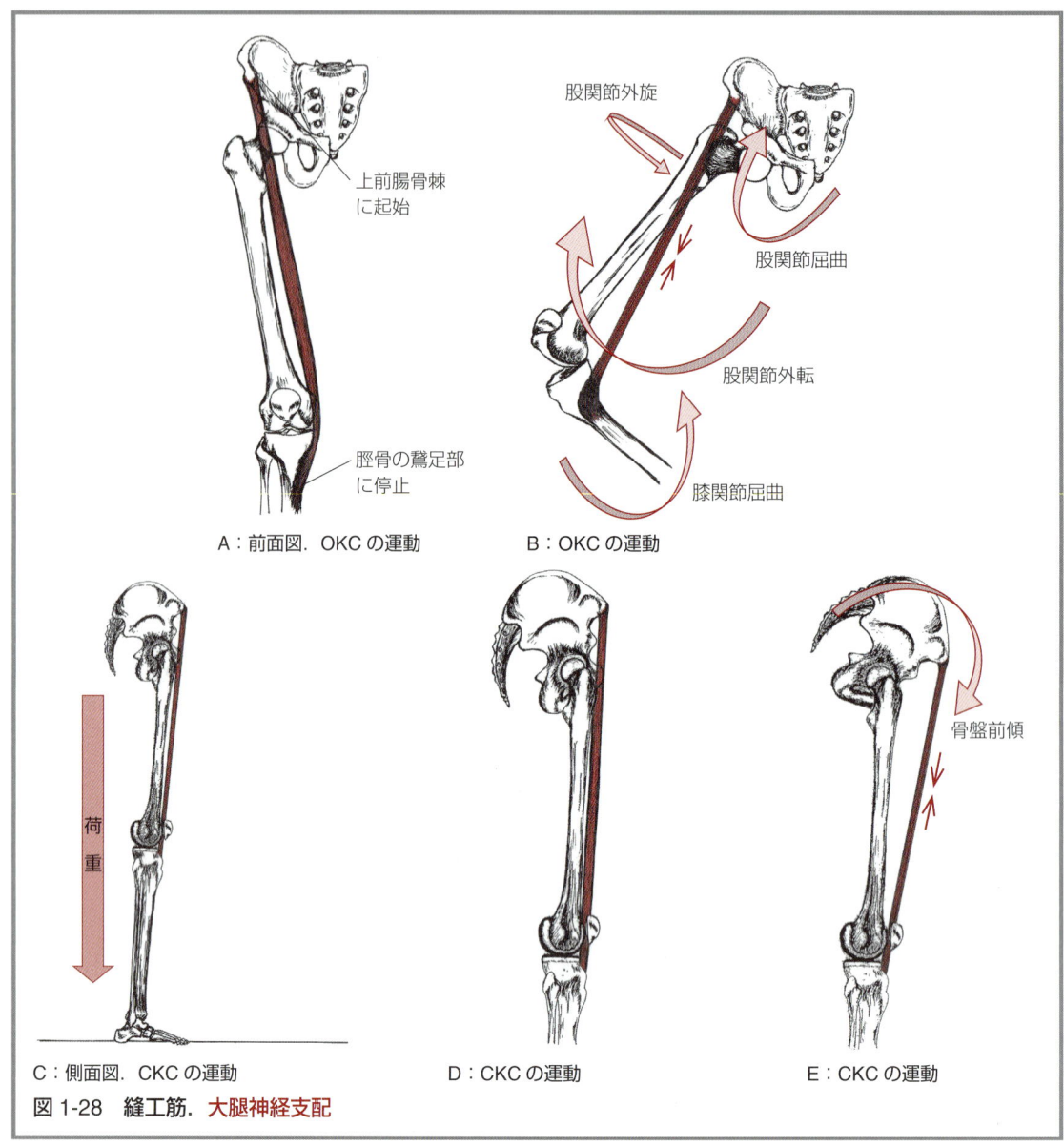

図1-28　縫工筋．大腿神経支配

に作用する．

ハムストリングス（hamstrings）（図1-29）

OKCとして股関節伸展，膝関節屈曲に作用し，CKCとして骨盤後傾，体幹前傾制御に作用する．

大腿二頭筋（biceps femoris）

長頭は脛骨神経に支配され，坐骨結節に起始し腓骨頭に停止する二関節筋である．短頭は腓骨神経に支配され，大腿骨後面近位に起始し，腓骨頭に停止する単関節筋である．
下腿外旋にも作用する．膝伸展位では股関節屈曲を制御する．半膜様筋は内側半月板後方移動にも作用する．

半膜様筋（semimenbranosus）

脛骨神経に支配され，坐骨結節に起始し，脛骨内顆後方と内側半月板後方に停止する二関節筋である．

半腱様筋（semitendinosus）

脛骨神経に支配され，坐骨結節に起始し，脛骨

1. 股関節・膝関節の機能解剖──股関節と膝関節の双方へ作用する二関節筋と運動

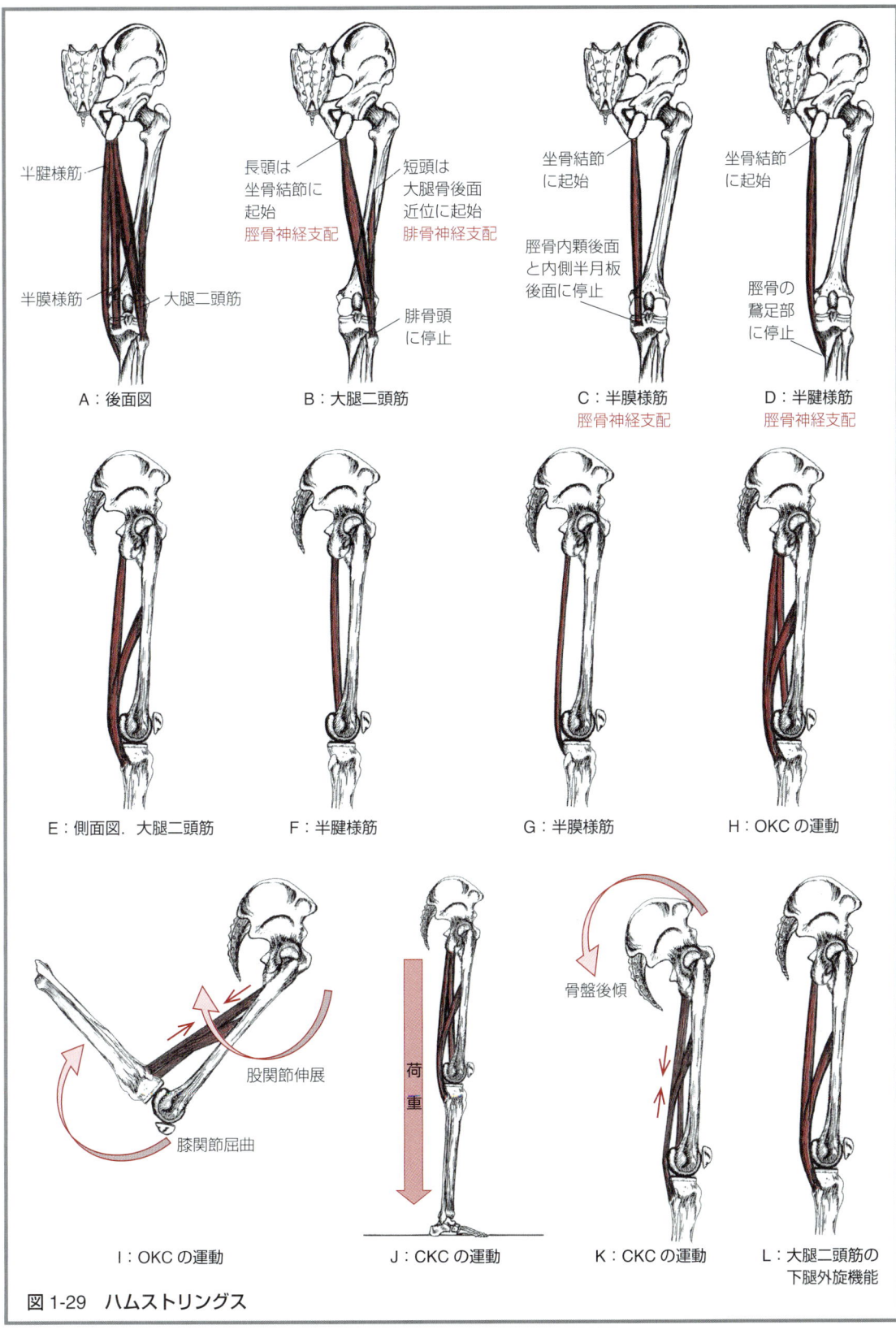

図 1-29　ハムストリングス

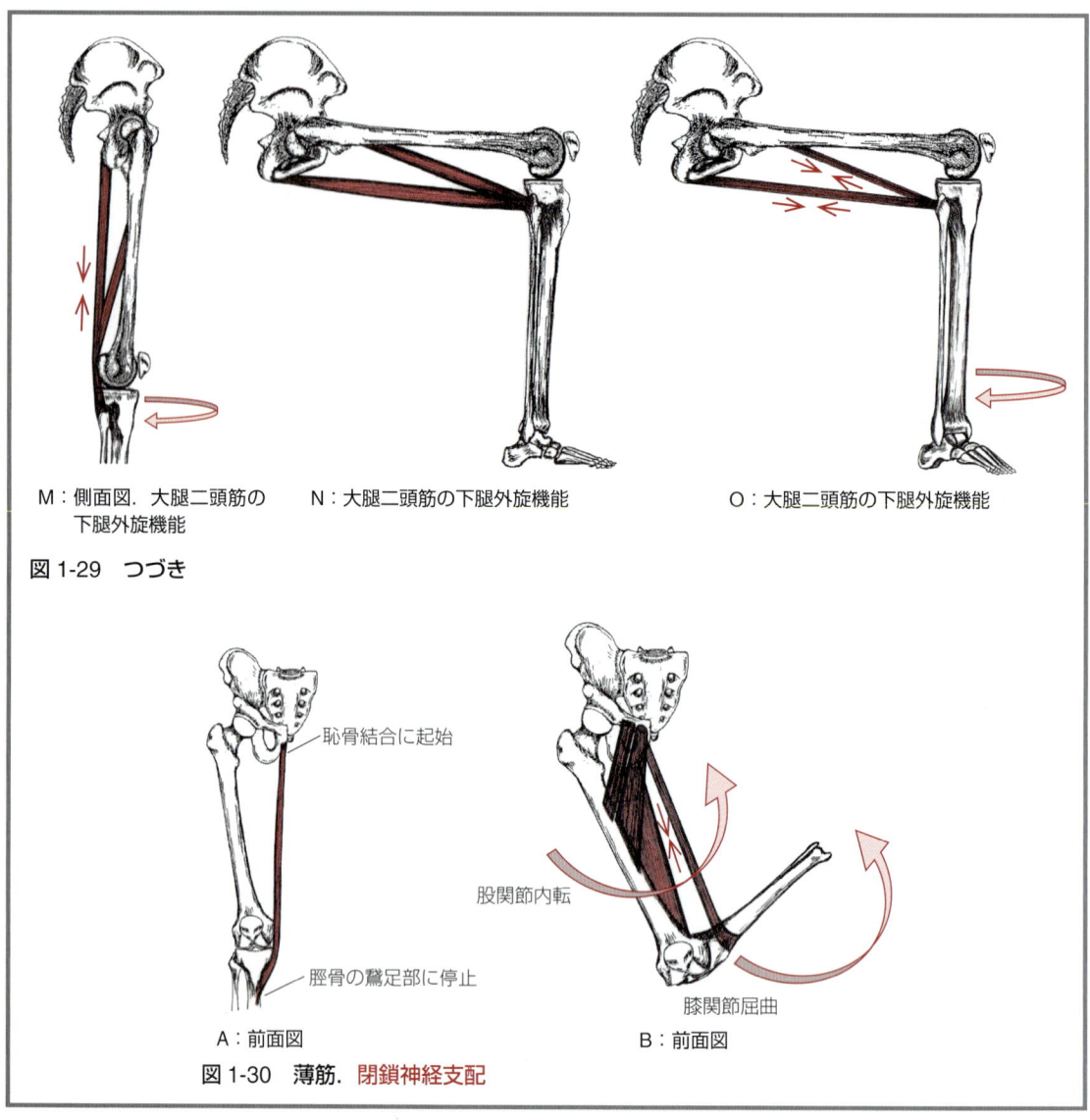

M：側面図．大腿二頭筋の下腿外旋機能
N：大腿二頭筋の下腿外旋機能
O：大腿二頭筋の下腿外旋機能

図1-29 つづき

A：前面図
B：前面図
図1-30 薄筋．閉鎖神経支配

の鵞足部に停止する二関節筋である．

薄筋（gracilis）（図1-30）

閉鎖神経に支配され，恥骨結合に起始し，脛骨の鵞足部に停止する二関節筋である．股関節内転と膝関節屈曲に作用する．

股関節の単関節筋と運動

腸腰筋（iliopsoas）（図1-31）

大腿神経に支配され，大腰筋，小腰筋，腸骨筋に分けることができる．

大腰筋（psoas major）

第12胸椎から第4腰椎の椎体と横突起に起始し，大腿骨の小転子に停止する椎間関節と股関節をまたぐ二関節筋である．

小腰筋（psoas minor）

第12胸椎から第1腰椎の椎体と横突起に起始し，鼠径靱帯に停止する．

腸骨筋（iliacus）

腸骨窩に起始し，大腿骨の小転子に停止する単関節筋である．

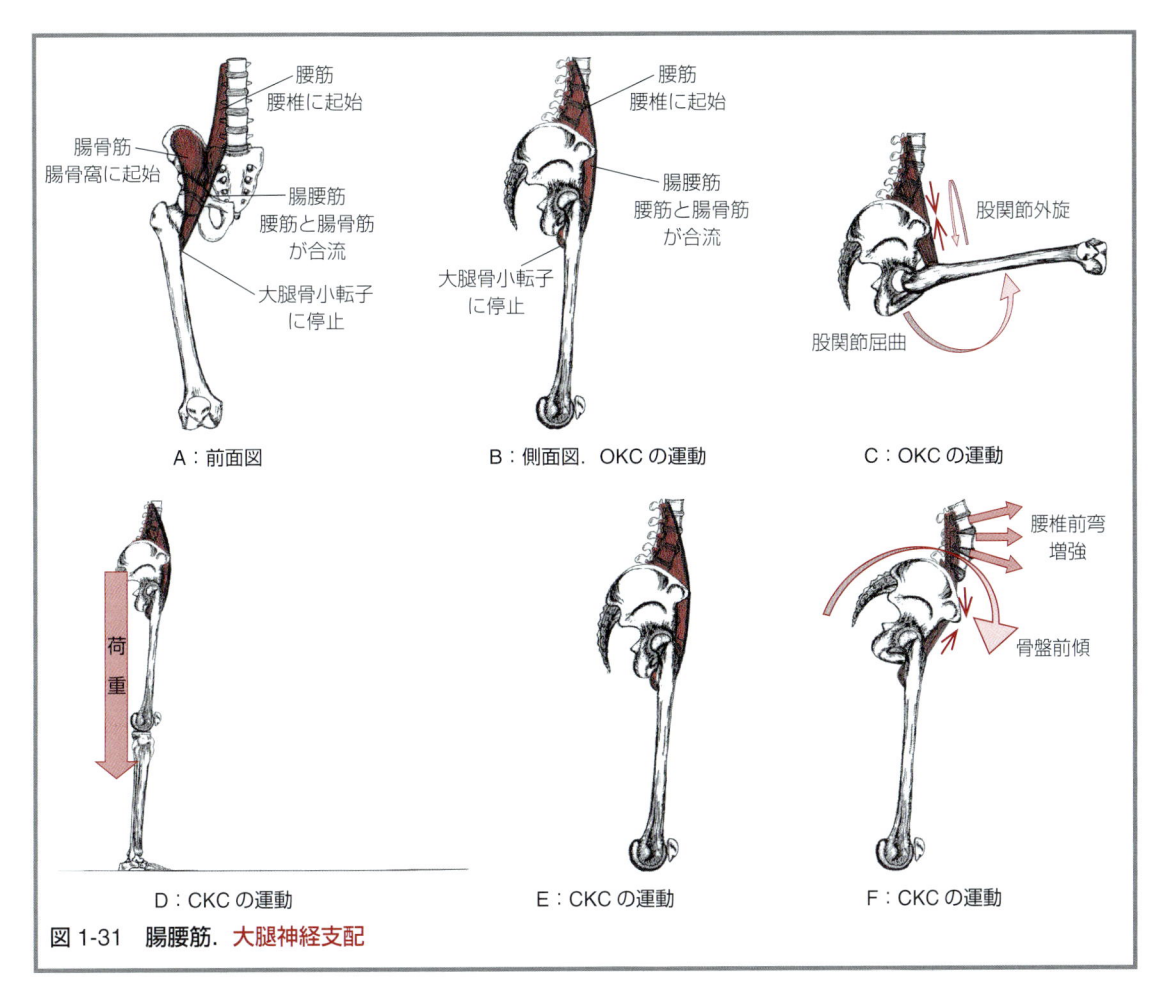

1. 股関節・膝関節の機能解剖——股関節の単関節筋と運動

図1-31　腸腰筋．大腿神経支配

A：前面図
B：側面図．OKCの運動
C：OKCの運動
D：CKCの運動
E：CKCの運動
F：CKCの運動

OKCとして股関節屈曲・外旋に作用し，CKCとして腰椎前弯増強，骨盤前傾，骨頭求心位に作用する．

股関節外転筋群 (hip joint abductors) (図1-32)

上殿神経に支配され，大腿筋膜張筋，中殿筋，小殿筋に分けることができる．

OKCとして股関節外転・内旋に作用する．大腿筋膜張筋は，腸脛靱帯を介して膝関節伸展に作用し，二関節筋としての機能も有する．CKCとして片脚起立時の対側への骨盤傾斜制御，骨頭求心位に作用する．

大腿筋膜張筋 (tensor fascia lata)

上前腸骨棘に起始し，大腿骨の大転子と腸脛靱帯に停止する単関節筋である．

中殿筋 (gluteus medius)

腸骨外面近位に起始し，大腿骨の大転子に停止する単関節筋である．

小殿筋 (gluteus minor)

腸骨外面遠位に起始し，大腿骨の大転子に停止する単関節筋である．

Trendelenburg 徴候 (図1-33)

外転筋群の筋力が弱いと，片脚起立時に骨盤が対側へ傾斜する．

Trendelenburg 跛行 (図1-33)

外転筋群の筋力が弱いと，骨盤が対側に傾斜しながら歩行する．

大殿筋 (gluteus major) (図1-34)

下殿神経に支配され，腸骨外縁と仙骨外縁に起

17

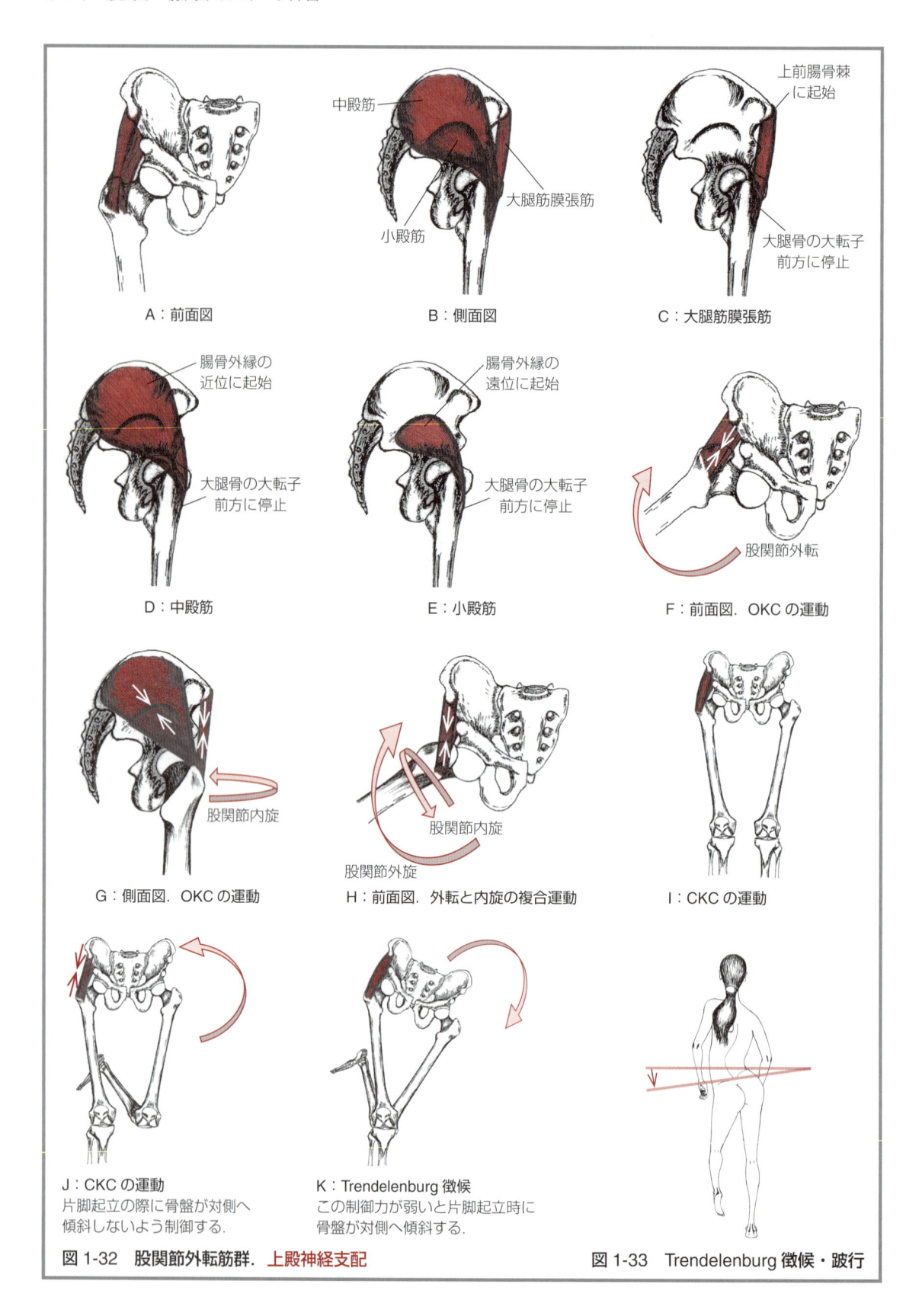

第1章　股関節・膝関節のスポーツ障害

A：前面図
B：側面図（中殿筋、大腿筋膜張筋、小殿筋）
C：大腿筋膜張筋（上前腸骨棘に起始、大腿骨の大転子前方に停止）
D：中殿筋（腸骨外縁の近位に起始、大腿骨の大転子前方に停止）
E：小殿筋（腸骨外縁の遠位に起始、大腿骨の大転子前方に停止）
F：前面図．OKCの運動（股関節外転）
G：側面図．OKCの運動（股関節内旋）
H：前面図．外転と内旋の複合運動（股関節内旋・股関節外旋）
I：CKCの運動
J：CKCの運動
片脚起立の際に骨盤が対側へ傾斜しないよう制御する．
K：Trendelenburg徴候
この制御力が弱いと片脚起立時に骨盤が対側へ傾斜する．

図1-32　股関節外転筋群．**上殿神経支配**

図1-33　Trendelenburg徴候・跛行

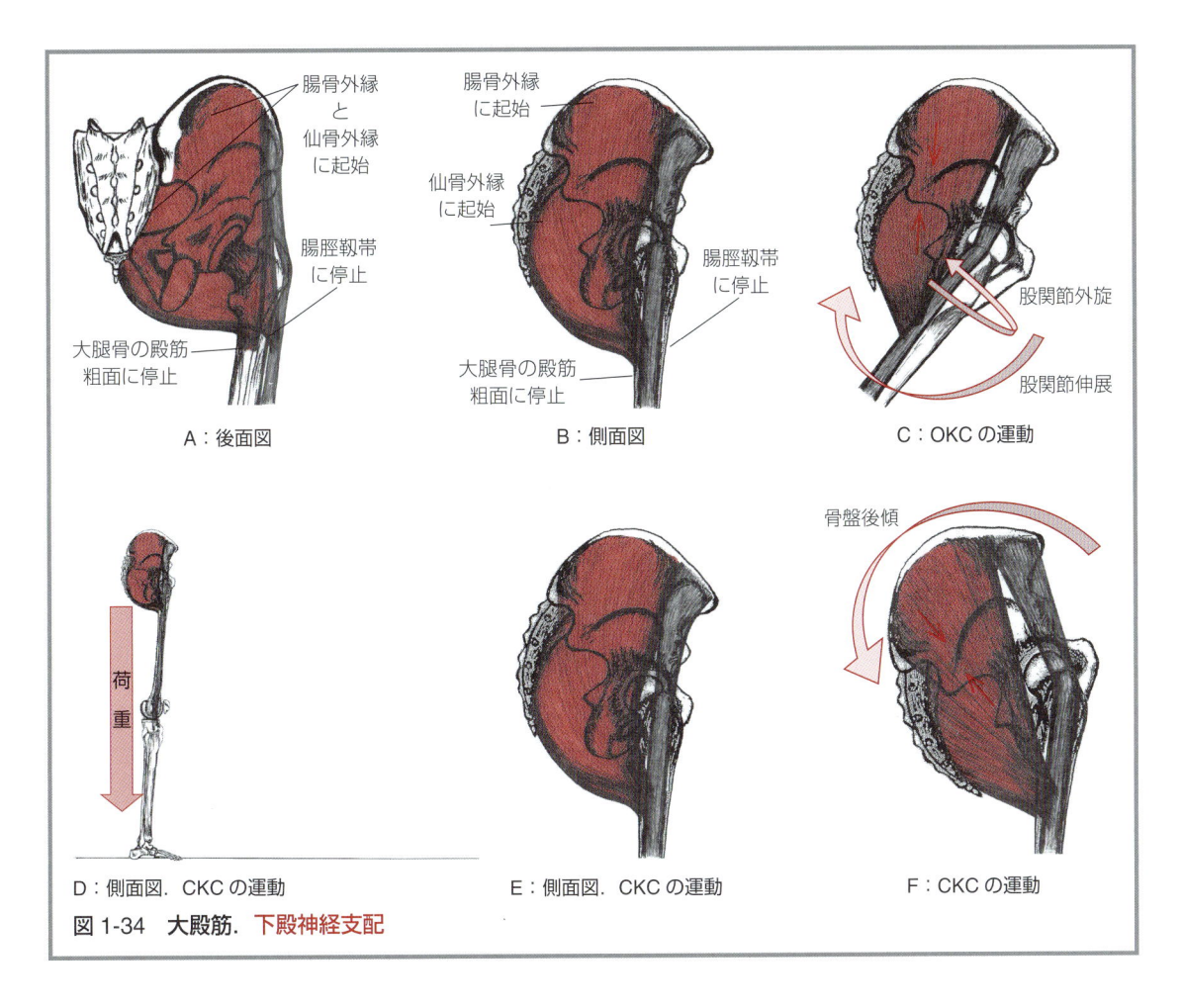

1．股関節・膝関節の機能解剖——股関節の単関節筋と運動

図1-34 大殿筋．**下殿神経支配**

A：後面図 / B：側面図 / C：OKCの運動
D：側面図．CKCの運動 / E：側面図．CKCの運動 / F：CKCの運動

始し，大腿骨の殿筋粗面と腸脛靱帯に停止する単関節筋である．

OKCとして股関節伸展・外旋に作用し，CKCとして骨盤後傾，体幹前屈制御に作用する．また，腸脛靱帯を介して膝関節伸展に作用する．

股関節外旋筋群（hip joint external rotators）（図1-35）

閉鎖神経に支配される単関節筋で，梨状筋，内・外閉鎖筋，上・下双子筋，大腿方形筋に分けることができる．

梨状筋（piriformis）
仙骨前面に起始し，大腿骨の大転子に停止する．

内・外閉鎖筋（obturatorius）
閉鎖孔周囲に起始し，大腿骨の大転子に停止する．

上・下双子筋（gemellus）
坐骨結節に起始し，大腿骨の大転子に停止する．

大腿方形筋（quadratus femoris）
坐骨結節に起始し，大腿骨の転子間稜に停止する．

単独では股関節外旋に作用するが，股関節外転筋群が股関節外転に作用する際，骨頭求心位に保持する作用も有する．

股関節内転筋群（hip joint adductors）（図1-36）

閉鎖神経に支配され，股関節屈曲位では伸展作用，股関節伸展位では屈曲作用をもつ．

恥骨筋（pectineus）
恥骨に起始し，大腿骨内側近位に停止する単関

19

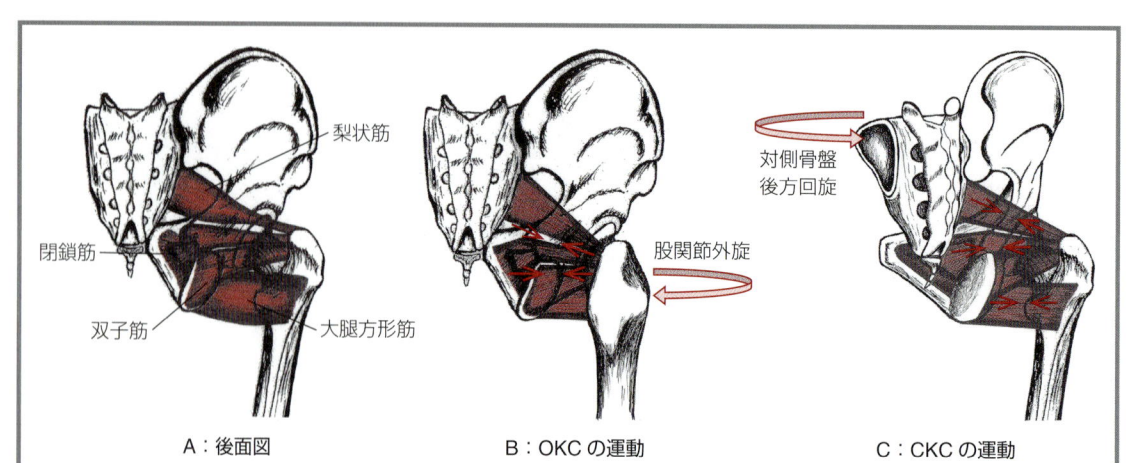

第1章 股関節・膝関節のスポーツ障害

A：後面図

B：OKCの運動

C：CKCの運動

図 1-35　股関節外旋筋群．閉鎖神経支配

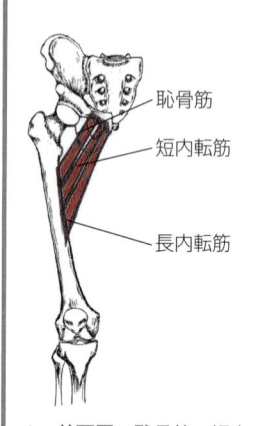

A：前面図．恥骨筋，短内転筋，長内転筋
恥骨に起始，大腿骨内縁に停止．

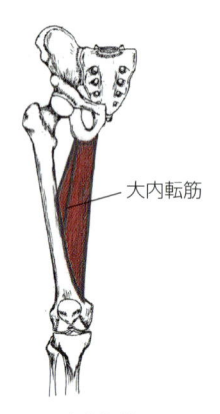

B：大内転筋
恥骨に起始，大腿骨内縁に停止．

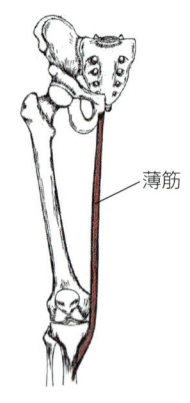

C：薄筋
恥骨結合に起始し，脛骨の鵞足部に停止する二関節筋．

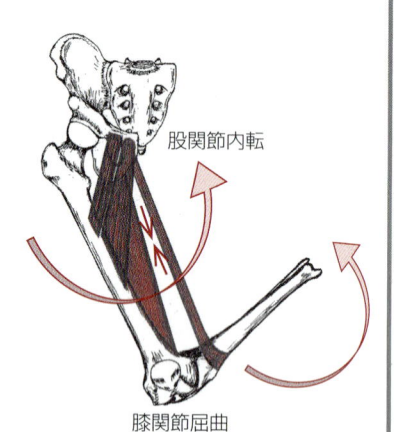

D：前面図．OKCの運動

E：側面図
股関節内転筋群の屈曲・伸展機能．

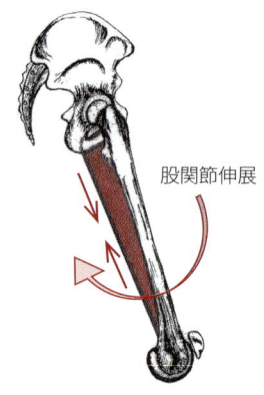

F：股関節内転筋群の伸展機能．股関節が屈曲位にあると内転筋群は伸展に作用する．

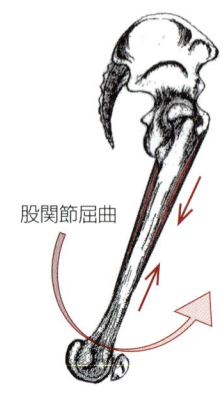

G：股関節内転筋群の屈曲機能．股関節が伸展位にあると内転筋群は屈曲に作用する．

図 1-36　股関節内転筋群．閉鎖神経支配

節筋である．

短内転筋 (adductor brevis)

恥骨に起始し，大腿骨内側近位に停止する単関節筋である．

長内転筋 (adductor longs)

恥骨に起始し，大腿骨内側遠位に停止する単関節筋である．

大内転筋 (adductor magnus)

恥骨に起始し，大腿骨内側遠位に停止する単関節筋である．

膝関節の単関節筋と運動

広筋群 (vastus muscles)

大腿神経に支配され，膝関節伸展と膝蓋骨前傾に作用する．

内側広筋 (vastus medialis)（図 1-37）

大腿骨近位内側に起始し，膝蓋骨と膝蓋靱帯を介して脛骨粗面に停止する．

中間広筋 (vastus intermedialis)

大腿骨前面に起始し，膝蓋骨と膝蓋靱帯を介して脛骨粗面に停止する．

外側広筋 (vastus lateralis)

大腿骨近位外側に起始し，膝蓋骨と膝蓋靱帯を介して脛骨粗面に停止する．

膝窩筋 (popliteus)（図 1-38）

脛骨神経に支配され，脛骨内顆後面に起始し，大腿骨外顆側面と外側半月板後面に停止する．膝関節屈曲と外側半月板後方移動に作用する．

腓腹筋 (gastrocnemius)（図 1-39）

脛骨神経に支配され，内側頭は大腿骨内顆後面に起始し，アキレス腱を介して踵骨後面に停止する．外側頭は大腿骨外顆後面に起始し，同じくアキレス腱を介して踵骨後部に停止する．内側頭・外側頭とも二関節筋で機能は共通である．

OKCでは足関節底屈に作用し，CKCでは下腿後傾制御と膝関節屈曲に作用する．

股関節と膝関節の指標

スカルパ (Scarpa) 三角（図 1-40）

鼠径靱帯，縫工筋，長内転筋で囲まれる三角の窪みである．この三角の中心に大腿骨頭と大腿動脈を触れる．

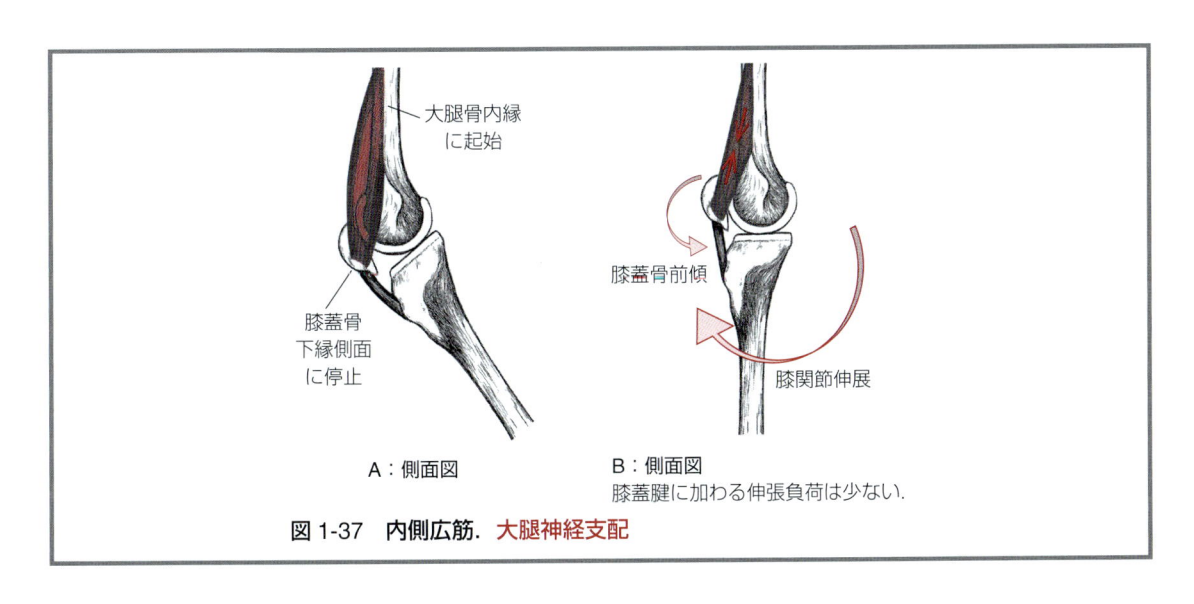

A：側面図 — 大腿骨内縁に起始／膝蓋骨下縁側面に停止

B：側面図 — 膝蓋骨前傾／膝関節伸展
膝蓋腱に加わる伸張負荷は少ない．

図 1-37　内側広筋．大腿神経支配

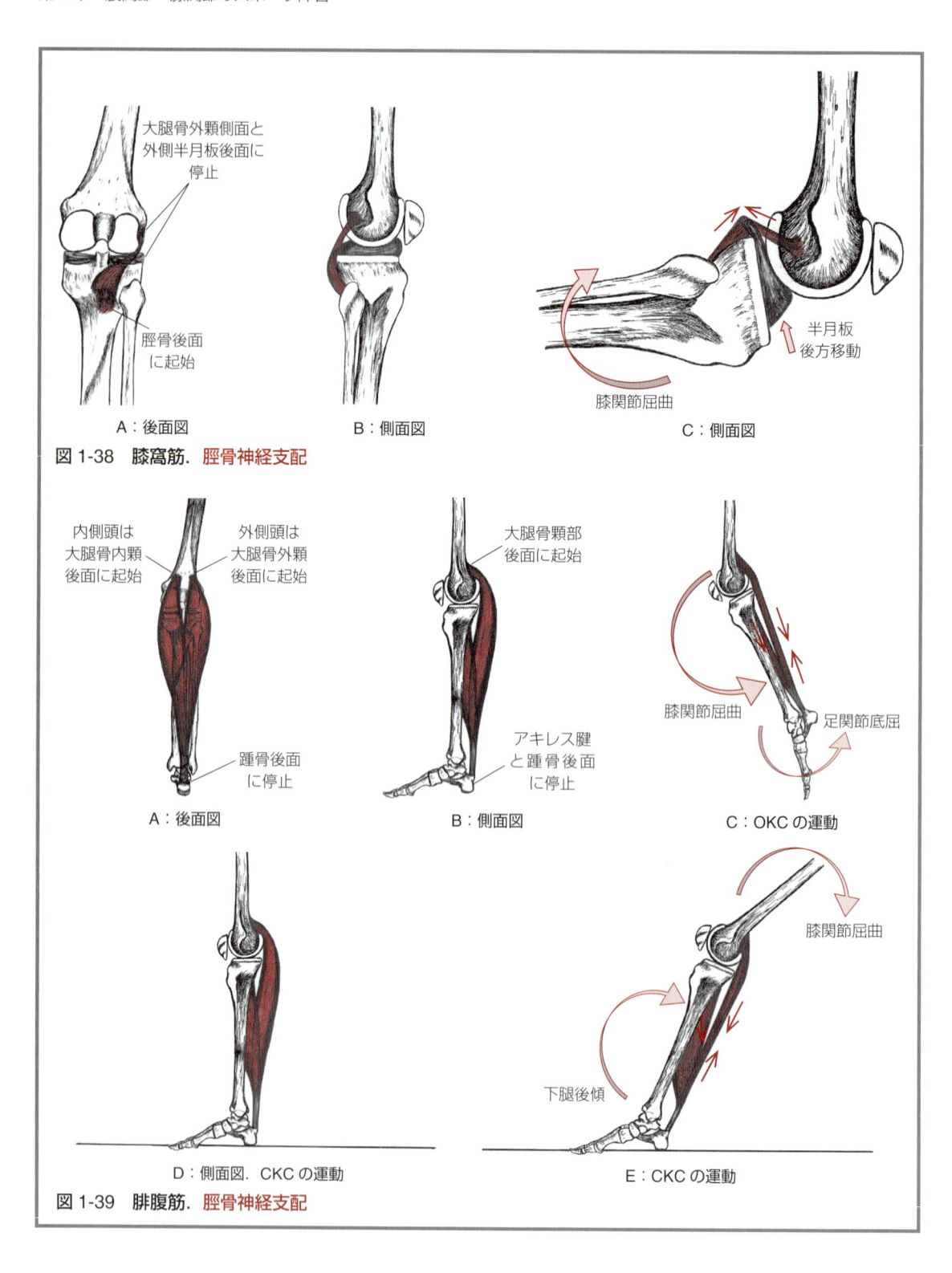

第1章 股関節・膝関節のスポーツ障害

大腿骨外顆側面と
外側半月板後面に
停止

脛骨後面
に起始

半月板
後方移動

膝関節屈曲

A：後面図　　B：側面図　　C：側面図

図1-38 膝窩筋. 脛骨神経支配

内側頭は
大腿骨内顆
後面に起始

外側頭は
大腿骨外顆
後面に起始

大腿骨顆部
後面に起始

膝関節屈曲

足関節底屈

踵骨後面
に停止

アキレス腱
と踵骨後面
に停止

A：後面図　　B：側面図　　C：OKCの運動

膝関節屈曲

下腿後傾

D：側面図. CKCの運動　　E：CKCの運動

図1-39 腓腹筋. 脛骨神経支配

図 1-40　前面図．スカルパ三角

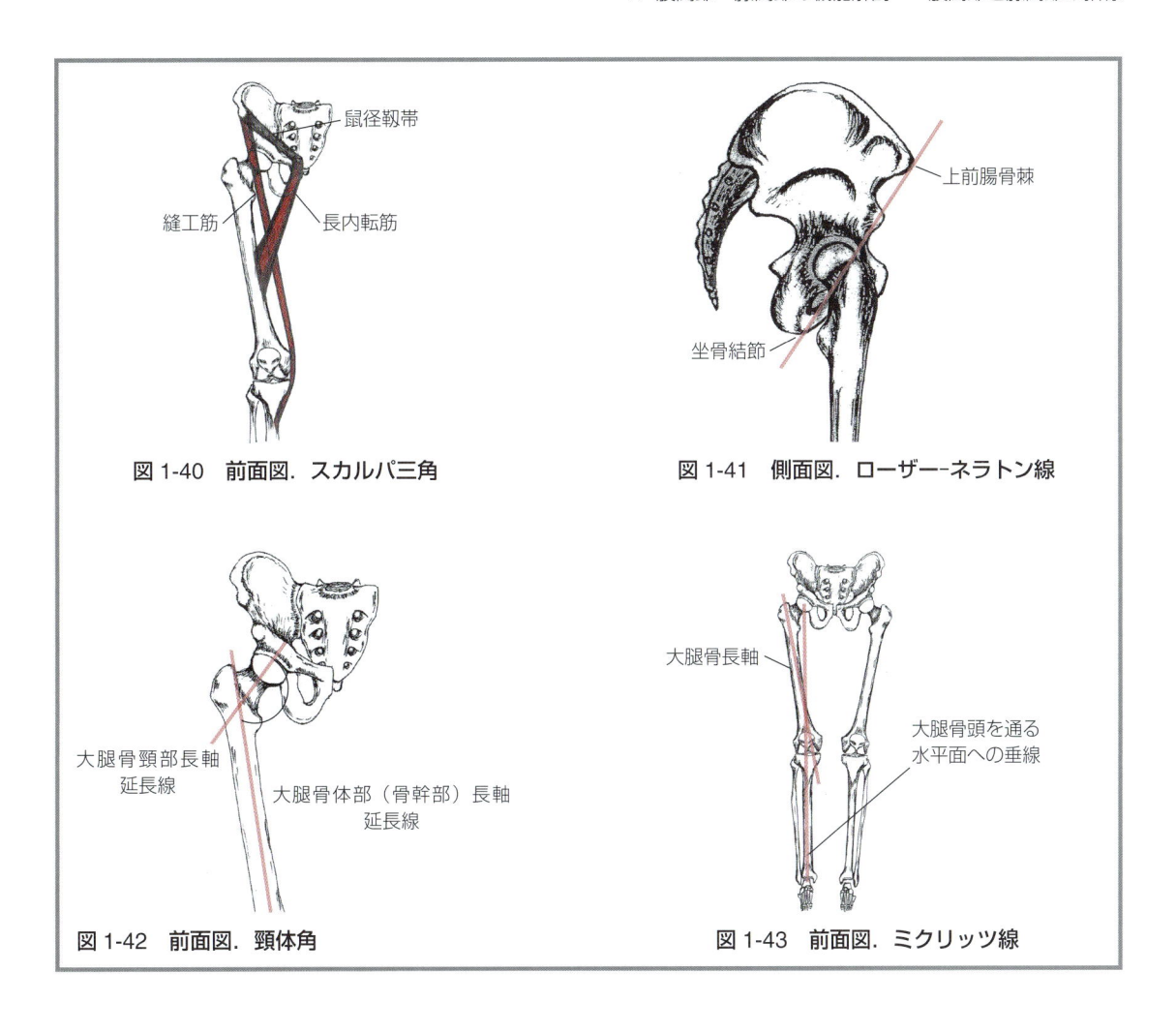

図 1-41　側面図．ローザー-ネラトン線

図 1-42　前面図．頸体角

図 1-43　前面図．ミクリッツ線

ローザー-ネラトン（Roser-Nelaton）線（図 1-41）

上前腸骨棘と坐骨結節を結んだ線．この線の直下に大腿骨大転子を触れる．

股関節各部の角度

頸体角（図 1-42）

大腿骨の頸部と体部（骨幹部）のなす角度で約 130°．

機能軸〔重心線＝ミクリッツ（Mikulicz）線〕（図 1-43）

機能軸は重心線であり，解剖軸である大腿骨長軸とは一致しない．

CE角（図 1-44）

大腿骨頭中心と寛骨臼上縁を結ぶ線と荷重線のなす角度で約 30°．

大腿骨頸部前捻角（図 1-45）

前額面に対する大腿骨頸部の前捻角で約 15°．

寛骨臼前捻角（図 1-45）

前額面に対する寛骨臼関節面の前捻角で約 45°．

膝関節各部の角度

FTA（femur tibia angle）（図 1-46）

大腿骨と脛骨の各長軸のなす角度で，男性約 178°，女性約 176°．

Q角（図 1-47）

大腿骨と膝蓋腱の各長軸のなす角度．

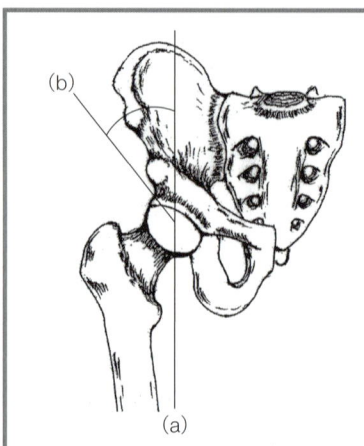

図 1-44　前面図．CE 角
大腿骨頭中心を通る水平面への垂線（a）と大腿骨頭中心と寛骨臼外縁を結ぶ線（b）のなす角度．

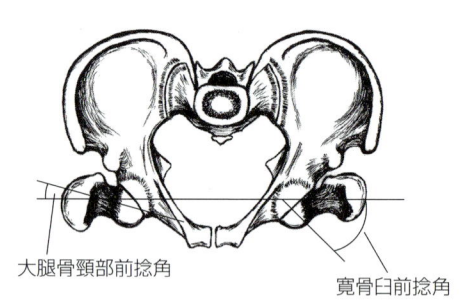

図 1-45　水平面図．大腿骨頸部前捻角と寛骨臼前捻角

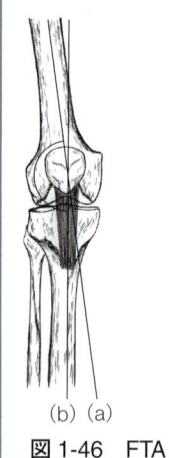

図 1-46　FTA
大腿骨長軸（a）と脛骨長軸（b）のなす角度．

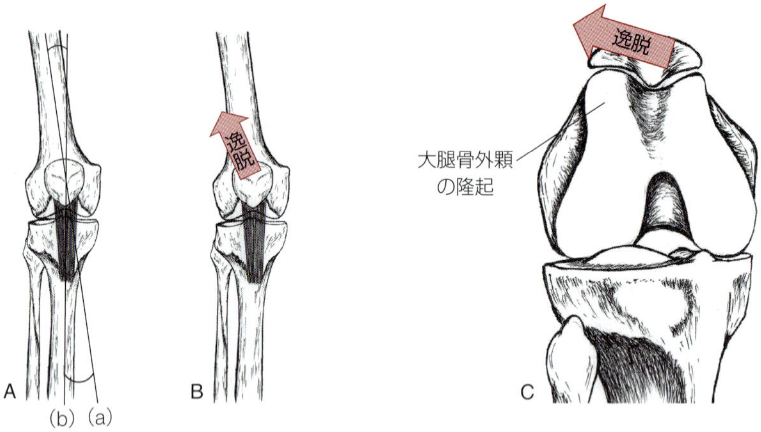

図 1-47　Q 角
A：大腿骨長軸（a）と膝蓋腱長軸（b：膝蓋靱帯）のなす角度．
B：Q 角が大きいと膝蓋骨は外側上方に逸脱しやすい．膝蓋骨亜脱臼が起こりやすい．
C：下面図．大腿骨外顆の隆起が大きければ膝蓋骨の外側上方への逸脱を阻止できる．

2. 股関節・膝関節のスポーツ障害

　股関節は骨盤と大腿骨から構成され，下肢と体幹を連結している重要な関節である．また，股関節は上半身重心および下半身重心位置を合理的に変化させ，身体重心位置の制御を行ううえで非常に重要な役割を担う（**図 1-48**）[1]．このため，股関節の機能低下は動作の不合理性を助長し，種々の疼痛を生じさせるとともにパフォーマンスを低下させることになる．股関節は球関節である構造上，強固であり，ほかの関節に比べてスポーツ障害は少ないが，骨盤や大腿近位部の障害では股関節部の症状を訴えることが多い．骨盤には多くの体幹・下肢筋が起始ないし停止しており，上前腸骨棘に縫工筋・大腿筋膜張筋，下前腸骨棘に大腿直筋，腸骨稜の前方部分に腹斜筋・中殿筋，後方部分に広背筋・大殿筋，坐骨結節に半腱様筋・半膜様筋・大腿二頭筋長頭，さらに恥骨および恥骨結節に腹

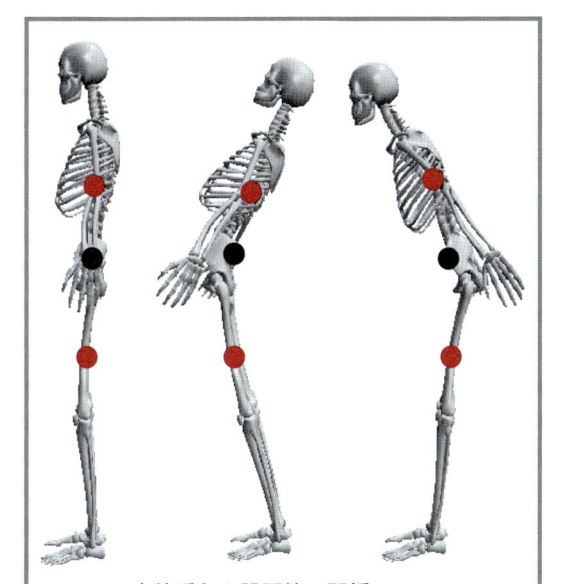

図1-48 身体重心と股関節の関係
上半身重心と下半身重心の中点に身体重心が存在する．股関節は上半身重心と下半身重心位置の中点付近に存在するため，上半身および下半身重心位置を合理的に変化させることができる．

直筋・薄筋・股関節内転筋群が付着している[2]．筋群付着部の多くは成長期に成長軟骨層があるため，力学的に脆弱であり，裂離骨折（avulsion fracture）や骨端症（apophysitis）を生じやすい[3]．また，大腿部には強力な筋群が付着するが，上半身を支えるために常に体重の数倍の荷重が作用するとともに，重心の制御および身体推進機能としての役割を有するために過労性障害が発生しやすい部位の1つである．

股関節とは逆に膝関節は，人体で最も大きな滑膜性関節であり非常に不安定な構造となっている．そのため，スポーツ障害において受傷頻度の高い関節の1つである．また，膝関節は主に屈曲・伸展の矢状面運動を行う関節であるが，多少の回旋や内反・外反運動および前後並進運動も生じる．このため，ほかの関節の機能不全の影響受けやすい関節であるといえる．たとえば，カッティング動作において回旋運動を行う場合，主として股関節などの大きな回旋機能を有する関節が動く必要

があるが，これらの関節の回旋機能が何らかの原因で障害されていた場合，膝関節に過度な回旋ストレスが生じ，疼痛を発症することが予測される．

関節構造を個々にみると前述した特徴を示すものの，膝関節と股関節は大腿骨という長管骨によって構成されており，大腿骨が動くということは膝関節と股関節も動かざるを得ないということになる．また，下腿を動かす筋のほとんどが骨盤に付着しており，筋の過剰収縮によって生じる疼痛や，理学療法施行時に筋作用による関節安定性を考えるうえで，骨盤・大腿・下腿を別々にとらえることはさまざまな弊害を生む結果となる．よって，病態という観点から膝関節および股関節疾患を別個にとらえることは重要であるが，機能評価や理学療法を施行するうえでは別個にとらえるのではなく，ユニットとしてとらえる必要がある．

股関節のスポーツ障害

滑液包炎（bursitis）

滑液包は結合組織の摩擦を受けやすい部位に発生する生理的な潤滑装置である．滑液包炎の発生メカニズムとしては，over useや，解剖学的要因による過度の摩擦と外傷後の2つがあげられる．股関節周囲の滑液包炎の発生部位としては，大転子部，小転子部，坐骨結節部があり[4]，主な症状は疼痛と圧痛である（図1-49）．

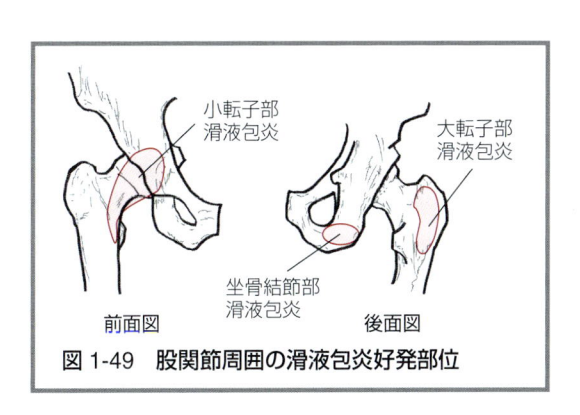

図1-49 股関節周囲の滑液包炎好発部位

大転子部滑液包炎 (trochanteric bursitis)

　転子部滑液包は中殿筋停止部の腱帽と大転子先端との間に中殿筋転子包，大殿筋上部の腱枝と大転子との間に多房性の大殿筋転子包，また大転子前部で小殿筋の腱と大転子先端とのあいだに小殿筋転子包などがあり，これらを総称して大転子部滑液包という．主として，大転子部滑液包炎では大転子部滑液包が腸脛靭帯により刺激されて炎症を生じ，圧痛と股関節の外旋・内転での疼痛増悪が著明となる[3]．また，Patrick testが陽性となることが多く，大腿外側から膝にかけて放散する痛みを訴えることもある[4]．

小転子部滑液包炎 (iliopectineal bursitis)

　小転子部滑液包は鼠径靭帯から小転子にかけて存在し，股関節前面で腸骨筋の後方に位置する．正常にみられる滑液包としても最も大きく，幅2～4 cm，長さ3～7 cmである．腸骨筋と股関節前面の間で圧迫され発症し，股関節部の疼痛および膝に放散する大腿前面部痛が認められる．圧痛部位は鼠径靭帯よりやや遠位である．この滑液包は腸恥滑液包ともよばれ，同部の炎症を腸恥部滑液包炎ともいう[4]．

坐骨結節部滑液包炎 (ischiogluteal bursitis)

　坐骨結節と大殿筋との間の滑液包の炎症であり，主に坐骨付着部筋や大殿筋に刺激されて発症し，疼痛および圧痛を生じる．また，長時間の座位で発症することもある．この滑液包は坐骨殿部滑液包ともよばれ，同部の炎症を坐骨殿部滑液包炎ともよぶ[4]．

恥骨結合炎 (osteitis pubis)

　サッカー，ラグビー，レスリング，ホッケー，長距離ランナー，重量挙げ，フェンシングの選手にみられ，腹直筋と薄筋や股関節内転筋のover useにより生じると考えられている[5]．症状は徐々に出現する恥骨部の疼痛で，運動により増悪し，下腹部，鼠径部，大腿内側への放散痛を伴い，歩行障害を呈することもある．恥骨結合部の圧痛が著明で，股関節の他動による外転や内転の抵抗運動にて疼痛が誘発される．X線変化は発症後2～3週間して現れ，①恥骨内側の対称性骨吸収，②恥骨結合離開，③恥骨枝の吸収像や硬化像，などがみられる[6]．

鼠径周辺部痛 (鼠径部痛・鼠径部痛症候群・groin pain)

　鼠径部周辺の痛みの総称であり，わが国における鼠径周辺部痛は恥骨結合炎や内転筋付着部炎，腹直筋腱付着部炎などとよばれることが多い[7]．海外ではその原因に関する報告はさまざまであり，Martensら[8]やAkermarkら[9]は内転筋腱や腹直筋腱の炎症が原因であるとしており，Bradshawら[10]は閉鎖神経のエントラップメントが原因としている．また，Hackney[11]は鼠径管後壁の弱体化が原因としており，Mozesら[12]は腸腰筋炎症が原因であるとしている．このように鼠径周辺部痛に対しては，その一つひとつに明らかな診断をつけて治療を行うことが難しいのが現状である．また，臨床においては大腿直筋起始部の過剰な緊張によっても鼠径部に疼痛を訴えることが多い．

梨状筋症候群 (piriformis syndrome)

　梨状筋と坐骨神経とのあいだで生じる絞扼性神経障害である．Yeoman[13]が仙腸関節炎由来の梨状筋の炎症による坐骨神経痛を報告して以来，Robinson[14]により，仙腸関節や梨状筋に圧痛があり，下肢の放散痛を認めるものに対して，梨状筋症候群と命名された．その後，諸家[15～17]により，解剖学的破格，殿部の外傷の既往，スポーツ時の発症，血管異常による坐骨神経鞘内圧の上昇に伴うものなど，さまざまな発症要因が報告されている[18]．主な症状は梨状筋周辺の疼痛と圧痛ならびに坐骨神経領域の痺れである．

膝関節のスポーツ障害

前十字靱帯損傷（anterior cruciate ligament injury：ACL損傷）

接触型と非接触型に分類され，ボール競技などでは跳躍や急激なストップ動作による非接触型の損傷が特徴的である．受傷時に膝の中で何かが切れた感じ（pop音）を自覚していることが多く，スポーツ動作の続行は不可能となる[19]．ACLは脛骨の前方移動を制御する役割を担うため（表1-1）[20]，大腿に対して下腿が前方に位置する動作で受傷することが多い．また，ACLは脛骨の回旋制御機能も有しており，受傷時には脛骨の回旋も生じているといわれているが，脛骨内旋および外旋のどちらの受傷が多いかは諸家によって報告が異なる．近年，ACLの形態解剖および機能解剖が解明され，ACLは2つの線維束から構成されることが明らかになった[21〜26]．Girgisら[23]はACLの線維束を2つに分類し，anrero-medial band（AMB）とposterolateral band（PLB）と名付けた．また，Sakaneら[24]は脛骨の前方引き出し時における前方制動は，膝屈曲位でAMBが有意に働き，膝伸展位付近ではPLBが有意に働くとしている．また，膝伸展位付近ではPLBはAMBと比較して回旋安定性に寄与するとの報告もある[22]．もし，保存療法が選択された場合は，受傷部位をより詳細に把握して，膝関節alignmentならびに理学療法の方向性を決定す

る必要がある．

後十字靱帯損傷（posterior cruciate ligament injury：PCL損傷）

PCL損傷の多くは下腿後方への剪断力により受傷する．たとえば，膝関節屈曲位で急激に地面に膝を付くことにより下腿に後方剪断力が加わり，受傷することが多い．スポーツではさまざまなコンタクト場面で受傷する可能性があるものの，非接触型の損傷はまれである．腫脹はACL損傷ほど著明ではなく，スポーツの続行が可能なことも多い．また，PCL単独損傷に関しては保存的治療が有効であるとの報告が多い[27, 28]．

内側側副靱帯損傷（medial collateral ligament injury：MCL損傷）

MCL損傷は膝関節外反強制により生じ，サッカーやラグビーなどのコンタクトスポーツで受傷することが多いが，接触型だけでなく非接触型で損傷することもある．靱帯損傷の重傷度はⅠ〜Ⅲ度に分類され，Ⅰ度は微小断裂があるが不安定性は生じない，Ⅱ度は不安定性を認めるがend pointが存在する，Ⅲ度は著明な不安定性を認める（完全断裂），に分かれている[19]．MCL損傷では膝関節内側の疼痛と可動域制限を訴えるが，その程度と損傷の重傷度は必ずしも一致せず，比較的軽度の損傷でも疼痛や腫脹が強い場合がある[29]．また，損傷部位は大腿付着部近傍が多いが，脛骨付着部付近でも損傷することがある．MCLは内側固有靱帯（狭義のMCL）と内側関節包靱帯に分けられ，後者は内側半月板（medial meniscus：MM）に密に付着しており，前方1/3は菲薄で伸筋支帯によって覆われている．中央1/3は比較的厚くMCL深層とよばれ，後方1/3は後斜靱帯（後斜走線維）となり，最後方部では関節包に移行し，半膜様筋や腓腹筋内側頭によって動的に補強されている（図1-50）．固有靱帯であるMCL前縦走線維は浅部を

表1-1 膝関節の動きと靱帯の緊張

	前十字靱帯	後十字靱帯	内側側副靱帯	外側側副靱帯
伸展	+	△	+	+
屈曲		+		
外反	+	△	+	
内反	+	△		+
外旋		+	+	+
内旋	+	△	+	+

（Neumann DA. 2005[20]）

図 1-50　膝関節内側解剖図

図 1-51　MCL 前縦走線維の機能

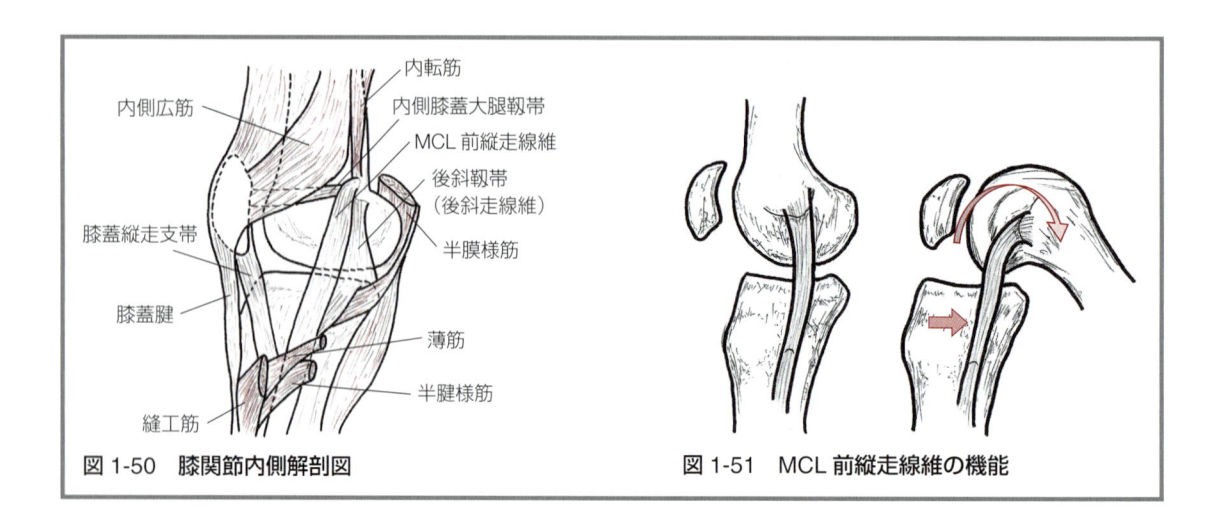

走行するため浅層ともよばれ，膝関節伸展位から屈曲位まで全可動域にわたりその緊張を保つ．そのメカニズムは，膝関節が屈曲60°を超えると後方にスライドし，近位付着部で線維が大腿骨内側上顆に巻き取られるように付着部が回転することによってその緊張が維持される（**図1-51**）[30]．またMCL深層は半月大腿線維束や半月脛骨線維束となってMMに付着することから[31]，MM損傷を合併することも多い．MCL損傷においては損傷部の圧痛と膝関節外反位での疼痛が著明であり，損傷程度によっては外反ストレステストが陽性となる．ただし，MCL部位により機能が異なることが考えられることから，どの部位を損傷しているのかを詳細に判断したうえで理学療法を施行する必要がある．

外側側副靱帯損傷（lateral collateral ligament injury：LCL 損傷）

LCL損傷は，膝関節に大きな内反力が加わって受傷するが，単独損傷はまれである．LCL損傷部位に圧痛が生じ，膝関節内反で疼痛が増強する．靱帯損傷の程度はⅠ～Ⅲ度に分類され，Ⅰ度は圧痛のみで内反不安定性が生じない，Ⅱ度は膝関節屈曲30°で内反不安定性が生じる，Ⅲ度は膝関節伸展位でも内反不安定性が生じる，に分かれている．

最近では，LCL，膝窩筋腱複合体（膝窩筋，膝窩筋腱，膝窩腓骨靱帯），弓状靱帯，後外側関節包から構成される膝関節後外側支持機構の損傷が注目されている[32]．LCL損傷においては損傷部の圧痛と膝関節内反位での疼痛が著明であり，損傷程度によっては内反ストレステストが陽性となる．

半月板損傷（meniscus injury, meniscus tears）

ACL損傷やMCL損傷に合併することが多い．合併損傷以外であれば，膝関節屈曲荷重位にて異常な回旋が加わり，半月板が脛骨大腿関節に挟まれて損傷する．内側・外側半月板ともに中節から後節にかけての損傷が多く，血流のある辺縁部損傷では関節血症を合併することもある．症状は多彩であり，損傷側の関節裂隙に疼痛を生じ，嵌頓症状（locking）や弾発現象（click），引っかかり感（catching），膝くずれ（giving way），関節水腫などが生じる．また，先天性円盤状半月が半月板損傷の一要因になることもある．

膝蓋腱炎（patellar tendinitis, ジャンパー膝：jumper's knee）

ジャンパー膝は，ジャンプ，着地，ストップ，ダッシュが頻繁に繰り返され，膝伸展機構（大腿四頭筋腱-膝蓋骨-膝蓋腱）に過度な負担が加わると引

き起こされる障害である[33]．スポーツとしては，バレーボール，バスケットなどのジャンプ頻度が高い競技が多いが，サッカーや野球，陸上競技でも発症する．疼痛部位としては膝蓋骨下縁と膝蓋腱の境界部が多い．症状としては，初期に起床時膝関節前面に疼痛が出現し，時間が経過するに従って疼痛が消失することが多く，障害が進行するにつれてジャンプやランニング動作後に疼痛が出現するようになる．Roels ら[34]は臨床症状から病気を4期に分類しており，1期は活動後の膝蓋骨上端および下端の疼痛，2期は活動開始時の疼痛，ウォーミングアップ後の疼痛消失および運動終了後疼痛再出現，3期は活動中，活動後の疼痛残存とスポーツ参加不可能，4期は膝蓋靱帯断裂としている（**表1-2**）．ジャンパー膝は膝蓋腱の膝蓋骨付着部深層に病変が存在することから，圧痛について診察する際には膝関節を伸展位に保持し，大腿四頭筋の緊張を取り除いたうえで膝蓋腱の膝蓋骨付着部を膝蓋骨下面に圧迫するようにする必要がある[35]．ジャンパー膝の主因は膝蓋腱の炎症と思われがちだが，本態は膝蓋腱の変性と考えられており[36]，半月板損傷やタナ障害を合併することが多い．

オスグッド-シュラッター病（Osgood-Schlatter disease）

オスグッド-シュラッター病は，発育期において繰り返しの運動負荷により大腿四頭筋収縮による牽引力が，力学的に脆弱な脛骨粗面の骨端軟骨にかかることにより，同部位に，炎症，部分剥離，微小裂離骨折が生じる疾患である[37]．脛骨粗面に圧痛があり，スクワットやジャンプ動作などで疼痛を訴えるほか，走行時や急激なストップ動作およびサッカーのキック動作でも痛みが出現することが多い．障害が進行すると，階段昇降時や歩行時にも疼痛が生じることもある．オスグッド-シュラッター病では，大腿四頭筋の緊張により膝蓋骨の位置は高位となり，かつ後方に傾斜する[38,39]．

腸脛靱帯炎（iliotibial band syndrome, ランナー膝：runner's knee）

ランナー膝はランニングによって起こる疾患の1つであり，大腿外側にある腸脛靱帯が，膝関節屈伸時に大腿骨外側上顆結節部を乗り越えて摩擦が生じることによって，炎症を惹起し，膝関節外側に疼痛が生じる疾患である．内反膝や下腿内旋などの malalignment によるランニングフォームで発症することが多い．症状としては下りのランニングで増悪する．Lindenberg ら[40]は臨床症状からグレードを4つに分類しており，グレード1は疼痛が走行後に生じるが走行距離とスピードに影響しない，グレード2は疼痛が走行中に生じるが走行距離とスピードに影響しない，グレード3は疼痛が走行中に生じ，走行距離とスピードに影響する，グレード4は疼痛が強度であり走行を妨げる，としている（**表1-3**）．整形外科テストでは大腿骨外側上顆の近位3 cmくらいのところを軽く圧迫しながら膝関節の伸展運動を行うと疼痛が増強する grasping test が参考になる[41]．

表1-2　ジャンパー膝病期分類（Roels）

1期：活動後の膝蓋骨上端および下端の疼痛
2期：活動開始時の疼痛，ウォーミングアップ後の疼痛消失，運動終了後疼痛再出現
3期：活動中と活動後の疼痛残存，スポーツ参加不能
4期：膝蓋靱帯断裂

表1-3　ランナー膝症状分類（Lindenberg）

グレード1：走行後に疼痛出現　走行距離，スピードに影響なし
グレード2：走行中に疼痛出現　走行距離，スピードに影響なし
グレード3：走行中に疼痛出現　走行距離，スピードに影響あり
グレード4：疼痛が強度であり走行を妨げる

（Lindenberg G, et al. 1984[40]）

鵞足炎 (pes anserinus syndrome, pes anserinus tendinitis/bursitis, pes anserinus tendino-bursitis)

鵞足炎は，薄筋，縫工筋，半腱様筋が付着する鵞足（脛骨前内側部）周囲の腱や滑液包に炎症が生じる疾患である．膝関節外反によって疼痛が増悪するため，横方向への動きを多用するスポーツで発症するほか，ランニングやキック動作で発症することも多い．鵞足部の疼痛や圧痛が著明であり，ガングリオンや外骨腫が疼痛の原因となる場合がある．

膝蓋下脂肪体炎 (inflammation of infrapatellar fat pad)

膝蓋下脂肪体は，膝蓋骨と半月板を結ぶ軟性組織であり，牽引ストレスやインピンジメントにより炎症が生じることで発症する．症状としては，膝蓋骨下端で膝蓋腱後方部に圧痛と疼痛を生じる．膝関節屈曲時に疼痛がなく，伸展時に膝蓋下の圧痛が出現することをホッファ徴候といい，膝蓋下脂肪体炎を疑う所見の1つである[42]．膝関節伸展モーメントの増大がメカニカルストレスとなるため，スポーツでは，バレーボールやバスケットなどのジャンプを多用する種目で発症することが多い．また，ランニングやサッカーのキック動作でも疼痛が出現することもある．

膝蓋軟骨軟化症 (chondromalacia patellae)

膝蓋骨軟化症は膝蓋骨軟骨面の軟化（変性）を生じ，膝関節前面の疼痛や不安定性などの臨床症状を呈する疾患である．また，軟骨の軟化だけでなく，膨化，亀裂，摩耗，線維束形成，毛羽立ちなどが生じることもある[43]．膝蓋骨軌道（patellar tracking）の異常を有する女性に多くみられ，Q-angleの増加や膝蓋骨のmalalignment，内側・外側支帯の異常緊張や軟骨栄養障害などが原因として考えられる膝蓋大腿関節の適合異常を基盤とした疾患である[44]．脱臼不安感徴候やgrimaceテストが用いられる．

3. 評価

スポーツによる股関節周辺部痛は多くはないものの，一度発症すると治療に長期間を要するものも少なくない．これは，股関節が解剖学的に強固であるがために，疼痛が発生した時点においては，身体運動機能の破綻による股関節へのメカニカルストレスが長期に生じていることが一因としてあげられる．股関節では大腿骨頭を覆うように臼蓋が存在し，前方は強靱な靱帯により補強され，後方は骨性に安定している構造をしているが，頻回に生じるメカニカルストレスにより，受動的制御を行う関節構成体や能動的制御を行う股関節周囲筋に過度な負担が生じ，疼痛を発生していることが考えられる．つまり，股関節に疼痛が生じている時点では，その強固な関節でも耐えられないようなメカニカルストレスが発生するほど身体機能が破綻しているか，先天的な股関節疾患が存在することが予測される．逆に膝関節は，その不安定な構造によりスポーツ障害および外傷が多岐にわたり，他部位の機能障害の影響を受けやすい部位である．膝関節と股関節疾患のいずれにせよ，障害部位に対する理学療法のみで効果を得ることは難しく，他部位の機能評価を詳細に行う必要がある．

股関節疾患に対する整形外科テストとメカニカルストレス

股関節の疼痛はメカニカルストレスが大きく関与していることが考えられ，矢状面（股関節前後方），前額面（股関節外内方），水平面（股関節回旋）のどのストレスにより疼痛が増悪および軽減するのかを詳細に評価する必要がある．まずは，大まかにどのような動作で疼痛が増大するのかを評価

し，その後にどの組織にどのようなメカニカルストレスで疼痛が生じているのかを詳細に把握する．各疾患における代表的な整形外科テストとメカニカルストレスを以下に示す．

大転子部滑液包炎

大転子部滑液包は大転子と腸脛靱帯の間に介在し，摩擦を軽減する役割を有するが，同部への摩擦が必要以上に高まると炎症が生じる．腸脛靱帯は大腿筋膜張筋および大殿筋と連結し，骨盤および大腿の外側方に対する制御作用として働き，スポーツ動作などによってこの制御作用を多用すると大転子部滑液包炎を発症することが予測される．疼痛評価としては，非荷重位で大腿筋膜張筋の伸張性を評価するオーバー（オーベル）(Ober) テストや，大腿筋膜張筋および大殿筋に対する抵抗運動テストを行い，荷重位では対側への側屈と骨盤の同側への移動により再現痛を確認する（図 1-52）．

小転子部滑液包炎

小転子部滑液包炎は，股関節前面と腸骨筋との摩擦の増大により生じることが予測される．腸骨筋は腸腰筋の一部であり，主に股関節の屈曲運動に関与するが，スポーツ動作においてはキック動作などの股関節屈曲動作の増大と，支持側においては股関節の伸展モーメントの制御作用として収縮が必要以上に強制されて受傷することが考えられる．疼痛評価としては，非荷重位にてトーマステスト（Thomas test）および股関節屈曲の抵抗運動を行い，伸張性や疼痛の有無を確認する．また荷重位では骨盤の前方移動と体幹の伸展を強調した後屈運動で再現痛を評価する（図 1-53）．

坐骨結節部滑液包炎

坐骨結節には大腿二頭筋長頭，半腱様筋，半膜様筋が付着しており，この筋の緊張により，坐骨結節部に存在する滑液包の摩擦が高まるものと考えられる．大腿二頭筋長頭，半腱様筋，半膜様筋は股関節伸筋であり，下肢伸展挙上（straight leg raising：SLR）テストや股関節伸展に対する抵抗運動にて伸張性および疼痛を確認し，荷重位では骨盤の後方移動および体幹前傾を強調した前屈運動で再現痛を評価する（図 1-54）．

恥骨結合炎

恥骨結合炎は腹直筋および股関節内転筋の over use と考えられているため，腹直筋，薄筋，股関節内転筋の抵抗運動にて再現痛の確認を行う（図 1-55）．どの筋の over use にて恥骨結合炎が生じているかにより，理学療法の方向性は異なることが予測されるので詳細に行う必要がある．

鼠径周辺部痛

鼠径周辺部痛の原因は多岐にわたるため，より詳細な評価が必要となるが，臨床において鼠径部周辺部痛を呈する患者の多くはスポーツ動作時に股関節前方移動の増大により疼痛が生じていることが多い．たとえば大腿直筋起始部では股関節の前方移動制御により過剰な収縮が必要になるため疼痛が生じ（図 1-56A），縫工筋では，股関節前方移動の増大に加え，骨盤の外側方移動を制御するために過剰な収縮が必要となることが予測される（図 1-56B）．腹直筋は恥骨稜に停止することから，骨盤の前方移動および腰椎の前弯増強姿勢と上半身重心の後方偏位を制御するために過剰に収縮することが考えられる（図 1-56C）．股関節前方移動の増大による鼠径周辺部痛でも，その疼痛を引き起こす原因によって理学療法の方向性やスポーツ動作分析の着目点は異なる．また，股関節内転筋による鼠径周辺部痛では，股関節内転筋の過剰収縮が疼痛の原因となることが考えられるが，股関節内転筋の活動が増大する典型的な動きとしては骨盤の内方移動や体幹の同側側屈による上半身重心の制御などが疼痛の原因となる（図 1-57）．また，

A：オバー（オーベル）テスト

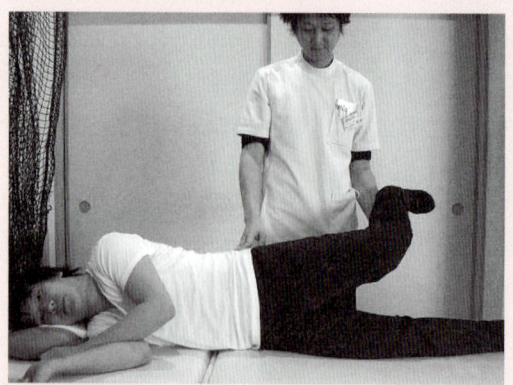

膝関節90°屈曲し，外転位で保持する．検者が手を離すと正常では内転方向に下肢が落ちるが，大腿筋膜張筋や腸脛靱帯に短縮があると外転位に留まる．

B：大腿筋膜張筋に対する抵抗テスト
（tensor fasciae latae resistive test）

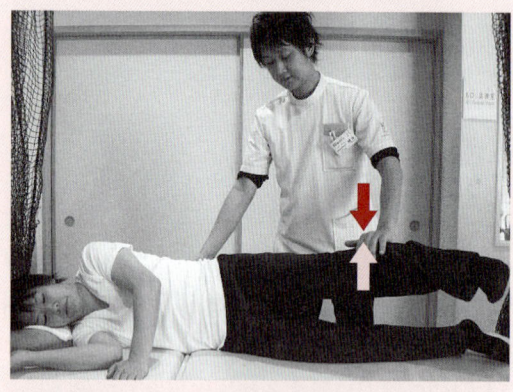

股関節屈曲45°で行う．検者は内転方向に抵抗を加え，被検者はその抵抗に負けないよう股関節を外転させる．

C：大殿筋抵抗テスト
（gluteus maximus resistive test）

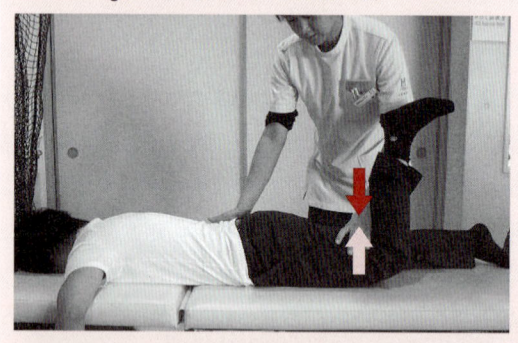

検者は屈曲方向に抵抗を加え，被検者はその抵抗に負けないよう股関節を伸展させる．
膝関節屈曲位にさせることによりハムストリングスによる股関節伸展運動が抑制される．

D：体幹側屈テスト
（trunk lateroflexion test）

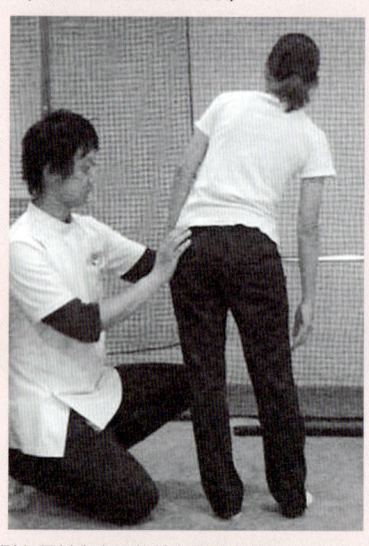

疼痛側と反対方向に体幹を側屈させる．
検者は骨盤の側方移動を助長させるように誘導する．

図 1-52　大転子部滑液包炎に対する疼痛評価

サッカーなどの足でボールをコントロールするスポーツでは，荷重時の身体制御だけでなく，非荷重であるキック側の鼠径周辺部痛を生じることも多い．キック動作は下肢だけで行われるのではなく，体幹や上肢も協調して行うことが理想であるが，鼠径周辺部痛を呈する患者のキック動作は股関節の動きが過剰であり，股関節周囲筋および股関節構成体に負担が生じる動作となっている．そのようなキック動作になる理由として大きく2つに分けることができる．1つは，キック側の下肢および体幹，上肢の機能障害による協調的な動きの障害によるものである．たとえば，体幹のインナーユニット（inner unit）は体幹部の安定性だけでなく股関節の動作筋を効率よく働かせる作用を有す

3. 評価――股関節疾患に対する整形外科テストとメカニカルストレス

A：トーマステスト

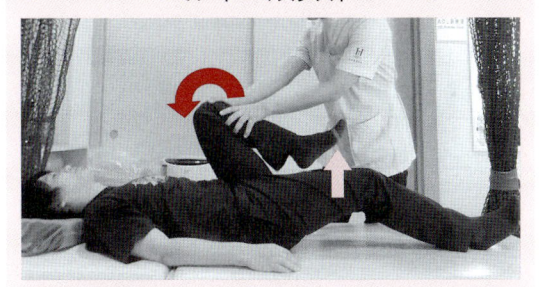

検者は膝を屈曲させて被検者の胸に近づけるようにする．陽性では，反対側の下肢が屈曲し，膝が持ち上がる現象がみられる．

A：下肢伸展挙上テスト

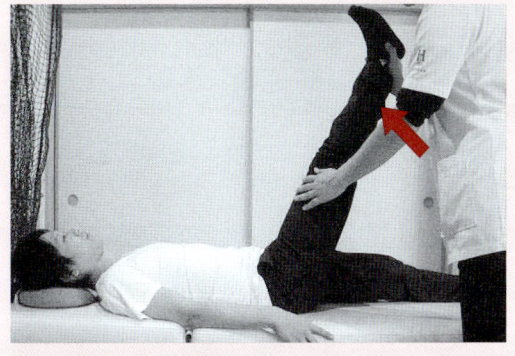

検者は下肢の膝と足部を保持し，膝を伸展したまま股関節を屈曲（挙上）する．

B：体幹後屈テスト
（trunk retroflexion test）

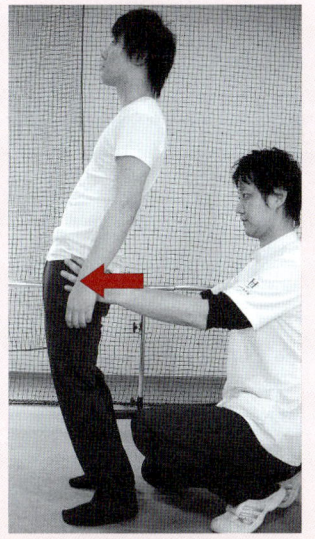

体幹を後屈させ，検者は骨盤の前方移動を助長させるように誘導する．

図 1-53 小転子部滑液包炎に対する疼痛評価

B：体幹前屈テスト
（trunk anteflexion test）

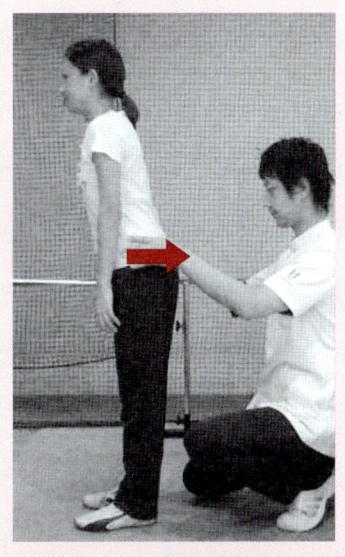

体幹を前屈させ，検者は骨盤の後方移動を助長させるように誘導する．

図 1-54 坐骨結節部滑液包炎に対する疼痛評価

るが，インナーユニットの機能障害はキック動作時に股関節周囲筋の過剰な収縮を助長し，さまざまな疼痛を呈する．2つ目はキック側と対側になる軸足側の安定性低下である．軸足側の安定性低下はキック側の股関節周囲筋を過剰に収縮させるとともに，キックのバリエーションを低下させ，特定部位に対する負担がさらに増大することになる．

梨状筋症候群

梨状筋症候群は，梨状筋をはじめとする股関節外旋筋群の緊張により坐骨神経の絞扼障害を生じ，殿部や坐骨神経領域に疼痛および痺れを呈する疾患である．よって股関節内転・内旋やSLRを行うことにより疼痛および痺れの増強を確認する．代表的な徴候としては，SLRによるLasègue（ラセーグ）徴候や，Bragard（ブラガード）徴候，Bonnet（ボ

33

A：起き上がりテスト
（abdominal resistive test）

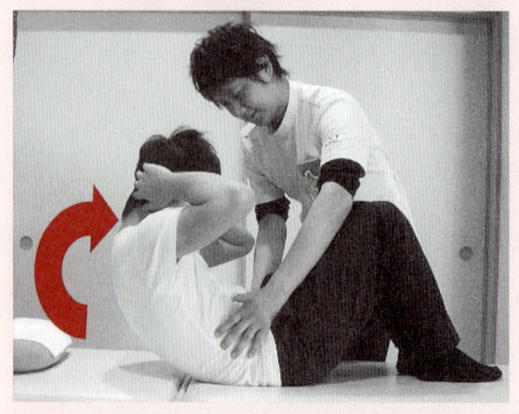

起き上がり運動により腹直筋にストレスを加える．疼痛が出現した場合，陽性と判定される．

B：股関節内転筋抵抗テスト（臥位）
（hip adductors resistive test）

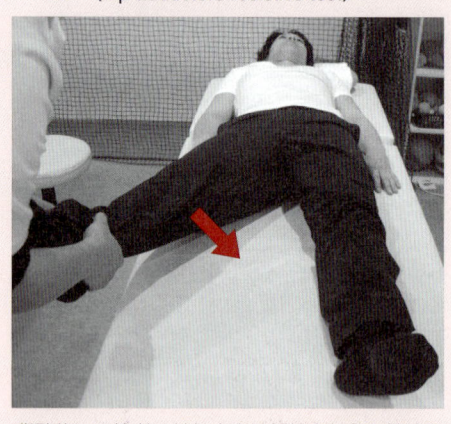

背臥位にて検者は外転方向に抵抗を加え，被検者はその抵抗に負けないよう股関節を内転させる．

C：股関節内転筋抵抗テスト（座位）
（hip adductors resistive test）

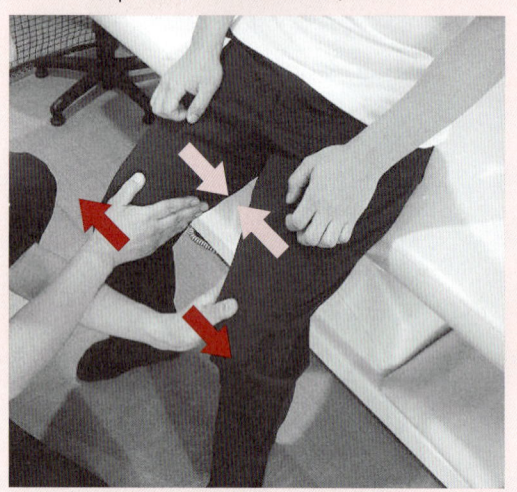

座位にて検者は外転方向に抵抗を加え，被検者はその抵抗に負けないよう股関節を内転させる．

図 1-55　恥骨結合炎における疼痛評価

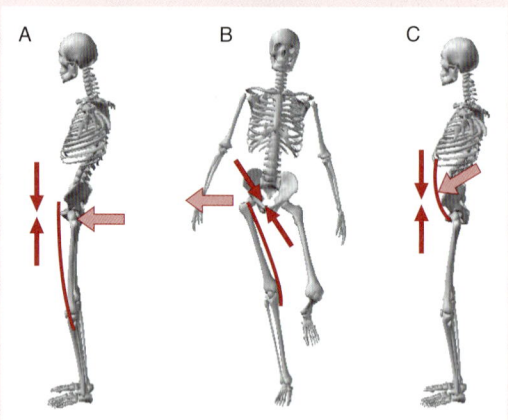

図 1-56　鼠径周辺部痛におけるメカニカルストレス

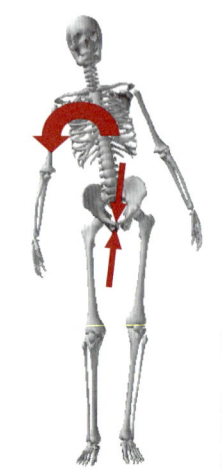

図 1-57　股関節内転筋活動増大肢位
股関節より上方の質量を制御するために股関節内転筋が過剰に収縮する．

A：Lasègue 徴候

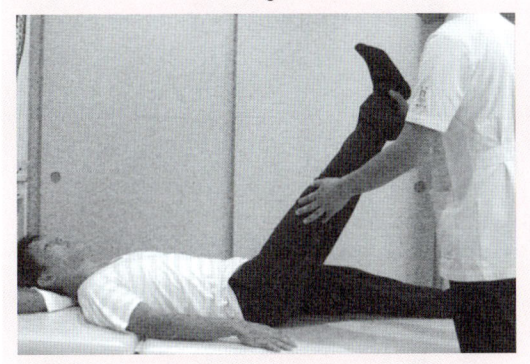

背臥位で，膝を伸展させたまま下肢を挙上する（SLR）．坐骨神経領域の疼痛や痺れが出現した場合陽性となる．単なるハムストリングスの短縮と区別する必要がある．

B：Bragard 徴候

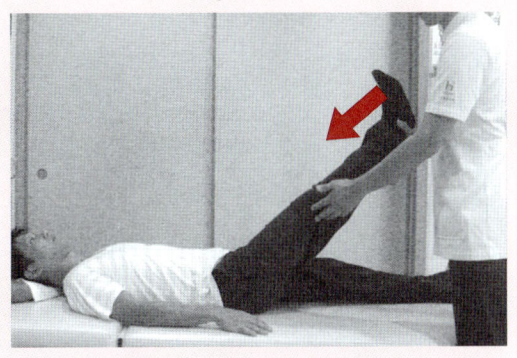

SLRで疼痛や痺れが出現した角度から5°下げた位置で，膝関節を伸展させたまま，足関節を背屈させる．坐骨神経領域の疼痛や痺れが増強した場合陽性となる．

C：Bonnet テスト

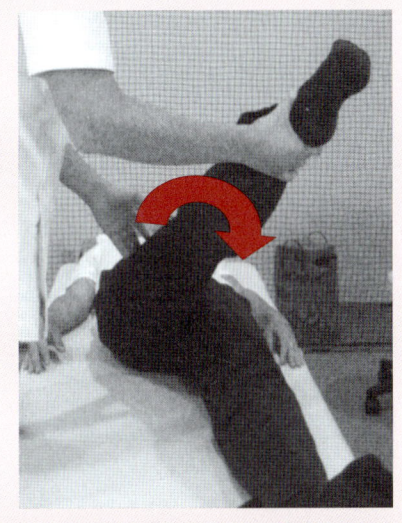

SLRで疼痛や痺れが出現した角度からさらに股関節内転・内旋を加える．坐骨神経領域の疼痛や痺れが増強した場合，陽性となる．

D：梨状筋伸張テスト（piriform tension test）

股関節を屈曲・内転・内旋し，梨状筋の伸張性を評価する．

図 1-58　梨状筋症候群における疼痛評価

ンネット）テストがあり（図1-58A〜C），SLRだけでは陰性である場合も，股関節内転・内旋や足関節背屈を伴うことにより疼痛および痺れが生じることも多いので併せて確認する必要がある．また，股関節屈曲・内転・内旋を他動的に行うことにより梨状筋の伸張性を評価する方法もある（図1-58D）．梨状筋症候群は仙腸関節炎後に発症することが多く，仙腸関節の安定性を高めるために仙骨から起始している梨状筋を過剰に収縮させた結果，仙腸関節炎から梨状筋症候群へと移行することが考えられる．また，梨状筋症候群患者は特徴的な歩容を呈しており，歩行時のメカニカルストレスが疼痛および痺れの原因となっている可能性が高く，歩行分析を詳細に行う必要がある．梨状筋症候群患者における特徴的な歩容としては，初期接地（initial contact：IC）時に骨盤の前方回旋が増大することがあげられる．ICにて骨盤前方回旋が増大すると，前方への推進力が骨盤の外側方移

図1-59 梨状筋症候群の歩行

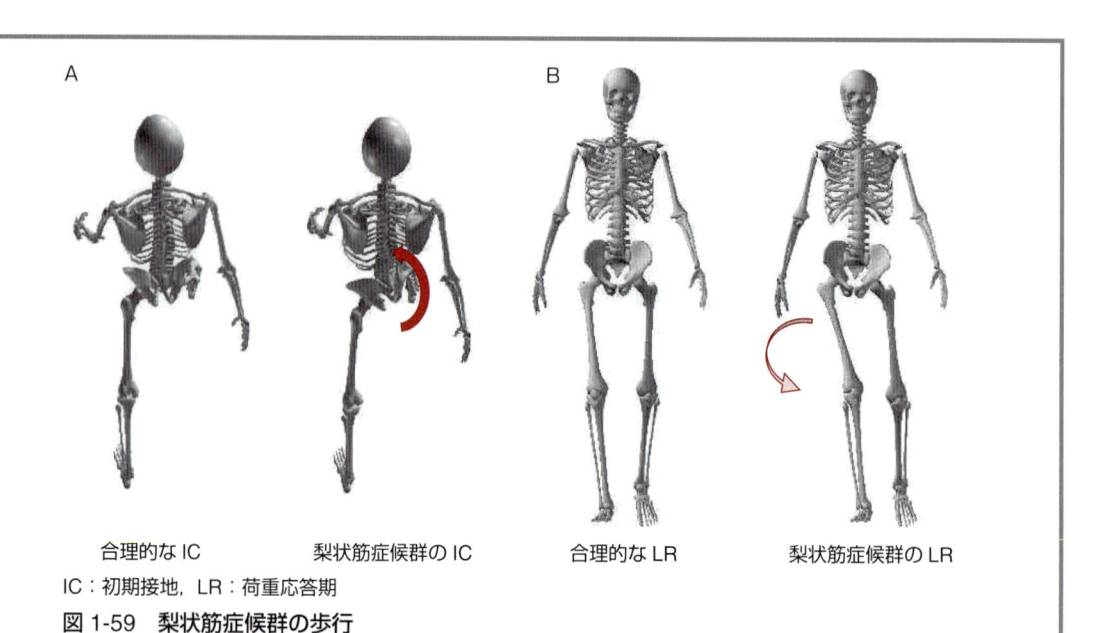

A: 合理的なIC / 梨状筋症候群のIC
B: 合理的なLR / 梨状筋症候群のLR
IC：初期接地，LR：荷重応答期

梨状筋症候群ではICにおいて骨盤前方回旋が増大し，前方推進力が骨盤の外側方移動の力へと変換される．この骨盤外側移動を制御するために大腿は内方移動し，股関節では屈曲・内転・内旋運動が生じる．その結果，股関節外転・外旋，骨盤後傾機能を有する梨状筋が過剰に働く．

動の力へと変換される（図1-59A）．この骨盤外側方移動を軽減するために，大腿は内方への関節モーメントが必要となり，関節運動として股関節屈曲・内転・内旋運動が生じることになる（図1-59B）．これらの股関節運動を制御するために，股関節外旋，外転，骨盤後傾機能を有する梨状筋が過剰に働くものと推察される．

膝関節疾患に対する整形外科テストとメカニカルストレス

ACL損傷に対する整形外科テスト

Lachman（ラックマン）テスト

被検者を背臥位とし，20～30°程度の膝関節屈曲位で大腿部遠位部を片手で持ち，一方の手で脛骨近位端前方へ引く（図1-60）．end pointの有無によりACLの緊張を検査する．ACL損傷を判断するうえで最も信頼性の高い徒手検査である．

前方引き出しテスト（anterior drawer test）

被検者を背臥位にして膝関節90°屈曲位とする．被検者の足を検者の殿部で軽く固定した状態で，検者の下腿近位部を包むように把持して前方へ引き出す（図1-61）．検査は両側施行し，前方引き出しの程度を比較する．ACL損傷の急性期では膝の90°屈曲は難しく，偽陰性率が高いためLachmanテストのほうが有用である[19]．

Nテスト（N test）

被検者を背臥位にして膝関節90°屈曲位とする．検者は一方の手を被検者の膝関節外側に置き，母指で腓骨頭部を前方に押し，膝関節外反と下腿内旋を他方の手で加えながら徐々に伸展させる（図1-62）．20～40°屈曲位で突然，脛骨外側関節面が前内方に亜脱臼した雑音を触知する場合に陽性とする．

ピボットシフトテスト（pivot-shift test）

被検者を背臥位として，検者の片方の手で下腿を内旋し，他方の手で下腿の近位外後方に置き，膝関節外反および脛骨の前方引き出し方向への力を加えつつ，被検者の膝関節を伸展位から屈曲していく．陽性の場合は膝関節屈曲30°付近で脛骨近

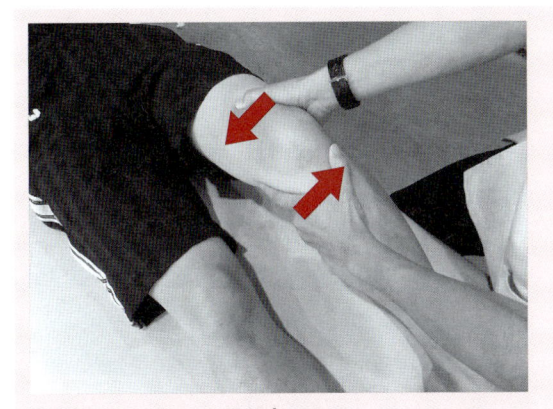

図 1-60　Lachman テスト
膝関節屈曲位 20〜30°で大腿部遠位部を片手で持ち，一方の手で脛骨近位端前方へ引く．end point の有無により ACL の緊張を検査する．

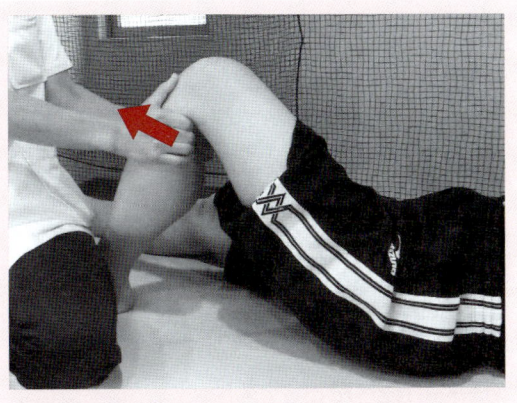

図 1-61　前方引き出しテスト
背臥位にて膝関節 90°屈曲位とし，被検者の足を検者の殿部で軽く固定した状態で，検者の下腿近位部を包むように把持して前方へ引き出す．検査は両側施行し，前方引き出しの程度を比較する．

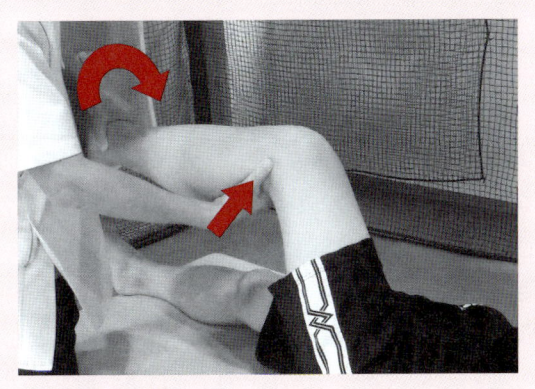

図 1-62　N テスト
膝関節 90°屈曲位とし，検者は一方の手を被検者の膝関節外側に置き，母指で腓骨頭部を前方に押し，膝関節外反と下腿内旋を他方の手で加えながら徐々に伸展させる．20〜40°屈曲位で亜脱臼した雑音を触知した場合に陽性とする．

位外側部の前方亜脱臼が生じ，さらに曲げていくと屈曲 40〜60°のところで膝くずれを自覚するものをいう．

PCL 損傷に対する整形外科テスト

後方引き出しテスト（posterior drawer test）

前方引き出しテストと同様の肢位で，検者の両手で被検者の脛骨近位部を把持し後方へ押す（図 1-63）．検査は両側実施し，後方引き出しの程度を比較する．

脛骨後方落ち込み徴候（tibial posterior sagging sign）

後方引き出しテストと同様の肢位で実施する．被検者の脛骨を後方に押し込まなくても脛骨近位端が後方に移動し，健側と比較して脛骨近位部の後方落ち込み（posterior sag）が観察できる．とくに陳旧例で明確となり，後方引き出しテスト実施前に脛骨近位部の後方落ち込みの有無を確認することが必要である．

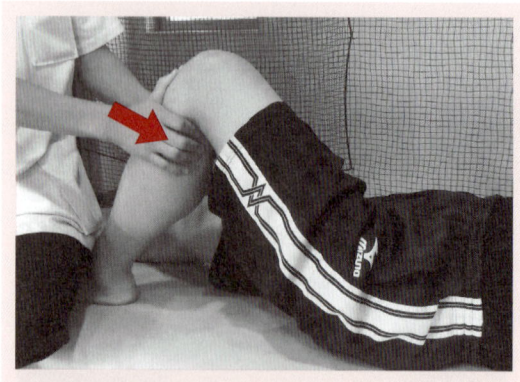

図 1-63　後方引き出しテスト
背臥位にて膝関節 90°屈曲位とし，被検者の足を検者の殿部で軽く固定した状態で，検者の下腿近位部を包むように把持し後方へ押す．検査は両側施行し，後方引き出しの程度を比較する．

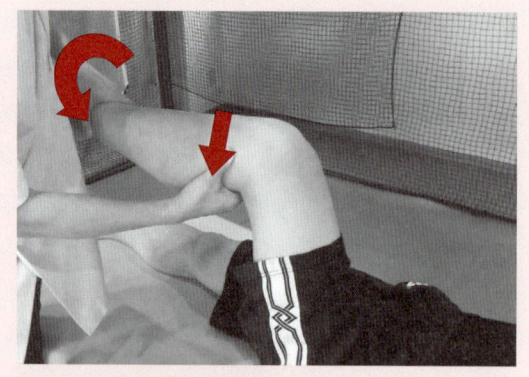

図 1-64　後外側不安定テスト
N テストと同様の肢位で実施し，検者は一方の手で脛骨上端を後方に押しながら，他方の手で脛骨に外旋力を加えると，陽性の場合には脛骨外顆が異常に後方へ移動する．

後外側不安定テスト（posterior external-rotation test）

N テストと同様の肢位で実施し，検者は一方の手で脛骨上端を後方に押しながら，他方の手で脛骨に外旋力を加えると，陽性の場合には脛骨外顆が異常に後方へ移動する（図 1-64）．このテストが陽性の際は PCL 損傷の膝関節後外側支持組織の合併が疑われる [45]．

リバースピボットシフトテスト（reverse pivot-shift test）

被検者の肢位は背臥位で膝関節伸展位とし，検者は一方の手で被検者の下腿上端を把持し，他方の手で下腿下部を持つ．その後，膝関節に外反，外旋，後方引き出しの力を同時に加え，伸展位から徐々に他動的に屈曲位にさせると，屈曲 30 〜 40°で脛骨外顆部の後方亜脱臼が生じる．亜脱臼感が触知・観察されれば陽性となる [46]．

MCL・LCL 損傷に対する整形外科テスト

外反ストレステスト（valgus stress test）

被検者を背臥位として検者が膝関節外側に一方の手を置き，他方の手で下腿遠位端を把持して膝関節に外反力を加える．膝伸展位と 20 〜 30°屈曲位で行う必要があり，一般的に 20 〜 30°屈曲位で膝関節の外反不安定性が認められる場合は MCL 損傷を疑う（図 1-65A，B）．伸展位での外反不安定性は MCL 損傷以外に他の靱帯損傷を合併している可能性が高い．

内反ストレステスト（varus stress test）

被検者を背臥位として検者が膝関節内側に一方の手を置き，他方の手で下腿遠位端を把持して膝関節に内反力を加える．膝伸展位と 20 〜 30°屈曲位で行い，軽度屈曲位で膝関節内反不安定性が認められる場合は LCL 損傷を疑う（図 1-66A，B）．

Apley（アプレー）牽引（distraction）テスト

被検者を腹臥位とし，患側の膝関節を 90°屈曲位にする．検者の膝を患側大腿後面に載せて固定し，両手で被検者の下腿遠位端を把持して牽引を加えながら下腿を内旋・外旋させる（図 1-67）．下腿外旋時の膝内側の疼痛は MCL 損傷を疑い，下腿内旋時の膝外側の疼痛は LCL 損傷を疑う．

半月板損傷に対する整形外科テスト

McMurray（マクマレー）テスト

被検者を背臥位として検者は一方の手で患側足部を保持し，他方の手で膝関節部を支持する．膝

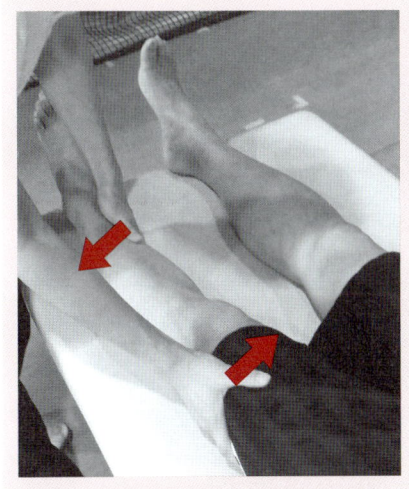

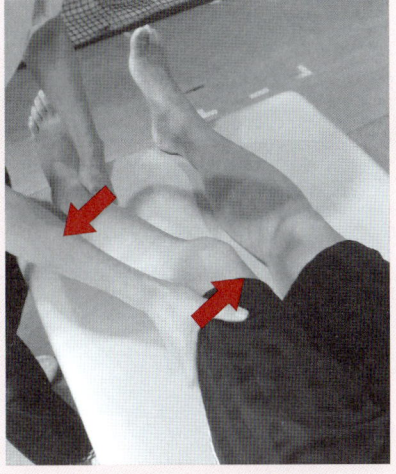

図1-65 外反ストレステスト
A：膝伸展位外反ストレステスト
B：膝屈曲位外反ストレステスト

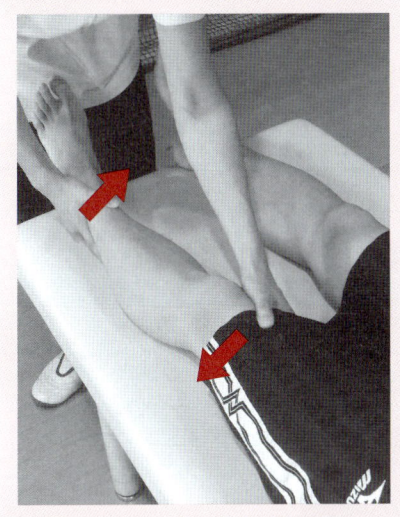

図1-66 内反ストレステスト 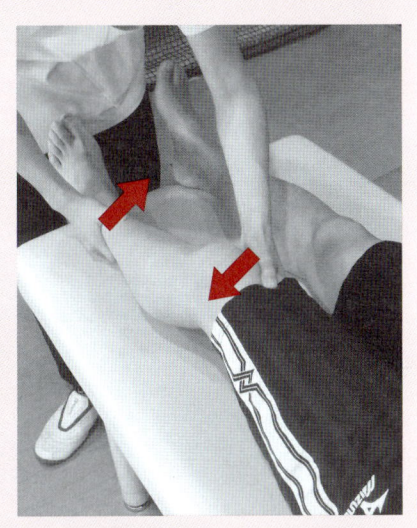
A：膝伸展位内反ストレステスト
B：膝屈曲位内反ストレステスト

関節を最大屈曲させたあと，ゆっくり伸展させながら下腿内旋・外旋を他動的に行う（図1-68）．膝関節最大屈曲から90°の間でクリック音とともに痛みが生じる．

Apley（アプレー）圧迫（compression）テスト

牽引テストと同様の肢位で実地し，患側の膝関節に圧迫を加えながら下腿を内旋・外旋させる（図1-69）．下腿内旋時の疼痛は外側半月板（lateral meniscus：LM）損傷を疑い，下腿外旋時の疼痛はMM損傷を疑う．

膝蓋腱炎・オスグッド-シュラッター病に対する整形外科テスト

エリー（Ely）テスト

被検者を腹臥位として検者は患側の下腿遠位端を把持し，徐々に膝関節を屈曲させる（図1-70）．患側の殿部が床面より離れる「尻上がり現象」とともに疼痛が出現する．また，大腿筋膜張筋などの腸脛靱帯付着部筋の短縮では膝関節を屈曲させたときに大腿部が外側に移動し股関節外転位となることが多い．

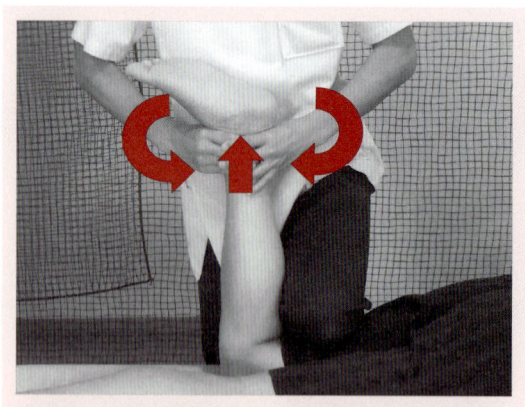

図1-67　Apley 牽引テスト
腹臥位にて患側の膝関節を90°屈曲位にする．検者の膝を患側大腿後面に載せて固定し，両手で被検者の下腿遠位端を把持して牽引を加えながら下腿を内旋・外旋させる．下腿外旋時の疼痛はMCL損傷，下腿内旋時の疼痛はLCL損傷を疑う．

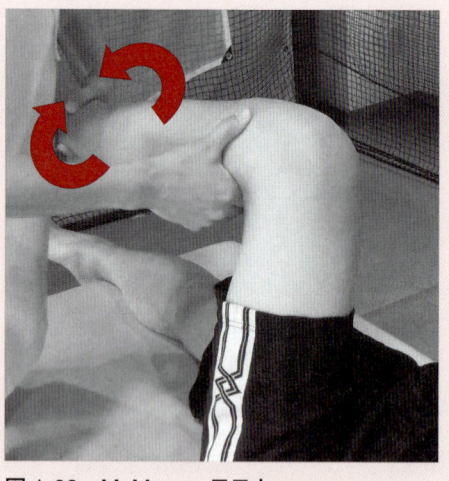

図1-68　McMurray テスト
背臥位にて検者は一方の手で患側足部を保持し，他方の手で膝関節部を支持する．膝関節を最大屈曲させた後，ゆっくり伸展させながら下腿内旋・外旋を他動的に行う．膝関節最大屈曲から90°の間でクリック音とともに痛みが生じた場合，陽性となる．

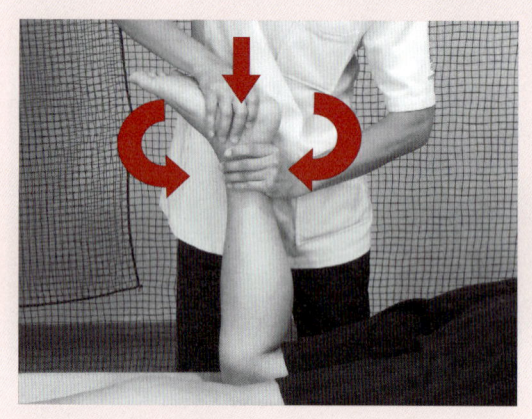

図1-69　Apley 圧迫テスト
腹臥位にて患側の膝関節を90°屈曲位とし，患側の膝関節に圧迫を加えながら下腿を内旋・外旋させる．下腿内旋時の疼痛はLM損傷，下腿外旋時の疼痛はMM損傷を疑う．

腸脛靱帯炎に対する整形外科テスト

グラスピングテスト，ノブルコンプレッションテスト（grasping test, Noble compression test）

被検者を背臥位として膝関節90°屈曲させ，検者の母指で大腿骨顆部より少し近位の腸脛靱帯部を強く把持し，そのまま徐々に膝関節を伸展させるように指示する（図1-71）．30°くらい伸展し，母指で押さえたあたりの腸脛靱帯に痛みを訴えたら陽性である．

オバーテスト（Ober test）

被検者は患側を上にした側臥位となり，検者は患側の膝関節を屈曲させた状態で股関節を外転させる．検者による保持を放しても股関節が内転せず外転位に留まれば陽性となる．腸脛靱帯の短縮の有無を検査するテストだが，膝関節を伸展させ

3. 評価──そのほか膝関節疾患の病態把握に必要な評価

A：エリーテスト陰性

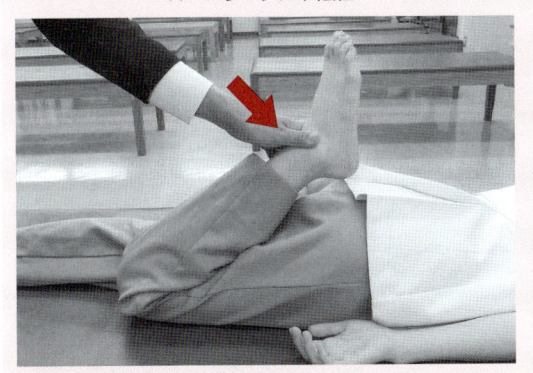

B：エリーテスト陽性

被検者を腹臥位として検者は患側の下腿遠位端を把持し，徐々に膝関節を屈曲させる．

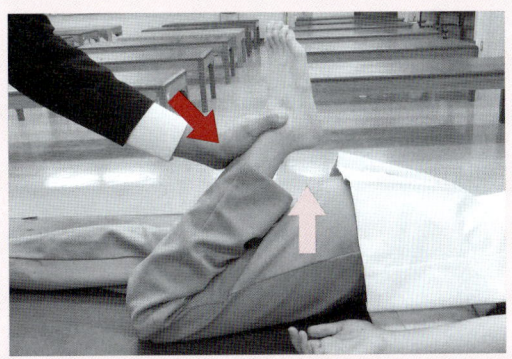

患側の殿部が床面より離れる「尻上がり現象」とともに疼痛が出現する．

図 1-70　エリーテスト

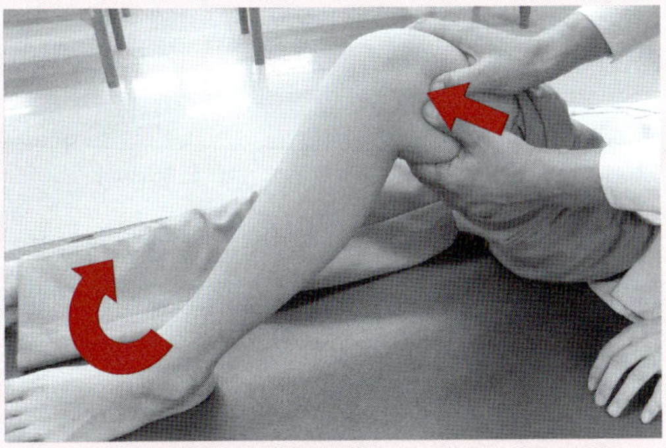

図 1-71　グラスピングテスト
被検者を背臥位として膝関節 90°屈曲させ，検者の母指で大腿骨顆部より少し近位の腸脛靱帯部を強く把持し，そのまま徐々に膝関節を伸展させるように指示する．30°くらい伸展し，母指で押さえたあたりの腸脛靱帯に痛みを訴えた場合に陽性である．

ながら同テストを行うと腸脛靱帯に疼痛が出現することもある．

膝蓋下脂肪体炎に対する整形外科テスト

ホッファ徴候（Hoffa sign）
被検者は背臥位か座位となり，検者は膝蓋下を手指で圧迫する．膝関節屈曲時に疼痛がなく，伸展時に膝蓋下の圧痛が出現した場合に陽性となる．

膝蓋軟骨軟化症に対する整形外科テスト

膝蓋骨アプレヘンションテスト（patella apprehension sign）
膝伸展位で他動的に膝蓋骨を外側に圧迫すると不安定感を訴え，被検者が自動的に膝関節屈曲して膝蓋骨の外側偏位を矯正する[42]．

グリマステスト（grimace test）
被検者を背臥位として検者の手で膝蓋骨を圧迫すると顔をしかめて疼痛を訴える[43]．

そのほか膝関節疾患の病態把握に必要な評価

鵞足炎に対する評価

鵞足炎は，薄筋，縫工筋，半腱様筋の over use によって生じるが，この 3 筋の作用は若干異なるために，どの筋の over use により鵞足部に疼痛が生じるかを詳細に評価する必要がある．ただし，膝関節の外反抵抗や下腿の内旋・外旋運動を行うため，事前に LCL，MM，LM 損傷との区別を必ず行う．

薄筋抵抗テスト（gracilis resistive test）
被検者を背臥位とし，検者は一方の手で患側の下腿を把持して患側の股関節内転および膝関節外

41

A：薄筋抵抗テスト　　　　B：縫工筋抵抗テスト　　　　C：半腱様筋抵抗テスト

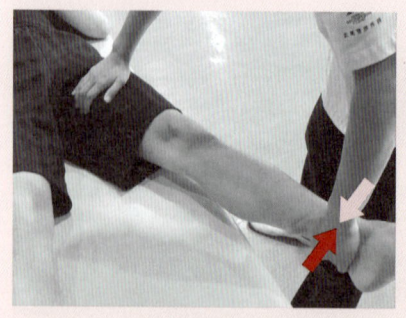

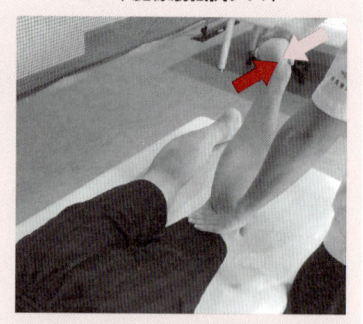

検者は一方の手で患側の下腿を把持して患側の股関節内転および膝関節外反方向に抵抗を加える．薄筋の活動をもう他方の手で触診し薄筋の活動を確認する．鵞足部の疼痛出現で陽性となる．

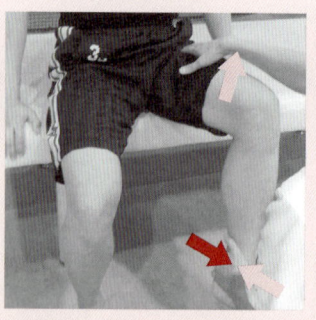

被検者を背臥位または座位とし，被検者に股関節屈曲，外旋，膝関節内反，屈曲するよう指示して，検者はその運動に対して抵抗を加える．縫工筋の収縮を触診にて確認し，鵞足部の疼痛出現で陽性となる．

被検者は腹臥位とし，被検者に膝関節屈曲，下腿内旋させるように指示する．その運動に対して抵抗を加えながら，半腱様筋を触診する．鵞足部に疼痛が出現した場合陽性となる．

図 1-72　鵞足炎に対する評価

反方向に抵抗を加える．薄筋の活動をもう一方の手で触診し，薄筋の活動を確認する．鵞足部の疼痛出現で陽性となる（図1-72A）．

縫工筋抵抗テスト（sartorius resistive test）

被検者を背臥位または座位とし，被検者に股関節屈曲，外旋，膝関節内反，屈曲するよう指示して，検者はその運動に対して抵抗を加える．縫工筋の収縮を触診にて確認し，鵞足部の疼痛出現で陽性となる（図1-72B）．

半腱様筋抵抗テスト（semitendinous resistive test）

被検者は腹臥位とし，被検者に膝関節屈曲，下腿内旋させるように指示する．その運動に対して抵抗を加えながら，半腱様筋を触診する．鵞足部に疼痛が出現した場合陽性となる（図1-72C）．

荷重位での膝関節評価

損傷や炎症の程度によっては，open kinetic chain（OKC）では疼痛が出現せずに close kinetic chain（CKC）でのみ疼痛が出現することも多い．また，理学療法の方向性の決定や，損傷部位の推定を行う際にも荷重位での膝関節評価は大変重要である．

具体的には，膝関節の屈曲・伸展，内反・外反，内旋・外旋に分類し，膝関節にストレスを加えていく．膝関節屈曲に伴う疼痛増大は膝伸展機構の障害（オスグッド–シュラッター病，膝蓋下脂肪体炎，軽度のACL損傷，膝蓋軟骨軟化症，膝蓋腱炎）が疑われ，内反による疼痛ではLCL損傷や腸脛靱帯炎，MM損傷が疑われる．また，膝関節外反による疼痛は，鵞足炎やMCL損傷およびLM損傷が考えられ，回旋では toe-out で脛骨外旋，toe-in で脛骨内旋ストレスを加えることができ，膝関節回旋制動機能を有する斜膝窩靱帯複合体や関節包，ACL，MCL損傷などが考えられる[47]．このような動きを組み合わせることによりさらに詳細な評価が可能であり，たとえば，同じ内反ストレスでも屈曲と組み合わせることで疼痛が増強する場合と，伸展と組み合わせることで疼痛が増強する場合では，損傷している組織や箇所が異なることが予測され，必然的に理学療法の方向性が異なることが考えられる．スポーツ疾患にかかわらず，整形外科理学療法を展開するうえで「どのようなストレスで疼痛が増強し，どのように誘導すると疼痛が軽減するのか」を確実に把握することは非常に重

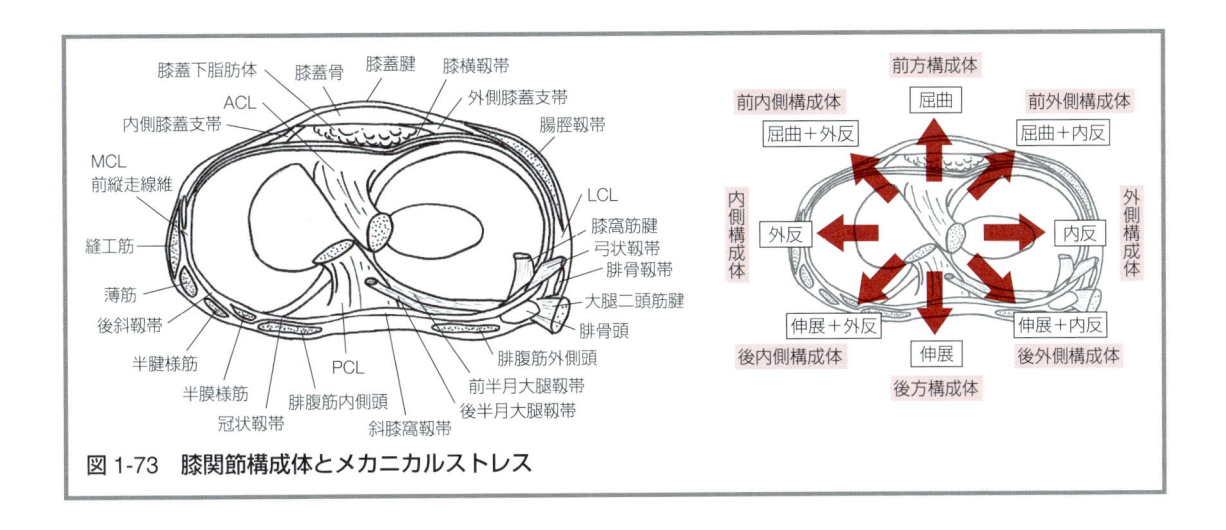

3. 評価——そのほか膝関節疾患の病態把握に必要な評価

図 1-73 膝関節構成体とメカニカルストレス

要である．膝関節の構成体を水平面からとらえて評価および考察を行うと疼痛部位の把握やメカニカルストレスをとらえやすい（図 1-73）．

膝関節屈曲ストレステスト（CKC）

立位にて患側を一歩前に出し，体重を患側にかけながら膝関節を徐々に屈曲させていく（図 1-74A）．屈曲時に膝関節の前額面および水平面の運動が生じると正確な評価ができないので内反・外反や下腿の回旋が起こらないよう注意する．また，患側への体重負荷を同等にしたまま体幹を後方に位置させるようにするとさらに疼痛が増強する（図 1-74B）．

膝関節伸展ストレステスト（CKC）

立位にて患側を一歩後方に引かせ，体重を患側にかけながら膝関節を伸展させる（図 1-75A）．このとき，なるべく膝関節の前額面や水平面の運動を起こさないよう注意する．患側に体重をかけたまま体幹を前傾させるとさらに疼痛が増強する（図 1-75B）．

膝関節外反ストレステスト（CKC）

立位にて患側を半歩程度前に出し，体重を患側にかけながら膝関節を外反させる（図 1-76A）．このときに体幹が反対側に側屈してしまうと，外反ストレスを正確に加えることができないので注意する（図 1-76B）．逆に体幹を同側に側屈すると疼痛が増強する．

膝関節内反ストレステスト（CKC）

立位にて患側を半歩程度前に出し，体重を患側にかけながら膝関節を内反させる（図 1-77A）．このときに体幹が同側に側屈してしまうと，内反ストレスを正確に加えることができないので注意する（図 1-77B）．逆に体幹を反対側に側屈させると疼痛が増強する．

toe-in テスト

立位にて患側を一歩程度前に出し，爪先を内側に向けたまま膝関節を屈曲させる（図 1-78A）．このとき体重は患側にかけ，なるべく体幹が側屈しないように行う．

toe-out テスト

立位にて患側を一歩程度前に出し，爪先を外側に向けたまま膝関節を屈曲させる（図 1-78B）．このとき体重は患側にかけ，なるべく体幹が側屈しないように行う．

圧痛評価

圧痛部位によって疼痛部位を把握する（図 1-79）．ただし膝関節周囲には明らかな病変がなくとも圧痛を訴える部位が多く存在するので，圧痛のみで病態を判断するのではなく，さまざまな評価と組み合わせて判断することが望ましい．

体重を患側にかけながら膝関節を徐々に屈曲させていく．屈曲時に膝関節の前額面および水平面の運動が生じると正確な評価ができないので内反・外反や下腿の回旋が起こらないよう注意する．

患側への体重負荷を同等にしたまま体幹を後方に位置させるようにするとさらに疼痛が増強する．

図 1-74　膝関節屈曲ストレステスト

立位にて患側を一歩後方に引かせ，体重を患側にかけながら膝関節を伸展させる．

患側への体重負荷を同等にしたまま体幹を前方に位置させるようにするとさらに疼痛が増強する．

図 1-75　膝関節伸展ストレステスト

立位にて患側を半歩程度前に出し，体重を患側にかけながら膝関節を外反させる．

体幹が反対側に側屈してしまうと，外反ストレスを正確に加えることができないので正確に評価できない．

図 1-76　膝関節外反ストレステスト

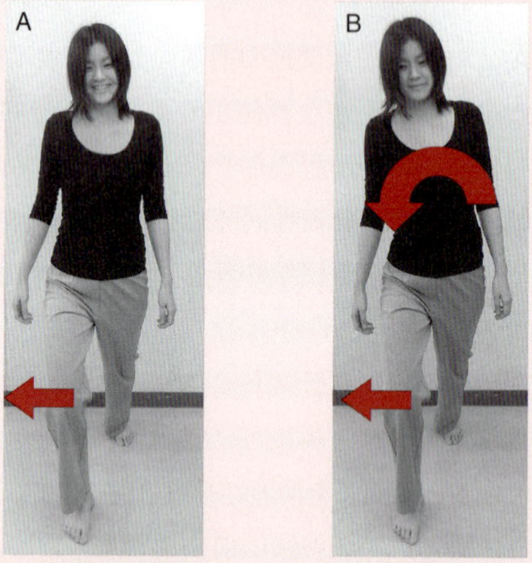

立位にて患側を半歩程度前に出し，体重を患側にかけながら膝関節を内反させる．

体幹が同側に側屈してしまうと，外反ストレスを正確に加えることができないので正確に評価できない．

図 1-77　膝関節内反ストレステスト

関節可動域測定（range of motion test：ROM-t）

　関節可動域（ROM）は疼痛やパフォーマンスに影響を及ぼすことも多く，適切な ROM が獲得されていることはスポーツにおいて重要である．しかし，ROM の角度を詳細に評価するのではなく，制限因子や左右差などを詳細に評価する必要がある．とくに股関節屈曲制限では対側の腸腰筋短縮や同側の殿筋群伸張性低下が制限因子であると考

A	B	①脛骨粗面
		②内側関節裂隙・内側側副靱帯
		③前内側関節裂隙
		④前外側関節裂隙
		⑤外側関節裂隙
		⑥膝蓋骨下端
		⑦内側膝蓋大腿関節裂隙
		⑧外側膝蓋大腿関節裂隙
		⑨膝蓋骨上端
		⑩MCL起始部・内側上顆
		⑪LCL起始部・外側上顆
		⑫鵞足
		⑬内転筋付着部

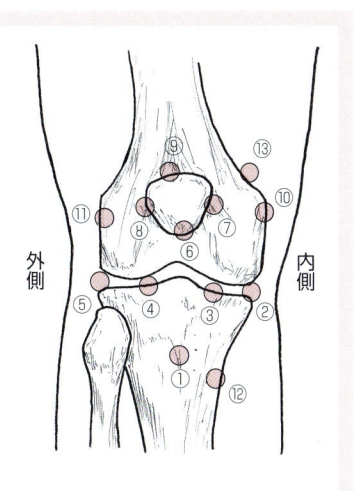

立位にて患側を一歩程度前に出し，爪先を内側に向けたまま膝関節を屈曲させる．

立位にて患側を一歩程度前に出し，爪先を外側に向けたまま膝関節を屈曲させる．

図 1-79　膝関節圧痛部位

図 1-78　toe-in, toe-out テスト

えられることが多いが，臨床においては股関節前面に「つまり感」を訴えて股関節屈曲制限を呈することが少なくない．このような股関節前面の「つまり感」は大腿直筋などの股関節前面筋の過剰な緊張が原因であることが多い．大腿直筋起始腱の一部は反転頭をもって寛骨臼上縁に付着しており[48]，大腿直筋の持続的緊張は同部位での「つまり感」を引き起こすことになる．股関節屈曲制限だからといって短絡的に股関節伸筋の短縮が原因であると考えず，制限因子の詳細な評価を行う必要がある．また，股関節のROM制限の原因が他部位の機能低下を代償する結果であることも多く，股関節のメカニカルストレスとROM制限因子を考慮したうえで，他関節の可動域や機能低下とあわせて股関節のROM制限の原因を考えることが重要である．

膝関節では他関節の機能障害を代償し，周囲の筋が過剰に収縮した結果として，ROM制限が生じることも多い．たとえば，ほかの関節の機能障害を代償した結果として膝関節屈曲を増大させた歩行を行うことで大腿四頭筋が過剰に収縮するが，そのような歩行では大腿四頭筋の緊張が増大し，膝関節屈曲ROMが低下することになる．また，逆にハムストリングスの遠位部を過剰に収縮する歩行を行っても膝関節屈曲ROM時に膝窩部の「つまり感」を訴え，ROM制限を呈することを臨床上多く経験する．理学療法を施行するうえでROMの角度を詳細に示すよりも，何が制限因子となっていてどのようにすれば制限因子を解除できるかを評価することのほうがより有益な評価となる．

徒手筋力検査法（manual muscle testing：MMT）

ROMと同様にMMTも種々の要因を受けやすく変化しやすいパラメーターの1つである．筋長によって発揮できる張力が変化することは一般的に知られており，持続的収縮により筋長が短くなると筋力を発揮することが難しく，「見かけ上の筋力低下」をきたすことになる．また，中枢に位置する起始部の固定性が低下している場合も停止部へトルクが効率よく伝達されず，結果として「見かけ上の筋力低下」を生じることになる．理学療法を施行するにあたり，「見かけ上の筋力低下」と「本当の筋力低下」を鑑別することは大変重要であ

り,「見かけ上の筋力低下」においては，どうすると筋力が発揮しやすくなるかを評価する必要がある．

下肢体幹機能評価

スポーツ障害の治療および予防においては身体を合理的に動かす必要があり，不合理な動きは局所に対するメカニカルストレスを増大させ，疼痛を発生および助長し，さらには治癒遷延を生じることにもなる．股関節は下肢と体幹の連結部分であり，下肢と体幹の局所的評価だけでなく，下肢と体幹の協調運動の評価が重要となる．とくに下肢の運動に対して体幹部がどのような対応を行うのかを詳細に観察することにより，体幹安定化筋の機能低下を評価することができる．

下肢体幹協調運動評価

下肢と体幹の協調性低下は各種スポーツ動作において，疼痛やパフォーマンスに影響を及ぼすことが予測される．

①自動下肢伸展挙上（active straight leg raise：ASLR）テスト

背臥位にて一側下肢を伸展位のまま左右交互に挙上した際に，どちらかが重く感じ，骨盤を徒手的に圧迫すると左右差が減少する場合には陽性と判定される[49,50]．これは仙腸関節における安定性が徒手圧迫により強化されたためと考えられている[51]．また，ASLR に影響する因子として股関節筋力の低下や，胸郭 alignment などが指摘されている．この評価で大切なことは，どの要素によってASLR が陽性となっているかを詳細に分析することであり，短絡的な骨盤の圧迫や，胸郭の圧迫だけでは不十分であると考える．どの部位の機能低下によりASLR が合理的に遂行できないのかを分析するためには，胸郭を左右および上部，中部，下部に分割し，どの部位をどの方向に偏位させるとASLR が効率的に行われるかを分析する方法や（図1-80），腹横筋機能の代償を目的として腹部と徒手にて固定する方法などが簡便である（図1-81）．

徒手にて誘導する方向を明確かつ詳細に行うことで，どの機能を補助しているのかを具体的にイメージでき，理学療法評価および治療の方向性を決定することに役立つ．

②下肢伸展運動

被検者を腹臥位にし，膝関節伸展位にて下肢を片側ずつゆっくりと伸展させるよう指示する．下肢の合理的な伸展運動には体幹安定化筋群が固定作用として働く必要があるが，体幹安定化筋群の機能低下では体幹の質量偏位や肩甲骨周囲筋の筋緊張によって下肢伸展運動を遂行する現象がみられる（図1-82）．

体幹機能評価

臨床においては体幹安定化筋の「筋力低下」なのか，「収縮タイミングの遅延」なのか，「alignment の影響により収縮しにくい」のかを評価することが重要である．「筋力低下」であれば体幹安定化筋の筋力強化を行う必要があり，「収縮タイミングの遅延」であれば体幹安定化筋の促通を行い，「alignment の影響により収縮しにくい」のであれば，alignment を改善させる理学療法を施行する必要があり，その後の展開や方向性が変わってくることになる．体幹安定化筋の機能評価は各章で述べられているため，本章においては臨床において簡便な方法のみ次に述べる．

①腹横筋

腹横筋を詳細に評価するためには超音波エコーを使用することもあり，定量化を簡便に行う方法としては血圧計のパッドを用いた方法などがある[52]．臨床において簡便に腹横筋の評価を行う方法としては体幹に対して長軸方向に軸圧をかけて，その対応を評価することである．体幹安定化筋群の作用の1つとして，体幹長軸方向への伸展モーメントを発揮することがあげられるが，体幹に対して長軸方向に圧をかけて擬似的に重力を強めることによって体幹安定化筋群における機能，とくに腹横筋の機能を評価することができる（図

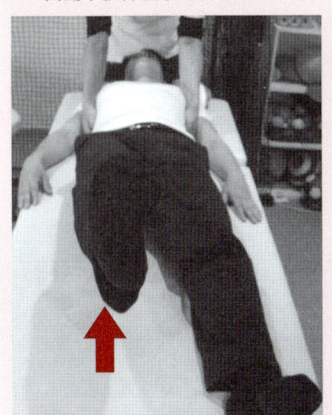

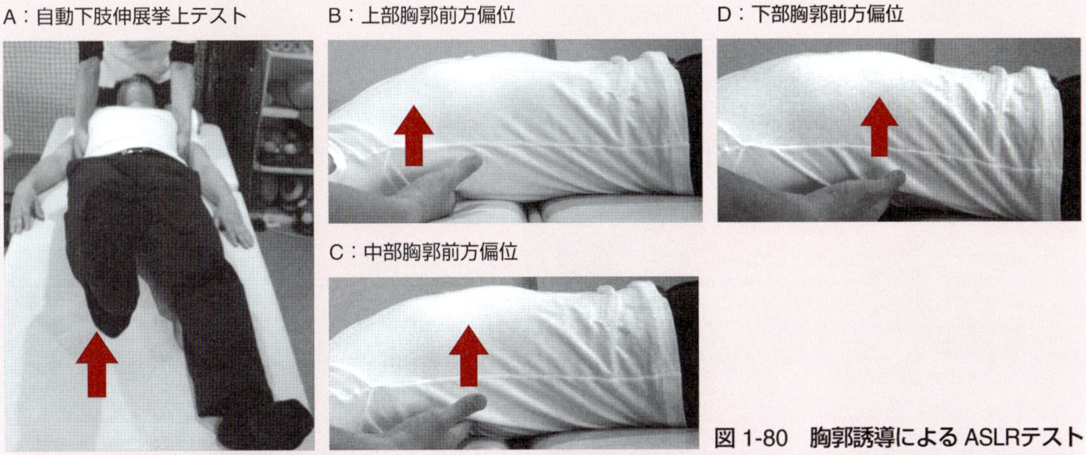

3. 評価──そのほか膝関節疾患の病態把握に必要な評価

図1-80 胸郭誘導によるASLRテスト
A：自動下肢伸展挙上テスト
B：上部胸郭前方偏位
C：中部胸郭前方偏位
D：下部胸郭前方偏位

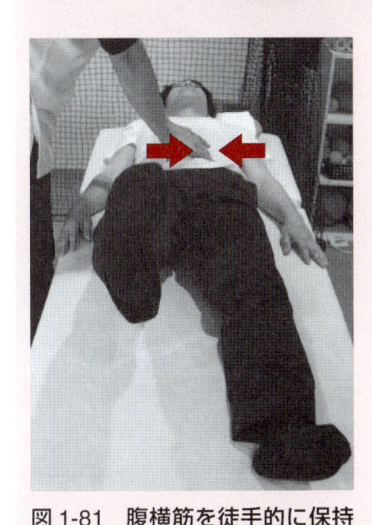

図1-81 腹横筋を徒手的に保持したASLRテスト
腹横筋の収縮を検者の徒手で補助したうえで，ASLRを行わせる．

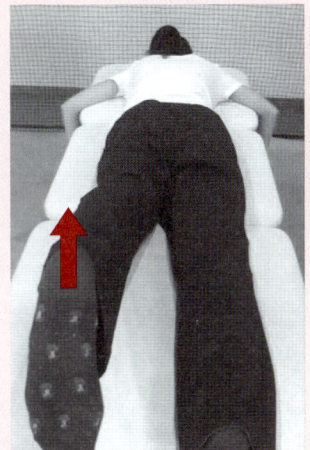

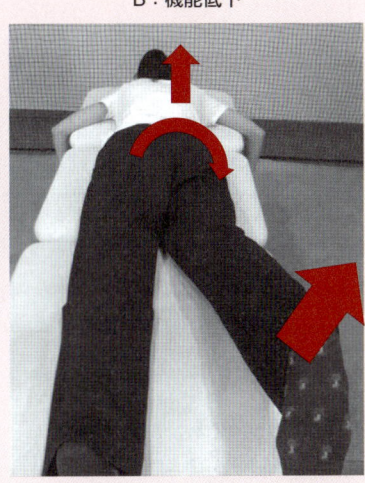

図1-82 下肢伸展運動
A：正常
B：機能低下
下肢を伸展したまま股関節の伸展運動を行う．
機能低下側は下肢の伸展に伴い骨盤の回旋や胸郭の偏位が生じる．

1-83）．このとき左右差なども確認し，体幹をどのようなalignmentにしたときに腹横筋が左右差なく機能するかもあわせて評価する．

②多裂筋

多裂筋を評価する方法としても血圧計のパッドを用いた方法などがあるが[52]，臨床において簡便的に評価する方法として体幹前傾運動にて行うか，背臥位における下肢挙上動作にて確認する（図1-84）．座位にて被検者に体幹前傾運動を指示し，検者は被検者の多裂筋を触診する．多裂筋が最も触診しやすい部位は上後腸骨棘の内側である．評価時には収縮タイミングの左右差なども併せて確認する．

③横隔膜

横隔膜を評価する方法としては呼気と吸気の拡張差をメジャーにて測定する方法などがある[53]．臨床では胸郭の拡張を徒手にて確認することで横隔膜の機能低下を判断することが多い．

下肢機能評価

下肢機能評価は下肢体幹協調運動評価や，体幹機能評価を行ったうえで行うことが望ましい．その理由としては体幹部の安定性低下は下肢の筋力

図1-83　腹横筋機能評価

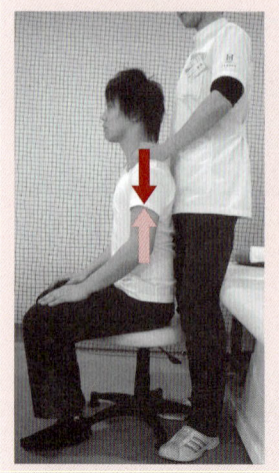

A：正常　検者が徒手にて軸圧を加える．通常は腹横筋が働くとともに脊柱のalignmentが維持される．

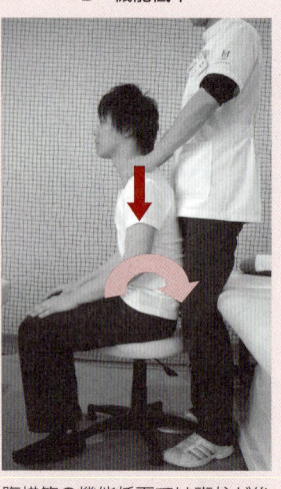

B：機能低下　腹横筋の機能低下では脊柱が後弯し，脊柱のalignmentが保てない．

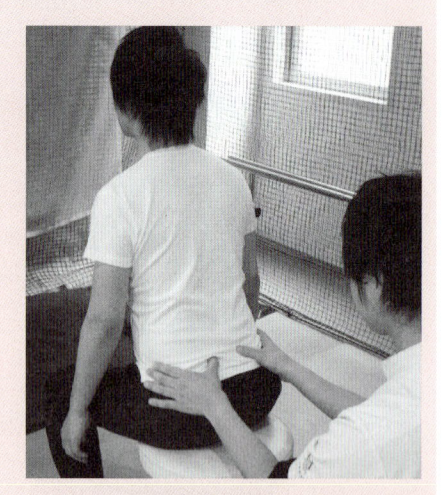

図1-84　多裂筋機能評価
体幹前傾に伴う多裂筋の収縮を評価する．

発揮を低下させ，「見かけ上の筋力低下」を生じるためである．体幹部の機能低下があると下肢の筋力は正確に判断することが難しいことから，下肢体幹部協調運動評価や体幹機能評価を先に行う必要がある．

①股関節屈曲機能評価

　骨盤後傾運動をなるべく抑制させたうえで股関節屈曲運動を座位にて行う．骨盤後傾運動が出現する場合は体幹部の安定化が低下しているか，股関節屈曲運動を腸腰筋ではなく大腿直筋などの二関節筋で遂行してしまう場合が多い（図1-85）．

②股関節内転・外転機能評価

　股関節内転および外転に対して抵抗運動を行う．体幹の安定性低下がある場合は運動時に骨盤の前方回旋や後方回旋がみられ，胸郭も正中を保てないことが多い（図1-86）．ある程度体幹の正中化を保てるにもかかわらず，内転および外転に左右差がある場合は股関節内転・外転筋力の低下を疑う．

③膝関節伸展機能評価

　座位および背臥位にて膝関節を伸展させる．体幹の安定性低下がある場合は運動時に骨盤の後傾や挙上がみられ（図1-87，88），胸郭および頸部の筋が過剰に緊張することが多い．また，膝関節伸展時にどの筋を優位に働かせて膝関節伸展を行うのかを触診にて確認することも有益な情報となる．

④膝関節屈曲機能評価

　座位および腹臥位にて膝関節を屈曲させる．体幹の安定性低下がある場合は運動時に骨盤の前傾や挙上がみられ（図1-89），胸郭および頸部の筋が過剰に緊張することが多い．

身体平衡機能評価

　スポーツ動作は多岐にわたるため，その動作評価のみで問題点を抽出することは難しく，ある程度の基本的動作を評価して動きの予測を行う必要がある．前述した疼痛部位に対するメカニカルストレスと機能評価を基に動作の着目ポイントを推察し，身体平衡機能評価を行うと問題点が把握しやすい．

3. 評価——そのほか膝関節疾患の病態把握に必要な評価

A：骨盤前傾保持可能　　　　　B：骨盤前傾保持不能

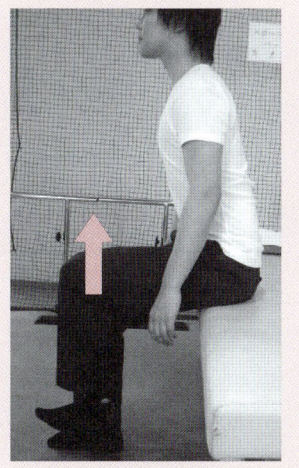

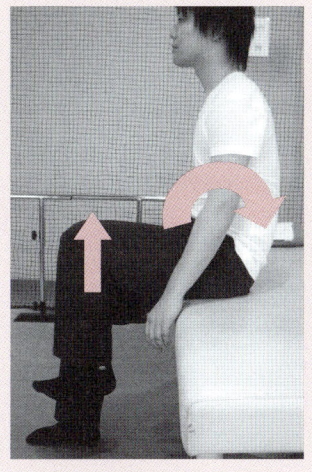

骨盤前傾にて股関節屈曲運動が可能．　　　　股関節屈曲運動に伴い，骨盤の後傾が出現する．

図1-85 股関節屈曲機能評価

A：正常　　　　　　　　B：機能低下

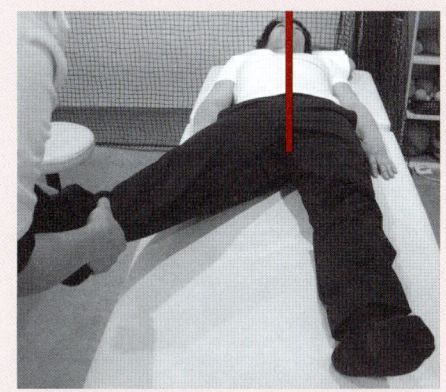

内転・外転抵抗運動時に体幹の正中位を保つことができる．　　　　内転・外転抵抗運動時に体幹の正中位を保つことができず，骨盤・胸郭・頸部の回旋や偏位を伴う．偏位が大きい部位に機能低下が存在していることが多い．

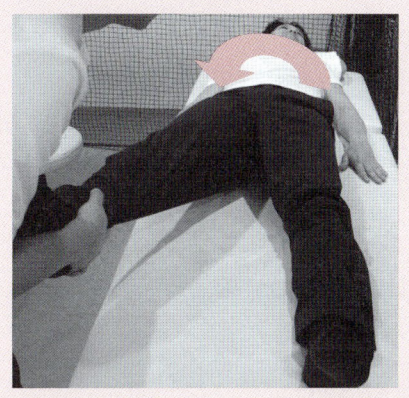

図1-86 股関節内転・外転機能評価

スクワット

　スクワット動作では，主に，矢状面，前額面および水平面の問題点を分けて分析する．矢状面と前額面の動きをとらえることができれば，水平面の動きはおおよそ決定するので，本項では矢状面と前額面のスクワット動作に言及する．まず大まかに上半身重心と下半身重心位置に着目してその偏位をとらえ，かつ身体各分節の位置関係を評価するとともに，動いていない関節と動きすぎている関節を分類し，メカニカルストレスと関連させて考察する．また，スクワット動作を行うにあたって矢状面ならびに前額面への足関節制御を制限することにより，問題点がとらえやすくなることも多い．

①矢状面の平衡機能に着目したスクワット

　スクワット動作を前額面方向から観察し，上半

49

膝関節伸展時に骨盤の位置を適切に保つことができる．

B：機能低下

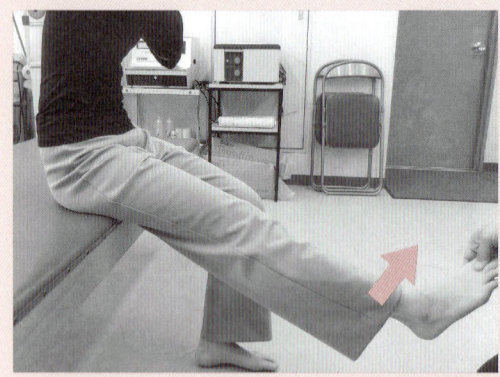

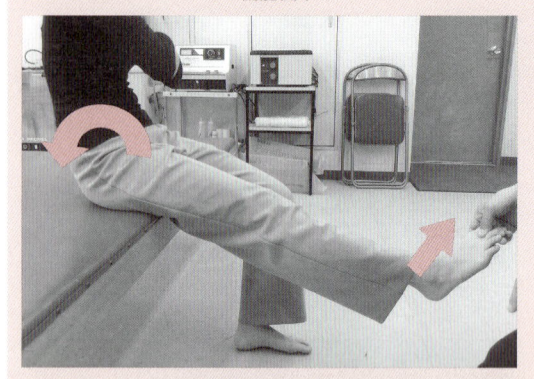

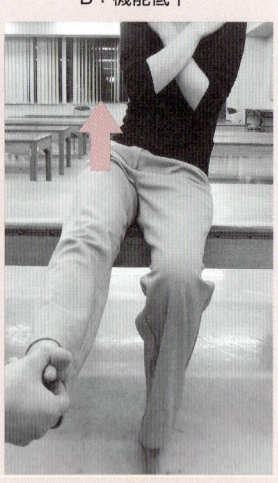

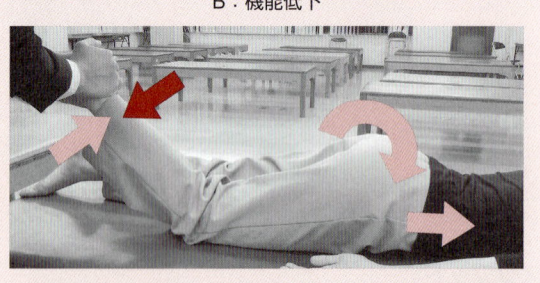

ハムストリングスの短縮がないにもかかわらず，膝関節伸展時に骨盤後傾が生じる場合は機能低下が疑われる．

図1-87　膝関節伸展機能評価

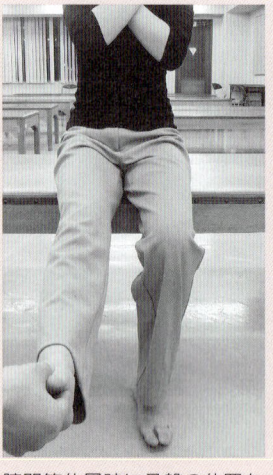

膝関節伸展時に骨盤の位置を適切に保つことができる．

膝関節伸展時に同側の骨盤が挙上する場合は機能低下が疑われる．

図1-88　膝関節伸展機能評価

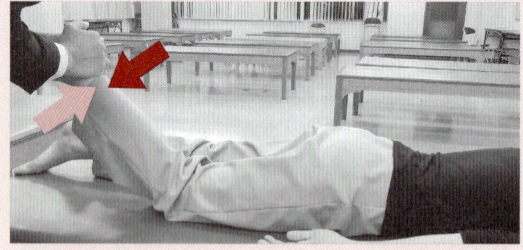

膝関節屈曲時に骨盤の位置を適切に保つことができる．

膝関節屈曲時に同側の骨盤の前傾や挙上が出現する場合は機能低下が疑われる．

図1-89　膝関節屈曲機能評価

身重心と下半身重心の矢状面上における位置関係を確認する．膝関節および股関節前面に疼痛が生じる症例では上半身重心が後方に偏位し，骨盤の前傾運動が減少していることが多い．逆に膝関節および股関節後面に疼痛が生じる症例においては上半身重心が前方に位置し，骨盤の前傾運動が増大していることが多い．股関節では上半身重心の移動を制御する働きを有しており，上半身重心が

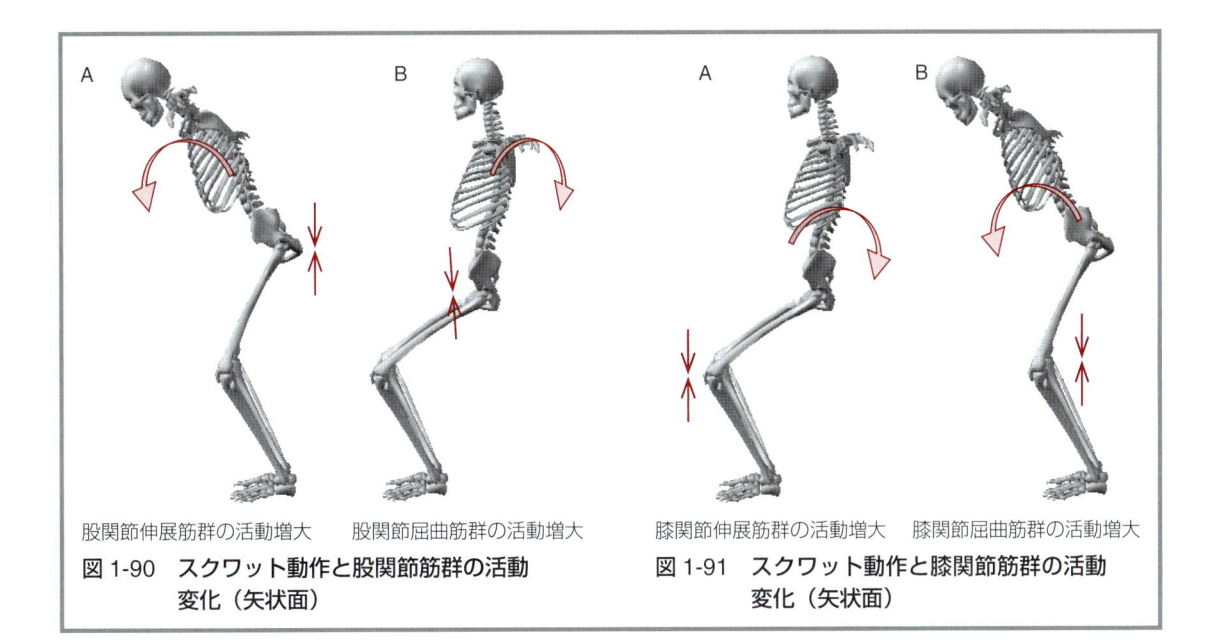

3. 評価──そのほか膝関節疾患の病態把握に必要な評価

図1-90 スクワット動作と股関節筋群の活動変化（矢状面）
A 股関節伸展筋群の活動増大　B 股関節屈曲筋群の活動増大

図1-91 スクワット動作と膝関節筋群の活動変化（矢状面）
A 膝関節伸展筋群の活動増大　B 膝関節屈曲筋群の活動増大

前方に移動すれば，その前方回転モーメントを制御するために股関節伸展筋群が働き，上半身重心が後方に移動すれば股関節屈曲筋群が働く（図1-90）．膝関節においては，膝関節より上の質量が後方に位置していれば膝関節伸展筋群が働き，逆に前方に位置していれば膝関節屈曲筋群が働くことになる（図1-91）[54]．まずは矢状面上において，膝関節疾患では脛骨と大腿骨をどのような位置関係にすれば疼痛が軽減するかを把握し，股関節疾患では大腿骨と骨盤をどのような位置関係にすれば疼痛が軽減するのかを評価する．その方向性を基に，疼痛を助長させるスクワット動作になってしまう理由を各関節の機能障害から推察し，消去法にて一つひとつ丁寧に確認していく．また，足関節運動戦略などを制限することにより，問題点がとらえやすくなることもあり，フィットローラーハーフなどを用いて矢状面上の足関節制御を制限したうえでスクワット動作を行うと，機能低下部位と膝関節および股関節痛との関連性が明確になりやすい場合もある（図1-92）．

②前額面の平衡機能に着目したスクワット

スクワット動作を矢状面方向から観察し，上半

図1-92 矢状面の足関節制御を抑制したスクワット
矢状面上での足関節制御を抑制し，他部位にて制御が行えるかを評価する．

身重心と下半身重心の前額面上の位置関係を確認する．股関節外側に疼痛が生じる症例では対側に上半身重心が偏位し，同側への骨盤外側方移動が増大していることが多い．逆に股関節内側に疼痛が生じる症例では同側に上半身重心が偏位し，対

51

側への骨盤内方移動が増大していることが多い．前額面上において上半身重心が対側に偏位すると股関節外転筋群が働き，同側に偏位すると股関節内転筋群が働く（図1-93）．膝関節より上の質量が内側に位置すると膝関節内反が生じることになり，腸脛靱帯や外側広筋の活動が増大し，LMを除く膝関節外側構成体損傷やover useによる疼痛が出現しやすい（図1-94A）．逆に，膝関節よりも上の質量が外側に位置すると膝関節外反が生じることになり，鵞足付着筋の筋活動が増大し，MMを除く膝関節内側構成損傷やover useによる疼痛が出現することになる（図1-94B）．股関節および膝関節における前額面上の疼痛が生じる患者では，上記のメカニカルストレスがスクワット動作にて出現することが多い．前額面において，股関節疾患では大腿骨と骨盤を，膝関節疾患では大腿骨と脛骨を，それぞれどの位置関係に誘導すると疼痛が軽減するかを確認し，方向性を決定する．また，スクワット動作時に前額面上の偏位がどの部位から生じているのかを詳細に評価し，機能障害と併せて考察することにより，問題点を適確にとらえやすい．また，前額面上の足関節運動戦略をフィットローラーハーフなどで制限したうえでスクワット動作を行わせることにより，問題点をより明確にすることができる場合も多い（図1-95）．

③機能補助によるスクワット

スクワット動作分析にて問題点の抽出を行ったあと，その機能を他動的に補助したうえで合理的なスクワット動作に変化するかを確認する．たとえば，腹横筋の機能低下が非合理的なスクワットの原因であると考えられる場合は，バンドを骨盤周囲に巻き，腹横筋の機能を補助したうえで合理的な動作に変化ならびに疼痛の軽減が得られるかを確認する（図1-96A）．また，横隔膜や胸椎伸筋群の機能補助を行うためには，バンドを剣状突起付近に巻き，機能を補助したうえでスクワット動作の変化および疼痛の軽減を確認する（図1-96B）．両方の機能をバンドで補助してスクワット動作を行わせる場合もある（図1-96C）．足部の内反・外反を補助するためにはパッドを足底に配置し，内反および外反を制御したうえでスクワット動作を行わせる方法もある．このように，どの機能低下が不合理なスクワット動作にさせているのかを確認することは理学療法の方向性を決定す

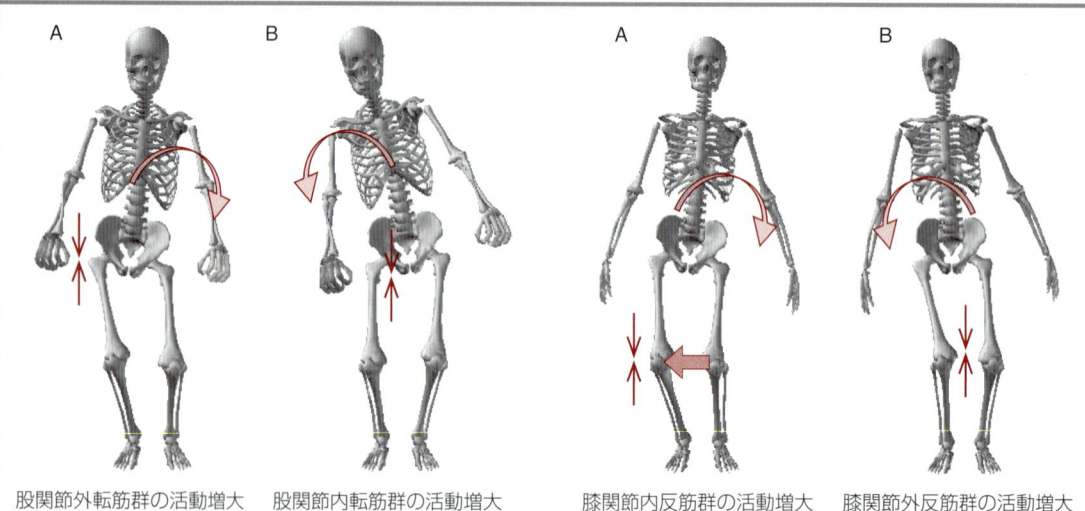

図1-93 スクワット動作と股関節筋群の活動変化（前額面）
股関節外転筋群の活動増大　　股関節内転筋群の活動増大

図1-94 スクワット動作と膝関節筋群の活動変化（前額面）
膝関節内反筋群の活動増大　　膝関節外反筋群の活動増大

図1-95 前額面の足関節制御を抑制したスクワット

前額面上での足関節制御を抑制し，他部位にて制御が行えるかを評価する．

A：腹横筋の機能補助　　B：胸椎伸筋群の機能補助

C：腹横筋と胸椎伸筋群の機能補助

図1-96 機能補助によるスクワット

るために大変重要であると考える．

片脚立位

　各種スポーツでは片脚にのみ荷重をかけて動作を行う場面も多く存在する．たとえば，サッカーのキック動作やバレーボールにおけるスパイク動作移行時のステップ，ランニングやダッシュでも二重支持期がないために片脚荷重を繰り返している動作であると解釈できる．片脚荷重時の問題点を把握するためには，片脚立位を評価することが臨床上簡便である．片脚立位では骨盤や膝関節の側方移動の左右差や足圧中心の位置，離床した下肢の質量に対して下半身重心および上半身重心がどのような偏位により対応を行うかを評価する．

姿勢分析

　姿勢分析は，動作分析や機能障害に対する有用な情報を与えてくれる．臨床においては正常な姿勢からの逸脱を評価するよりも，分節ごとの相対的な位置関係を把握し，各身体分節が動作におい

てどのような役割を果たすためにその位置にあるのかを考察することが重要である．たとえば，歩行において骨盤の後方移動は安定性に有利となるが，移動性には不利に働き，大腿の前方移動も安定性に有利ではあるが移動性には不利となる[55]．このような2つの動きを組み合わせると股関節は屈曲位となり，この身体運動戦略は静止姿勢においても反映されることが多く，股関節疾患としては股関節後面の疼痛を訴えやすい．また膝関節においては，屈曲により安定性が向上して移動性には不利になり，伸展では逆になる傾向が強く，屈曲の増大により膝関節前方構成体，伸展により後方構成体にストレスが加わり疼痛が生じることになる．

姿勢評価を分析まで発展させるためには，疼痛部位の関節位置や近位の身体分節を評価するだけでなく，ほかのどの分節の位置や機能障害を補償するために，疼痛を生じている関節が現在の位置関係になったのかを考察する必要がある．たとえば膝関節を屈曲位に保つ症例では，動作における安定性向上の身体運動戦略を用いていることが予測されるが，これは股関節が伸展位にあり，過剰な移動性を供給するための結果であることも考えられる．また，股関節以外のほかの身体分節が前方に移動し，過剰な移動性を生み出している結果として膝関節が屈曲し，少しでも身体重心を後方に位置させることによりほかの身体分節の移動性を打ち消していることも予測される．どの身体分節の補償として，疼痛部位が疼痛を助長する関節位置およびalignmentになっているのかを評価することにより，理学療法の展開がより適確に効率よく行われる．

動作分析
前屈

前屈動作では骨盤の後方移動や足圧中心位置との関係を評価し，足関節制御と股関節制御が協調して行われているかを分析する．また，脊柱を含む各関節が，安定性と柔軟性をもって適切に動いているかなども併せて評価する必要がある．たとえば，前屈動作を行うにあたり，股関節の屈曲と骨盤の前傾が必要となるが，股関節疾患では股関節屈曲と骨盤前傾は増大し，脊柱における腰椎の屈曲方向の動きは低下した前屈を行っていることも多い（図1-97）．このような前屈動作では股関節後面筋群の緊張が非常に高くなり，疼痛を生じやすくなるとともにスポーツパフォーマンスにも影響を及ぼすことになる．つまり「どの部位が過剰に動き，どの部分が動いていないか」を分析し，「なぜ過剰に動くのか，なぜ動いていないのか」を前述した機能障害とあわせて考察することにより，関節に生じるメカニカルストレスと他部位の機能障害との関連性を推察しやすくなる．

後屈

後屈動作では前屈動作とは逆に骨盤の前方移動と後傾が必要となる．とくに足圧中心が前方に移動しなければ，骨盤の前方移動が制限されるため，足圧中心と骨盤の位置関係を適確にとらえて動作の解釈を行うことが重要になってくる．骨盤の前方移動が制限された後屈動作では，骨盤の後傾運動を増大させて対応することが考えられ，骨盤の後傾運動増大には股関節の伸展運動が過剰に必要となる．股関節伸展増大は制御作用として股関節屈筋群の働きを増大させるとともに，股関節前方構成体に対する伸張ストレスが増加し，種々の疼痛を生じる原因ともなりうる．また，後屈動作における胸腰椎伸展運動低下も骨盤の後傾運動を増大させ，股関節前方組織へのメカニカルストレスを増大させる一因となる（図1-98A）．

膝関節疾患では，股関節や脊柱での伸展運動および骨盤の前方移動が減少し，膝関節屈曲によって後屈動作を代償する動きがみられる（図1-98B）．

側屈

側屈動作には側屈側の股関節外転と対側の内転運動が必要となり，対側への骨盤側方移動が適切

図1-97　前屈動作と股関節のメカニカルストレス
股関節制御が過剰となり，股関節後面筋群にストレスが生じる．

A：股関節に対するメカニカルストレス
B：膝関節に対するメカニカルストレス

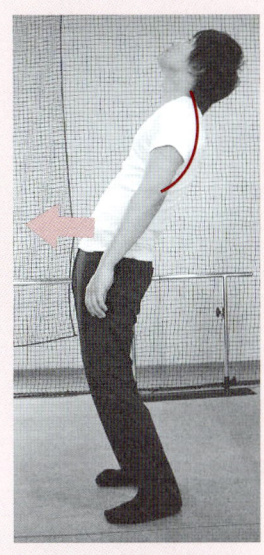

後屈時に胸椎伸展運動が出現せず，骨盤の後傾と股関節の伸展にて代償を行う．

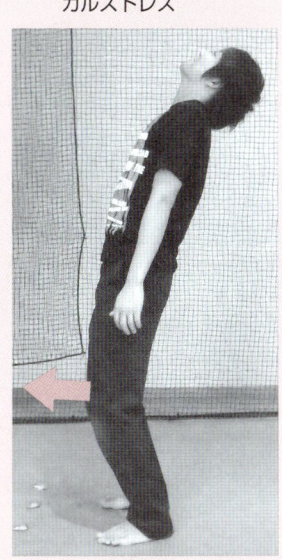

後屈時に胸椎，骨盤，股関節の運動が減少し膝関節屈曲にて代償を行う．

図1-98　後屈動作とのメカニカルストレス

に生じることが重要である．また，前後屈動作と同様に「どの部位が過剰に動き，どの部位が動かないか」を評価することが重要であり，とくに胸椎を含む胸郭の柔軟性低下は股関節の過剰な側方移動を招き，股関節での対応を増大させることが考えられる．また，胸郭と股関節の機能低下は膝関節での代償を大きくし，前額面上のメカニカルストレスを増大することとなる．

回旋

回旋動作は矢状面運動と前額面運動の複合運動としてとらえることができるが，足圧中心や上半身重心の位置によって股関節の動きは変化するため，分析には注意を要する．たとえば骨盤左回旋を課題として行った場合，足圧中心が左前方に移動すると，左股関節は屈曲・内転・内旋位となり，右股関節は伸展・外転・外旋位となる．しかし，右前方に足圧中心が移動した場合は，左股関節の屈曲・内旋および右股関節の伸展・外旋は制限され，右股関節は外転位，左股関節は内転位となりやすい．また上半身重心が前方に移動している場合は股関節伸展運動が制限され，後方に移動している場合は逆に屈曲運動は制限される（図1-99A，B）．また側屈している場合は側屈側の内転は制限され，対側では外転が制限される．このように，足圧中心と上半身重心の位置関係によっては，股関節に生じる運動が異なる場合があるので詳細な分析が必要となる．また，股関節の回旋運動の増大も他の部位の回旋機能低下を代償している場合が多く，脊柱においては，腰椎と比較して胸椎での回旋機能が高い．胸椎の回旋機能低下は股関節における過剰な回旋運動を助長し，メカニカルストレスを増大させる一因となりうる．膝関節において着目するポイントは，矢状面および前額面上の大腿骨と脛骨の位置関係だけでなく，回旋運動の強制が行われていないかを確認することである．膝関節には副運動として内旋・外旋が生じる程度であるが，その不安定な構造特性により，ほかの回旋運動低下を膝関節の回旋運動で代償しやすい．膝関

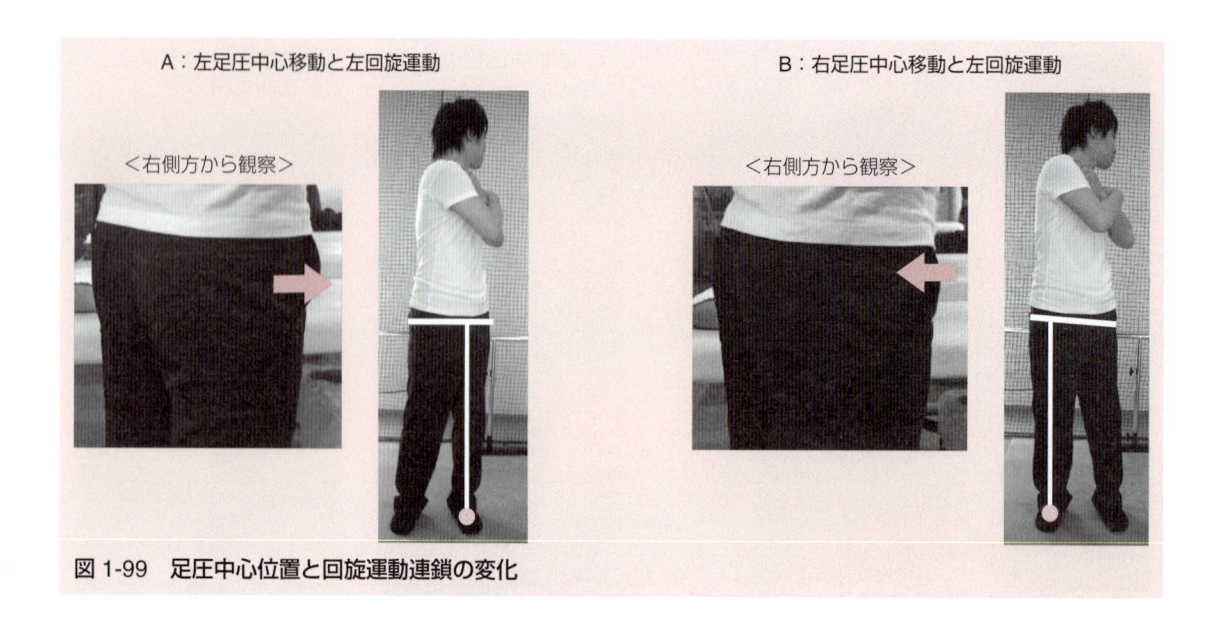

A：左足圧中心移動と左回旋運動　　　　　　　　　　B：右足圧中心移動と左回旋運動

＜右側方から観察＞　　　　　　　　　　　　　　　　　　＜右側方から観察＞

図 1-99　足圧中心位置と回旋運動連鎖の変化

節における回旋の強制は膝関節構成体を容易に損傷させる結果となる．

歩行

　歩行は非常に高度な動きであり，各関節の機能低下や各筋の協調性低下および回復度合いを示してくれる．スポーツにおいて歩行を行う機会は少ないが，効率的な歩行ができない症例が，さらに高度なスポーツ動作を効率よく行えるとは考えにくく，歩行における機能および協調性の問題点を把握することは，スポーツ傷害や外傷の理学療法を展開するうえで非常に重要であると推察する．一流のスポーツ選手は，競技中だけでなく，普段の歩行や姿勢にも気をつけており，普段の歩行や姿勢がスポーツ動作に大きな影響を与えることは十分に考えられる．

　また，スポーツ動作時のみ疼痛が生じている症例でも，その疼痛を生じるメカニカルストレスが歩行においても出現していることが多い．たとえば大腿筋膜張筋の過剰収縮による大転子部滑液包炎では，スポーツ動作において骨盤外側方移動が増大していることが考えられるが，この骨盤外側方移動は歩行中にも確認され，とくに初期接地（initial contact：IC）から立脚中期（mid stance：MS）にて出現しやすい．歩行における過度の骨盤外側方移動が改善すると，それまでに生じていたスポーツにおける骨盤外側方移動も改善されることが多く，逆にスポーツ動作時のみに着目して骨盤外側方移動を改善させても，歩行時の骨盤外側方移動が改善されないことも多々ある．日常生活上頻回に行う動作が改善されなければ，メカニカルストレスを助長する動作はすぐに学習されてしまい，結果としてスポーツ動作時のメカニカルストレスが改善されないことになる．また，ICから荷重応答期（loading response：LR）における骨盤外側方移動とMSにおける骨盤外側方移動は原因が異なり，理学療法の方向性も異なることが多い．ICからLRでは対側が推進期にあり，同側の機能低下が骨盤外側方移動の原因であるとは考えにくく，対側において身体を前方に推進させるために必要な機能が低下している結果，早期に同側へ接地させる外側方加速度が増大し，骨盤の外側方移動が生じるものと推察される．MSの骨盤外側方移動増大では，対側よりも同側の機能低下を生じている可能性が高く，主として同側の前額面制御作用を有する筋の機能障害を中心に評価および治療を進めていく必要がある（**図 1-100**）．このような

A：ICからLRにおける骨盤外側方移動
B：MSにおける骨盤外側方移動

図1-100　歩行における骨盤外側方移動

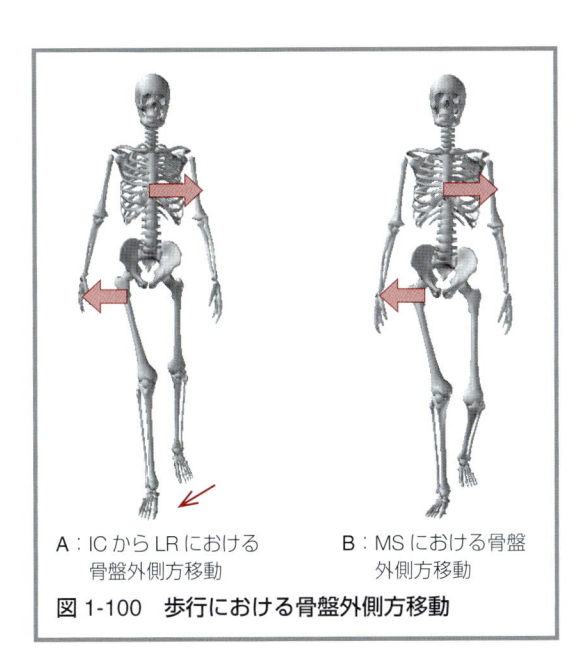

解釈はスポーツ動作を改善させるためにも重要であり，キック動作時に軸足側の骨盤外側方移動が増大している症例に対して，同側の影響なのか，それとも対側の影響が大きいのかを判断したうえで理学療法を展開しなければ，疼痛部位ばかりに着目した効果の低い理学療法を延々と繰り返してしまう可能性がある．

歩行は身体重心と床反力作用点の位置関係を崩しながら推進力を得て，また新たな支持基底面を形成して床反力作用点を移すことにより，推進力を制動しながら荷重の受け継ぎを繰り返すという高度な動作であると考えられる．したがって，軽度であってもその機能障害は歩行に如実に表れやすく，その非効率的な動きは学習されやすい．疼痛を引き起こすメカニカルストレスの把握を行うことはたいへん重要であるが，そのメカニカルストレスを生じる原因は別の部位にあることも多々あり，その関連性や解釈を明確にするためには歩行分析が重要な役割を担う．前述した各種疾患と歩行分析のポイントを簡単ではあるが下記に示す．

①大転子部滑液包炎

大腿筋膜張筋および大殿筋の過剰収縮により腸脛靱帯にストレスが加わり，大転子部滑液包に炎症を生じる．歩行中における大腿筋膜張筋の役割は，骨盤外側方移動制御と，軽度ではあるが骨盤の前方移動制御を担うため，骨盤の前外側方への過剰な移動が歩行周期で生じていることが多い．また大殿筋の役割は，ICからLR時の体幹前傾制御作用を有するため体幹前傾が大きく，骨盤の前方移動が遅延している歩容となっている場合に過剰な緊張が生じる．

②小転子部滑液包炎

腸腰筋停止部の緊張により疼痛が生じることが考えられ，腸腰筋の歩行中における役割は股関節伸展制御と内旋制御であると推察される．歩行において骨盤の前方移動および後傾が増大し，大腿近位が前方に移動するとともに内旋を制御するために腸腰筋が過剰に収縮する．

③坐骨結節部滑液包炎

坐骨結節には，大腿二頭筋長頭，半腱様筋，半膜様筋などのハムストリングスが主に付着しており，これらの筋の起始部での過剰な収縮が坐骨結節部滑液包炎の原因と考えられる．ハムストリングス起始部は股関節屈曲制御機能を有し，歩行においては骨盤の前傾制御機能および大腿近位部の後方移動を制御する役割を担うものと推察される．そのため坐骨結節部滑液包炎では骨盤の前傾と大腿部近位部の後方移動が著明にみられる歩容を呈することが多い．

④恥骨結合炎

恥骨結合炎では腹直筋や股関節内転筋の過剰収縮であると考えられている．腹直筋の役割は主として骨盤前傾制御，腰椎前弯制御であり，上半身重心の後方移動を制御する役割を担う．恥骨付近でストレスが生じるとすれば骨盤の前傾および前方移動を制御するために働き，かつ上半身重心が後方に移動している場合にさらなる負担を強いられる．また，股関節内転筋は上半身重心の同側移動，つまり体幹の同側への側屈を制御する役割を有す

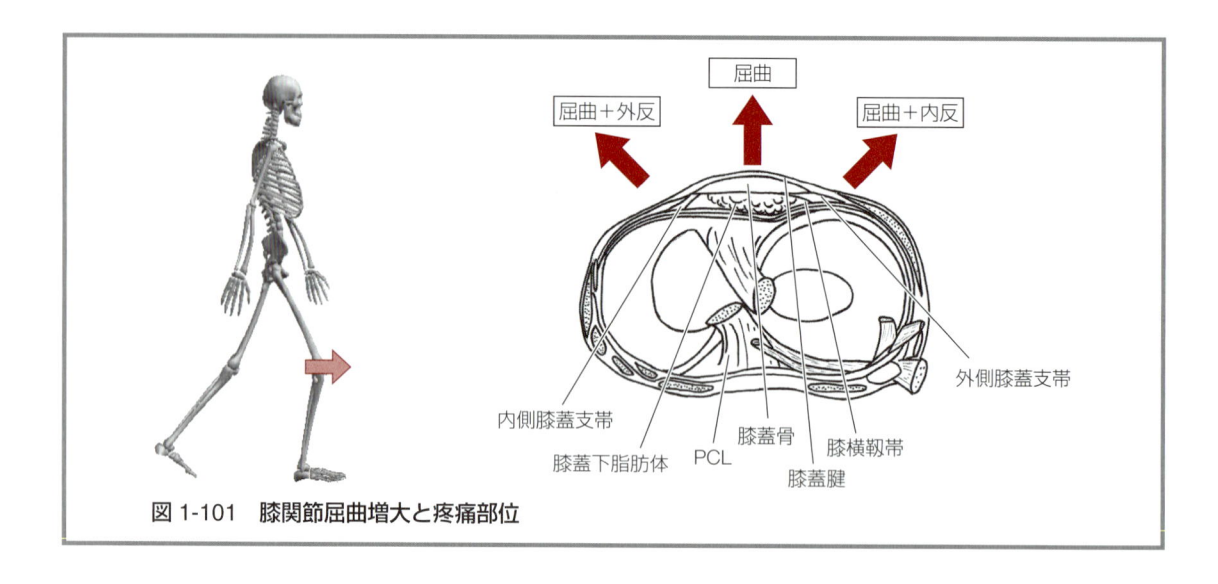

図1-101 膝関節屈曲増大と疼痛部位

る．同じ恥骨結合炎でもその原因によって歩行分析の着目点が異なるため注意を要する．

⑤鼠径周辺部痛

　大腿直筋起始部の疼痛では，骨盤の前方移動および後傾に加えて大腿近位部の前方移動を制御するために過剰な収縮を生じていることが多く，歩行においては立脚期の中期から後期において特徴的にみられる．縫工筋による疼痛では上記の動きだけでなく，骨盤でもとくに腸骨に対する外方へのモーメントを制御し，内方モーメントを供給するために過剰に働くことが予測される．

⑥梨状筋症候群

　疼痛評価における梨状筋症候群の項参照．

⑦膝関節屈曲増大による疼痛（膝蓋腱炎，膝蓋下脂肪体炎，オスグッド-シュラッター病，膝蓋軟骨軟化症，PCL損傷）

　膝関節屈曲運動増大による疼痛は，膝蓋腱炎，膝蓋下脂肪体炎，オスグッド-シュラッター病，膝蓋軟骨軟化症およびPCL損傷があげられる（図1-101）．歩行における膝関節屈曲の増大は膝関節伸展モーメントを増大させ，膝関節伸展機構および膝関節前方構成体に過剰な負担を強いることになる[56]．とくに屈曲が増大しやすいのはLR付近であり[57]，大腿四頭筋の活動がピークになる時期に膝関節前方構成体に負担が生じることが多い．膝関節屈曲時に膝蓋骨の下縁が脛骨から離れるような動き（膝蓋骨の後傾や挙上）であれば膝蓋腱炎や膝蓋下脂肪体炎，骨端線閉鎖前に上記のようなメカニカルストレスが生じるとオスグッド-シュラッター病となることが予測される．また，膝蓋骨の後傾が過度となり，膝蓋骨軟骨面の圧縮応力が一点に集中すると，膝蓋骨軟骨面にメカニカルストレスが加わり，膝蓋軟骨軟化症の疼痛が生じる．歩行中において膝関節屈曲が増大すると大腿直筋が過剰に収縮し，膝蓋骨を後傾および上方へと位置させることになり，上記のメカニカルストレスが増大する．また，PCLの主たる役割は脛骨の後方移動制御であるが，脛骨近位部が後方移動すると膝関節は屈曲することから，膝関節の屈曲増大により，PCLに対するメカニカルストレスは増大し，疼痛を惹起することになる．

⑧膝関節伸展増大による疼痛（ACL損傷，膝関節後方構成体の損傷）

　膝関節伸展増大による疼痛はACL損傷が主体となるが，そのほかに斜膝窩筋腱や膝窩靱帯，前半月大腿靱帯，後半月大腿靱帯などの後方構成体にもストレスが加わり，疼痛が生じることもある．基本的には歩行時の膝関節伸展の増大により膝関

図 1-102 膝関節伸展増大と疼痛部位

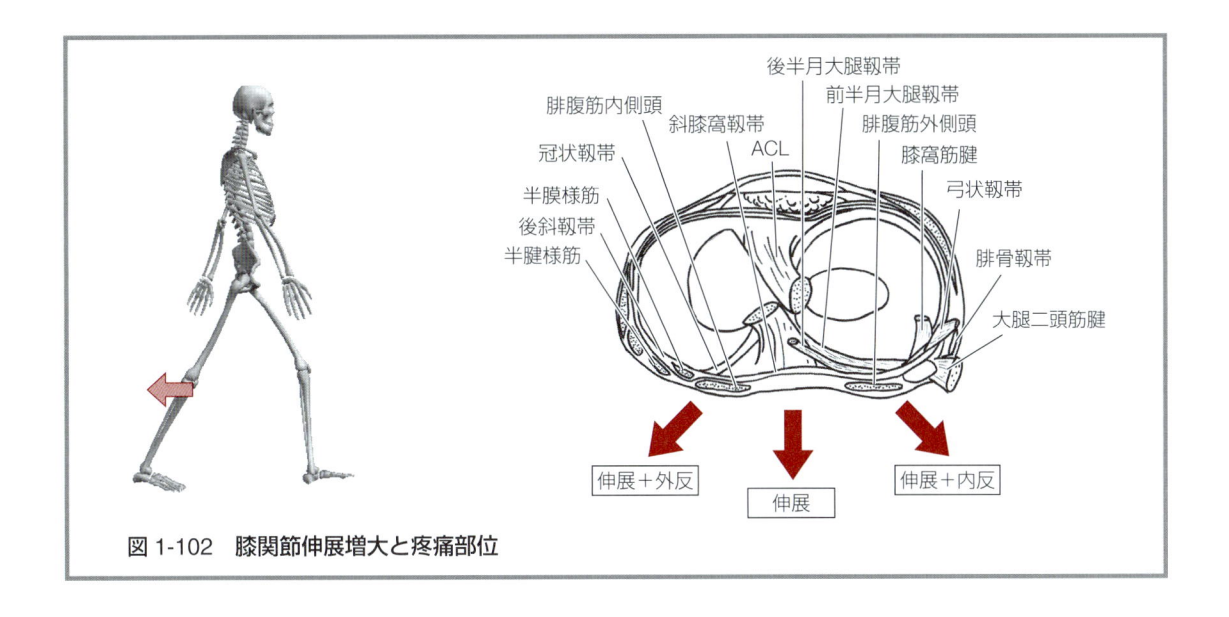

節後方構成体に負担が生じることになる（図1-102）．ACLの主たる役割は脛骨の前方移動制御であり，脛骨近位部の前方移動に伴って膝関節は伸展するため，膝伸展運動の増大はACLに対するメカニカルストレスを増大させ疼痛を惹起させる．

⑨ LMを除く膝関節外側構成体とMMの疼痛

LMを除く膝関節外側構成体とMMの疼痛は膝関節内反ストレスと関係性があり，内反制御として腸脛靱帯[56]やLCLにメカニカルストレスが生じる．また，内反時に，膝関節外側には伸張ストレス，内側には圧縮ストレスが生じることになり，内側への圧縮ストレスの増大はMM損傷を引き起こすことになる（図1-103）．膝関節が内反しているということは股関節では外転位となりやすく，骨盤の外側方移動は減少する（図1-104A）．一見，内反ストレスが生じていないように観察されても，股関節と膝関節，足部と膝関節の相対的位置関係により，膝関節内反ストレスが生じるので注意深く歩行分析を行うことが重要である．また，膝関節内反が生じる歩行周期によって評価および施行する理学療法が異なるため，その時期を詳細に評価する必要がある．

⑩ MMを除く膝関節内側構成体とLMの疼痛

MMを除く膝関節外側構成体とLMの疼痛は膝関節外反ストレスと関係性があり，外反制御としてMCLや鵞足付着筋などの内側筋群にメカニカルストレスが生じる[56]．また，外反時に膝関節内側には伸張ストレス，外側には圧縮ストレスが生じることになり，外側への圧縮ストレスの増大はLM損傷を引き起こすことになる（図1-105）．膝関節が外反しているということは股関節では内転位となりやすく，骨盤の外側方移動は増大する（図1-104B）．また，膝関節外反が生じる歩行周期によって評価および施行する理学療法が異なるため，その時期を詳細に評価する必要がある．臨床では，膝関節外反に伴い体幹の同側側屈が観察されることが多いが，同側側屈は骨盤の外側方移動の増大を抑制するための代償ととらえることができ，短絡的に同側側屈を矯正する理学療法を施行すると膝関節外反ストレスが増大する結果となるので注意を要する．

スポーツ動作分析
走行

走行はスポーツ動作の基本であり，種々のスポーツにおいてさまざまな場面で走行が行われる．そ

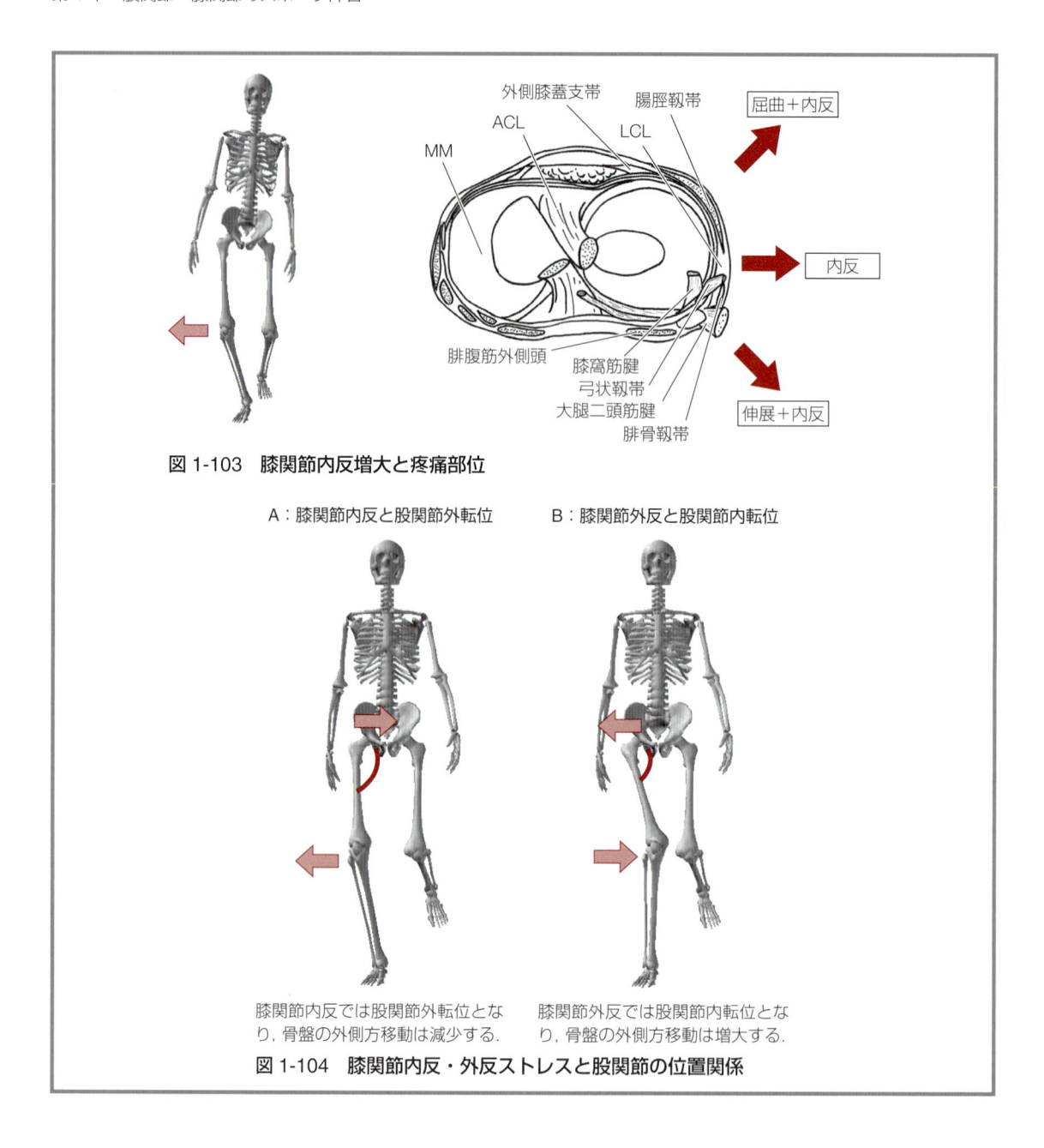

図1-103 膝関節内反増大と疼痛部位

A：膝関節内反と股関節外転位
B：膝関節外反と股関節内転位

膝関節内反では股関節外転位となり，骨盤の外側方移動は減少する．

膝関節外反では股関節内転位となり，骨盤の外側方移動は増大する．

図1-104 膝関節内反・外反ストレスと股関節の位置関係

の走行様式はスポーツの特性により異なるものの，根底にある走行の原則は同じであり，まずは基本的な走行を評価し，問題点を適確にとらえたうえでさまざまなバリエーションの走行を評価する必要がある．

歩行と走行の基本的な相違としては，①同時定着時期がない，②両脚とも遊脚している時期がある，③減速要素がない，④歩行速度が速くなると接地が母趾球から始まる，⑤接地地面からの衝撃が大きい，⑥身体の前傾角度が大きい，⑦膝関節の屈曲角度が大きい，⑧肘関節の屈曲角度が大きい，⑨走り始めに大きなエネルギーが必要，⑩地面との摩擦，があげられる[58]．走行は歩行よりも大きなエネルギーが必要であり，またそのエネルギーを効率よく左右の下肢に伝達していく必要がある．効率的な走行は流動的であり，各相におい

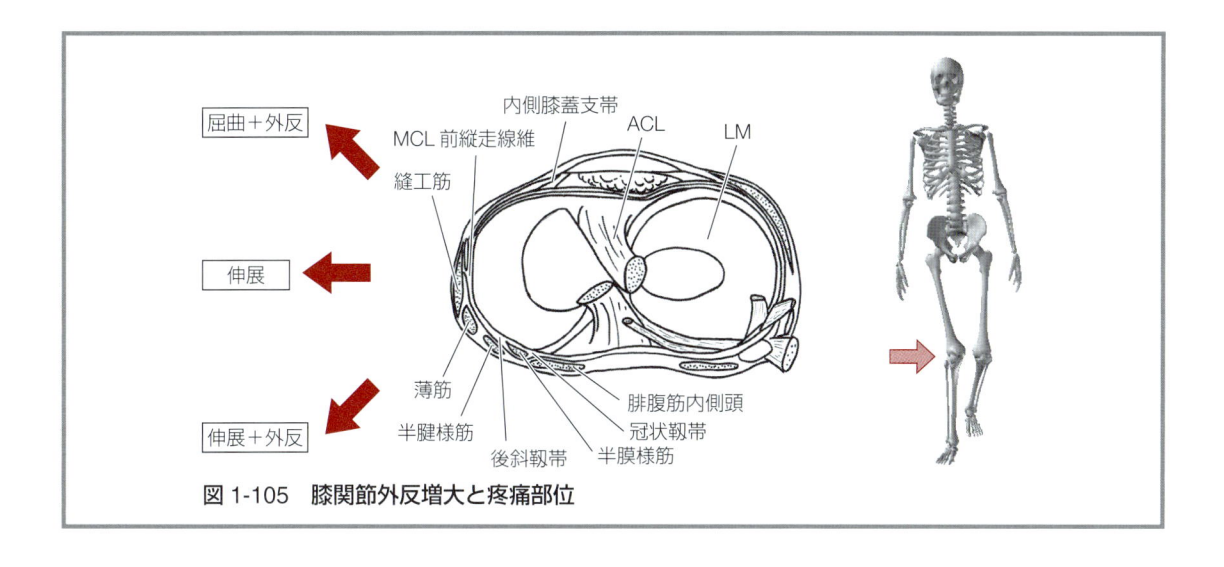

3. 評価——そのほか膝関節疾患の病態把握に必要な評価

図 1-105　膝関節外反増大と疼痛部位

て流動性が保たれているが，非効率的な動きは流動性が保たれておらず，臨床においては動きの滞りとして認識される．たとえば，大腿直筋起始部の過剰な収縮により鼠径周辺部痛を呈するような症例では，走行時の接地期後半にて骨盤の前方移動の増大とともに股関節が前方移動する動きが過剰に生じ，ほかの相と比較して流動性が途切れるように，一瞬止まって見えることが臨床上観察される（**図 1-106**）．この動きは股関節の前面に疼痛がなく，大腿直筋起始部にスパズムが存在する，いわゆる「鼠径周辺部痛予備群」においても観察される動きであるため，疼痛の逃避動作として動きが滞るとは考えにくい．先にも述べたように，走行には効率的なエネルギーの伝達が必要であり，動きが滞るということはそのエネルギー伝達にブレーキをかけている現象であると解釈できる．ブレーキをかけ，エネルギーを必要以上に制動し，またエネルギーを作り出して推進するという非常に効率の悪い走行は，特定の筋に過剰な負担を生じる結果となる．走行時に股関節痛や膝関節痛を呈する症例では，歩行分析で述べた特徴的な動きが走行中に著明に出現することが多く，歩行評価とあわせて走行を評価することが大切である．

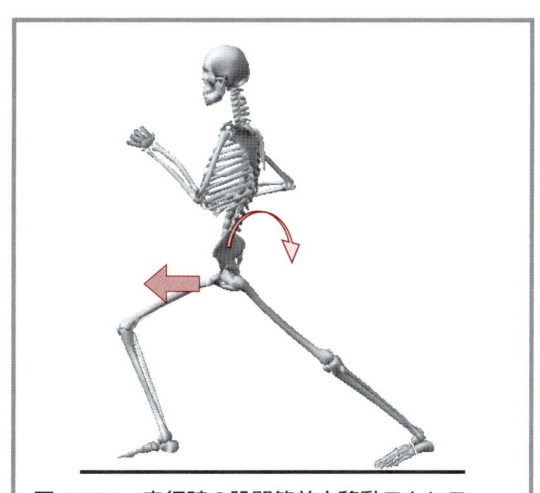

短距離と長距離では走行中の筋活動や足底接地

図 1-106　走行時の股関節前方移動ストレス
走行時に骨盤の後傾とともに大腿骨頭の前方移動が過剰に生じ，股関節前方構成体のストレスが増大する．
また，ストレス増大ポイントでは走行の流動性が途切れることが観察される．

様式が異なることが報告されており[59, 60]，そのスポーツ特性を把握したうえでダッシュ動作を評価するのかランニング動作を評価するのかを選択する必要がある．とくに長距離走行による疼痛は再現痛を確認することが難しく，短時間の走行評価から股関節に加わるメカニカルストレスを予測できることが重要である．そのためにも機能評価を適確に行い，確信に近い予測をもって走行評価を

61

行う必要がある．

ジャンプ動作

ジャンプ動作は，足関節，膝関節，股関節および体幹の筋が協調して働くことにより遂行され，とくに股関節および膝関節では，矢状面運動作用をもつ屈筋群と伸筋群の活動が重要である．スポーツにおけるジャンプ動作は，バレーボールのブロック動作やバスケットのリバウンドのように垂直にジャンプ動作を行うものと，走り幅跳びやバレーボールのスパイク動作ように助走からジャンプ動作を行うものに大別することができる．また，助走からのジャンプ動作のなかでも，助走で得たエネルギーを前方への推進力に変換する走り幅跳びのようなジャンプと，垂直に跳躍するための力に変換するバレーボールのスパイク動作のようなジャンプとに分けられる．まずは，どのようなジャンプでメカニカルストレスが助長され，疼痛が出現しているかを確認し，どのようなジャンプ動作を見なければならないかを把握する必要がある．たとえばスパイク動作で，助走から垂直ジャンプへの変換時に股関節後面に疼痛が生じる症例では，体幹の前傾が増大し，その制動要素として股関節伸筋群の過剰収縮が生じることにより疼痛をきたすことが多い（図1-107A，B）．このような症例では，下半身重心を前方に移動させることができず，代償として上半身重心を前方移動させる結果，体幹前傾を増大させていることが考えられる．この場合，垂直ジャンプよりむしろ助走からストップしてジャンプ動作に移る時期の動きを評価するか，助走からストップするまでの動作を評価する必要がある．膝関節伸展機構の疼痛では助走から垂直ジャンプ時に膝関節より上の質量が後方偏位しており，上半身重心は後方に位置していることが多い（図1-107C）．この状態では，膝関節より上の質量を制御するために大腿直筋を主体とする大腿四頭筋が過剰収縮することになり，膝伸展機構に疼痛が生じることが多い．このような場合は上半身重心が前方移動できない原因を評価する必要があり，とくに股関節屈曲位での股関節伸展筋制御機能や体幹筋安定化筋群機能および足部機能を詳細に評価する必要がある．

また，競技によっては片脚での着地や踏み切り時に疼痛が生じることも多く，片脚での荷重は膝関節外反モーメントを発生させやすい．膝関節の外反では鵞足炎やMCLおよびLL損傷を生じるとともに，股関節では内転・内旋位となりやすく，その制御作用として股関節外転筋および股関節外旋筋群の収縮が強制されて疼痛が生じることになる（図1-108）．このような場合は矢状面の機能だけでなく前額面および水平面での動きをとらえて理学療法を展開する必要がある．同じジャンプ動作でも，どのようなジャンプで疼痛が生じるかによって観察する動きが異なるため注意を要する．

キック動作

サッカーのキック動作の種類はさまざまであり，競技場面やポジションによってもキック動作は異なる．サッカーはその競技特性上，周囲の状況が刻々と変化するなかでキック動作が行われ，その方向や距離は一定していない．つまり，キック動作を行う条件は一定ではなく，キック動作すべてを詳細に評価することは困難である．しかし，基礎の修得なくして応用がありえないことは，どの分野にも通ずる事象であり，サッカーのキック動作においても例外ではないと考える．サッカーのキック動作のなかでより大きな力の伝達が必要となるインステップキックは，身体の機能低下と疼痛部位の関連を考察しやすく，また基礎的技術として重要であることから[61]，キック動作の基本として評価している．

前述したようにキック動作では，いわゆる軸足側の疼痛とキック側の疼痛が考えられる．また，キック側の疼痛であったとしても軸足側の不安定性が起因となっていることも少なくない．ボールにより強い力を伝えるという目的において軸足側

3. 評価——そのほか膝関節疾患の病態把握に必要な評価

A：股関節伸筋群過剰収縮

B：股関節伸筋群過剰収縮軽減

C：膝関節伸筋群過剰収縮

図 1-107　バレーボールのスパイク動作

の不安定性は，キック側の過剰な筋収縮により目的を達成するという非合理的なキック動作を引き起こすことになる．このような場合に，股関節と膝関節を連結する筋群を過剰に収縮させてキック動作を遂行すれば，当然，股関節および膝関節痛を生じる結果となってしまう．また，キック側の股関節および膝関節痛は体幹の安定性低下でも生じることが予測される．キック動作は全身運動で

63

第1章 股関節・膝関節のスポーツ障害

図1-108 片脚着地動作

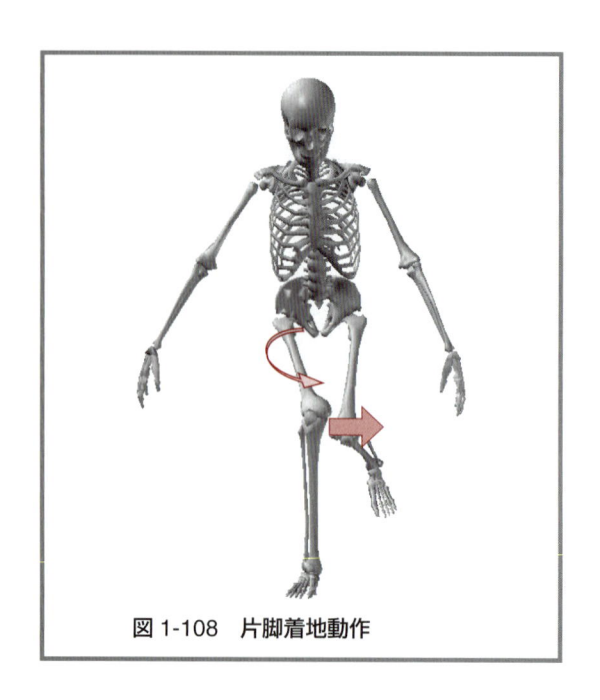

あり，下肢だけで遂行されるものではなく，下肢と体幹の協調的な運動によってボールに力を伝える動作である．体幹の安定性低下は体幹運動を低下させ，下肢と体幹の協調運動を阻害し，結果として下肢の筋に依存したキック動作となることが考えられる（**図1-109**）．また，軸足側の疼痛は前述したスクワットや片脚立位または歩行評価などを疼痛評価と関連させて考察することで比較的予測しやすい．

カッティング動作

カッティング動作はとくに球技スポーツにおいて頻繁に行われる動作の1つである．方向変換させるカッティング動作には，方向変換後に進行方向と反対の足を接地するサイドステップカッティ

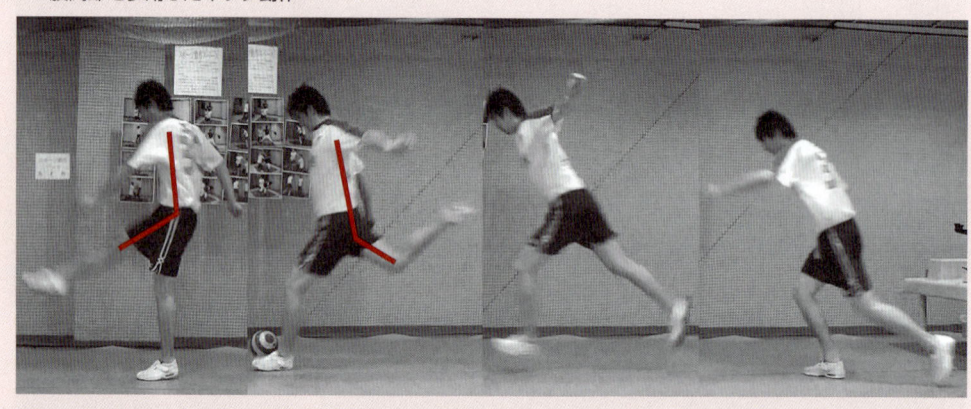

A：股関節を多用したキック動作

B：合理的なキック動作

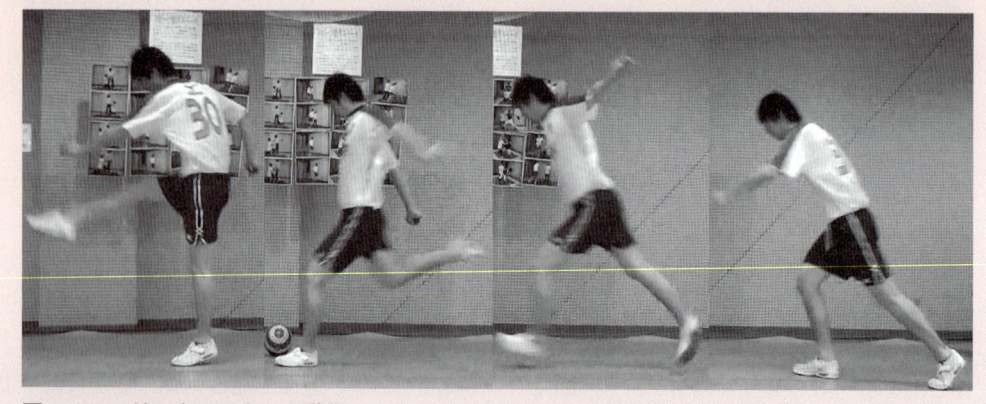

図1-109 サッカーのキック動作

ング（図1-110）と同側の足を接地させるクロスオーバーカッティング（図1-111）の2種類に分類することができる[62]．また，相としてはpreliminary deceleration phase，plant and cut phase，takeoff phaseの3相に分類される[63]．preliminary deceleration phaseにおいて体幹が前傾位にあれば股関節伸筋群が，後傾位にあれば股関節屈筋群が制動要素として過剰な収縮を要求されることになる．また，膝関節屈曲位であれば膝関節伸展筋群が過剰に収縮し，伸展機構を構成する組織に疼痛が発生し，伸展位にあれば，膝関節後方構成体に疼痛が発生する可能性がある．plant and cut phaseでは，方向転換を行うために接地側の股関節に強力な回旋ストレスが生じるが，他関節の回旋機能を膝関節で代償することによって膝関節に過度な回旋ストレスが生じ，それが股関節および膝関節痛の原因となる．takeoff phaseでは前相での回旋ストレスを引き継いだまま推進力へと移行するため，制動・推進・回旋要素といった種々のメカニカルストレスを生じることになる．

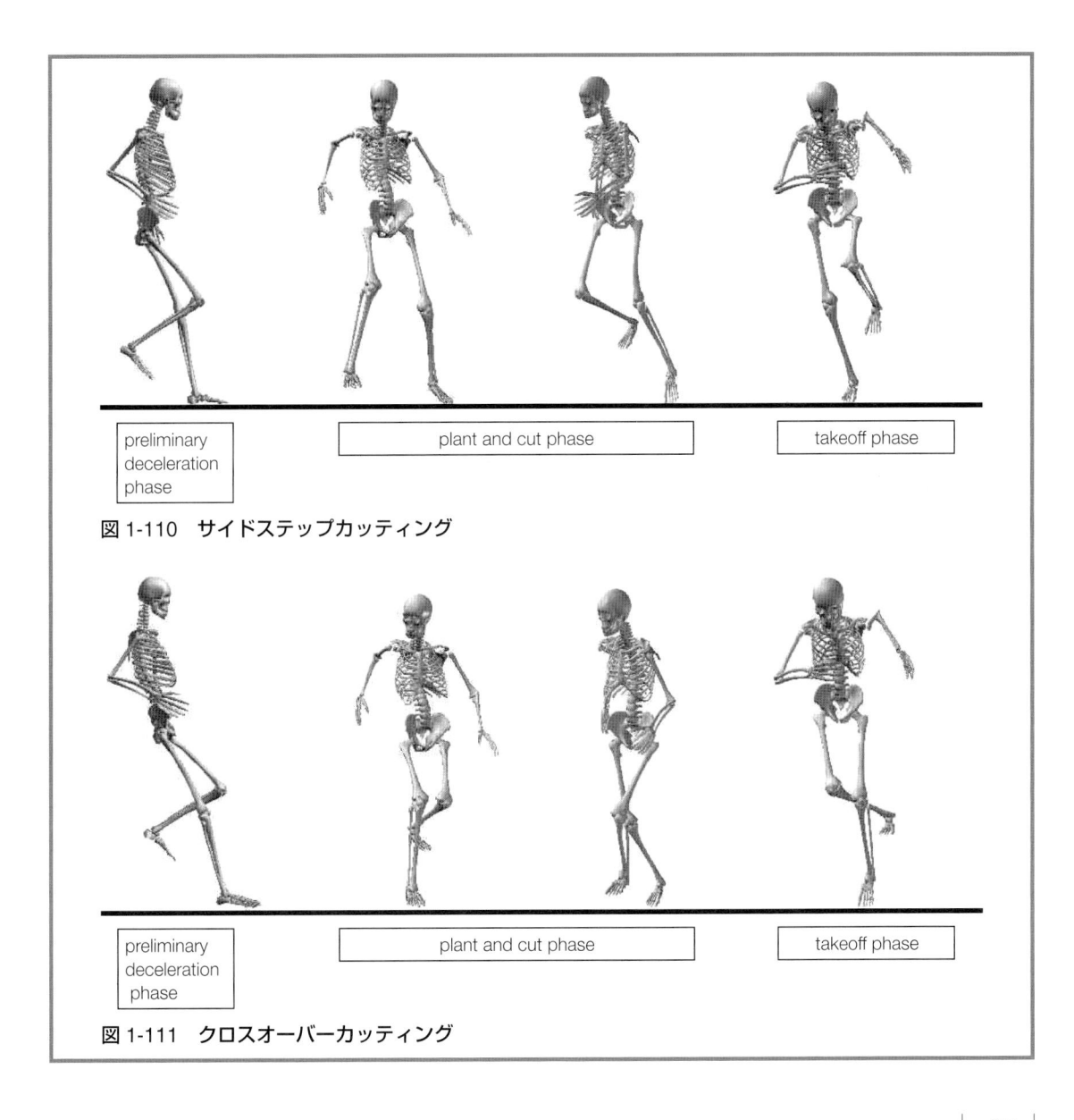

図1-110 サイドステップカッティング

図1-111 クロスオーバーカッティング

4. 治療

 これまでに述べたように，股関節と膝関節のスポーツ傷害といってもその原因はさまざまであり，股関節および膝関節に対する理学療法のみで改善を図ることは困難である．各関節の機能低下を適確にとらえたうえで，その機能低下と動作のかかわりを推察し，股関節と膝関節に対するメカニカルストレスにつなげていくという一連の流れが必要になる．当然，機能低下を生じている関節に対して理学療法を行ったのちに動作の改善を図ることが基本となるが，その機能低下部位によってアプローチ方法は異なるため，ここでは代表的なアプローチ方法のみを記載する．

図 1-112　股関節回転中心の移動

股関節に対するアプローチ

股関節の軟部組織伸張運動と alignment 改善

 股関節に疼痛が生じている場合は，寛骨臼の月状面と大腿骨頭で malalignment を呈していることが多い．malalignment が長期間持続すると股関節周囲の軟部組織には持続的な伸張ストレスと短縮ストレスが生じ，伸張ストレスを受け続けた軟部組織は安定性を，短縮ストレスを受け続けた軟部組織は可動性を失うことになる．この結果，股関節の回転中心は偏位し，股関節機能の破綻を招くことになることが推察される．股関節前面の疼痛では，股関節伸展運動増大に伴う回転中心の前方移動により，股関節後方の軟部組織は短縮していることが予測される（図 1-112）．逆に股関節後面の疼痛では，回転中心が後方に移動し，股関節後方の軟部組織は伸張，前方の軟部組織は短縮していることが考えられる．また，股関節外側の疼痛では股関節下方の軟部組織が短縮し，内側の疼痛では股関節上方の軟部組織が短縮していることが示唆される．このような malalignment を呈していると正確な股関節運動を行えないため，運動療法に先だって股関節の alignment 改善を図る必要がある（図 1-113）．

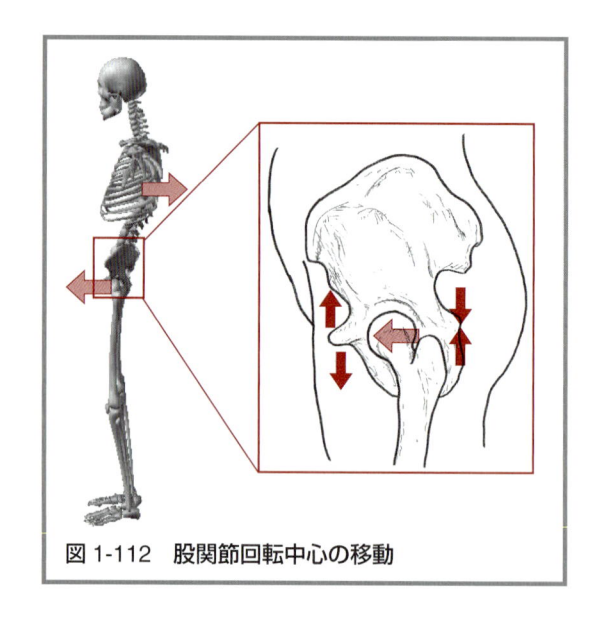

股関節外旋筋群による股関節安定化

 股関節外旋筋は股関節の安定性に関与することが示されており，なかでも上双子筋，下双子筋，外閉鎖筋，内閉鎖筋が重要であるとされている[64]．しかし，同じ外旋筋群であってもその走行は異なるため，走行を考慮した位置で外旋運動を行わせる必要がある（図 1-114）．梨状筋と大腿方形筋を除いた位置関係は，上方から上双子筋，内閉鎖筋，下双子筋，外閉鎖筋となり，上方に位置する筋は股関節内転位での外旋運動で促通され，下方に位置する筋は外転位での外旋運動で促通される（図 1-115）．これらを考慮して背臥位にて外旋運動を行うが，あまり強い抵抗を加えると股関節周囲の二関節筋が代償として働いてしまうため，二関節筋を抑制できる程度の抵抗で行うことが望ましい．また，外旋運動を行うときにはなるべく体幹の正中位を保持させるよう指示し，息をこらえるような代償動作や上肢で床面を押しつけるような代償動作が出現しないよう注意する．

4. 治療——膝関節に対するアプローチ

A：前方軟部伸張と回転中心の前方移動

検者は被検者の大腿骨頭を前方に移動させるよう操作する．

B：後方軟部伸張と回転中心後方移動

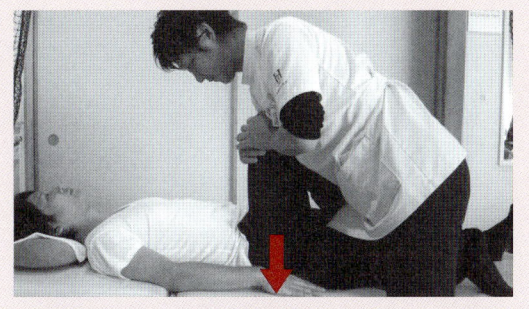

検者は被検者の膝関節を介して大腿骨頭を後方に移動させるよう操作する．

C：内下方軟部組織伸張と回転中心の内下方移動

D：外上方軟部組織伸張と回転中心の外上方移動

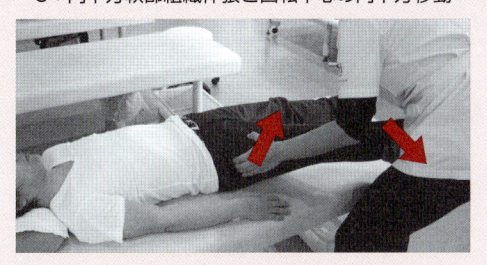

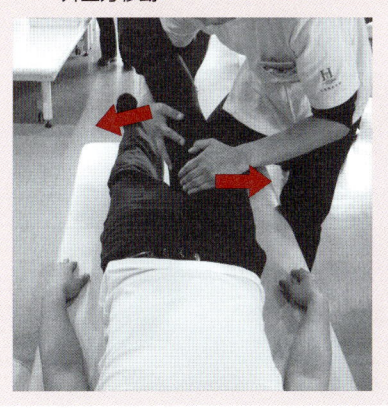

図 1-113　股関節の軟部組織伸張運動

図 1-114　股関節外旋筋群の走行
上双子筋／内閉鎖筋／仙結節靱帯／外閉鎖筋／大腿方形筋／下双子筋／梨状筋

腸腰筋による股関節安定化

腸腰筋も外旋筋と同様に股関節安定化に関与し，股関節運動中心の形成を行う．腸腰筋は股関節屈曲筋であるが，腸腰筋による股関節安定化が得られない症例では，大腿直筋起始部の作用で股関節屈曲運動を行うことが多く，大腿直筋の起始部を抑制した状態で股関節屈曲運動を行わせることが重要である．

膝関節に対するアプローチ

大腿直筋を抑制した広筋群収縮運動

大腿直筋は大腿前面の最表層を走行するため，大腿直筋を優位に収縮させた膝関節伸展運動は，膝蓋骨を介して脛骨に対する過剰な前方剪断力を生じさせる．ほかの広筋群は膝蓋骨の下縁を脛骨方向に位置させ，膝蓋骨を前傾させる機能を有するため，大腿直筋を抑制した膝関節伸展運動は膝

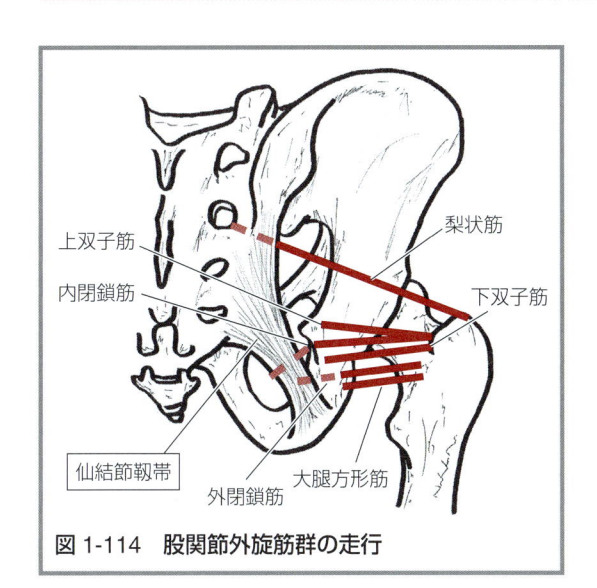

67

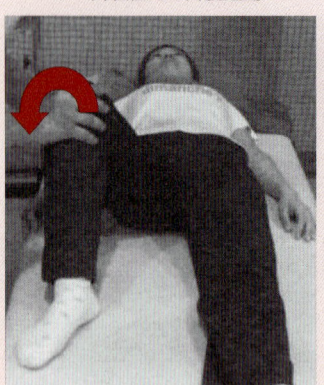

A：外転位での外旋運動　　B：中間位での外旋運動　　C：内転位での外旋運動

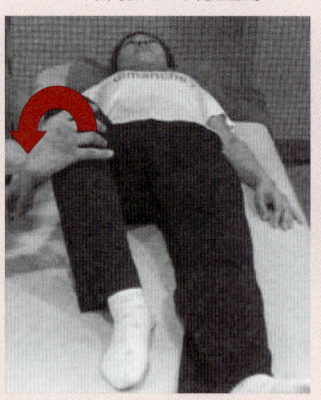

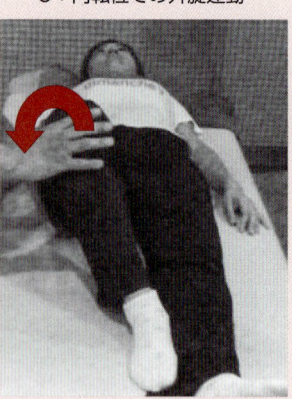

図 1-115　外旋筋群の走行を考慮した股関節外旋運動

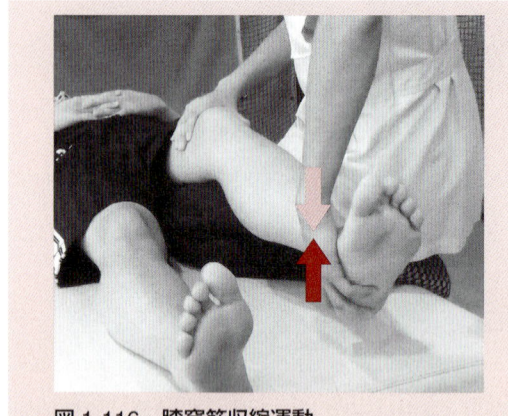

図 1-116　膝窩筋収縮運動
背臥位で，膝関節伸展位から脛骨内旋を誘導しながら屈曲運動を行わせる．

関節前方構成体や ACL 損傷の理学療法を行ううえで重要となる．具体的には股関節屈曲運動を伴わずに膝関節伸展運動を行わせる方法などがあり，大腿直筋を触診しながら行う．

膝窩筋収縮運動

膝窩筋は膝関節後方に存在する安定化機構として重要であり，脛骨内旋機能を有するために完全伸展位時の脛骨外旋を解除する役割も併せもつ．具体的には，背臥位にて，膝関節伸展位から徒手で脛骨内旋を誘導しながら屈曲運動を行わせる（図 1-116）．

体幹に対するアプローチ

腹横筋による体幹安定化

腹横筋を収縮させるためには，臍を胸の方向に引き上げさせる（腹部をへこませる）方法がある．そのとき，検者は ASIS の 2 cm 内側下方の腹部を触診し，腹横筋が適切に収縮しているかを確かめる[65]．

多裂筋による安定化

被検者を背臥位にし，検者は仙骨に手を置き仙骨の前傾（neutation）方向に誘導する．動きをある程度被検者に理解させたら，徐々に自動介助運動へと移行していく．このとき，被検者には息をこらえないよう指示するとともに，腸肋筋や下肢の筋が過剰に働かないよう観察する．なお，多裂筋は PSIS のすぐ内側が触診しやすい（図 1-117）．

体幹安定化筋による長軸方向への伸展

体幹安定化筋群は，身体を，正中方向かつ脊柱長軸方向の伸展方向へ向かわせるベクトルを発生させる．この作用を利用し，検者は被験者の頭部から軸圧をかけ，その圧に抗するように脊柱を長軸方向に伸展させるよう指示する（図 1-118）．こ

のとき，被検者の胸鎖乳突筋の停止部を触診し，過剰な緊張が起こらないように注意する必要がある．また，息をこらえたり，脊柱の過剰な伸展運動が生じないよう，あくまで長軸方向へ少し伸展させるように行う．この運動は臥位，座位，立位のどの肢位でも行うことができる．

横突棘筋群による脊柱の安定化

横突棘筋は下位横突起から上位棘突起に付着する筋群であり，半棘筋，多裂筋，長回旋筋，短回旋筋により構成される短い筋群である（図1-119A，B）．その機能は脊柱の回旋機能だけでなく，脊柱の安定化や伸展モーメントの供給および脊柱の分節的な動きを有する．具体的な方法としては，促通したい分節の椎体レベルの回旋運動を行わせる．たとえば，第8〜9胸椎間での横突棘筋を促通する場合は，第9肋骨を正中位に固定さ せながら，第8肋骨を軽度回旋させる．息をこらえたり，下肢や上肢および頸部の筋群を緊張させて運動を行うと適切な筋群が働かないので注意する．分節的な動きが理解しにくい場合は，胸郭を上部・中部・下部に分類し，骨盤と下部胸郭の回旋運動，中部胸郭と上部胸郭の回旋運動などと少し大きなユニットから回旋運動を始め，徐々に細分化していく必要がある（図1-120）．また，体幹後面筋で分節的に動かすようイメージさせることも大切である．

ボールを用いた安定化運動

バランスボールに座り，上下に少し跳ねる動きを行う．跳ねたあとボールが沈む際に体幹安定化筋群が働く．このとき大腿部の筋に過剰な収縮が生じないように注意する必要がある．大腿部の筋群が過剰に働くと体幹安定化筋が働かないだけで

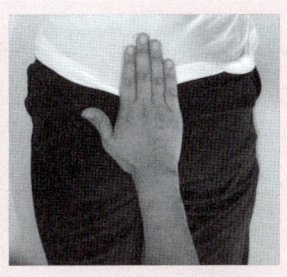

図1-117　多裂筋促通運動
検者は被検者の仙骨に手を置き，仙骨のneutation方向に誘導し，徐々に自動介助運動へと移行していく．

A：正常例

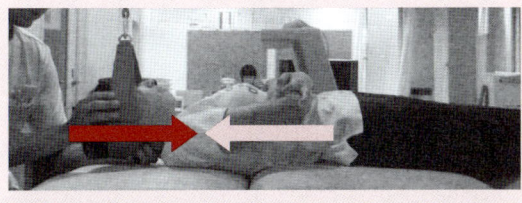

B：不良例

検者は被検者の頭部から脊柱長軸方向に軸圧を加える．患者はその軸圧に抗するよう体幹を長軸方向へ伸展させる．手技がうまく行えると，被検者の下腹部に力が入り，頸部筋群の過剰な緊張が抑制される．

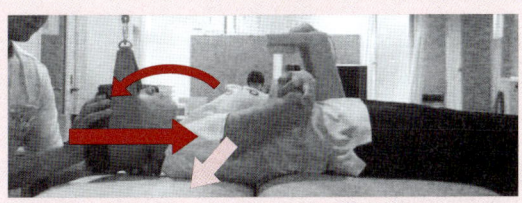

不良例では頸部や体幹の伸展運動で代償を行う．このときは身体をベッドを押しつけるような動きとなり，背部の筋群や頸部筋群の過剰な筋緊張が観察される．

＊体幹の代償動作を見やすくするために被検者の上肢は屈曲している．

図1-118　長軸方向への伸展運動

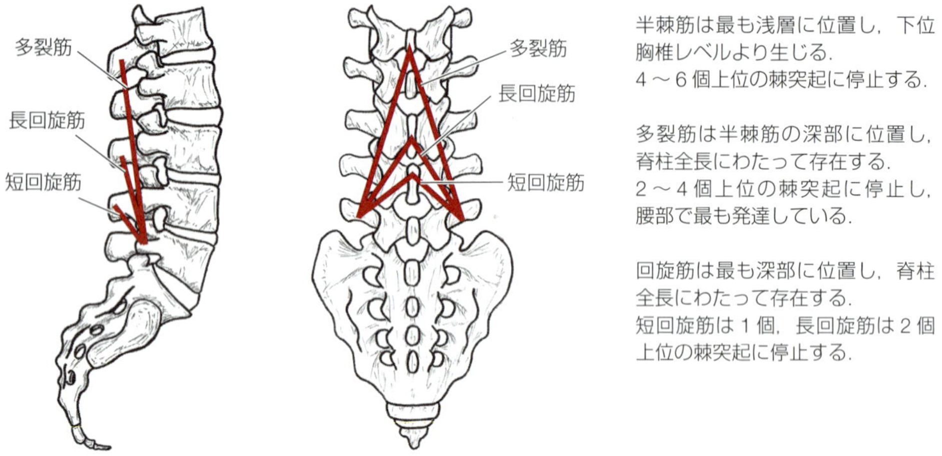

図1-119　横突棘筋の走行

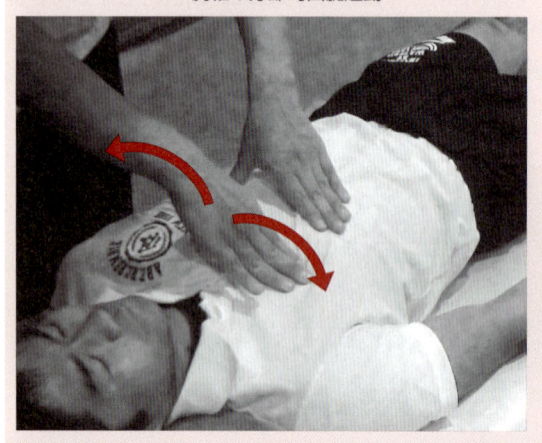

A：胸椎の分節的回旋運動　　　B：腰椎の分節的回旋運動

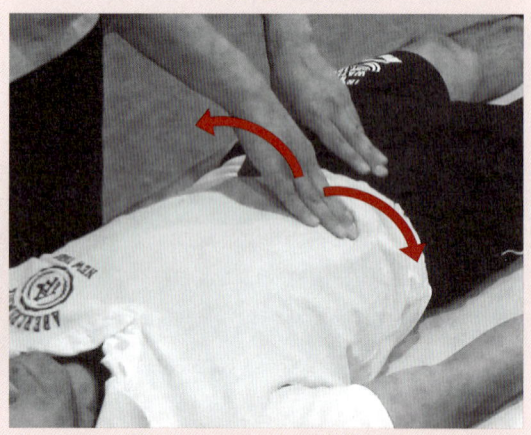

下部を固定しながら，上部の脊椎を分節的に回旋させる．
動かす部位の後面筋をイメージさせ，上下肢を含む他の筋群がなるべく緊張しないように注意する．
図1-120　横突棘筋群収縮運動

A：腰椎側面図
多裂筋
長回旋筋
短回旋筋

B：腰椎後面図
多裂筋
長回旋筋
短回旋筋

半棘筋は最も浅層に位置し，下位胸椎レベルより生じる．4〜6個上位の棘突起に停止する．

多裂筋は半棘筋の深部に位置し，脊柱全長にわたって存在する．2〜4個上位の棘突起に停止し，腰部で最も発達している．

回旋筋は最も深部に位置し，脊柱全長にわたって存在する．短回旋筋は1個，長回旋筋は2個上位の棘突起に停止する．

なく，メカニカルストレスを助長させてしまう筋群が働く可能性があるので注意する（図1-121）．

下肢・体幹の協調運動獲得を目的としたアプローチ

体幹正中位保持における下肢運動

フィットローラー上に背臥位になり，体幹の正中位を保持した状態で下肢をさまざまな方向へ動かす．自動介助運動から始め，下肢の位置を保たせるような負荷も加えていく．このとき，メカニカルストレスを発生させると考えられる筋群はなるべく働かない位置で行うとともに，体幹の安定化筋群が働いているかを観察することが重要である（図1-122）．

ボールを用いた協調運動

バランスボールを用いて身体の不安定性を助長

4. 治療——下肢・体幹の協調運動獲得を目的としたアプローチ

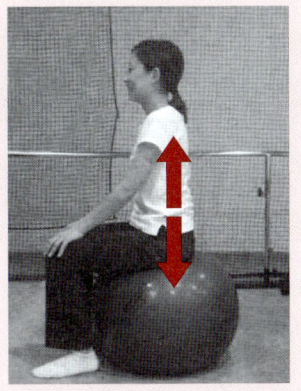

A：正常例　　　　　　　　B：機能低下

上下に運動する際，体幹安定化筋群が働き，とくに下腹部に収縮を感じる．また，下肢に過剰な緊張はみられない．

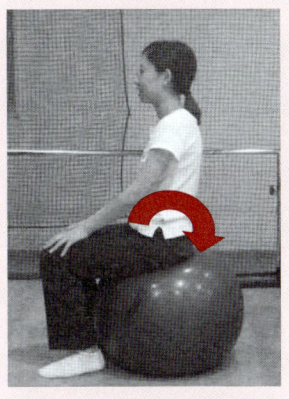

骨盤の後傾や過度の前傾を伴うと体幹安定化筋は働かない．また，大腿部の筋群が過剰に緊張する．

図 1-121　バランスボールを用いた体幹安定化運動

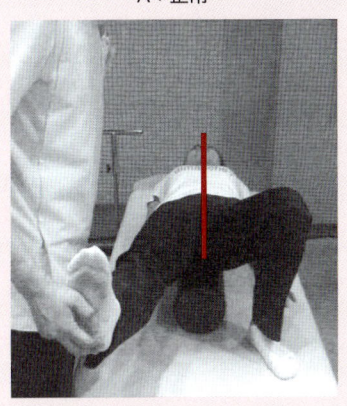

A：正常　　　　　　　　B：機能低下

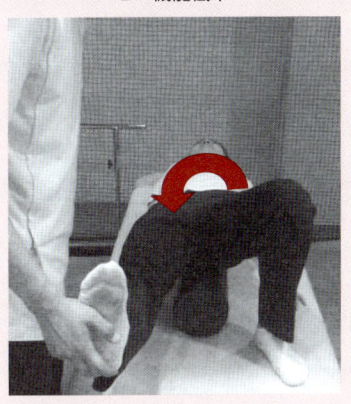

フィットローラーにて体幹正中位を意識させ，下肢を各方向で保持させる．体幹と下肢の協調運動が獲得できていないと骨盤や胸郭の回旋および偏位が生じる．

図 1-122　体幹正中位保持を意識した下肢運動

し，その不安定性を体幹の安定化筋群で補うよう運動を行う．ただし，体幹の安定化筋群が働かなければ，ほかの筋群で代償する場合があるので，適切な運動課題を設定することが重要である（図1-123）．また，この運動を行うときも，メカニカルストレスを助長させる筋群はなるべく働かせないようにする必要がある．

バランスディスクを用いた協調運動

バランスディスクを用いて足部を不安定にし，その上でさまざまな動作を行わせることによって，立位における下肢と体幹の協調運動を促通する（図1-124）．最終的には，疼痛の原因となりやすいスポーツ動作に類似した動作を設定し，メカニカルストレスが加わらないように動作が遂行できるようにすることが大切である．あまり，無理な課題はメカニカルストレスを助長し，疼痛を増強させてしまう可能性があるので注意を要する．

A：後面筋群を主体とした協調運動　　　　　B：前面筋群を主体とした協調運動

体幹をなるべく一直線にするよう指示する．
息をこらえたり，上肢でバランスを取る動きがみられると体幹安定化筋群が適切に働かない．

図 1-123　バランスボールを用いた協調運動

A：バランスディスク上での　　　　B：バランスディスク上での
　　スクワット動作（前額面）　　　　　スクワット動作（矢状面）

バランスディスク上で動作を行わせる．この際，メカニカルストレスを助長
させる動きが生じていないことが大切である．

図 1-124　バランスディスクを用いた協調運動

引用文献

1) 福井　勉：動作分析と運動連鎖-整形外科疾患をみるための方法について．PTジャーナル 32：237-243，1998．
2) 水田博志ほか：整形外科，骨盤・股関節大腿．MB Orthop 13(4)：64-71，2000．
3) 沢口　毅：骨盤大腿骨部の障害．MB Orthop 9(4)：124-130，1996．
4) 石井良章（編），ほか：股関節の外科．医学書院．1998．
5) Gross M, et al：Hip and pelvis. In：DeLee JC, Drez D, eds. Orthopaedic sports medicine：principles and practice. WB Saunders, 1994, pp1063-1085.
6) Harris NH, et al：Lesions of the symphysis in athletes. Br Med J 4：211-214, 1974.
7) 仁賀定雄：股関節，鼠径部痛．MB Orthop 15(6)：1-9，2002．
8) Martens M, et al：Adductor tendinitis and musculus rectus adominis tendopathy. Am J Sports Med 15：353-356, 1987.
9) Akermark C, et al：Tenotomy of the adductor longus tendon in the treatment of chronic groin pain in athletes. Am J Sports Med 20：640-643, 1992.
10) Bradshaw C, et al：Obturator nerve entrapment-A cause of groin pain in athletes. Am j Sports Med 25：402-

407, 1991.
11) Hackney RG：The sports hernia：a cause of chronic groin pain. Br J Sports Med 27：58-62, 1993.
12) Mozes M, et al：Iliopsoas injury in soccer players. Brit J Sports Med 19：168-170, 1985.
13) Yeoman W：The relation of arthritis of the sacroiliac joint to sciatica with an analysis of 100 cases. Lancet 2：1119-1122, 1928.
14) Robinson DR：Piriformis syndrome in relation to sciatic pain. Am J Surg 73：355-358, 1947.
15) 北側恵史ほか：血管異常により生じた梨状筋症候群の1例．中部整災誌 28(6)：2342-2344，1985.
16) 朝田滋貴ほか：解剖学的破格を伴った梨状筋症候群．臨整外 34(12)：1535-1537，1999.
17) 万納寺毅智ほか：スポーツ選手における梨状筋症候群の2例．整形外科 33(10)：1141-1144，1982.
18) 中宿伸哉ほか；梨状筋症候群の理学所見よりみた発症タイプ分類と運動療法成績．整形外科リハビリテーション学会誌 10：58-63，2007.
19) 遠山晴一：スポーツに関連する膝関節疾患．MB Med Reha 130：41-49，2011.
20) Neumann DA（著），嶋田智明，ほか（監訳）：筋骨格筋系のキネシオロジー．医歯薬出版，2005, pp456-499.
21) Duthon VE, et al：Anatomy of the anterior cruciate ligament. Knee Surg Sports Traumatol Arthrosc 14：204-213, 2006.
22) Gaberiel MT, et al：Distribution of in situ force in the anterior cruciate ligament in response to rotator loads. J Orthop Res 22：85-89, 2004.
23) Girgis FG, et al：The Cruciate ligaments of knee joint. Clin Orthop 106：216-231, 1975.
24) Sakane M, et al：In situ forces in the anterior cruciate ligament and its bundles in response to anterior tibial loads. J Orthop Res 15：285-293, 1997.
25) Zantop T, et al：Anterior cruciate ligament anatomy and function relating to anatomical reconstruction. Knee Surg Sports Traumatol Arthrose 14：982-992, 1994.
26) Zantop T, et al：Anatomy of the anterior cruciate ligament. Operat Tech Orthop 15：20-28, 2005.
27) Cross MJ, et al：Long-term follow-up of a posterior cruciate ligament rupture：A study of 116 cases. AM J Sports Med 12：292-297, 1984.
28) Parolie JM, et al：Long-term results of nonoperative treatment of isolated posterior cruciate ligament injuries in the athlete. Am J Sports Med 14：35-38, 1986.
29) 遠山晴一ほか：側副靱帯損傷．今日の整形外科治療指針．二ノ宮節夫（編），第5版，医学書院，2004, pp770-771.
30) 富士川恭輔：内側側副靱帯損傷．新図説臨床整形外科講座第14巻．林浩一郎（編），メジカルビュー社，1994, pp158-164.
31) De Maeseneer M, et al：Normal and abnormal medial meniscocapsular structures：MR imaging and sonography in cadavers. AJR Am J Roentgenol 171：969-976, 1998.
32) 高橋邦泰：膝の最前線 膝の外傷を中心に．理学療法科学 23(2)：335-340，2008.
33) 林 光俊ほか：スポーツ外傷・障害の理学診断・理学療法ガイド ジャンパー膝．臨床スポーツ医学臨増 18：273-280，2001.
34) Roels J, et al：Patellar tendinitis（jumper's knee）. Am J Sports Med 6：362-368, 1978.
35) 立花陽明：変形性膝関節症の診断と治療．理学療法科学 20(3)：235-240，2005.
36) Blazina ME, et al：junper's knee. Orthop Clin North Am 4：665-678, 1973.
37) 平野 篤ほか：オスグッドシュラッター病の診断と治療．MB Orthop 15：18-23，2002.
38) Jakob RP, et al：Does Osgood--Schlatter disease influence the position of the patella?. J Bone Joint Surg 63：579-82, 1981.
39) 佐藤まゆみほか：膝蓋骨周囲の痛みのメカニズム～矢状面の膝蓋骨傾斜角に着目して～．Jounal of Athletic Rehabilitation 3：51-56，2000-2001.
40) Lindenberg G, et al：Iliotibial band friction syndrome in runners. Phys Sportsmed 12：118-130, 1984.
41) 下條仁士：膝関節のオーバーユース症候群．MB Orthop 15：10-16，2002.
42) Magi M, et al：Hoffa disease. Ital J Orthop Traumatol 17：211-216, 1991.
43) 坂本桂造：膝蓋骨軟化症．新図説臨床整形外科講座第14巻．林浩一郎（編），メジカルビュー社，1994, pp188-192.

44) 森雄二郎ほか：スポーツ障害としての膝蓋骨軟化症（Chondromalacia patella）．整形外科 MOOK27．越智隆弘ほか（編），金原出版，1983，pp149-166．
45) LaPrade RF, et al：Injuries to the posterolateral aspect of the knee. Am J Sports Med 25：433-438, 1997.
46) Jakob RF, et al：Observations on rotatory instability of the lateral compartment of the knee. Experimental studies on the functional anatomy and the pathomechanism of the true and the reversed pivot shift sign. Acta Orthop Scand 191：1-32, 1981.
47) Loudon JK：膝靱帯の構造と機能．近藤紘子ほか（訳），理学療法 15(12)：951-963，1998．
48) Kapandji AI（著），萩島秀男（監訳），嶋田智明（訳）：カパンディ関節の生理学Ⅱ下肢 原著第5版．医歯薬出版，1988, pp2-65．
49) Mens J, et al：The active straight leg raising test and mobility of the pelvic joints. European Spine 8：468, 1999.
50) Mens J, et al：Reliability and validity of the active straight leg raise test in posterior pelvic pain since pregnancy. Spine 26(10)：1167, 2001.
51) O'Sullivan P, et al：Altered motor control strategies in subjects with sacroiliac joint pain during the active straight-leg raise test. Spine 27(1)：E1-8, 2002.
52) 小形洋悦：筋肉痛に対するマニュアルセラピー－深部筋群治療の理論と実際－．理学療法 18(5)：485-492．
53) 田口一行ほか：中高年者における胸郭拡張差の標準値の検索および肺機能との関連．理学療法学 20：84，1993．
54) 福井 勉：スポーツ動作と理学療法．スポーツ傷害の理学療法，黒川幸雄ほか（編），三輪書店，2001, pp13-21．
55) 入谷 誠：下肢からみた動きと理学療法の展開．結果の出せる整形外科理学療法－運動連鎖から全身をみる－．メジカルビュー，2009, pp178-281．
56) 福井 勉：膝関節疾患の動作分析．理学療法科学 18(3)：135-139，2003．
57) Götz-Neumann K：Gehen verstehen Gangaalyse in der Physiotherapie. Georg Thieme Verlag, 2003. 月城慶一ほか（訳）：観察による歩行分析．医学書院，2006, pp5-80．
58) 中村隆一ほか：基礎運動学 第4版．医歯薬出版，1995, pp310-334．
59) 馬場崇豪ほか：短距離走の筋活動様式．体育学研究 45：186-200，2000．
60) 吉岡利貢ほか：筋の形態的特徴が長距離パフォーマンスに及ぼす影響．体育学研究 54：89-98，2009．
61) 内山秀一：サッカーのキック動作に関する基礎的研究－インステップキックにおける一歩助走の位置がボールスピード・膝関節の角度変化に及ぼす影響－．東海大学紀要体育学部 25：1-6．
62) 佐々木誠ほか：下腿回旋部位別の等尺性膝関節伸展筋力とカッティング動作能力との関連．秋田大学医学部保健学科紀要 11(1)：32-38，2003．
63) Andrews J, et al：The cutting mechanism. Am J Sports Med 5：111-121, 1977.
64) 石井慎一朗：股関節・膝関節に対する理学療法．理学療法 18(8)：791-797，2001．
65) Lee D（著），丸山仁司（監訳）：ペルビック・アプローチ．医道の日本社，2001, pp75-105．

第2章
下腿・足部のスポーツ障害

1. 足関節と足の機能解剖

足の骨構成（図2-1A, B）

後足部は距骨と踵骨からなる．

中足部は舟状骨，立方骨，第1・2・3楔状骨からなる．

前足部は第1～5中足骨と趾骨（基節骨，中節骨，末節骨）からなる．

足のアーチ

内側縦アーチは，踵骨，距骨，舟状骨，第1楔状骨，第1中足骨からなる（図2-2）．

外側縦アーチは踵骨，立方骨，第5中足骨からなる（図2-3）．

中足部横アーチは第1～3楔状骨，立方骨からなり，前足部横アーチは第1～5中足骨からなる（図2-4）．

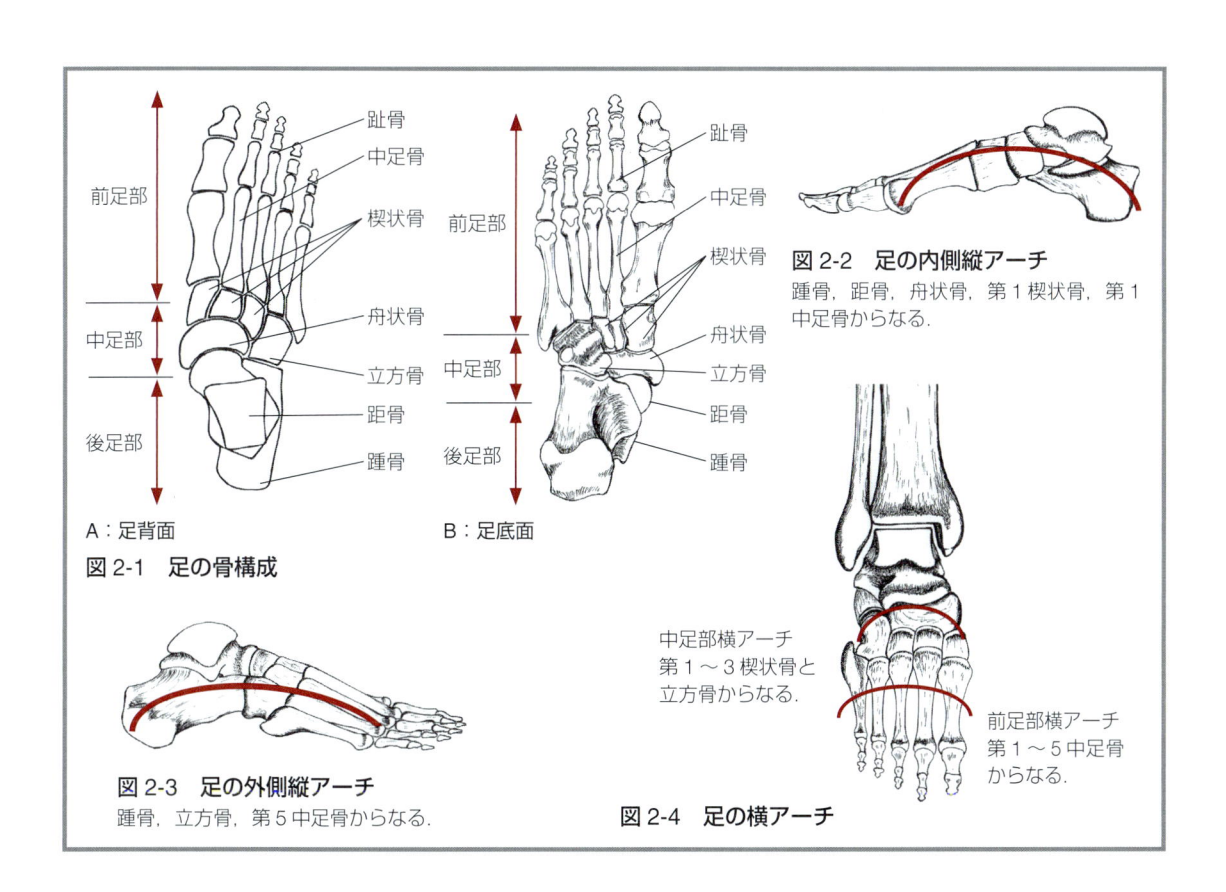

A：足背面
B：足底面

図2-1 足の骨構成

図2-2 足の内側縦アーチ
踵骨，距骨，舟状骨，第1楔状骨，第1中足骨からなる．

図2-3 足の外側縦アーチ
踵骨，立方骨，第5中足骨からなる．

図2-4 足の横アーチ
中足部横アーチ：第1～3楔状骨と立方骨からなる．
前足部横アーチ：第1～5中足骨からなる．

75

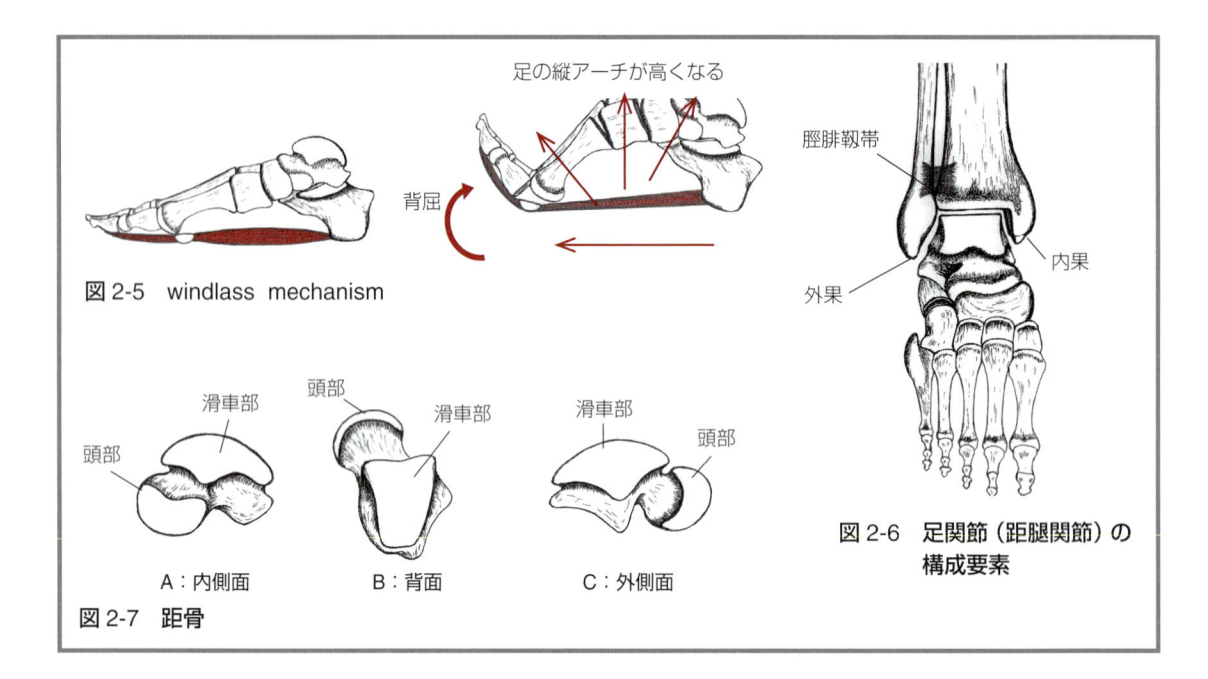

図2-5 windlass mechanism

図2-6 足関節（距腿関節）の構成要素

図2-7 距骨
A：内側面　B：背面　C：外側面

windlass mechanism

足趾を背屈（伸展）させると足底筋群が牽引され，その巻き上げ現象により足の縦アーチが高くなる機構である（図2-5）．

足関節（距腿関節）の構成要素

距腿関節は距骨滑車に内果・外果が載る形状であるため鞍関節である．

内果（medial malleolus）

脛骨遠位の骨隆起で，後方内側に後脛骨筋腱の通る溝がある．

関節面は関節軟骨で覆われている（図2-6）．

外果（lateral malleolus）

腓骨遠位の骨隆起で，後方外側に長・短腓骨筋腱の通る溝がある．

関節面は関節軟骨で覆われている（図2-6）．

脛腓靱帯（tibiofibular ligament）

遠位脛腓関節を結ぶ靱帯で，前方と後方に存在する（図2-6）．

距骨（talus）

頭部・頸部・体部・滑車部からなり，頭部前面・体部下面・滑車部背面が関節面となっており，関節軟骨で覆われている．

滑車部は前方が広く後方が狭い（図2-7）．

関節包（capcele）

内壁は滑膜に覆われ，内腔は滑液で潤っている．関節包の前方部分は足関節前方筋群の腱と癒着しており，足関節背屈時には近位方向に引かれ，関節腔にはさまれない仕組みになっている（図2-8）．

内側側副靱帯（medial collateral ligament）（図2-9）

前脛距靱帯（anterior talo tibial ligament）：内果前縁と距骨頸部を結び，底屈位で外反を制御する．

三角靱帯（deltoid ligament）：内果と舟状骨・踵骨載距突起を結び，中間位で外反を制御する．

後脛距靱帯（posterior talo tibial ligament）：内果後縁と距骨体部後方を結び，背屈位で外反を制御する．

外側側副靱帯（lateral collateral ligament）（図2-10）

前距腓靱帯（anterior talo fibular ligament）：外果前縁と距骨頸部を結び，底屈位で内反を制御する．

踵腓靱帯（calcaneo fibular ligament）：外果と踵骨を結び，中間位で内反を制御する．

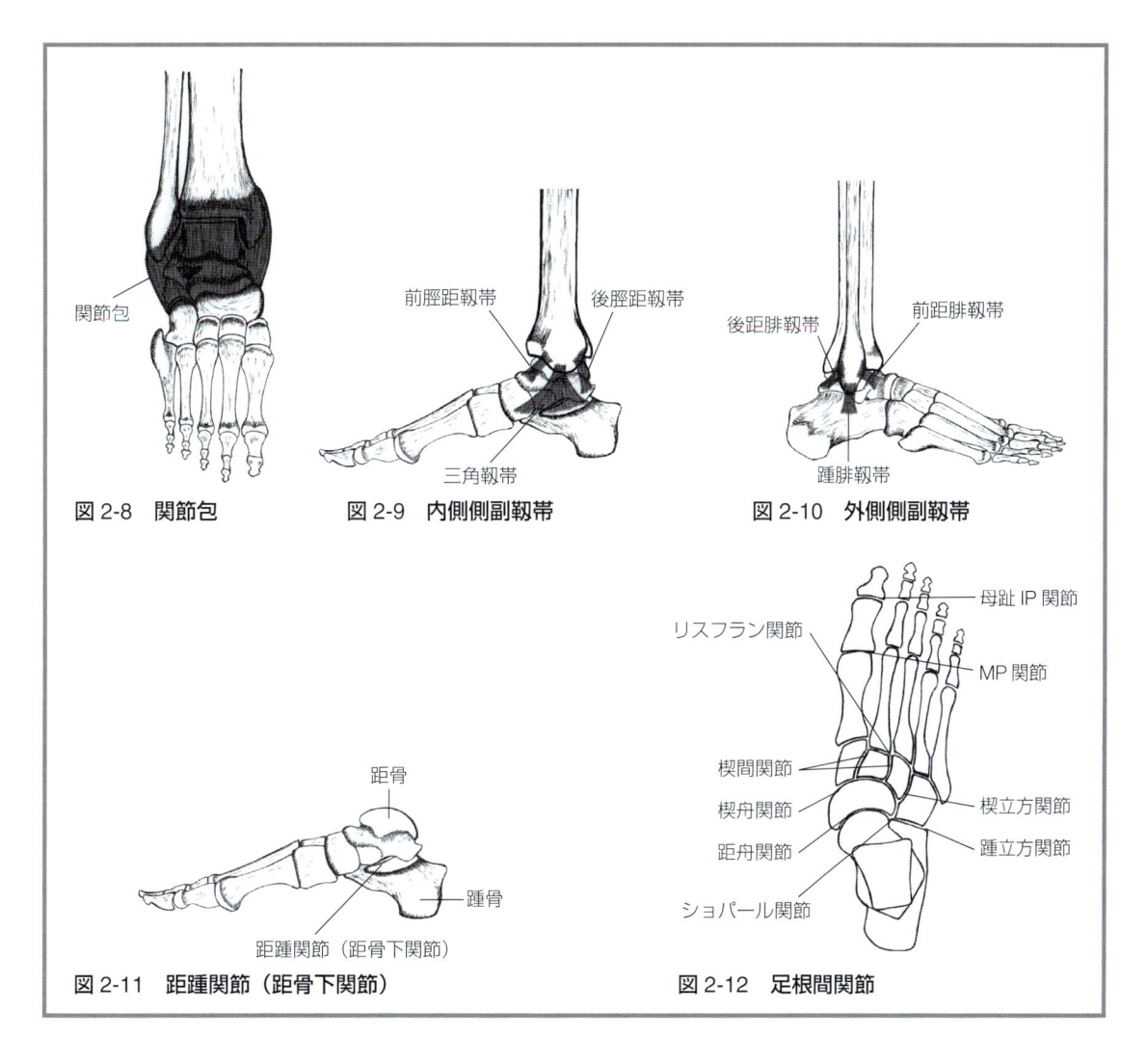

1. 足関節と足の機能解剖

図2-8 関節包
図2-9 内側側副靱帯
図2-10 外側側副靱帯
図2-11 距踵関節（距骨下関節）
図2-12 足根間関節

後距腓靱帯（posterior talo fibular ligament）：外果後縁と距骨体部後方を結び，背屈位で内反を制御する．

足部の関節

足根間関節

距踵関節（距骨下関節）（図2-11）：距骨と踵骨からなる関節．踵骨（calcaneus）：内側には載距突起があり，後方にはアキレス腱の停止する踵骨結節がある．

距踵関節には足根洞が開口し，骨間距踵靱帯が介在する．

距舟関節（図2-12）：距骨頭部と舟状骨のあいだの関節．

踵立方関節（図2-12）：踵骨と立方骨のあいだの関節．

楔舟関節（図2-12）：楔状骨と舟状骨のあいだの関節．

楔間関節（図2-12）：楔状骨間の関節．

楔立方関節（図2-12）：第3楔状骨と立方骨のあいだの関節．

ショパール（Chopart）関節（図2-12）：後足部と中足部のあいだの関節．

リスフラン（Lisfranc）関節（図2-12）：中足部と前足部のあいだの関節．

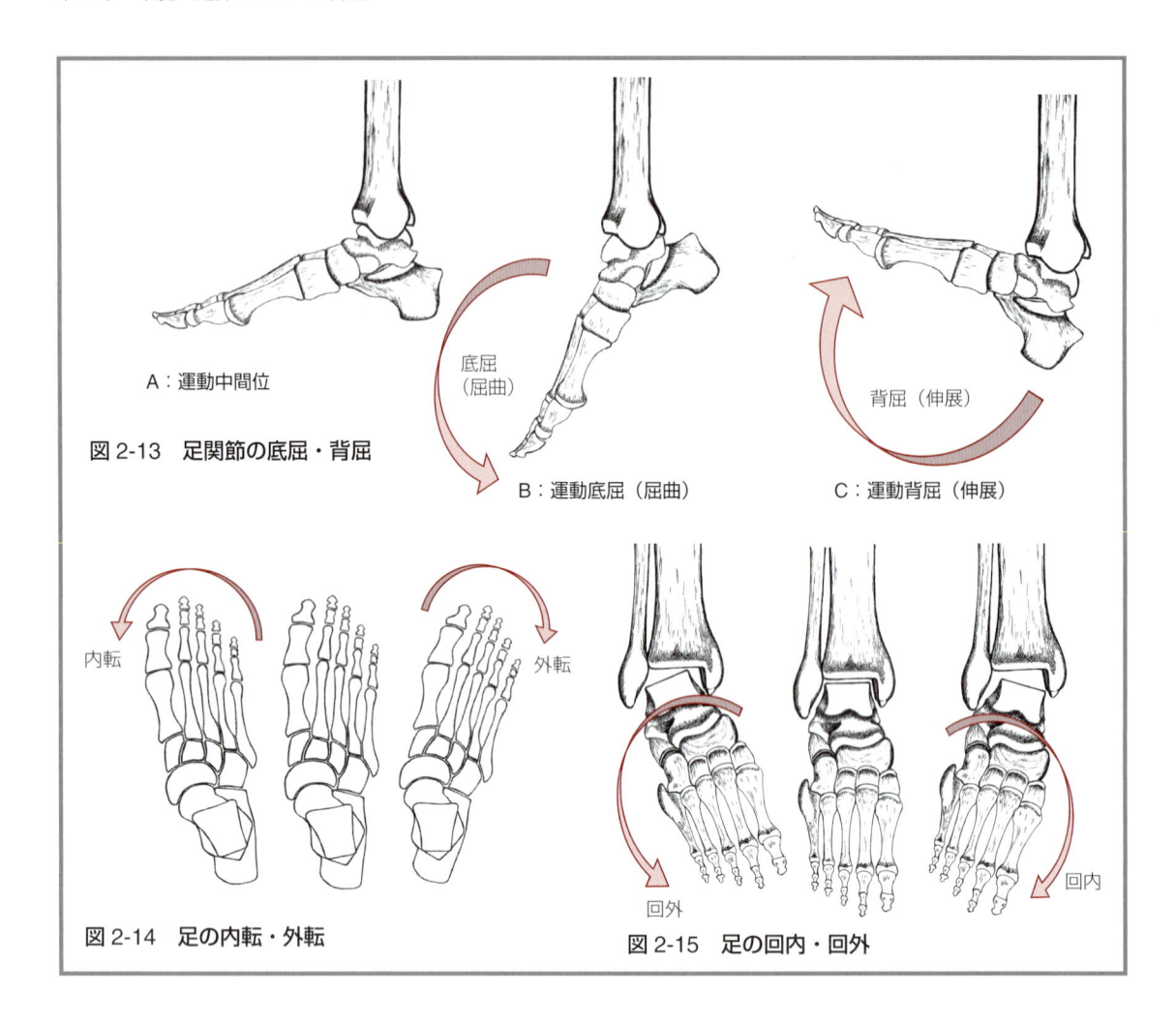

図 2-13　足関節の底屈・背屈
A：運動中間位
B：運動底屈（屈曲）
底屈（屈曲）
C：運動背屈（伸展）
背屈（伸展）

図 2-14　足の内転・外転
内転
外転

図 2-15　足の回内・回外
回外
回内

趾骨間関節

中足趾節：(metatarsal phalangeal：MP) 関節（図2-12）：中足骨と趾節骨のあいだの関節．

指節間：(inter phalangeal：IP) 関節（図2-12）：趾節骨間の関節．

これらの関節の関節面は関節軟骨で覆われている．

足関節・足の運動定義

底屈（屈曲）と背屈（伸展）（図2-13）

運動軸は内果最下端と外果最膨隆部を結んだ線で，水平面より約15°の外側傾斜がある．

運動面は矢状面より約15°の外側傾斜をもつ面．底屈（屈曲）45°，背屈（伸展）20°．

内転（adduction）と外転（abduction）（図2-14）

運動軸は下腿長軸であり，水平面にある．運動面も水平面．内転20°，外転10°．

回内（pronation）と回外（spination）（図2-15）

運動軸は距舟関節長軸であり，運動面は前額面にある．

内反（varus）と外反（valgus）

後足部の回外あるいは回外と内転の複合動作を内反，後足部の回内あるいは回内と外転の複合動作を外反という．

内返し（inversion）と外返し（eversion）

内返しは底屈・内転・回外の，外返しは背屈・外転・回内の複合動作である．

足部の運動定義は国によって異なり統一されて

いないが，わが国では主に上記の運動定義が用いられている．

足関節・足の筋

前方筋群

前脛骨筋（tibialis anterior）（図2-16A）：深腓骨神経に支配され，主に脛骨の外縁に起始し，足背中央の伸筋支帯下を通り，足の内側から足底へ入ってリスフラン関節足底面の内側に停止する．OKCとして足関節の背屈，回外に作用し（図2-16B），CKCとして下腿前傾，内傾，足アーチ挙上に作用する（図2-16C，D）．

長母趾伸筋（extensor hallus longs）（図2-17A）：深腓骨神経に支配され，脛骨の外縁および下腿骨間膜前面に起始し，足背中央の伸筋支帯下を通って母趾末節骨の背面に停止する．OKCとして母趾背屈，足関節背屈，足アーチ挙上に作用し（図2-17B），CKCとして下腿前傾，足アーチ挙上，母趾背屈に作用する（図2-17C，D）．

長趾伸筋（extensor digitorum longs）（図2-18A）：深腓骨神経に支配され，脛骨の外縁および下腿骨間膜前面に起始し，足背中央の伸筋支帯下を通って第2〜5趾背面に停止する．OKCとして第2〜5趾背屈，足関節背屈，足アーチ挙上に作用し（図2-18B），CKCとして下腿前傾，足アーチ挙上，第2〜5趾背屈に作用する（図2-18C，D）．

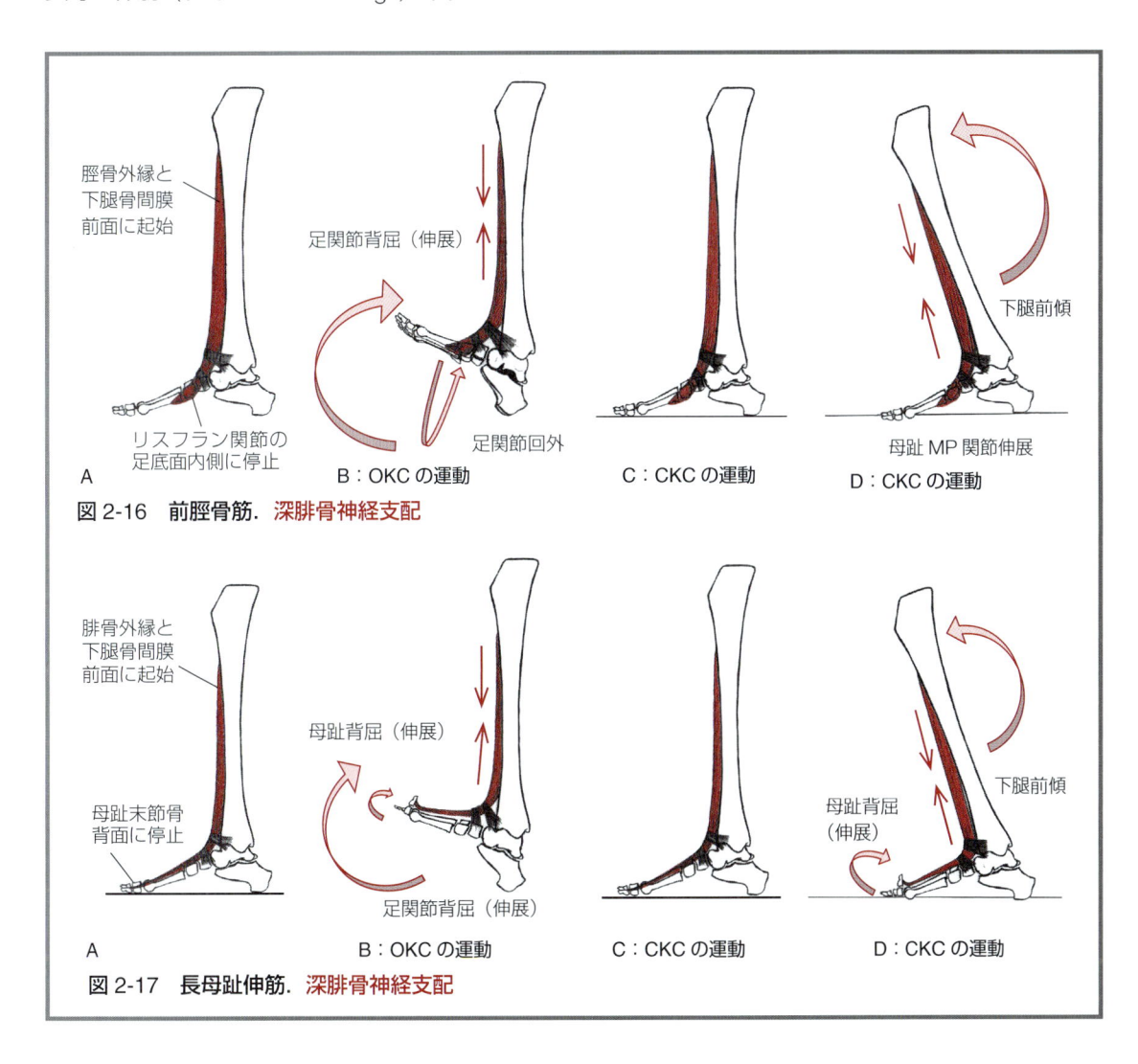

図2-16 **前脛骨筋．深腓骨神経支配**

図2-17 **長母趾伸筋．深腓骨神経支配**

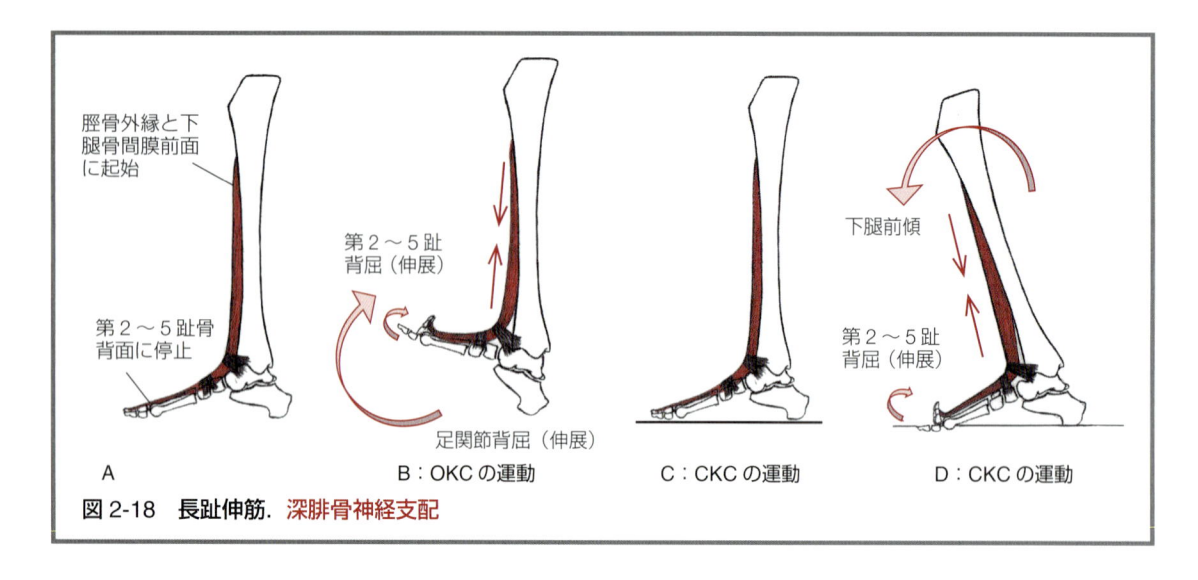

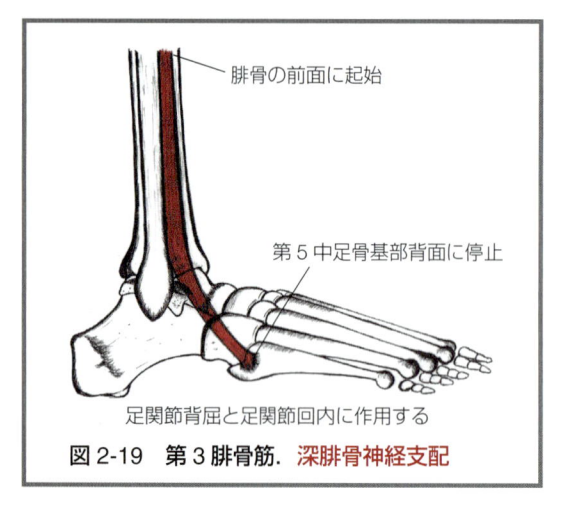

図 2-18　長趾伸筋．**深腓骨神経支配**

第 3 腓骨筋（peroneus tertius）（図 2-19）：深腓骨神経に支配され，長趾伸筋腱から分岐し，腓骨の前面に起始し，第 5 中足骨基部背面に停止する．OKC・CKC ともに足アーチの維持に作用する．

外側筋群

長腓骨筋（peroneus longs）（図 2-20A）：浅腓骨神経に支配され，腓骨頭に起始し，外果後方を通って立方骨外縁から足底へ入る．リスフラン関節足底面内側に停止する．OKC として足関節回内，足関節底屈（図 2-20B），CKC として下腿外傾，内傾制御，足の回内，足アーチ低下に作用する（図

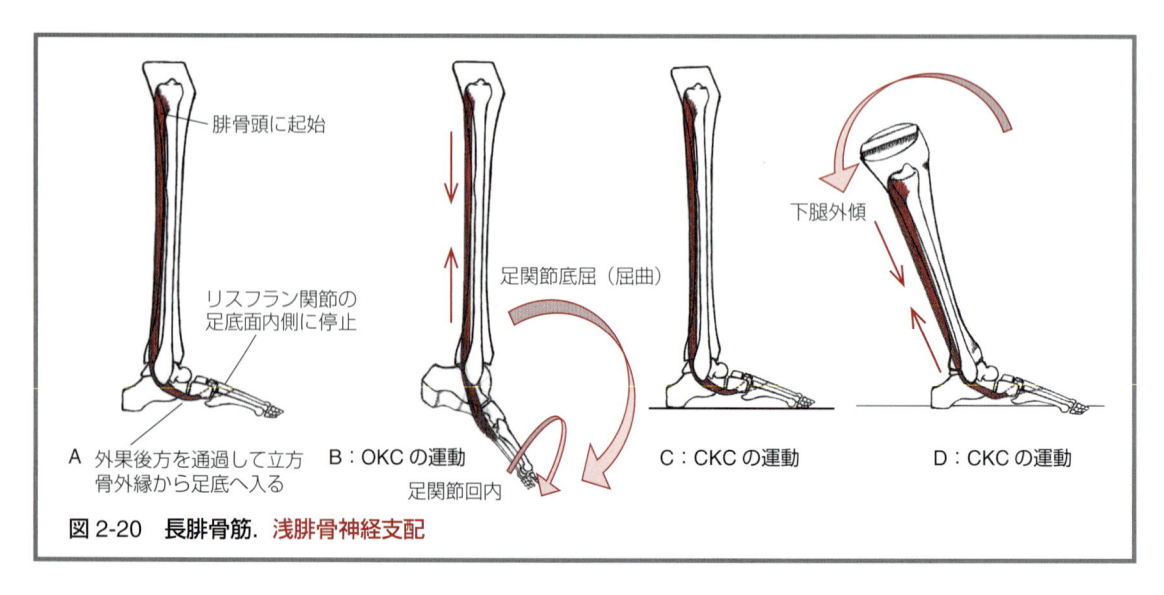

図 2-19　第 3 腓骨筋．**深腓骨神経支配**

図 2-20　長腓骨筋．**浅腓骨神経支配**

2-20C，D）．

短腓骨筋（peroneus brevis）（**図 2-21A**）：浅腓骨神経に支配され，腓骨外縁に起始し，第 5 中足骨基部に停止する．OKC として足関節回内，足関節底屈（**図 2-21B**），CKC として下腿の外傾，内傾制御，足アーチ維持に作用する（**図 2-21C，D**）．

後方筋群

下腿三頭筋（triceps tertius）（**図 2-22A，B**）：脛

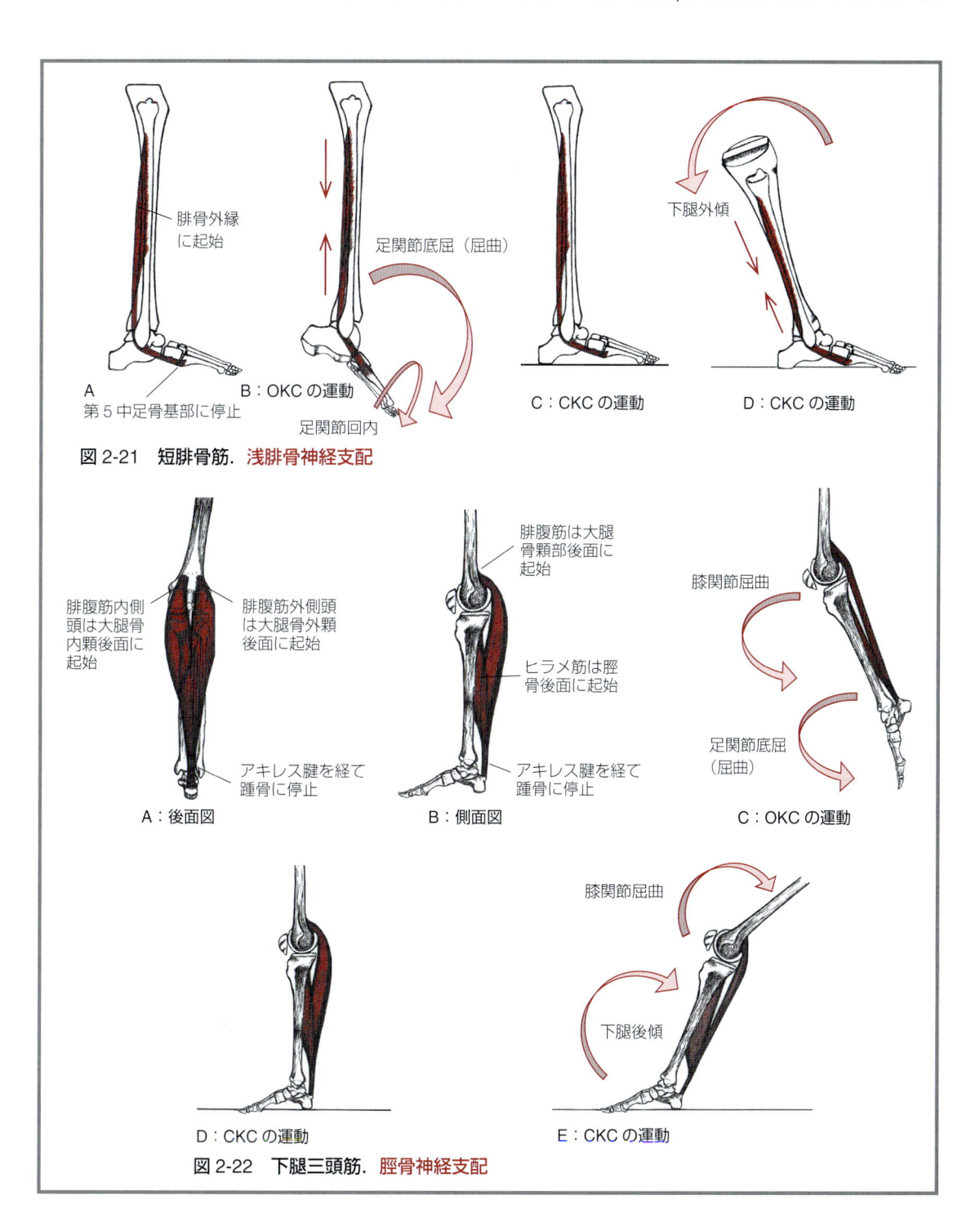

図 2-21　短腓骨筋．浅腓骨神経支配

図 2-22　下腿三頭筋．脛骨神経支配

図2-23　足底筋．**脛骨神経支配**

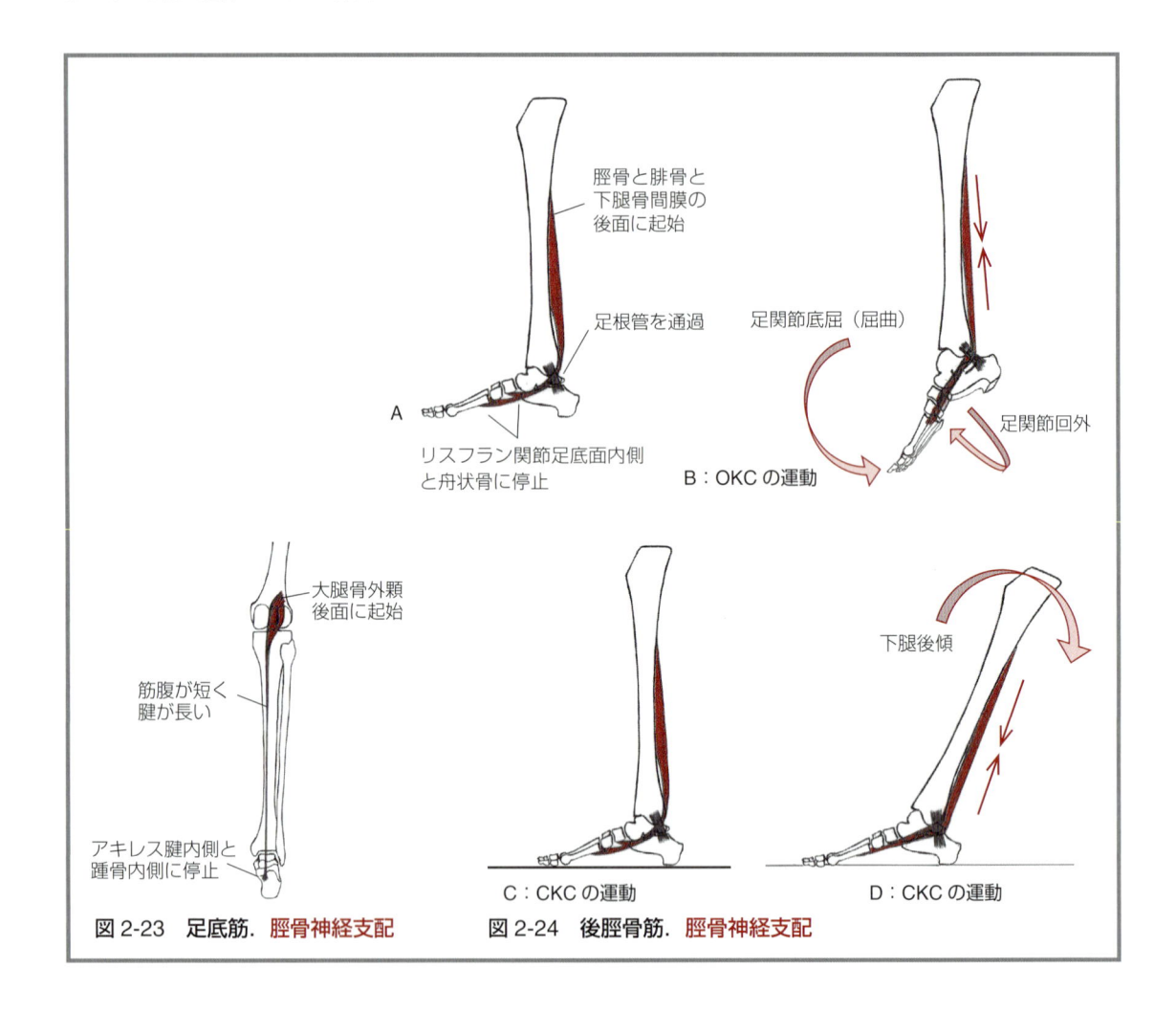

図2-24　後脛骨筋．**脛骨神経支配**

骨神経に支配され，大腿骨内顆後面から起始する腓腹筋内側頭および大腿骨外顆後面から起始する腓腹筋外側頭と，脛骨後面から起始するヒラメ筋の3頭からなり，すべてアキレス腱を経て踵骨に停止する．OKCとして足関節底屈，膝関節屈曲（図2-22C），CKCとして下腿後傾，前傾制御に作用する．腓腹筋は二関節筋であり，膝関節屈曲にも作用する（図2-22D，E）．膝関節屈曲時は腓腹筋の作用が無効となりヒラメ筋のみで足関節底屈が行われる．

足底筋（plantalis）（図2-23）：脛骨神経に支配され，大腿骨外顆後面に起始し，アキレス腱内側と踵骨内側に停止する．筋腹が短く，腱が長い筋である．足関節底屈に作用する．

内側筋群

後脛骨筋（tibialis posterior）（図2-24A）：脛骨神経に支配され，脛骨後面・腓骨後面・下腿骨間膜後面に起始して足根管を通り，舟状骨とリスフラン関節足底面内側に停止する．OKCとして内返し（足関節底屈，足関節回外，足関節内転）に作用し（図2-24B），CKCとして下腿後傾，前傾制御，内傾，外傾制御に作用する（図2-24C，D）．

長母趾屈筋（flexor hallucis longs）（図2-25A）：脛骨神経に支配され，腓骨後面・下腿骨間膜後面に起始し，3つの内側筋群のうち最後方から足関節内果後方を通る．足根管内で載距突起下を通り，FDLの背面を交差して母趾底面に停止する．OKCとして母趾底屈，足関節底屈，足アーチ挙上に作

図 2-25 長母趾屈筋．腓骨神経支配

図 2-26 長趾屈筋．脛骨神経支配

図 2-27 足の内在筋

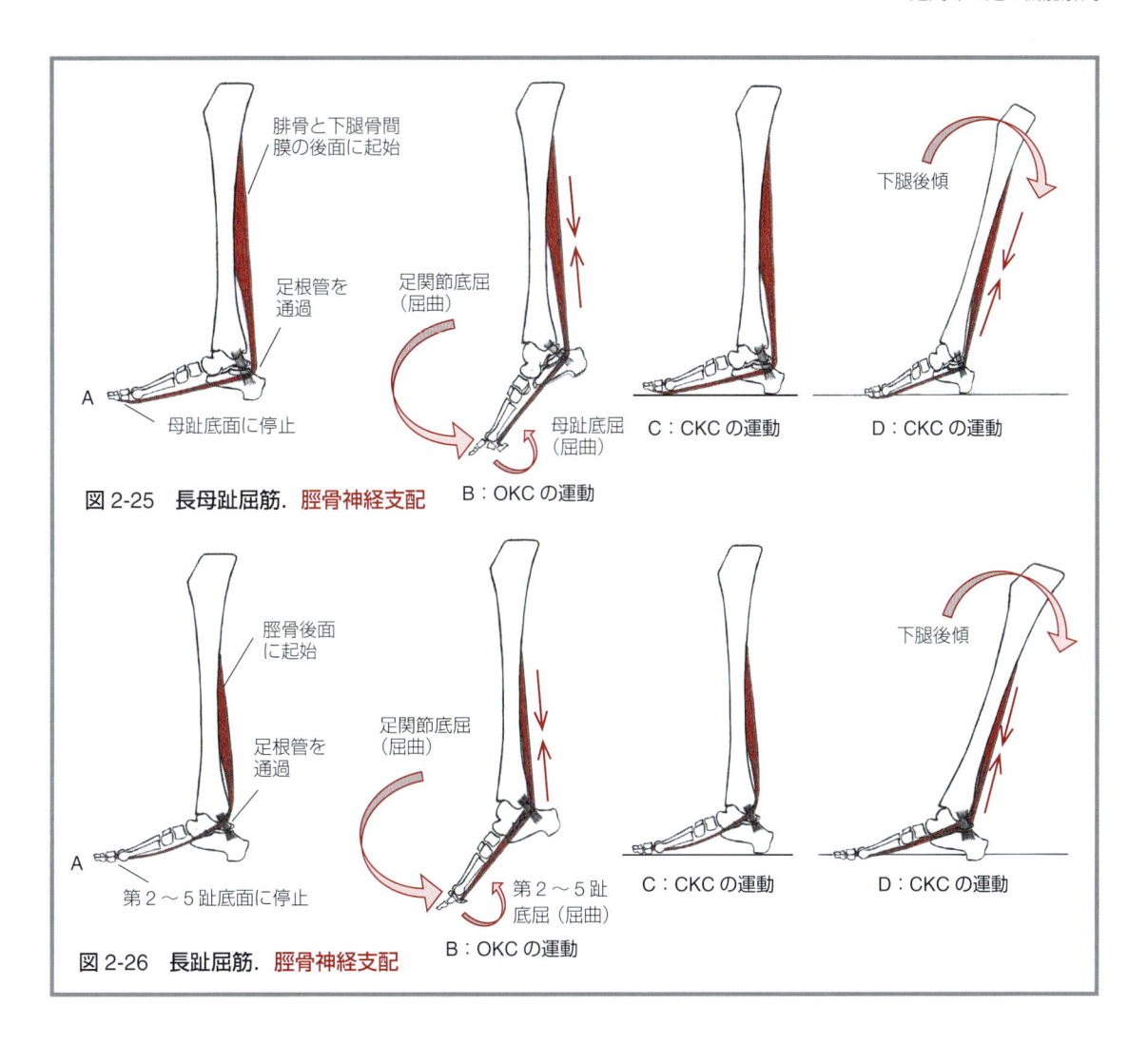

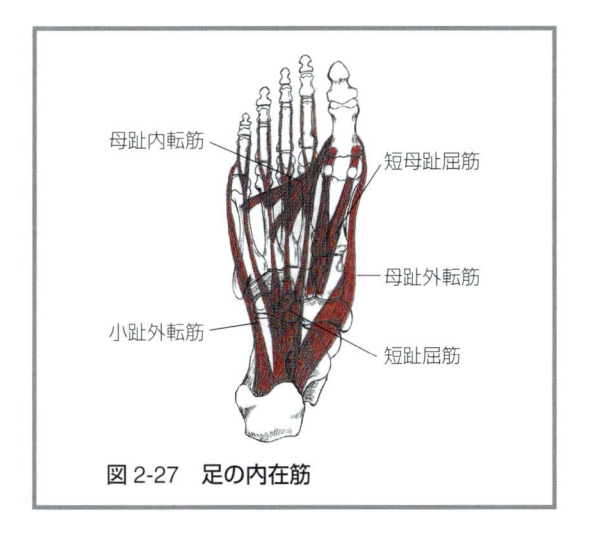

用し（図 2-25B），CKC として下腿後傾，足アーチ挙上に作用する（図 2-25C, D）．

長趾屈筋（flexor digitorum longs）（図 2-26A）：脛骨神経に支配され，脛骨後面に起始し，内果後方から足根管内を通って足底へ入る．FHL の足底側を通って第 2～5 趾底面に停止する．OKC として第 2～5 趾底屈，足関節底屈（図 2-26B），CKC として下腿後傾，足アーチ挙上に作用する（図 2-26C, D）．

内在筋（図 2-27）

足の内部に起始・停止がある筋で，外来筋とは区別される．

母趾内転筋，母趾外転筋，短母趾屈筋，短母趾

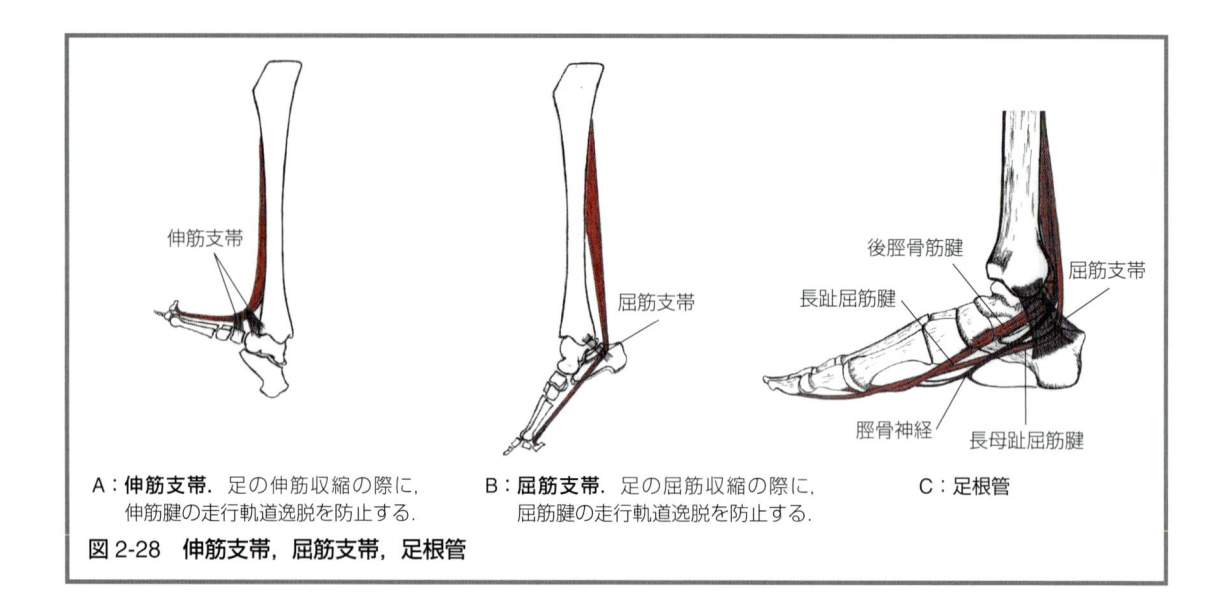

A：**伸筋支帯**．足の伸筋収縮の際に，伸筋腱の走行軌道逸脱を防止する．
B：**屈筋支帯**．足の屈筋収縮の際に，屈筋腱の走行軌道逸脱を防止する．
C：足根管

図2-28 伸筋支帯，屈筋支帯，足根管

伸筋，短趾屈筋，短趾伸筋，小趾外転筋，短小趾屈筋，小趾対立筋，足底方形筋，骨間筋，虫様筋，足底筋膜である．

これら足の内在筋は，足のアーチ形成・維持や趾の運動を行う．

支帯と足根管

伸筋支帯および屈筋支帯（図2-28A，B）

筋収縮時に腱が浮上せず一定の位置を走行するために存在する．

足根管（tarsal tunnel）（図2-28C）

内果，踵骨，屈筋支帯からなる管腔で，内腔を後脛骨筋腱・長母趾屈筋腱・長趾屈筋腱と脛骨神経・脛骨動静脈が通過する．足関節底屈時に屈筋腱の逸脱を防止する．

足関節の安定性（図2-29）

骨性の制動

距骨滑車は前方が広いため，背屈位では内果・外果にはさまれて足関節が安定する．底屈位では腓骨筋に伸張され腓骨が下降するため，脛腓靱帯が緊張して安定する（図2-29A，B）．

靱帯の制動

外側靱帯は内反を制御し（図2-29E），内側靱帯は外反を制御する（図2-29G）．底屈位では前距腓靱帯と前脛距靱帯が緊張し，背屈位では後距腓靱帯と後脛距靱帯が緊張する．

筋性の制動

回外・内反・内転位では腓骨筋腱が制動し（図2-29H），回内・外反・外転位では後脛骨筋腱，長母趾屈筋腱，長趾屈筋腱が制動する（図2-29 I）．

歩行（図2-30）

立脚相（期）（stance phase，60％）：立脚相は次の5つに区分できる．踵接地期（heel contact；HC），足底接地期（foot flat；FF），立脚中期（mid stance；MS），踵離床（踵離地）期（heel off；HO），足指離床（離地）期（toe off；TO）である．

遊脚相（期）（swing phase，40％）

1. 足関節と足の機能解剖

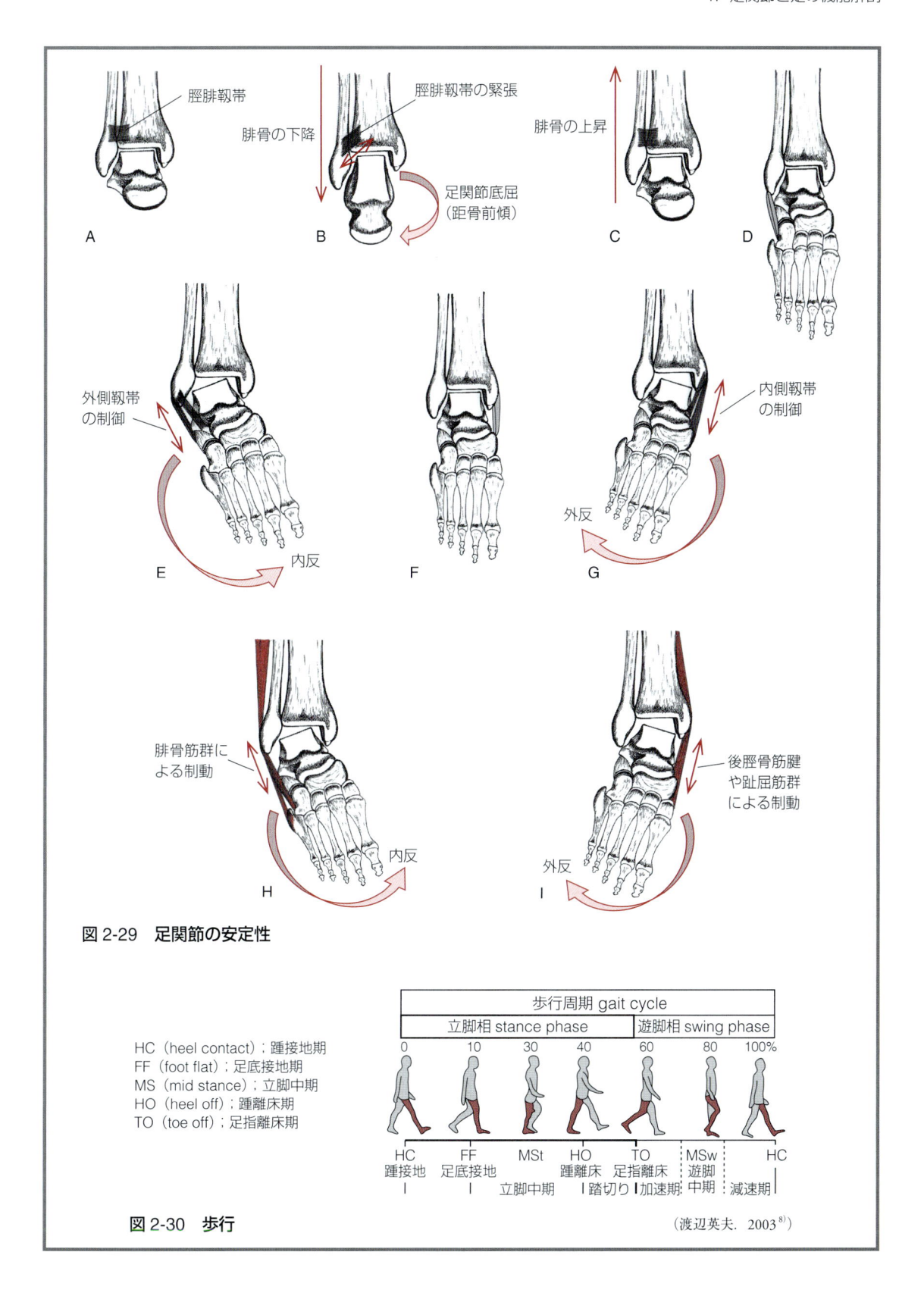

図 2-29 足関節の安定性

HC (heel contact)：踵接地期
FF (foot flat)：足底接地期
MS (mid stance)：立脚中期
HO (heel off)：踵離床期
TO (toe off)：足指離床期

図 2-30 歩行

(渡辺英夫. 2003[8])

2. 下腿・足部のスポーツ障害

下腿のスポーツ障害

シンスプリント（脛骨骨膜炎）（shinsplint）

前脛骨筋・後脛骨筋・ヒラメ筋の緊張亢進により，起始部の脛骨骨膜に伸張ストレスによる炎症が発生し，強い疼痛をきたす．脛骨に圧痛がみられる．

放置して運動を続けると**脛骨疲労骨折**をきたすことがある．

コンパートメント症候群（筋区画症候群）（compartment syndrome）

四肢の各コンパートメントに分かれている筋群が，著しい筋腫脹のため各コンパートメント内圧が上昇し，強い疼痛をきたす．下腿に多い．

下腿は，前方筋群，側方筋群，深層後方筋群，浅層後方筋群に分かれている．

筋の over use や打撲・捻挫・骨折による筋腫脹が原因となる．

血管圧迫による患肢の強い疼痛をきたし，内圧上昇が著しいと神経の圧迫による足の麻痺が生じることもある．患肢挙上安静を要するが，血管・神経への強い圧迫症状には減張切開を要する．

アキレス腱周囲炎（Achilles peritendinitis）

アキレス腱への伸長ストレスにより，アキレス腱，その被膜パラテノン，滑液包に炎症が起こる．歩行の HC → TO phase 時間の長い，離踵の遅い歩行に起こりやすい．

アキレス腱深部や踵部の痛みを呈するが，重症化するとアキレス腱部の発赤・発熱・腫脹・疼痛をきたし，放置するとアキレス腱断裂をきたすため患肢安静を要する．

アキレス腱断裂（Achilles tendon rupture）

下腿三頭筋の収縮力と足関節背屈位荷重負荷によるアキレス腱への伸張力が同時に加わって起こる．断裂の際にアキレス腱部に鈍器で打撃されたような衝撃が自覚される．断裂するとつま先立ちが困難となり，アキレス腱部に陥凹を触れる．Thompson-Simmond の Sqeeze テストで判断される．一般的にはアキレス腱縫合術，足関節底屈位ギプス固定で治療される．

足部のスポーツ障害

足関節靱帯損傷（ligament injury of ankle joint）

外側側副靱帯

外側側副靱帯は回外，内転，内反を制御する．

前距腓靱帯（ATF ligament）は足関節底屈位にて制御する．

踵腓靱帯（CF ligament）は足関節中間位にて制御する．

後距腓靱帯（PTF ligament）は足関節背屈位にて制御する．

内側側副靱帯

内側側副靱帯は回内，外転，外反を制御する．

前脛距靱帯（ATT ligament）は足関節底屈位にて制御する．

三角靱帯（deltoid ligament）は足関節中間位にて制御する．

後脛距靱帯（PTT ligament）は足関節背屈位にて制御する．

靱帯損傷は各靱帯の張力を超える外力が制御方向に加わって起こる．

急性期はテーピングやギプス固定で治療する．慢性期は，外側靱帯損傷では**腓骨筋群**，内側靱帯損傷では，**後脛骨筋**，**長母趾屈筋**，**長趾屈筋**の筋トーヌス亢進を要する．

腓骨筋腱脱臼 (dislocation of the peroneus tendon)

下腿において，長腓骨筋腱は外側，短腓骨筋腱は内側を下降し，足関節外果下方で曲行したあと，伸筋支帯のトンネルを通り足外側へ走行する．足関節中間位では125°，最大背屈位では90°の角度で曲行する．長腓骨筋腱は立方骨外側から足底に入りリスフラン関節内側に，短腓骨筋腱は第5中足骨基部に停止する．

腓骨筋腱が外果後方の伸筋支帯トンネルから外果前方へ逸脱すると，足部回内筋力の低下をきたす．足関節運動時疼痛とクリックがみられ，表層において腓骨筋腱が触知される．長腓骨筋腱の単独脱臼が多く，短腓骨筋腱脱臼の合併はまれである．

足関節捻挫などの強い足部内返し外力により伸筋支帯が断裂して起こることが多い．

新鮮例は整復してギプス固定，陳旧例は代用物（アキレス腱，CF靱帯，外果の一部）による伸筋支帯形成術が行われる．

腓骨筋腱炎 (peroneus tendinosus)

腓骨筋緊張亢進により腓骨筋腱や滑液包に炎症が生じ，足部運動時疼痛をきたす．

ハイヒール靴常用歩行により趾屈曲力低下の代償動作として起こる足部回内歩行が原因となることが多い．多くは中足部アーチ低下を伴う．

足根洞症候群 (tarsal sinus syndrome)

距踵関節の足根洞の滑膜や脂肪体に炎症が生じ疼痛を呈する．足関節捻挫後に距踵関節のmalalignmentが起こると発症することが多い．

骨間距踵靱帯損傷を伴うことが多い．捻挫受傷後しばらくしてから発症する．足部荷重時痛や足根洞部圧痛がみられる．

シーバー病（セバー病）(Sever disease)

骨端線閉鎖前ではアキレス腱による伸長ストレスが踵骨端線に加わると，踵骨の疼痛をきたす．**踵骨骨端核の一過性骨壊死**をきたすこともある．骨成長発育期における足関節のover useによる下腿三頭筋の筋緊張亢進や，歩行のHC→TO phase時間の長い，離踵の遅い歩行によって発症することが多い．スポーツ少年・少女に好発する．X線で踵骨骨端核の硬化像がみられる．

足関節インピンジメント症候群

フットボーラーズ・アンクル (footballer's ankle)

足関節前方の脛骨と距骨に骨棘が形成され，足部運動時疼痛を呈する．

原因の詳細は不明だが諸学説がある．

ⅰ）O'Donoghueの学説：頻回の足関節背屈運動における脛骨と距骨の衝突により生ずる．

衝突性外骨腫（impingement exostosis）ともいわれる．

ⅱ）McMurrayの学説：頻回の足関節底屈運動における前方関節包の張力により生ずる．

ⅲ）梅ヶ枝の学説：頻回の足関節捻挫における骨軟骨損傷の修復機転として生ずる．

三角骨障害 (os trigonum)

足関節最大底屈位荷重時に，距骨後方が脛骨後方と踵骨隆起に圧迫される動作がくり返されると疲労骨折が起こり，足関節後方に疼痛を呈する．

クラシックバレエダンサーに多い．

第5中足骨骨折 (metatarsal 5 fracture)

基部骨折

足関節捻挫などで足の内返しが強制された際に，短腓骨筋の張力によりその停止部である第5中足骨基部に裂離骨折が起こる．

Jones骨折

第5中足骨骨幹部に頻回に加わる外力により発

症する疲労骨折．

二分種子骨（sesamoid bifida）

母趾MP関節最大背屈位で荷重が繰り返されると，短母趾屈筋の張力により第1中足骨底側の種子骨に疲労骨折が起こり，母趾における第1中足骨頭荷重部に疼痛を呈する．陸上競技選手に多い．

後脛骨筋腱炎（tibilis posterior tendinitis）

後脛骨筋緊張亢進により後脛骨筋腱に炎症が生じ，足部運動時疼痛をきたす．

足部外側荷重歩行の代償動作である下腿内傾歩行により発症することが多い．

3. 評価

下腿・足部の障害は荷重下でのごく小さなメカニカルストレスの繰り返しによって起こるover use症候群が多く，動きとの関係で障害を捉えていかなければならない．したがって局所的な評価だけに留まらず，上位分節からの荷重とのかかわりのなかで障害をとらえていくことが重要である．
(1) 問診（一般的な障害の聴取）
(2) 障害局所の圧痛部位の確認
(3) 荷重方向の分類
(4) 足部の形態評価
(5) 入谷式徒手誘導

問診（一般的な障害の聴取）

既往歴や現病歴の一般的な聴取を行う．スポーツ外傷や障害を正しくとらえるためには正しい情報を適切に聴取する必要がある．

外傷については外傷にいたった外力の加わり方，外傷の背景にある因子を捉えることが大切である．スポーツ外傷では交通外傷のような高エネルギー外傷は少ないために，素因や背景についてよく聴取することが大切である．

障害ではさらに複雑になる．下肢のalignment，身体バランス，関節形状，筋量や筋の質，骨や軟骨の脆弱性，種目やポジション，練習量，練習の種類，シューズの不適合などは障害発生の要因になる．

障害局所の圧痛部位の確認

障害局所の圧痛部位は，疼痛の解剖学的な部位を把握するために重要となる．とくに足部は皮下組織や筋腹などが皮膚から浅い部位で，外傷以外の足部障害はX線などの医学的検査がなくともある程度診断が可能な部位である．

荷重方向の分類

人それぞれで主とする足底での荷重部位に違いがある．現状における荷重方向にしなければ，上位の骨や関節へ効率よく力を伝達することができない．そのため入谷式足底板ではこの荷重方向を知ることから評価は始まる．足底での荷重方向は4つに分類される．すなわち前内側位，前外側位，後内側位，後外側位である（図2-31）．まずこの荷重方向を知るために椅子座位で両手を胸の前で組み，検者は被検者の大腿遠位部を把持し，大腿中間位から軽度に内旋・外旋位を維持させたまま立ち上がりをさせ，内旋位と外旋位のどちらがよいかを判断する．内旋位誘導は足底内側荷重になるために内側位，外旋位誘導は外側荷重になるために外側位を示唆する（図2-32）．そして内旋・外旋位の良好な肢位を維持させたまま大腿を前方または後方へ誘導して立ち上がりをさせ，前方誘導と後方誘導のどちらがよいかを判断する．前方への誘導は前方位，後方への誘導は後方位を示唆する（図2-33）．このようにして4つの荷重方向の分類を示唆させる．次いで，この荷重方向を決定していく．このために近位と遠位の下腿骨での入谷式徒手誘導を行い決定する．前方位では，近位下腿骨を外旋誘導することで大腿骨内顆が下腿骨の前内側位に位置して支持性がなくなるために

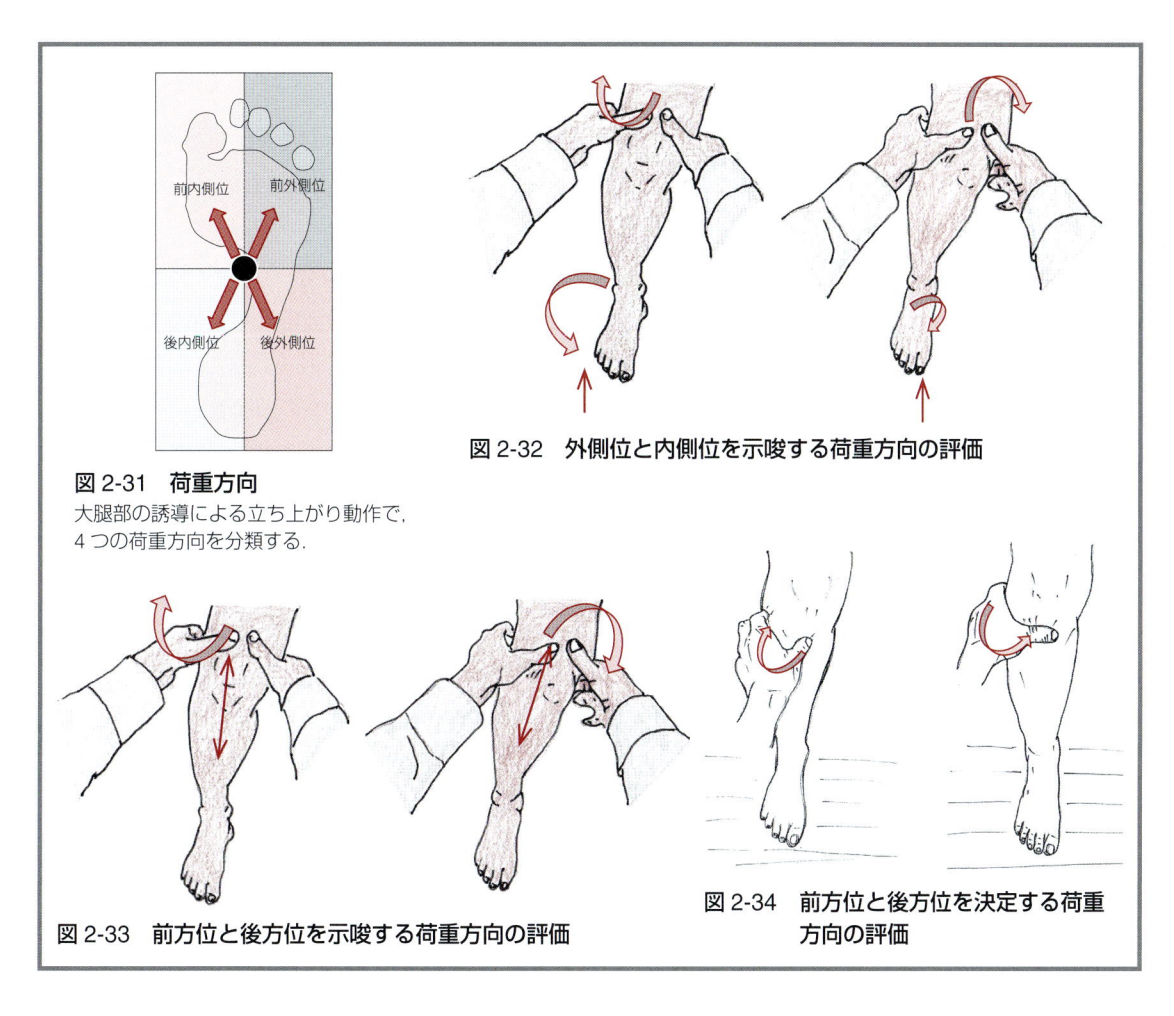

3. 評価──足部の形態評価

図 2-31　荷重方向
大腿部の誘導による立ち上がり動作で，4つの荷重方向を分類する．

図 2-32　外側位と内側位を示唆する荷重方向の評価

図 2-33　前方位と後方位を示唆する荷重方向の評価

図 2-34　前方位と後方位を決定する荷重方向の評価

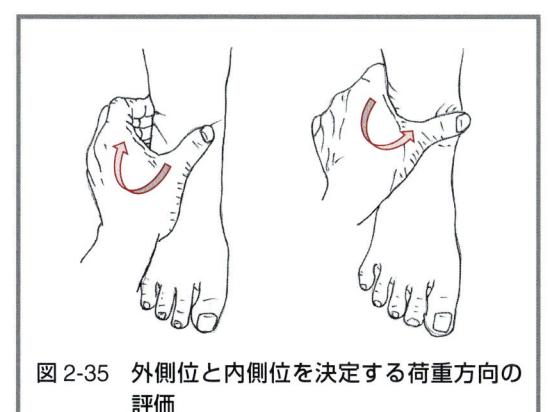

図 2-35　外側位と内側位を決定する荷重方向の評価

前方へ移動し，後方位では，近位下腿骨を内旋誘導することで大腿骨大腿骨内顆が下腿骨内顆に載ってくるために前方への移動を制限させる（図2-34）．内側位では，遠位下腿骨を内旋誘導することで内側に荷重移動させ，外側位では，外旋誘導することで外側に荷重移動させる（図2-35）．すなわち，前内側位では，近位下腿骨を外旋誘導して遠位下腿骨を内旋誘導し，前外側位では，近位下腿骨を外旋誘導して遠位下腿骨を外旋誘導し，後内側位では，近位下腿骨を内旋誘導して遠位下腿骨を内旋誘導し，後外側位では，近位下腿骨を内旋誘導して遠位下腿骨を外旋誘導することで立ち上がり動作や歩行動作がしやすくなる．

足部の形態評価

　足部は唯一地面に接する部位で，上位からの荷重にかかわるさまざまなストレスが足部に加わる．そのため足部はさまざまな変形を呈する．その変形は支持基底面を変化させると同時に，上位分節へ

即座に連鎖を生じさせ，ひいては姿勢までも変化させる．そのために足部の形態評価は必要になる．

下腿骨

①果部捻転：果部捻転は脛骨捻転の臨床的な指標で，足関節の内果・外果を結んだ線と前額面との回旋量として定義される．これは脛骨の水平面での成長を意味している．正常値は 13 ～ 18° 外旋位にあり，13° 未満を果部捻転の欠如（内捻傾向），19° 以上を果部捻転の増大（外捻傾向）という．内捻傾向なものは歩行時の足位を in 方向に，外捻傾向のものは out 方向に向く 1 つの要因になる．前者は距骨下関節を回内へ，後者は回外方向へ向かわせる要因になる．

②下腿傾斜：立位での下腿骨の外側傾斜は足部を回外させ，内側傾斜は回内させる．この下腿傾斜を改善することで，足部の回内・回外をある程度制御することができる．

距腿関節

距腿関節には，床からの反力の影響，そして上位分節からの荷重の影響を受けるつなぎ目の役割がある．したがって距腿関節の評価は重要なものになる．正常な歩行を行うために，膝関節完全伸展位で背屈 10°，そして底屈 20° が必要とされる．とくにスポーツ障害では膝関節伸展位での背屈角度 10° 未満の機能的尖足（equinus）をとらえることは重要となる．それは足関節背屈の補償が足部回内で行われることから回内障害の一要因になるからである．また底屈・背屈自動可動域の左右の相対的な違いを把握しておく．

距骨下関節

距骨下関節は，後足部において床から最も近い関節であることから，床からの反力を直接的に受け，後足部の alignment にかかわる部位である．したがって距骨と踵骨間の形態変化をとらえることは重要なものになる．距骨下関節の中間位が内反位にある距骨下内反変形，そして外反位にある距骨下外反変形をとらえることは重要で，前者は踵での外側荷重，後者は内側荷重になる要因になる．

横足根関節

横足根関節は足部の固定性や柔軟性にかかわる部位で，距骨下関節の肢位によって決定される．距骨下関節回内位は 2 つの関節軸を平行にして柔軟な足部を，回外位は 2 つの関節軸をより交差した位置関係にして強固な足部を形成する．前者は衝撃吸収とさまざまな地形変化への適応に，後者は体重を支える支点として，そして推進テコとして足部を機能させる．評価は距骨下関節を中間位に保持した状態で前足部を最大回内したときに前足部底側面が後足部底側面に対して内反位にある前足部内反と外反位にある前足部外反をとらえることである．前者の補償は，距骨下関節回内で行われるために距骨下回内の一要因になり，後者は，過度な柔軟性のために足部アーチが低下する要因になる．

足根中足関節

足根中足関節の動きは列の動きとして評価する．内側の 3 つの列は楔状骨に対しておのおの中足骨と関節をなし，外側の 2 つの列は立方骨に対応して第 4・5 中足骨が関節をなす．とくに第 1 列の評価は重要で，第 1 中足骨に対して第 1 基節骨が背屈方向の動きよりも底屈方向への動きが小さい第 1 列底屈とその反対の動きをもつ第 1 中足骨挙上をとらえることである．前者は母趾球部での荷重が優位になるために母趾球の障害を，後者は母趾頭部での荷重が優位になるために母趾頭部の障害を引き起こす要因になる．

中足趾節関節

中足趾節関節は踵離地が同部の伸展によってな

し遂げることが可能になり，足趾への負担を少なくすることから中足骨頭部での制動作用が働く．したがって同部での胼胝や開張などの変形が著しく多い．同部の変形や胼胝の部位を評価することは重要である．

趾節間関節

趾節間関節は足趾を機能させることで支持機能と蹴り出し時の推進機能にかかわる．したがって足趾の配列を整える部位を足底から手で圧して確認することは，中足趾節関節とともに評価する必要がある．また足趾変形の代表としてあげられる外反母趾変形，ハンマー趾，マレット趾，鉤爪趾などの変形をとらえておく．

足部アーチ

足部アーチは衝撃を吸収し，体重を支え，推進力を高める作用がある．また身体各関節への関連が強い．足部アーチの評価はアーチの高低をとらえることと同時におのおののアーチを構成する関節配列のズレを診ることが最も大切である．また横アーチの部位が身体各分節の高位レベルに影響をしているためにそのコントロールに使用する．

入谷式徒手誘導

入谷式徒手誘導は身体の解剖学的および荷重位での力学的観点から人間の動きを変化させる目的で考案した徒手誘導である．したがって単に関節の徒手的誘導のみならず，身体の各分節に対するもの，皮膚に対するものなどがある．臨床では入谷式足底板処方や運動指導方法，テーピングの誘導方向などの治療法の確認評価として主に活用している．

①**距腿関節**：関節内での三平面評価を行う．矢状面では下腿骨に対する距骨の前後移動，前額面では下腿骨に対する距骨の内側・外側傾斜，水平面では下腿骨に対する距骨の内転・外転を行い，歩行動作などでどの誘導がよいかを確認する．

②**距骨下関節**：関節内での三平面評価を行う．矢状面では踵骨に対する距骨の前後移動，前額面では踵骨の回内・回外，水平面では踵骨に対する距骨の内転・外転を行い，歩行動作などでどの誘導が良いかを確認する．

③**列**：列の誘導は皮膚上での触擦刺激を用いて行う．背屈方向の誘導は近位から遠位へ，底屈方向の誘導は遠位から近位方向へ触察し，歩行動作などでどの誘導がよいかを確認する．

④**中足趾節関節および趾節間関節**：同関節の誘導も触察刺激を用いて行う．底側方向へ偏位している関節では近位分節は近位から遠位へ，遠位分節は遠位から近位へ触察する．背側方向へ偏位している関節では近位分節は遠位から近位へ，遠位分節では近位から遠位へ触察し，歩行動作後の足趾の変化をとらえる．

4．治療

足部障害に対する理学療法は，入谷式徒手誘導で関節や分節の動かす方向を確認して，足底挿板療法，テーピング，運動療法などを行う．治療目的はそれらすべてが同じものになる．その他各種物理療法などがある．

アキレス腱障害

慢性のアキレス腱障害は，腱実質部の障害と腱の踵骨付着部の障害に分けられる．腱実質部の障害には，パラテノンに炎症を起こすアキレス腱周囲炎とアキレス腱内に障害のおよぶアキレス腱症があり，両者が合併していることもある．アキレス腱周囲炎は足関節底背屈しても圧痛部位が変化しないが，アキレス腱症ではこの動きで圧痛部位が変化する．アキレス腱障害の治療は保存療法が原則である．

第2章　下腿・足部のスポーツ障害

入谷式足底板

　入谷式足底板では荷重時での後足部のalignmentを整えることと足関節の底屈・背屈の可動性を引き出すことである．後足部alignmentは，距骨下関節，距腿関節，果部と下腿傾斜から構成されるために（図2-36），後足部のalignment変化がどの部位で行われているかを入谷式徒手誘導で確認することが重要である．そしてalignmentを矯正する部位を明確にして足底板を処方する（図2-37，38）．荷重による足関節底屈・背屈の可動性を引き出すために，入谷式徒手誘導で底屈・背屈を引き出す分節の誘導を確認する．距腿関節を構成する下腿骨遠位部と距骨の位置関係とどの方向に誘導するかを確認する．遠位下腿骨後方と距骨前方の位置関係は足関節を底屈させ，遠位下腿骨前方と距骨後方の位置関係は足関節を背屈させる（図2-39）．底屈の遠位操作で底屈しやすい場合はヒールパッドを，近位操作の場合は中足骨レベル後方部分の後方へ処方する（図2-40）．

テーピング

　アキレス腱障害へのテーピングは，足関節の底屈の可動性を引き出すことを目的とする．前述した下腿遠位部と距骨との位置関係を入谷式徒手誘導で確認しているので，その方向へテーピングを施す．遠位操作では足背に近位から遠位方向へ，または足底に遠位から近位方向へ張力を加えて貼る．近位操作では下腿前面に遠位から近位方向へ，または後面に近位から遠位方向へ張力を加えて貼る（図2-41，42）．そして遠位操作と近位操作の両方を施したほうがよい場合もある．

運動療法

　後足部のalignmentを整える徒手誘導と足関節底屈・背屈可動性を改善させる徒手誘導は重要である．足底板やテーピングを良い状態で使用するた

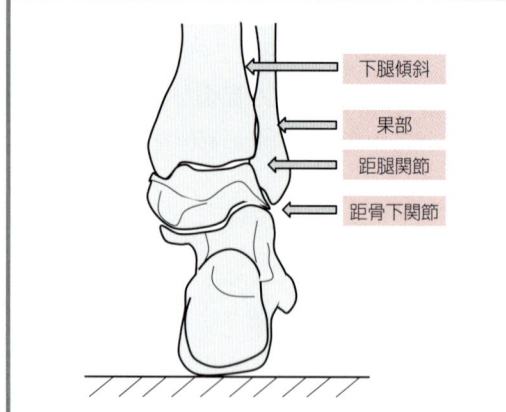

図2-36　後足部alignment
後足部のalignmentは距骨下関節・距腿関節・果部および下腿傾斜によって決まる．

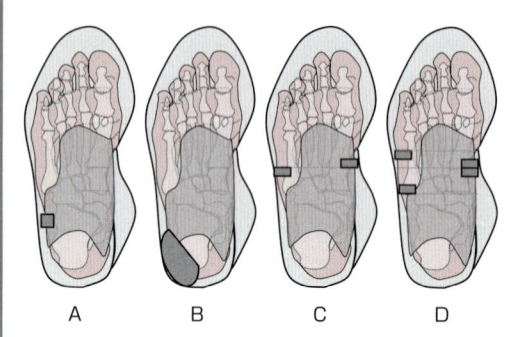

図2-37　後足部alignmentの矯正（過度な内反の場合）
A：距骨下関節起因　　B：距腿関節起因　　C：果部起因
D：下腿傾斜起因

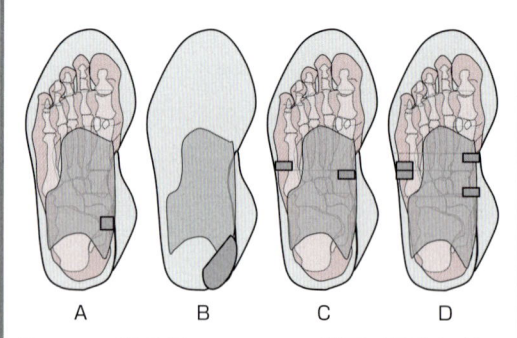

図2-38　後足部alignmentの矯正（過度な外反の場合）
A：距骨下関節起因　　B：距腿関節起因　　C：果部起因
D：下腿傾斜起因

めにもその可動性を維持させておくことは重要である．底屈・背屈筋の筋力トレーニングもアキレス腱部の滑走を促し，治癒を早める．カーフ筋強化は，まず踵をやや挙上し，前足部を支点とした肢位で下腿を後方へ移動させる筋収縮で近位固定させたあとにヒールライズ訓練を求心性に行わせる（図2-43）．背屈筋強化では爪先を上げ，踵を支点として下腿を前方に移動させる筋収縮と近位固定をさせたあとに爪先を持ち上げる訓練を求心性に行わせる（図2-44）．

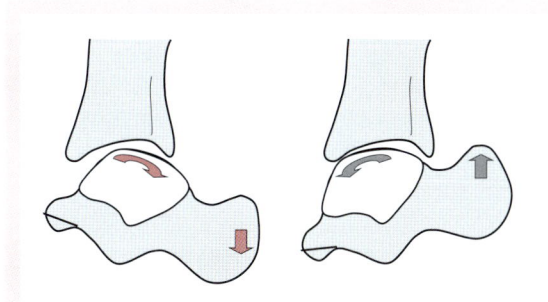

図2-39　距腿関節底屈・背屈の可動性
ankle mortise 内での距骨の前方移動は距骨頭を下方へ導き足関節を底屈させ，後方移動は距骨頭を上方へ導き足関節を背屈させる．

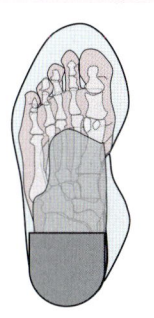

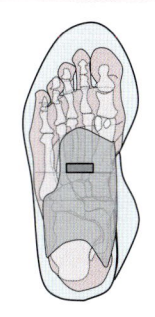

Ａ：遠位操作による処方　　Ｂ：近位操作による処方
図2-40　足関節底屈の可動性を改善させる足底板処方

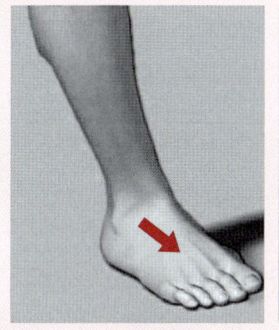

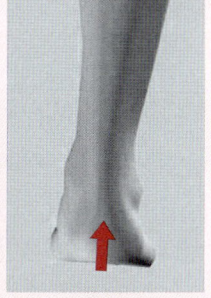

図2-41　遠位操作によるテーピング法

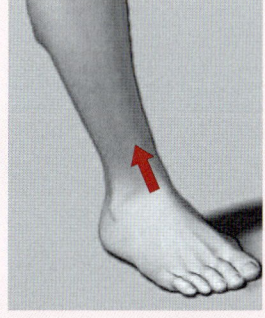

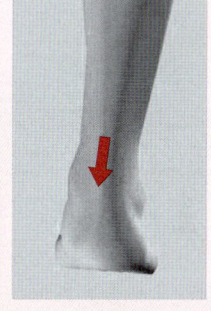

図2-42　近位操作によるテーピング法

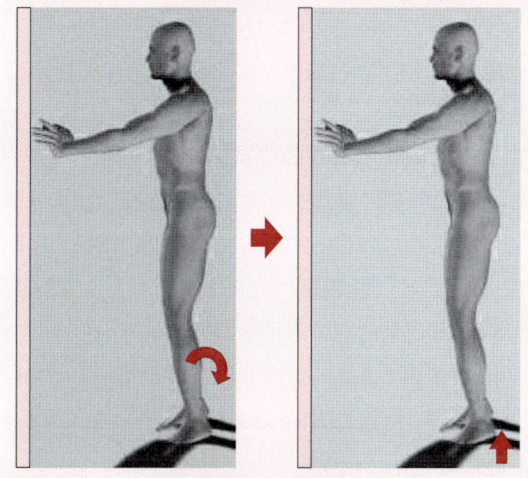

図2-43　足関節底屈筋の強化訓練

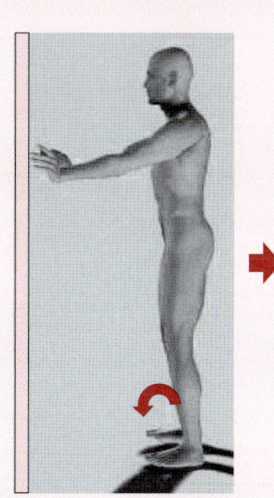

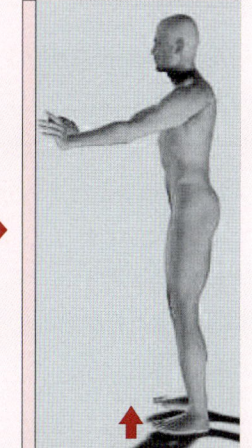

図2-44　足関節背屈筋の強化訓練

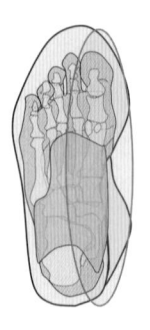

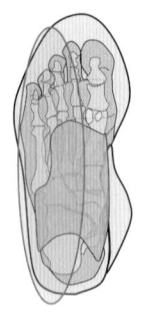

図2-45　足部過回内と過回外に対する足底板処方

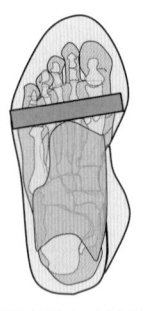

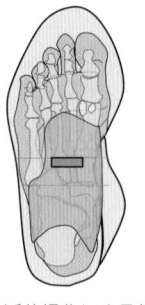

A：遠位操作による処方　　B：近位操作による処方
図2-46　足関節背屈を改善させる足底板処方

シンスプリント

シンスプリントは，ランニングやジャンプなどを繰り返したり，強力に足関節の底屈・背屈運動を繰り返したりしたときに生じる下腿の痛みを主症状とする症候群に対して用いられている．これは筋腱に加わった慢性機械刺激によって生じるものである．最も典型的なものは下腿の前内側中下1/3の部分に圧痛が認められるもので，通常，シンスプリントはこの状態を指す言葉である．その発生は，足部過回内による筋・腱の牽引刺激によるものと，過回外による立脚初期の下腿外旋ストレスによるものがある．

入谷式足底板

入谷式足底板の目的は，この足部の過度な回内・回外を矯正することと足関節の動きを改善することである．この異常な動きを発生させる因子を徒手誘導で確認し，その分節に対して処方することである．前者が因子の場合は，足部内側に対して，後者の因子の場合は足部外側に対して処方する（図2-45）．また足関節の動きを改善させる処方も大切である（図2-46）．

テーピング

シンスプリントに対するテーピングは，足部の過度な回内・回外の動きを制動することと，足関節の動きを改善させることが目的となる．過度な回内・回外の起因する部位に対してテーピングを行う（図2-47～50）．また足関節の動きを改善させるテーピングを施すとさらに効果的である．

運動療法

足部の過度な回内・回外を矯正する筋活動訓練を行う．過回内が起因する場合は踵を軽度持ち上げ，前足部に支点を置いた下腿内側への移動を行い，ついで足部を内返しさせる筋収縮を行わせる（図2-51A）．過回外が起因する場合は爪先を軽度持ち上げ，踵に支点を置いた下腿外側への移動による筋収縮を行い，ついで足部を外返しさせる筋収縮を行わせる（図2-51B）．

腓骨筋腱炎

腓骨筋腱炎は慢性的なover useに起因するものや，踵骨外側の腓骨筋腱滑車の骨性膨隆により障害が生じるものなどがある．臨床では腱鞘炎と腱炎の明確な区別は困難であるといわれる．主訴は，歩行時と運動活動時の足関節外果後方から踵骨外側部の疼痛である．足関節に，軽度底屈位での内返し強制や外返し方向への抵抗を行うことにより同部に疼痛が出現する．

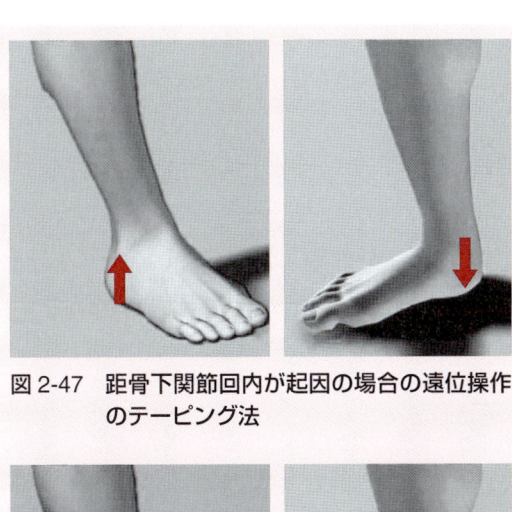

図2-47　距骨下関節回内が起因の場合の遠位操作のテーピング法

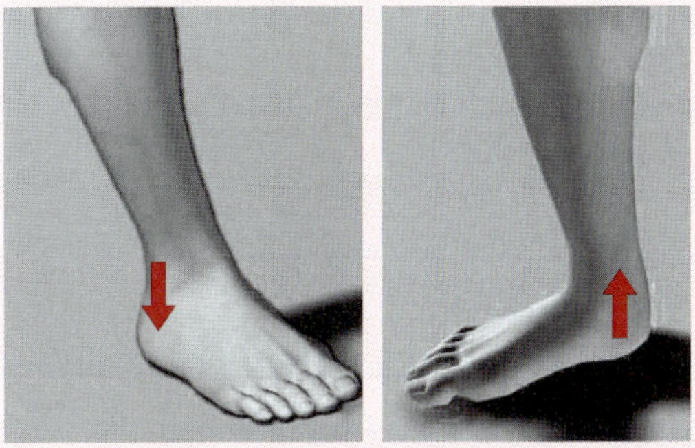

図2-48　距骨下関節回内が起因の場合の近位操作のテーピング法

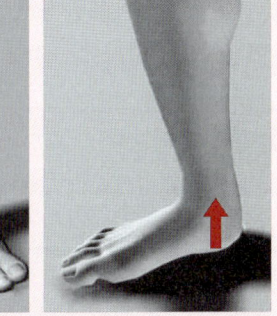

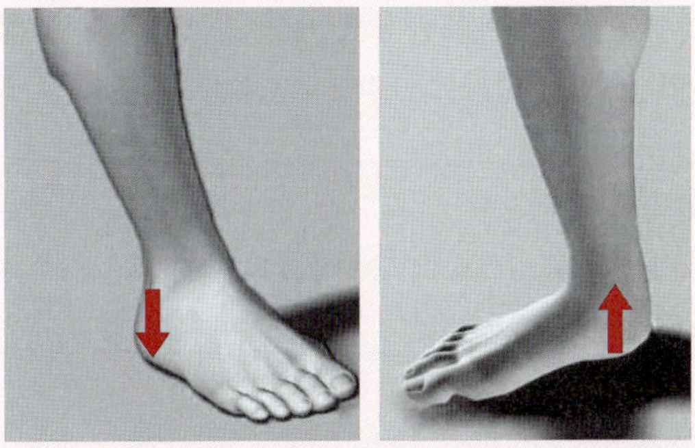

図2-49　距骨下関節回外が起因の場合の遠位操作のテーピング法

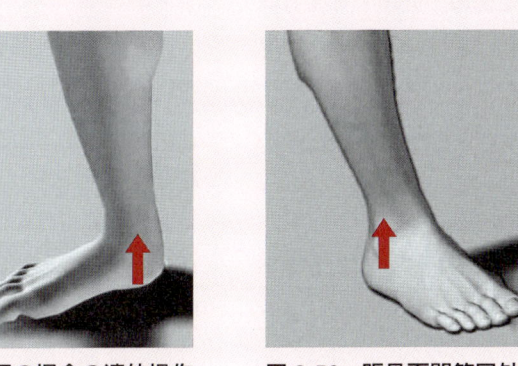

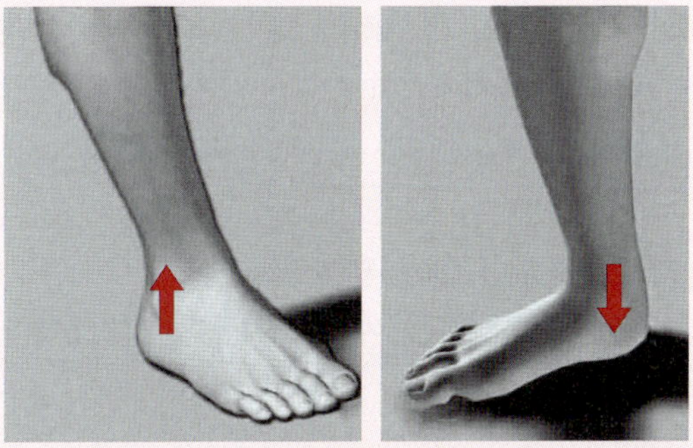

図2-50　距骨下関節回外が起因の場合の近位操作のテーピング法

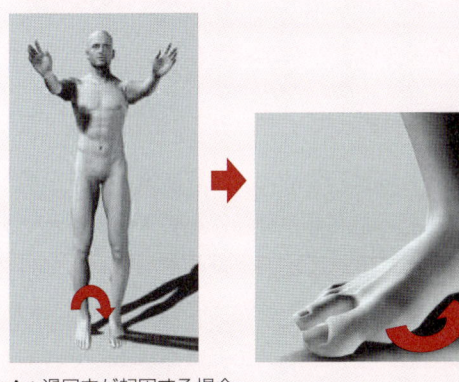

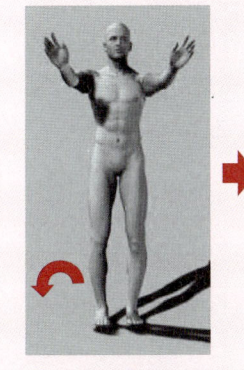

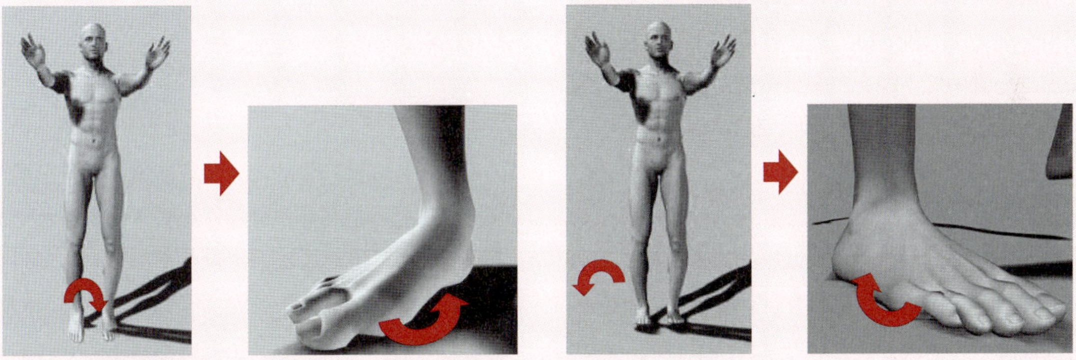

A：過回内が起因する場合　　B：過回外が起因する場合
図2-51　足部回外筋の筋力強化法

入谷式足底板

入谷式足底板の目的は後足部alignmentを整え，足関節の動きを荷重時に使わせるようにすることである．腓骨筋腱炎では，後足部は，過度な内反位にあって内反ストレスがあるものと，過度な外反位で腓骨筋の過剰収縮によるものがある．前者は距骨下関節の回内可動制限を有している場合が多く，後足部を整えるには荷重時に距骨下関節の回内可動性を引き出す処方が必要である．一方，後者は後足部を内反位にすることが大切であり，足底内側部の処方が必要となる．また足関節の背

屈可動域を改善させる処方は前者には有効であり，底屈可動域の改善は後者には有効である．

テーピング

前述した足底板処方と同様に，距骨下関節での後足部 alignment の改善および足関節の底背屈可動性の改善が目的となる．後足部の alignment は，距骨下関節と距腿関節から構成されるために，どちらの制限が起因しているかを徒手誘導で確認し，そのテーピングを施す．足関節の底屈・背屈方向のテーピングは，近位操作，遠位操作の徒手誘導を行い，良好なほうに施す．

運動療法

後足部の alignment を整えるためのモビライゼーションを行い，後足部内反ストレスで起こる障害の場合は回内筋強化を，回内筋の過剰収縮による障害では回外筋の強化が必要となる．前者は，まず前足部を軽度持ち上げ，踵に支点を置いて下腿を外側に移動させ，次いで足部に外返し方向への収縮を加える．後者は，踵を軽度拳上し，前足部に支点を置いて下腿を内側に移動させ，次いで足部に内返し方向への収縮を加える．

後脛骨筋腱炎

後脛骨筋腱炎は慢性的な over use に起因するものがほとんどであるが，舟状骨付着部から足関節内果部は腱への血流が乏しいとされ，直接的・物理的な刺激がなくとも変性断裂しうる部位である．主訴は，歩行時と活動時の足関節内果部周辺の疼痛である．後脛骨筋腱炎は，足部の外返し強制，および内返し方向の抵抗運動で疼痛を訴え，また圧痛と腫脹がある．

入谷式足底板

入谷式足底板では，足部の外返し強制による障害では足部を回外し，足関節を底屈方向へ誘導する．一方，後脛骨筋の過収縮による障害では足部を回内し，足関節を背屈方向へ誘導する．

テーピング

テーピングの目的も上記同様である．前者では，距骨下関節回外と足関節底屈誘導のテーピングを，後者では，距骨下関節回内と足関節背屈誘導のテーピングを入谷式徒手誘導で確認してから施行する．

運動療法

運動療法の目的も上記と同様である．前述の腓骨筋腱炎の筋力トレーニングを参考に行う．

足底筋膜炎

足底筋膜炎は足底部痛で最も多く，組織学的には，腱膜の炎症というよりはむしろ腱膜の踵骨起始部における変性が主体である．歩行立脚での踵離地には MP 関節が伸展することで足底筋膜が牽引され，アーチが巻き上がり，足部の剛性を高めている．その際に足底筋膜にはかなりの緊張が加わり，ストレスがかかっている．

入谷式足底板

入谷式足底板の目的は，足底筋膜の緊張を低下させることと足関節の可動性を引き出すことである．足底から触診しながら足趾を伸展して緊張している部位を探り，その部位へ処方することでかなりの腱膜へのストレスを軽減できる．それでも疼痛が残存している場合は，一方の手で踵骨の起始部を触診した状態で，もう一方の手で各足趾を1本ずつ伸展させ，どの趾で緊張が高いかを診てその MP 関節部位へ処方する．また足関節の動きを改善させる処方も必要となる．

テーピング

テーピングは上記同様に腱膜へのストレス軽減が主目的である．症状が軽度な場合は簡易なアー

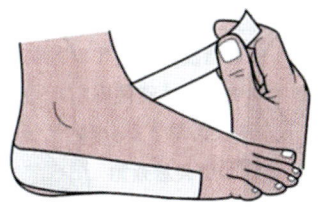

筆者が足底板との併用でよく使用するテーピング法

第1ステップ
第5中足骨頭外側からテーピングを始め，踵を回し足部内側に巻く．

第2ステップ
第2〜5趾を母指で中間位に保持し，第1中足骨頭を示指と中指で下方へ誘導し（第1列底屈），足趾を伸展させ，第1中足骨頭内側で終わる．

第3ステップ
第1中足骨頭内側から開始し，足底から足背，そして第1中足骨頭内側部で交差させるように停止する．

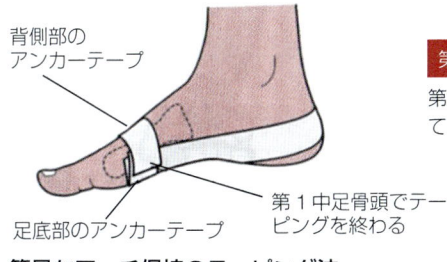

図 2-52　簡易なアーチ保持のテーピング法

（Subotnick SI（著），田村　清ほか（訳）．1993[9]）

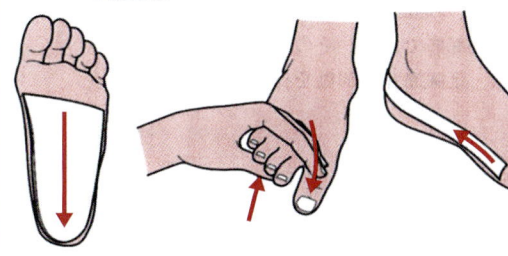

図 2-53　ダイ式テーピング法

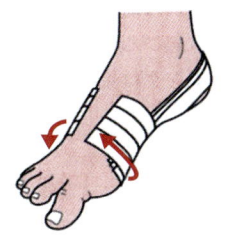

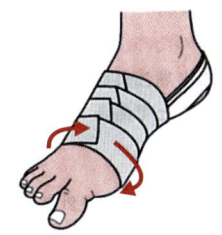

チ保持テーピング法（図2-52），強度な場合はフィギュアエイトやダイ式テーピング法などのアーチを形成するテーピング（図2-53）を施す．足関節の動きを改善させるテーピングの併用をするとさらに効果的である．

運動療法

足底筋膜の緊張を落とすために同部へのストレッチング（図2-54）および竹踏みなどによる荷重を利用した足底筋膜への圧迫刺激なども効果的である．また足関節の可動性を改善させることも大切である．

母趾種子骨障害

第1中足骨頭の下には2個の小豆大の種子骨があり，荷重時の衝撃吸収を図るとともに，これら

に付着する短母趾屈筋，母趾外転筋，母趾内転筋の効率を高めている．また脛側種子骨には分裂種子骨が多く，趾神経もこの下を通っている．さまざまなスポーツ動作で，種子骨にはこれらの筋腱の牽引力と床反力が繰り返し加わり，分裂種子骨の痛み，疲労骨折，趾神経の障害が発生する．

図 2-54 足底筋膜のストレッチング
（原口直樹．2011[2]）

図 2-55 母趾種子骨障害に対する処方のポイント

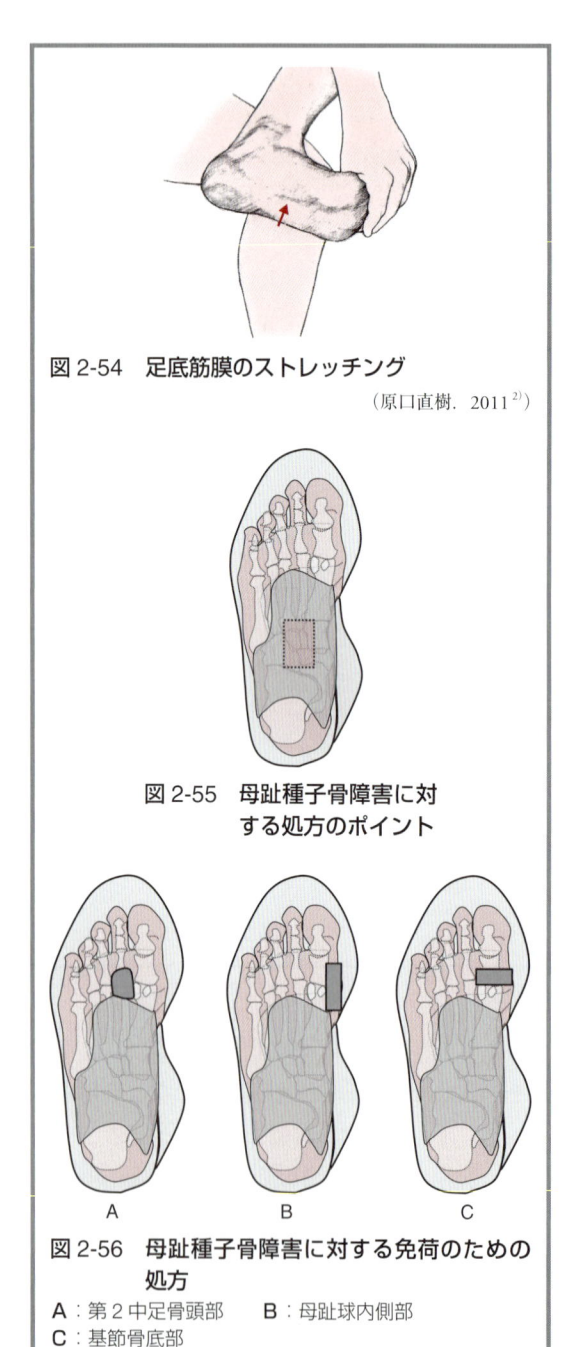

図 2-56 母趾種子骨障害に対する免荷のための処方
A：第 2 中足骨頭部　B：母趾球内側部
C：基節骨底部

入谷式足底板

入谷式足底板では基本となる足底板処方で軽減する場合が多いが，とくに楔状骨部への処方は効果を発揮する（図 2-55）．しかし極度に炎症が強い場合は同部への免荷が必要となる．第 2 中足骨頭部，母趾球内側部，基節骨底部への処方があるが（図 2-56），歩かせたり，走らせながら確認することが大切である．

テーピング

母趾種子骨障害に対するテーピングは，母趾の動きの制動と母趾球部への衝撃吸収を行うことである（図 2-57）．

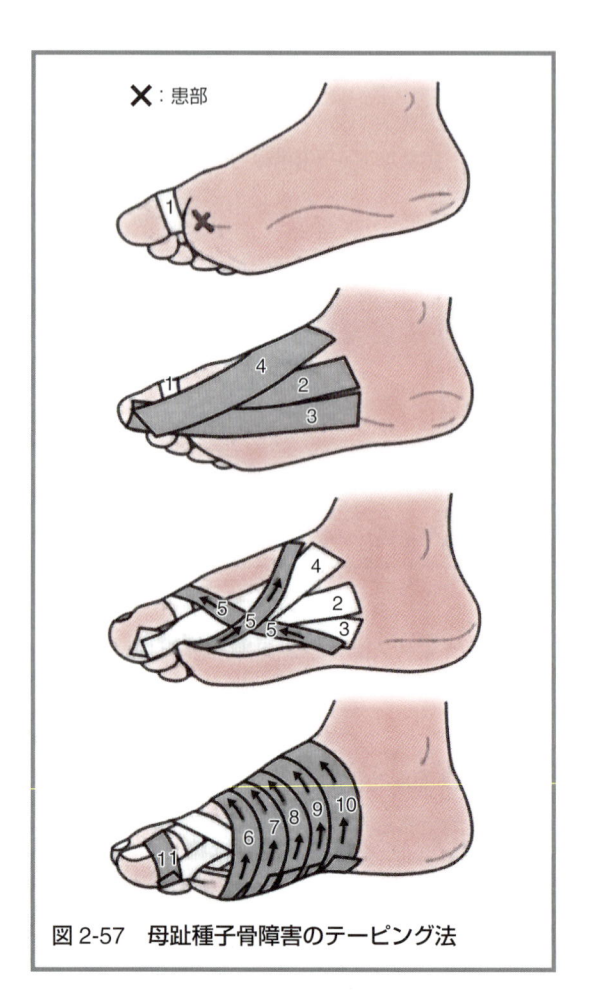

図 2-57 母趾種子骨障害のテーピング法

運動療法

中間または外側楔状骨部への上方へのモビライゼーションは中足部の固定性をよくするために効果的である．また竹踏みなどを利用した同部への荷重によるモビライゼーションを行わせるように指導する．

シーバー病

シーバー病は活動性の高い小児の踵骨部痛である．踵骨骨端核は踵骨が癒合するまでは力学的に脆弱で，圧迫などの直接外力とアキレス腱や足底筋膜の牽引力によって起こる骨軟骨炎あるいは骨軟骨症である．

入谷式足底板

入谷式足底板では，直接的機械刺激を緩和させることと，アキレス腱や足底筋膜の緊張を緩和させることを目的とする．衝撃吸収に優れた素材の踵部への処方を行うとともに足関節底屈の可動性を改善させ，足底筋膜の緊張を緩和させる処方が必要となる．

テーピング

アキレス腱や足底筋膜の緊張を緩和させるために，足関節底屈を促通するものやアーチを保持するテーピングなどを施す．

運動療法

アキレス腱や足底筋膜の緊張を緩和させる目的のストレッチやマッサージを行う．

外反母趾

外反母趾による主訴には，第1MP関節内側の疼痛，MP関節痛および開帳足を伴っている場合は中足骨頭部の胼胝や疼痛などがある．

入谷式足底板

入谷式足底板処方では，前足部の開帳とともに足根骨部の広がりを伴っている場合が多い．そのために中足部から前足部にかけての固定性を得ることは重要なことで，とくに近位部に当たる足根骨部への処方は重要である（図2-55）．また過度な内側荷重をする場合が多いので，その過回内を防止する内側縦アーチ部への処方でも，関節alignmentを確認し，症例に応じて処方することが必要となる．

テーピング

外反母趾のテーピングは，第1MP関節部の内側のalignmentをよく観察して施すことが大切である．第1基節骨と第1中足骨頭の内側配列で基節骨の

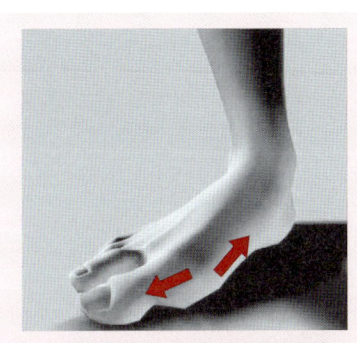

A：基節骨底内側・中足骨頭外側位　B：基節骨底外側・中足骨頭内側位　C：基節骨底・中足骨頭内側に同程度偏位

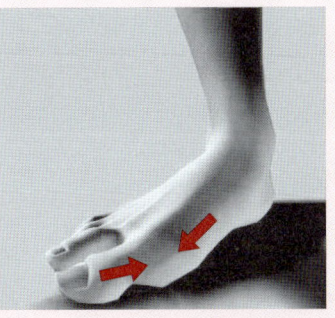

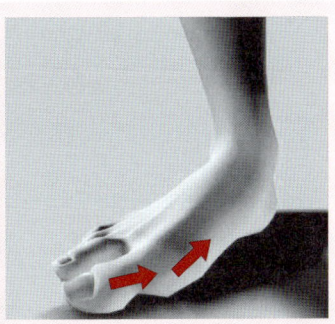

図2-58　外反母趾のテーピング法

内側突出が大きい場合，基節骨側は遠位から近位方向へ，中足骨側は近位から遠位方向へ張力を加えて貼る．一方，中足骨の内側突出が大きい場合は，基節骨側を近位から遠位方向へ，中足骨側を遠位から近位後方へ貼る．内側突出が両方で同程度にある場合は，両方とも遠位から近位方向へ向かって貼る（図2-58）．テーピングの張力を加える方向は，触察刺激による入谷式徒手誘導で確認する．

運動療法

外反母趾矯正のモビライゼーションは上記の関節 alignment の相違により，動かす方法を変える必要がある．その方法は内側の突出側を支点とした方法が必要となる．自動運動では足趾でのジャンケンなどを行わせ，足の内在筋を鍛えることも重要となる．

参考文献

1) 越智光夫・高倉義典編：下腿・足関節・足部，最新整形外科学体系 18，中山書店，2007．
2) 原口直樹：足の痛みクリニカルプラクティス；整形外科臨床パサージュ 9（中村耕三・木下光夫編），中山書店，2011．
3) 中村耕三・宗田 大：下肢のスポーツ外傷と障害；整形外科臨床パサージュ 7，中山書店，2011．
4) 黒澤 尚ほか編：スポーツ外傷学Ⅳ下肢，医歯薬出版，2001．
5) 小柳磨毅編：下肢スポーツ外傷のリハビリテーションとリコンディショニング，文光堂，2011．
6) 入谷 誠：下肢からみた動きと理学療法の展開；結果の出せる整形外科理学療法．pp177～281，メジカルビュー社，2009．
7) 林 典雄ほか編：整形外科運動療法ナビゲーション下肢・体幹編．メジカルビュー社，2008．
8) 渡辺英夫（編著）：リハビリテーション診療必携第 3 版．医歯薬出版，2003，p54．
9) Subotnick SI（著），田村 清ほか（訳）：スポーツマンのフットドクター．大修館書店，1993．

第3章
肩関節のスポーツ障害

1. 肩関節の機能解剖

肩甲骨の形態（図3-1）

前方から，臼蓋，烏口突起，上角，下角，肩甲下窩，前鋸筋粗面，肩峰，肩甲切痕，後方から，上角，下角，隆起した肩甲棘，肩峰がみられる．

側方から，臼蓋，関節上結節，関節下結節，肩峰，烏口突起がみられ，Y字状を呈す．

上方から肩峰・烏口突起が臼蓋を挟む形状がみられる．

肩関節の種類（図3-2）

肩甲上腕関節（glenohumeral joint）

肩甲骨臼蓋と上腕骨頭のあいだの関節．狭義の肩関節．

肩峰上腕関節（acromiohumeral joint）

肩甲骨肩峰と上腕骨頭のあいだの関節．第二肩関節．

胸鎖関節（sternoclavicular joint）

胸骨と鎖骨のあいだの関節．

肩甲胸郭関節（scapulothoracic joint）

肩甲骨と胸郭背面のあいだの関節．

肩鎖関節（acromioclavicular joint）

肩甲骨肩峰と鎖骨のあいだの関節．

肩関節の可動域（range of motion：ROM）

屈曲（前方挙上）180°，伸展（後方挙上）50°（図3-3），内転（側方挙上）0°（図3-4），外転（側方

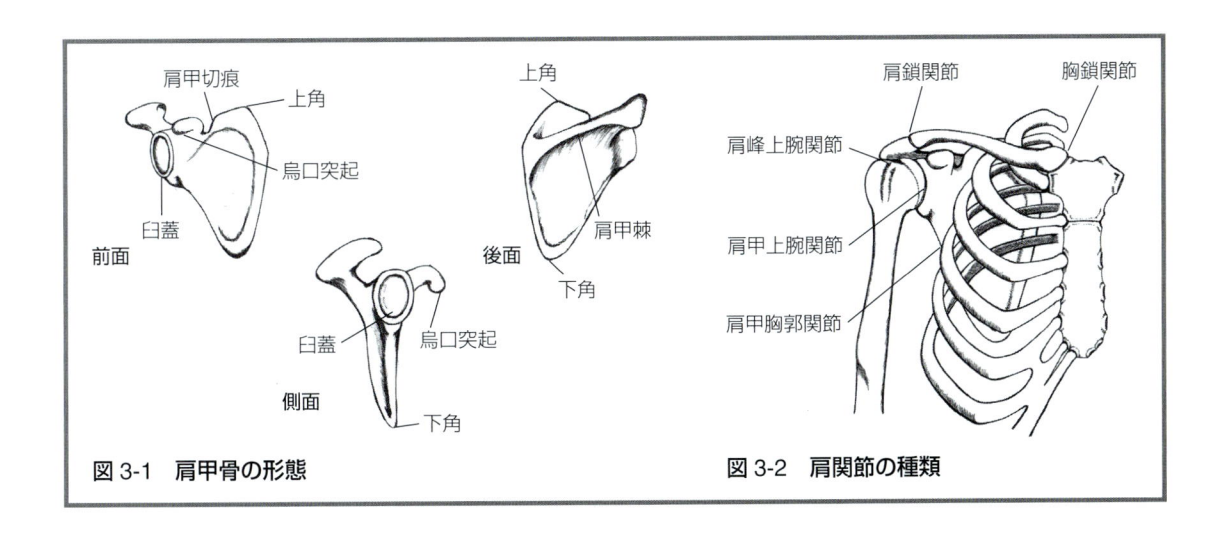

図 3-1 肩甲骨の形態

図 3-2 肩関節の種類

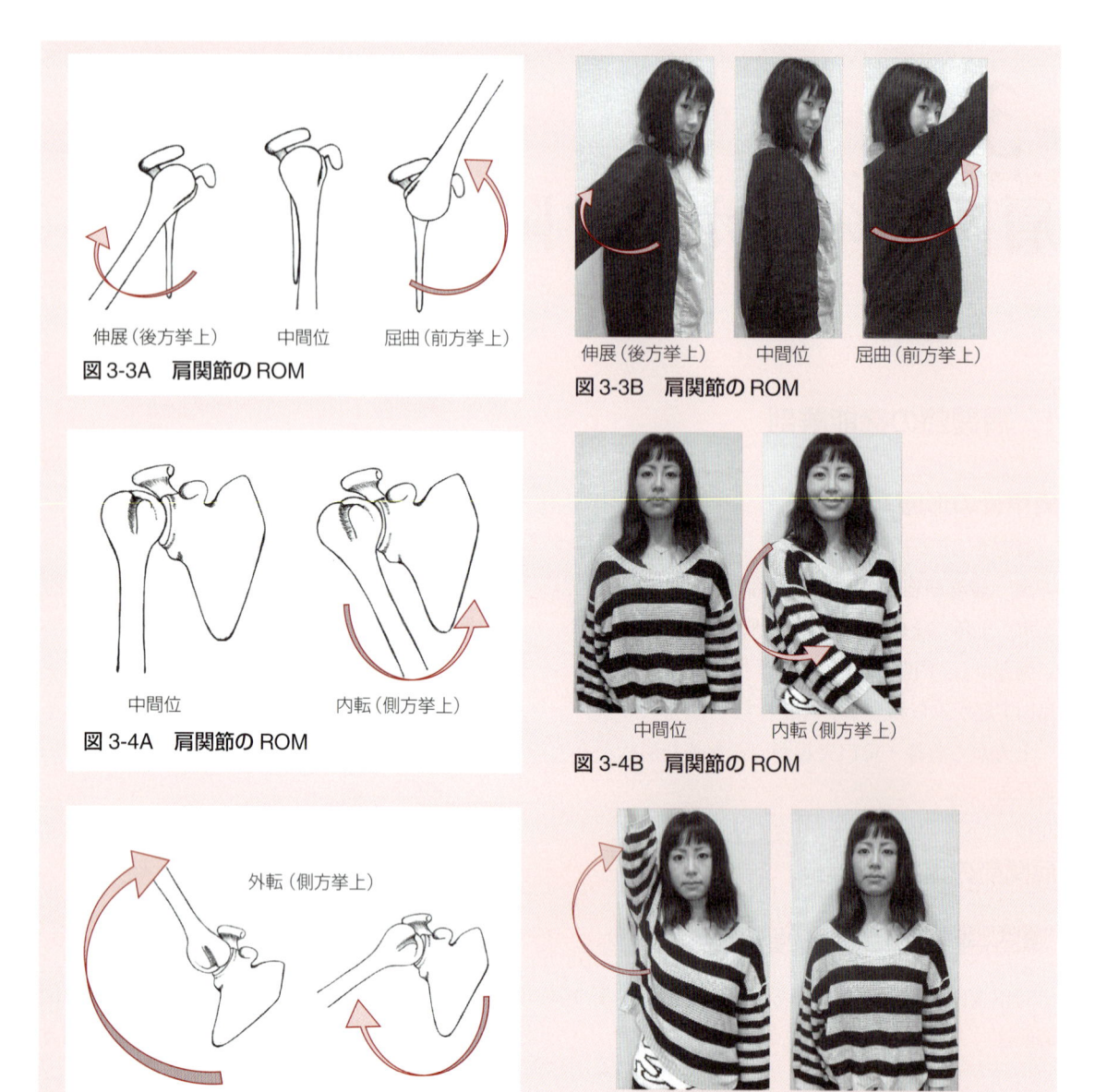

第3章 肩関節のスポーツ障害

伸展（後方挙上）　中間位　屈曲（前方挙上）
図 3-3A　肩関節の ROM

伸展（後方挙上）　中間位　屈曲（前方挙上）
図 3-3B　肩関節の ROM

中間位　内転（側方挙上）
図 3-4A　肩関節の ROM

中間位　内転（側方挙上）
図 3-4B　肩関節の ROM

外転（側方挙上）
図 3-5A　肩関節の ROM

外転（側方挙上）　中間位
図 3-5B　肩関節の ROM

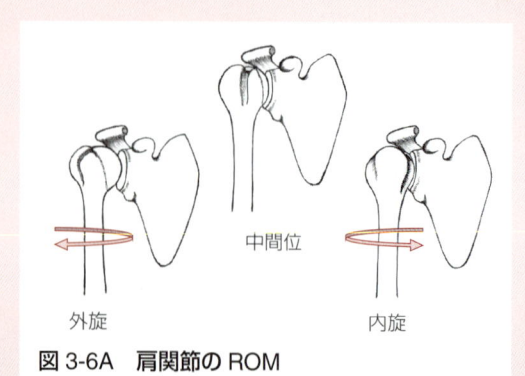

外旋　中間位　内旋
図 3-6A　肩関節の ROM

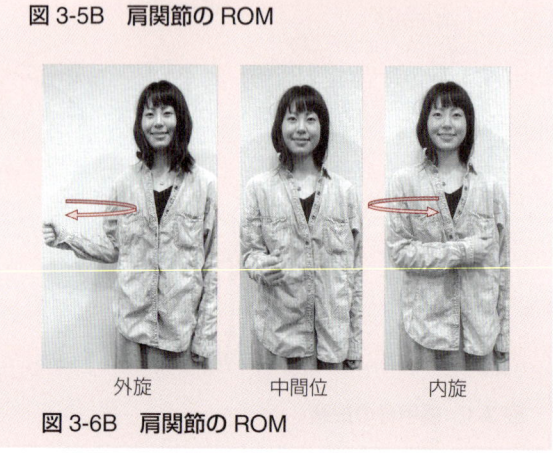

外旋　中間位　内旋
図 3-6B　肩関節の ROM

挙上）180°（図3-5），外旋60°，内旋80°（図3-6）．

肩甲上腕関節の構成体

上腕骨頭 (humeral head)

半球状を呈し，解剖頸部で骨幹部と連なる．その軸は水平面と約45°をなす．

関節面は関節軟骨で覆われている（図3-7）．

図3-7　肩甲上腕関節の構成体

臼蓋 (glenoid)

上腕骨頭の受皿としてやや上方を向き，前額面より約45°前方を向く．

上腕骨頭より小さく，やや凹状をなすがほとんど平坦である．

関節面は関節軟骨で覆われている（図3-8）．

図3-8　臼蓋と関節唇

関節唇 (labrum)

臼蓋に付着し，上腕骨頭の球形に適合し関節を安定させる線維軟骨である（図3-8）．

関節包 (capcele)

上腕骨頭と臼蓋を包み込み，内壁は滑膜で覆われ，内腔は滑液で潤っている．大きさは上腕骨頭の約2倍で，関節包下部は上肢挙上以外の肢位では弛緩している（図3-9）．

図3-9　関節包

靭帯 (ligament)（図3-10）

臼蓋上腕靭帯

臼蓋と上腕骨頸部を結ぶ靭帯で，上・中・下の3本からなる．

上腕骨頭の前方動揺を制御する．

烏口上腕靭帯

烏口突起と上腕骨結節部を結ぶ靭帯で，肩関節の屈曲と伸展を制御する．

烏口肩峰靭帯

烏口突起と肩峰を結び，肩関節の外転と内旋を

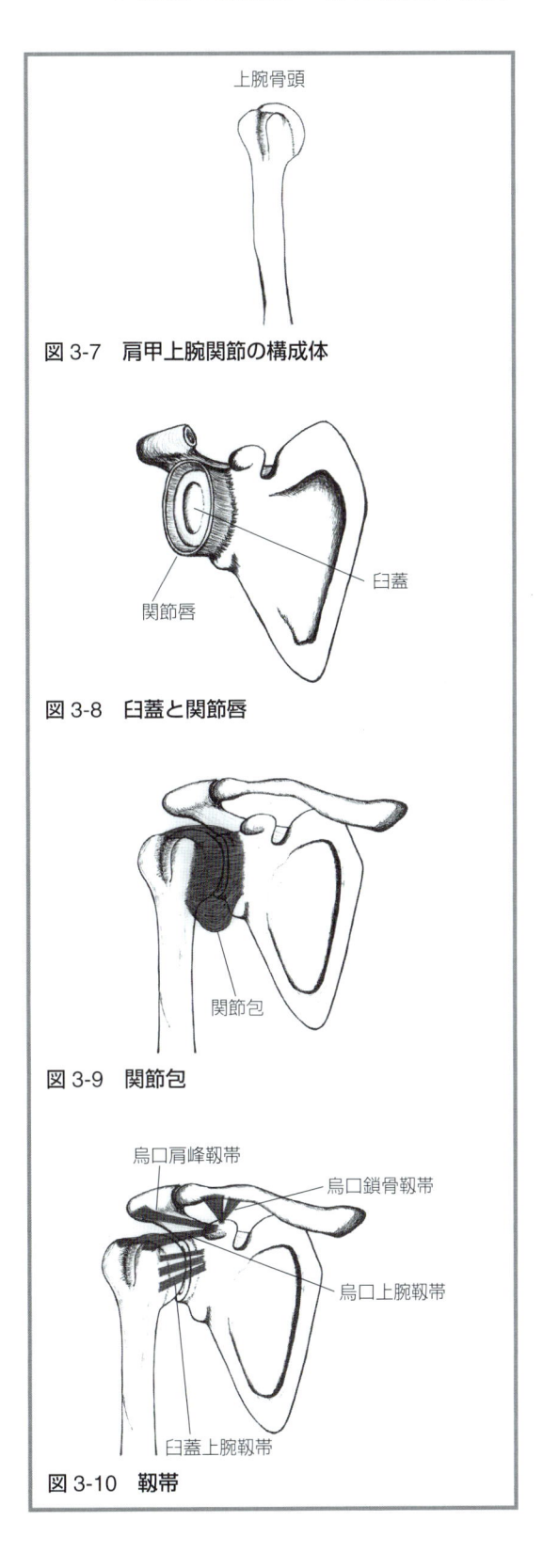

図3-10　靭帯

制御する．

烏口鎖骨靱帯

烏口突起と鎖骨を結び，円錐枝と菱形枝の2本からなる．

鎖骨の上方への動揺を制御する．

肩甲上腕関節の筋

上腕二頭筋（biceps brachii）

筋皮神経に支配される．長頭は関節上結節（臼蓋上縁），短頭は烏口突起に起始し，橈骨粗面と円回内筋の筋膜に停止する．長頭は結節間溝を通過する．

肩関節の屈曲・外転・内転と肘関節屈曲および前腕回外に作用する（図3-11）．

回旋筋（rotators）

棘上筋（spraspinatus）

肩甲上神経に支配され，肩甲骨棘上窩に起始し，上腕骨大結節に停止する．上腕骨頭回旋作用と上腕骨頭求心作用の機能を有する（図3-12）．

棘下筋（infraspinatus）

肩甲上神経に支配され，肩甲骨棘下窩に起始し，上腕骨大結節に停止する．肩関節の外旋・水平外転作用と上腕骨頭求心作用の機能を有する（図3-12）．

小円筋（teres minor）

腋窩神経に支配され，肩甲骨外縁に起始し，上腕骨大結節に停止する．

肩関節の外旋・水平外転作用と上腕骨頭求心作用の機能を有する（図3-12）．

肩甲下筋（subscapulalis）

肩甲下神経に支配され，肩甲骨肩甲下窩に起始し，上腕骨小結節に停止する．肩関節の内旋・水平内転作用と上腕骨頭求心作用の機能を有する（図3-13）．

回旋筋腱板（rotator cuff）（図3-12）

棘上筋・棘下筋・小円筋・肩甲下筋の4つの回

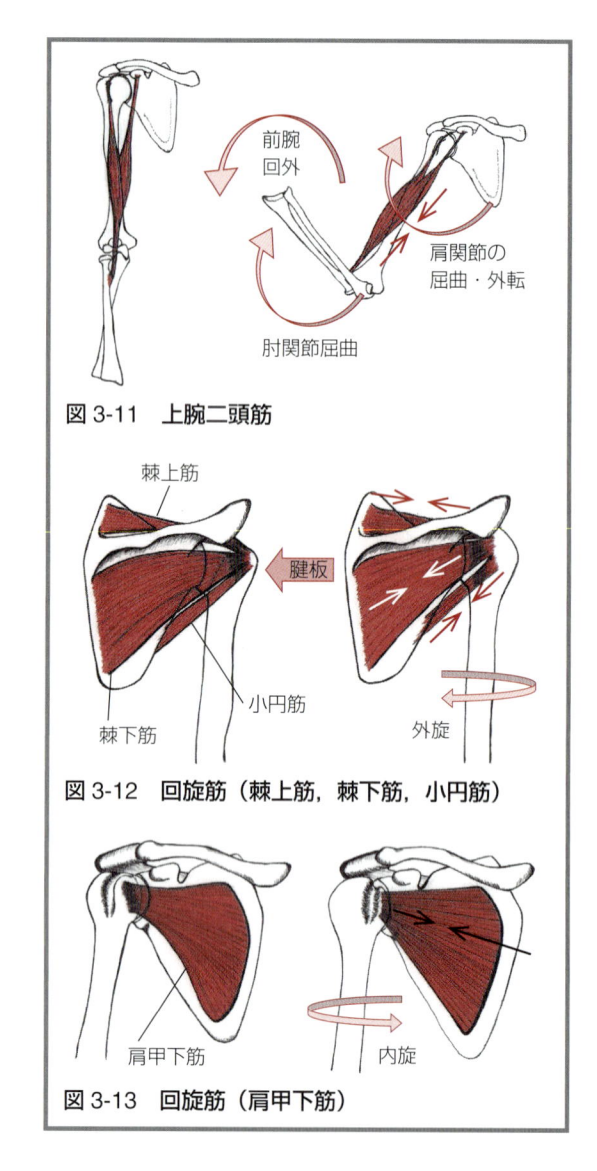

図3-11　上腕二頭筋

図3-12　回旋筋（棘上筋，棘下筋，小円筋）

図3-13　回旋筋（肩甲下筋）

旋筋の腱は集合して共同腱となり上腕骨頸部に付着し関節包と癒合している．

安定作用と回旋作用の2つの機能を有する．

a）安定作用：上腕骨頭を臼蓋に引きつけ，肩関節の運動中心を補強している．

b）回旋作用：各回旋筋の各方向への肩関節回旋作用を上腕骨頭へ伝達する．

三角筋（deltoideus）

腋窩神経に支配される．前方線維は鎖骨遠位，中部線維は肩峰，後方線維は肩甲棘に起始し，上

腕骨中央外側の三角筋粗面に停止する．

上腕骨を上方に引き上げ，棘上筋と協調して肩関節外転に作用する（図3-14）．

前方線維は肩関節の屈曲・内旋・水平内転作用ももつ．

後方線維は肩関節の伸展・外旋・水平外転作用ももつ．

大胸筋（pectoralis major）

外側・内側胸筋神経に支配され，鎖骨・胸骨・腹直筋鞘に起始して上腕骨の結節間溝を横切り，上腕骨大結節稜に停止する．

肩関節の屈曲・内転・内旋・水平内転に作用する（図3-15）．

広背筋（latissimus dorsi）

胸背神経に支配され，下位胸椎棘突起・下位肋骨・腸骨稜に起始し，腋窩を通って前方へ出て上腕骨小結節稜に停止する．

肩関節の伸展・内転・内旋に作用する（図3-16）．

大円筋（teres major）

肩甲下神経に支配され，肩甲骨外縁に起始し，腋窩を通って前方へ出て上腕骨小結節稜に停止する．

肩関節の伸展・内転・内旋に作用する（図3-17）．

烏口腕筋（coracobrachialis）

筋皮神経に支配され，肩甲骨烏口突起に起始し，

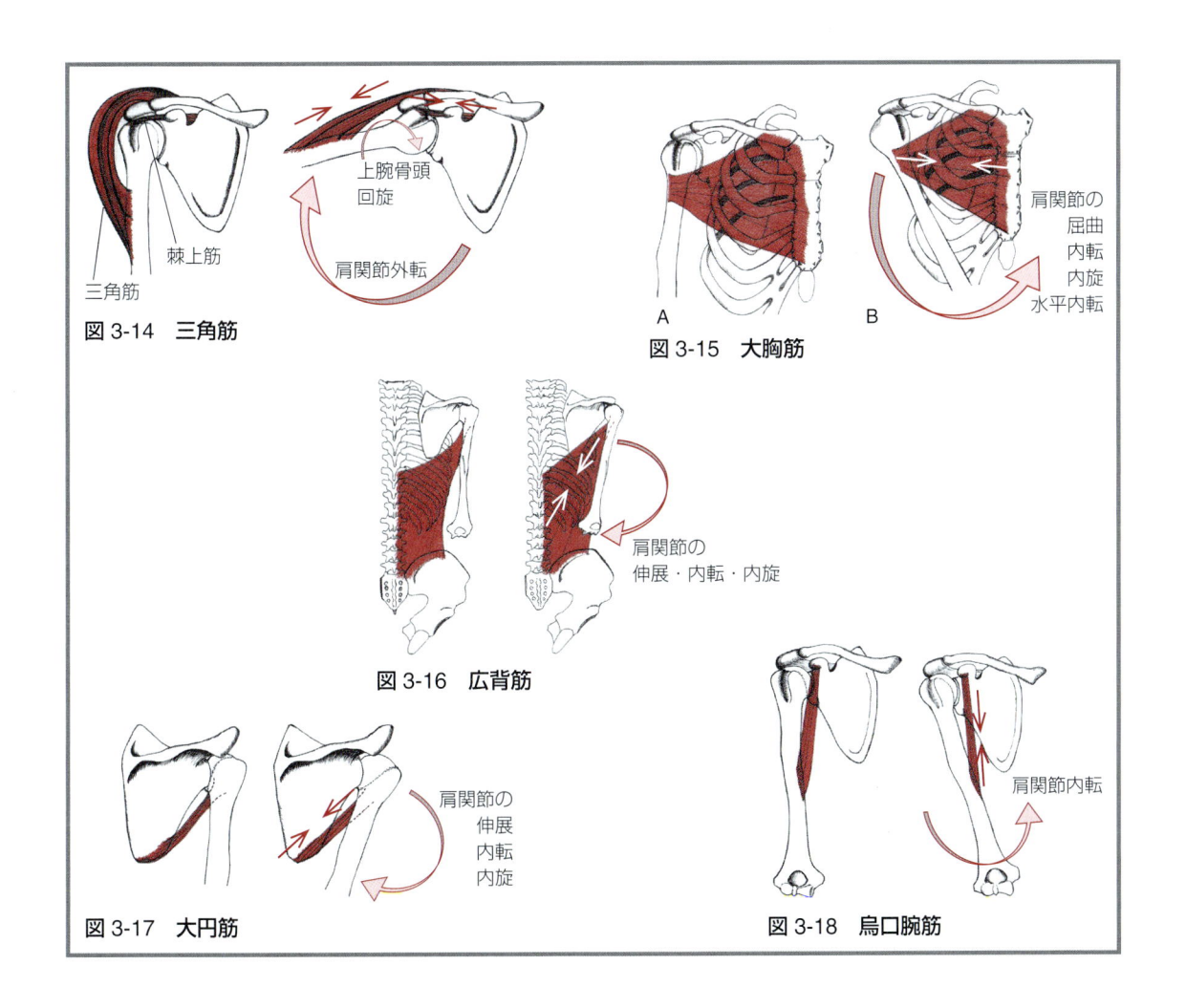

図3-14 三角筋

図3-15 大胸筋

図3-16 広背筋

図3-17 大円筋

図3-18 烏口腕筋

上腕骨内側に停止する．
肩関節の内転に作用する（図3-18）．

ゼロポジション（zero position）

肩甲骨肩甲棘と上腕骨の長軸が平行になる約150°肩関節外転位．
回旋筋や腱板が直線上に位置する肩関節の安静肢位（図3-19）．

肩峰上腕関節（第二肩関節）(acromiohumeral joint)

肩峰と回旋筋腱板のあいだに介在する肩峰下滑液包（sub acromional bursa）がこの関節の動きを滑らかにしている．関節包は存在しないが滑膜性関節である（図3-20）．

胸鎖関節（sternoclavicular joint）

胸骨と鎖骨からなる滑膜性関節で，関節包が存在する．線維軟骨である関節円板が介在し，強靱な胸鎖靱帯に補強されている（図3-21A）．

肩甲胸郭関節運動では胸鎖関節が支点となって肩甲骨が胸郭上を滑動する（図3-21B）．

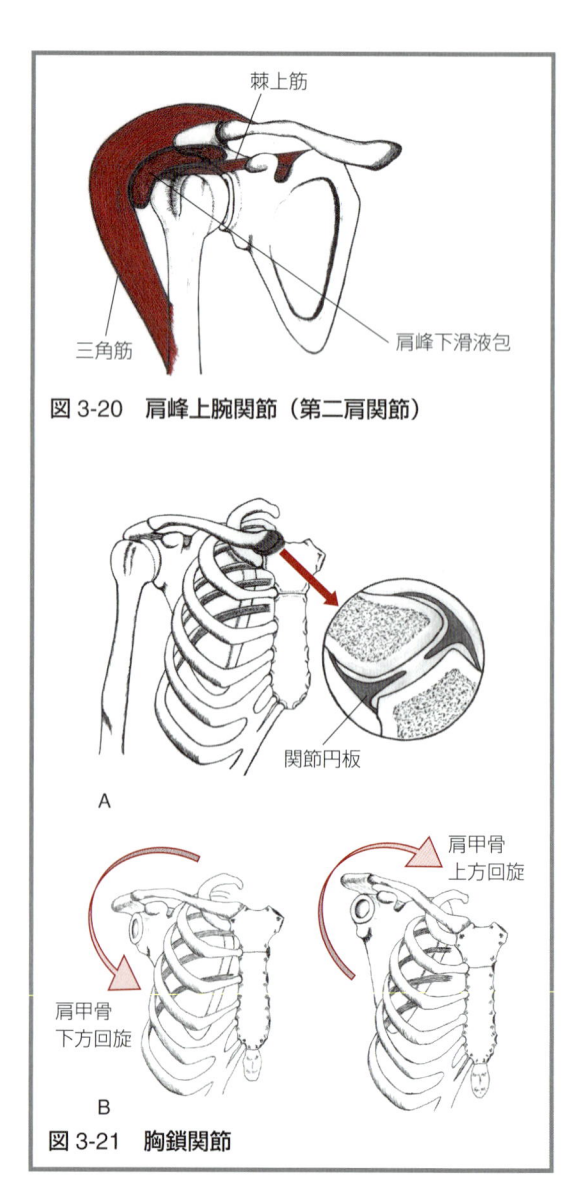

図3-19A　ゼロポジション

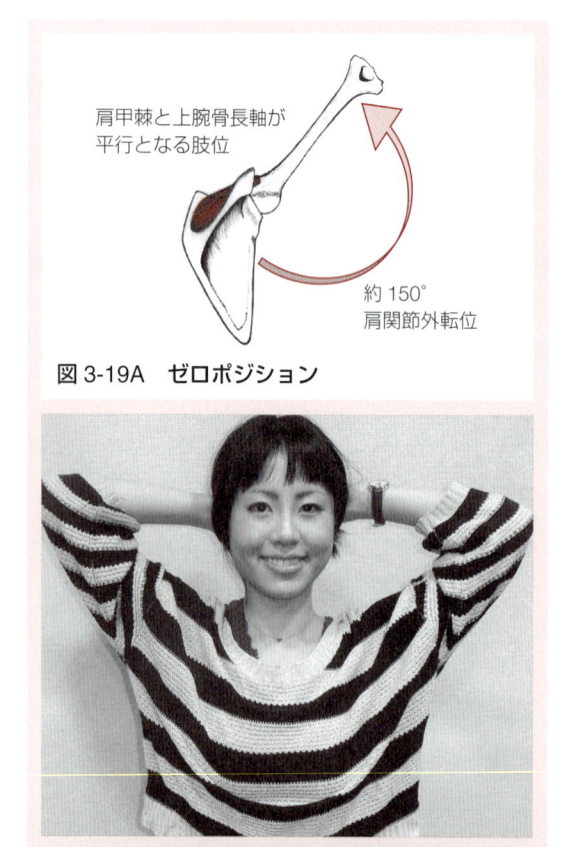

図3-19B　ゼロポジション
髪を結う動作では自然にゼロポジションの上肢肢位をとる．

図3-20　肩峰上腕関節（第二肩関節）

図3-21　胸鎖関節

肩甲胸郭関節 (scapulothoracic joint)

　肩関節運動において肩甲骨が胸郭上を動く際にこの関節の運動が起こる.

　肩甲骨と胸郭のあいだは肩甲下筋と前鋸筋が介在するが，滑膜と関節包は存在しない.

　肩甲骨は挙上・下制・外転・内転・上方回旋・下方回旋の6つの運動を行う.

肩甲上腕リズム (scapulohumeral rhythm)

　上肢挙上の際に上腕骨に伴って肩甲骨も動く現象を肩甲上腕リズムという.

　古典的にはCodmanの提唱した理論が有名である．肩関節外転30°以上では，上肢の外転に伴い，2:1の比率で肩甲骨が上方回旋するという説である.

　最近の研究では運動速度や個人差によっても異なることが実証されたためCodmanの説は否定されている.

肩甲胸郭関節の運動筋

前鋸筋 (serratus anterior)

　長胸神経に支配され，第1～9肋骨側面に起始し，肩甲骨胸郭面に停止する.

　肩甲骨の上方回旋・外転(前方移動)・胸郭への固定に作用する(図3-22).

僧帽筋 (trapezius)

　第XI脳神経(副神経)に支配され，上部線維は外後頭隆起・隆椎棘突起に起始し，鎖骨遠位と肩峰に停止する．中部線維は上位胸椎棘突起に起始し，肩峰と肩甲棘に停止する．下部線維は下位胸椎棘突起に起始し，肩甲棘に停止する(図3-23).

　肩甲骨の上方回旋に作用する．そのほか上部線維は挙上，中部線維は内転(後方移動)，下部線維は下制にも作用する.

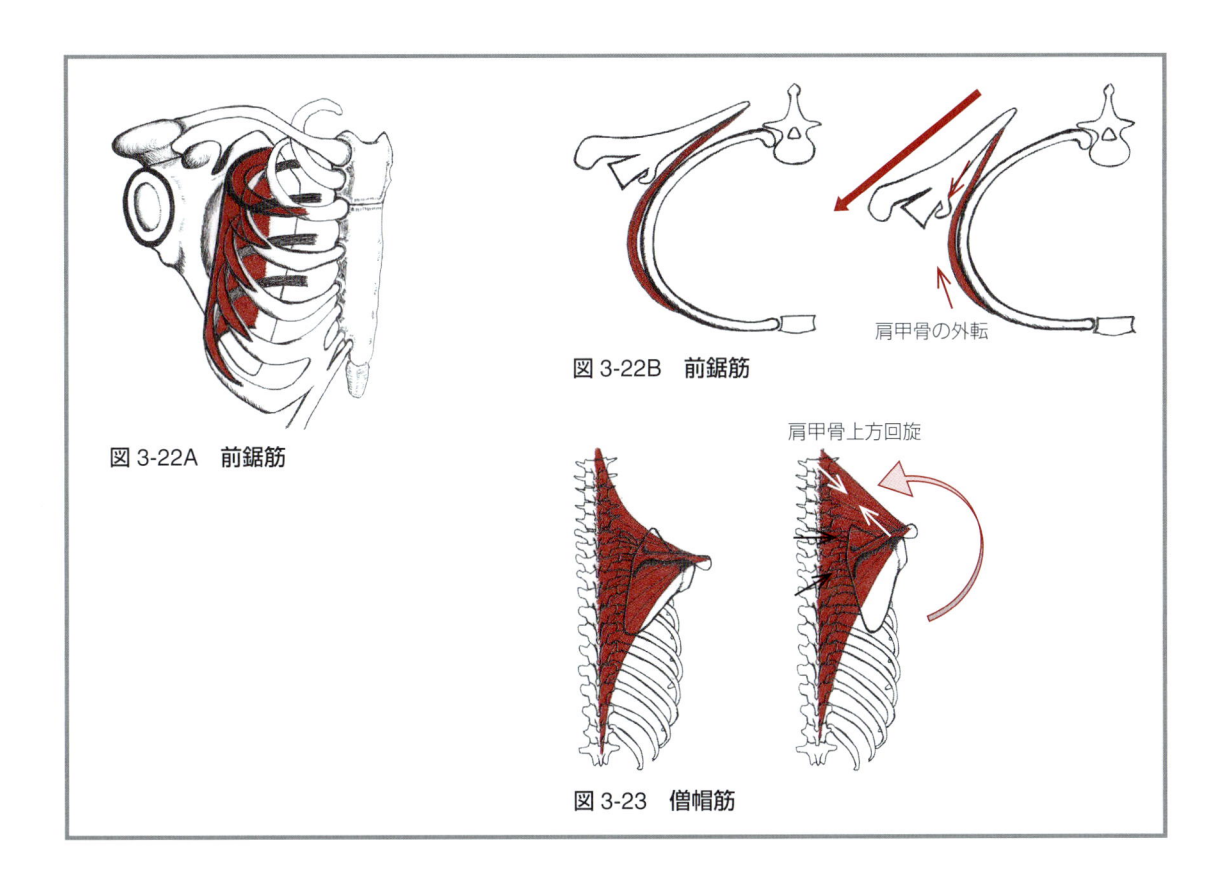

図 3-22A　前鋸筋

図 3-22B　前鋸筋

図 3-23　僧帽筋

肩甲挙筋（levator scapulae）

肩甲背神経に支配され，第1〜4頸椎横突起に起始して肩甲骨上角に停止する．

肩甲骨の挙上に作用する（図3-24）．

菱形筋（rhomboideus）

肩甲背神経に支配され，第5頸椎〜第5胸椎の棘突起に起始して肩甲骨内縁に停止する．肩甲骨の下方回旋・内転（後方移動）・挙上に作用する（図3-25）．

小胸筋（pectoralis minor）

内側・外側胸筋神経に支配され，第2〜5肋骨前面に起始して肩甲骨烏口突起に停止する．肩甲骨の下方回旋・外転（前方移動）・下制（降下）に作用する（図3-26）．

鎖骨下筋（subclavius）

鎖骨下筋神経に支配され，第1肋骨の上面に起始して鎖骨中央下面に停止する．

鎖骨下制（降下）に作用する（図3-27）．

肩鎖関節（acromioclavicular joint）

肩峰と鎖骨からなる滑膜性関節で，関節包が存在する．線維軟骨である関節円板が介在し，強靱な肩鎖靱帯に補強されている（図3-28）．

上肢挙上において鎖骨が回旋する際にこの関節の運動が起こる．

四辺形間隙（外側腋窩隙）（quadri lateral space）

上腕骨，上腕三頭筋長頭，大円筋，小円筋からなるスペースを四辺形間隙（外側腋窩隙；quadri

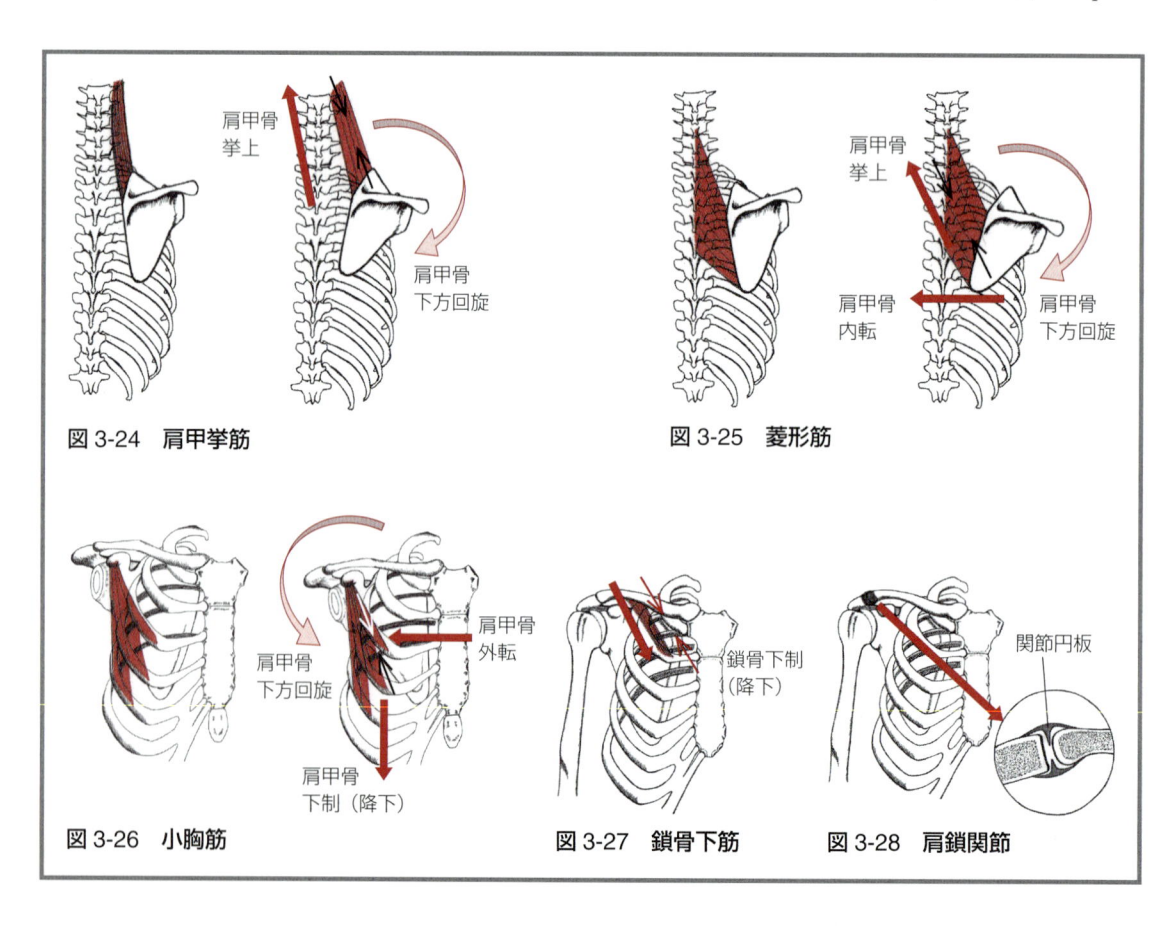

図3-24　肩甲挙筋

図3-25　菱形筋

図3-26　小胸筋

図3-27　鎖骨下筋

図3-28　肩鎖関節

図 3-29 四辺形間隙（外側腋窩隙）

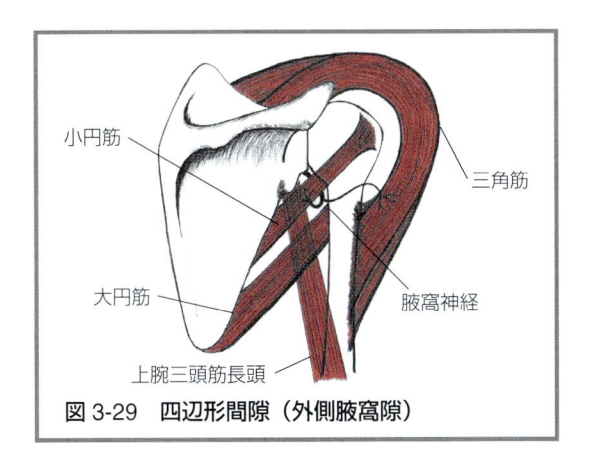

lateral space）といい，三角筋と小円筋を支配する腋窩神経が通る（図3-29）．

2. 肩関節のスポーツ障害

　肩関節は，可動性の豊かな多軸性の球関節であり，股関節と比較して骨頭を覆う臼蓋が浅いことから「不安定ながらも大きい可動域を有する」ことが解剖学的特徴である．そのため，関節唇や靱帯，肩周囲の筋群が安定性に大きな役割を果たしている．

　野球，バレーボール，テニス，水泳など，肩関節を酷使するスポーツは，肩関節痛を発症しやすく，とくにオーバーヘッド動作（図3-30）で好発する．肩関節痛を生じるスポーツ選手には，いわゆる「手投げ」「手打ち」など上肢のみで動作を遂行する傾向がみられる．その原因は，肩関節だけでなく体幹や下肢からの運動連鎖の破綻による場合があるため，肩関節局所への治療に加え，下肢・体幹など全身からの治療展開が望ましい．

図 3-30　オーバーヘッド動作

肩関節のとらえ方

　肩関節疾患の病態把握は，肩甲上腕関節に着目し，肩甲骨臼蓋と上腕骨頭の位置関係から局所に加わるストレスを確認する必要がある．しかし，肩関節疾患をとらえるにあたり肩甲上腕関節のみに着目しても治療に難渋する場合が多い．肩関節複合体として，肩甲胸郭関節，肩鎖関節，胸鎖関節をはじめ，上腕の動きに関与する前腕部・手部の影響や肩甲骨の位置変化に関与する胸郭形態，脊柱alignment，体幹機能の影響も十分に考慮し，肩関節（unit）としてとらえる必要がある．

スポーツ選手の肩関節動作

　現場指導の現状では，選手の身体機能や能力を把握せずに指導する場面が多く，パフォーマンスの低下や障害の起因となる場合がある．「上からまっすぐ投げる」「肘を下げない」など競技によって昔からいわれているフレーズが今でも伝承されている．これらの助言によりパフォーマンスに向上がみられ，障害予防につながるケースも多く存在する．しかし，上肢挙上に伴う肩甲骨の動きの制限や体幹機能の低下がある状態で「肘を下げず上から投げろ」という助言をした場合，本人は，身体の機能低下により上肢をスムーズに挙上することができない．結果的に，代償動作や努力を強いられてパフォーマンスに影響を及ぼし，肩関節に負担が加わる場合がある．理学療法士は，選手の動作をよく観察し，円滑な動作が遂行できない原因を機能的，能力的に判断する必要がある．

肩甲胸郭関節と肩甲上腕関節の関係

　肩関節の運動は，肩甲上腕関節と肩甲胸郭関節の協調した運動より成り立っている．代表的

なものとしてCodmanが提唱したscapulohumeral rhythm[1]が存在し，肩甲上腕関節と肩甲胸郭関節の動きの割合が2：1であると報告している．最近，その2：1の割合が否定される報告が増えているが，肩甲上腕関節と肩甲胸郭関節にはある一定のリズムが存在し，協調して可動することが確認されている（図3-31A）．肩甲骨の三次元的な運動は，肩甲上腕関節の可動域や安定性に寄与する．スポーツ動作における肩甲骨運動の制限は，肩甲胸郭関節と肩甲上腕関節の協調した動きを阻害し，非生理的な肩関節運動となる（図3-31B）．たとえば，テイクバック動作やオーバーヘッド動作における肩甲骨運動の制限は，上腕骨が過剰に動き，骨頭が臼蓋に対し求心位を保持できず逸脱方向へ作用する．その結果，骨頭の動きを制御する静的要素である臼蓋上腕靱帯（glenohumeral ligament：GHL）や動的要素である回旋筋腱板，上腕二頭筋長頭腱などにストレスが加わり，小外傷が起こる．小外傷が慢性化すると，回旋筋腱板や上腕二頭筋長頭腱の炎症や機能低下，靱帯の脆弱化による肩関節不安定性が生じ疼痛をきたす．よって，肩関節の円滑な動作を遂行するためには，上腕骨と肩甲骨の協調した運動が必要となる．

脊柱alignmentと肩関節可動範囲

脊柱alignmentは，加齢や筋力などさまざまな因子により変化し，隣接する胸郭や肩甲骨に対して連鎖的に作用する．

座位において脊柱が屈曲すると，座圧中心は後方偏位し，肩甲骨は脊柱・胸郭に対応して前傾方向へ動く．脊柱が伸展すると座圧中心は前方偏位し，肩甲骨は脊柱・胸郭に対応して後傾方向へ動く（図3-32）．よって，上半身重心が後方偏位する脊柱屈曲位では，肩甲骨が前傾するため後傾方向へのmobilityが制限される（図3-33）．このような脊柱屈曲alignmentでは，オーバーヘッド動作などの肩挙上運動に必要な肩甲骨後傾運動が制限さ

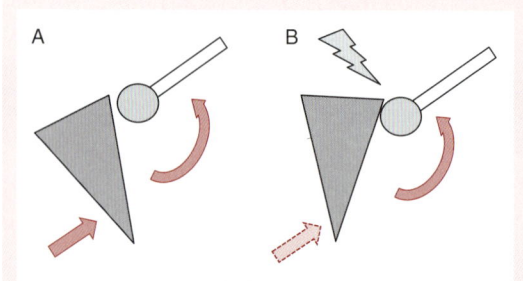

図3-31 肩甲骨と上腕骨の協調した動き
A：肩甲骨と上腕骨の協調した肩関節動作．
B：肩甲骨の動きに制限がみられ，上腕骨の過剰な動き（非生理的な動き）となる．

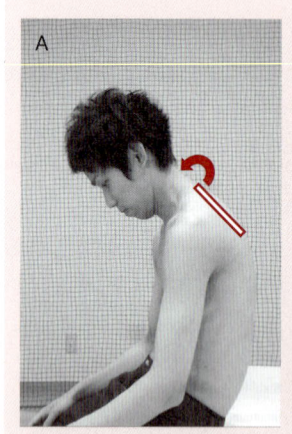

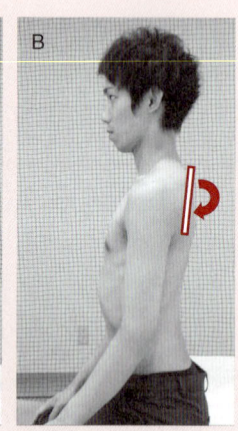

図3-32 脊柱alignmentと肩甲骨
A：脊柱の屈曲に伴い肩甲骨は前傾する．
B：脊柱の伸展に伴い肩甲骨は後傾する．

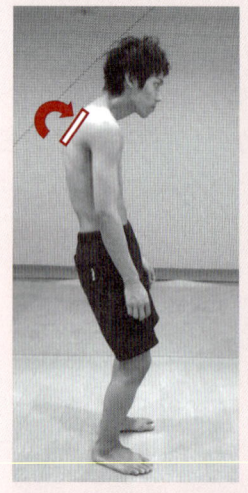

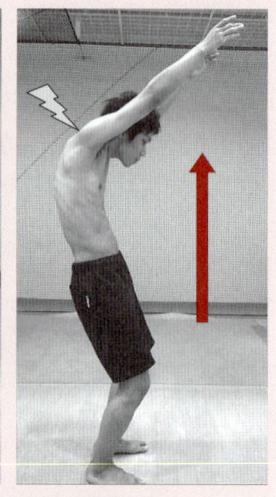

図3-33 脊柱屈曲位での挙上動作
脊柱屈曲位では肩甲骨は前傾し，後傾が制限されるため挙上動作が困難となる．

れ，肩甲上腕関節の過剰な挙上運動により，肩峰下の第二肩関節が狭小化し，病的なインピンジメントを誘発しやすい（図3-34）．

以上のことから，脊柱と肩甲骨alignmentをとらえることにより，肩関節の可動しやすい範囲をおおよそ把握できる．脊柱伸展位では，肩甲骨は後傾し，肩関節挙上運動が行いやすく（図3-35），脊柱屈曲位では，肩甲骨は前傾し，肩関節伸展運動が行いやすい（図3-36）．脊柱の機能は，肩関節運動時に適した形状に変化することであり，肩関節障害においても脊柱alignmentの詳細な評価が必要である．

肩関節挙上運動時に必要な体幹機能（抗重力活動に着目）

肩関節の挙上運動は，体幹・肩甲骨の抗重力活動が必要であり，肩関節挙上運動に伴う体幹の鉛直方向への伸張性と肩甲骨の上方回旋運動が求められる（図3-37A）．非外傷性の肩関節痛は肩甲骨の抗重力活動が減少する傾向があり，肩甲骨臼蓋を上腕骨長軸方向へ向ける機能が不十分である[2]（図3-37B）．よって，体幹機能低下による異常な脊柱alignmentは，体幹の鉛直方向への伸張性や肩甲骨の上方回旋が制限されるため，オーバーヘッ

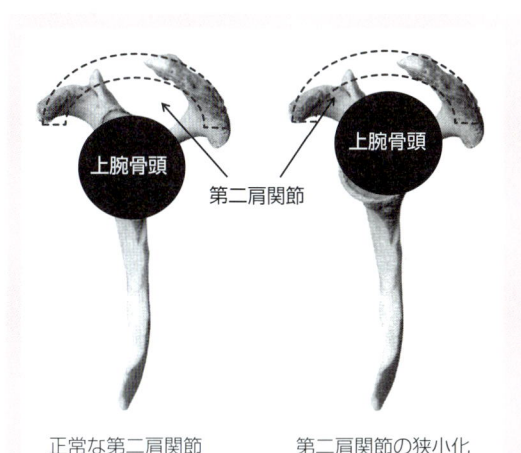

図3-34　第二肩関節の狭小化

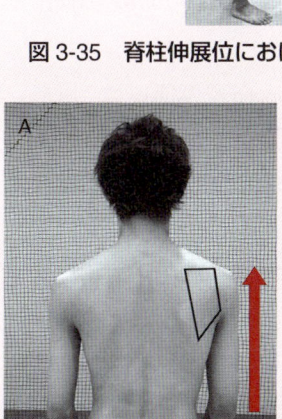

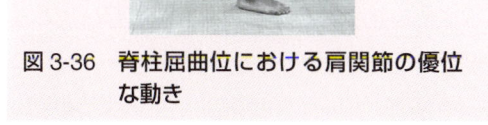

図3-35　脊柱伸展位における肩関節の優位な動き

図3-36　脊柱屈曲位における肩関節の優位な動き

図3-37　肩関節挙上に必要な体幹部の抗重力活動
A：肩関節挙上側の体幹は鉛直方向へ伸張し，肩甲骨は上方回旋することにより肩挙上のための抗重力活動が遂行される．
B：肩関節痛の経験者では肩甲骨の抗重力活動がなされていない．

ド動作のような課題が困難となる．オーバーヘッド動作を円滑に遂行するためには，良好な脊柱alignmentを再構築し，体幹部の抗重力活動を促すことが求められる．脊柱が機能的な状態であるためにはインナーユニット（inner unit）である多裂筋，腹横筋，骨盤底筋群，横隔膜の作用が必須である．

3．病態

インピンジメント症候群

インピンジメント症候群には，肩峰下インピンジメントとインターナルインピンジメントがある．

肩峰下インピンジメント（図3-38）

腱板，上腕二頭筋長頭腱，肩峰下滑液包は，上腕骨頭と烏口肩峰アーチに挟み込まれている．これらは骨頭と肩峰下から挟み込まれており，生理的衝突が生じている[3]．スポーツ動作において，とくにオーバーヘッド動作が多い競技では，over useにより病的衝突が生じやすい．肩峰下と腱板のあいだの生理的空間を肩峰下腔とよび，肩の痛みを有する者の肩峰下腔は7〜13 mm，健常者の肩峰下腔は6〜14 mmといわれている[4]．肩峰下腔は，第二肩関節ともいわれており，インピンジメントには深く関与している．PoppenやWalkerは，肩挙上時の肩峰に加えられる圧縮力を体重の0.42倍と推定している．この力が上肢の重さの10.2倍であると推定しており[4]，腱板，肩峰下滑液包などに多大な負荷を与えていることが予測される．また肩峰に対する力のピークは，挙上85〜136°といわれており，スポーツ動作におけるオーバーヘッド動作の領域であることから，肩峰下組織に負荷を与えやすいことも理解できる．

インターナルインピンジメント（図3-39）

インターナルインピンジメントは，腱板と関節唇が上腕骨大結節と肩甲骨関節窩とのあいだに挟

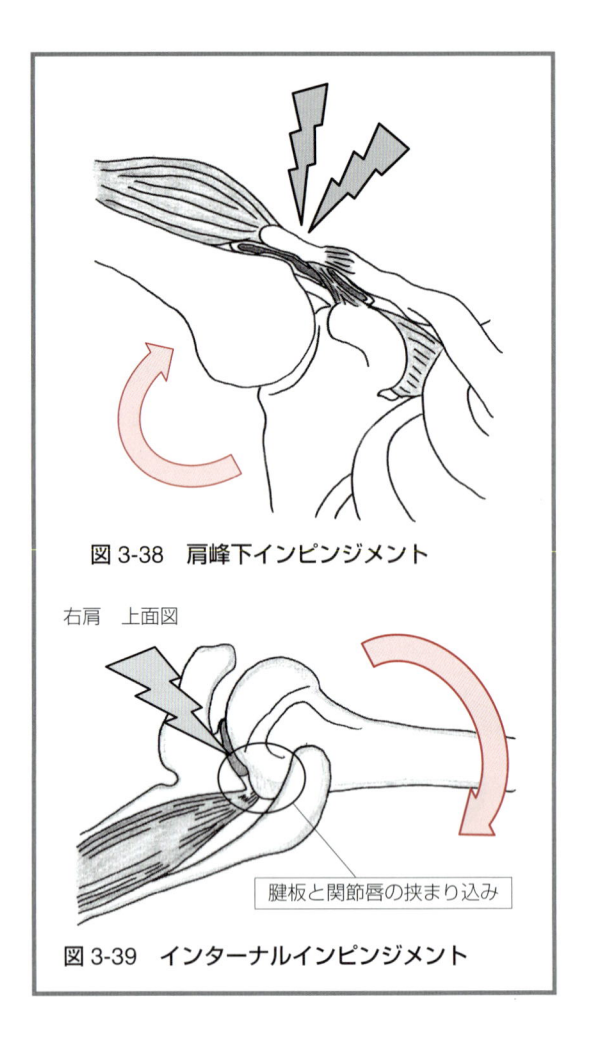

図3-38　肩峰下インピンジメント

右肩　上面図

腱板と関節唇の挟まり込み

図3-39　インターナルインピンジメント

まり込むことであり，スポーツ動作時の肩甲上腕関節の水平外転が危険因子であることが多い．肩甲上腕関節の水平外転が増大すると，肩甲骨関節窩と大結節のあいだに挟まり込む腱板の範囲が大きくなり，挟まり込んだ腱板と上方関節唇にかかる力も大きくなるとの報告がある[5]．また，肩甲上腕関節の水平外転動作のover useは，肩前方部分の伸張刺激により緩みが生じることが考えられる．肩前方部分の不安定性もインターナルインピンジメントの病態に関係があり，前方関節包を弛緩させることにより，インターナルインピンジメントによって挟み込まれた腱板・上方関節唇に加わる圧力が増加したとの報告もある[6]．スポーツ動作におけるインターナルインピンジメントは，とくに

図 3-40　上腕二頭筋長頭腱
A：上腕二頭筋長頭腱には①関節腔内，②結節間溝内，③結節間溝遠位の3つの部分がある．
B：depressor作用により，肩関節の安定や上腕骨近位部分の動きをコントロールしている．

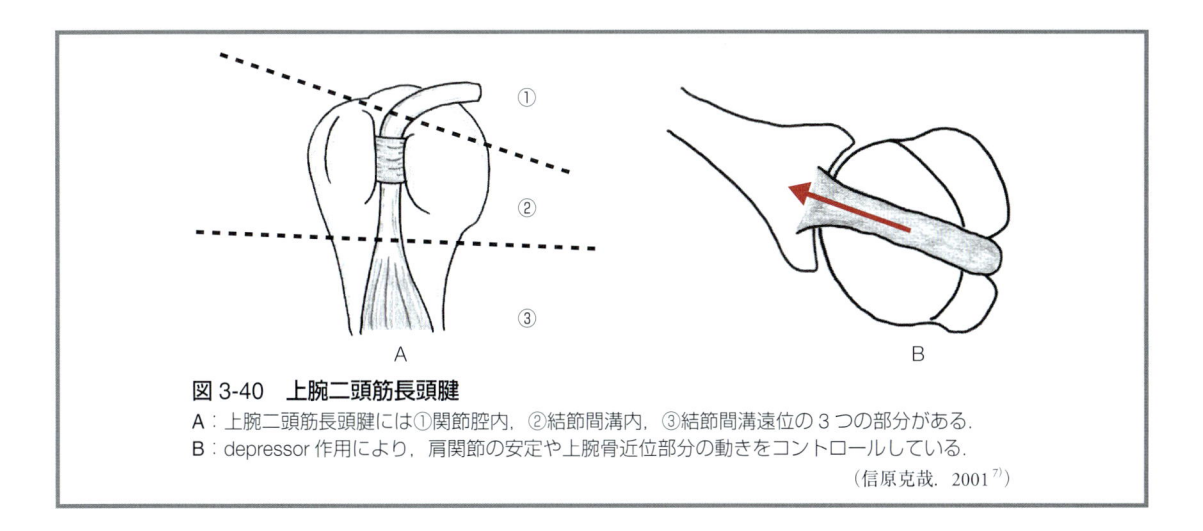

(信原克哉．2001[7])

テイクバックなど肩甲上腕関節の水平外転に着目し，動作を観察する必要がある．

上腕二頭筋長頭腱炎

　上腕二頭筋長頭腱には，関節腔内，結節間溝内，結節間溝遠位の3つの部分がある（図3-40）．長頭腱は，横靱帯に覆われて結節間溝内を動き（長頭腱滑動機構），挙上・外転で末梢に，伸展で中枢に動き，最大の下方への移動は内旋・挙上することである．最大の上方への移動は，外旋して外転する際にみられる[7]．また，骨頭を圧迫する機能を発揮し，depressor作用により，肩関節の安定や上腕骨近位部分の動きをコントロールしている[7]（図3-40）．長頭腱は骨頭と烏口肩峰アーチに挟み込まれ，絶えずインピンジメントを受けている．また，上腕に沿って走行し，ほぼ90°カーブして結節間溝内を通ることや結節間溝の中でも絶えず摩擦を受けていることから[3]，スポーツ動作における肩関節の反復動作により損傷しやすい部分であることが解剖学から理解できる．

肩鎖関節症[8]

　肩鎖関節症は肩を強打した際，しばしば発生するありふれた外傷である（図3-41）．とくにコンタクトスポーツである相撲やラグビーなどで受傷することが多い．脱臼では上方脱臼が多く，15〜30歳の男性に多い．また再脱臼を起こしやすく，変形治癒に注意する必要がある．診断としては，肩部の打撲の既往と肩鎖関節部の圧痛，脱臼している場合は，piano key signで容易に診断できる．不安定性をX線写真で確認する場合は，両手関節に5 kgの重錘をぶら下げて両肩鎖関節を撮影するストレス撮影にて判断する．外来では，Tossyの分類（図3-42）にて，完全に断裂していないと判断される第1，2度損傷の症例も多いため，ストレステストなどで詳細に評価する．第1，2度損傷では，鎖骨遠位部をテーピングで固定することにより疼痛が緩和する場合が多く，評価や治療に有用である．

4. 評価

　肩関節障害をとらえるためには，病態把握のための評価と肩関節の機能評価を行う（図3-43）．病態把握では，疼痛の原因を把握するために，問診（競技，ポジションなど）を含め，各ストレステストを加えることにより損傷部位の特定を行う．関節の機能評価では，外傷や反復するスポーツ動作（over use）において破綻した肩甲上腕関節局所の状態をとらえる．肩関節局所の状態を十分に把握したあと，肩関節に影響を与える因子（上肢帯，体幹など）を包括的に評価する（図3-44）．病態

図 3-41　肩鎖関節を安定させる靱帯

図 3-42　Tossyの分類
第1度：関節包・肩鎖靱帯の部分断裂，安定性は良好
第2度：関節包・肩鎖靱帯の完全断裂・不全脱臼
　　　　鎖骨外端が肩峰に対して1/2上方に転位
第3度：関節包・肩鎖靱帯・烏口鎖骨靱帯の完全断裂・完全脱臼
　　　　鎖骨外端下面が肩峰上面より上方に転位

図 3-43　病態把握のための評価と肩関節の機能評価
スポーツ競技特性を理解したうえで，病態把握評価と関節機能評価を行う．

図 3-44　肩関節に影響を与える因子の評価
肩関節局所の状態を十分に把握したあと，肩関節に影響を与える因子（上肢帯，体幹など）を包括的に評価する．

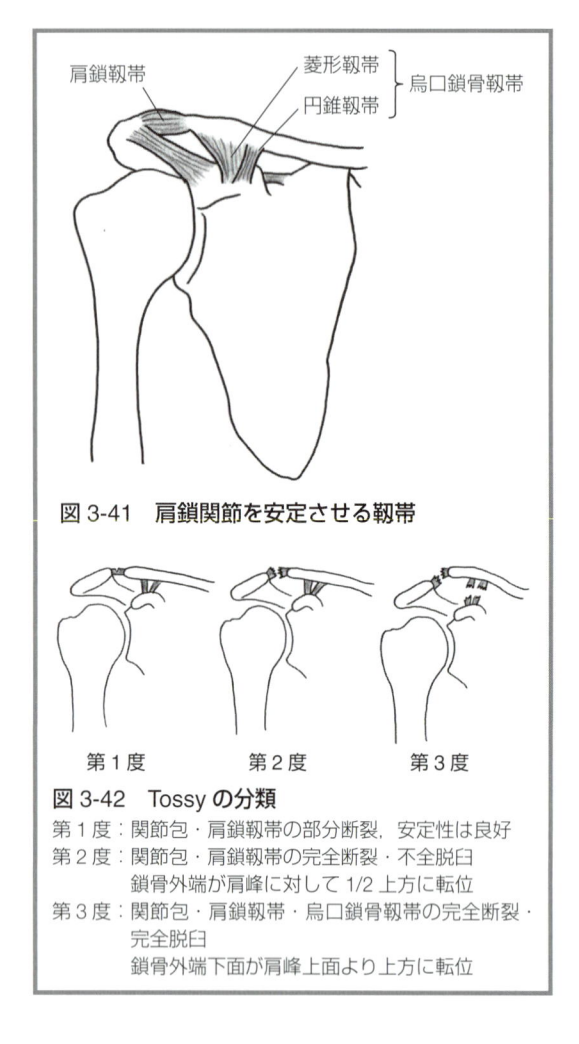

把握評価と関節機能評価の2つの評価から問題点を抽出し，肩関節の状態を把握することで，治療のプログラミングや競技復活時期の決定に役立てることができる．

障害肩の病態を把握するための評価

インピンジメント徴候

ニアー徴候（Neer impingement sign）（図3-45）
肩甲骨を上方から押さえ，もう一方の手で肩関節屈曲もしくは外転させる．挙上角度90°以上で，大結節，烏口肩峰アーチに接近し，肩峰下滑液包や腱板などに圧縮ストレスが加わり疼痛が出現する．

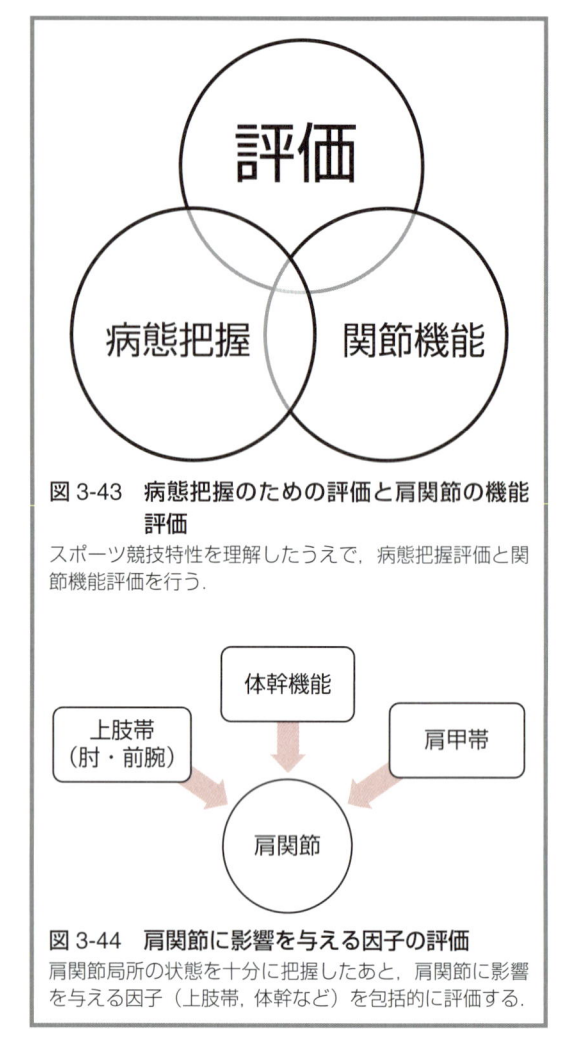

ホーキンス徴候（Hawkins impingement sign）（図3-46）
肩関節屈曲90°で内旋させる．内旋位での疼痛出現は，結節部が烏口突起や烏口肩峰靱帯と衝突していることを表している．

後方インピンジメントテスト（図3-47）
肩関節外転・外旋位をとらせる．上腕骨頭の前方移動により臼蓋の後方部分と上腕骨頭が衝突し，棘下筋の関節面側が挟み込まれることで疼痛が生じる．

ペインフルアーク徴候（painful arc sign）
肩関節挙上60〜120°付近で疼痛が出現し，その前後では疼痛がみられない現象を指す．烏口肩

峰アーチ下において肩峰下滑液包や腱板が上腕骨頭や結節部に挟まれて疼痛が生じる．

ダウバーン徴候 (Dawbarn sign)

肩峰下滑液包炎の所見である．肩峰下滑液包炎では滑液包に圧痛を認めるが，患肢を外転させると，滑液包が肩峰下に隠れるため圧痛が消失し，外転が減じるとふたたび滑液包の圧痛が生じる．

> 腱板に対するテスト

＜棘上筋に対するテスト＞

初期外転テスト (initial abduction test)（図3-48）

下垂位で外転方向に等尺性収縮を行わせる．検者は内転方向に抵抗を加えることで，主に棘上筋の収縮や関節内圧の上昇による疼痛を検査する．

full can test （図3-49）

肩甲骨面挙上90°，上腕45°外旋位にて上方から抵抗を加えて棘上筋の疼痛と筋力低下を評価する．

empty can test （図3-50）

肩甲骨面挙上90°，上腕45°内旋位にて上方から抵抗を加えて棘上筋の疼痛と筋力低下を評価する．

＜棘下筋に対するテスト＞

棘下筋テスト （図3-51）

上肢下垂位・肘関節90°屈曲位にて内旋方向へ抵抗を加えて棘下筋の疼痛と筋力低下を評価する．

＜肩甲下筋に対するテスト＞

肩甲下筋テスト （lift off test）（図3-52）

結帯動作にて肩関節伸展へ抵抗を加えて肩甲下筋の疼痛と筋力低下を評価する．

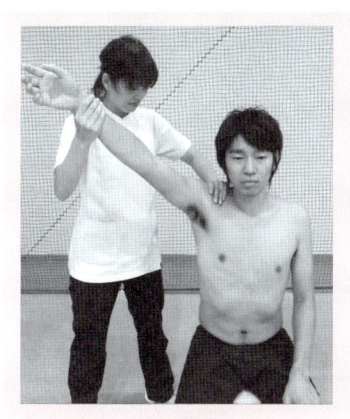

図3-45　ニアー徴候

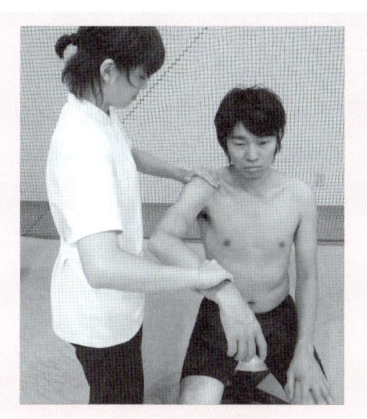

図3-46　ホーキンス徴候

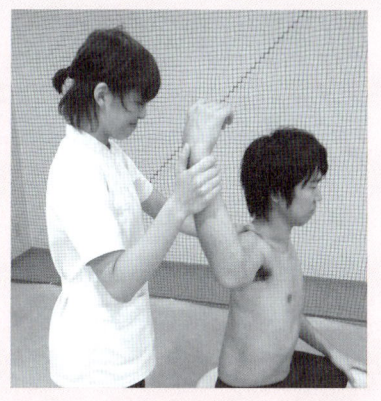

図3-47　後方インピンジメントテスト

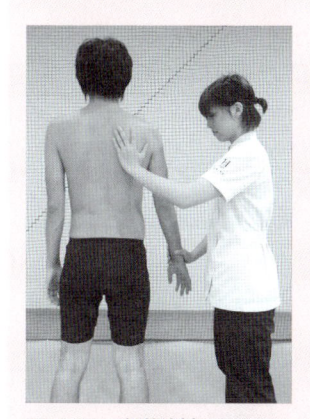

図3-48　初期外転テスト

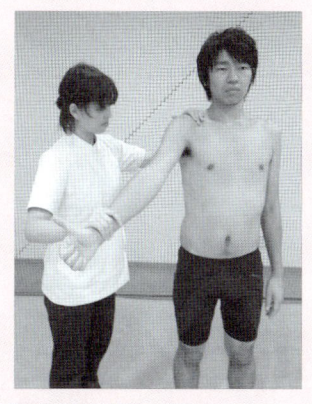

図3-49　full can test

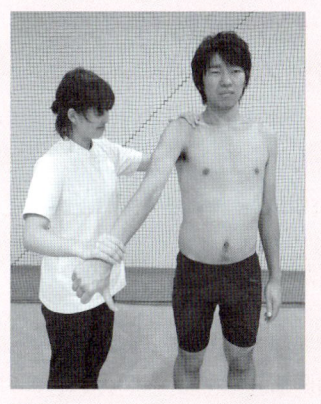

図3-50　empty can test

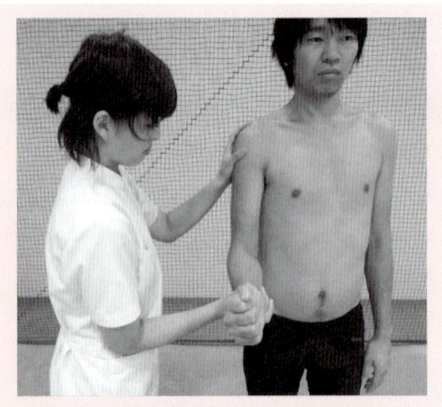

図 3-51　棘下筋テスト

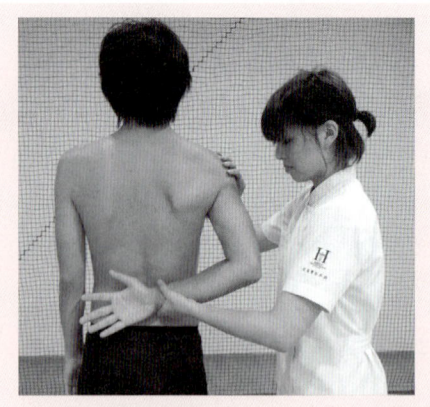

図 3-52　肩甲下筋テスト

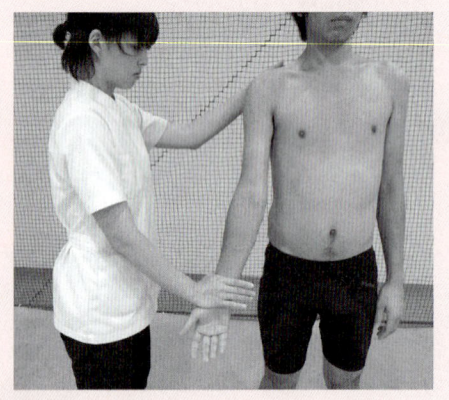

図 3-53　スピードテスト

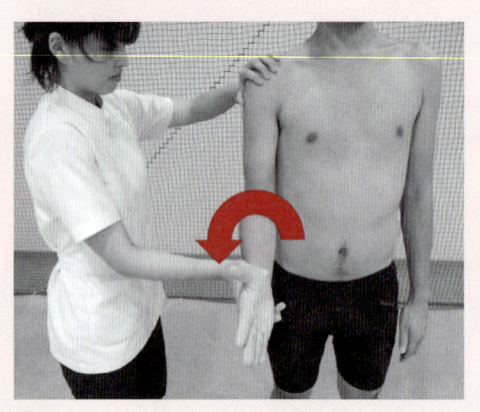

図 3-54　ヤーガソンテスト

上腕二頭筋長頭腱に対するテスト

スピードテスト（図 3-53）

前腕回外位，肘関節伸展位で肩関節を屈曲させる運動に対して抵抗を加える．陽性では，結節間溝部に疼痛が生じる．

ヤーガソンテスト（図 3-54）

肘関節 90°屈曲位で検者の回内抵抗に対して被検者の前腕を回外するように指示する．陽性では，結節間溝部に疼痛を生じる．

肩鎖関節症に対するテスト

piano key sign（図 3-55）

肩鎖関節脱臼では，鎖骨は上方に転移し，鎖骨端を圧すると整復され，離すと元に戻る徴候をいう．

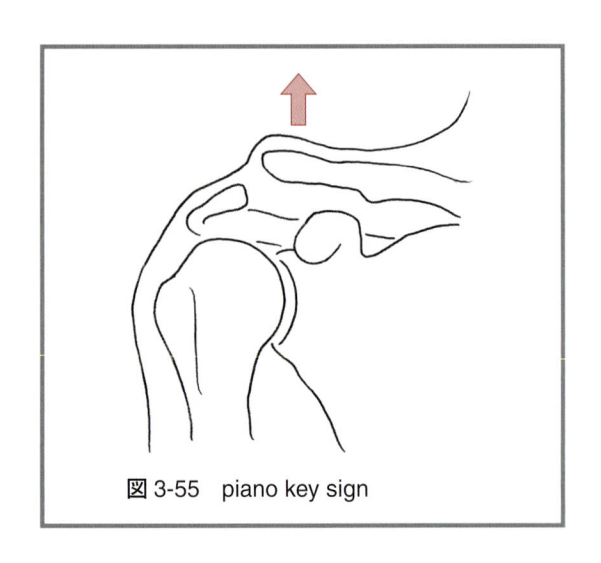

high arc（図 3-56）

上肢を挙上させ，肩鎖関節に対して回旋ストレ

図 3-55　piano key sign

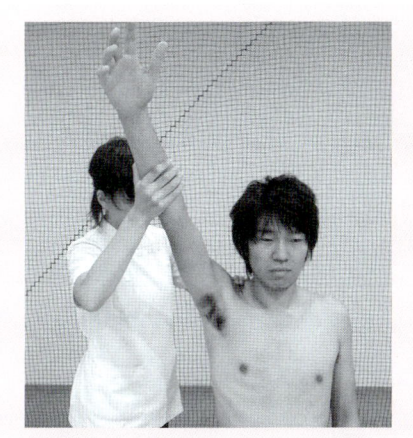

図 3-56　high arc

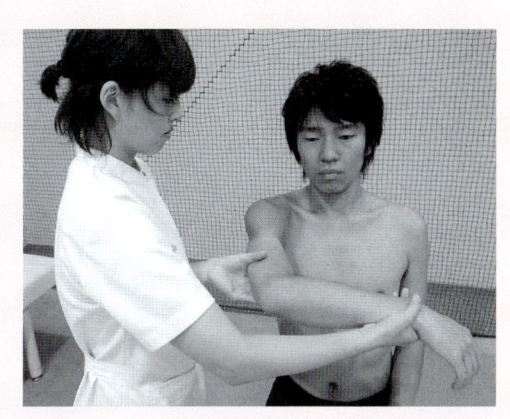

図 3-57　horizontal arc

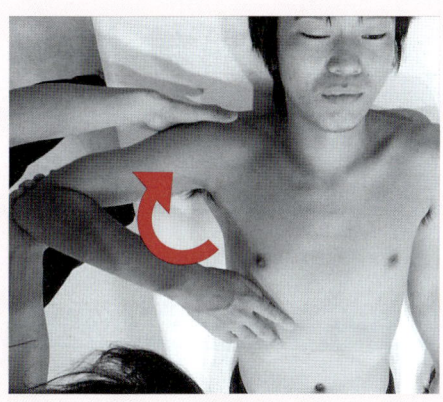

図 3-58　肩甲上腕関節機能評価
肩甲上腕関節を 90°外転させ，肩峰下を上腕骨が入り込んでいく動きを評価する．

スを強いるテストである．陽性では肩鎖関節部に疼痛が生じる．

horizontal arc（図 3-57）

上肢を 90°外転位から水平内転運動を行い，肩鎖関節の前後方向へのストレスを強いるテストである．陽性では肩鎖関節部に疼痛が生じる．

distraction test

一側上肢を他動的に下方・内方に牽引し，上下方向へストレスを強いるテストである．陽性では肩鎖関節部に疼痛が生じる．

肩関節の機能評価

肩甲上腕関節機能評価（図 3-58）

90°外転評価

上腕骨と肩甲骨を把持し，肩甲上腕関節を 90°外転させる．このとき検者は，肩峰下（第二肩関節）での上腕骨頭の動きを評価する．制限がある場合は，肩周囲筋の触診や各方向に動かし，end feel を確認することで制限因子を特定する．

また，肩甲上腕関節の可動域を簡易的に評価する場合は，肩甲棘と上腕骨長軸のなす角度（spino-humeral angle）にて角度を測定する[9]（図 3-59）．

第3章 肩関節のスポーツ障害

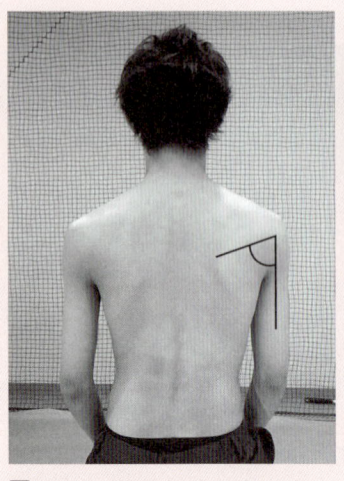

図3-59 spino-humeral angle
肩甲棘と上腕骨長軸のなす角度

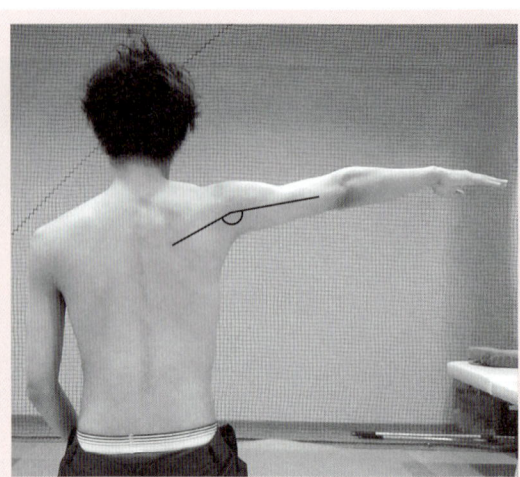

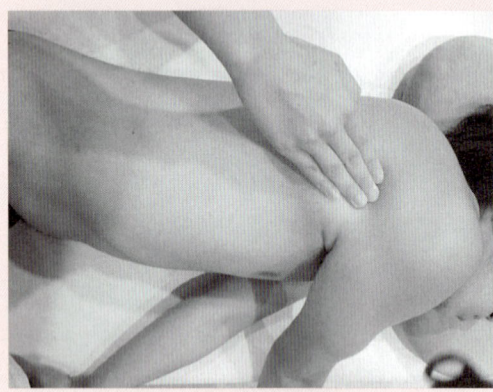

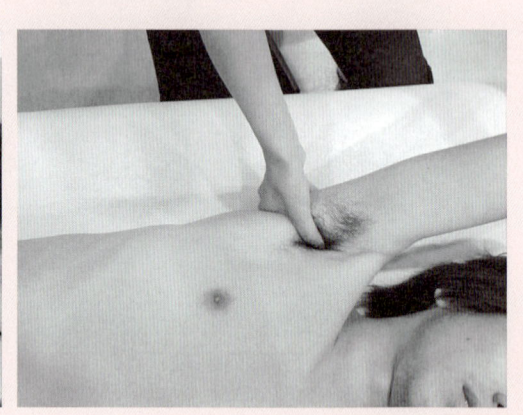

図3-60 小円筋・肩甲下筋の触診

触診（図3-60）

　肩関節運動に関与する筋緊張やスパズムを評価する．とくにオーバーヘッド動作が多いスポーツは，小円筋のスパズムが著明にみられるため確認が必要である．上肢挙上では，小円筋と肩甲下筋下部線維が遠心性収縮に作用し，挙上を制御するとされている[10]．そのため，小円筋・肩甲下筋が短縮している場合，筋が伸長せず，遠心性作用が低下するため，肩関節の非生理的な動きを生じ，オーバーヘッド動作に支障をきたす．したがって，スポーツ選手では，とくに小円筋・肩甲下筋のスパズムや伸長性の有無を評価する必要がある．

各ポジションでの肩関節内旋・外旋評価（図3-61）

　野球，バレーボール，テニスなどのオーバーヘッド動作が多いスポーツは，肩の利き手側と非利き手側にて内旋・外旋の角度変化が著明に現れ，利き手側では，セカンドポジションでの外旋角度の増加と内旋角度の低下がみられる（図3-62）．セカンドポジションでの外旋角度の増加は external rotation gain（ERG），内旋角度の制限は glenohumeral internal rotation deficit（GIRD）とよばれる．内旋制限は，over use による肩関節後方筋群の緊張や後方関節包の拘縮により発生するタイトネスが原因

4. 評価——肩関節の機能評価

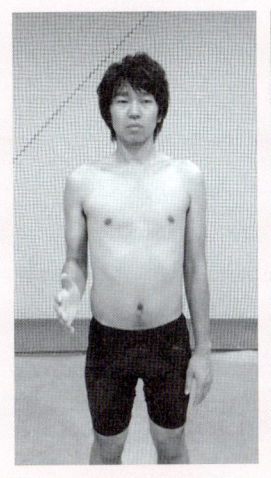

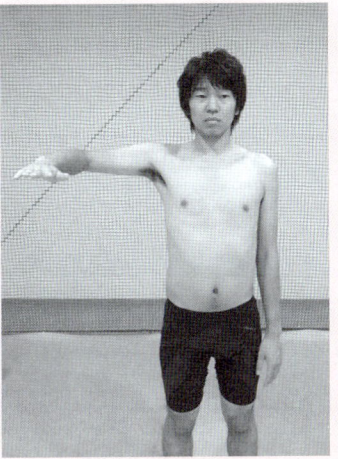

ファーストポジション　セカンドポジション　サードポジション

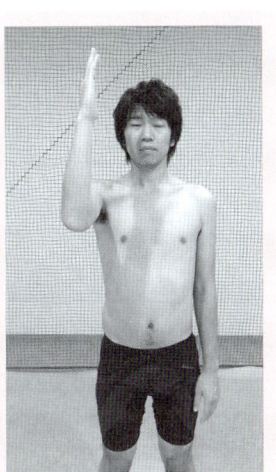

図 3-61 肩関節各ポジションでの内旋・外旋評価

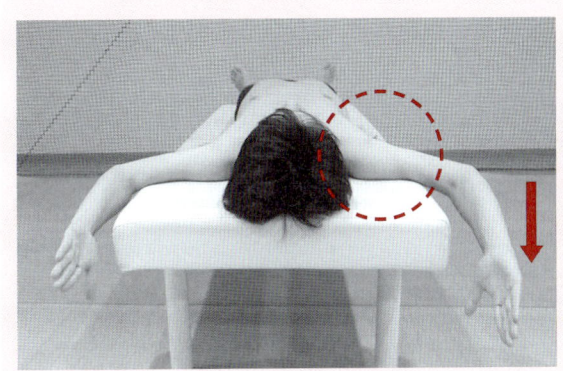

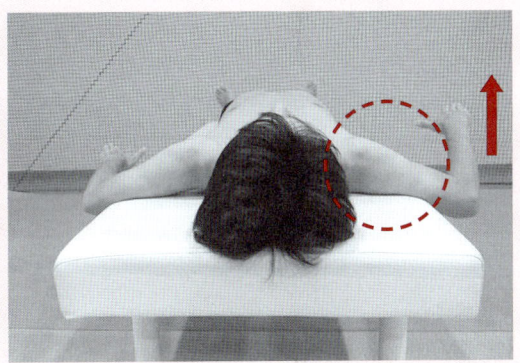

利き手側の過剰な外旋　　　利き手側の著明な内旋制限

図 3-62 オーバーヘッド動作の多いスポーツにおける利き手側の肩内旋・外旋 ROM の特徴

といわれている[11]．また，内旋制限は，反復する投球動作や，テニスのサーブ時に肩後方組織の反復性の伸張ストレスによって発生するとの報告もある[12]．GIRD は，外転・外旋位で上腕骨頭が偏位し，この偏位が上腕二頭筋腱や関節唇に剪断応力を加えることから SLAP 損傷が生じる[13]．GIRD と ERG の比率が 1 以上である場合は，肩甲上腕関節が構造学的に破綻を生じる危険性が高いとの指摘もある[14]．よって，各ポジションで内旋・外旋の ROM を評価し，制限や Laxity（緩み）の確認を行う．制限因子は，関節包もしくは関節包以外の軟部組織であるのかを確認する．すべてのポジションで同様の制限がみられる場合は関節包による制限であることが多い．筋性制限の評価は，肩関節の各ポジションで比較し，制限因子を特定する．Laxity の評価は，緩みの方向と原因組織の特定を行う．

胸鎖関節の評価

胸鎖関節は，矢状面，前額面，水平面の 3 軸において広範囲の運動が可能であり，鎖骨を介して肩甲骨運動の誘導が行われる．各運動軸におけるチェックポイントを以下に記す．

矢状面の運動

前方回旋と後方回旋である．上肢の挙上 90°までは鎖骨の回旋はわずかであり，90°以降で著明とな

119

る[7]．肩甲上腕関節に問題がある場合，90°に到達する以前に肩甲骨や鎖骨を早期に可動させ，肩関節運動を代償する場合が多い．よって，鎖骨を把持しながら肩関節矢状面運動における鎖骨回旋運動の可動するタイミングを評価する（図3-63）．

前額面の運動

挙上と下制であり，挙上可動域が大きい（挙上45°，下制10°）．挙上時は，鎖骨頭の凹側に，上方への転がりと下方へのすべりが生じ，下制時は，鎖骨頭の凹側に，下方への転がりと上方へのすべりが生じる[15]．スポーツ選手は，利き手側の肩甲帯周囲筋にインバランスが生じることが多く，肩の高さに左右差がみられる[16]．よって，静止立位において胸骨に対する鎖骨の位置に左右差が多く，その位置関係と肩甲骨運動時の鎖骨の挙上・下制運動を触擦し評価する（図3-64）．

水平面の運動

前方牽引と後方牽引である．前方牽引では鎖骨頭の凹側が前方に転がりすべり運動が起こり，後方牽引では鎖骨頭の凹側が後方に転がりすべり運動が起こる．胸骨に対する鎖骨頭の位置に左右差が生じる場合が多く，座位にて両側の鎖骨頭に触れ胸骨に対する鎖骨の位置を評価する（図3-65）．

肩鎖関節の評価

肩鎖関節は，矢状面，前額面，水平面の3軸において運動が可能であるが可動性はわずかである．肩甲骨が胸郭上で動く支点となり，肩甲胸郭関節の運動を大きくするために役立っている．また，関節包にゆとりをもち，肩甲胸郭関節の適合性を助けている[15]．矢状面では前・後傾，前額面では上・下方回旋，水平面では外・内方傾斜に動くが，大きな可動性はない．両側肩鎖関節部を触擦し，肩関節運動時における肩鎖関節のmobilityの左右差を評価する．

肩鎖関節の前後方向のmobility評価（背臥位）

背臥位にて，両肩鎖関節部を把持しながら床方向へ圧迫し，肩鎖関節の後方へのmobilityを評価する（図3-66）．肩鎖関節は，肩関節挙上運動で

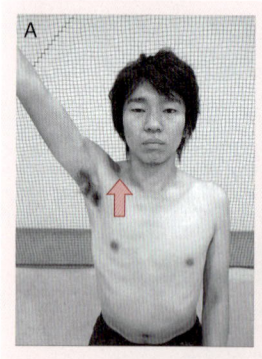

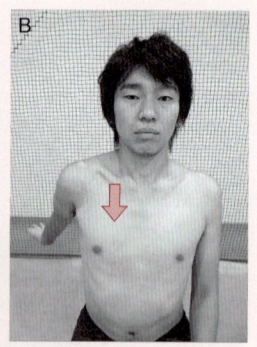

図3-63　胸鎖関節の評価（矢状面）
A：肩関節屈曲に伴い，鎖骨は後方回旋する．
B：肩関節伸展に伴い，鎖骨は前方回旋する．

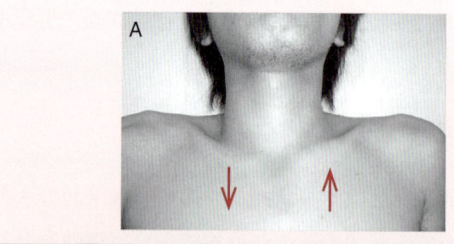

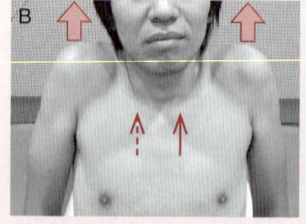

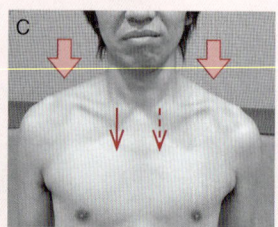

図3-64　胸鎖関節の評価（前額面）
A：静止座位での胸鎖関節の左右差を観察する．
　（右下制位・左挙上位）
B：肩甲骨挙上動作に伴い鎖骨が挙上する．
　（左＞右）
C：肩甲骨下制動作に伴い鎖骨が下制する．
　（右＞左）

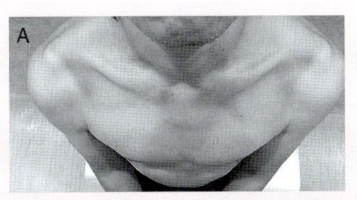

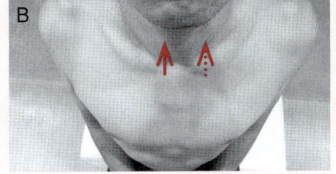

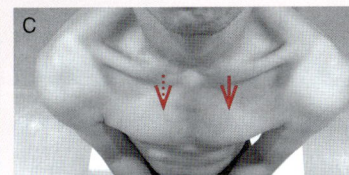

図 3-65 胸鎖関節の評価（水平面）
座位にて両側の鎖骨頭に触れ，胸骨に対する鎖骨の位置を評価する．
A：静止座位時の胸骨に対する鎖骨の位置の左右差を確認する．
B：肩甲骨内転時の胸鎖関節の動きを評価する．（右＞左）
C：肩甲骨外転時の胸鎖関節の動きを評価する．（左＞右）

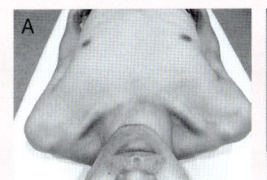

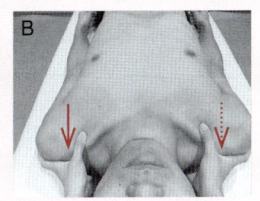

図 3-66 肩鎖関節の前後方向の mobility 評価
A：背臥位での肩鎖関節の左右差を観察する．
B：肩鎖関節の後方への mobility 評価
　肩鎖関節を後方に圧迫し，可動性を評価する．（右制限＋）

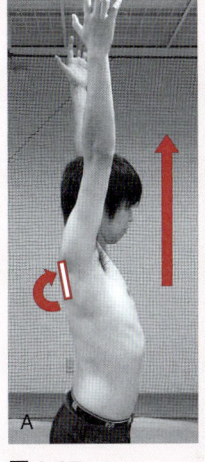

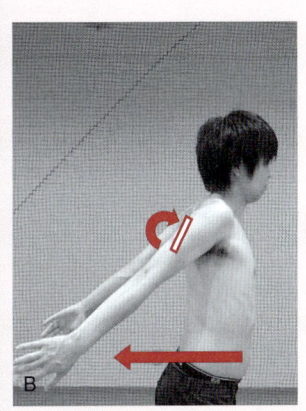

図 3-67
A：挙上～肩甲骨後傾の評価
B：伸展～肩甲骨前傾の評価

後方へ偏位し，肩関節伸展運動で前方へ偏位する[15]．よって，肩鎖関節の位置を左右で比較し，前方に偏位する側は肩関節伸展運動が優位であり，後方に偏位する側は肩関節屈曲運動が優位である．

肩甲胸郭関節の評価

肩甲胸郭関節は，解剖学的な関節構造をもたず，多方向への可動性を有している．鎖骨が支柱となり，胸鎖関節と肩鎖関節の運動の組み合わせが肩甲胸郭関節の運動を決定している[15]．よって，胸鎖関節と肩鎖関節の評価と合わせて，肩甲骨の動きを評価していく．

肩関節運動に伴う肩甲帯の運動連鎖

肩甲上腕関節と肩甲胸郭関節には，運動連鎖が存在する．肩甲上腕関節の制限は，肩甲骨の代償運動を発生させ，非生理的な運動となる．評価は，左右で同様な肩関節運動を行わせ，肩甲上腕関節から肩甲胸郭関節への適切な運動連鎖の有無を確認する．

挙上～肩甲骨後傾の評価：肩関節挙上運動に伴う肩甲骨後傾運動の可動域を評価する．肩関節を左右同程度に挙上させ，そのときの肩甲骨後傾運動の左右差を評価する（図 3-67）．

伸展～肩甲骨前傾の評価：肩関節伸展運動に伴う肩甲骨前傾運動の可動域を評価する．肩関節を左右同程度に伸展させ，そのときの肩甲骨前傾運動の左右差を評価する（図 3-67）．

内旋～肩甲骨外転の評価：肩関節内旋運動に伴

図 3-68
A：内旋～肩甲骨外転の評価
B：外旋～肩甲骨内転の評価

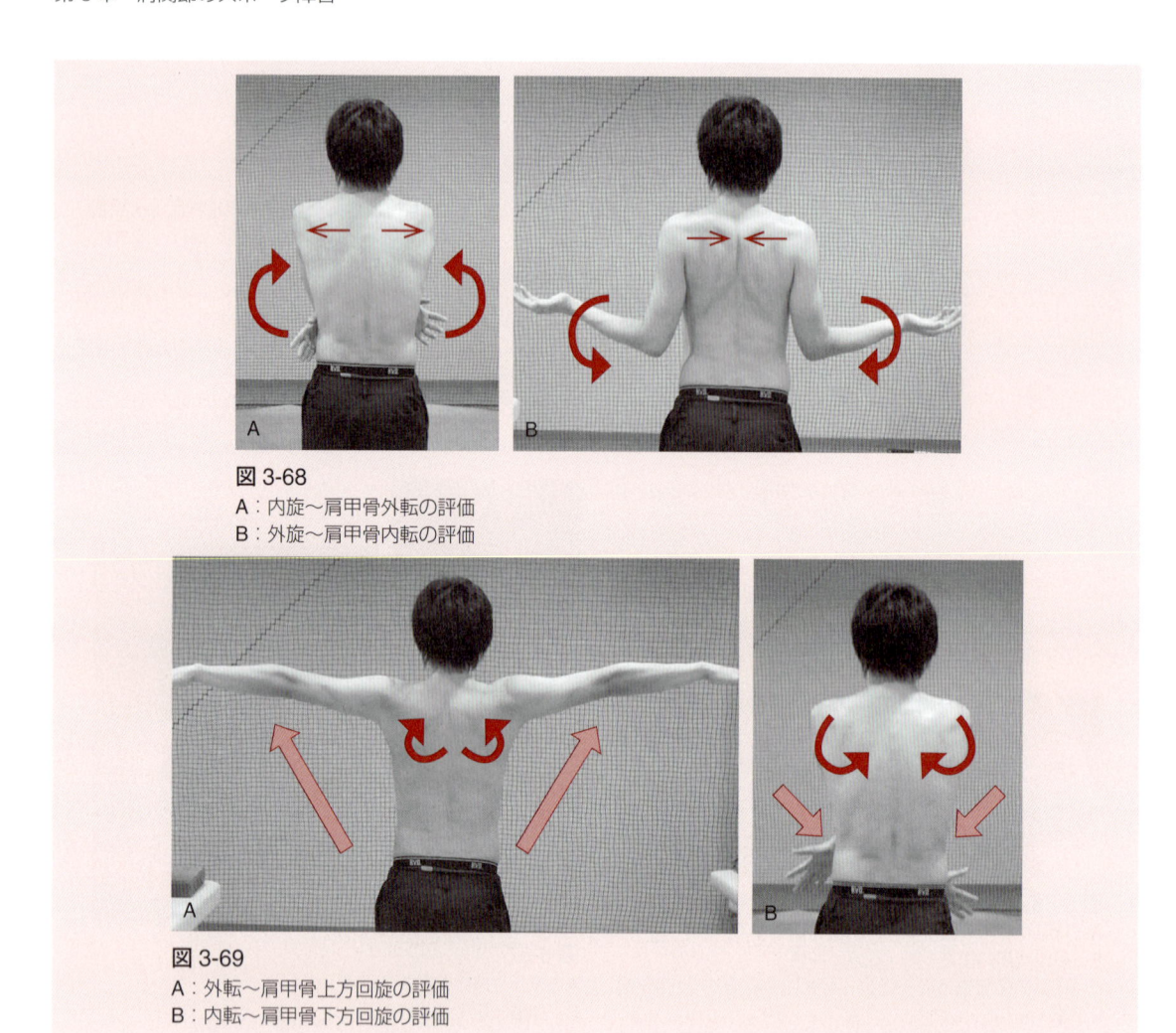

図 3-69
A：外転～肩甲骨上方回旋の評価
B：内転～肩甲骨下方回旋の評価

う肩甲骨外転運動の可動域を評価する．肩関節を左右同程度に内旋させ，そのときの肩甲骨外転運動の左右差を評価する（図 3-68）．

外旋～肩甲骨内転の評価：肩関節外旋運動に伴う肩甲骨内転運動の可動域を評価する．肩関節を左右同程度に外旋させ，そのときの肩甲骨内転運動の左右差を評価する（図 3-68）．

外転～肩甲骨上方回旋の評価：肩関節外転運動に伴う肩甲骨上方回旋運動の可動域を評価する．肩関節を左右同程度に外転させ，そのときの肩甲骨上方回旋運動の左右差を評価する（図 3-69）．

内転～肩甲骨下方回旋の評価：肩関節内転運動に伴う肩甲骨下方回旋運動の可動域を評価する．肩関節を左右同程度に内転させ，そのときの肩甲骨下方回旋運動の左右差を評価する（図 3-69）．

肩甲骨安定性の評価

肩甲骨の安定には，前鋸筋と僧帽筋中部線維の共同作用が求められる（図 3-70）．一方のみの活動では安定性が獲得できず，互いが活動することで胸郭に肩甲骨を維持し安定することができる．とくに，前鋸筋の作用分力が胸郭に対して垂直に向くことから，肩甲骨を胸郭上に押しつけ，維持する作用も有している[17]．よって，肩甲胸郭関節の安定に関与する前鋸筋と僧帽筋中部線維の評価を行う．

4. 評価──肩関節の機能評価

僧帽筋中部線維の評価（図3-71）

伏臥位にて，両肩関節90°外転位から肩甲骨内転運動を行わせ，肩甲骨内転運動の左右差や肘の高さの左右差を評価する．

前鋸筋の評価（図3-72）

背臥位にて，両肩関節90°屈曲位から前方へのリーチ動作を行わせる．肩甲骨外転運動の左右差やリーチの左右差を評価する．

肩関節90°挙上位での肩甲骨安定化の評価（図3-73）

座位にて両肩関節を90°まで挙上させ，肩甲骨位置の左右差を評価する．安定側は胸郭に肩甲骨を

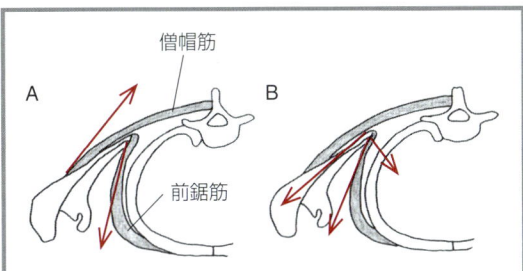

図3-70 肩甲骨を安定させる前鋸筋と僧帽筋中部線維の共同作用
A：前鋸筋と僧帽筋中部線維の共同作用
B：前鋸筋の作用分力
（J. Castaing ほか．2002[17]）

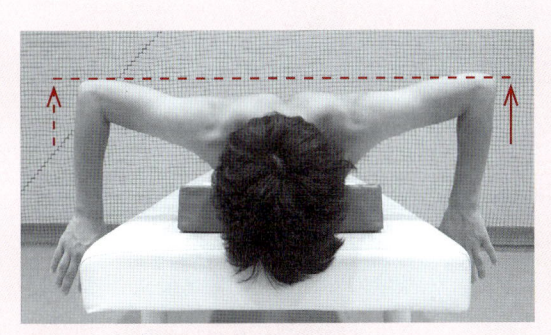

図3-71 僧帽筋中部線維の評価
伏臥位にて肩甲骨を内転させ，安定性や可動域を評価する．（左＞右）

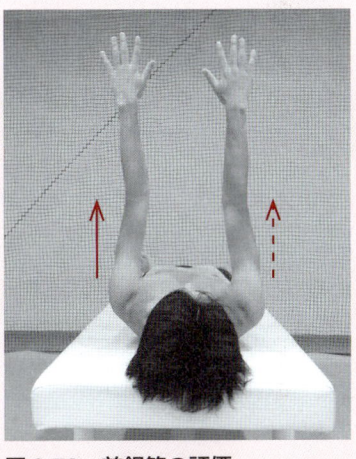

図3-72 前鋸筋の評価
背臥位にて肩甲骨を外転させ，安定性や可動域を評価する．（左＞右）

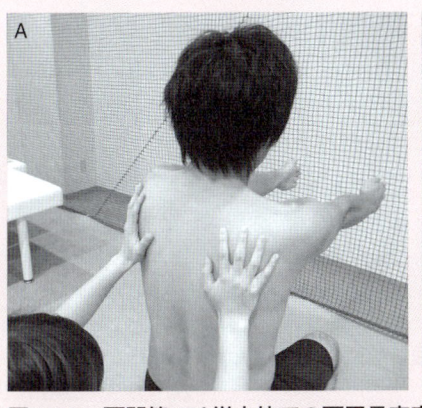

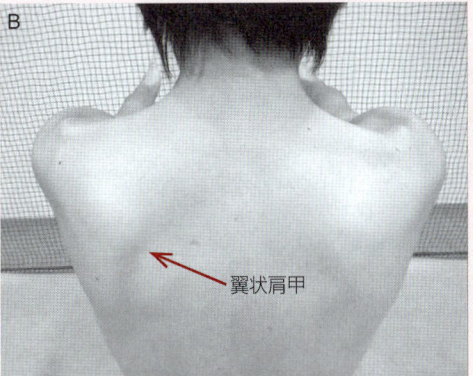

図3-73 肩関節90°挙上位での肩甲骨安定化の評価
A：肩挙上90°にて胸郭に対する肩甲骨の固定性を評価する．
B：左側肩甲骨に翼状肩甲がみられ，不安定性が確認できる．

123

把持できるが，不安定側は肩甲骨を胸郭に把持できず，肩挙上運動に伴い翼状がみられる．

上肢挙上位での肩甲骨安定方向へのmobility評価（図3-74）

両上肢挙上位にて肩甲骨の位置関係を確認する．肩甲骨が安定する側は，後傾・内転位保持できる．また，両上肢挙上位から肩甲骨をのみを後傾・内転方向（安定方向）へ運動させ，左右差を確認する．運動が遂行できない側は，肩甲骨と胸郭のあいだにスペースが生じ，不安定な状態が疑われる．

他部位からの運動連鎖による肩甲骨評価

肩甲骨は，上肢からの影響のみならず，頸部，体幹などさまざまな部位から影響を受ける．よって，肩甲帯局所の評価に加え，全身からの影響を評価する必要がある．

頸部〜肩甲帯

頭頸部alignment評価：頭頸部の不良姿勢である頭部前方位姿勢は，上位頸椎伸展＋下位頸椎屈曲alignmentを呈し，肩甲挙筋や僧帽筋上部の過緊張が生じる[18]．これらの過緊張は肩甲骨を挙上方向に作用させ，肩甲骨の自由度を低下させてしまう．よって，頭頸部の位置関係を確認し，頸部〜肩甲骨の筋緊張の程度を評価する（図3-75）．

頸椎回旋〜肩甲骨連鎖の評価：頸椎の回旋障害がもたらす隣接関節への影響として肩甲骨の動きを評価する．評価は，頸椎回旋に伴う肩甲骨の内転・外転運動を確認する．正常なパターンでは，頸椎回旋側の肩甲骨に内転運動がみられ，対側の肩甲骨に外転運動がみられる[19]（図3-76）．

脊柱〜肩甲帯

上肢挙上〜脊柱伸展の評価：上肢挙上運動に伴う脊柱伸展運動の有無を評価する．上肢挙上に伴う運動パターンは，腰椎から胸椎への運動が望ましいが，腰椎の伸展，上肢挙上運動に制限が生じる場合，上肢挙上の初動にて胸椎の伸展運動が有意にみられること多い[19]（図3-77）．

腰椎〜肩甲帯の評価：上記のことから上肢挙上には，腰椎の伸展運動が必要であり，腰椎部のmobilityの評価，腰椎屈曲・伸展時の肩甲骨の運動を評価する．

・腰椎のmobility評価

座位にて骨盤を前傾・後傾させ，骨盤前傾に伴う腰椎伸展運動と骨盤後傾に伴う腰椎の屈曲運動

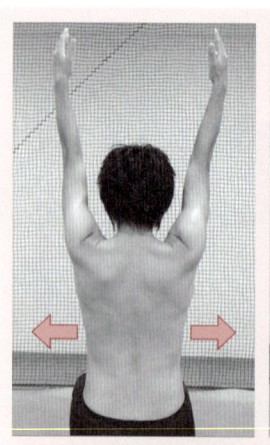

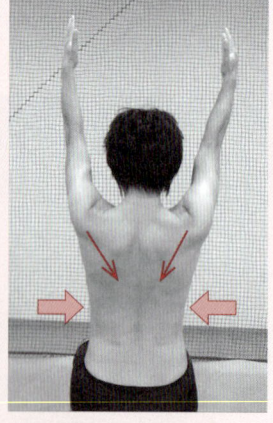

図3-74 上肢挙上位での肩甲骨安定方向へのmobility評価
上肢挙上位から肩甲骨を内転・後傾運動ができるかを評価する．この動作に伴い下部胸郭が締まり安定し，胸郭全体としてはアップライトする．

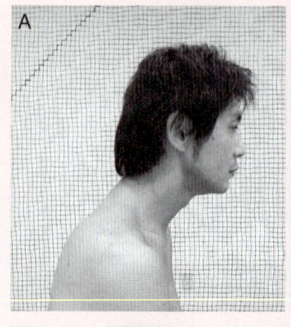

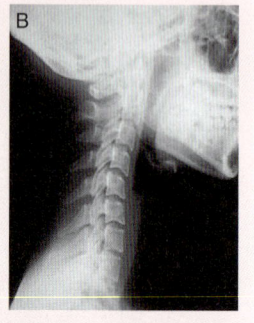

図3-75 頭頸部alignment評価
A：頭頸部の不良姿勢．下位頸椎屈曲位，上位頸椎伸展位となる．
B：頸椎の異常alignmentにはストレートネックや後弯alignmentがあげられる．

を評価する．インナーユニットの1つである多裂筋が機能低下すると，腰仙部の分節的な伸展トルクを発揮できず腰椎前弯alignmentを保持できない．よって腰椎の機能低下では，骨盤前傾に伴った腰椎の前弯がみられない（図3-78）．

・腰椎の動きと肩甲骨の関係（座位）（図3-79）

　腰椎の運動は，肩甲骨の運動に連鎖的に作用する．腰椎が屈曲すると脊柱も全体的に屈曲alignmentとなり，座圧中心は後方化し，肩甲骨は，脊柱・胸郭に対応するように前傾方向へ動く．腰椎が伸展すると脊柱も全体的に伸展alignmentとなり座圧中心は前方化し，肩甲骨は，脊柱・胸郭に対応するように後傾方向へ動く[25]．以上のことから，腰椎の前後・左右運動に伴った肩甲骨の運動を評価する．

上肢固定性の評価

　上肢を使用する各種スポーツ動作には，体幹と上肢が連鎖的に作用した動きが求められる．上肢は自由度が高いためさまざまな空間的位置を獲得できるが，上肢の動きに対し体幹が応答することで安定した肩関節運動が遂行できる．

　各種スポーツ動作でみられるリリース・インパクト時は，とくにパワーを発揮する相（phase）であるため，上肢－体幹の連鎖的な固定作用が必要になる．よって，各種スポーツ動作におけるリリー

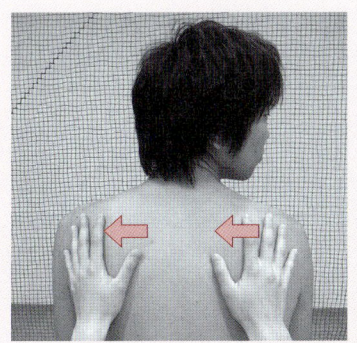

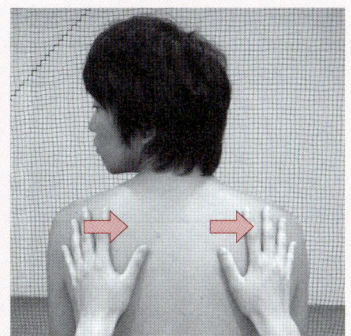

図 3-76　頸椎回旋～肩甲骨連鎖の評価
正常なパターンでは，頸椎回旋側の肩甲骨に内転運動がみられ，対側の肩甲骨に外転運動がみられる．

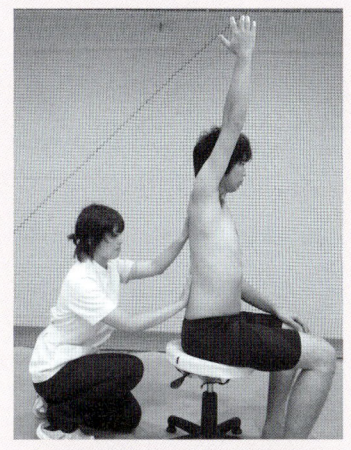

図 3-77　上肢挙上～脊柱伸展の評価
伸展運動が脊柱のどの分節で起こるかを評価する．腰椎から胸椎部にかけて脊柱の伸展運動が生じることが望ましい．

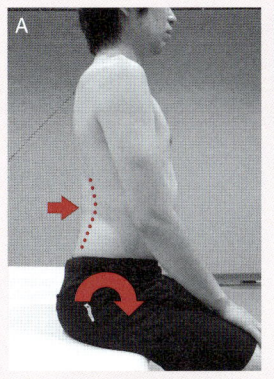

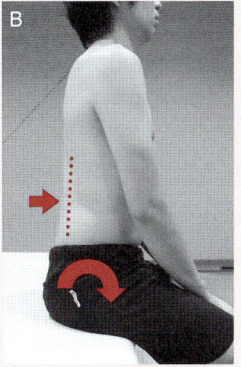

図 3-78　腰椎の mobility 評価
A：骨盤前傾に伴う腰椎の分節的な伸展運動
B：骨盤前傾に伴う腰椎の非分節的な伸展運動

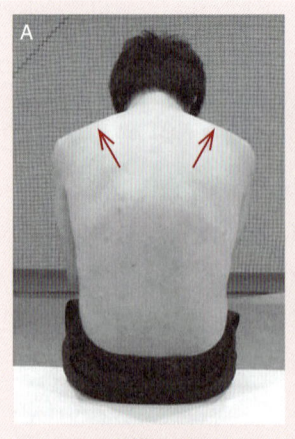

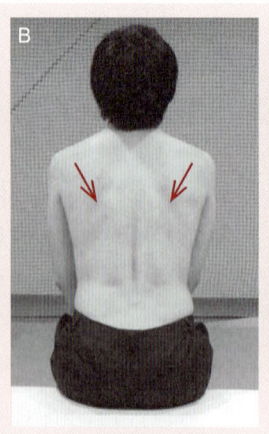

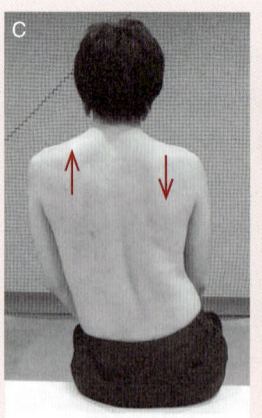

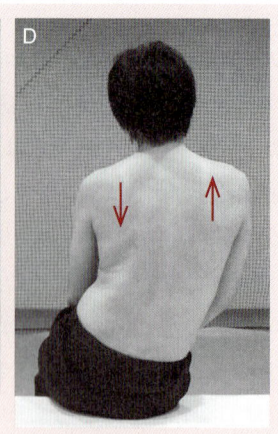

図 3-79　腰椎の動きと肩甲骨
A：腰椎屈曲における肩甲骨の動き　　B：腰椎伸展における肩甲骨の動き
C：腰椎右側屈における肩甲骨の動き　D：腰椎左側屈における肩甲骨の動き

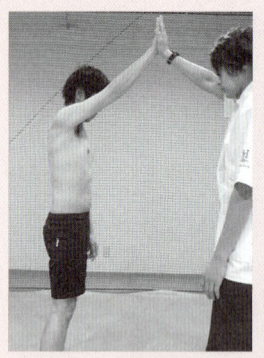

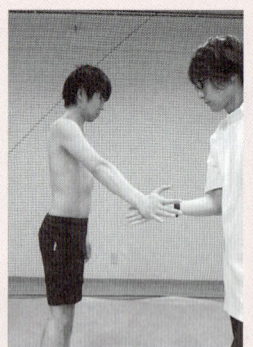

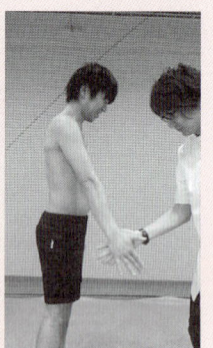

図 3-80　上肢固定性の評価
各スポーツ動作に必要な位置にて抵抗を加え，体幹－上肢の反応を評価する．

ス・インパクト時を再現し，抵抗を加え，その安定性を評価する（図 3-80）．安定したリリース・インパクト動作は，体幹が動揺せず，上肢の位置を保持することが可能である．不安定なリリース・インパクト動作は，体幹が動揺し，固定作用の低下により上肢の位置が安定しない（図 3-81）．

前腕の評価

肩関節は上肢帯ユニットの一部であるため，ほかの上肢帯の影響も受ける．とくに前腕の回内・回外制限は肩関節や肩甲帯で代償しやすいため，肩関節疾患を診るにあたり前腕の評価は必須である．前腕回内制限は，回内動作において肩関節の外転と内旋で代償するとの報告や[20]（図 3-82），前腕の回内制限が，肩外転運動の初期において早期に肩甲骨を外転させるため肩甲骨内転筋群活動を上昇させたとの報告もある[21]．よって，前腕の可動域制限は，肩関節や肩甲帯の代償動作を誘発し，肩関節の生理的な動きを阻害する要因の1つになる．以上のことから，前腕の動きを必要とするテニス，バドミントンなどのラケット動作や野球のボールリリース時，水泳のストローク動作などにおいて，前腕に可動域制限が存在すると肩関節の負荷が増大する．したがって，肩関節疾患を診るにあたり，前腕の回内・回外の可動域にも着目して評価する必要がある（図 3-83）．

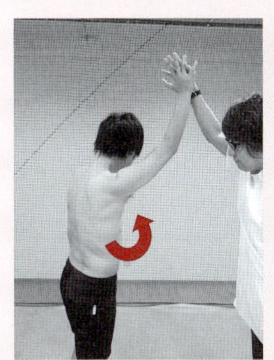

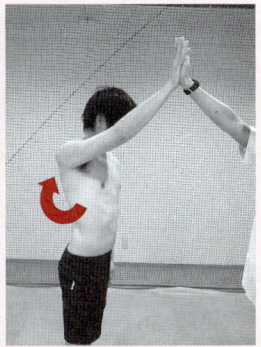

図 3-81　不安定なリリース・インパクト動作
体幹の動揺がみられ，肩甲骨の不安定性もみられることから，リリースポイントは安定しない．

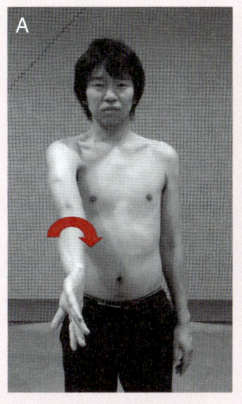

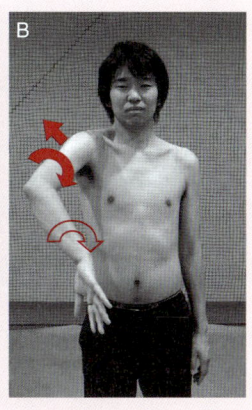

図 3-82　回内制限
A：前腕回内動作
B：前腕の回内・回外制限は，肩関節や肩甲帯で代償しやすい．前腕回内制限では，回内動作において肩関節の外転と内旋で代償する．

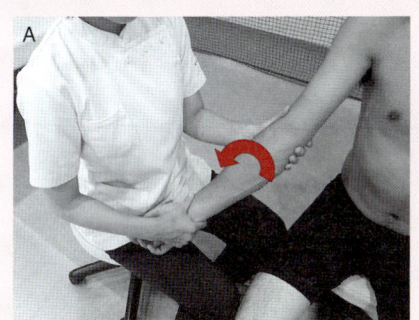

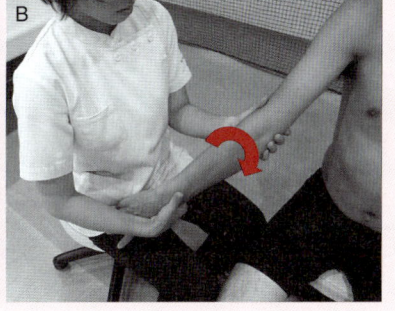

図 3-83　前腕回内・回外評価
A：前腕回外 ROM 評価（肘屈曲位・伸展位）
B：前腕回内 ROM 評価（肘屈曲位・伸展位）

動作観察のポイント

オーバーヘッド動作・テイクバック動作の動作分析

　スポーツ動作において肩関節障害きたす一因は，上腕骨頭の過剰な前方偏位である．上腕骨頭の前方偏位は，オーバーヘッド動作やテイクバック動作の多いスポーツ選手の利き手側で確認される（図3-84）．オーバーヘッド動作やテイクバック動作は，肩関節のみで動作が遂行されるのではなく体幹を含め全身で行われる．この動作では，体幹を捻じるような回旋運動が求められ，本来なら体幹と上肢が協調しながら回旋運動が遂行される．「手投げ」といわれる体幹の回旋が機能しない場合は，体幹と上肢が協調せず，上肢が残った状態（空間的位置が変化しない）での体幹の回旋が生じ，肩前面が過剰に伸張されてしまう（図3-85）．このようなストレス動作を繰り返し行うと，肩前面の緩みが発生し，上腕骨頭の前方偏位が助長され，肩関節の運動中心が定まらなくなる．肩関節の運動中心が定まらない状態からのフォロー動作は，運動中心が安定しないため非生理的な骨頭の動きを誘発し，肩関節障害の要因となる．以上のことから，動作観察では，体幹と上肢の位置関係に着目し，肩関節に生じるストレスを把握する．

ゼロポジションを獲得するための体幹対応

　ゼロポジションとは，上腕骨軸と肩甲棘が一直

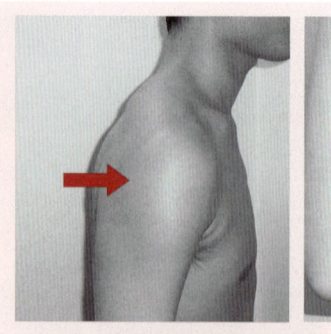

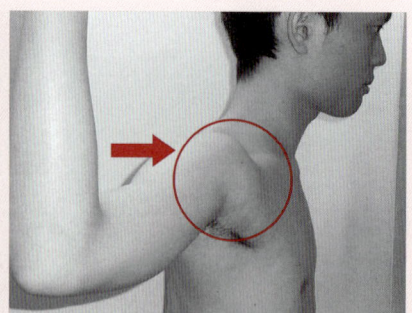

図3-84 上腕骨頭の前方偏位

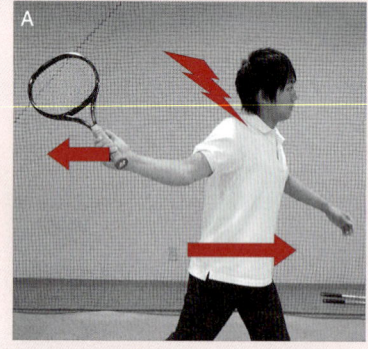

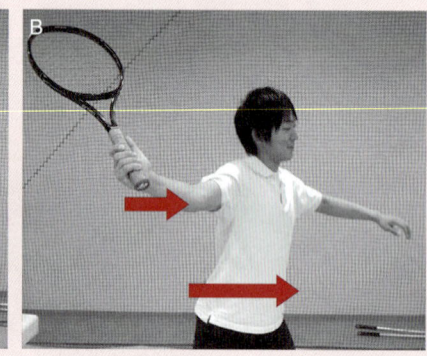

図3-85 体幹と上肢の協調動作
A：体幹と上肢が協調せず，上肢が残った状態での体幹の回旋が生じ，肩前面が過剰に伸張されてしまう．
B：体幹と上肢が協調しながら，ねじり動作が遂行される．

線となる肢位である．この肢位は，肩関節周囲筋群の走行がほぼ一直線となり，また上腕骨の回旋運動が最も少なく，非常に安定した状態である．健常成人は挙上約130°と報告されているが[22]，個人により肩甲骨の傾きが異なる理由から，ゼロポジションの位置も個人により変化する．

ゼロポジションは，上記の理由から肩関節が非常に安定した状態であり，スポーツによる肩関節動作において有効な肢位である．とくにオーバーヘッド動作は，上腕骨と肩甲骨がゼロポジションに位置することが求められる．しかし，肩甲骨の上方回旋制限が存在する場合は，いわゆるゼロポジションの角度と定義されている130°を遂行するだけの肩甲骨上方回旋量が獲得できない．その状態で代償せずに130°まで挙上すると，肩甲骨は上方回旋しないため，肩甲上腕関節の動きが過剰と なり，その結果，肩峰下腔が狭小化し，インピンジメントなどを誘発する恐れがある（図3-86A）．このような肩甲骨の上方回旋制限がある状態では，体幹の側屈などで脊柱を対応させ，肩甲骨臼蓋を上方へ向けることでインピンジメントを避けつつオーバーヘッド動作を遂行することも選択肢の1つとなる（図3-86B）．

肩甲骨の上方回旋量は個人によって異なるため，上方回旋量に合わせた上肢の位置を獲得できるかを動作観察で確認する（図3-86C）．

下肢の対応

スポーツ選手における肩関節疾患の動作分析は，肩関節運動に着目することに加え，スポーツ動作時の下肢運動にも着目する必要がある．肩関節運動が安定して遂行するためには，土台である下肢運動が安定する必要がある．

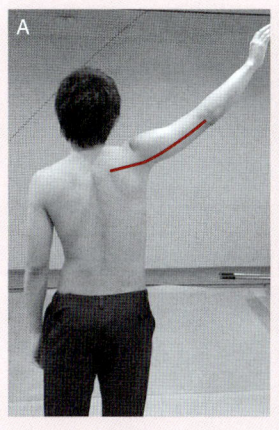

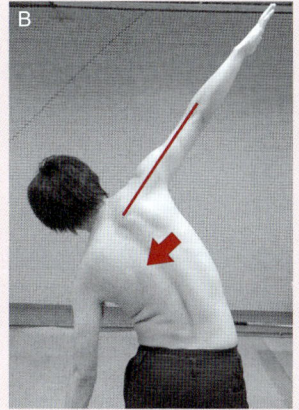

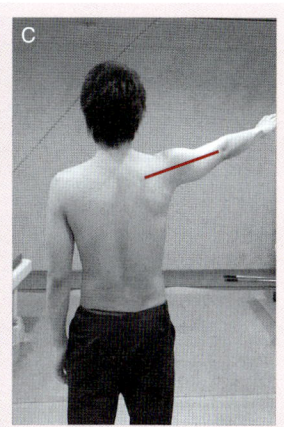

図3-86 ゼロポジション
A：ゼロポジションから逸脱した状態．肩峰下腔は狭小化する．
B：体幹側屈により肩甲骨臼蓋面を上方へ向けゼロポジションを獲得している．
C：肩甲骨上方回旋量に合わせた上肢挙上位

　身体の安定性には，上半身と下半身がバランスをとり，支持基底面中央に重心線を投射することが求められる．とくに，下半身重心をコントロールする足関節や股関節の機能は，身体が安定して動くために重要な要素である．足関節や股関節の機能低下による下半身重心のコントロール能力低下は，下半身に対応する上半身のコントロール能力までも低下させ，不安定なスポーツ動作を生み出してしまう．下半身をコントロールできない投球動作は，下半身重心が前方化する傾向がみられる．よって，下半身重心に対応する上半身重心は後方化し，身体重心が後方化するケースが多い．このような力学的に不安定な動作は，頸部〜肩甲帯での対応が過剰になり，その反応により肩甲骨の自由度が失われる（図3-87）．肩甲骨の自由度低下は，肩甲上腕関節の安定した運動を妨げ，疼痛の原因となりかねない．以上のことから，下半身の対応も観察する必要性があり，肩関節運動との関係性を分析する必要がある．

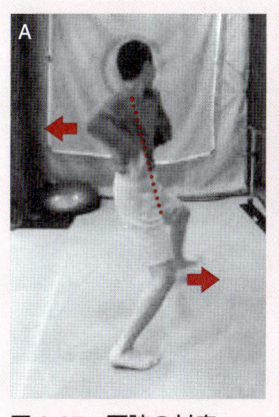

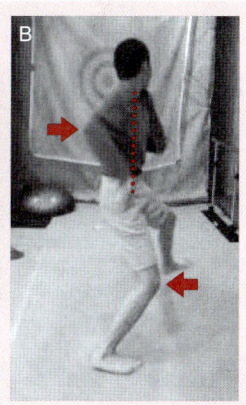

図3-87 下肢の対応
A：下半身が制御できず不安定な状態．右肩が挙上し緊張がみられる．
B：下半身が制御され安定している状態．右肩がリラックスできる．

リリースポイント，インパクト時の確認

　スポーツ動作において疼痛が生じる相は，ボールリリース時やインパクト時にみられることが多い．加速期からリリース・インパクト時にかけては，肩関節外旋運動から内旋運動に切り替わる時期であり，求心位での軸回旋による肩関節内旋・外旋運動が求められる．求心位から逸脱した肩関節内旋・外旋は運動中心が定まらず，関節唇や腱板，上腕二頭筋腱に負荷を加えてしまうことが予測される．

　動作観察では，リリース・インパクト時の手部と肩関節の位置関係を確認しながら体幹の反応を評価する．良好なリリース・インパクト動作は，肩関節よりも前方に手部が位置し，体幹が鉛直方向に作用する．この動作は，上肢と体幹が連動し

図3-88 リリースポイント，インパクトの確認
A：上肢と体幹が連動し，求心位が保たれ安定したリリース・インパクト動作
B，C：上肢と体幹が連動せず，求心位から逸脱した不安定なリリース・インパクト動作

て作用するため，求心位が保たれた安定したリリース・インパクト動作となる（図3-88A）．一方，不良なリリース・インパクト動作は，肩関節よりも後方に手部が位置し，のけぞるような体幹動作となる．このような動作では，体幹の開きが早期化し，上肢と体幹が連動して作用せず，上腕骨頭の前方偏位などが生じ，求心位から逸脱した不安定なリリース・インパクト動作となる（図3-88B，C）．

5．治療

肩関節に対する理学療法アプローチ

　肩関節の治療は，肩関節局所のアプローチに加え，肩関節構成体や体幹へのアプローチなど多岐にわたる．スポーツにおける肩関節痛に対しては，競技特性，ポジションなどを把握したうえでアプローチすることも大切である．肩関節の安定した活動は，一般的に求心位が必要とされているが，その定義は明確ではない．求心位のとらえ方は，上腕骨頭が肩甲骨に対して求心位を保持することといわれているが，肩甲骨が上腕骨頭に対し求心位を獲得することも重要である．よって，各スポーツ動作では，肩甲骨が上腕骨に対して求心位を保持する機能が必須であり，そのためには肩甲骨の自由度が求められる．また，肩関節局所や肩甲胸郭関節に加え，手部・前腕部も含めた上肢帯ユニットや，肩甲骨のstabilityやmobilityに関係する胸郭・脊柱などを含む体幹機能に対しても理学療法を展開することが重要である．

肩甲上腕関節へのアプローチ
上腕骨頭の後方へのmobility改善

　オーバーヘッド動作が多いスポーツは，肩後方部のタイトネスが発生し，上腕骨頭は前方に偏位することが多い．上腕骨頭の前方偏位は，上腕骨頭を肩甲骨臼蓋に対して求心位を保つことができない．求心位から逸脱している状態での回旋筋腱板のエクササイズなどは，肩関節の運動中心が定まらず，安定した動き（エクササイズ）が遂行できないため，効果的ではないことが理解できる．アプローチは，前方偏位した上腕骨頭を求心位へ誘導し，安定した位置を獲得することを目的とする．方法は，上腕骨近位部を把持し，上腕骨頭を後方に滑らすようにモビライゼーションを行う（図3-89A）．また，肩のニュートラルポジション（肩甲骨面挙上30～45°）から肩甲骨が動かないように上腕骨を内転させ，肩後方部のストレッチを行う（図3-89B）．

図3-89 上腕骨頭の後方への mobility 改善
A：上腕骨頭後方へのモビライゼーション
　　上腕骨頭の後方への joint play を促す．
B：上腕骨内転運動による肩後方部ストレッチ
　　上肢を床方向へ圧を加えながら，肩甲骨が動かない範囲で肩甲上腕関節を内転させ，肩後方部の伸張性を促す．

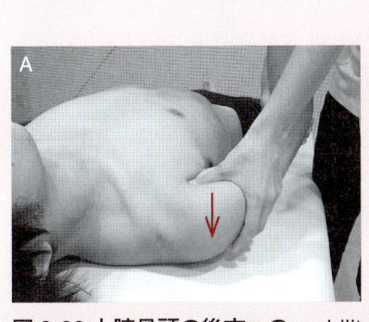

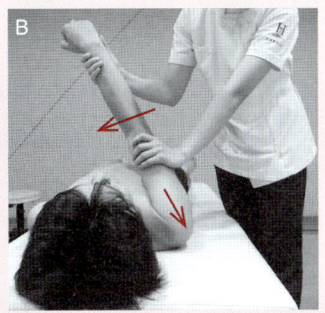

図3-90　小円筋ダイレクトストレッチ

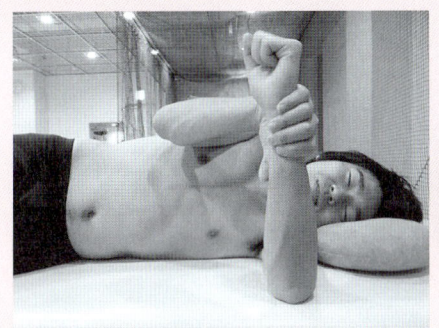

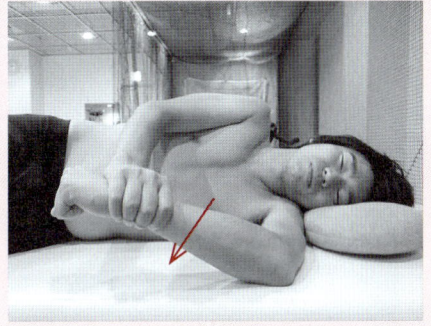

図3-91　内旋可動域の確保

小円筋・肩甲下筋のダイレクトストレッチ（図3-90）

前述したように，オーバーヘッド動作などの挙上運動には，小円筋と肩甲下筋下部線維の伸張性が求められる．また，小円筋のスパズムの影響は，挙上よりセカンドポジションでの内旋において著明に現れ[10]，投球をはじめ，テニス，バレーボールにおける利き手側の内旋制限に関与している．小円筋のスパズムは中枢部より末梢に強いのも特徴であるため，スパズムや筋緊張を確認しながらダイレクトストレッチを行う．

内旋可動域の確保

肩後方タイトネスにより内旋制限が発生する場合は，上腕骨頭の前方偏位を助長し，上腕二頭筋長頭や腱板疎部へのストレスを増大する[23]．内旋制限は，後方関節包のタイトネス原因となることが多いため，内旋可動域確保のため後方部のストレッチを行う．

方法は，側臥位で肩甲骨の動きをロックし，肩後方の伸張性を確認しながら肩関節内旋を強めストレッチを行う（図3-91）．

腱板へのアプローチ（図3-92）

回旋筋腱板へのアプローチは，上腕骨が臼蓋に対し求心位を確保したうえで「軸回旋」することが重要である．上腕骨が臼蓋から逸脱した状態では，臼蓋に対して上腕骨頭が適切に軸回旋できず，偏位を伴った回旋運動となる．場合によっては，検者が求心位を介助しながら上腕骨の軸回旋を誘導し回旋筋腱板の促通を行う（図3-93）．経過を観察し，スポーツ復帰に向けて負荷やポジションを変えなが

第3章 肩関節のスポーツ障害

ら回旋筋腱板のトレーニングも行う（図3-94）．

肩甲胸郭関節へのアプローチ

徒手的な肩甲骨 mobility 改善

肩甲骨を把持し多方向へ動かす．とくに，オーバーヘッド動作における肩甲骨の動きを誘導する場合は，上肢挙上位で肩甲骨を把持し，肩甲骨後傾方向へ誘導する（図3-95）．

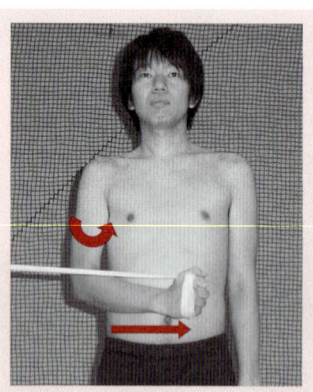

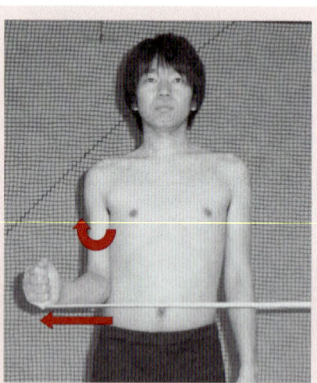

図3-92　腱板へのアプローチ

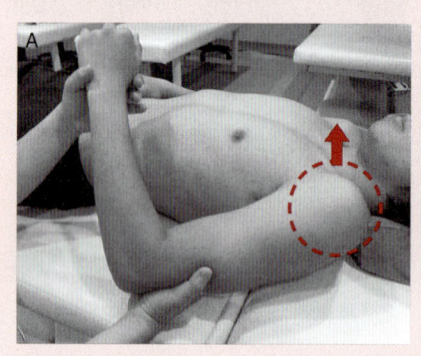

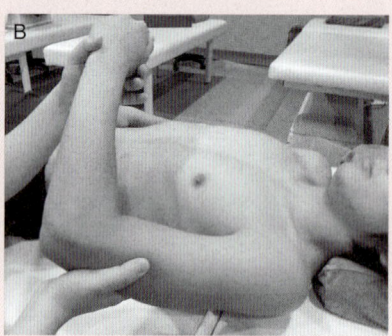

図3-93　ニュートラルポジションにおける腱板へのアプローチ
A：上腕骨頭が偏位している状態では骨頭の動きが不安定であり，正常な軸回旋が生じない．
B：ニュートラルポジションに誘導し，正常で安定した軸回旋を誘導する．

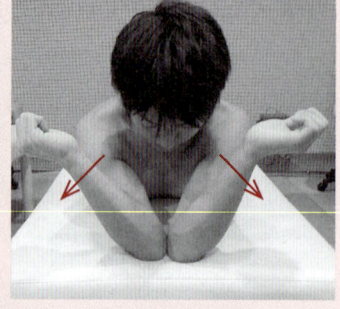

図3-94　腱板へのアプローチ

図3-95　徒手的な肩甲骨 mobility 改善
肩甲骨を把持し，多方向への動きを促す．

5. 治療——脊柱へのアプローチ

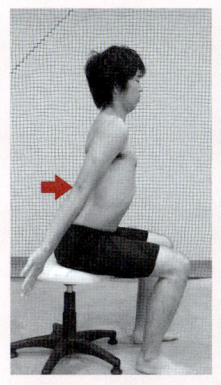

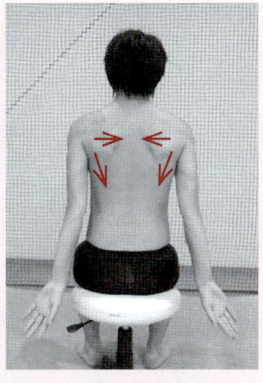

図 3-96　脊柱の動きと同期させた肩甲骨へのアプローチ
脊柱伸展に伴った肩甲骨後傾・内転へのアプローチ

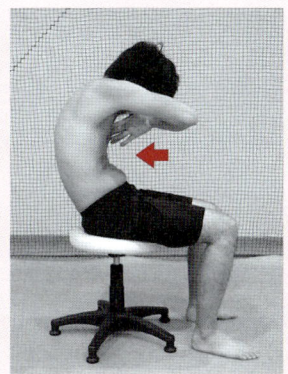

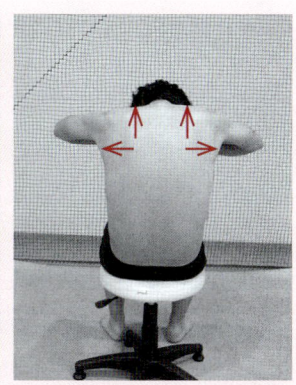

図 3-97　脊柱の動きと同期させた肩甲骨へのアプローチ
脊柱屈曲に伴った肩甲骨前傾・外転へのアプローチ

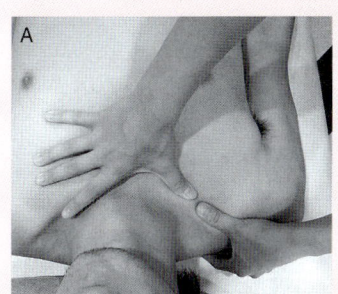

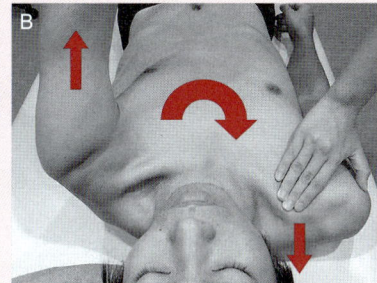

図 3-98　肩鎖関節へのアプローチ
A：鎖骨へのダイレクトアプローチ
B：上部体幹の回旋を利用し，肩鎖関節の後方移動を誘導

脊柱の動きと同期させた肩甲骨へのアプローチ

脊柱伸展に伴った肩甲骨後傾・内転へのアプローチ（図 3-96）

座位にて脊柱を伸展させるとともに肩甲骨を後傾・内転させる．

脊柱屈曲に伴った肩甲骨前傾・外転へのアプローチ（図 3-97）

座位にて脊柱を屈曲させるとともに肩甲骨前傾・外転させる．

肩鎖関節へのアプローチ

肩鎖関節の位置を調整する

前述したように，オーバーヘッド動作などの肩挙上運動は，肩鎖関節の後方移動が必要である．肩鎖関節が後方に移動しなければ，肩鎖関節を支点とした肩甲骨の適切な運動が妨げられ，肩甲胸郭関節だけではなく，肩甲上腕関節にも影響を及ぼしてしまう．よって，鎖骨へのダイレクトアプローチ（図 3-98A）や上部体幹の回旋を利用し，肩鎖関節の後方移動を誘導する（図 3-98B）．

脊柱へのアプローチ

上肢挙上運動の上半身重心（Th_{7-9}）の典型的な移動パターンは，0～90°にかけて後方へ移動し（図 3-99A），90～150°にかけて前上方へ移動する[24]（図 3-99B）．したがって，オーバーヘッド動作は上半身重心が前上方へ移動することが求められ，上半身重心が存在する胸椎部の前方化やそれに伴う腰椎部の伸展要素が必要となる．

第3章 肩関節のスポーツ障害

図3-99 上半身重心（Th₇₋₉）の典型的な移動パターン
A：上肢挙上0〜90°にかけて後方へ移動する．
B：上肢挙上90〜150°にかけて前上方へ移動する．

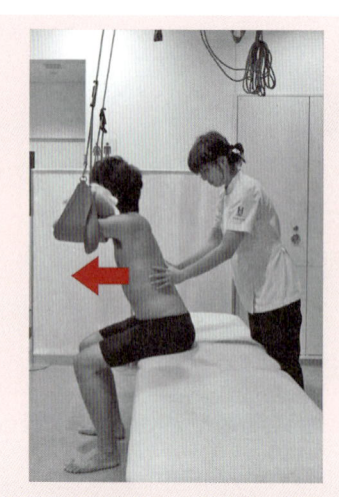

図3-100 スリングを用いた背部へのアプローチ
前方への並進動作を行い，脊柱の前方への分節的な動きを促通し，上半身重心の前方化を図る．

上半身重心の前方化 〜スリングアプローチ〜（図3-100）

　座位にて両上肢をハンギングし，上肢，頭部の質量をスリングにて支える．上肢，頭部の質量を除外することで，その質量を保持するために活動していた筋活動が緩和し，脊柱の自由度は増大する．その状態で，前方への並進動作を行い，脊柱の前方への分節的な動きを促通し，上半身重心の前方化に必要な脊柱の機能を構築する．

腹部前面筋リリースによる腰椎伸展促通

　不良姿勢は，腹直筋，腹斜筋などの体幹屈曲筋のタイトネスにより，胸郭可動性や腰椎の伸展運動を阻害する（図3-101）．腹部前面が遠心性に作用せず上腹部が求心性に作用すると，骨盤が抜けるように前方に位置し，上半身重心は後方化する．よって，腹部前面筋の伸張性を促し，腰椎が伸展しやすい環境になることにより上半身重心は前方化し，オーバーヘッド動作を遂行するために必要な体幹伸展活動を獲得できる．

ボールを使った腹部前面筋のリリース（図3-102）

　伏臥位にて腹部にボールをあてがい，自重を利

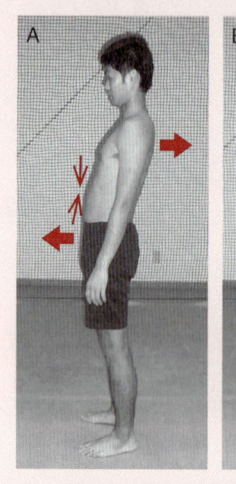

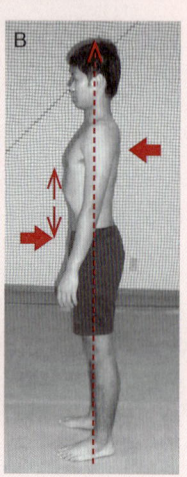

図3-101 姿勢における腹部前面筋の機能変化
A：不良姿勢では上腹部は求心性に働く．
B：良好な姿勢では腹部前面が遠心性に働く．

用し，腹部前面筋のリリースを行う．

スリングを用いた腹部前面筋リリース（図3-103）

　図のように上半身をハンギングし，腹部前面筋のリリースを行う．

側腹部伸張性の改善

　オーバーヘッド動作は，挙上運動に伴い，体幹を鉛直方向へ活動させる必要がある．体幹の鉛直方向への活動を制限する因子は，胸郭や脊柱の可

5. 治療——前腕へのアプローチ

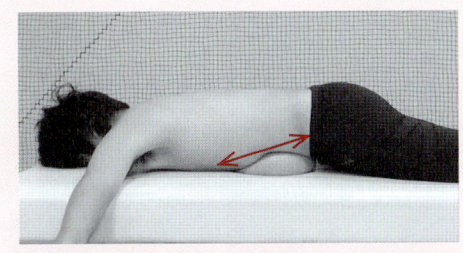

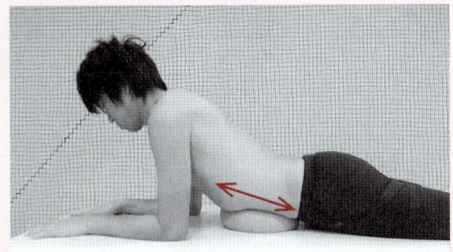

図 3-102　ボールを使った腹部前面筋のリリース
伏臥位にて柔らかいボールを腹部下に当て，自重を利用し腹部前面をゆっくりとストレッチする．

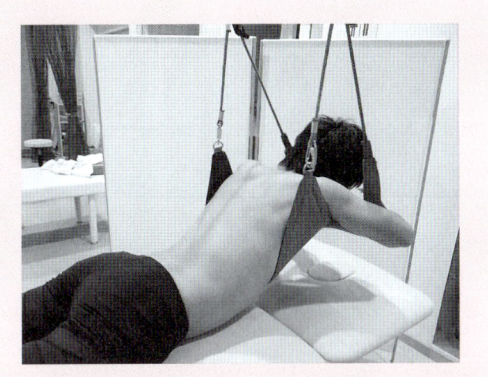

図 3-103　スリングを用いた腹部前面筋リリース
上半身をハンギングし，脊柱を伸展させることにより腹部前面の伸張性を促す．

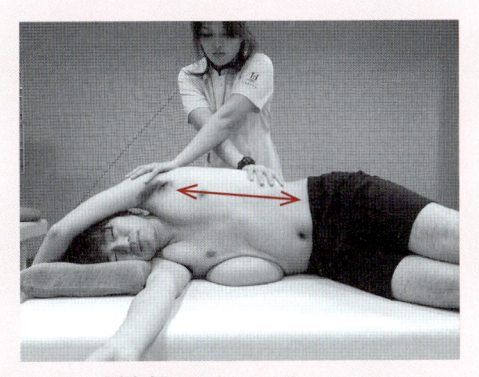

図 3-104　側腹部のストレッチ
一側上肢を挙上し，呼気に合わせ胸郭下部を下制させ側腹部の伸張性を促す．

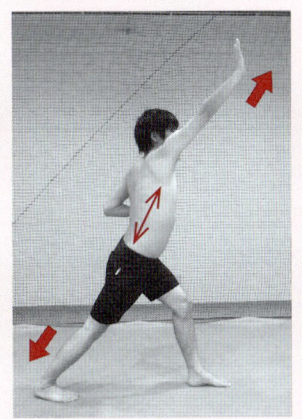

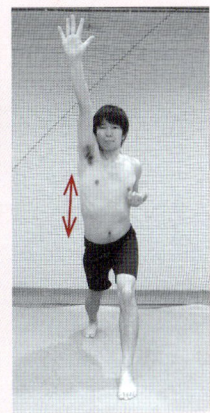

図 3-105　抗重力位でのアプローチ
同側の上肢と下肢が引き離されるように作用することで，体幹を伸張させる．

動性低下があげられ，肋間筋の伸張性低下や，広背筋，腹斜筋などの側腹部を形成する筋群の伸張性低下が原因であることが多い．これらの筋群の伸張性を改善し，オーバーヘッド動作に必要な体幹機能を構築する．

側腹部のストレッチ

胸郭を含めた側腹部の伸張性を促すために，側臥位で側腹部のストレッチを行う．一側上肢を挙上し，呼気に合わせ胸郭下部を下制させ，側腹部の伸張性を促す（図 3-104）．

抗重力位でのアプローチ

荷重位にて，一側の上肢を前上方にリーチし，同側下肢を後下方に位置させ，床をプッシングさせる．同側の上肢と下肢が引き離されるように作用することで体幹を伸張させる（図 3-105）．

前腕へのアプローチ

前腕可動域改善へのアプローチ

前述したように，前腕部の可動域制限は，肩甲上腕関節や肩甲胸郭関節に影響を及ぼすため，可

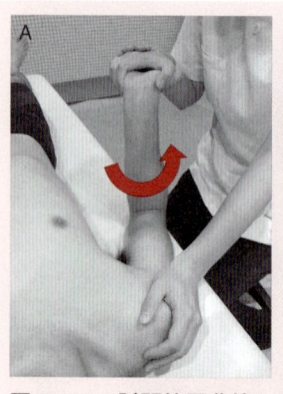

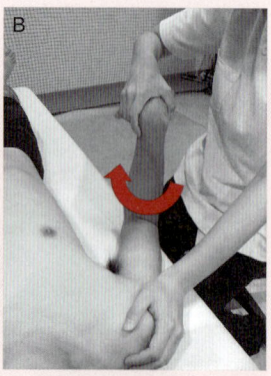

図3-106　肘関節屈曲位における前腕回内・回外へのアプローチ
A：肘関節屈曲位にて前腕回外の可動域を改善する．
B：肘関節屈曲位にて前腕回内の可動域を改善する．

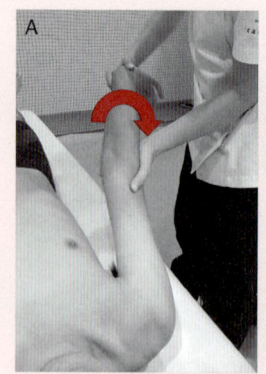

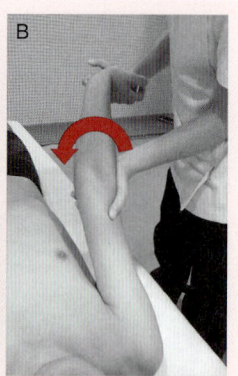

図3-107　肘関節伸展位における前腕回内・回外へのアプローチ
A：肘関節伸展位にて前腕回外の可動域を改善する．
B：肘関節伸展位にて前腕回内の可動域を改善する．

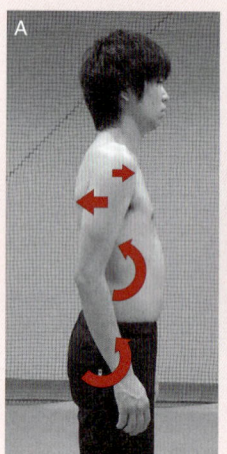

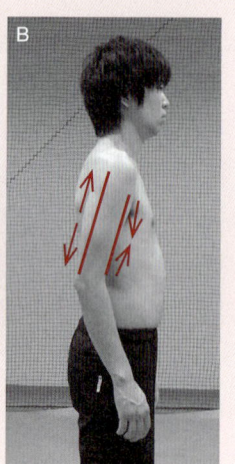

図3-108　上肢の malalignment
A：上腕骨頭の前方偏位，肩関節伸展，肘関節屈曲，前腕回内などが観察される．
B：上腕二頭筋と上腕三頭筋の筋長が変化し，肩関節に対してアンバランスに作用する．

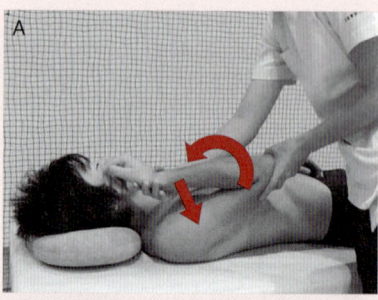

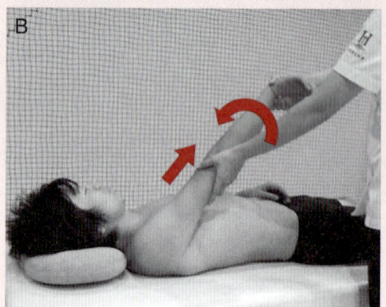

図3-109　上腕二頭筋と上腕三頭筋の再学習
A：上腕骨頭を安定させたニュートラルポジションの状態で，前腕回外，肘関節屈曲運動を誘導する．
B：上腕骨頭を安定させたニュートラルポジションの状態で，前腕回内，肘関節伸展運動を誘導する．

動域確保が必要である．

肘関節屈曲位における前腕回内・回外へのアプローチ（図3-106）

　肘関節屈曲位により前腕回内・回外に関与する二関節筋の影響を除外し，前腕の回内・回外に関与する単関節筋のストレッチを行う．

肘関節伸展位における前腕回内・回外へのアプローチ（図3-107）

　肘関節伸展位により前腕回内・回外に関与する二関節筋のストレッチを行う．

上肢へのアプローチ

肩甲上腕関節を安定させた状態（求心位）での上腕二頭筋と上腕三頭筋の再学習

上肢のmalalignmentでは，肩関節伸展位・肘関節屈曲位alignmentを呈している場合が多い（図3-108）．この状態では上腕骨頭は臼蓋に対して前方へ偏位し，求心位から逸脱するため正常な肩関節運動が得られない．また，肩関節伸展位・肘関節屈曲位alignmentは，上腕二頭筋と上腕三頭筋の筋長が変化し，肩関節に対してアンバランスに作用する．このような筋alignment不良の状態は，上腕内側・外側筋間中隔の滑動性障害をきたし，滑動性障害が起因で肩関節回旋制限をきたしてしまう[23]．筋間中隔部のリリースを行い，相反神経支配を利用した上腕二頭筋と上腕三頭筋の収縮-弛緩メカニズムを誘導し，上腕骨に対する適切な筋alignmentを学習させ，上腕部の活動性の改善を図る．

筋alignmentを調整した状態での上腕二頭筋筋収縮の再学習（図3-109A）

安定したニュートラルポジションの状態で，前腕回外，肘関節屈曲運動を誘導し運動を学習させる．運動時時に上腕骨頭が臼蓋から逸脱しないように注意する．

筋alignmentを調整した状態での上腕三頭筋筋収縮の再学習（図3-109B）

安定したニュートラルポジションの状態で，前腕回内，肘関節伸展運動を誘導し，運動を学習させる．運動時に上腕骨頭が臼蓋から逸脱しないように注意する．

引用文献

1) Codman EA: The shoulder. Boston: ThomasTodd; pp32-64. 1934.
2) 塩島直路ほか：日本理学療法学術大会，2006.
3) 佐志隆士ほか：肩関節のMRI—撮像と読影の基本テクニック．メジカルビュー社，2005.
4) 高岸憲二：エレンベッカー　肩関節検査法．西村書店，2008.
5) Mihata T, McGarry MH, Kinoshita M, et al：Excessive glenohumeral horizontal abduction as occurs during the late cocking phase of the throwing motion can be critical for internal impingement. *Am J Sports Med* 37(13)，2009.
6) 三幡輝久ほか：前方関節包のゆるみがインターナルインピンジメントに及ぼす影響．臨整形外科45(2)：115-118，2010.
7) 信原克哉：肩—その機能と臨床．第3版，医学書院，2001.
8) 二瓶隆一：整形外科学テキスト．南江堂，2004.
9) 立花　孝ほか：肩関節．PTジャーナル24：761-767，1995.
10) 高濱　照：肩関節の機能解剖とバイオメカニズム．理学療法23(12)：1581-1589，2006.
11) Burkhart SS. Moegan CD, Kibler WB：Shoulder injuries in overhead athletes;the dead arm revisited. *Clin Sports Med* 19：125-158, 2000.
12) 山本宣幸ほか：投球障害肩の最近の話題　内旋可動域の低下．関節外科25(10)：17-20，2006.
13) Burkhart SS Moegan CD, Kibler WB：The peel back mechanism;its role in producing and extending posterior type 2 SLAP lesions and its effect on SLAP repair rehabilitation. *Arthroscopy* 14, 637-640, 1998.
14) Burkhart SS. Moegan CD, Kibler WB: The disabled throwing shoulder; scapular dyskinesis, the kinetic chain,and rehabilitation. *Arthroscopy* 19: 641-661, 2003.
15) 元脇周也ほか：体幹と上肢の運動連鎖．理学療法23(10)：1377-1385，2006.
16) 橋口　宏ほか：肩関節のスポーツ障害．疼痛性疾患の診療ポイント．整形外科59(2)：187-193，2008.
17) Castaing Jほか：関節・運動器の機能解剖．共同医書出版社，pp33-34，2002.
18) Neumann DA：筋骨格系のキネシオロジー．医歯薬出版，2006.

19）山本尚司：巧緻性・協調性の測定方法．理学療法 22(1)：49-55，2005．
20）宮下浩二ほか：肘関節機能の評価法と臨床理論の進め方．理学療法 25(9)：1282-1288，2008．
21）戸田晴貴ほか：前腕可動域制限が肩関節外転運動の筋活動に及ぼす影響について．理学療法学 35(2)：276，2008．
22）橋本　淳，信原克哉：肩診療マニュアル　第3版．医歯薬出版，2008．
23）青木啓成：肩のスポーツ外傷・障害再発予防への理学療法の取り組み．理学療法 26(3)：400-408，2009．
24）鈴木加奈子ほか：両上肢前方挙上動作における上半身質量中心点ならびに体幹の動きについて．日本理学療法学術大会，2005．
25）山口光國，福井　勉，入谷　誠：結果の出せる整形外科理学療法．メジカルビュー社，pp136-137，2009．

第4章
肘関節・前腕のスポーツ障害

　日常生活動作における手の動きは肘関節との協調が重要であり，介在する前腕のalignmentに影響を受ける（図4-1 A，B）．

　また，上肢の運動は肩甲骨や鎖骨を介して体幹の安定性に支えられる（図4-1 C）．

1. 肘関節の機能解剖

肘関節の構成体（図4-2）

腕橈関節（humeroradial joint）（図4-3）

　上腕骨小頭と橈骨頭からなる球関節．

腕尺関節（humeroulnar joint）（図4-4）

　尺骨滑車切痕と円錐状の形状を呈する上腕骨滑車部からなる螺旋関節．

近位橈尺関節（proximal radioulnar joint）（図4-5）

　橈骨頭環状面と尺骨の橈骨切痕からなる車軸関節．3つの関節とも関節面は関節軟骨で覆われ，1つの関節包（capsule）で包まれている（図4-6）．

内側側副靱帯（medial collateral ligament）

　上腕骨内側上顆と尺骨鉤状突起内側を結ぶ索状線維，上腕骨内側上顆と尺骨滑車切痕内縁を結ぶ扇状線維，尺骨鉤状突起内縁と肘頭内側を結ぶ斜走線維の3線維からなり，肘関節外反を制御する（図4-7）．

橈骨輪状靱帯（annular ligament of radius）

　尺骨の橈骨切痕の前方と後方を結ぶ輪状の靱帯で，橈骨頭を囲むように付着し，その逸脱を制御している（図4-8）．

外側側副靱帯（lateral collateral ligament）

　上腕骨外側上顆と尺骨鉤状突起外縁および橈骨輪状靱帯を結ぶ靱帯で，肘関節内反を制御する（図4-8）．

肘関節の指標

運搬角（carrying angle）**または肘角**（cubital angle）（図4-9）

　上腕骨と前腕の各長軸のなす角度．男性≒170°，女性≒165°．

ヒューター線（Huter line）（図4-10 A）

ヒューター三角（Huter triangle）（図4-10 B）

　肘関節屈曲90°における肘頭と上腕骨の外側上顆・内側上顆を結ぶ線との三角．

肘関節の運動と可動域

屈曲（flexion）**145°，伸展**（extension）**5°**（図4-11）

　運動軸はcarrying angleにより矢状面よりやや外反した面となる．

回内（pronation）**90°，回外**（spination）**90°**（図4-12）

　橈骨頭の形状は楕円形のため尺骨周囲を円錐形の軌跡を描いて運動する．

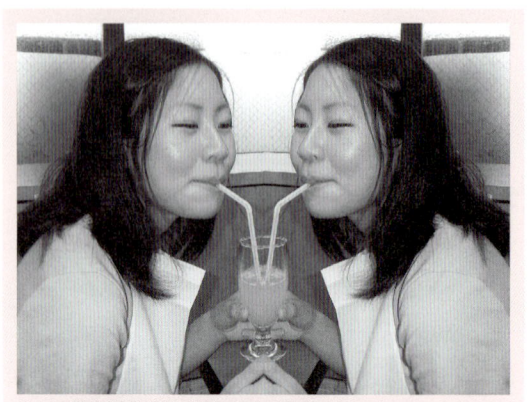

第4章　肘関節・前腕のスポーツ障害

A：日常生活動作における手の動き

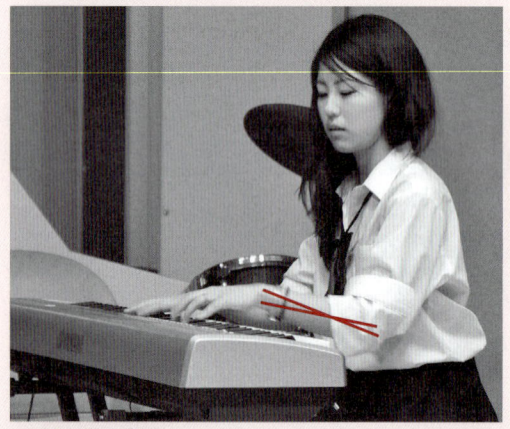

B：肘と手の協調
手の運動は肘関節との協調が重要であり，介在する前腕のalignmentに影響を受ける．

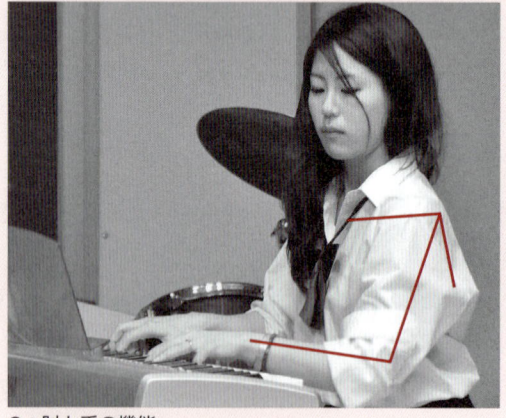

C：肘と手の機能
上肢の運動は肩甲骨や鎖骨を介して体幹の安定性に支えられる．

図4-1　手の動きと上肢の運動と体幹の協調

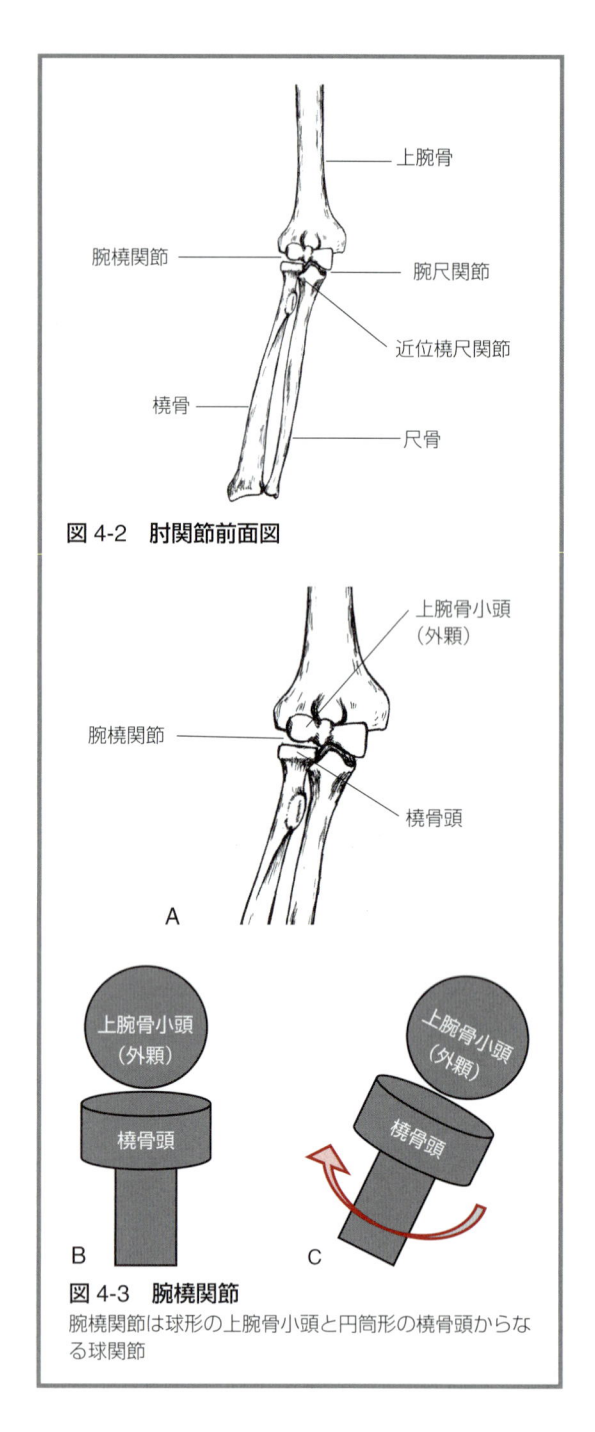

図4-2　肘関節前面図

図4-3　腕橈関節
腕橈関節は球形の上腕骨小頭と円筒形の橈骨頭からなる球関節

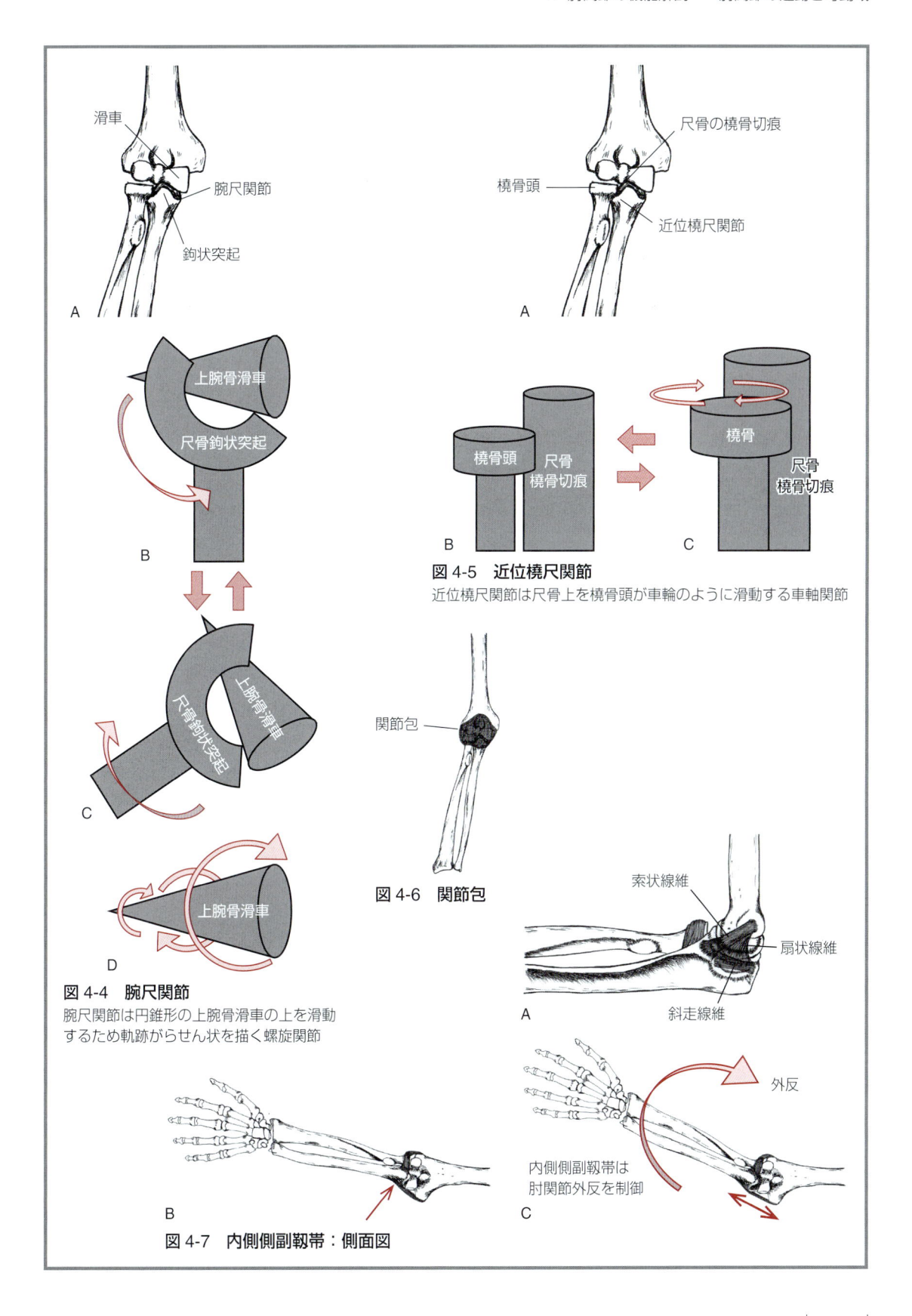

1. 肘関節の機能解剖——肘関節の運動と可動域

図 4-5　近位橈尺関節
近位橈尺関節は尺骨上を橈骨頭が車輪のように滑動する車軸関節

図 4-4　腕尺関節
腕尺関節は円錐形の上腕骨滑車の上を滑動するため軌跡がらせん状を描く螺旋関節

図 4-6　関節包

図 4-7　内側側副靱帯：側面図

内側側副靱帯は肘関節外反を制御

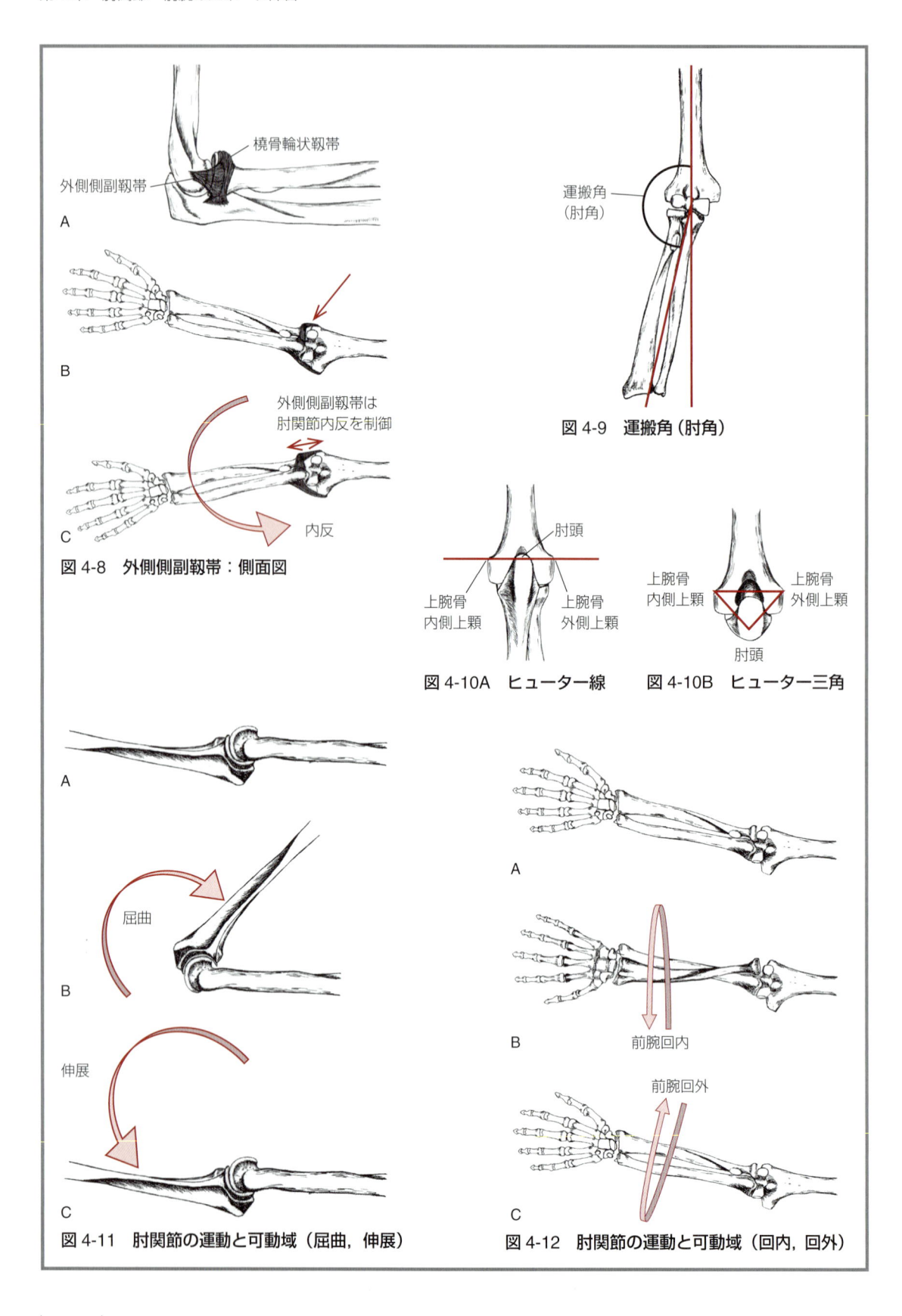

第 4 章　肘関節・前腕のスポーツ障害

図 4-8　外側側副靱帯：側面図

橈骨輪状靱帯
外側側副靱帯
外側側副靱帯は肘関節内反を制御
内反

図 4-9　運搬角（肘角）

運搬角（肘角）

図 4-10A　ヒューター線

肘頭
上腕骨内側上顆
上腕骨外側上顆

図 4-10B　ヒューター三角

上腕骨内側上顆
上腕骨外側上顆
肘頭

屈曲
伸展

図 4-11　肘関節の運動と可動域（屈曲，伸展）

前腕回内
前腕回外

図 4-12　肘関節の運動と可動域（回内，回外）

肘関節の運動筋

上腕二頭筋（biceps brachii）（図4-13）

筋皮神経に支配され，長頭は臼蓋上縁の関節上結節，短頭は烏口突起に起始し，橈骨粗面と円回内筋起始部の筋膜に停止する．

機能は肘関節屈曲，前腕回外，肩関節の屈曲・内転・外転．

上腕筋（brachialis）（図4-14）

筋皮神経に支配され，上腕骨中央の外側（三角筋停止部の遠位部）と前面に起始し，尺骨粗面に停止する．

機能は肘関節屈曲．

腕橈骨筋（brachioradialis）（図4-15）

橈骨神経に支配され，上腕骨遠位外側に起始し，橈骨茎状突起に停止する．

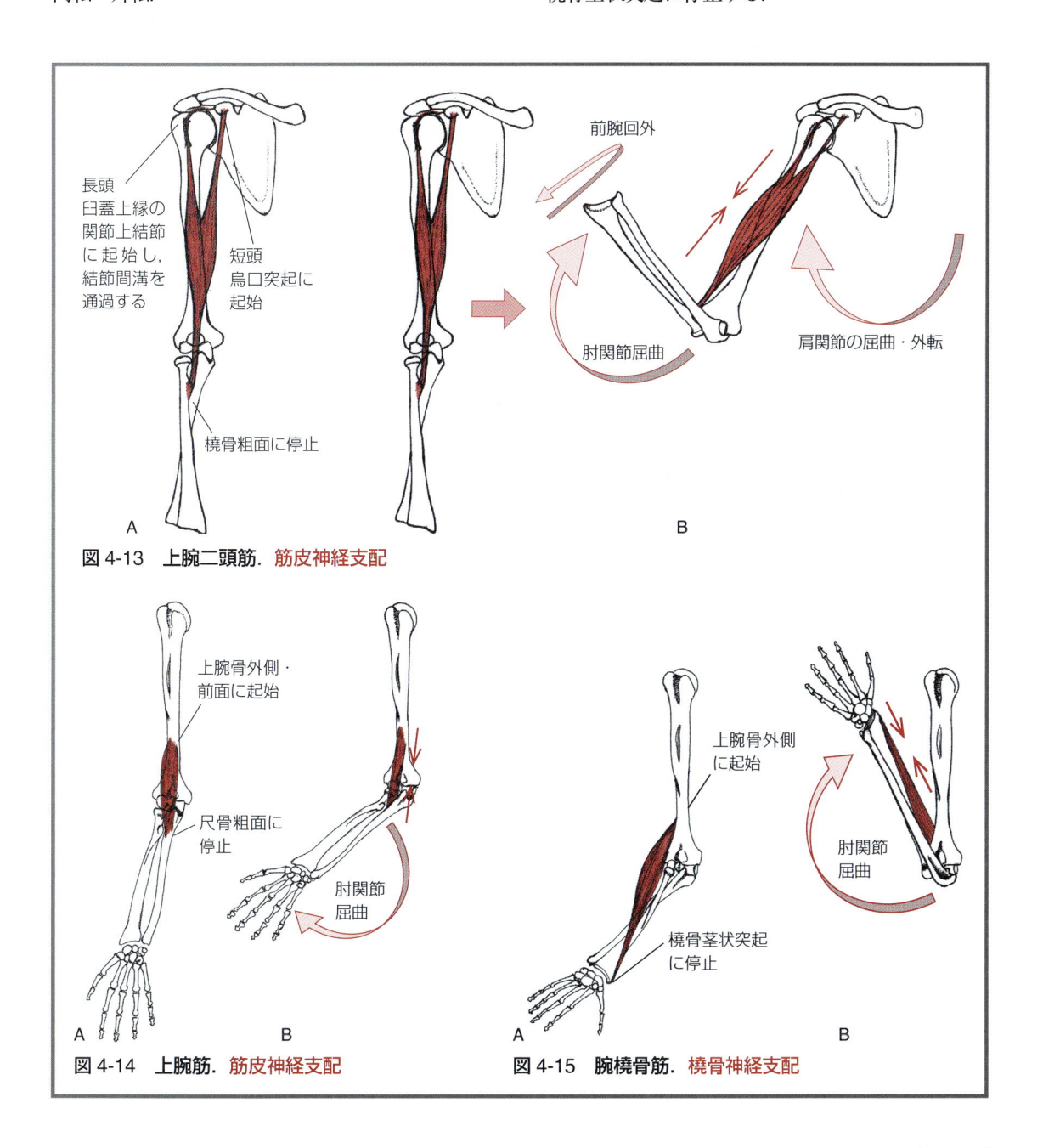

図4-13　上腕二頭筋．筋皮神経支配

図4-14　上腕筋．筋皮神経支配

図4-15　腕橈骨筋．橈骨神経支配

機能は肘の屈曲・回内・回外.

上腕三頭筋（triceps brachii）（図 4-16）

橈骨神経に支配され，長頭は臼蓋下縁の関節下結節，外側頭は上腕骨近位外側後面，内側頭は上腕骨遠位内側後面に起始し，肘頭後面に停止する.

機能は肘関節伸展. 長頭は二関節筋として肩関節内転作用がある.

肘筋（anconeus）（図 4-17）

橈骨神経に支配され，上腕骨外側上顆に起始し，肘頭外側に停止する.

機能は肘関節伸展.

円回内筋（pronator teres）（図 4-18）

正中神経に支配され，上腕頭は上腕骨内側上顆，尺骨頭は尺骨粗面の内側に起始し，橈骨前面中央に停止する.

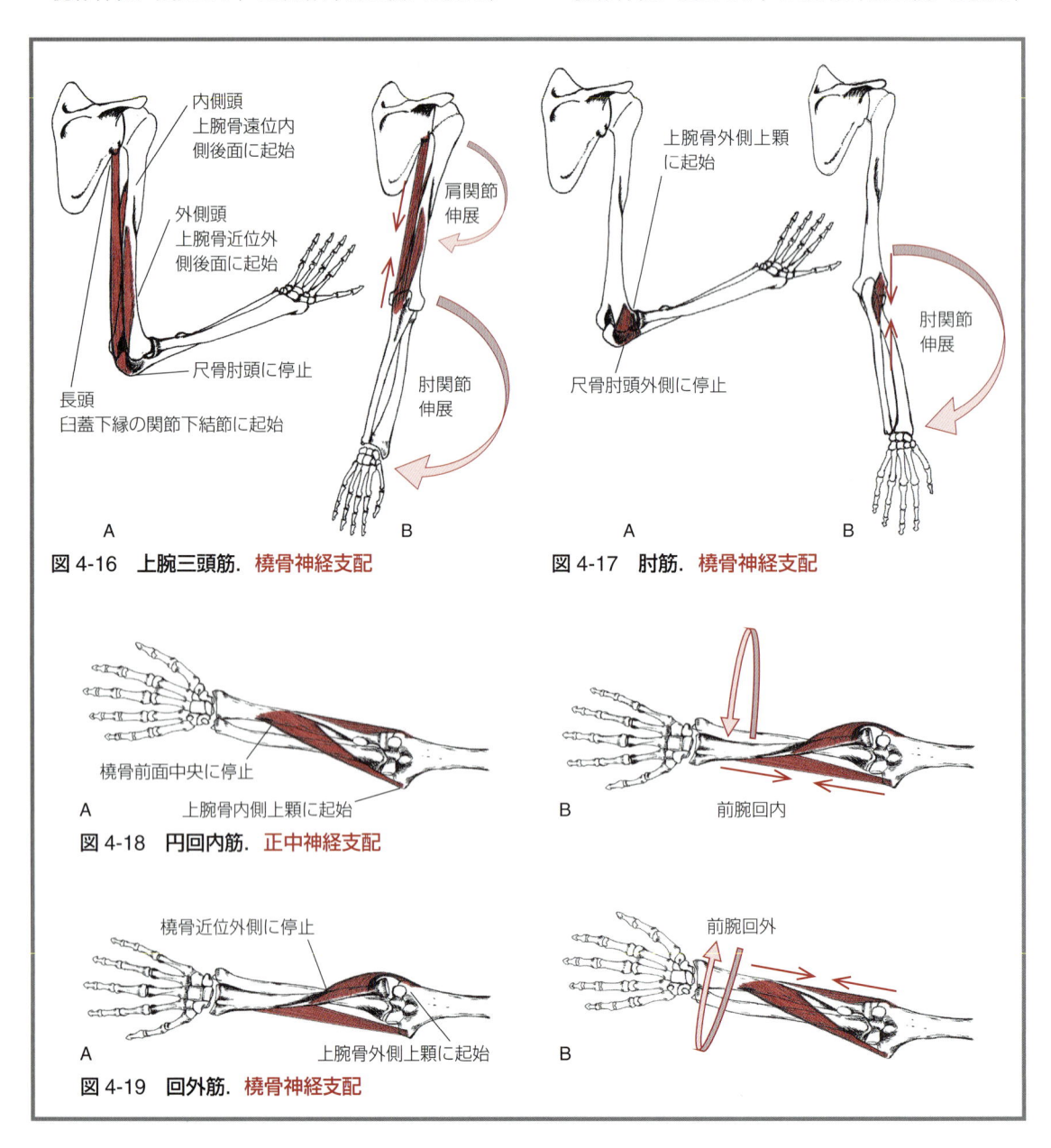

機能は前腕の回内・屈曲.

回外筋（spinator）（図 4-19）

橈骨神経に支配され，上腕骨外側上顆に起始し，

図 4-16　上腕三頭筋．**橈骨神経支配**

図 4-17　肘筋．**橈骨神経支配**

図 4-18　円回内筋．**正中神経支配**

図 4-19　回外筋．**橈骨神経支配**

橈骨近位外側に停止する．

機能は前腕の回外．

2．手と指の機能解剖

手と指の骨構成

手根骨（carpal bone）（図4-20）

舟状骨（scaphoid），月状骨（lunate），三角骨（triquetrum），豆状骨（pisiform），大菱形骨（trapezium），小菱形骨（trapezoid），有頭骨（capitate），有鉤骨（hamate）からなる．

中手骨（metacarpal bone）（図4-21）

第1～5中手骨からなる．

指節骨（phalangeal bone）（図4-22）

母指（thumb）は基節骨と末節骨からなる．

示指（index）・中指（middle）・環指（ring）・小

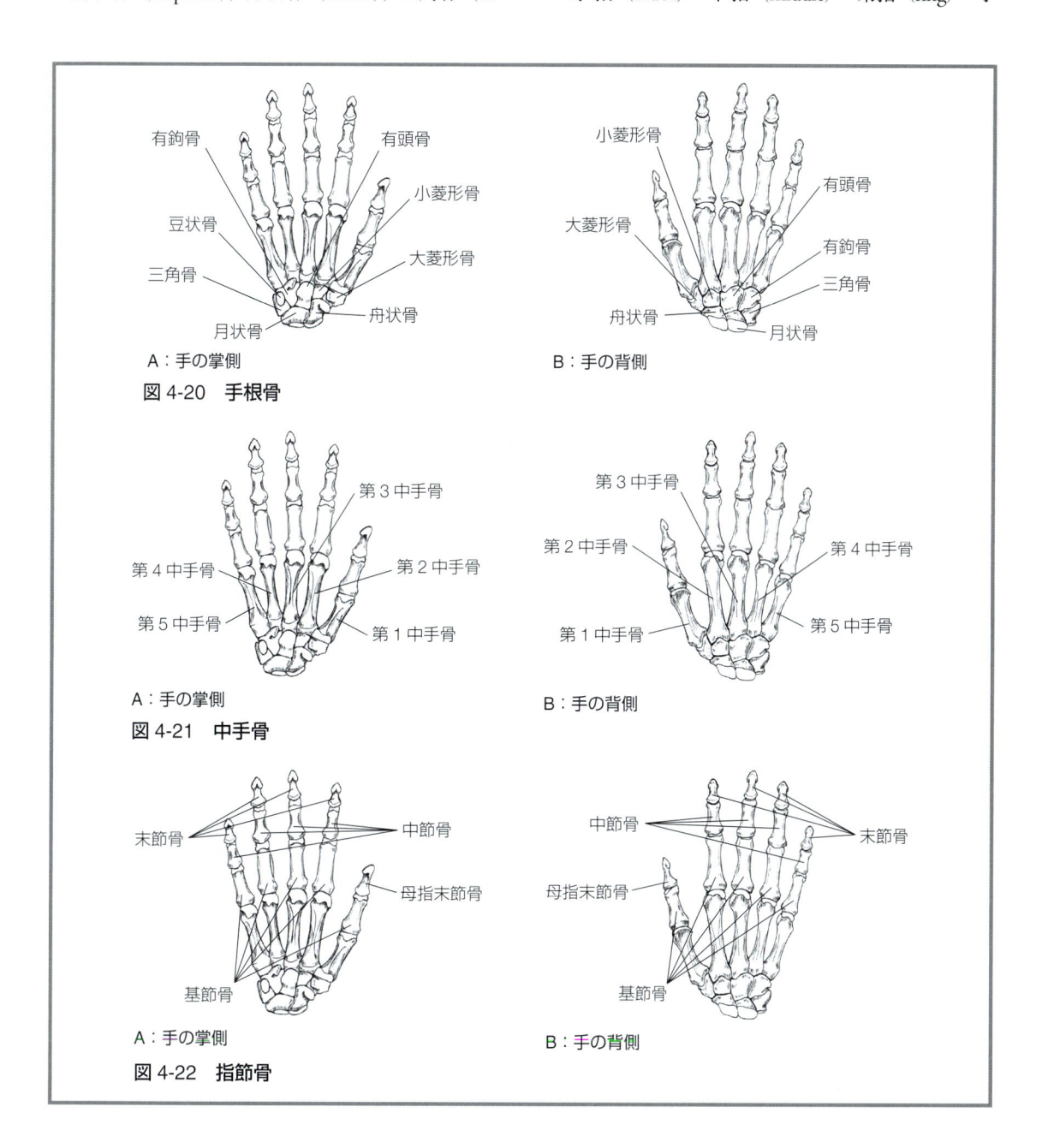

A：手の掌側
図4-20　手根骨

B：手の背側

A：手の掌側
図4-21　中手骨

B：手の背側

A：手の掌側
図4-22　指節骨

B：手の背側

指（little finger）は基節骨，中節骨，末節骨からなる．

指の関節の構成（図4-23）

母指CM関節（carpal metacarpal joint of thumb）

大菱形骨と第1中手骨のあいだの鞍関節で，関節面は関節軟骨で覆われる．

Ⅱ～Ⅴ指のCM関節（carpal metacarpal joint of Ⅱ～Ⅴ finger）

手根骨と第2～5中手骨のあいだの関節で，関節面は関節軟骨で覆われる．

MP関節（metacarpal phalangeal joint）

中手骨と指節骨のあいだの関節で，関節面は関節軟骨で覆われる．

母指IP関節（inter phalangeal joint of thumb）

母指の基節骨と末節骨のあいだの蝶番関節で，関節面は関節軟骨で覆われる．

PIP関節（proximal inter phalangeal joint）

基節骨と中節骨のあいだの関節で，関節面は関節軟骨で覆われる．

DIP関節（distal iinter phalangeal joint）

中節骨と末節骨のあいだの関節で，関節面は関節軟骨で覆われる．

手のアーチと機能的肢位

縦アーチ

手根骨，中手骨，指節骨からなるアーチ（図4-24）．

横アーチ（図4-25）

a）手根骨アーチ：大菱形骨・小菱形骨・有頭骨・有鉤骨からなるアーチ．

b）中手骨アーチ：第1～5中手骨からなるアーチ．

手の機能的肢位

手関節軽度背屈位．MP・PIP・DIP関節軽度屈曲位．

母指CM関節掌側外転位（対立位）（図4-26 A）．

示指～小指先端は舟状骨方向を向いている．母指先端と示指～小指の先端は等距離で同位置にある（図4-26 B）．

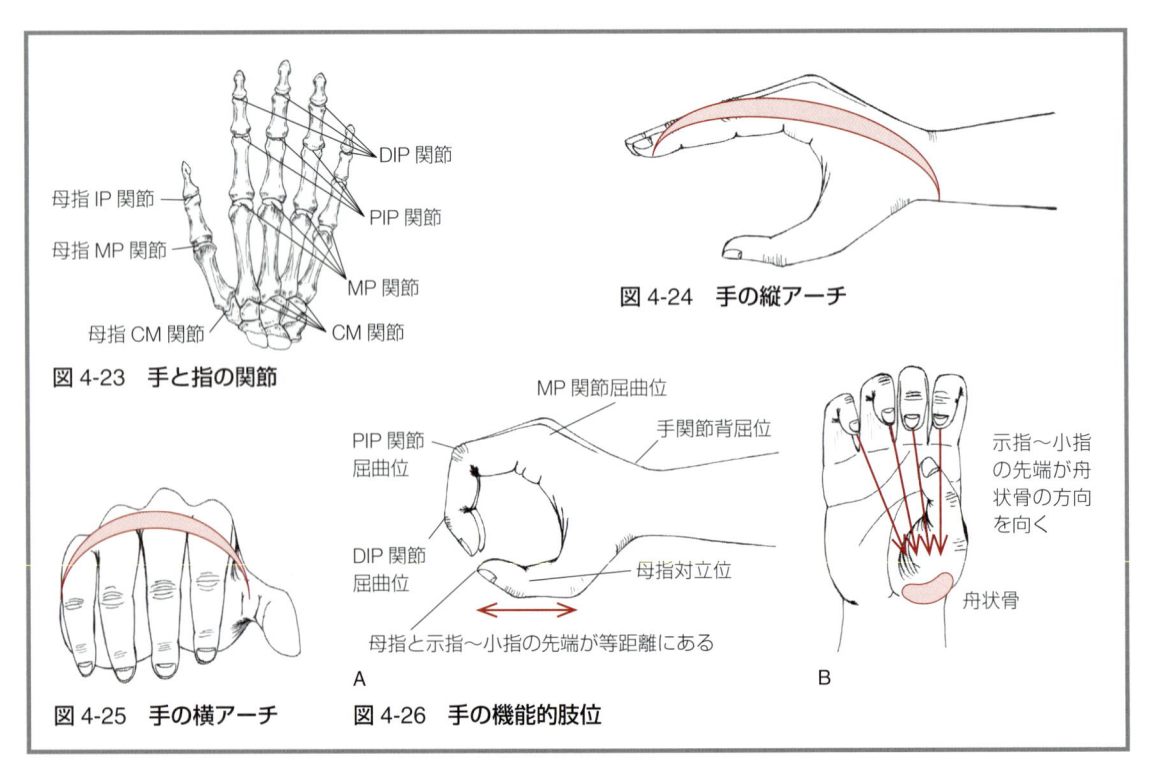

図4-23 手と指の関節

図4-24 手の縦アーチ

図4-25 手の横アーチ　図4-26 手の機能的肢位

2. 手と指の機能解剖――手関節の筋と運動

手関節の運動と可動域（図4-27）

屈曲（掌屈）（flexion）90°，伸展（背屈）(extension) 70°

橈屈（radial flexion）25°，尺屈（ulnar flexion）55°

回内（pronation）90°，回外（spination）90°

手関節の筋と運動

手関節掌屈筋（図4-28）

橈側手根屈筋（flexor carpal radialis）

正中神経に支配され，上腕骨内側上顆に起始し第2～3中手骨底掌側に停止する二関節筋．機能

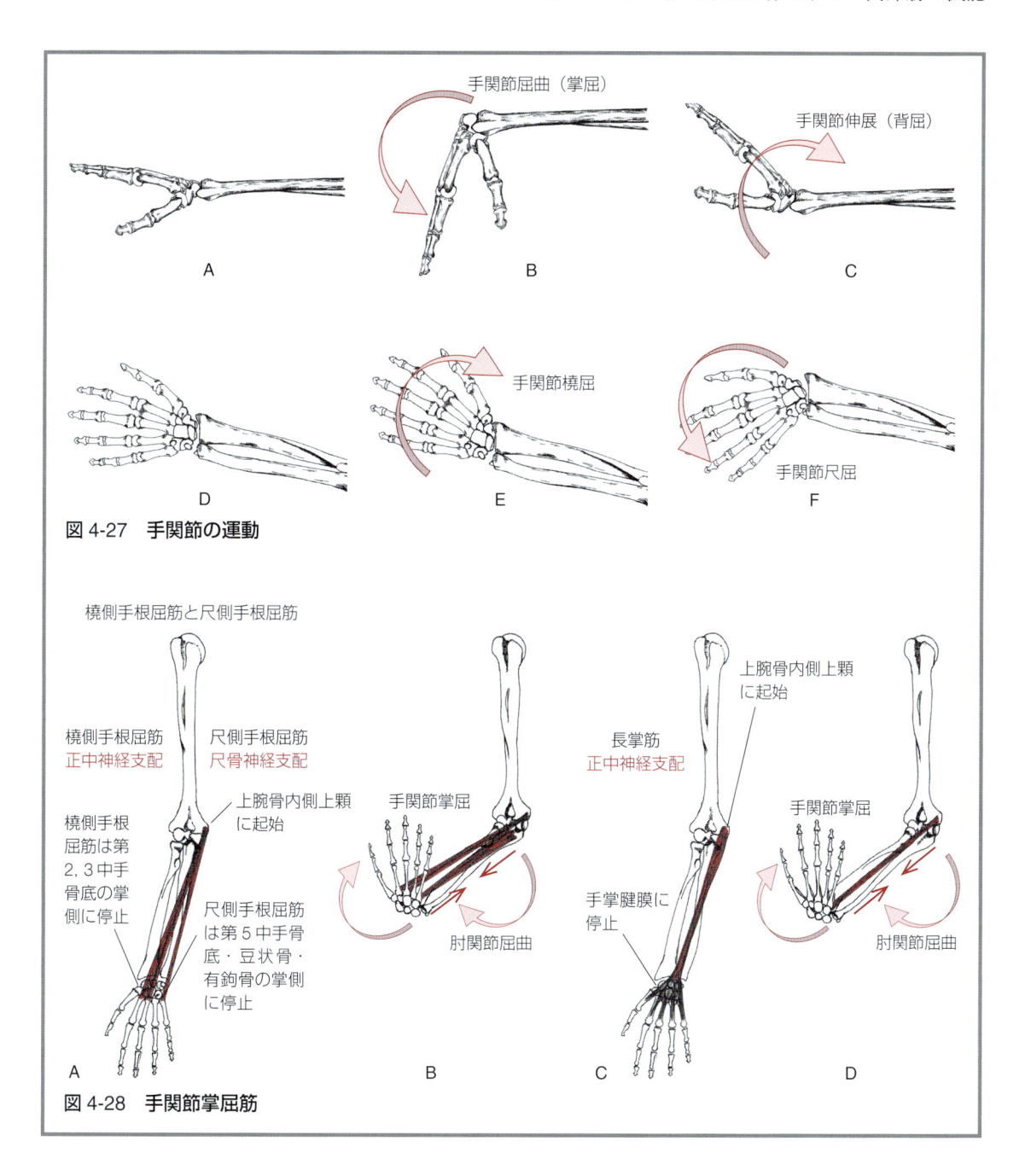

図4-27 手関節の運動

図4-28 手関節掌屈筋

147

は手関節の掌屈・橈屈と前腕の回内および肘関節屈曲.

尺側手根屈筋（flexor carpal ulnaris）

尺骨神経に支配され，上腕骨内側上顆と肘頭内側に起始する二頭筋で，豆状骨・有鈎骨・第5中手骨底掌側に停止する二関節筋．機能は手関節の掌屈・尺屈と肘関節屈曲.

長掌筋（palmaris longs）

正中神経に支配され，上腕骨内側上顆に起始し，手掌腱膜に停止する二関節筋．機能は手関節掌屈と肘関節屈曲.

手関節背屈筋（図4-29）

長橈側手根伸筋（extensor carpal radialis longs）

橈骨神経に支配され，上腕骨外側上顆に起始し，第2中手骨底背側に停止する二関節筋．機能は手関節の背屈・橈屈と肘関節伸展.

短橈側手根伸筋（extensor carpal radialis brevis）

橈骨神経に支配され，上腕骨外側上顆に起始し，第3中手骨底背側に停止する二関節筋．機能は手関節の背屈・橈屈と肘関節伸展.

尺側手根伸筋（extensor carpal ulnaris）

橈骨神経に支配され，上腕骨外側上顆と尺骨近位に起始する二頭筋で，第5中手骨底背側に停止する二関節筋．機能は手関節の背屈・尺屈と肘関節伸展.

手関節回内筋（図4-30）

方形回内筋（pronator quadratus）

正中神経に支配され，尺骨遠位橈側に起始し，橈骨遠位橈側に停止する単関節筋．機能は手関節の回内.

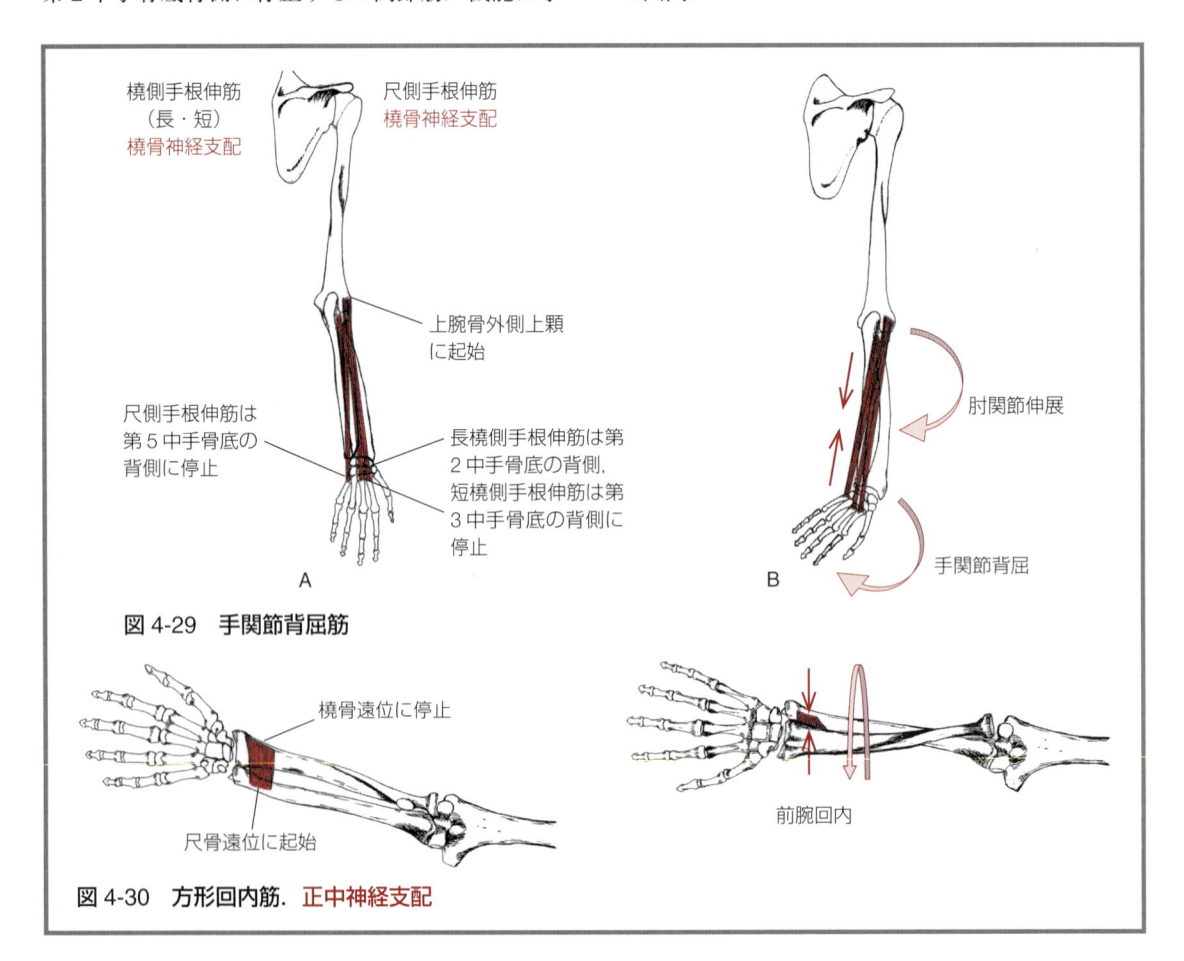

図4-29 手関節背屈筋

図4-30 方形回内筋．**正中神経支配**

指の関節の運動と可動域

母指 CM 関節（図 4-31）

橈側外転（radial abduction）60°，尺側内転（ulnar adduction）0°

掌側外転（volar abduction）90°，掌側内転（volar adduction）0°

母指の対立運動（図 4-31）

母指が示指～小指の列に向かい合う運動を対立運動という．

母指 MP 関節

屈曲（flexion）60°，伸展（extension）10°

母指 IP 関節

屈曲 80°，伸展 10°

示指～小指の CM 関節の運動

環指と小指にわずかな動きがあるが，示指と中指では不動関節である．

示指～小指の MP 関節（図 4-32）

屈曲 90°，伸展 45°

示指～小指の PIP 関節（図 4-32）

屈曲 100°，伸展 0°

示指～小指の DIP 関節（図 4-32）

屈曲 80°，伸展 0°

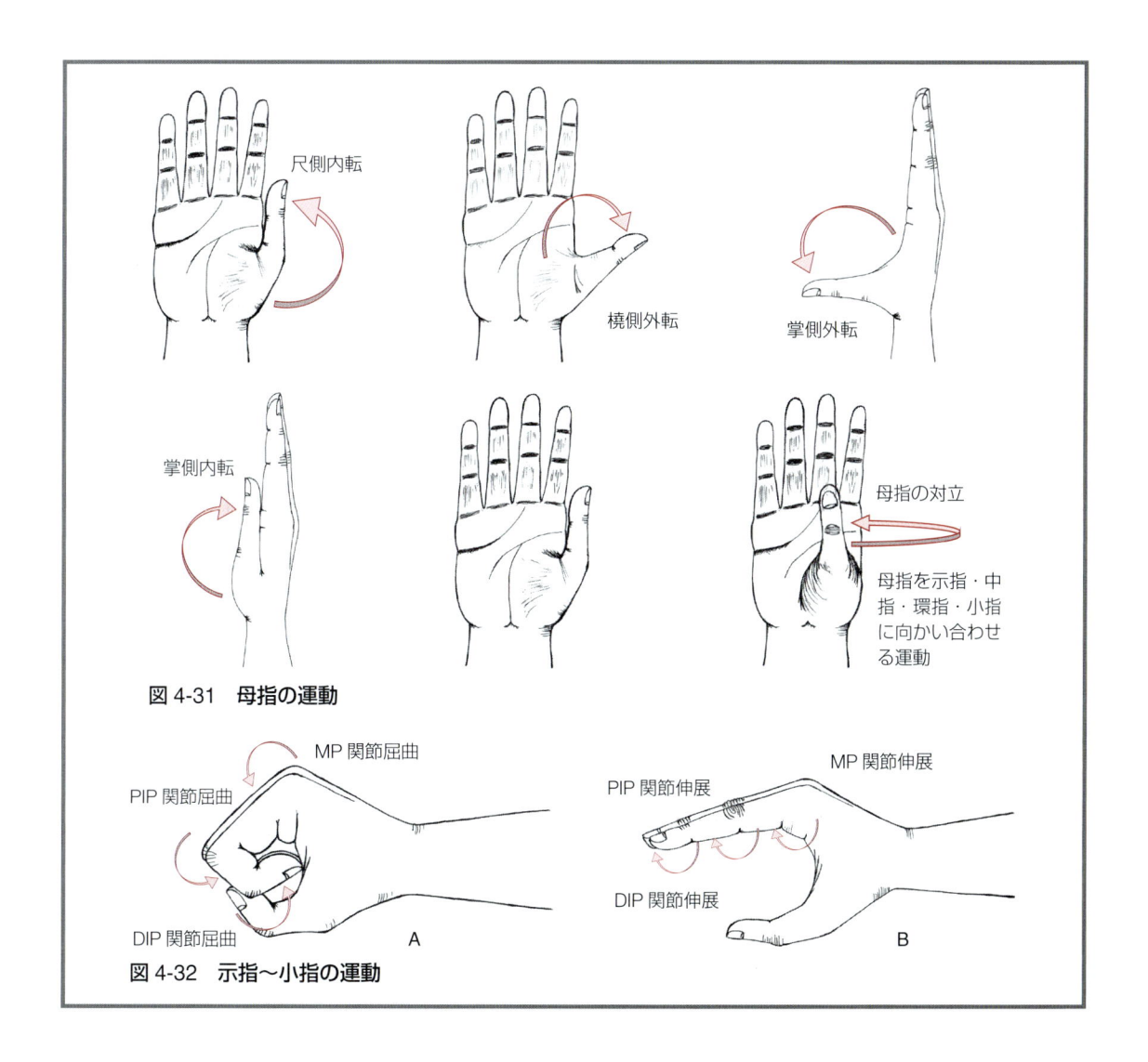

図 4-31　母指の運動

図 4-32　示指～小指の運動

指の関節の筋と運動

外来筋 (extrinsic muscles)

浅指屈筋 (flexor digitorum superficialis)（図 4-33）

正中神経に支配され，上腕骨内側上顆・尺骨粗面・橈骨掌側に起始し，示指～小指の中節骨底掌側に停止する．機能は，示指～小指の PIP・MP 関節の屈曲，手関節掌屈，肘関節屈曲．

深指屈筋 (flexor digitorum profundus)（図 4-34）

正中神経と尺骨神経の二重支配を受け，尺骨と前腕骨間膜の掌側に起始し，示指～小指の末節骨底掌側に停止する．機能は，示指～小指の DIP・PIP・MP 関節の屈曲，手関節掌屈．

長母指屈筋 (flexor pollicis longs)（図 4-35）

正中神経に支配され，橈骨と前腕骨間膜の掌側に起始し，母指末節骨底掌側に停止する．機能は，母指の IP 関節・MP 関節の屈曲，母指 CM 関節の尺側内転．

総指伸筋 (extensor digitorum communis)（図 4-36）

橈骨神経に支配され，上腕骨外側上顆に起始し，示指～小指の中節骨底の背側と末節骨底の背側に中央索・側索として停止する．機能は示指～小指の DIP・PIP・MP 関節の伸展，手関節背屈，肘関節伸展．

母指伸筋群 (thumb extensors)（図 4-37）

橈骨神経に支配され，橈骨・尺骨・前腕骨間膜の背側に起始する．

長母指伸筋（extensor pollicis longs）は母指末節骨

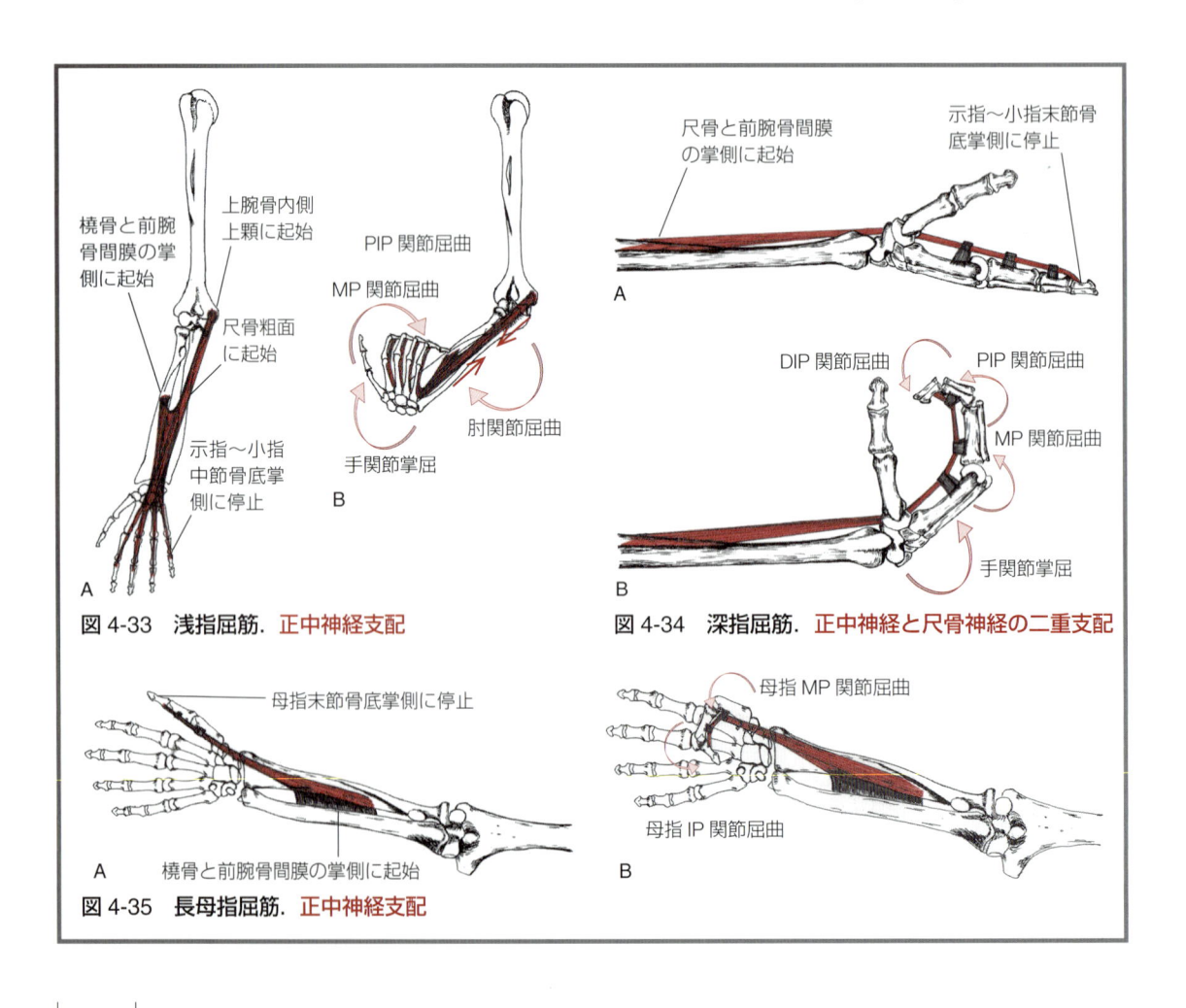

図 4-33 **浅指屈筋．正中神経支配**

図 4-34 **深指屈筋．正中神経と尺骨神経の二重支配**

図 4-35 **長母指屈筋．正中神経支配**

2. 手と指の機能解剖——指の関節の筋と運動

底背面に停止し，母指のIP・MP関節伸展，CM関節橈側外転，手関節橈屈に作用する．

短母指伸筋（extensor pollicis brevis）は母指基節骨底背面に停止し，母指のMP関節伸展・CM関節

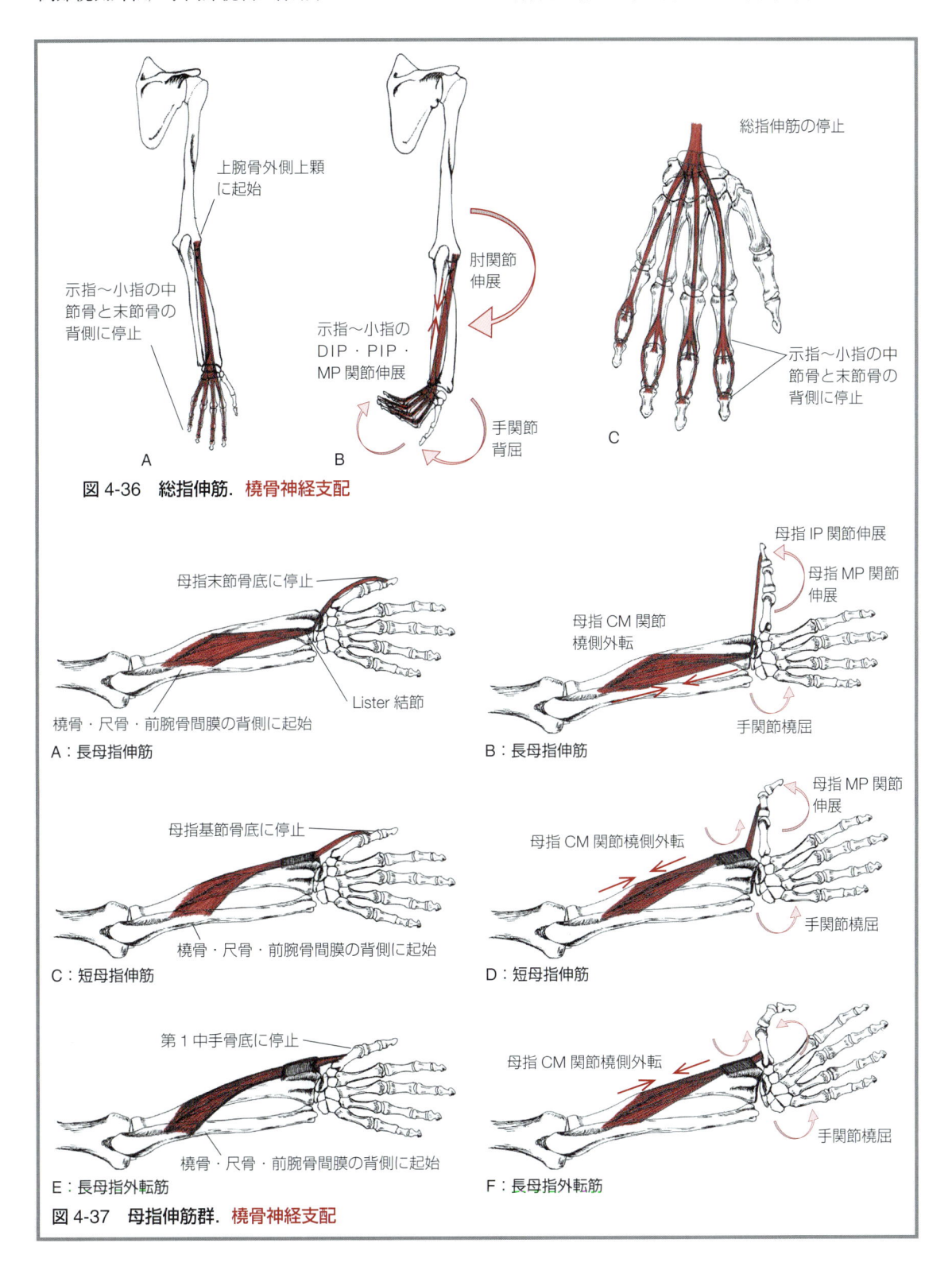

図4-36　総指伸筋．橈骨神経支配

図4-37　母指伸筋群．橈骨神経支配

図 4-38 snuff box（嗅ぎタバコ窩）
（短母指伸筋腱／長母指伸筋腱／長母指外転筋腱／snuff box／Lister 結節）

橈側外転，手関節橈屈に作用する．

長母指外転筋（abductor pollicis longs）は第 1 中手骨底背面に停止し，母指 CM 関節橈側外転，手関節橈屈に作用する．

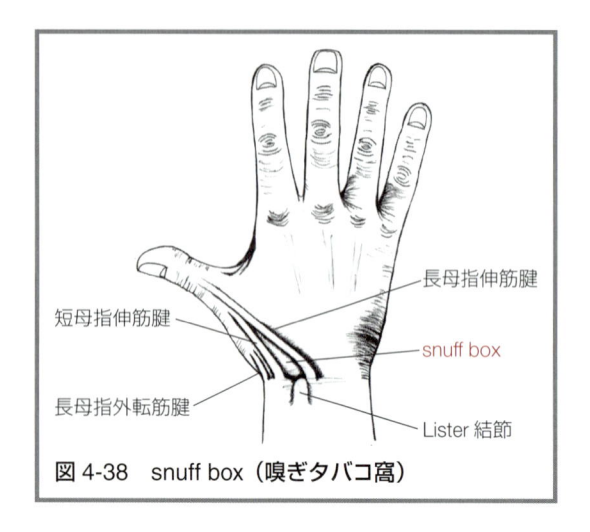

snuff box（嗅ぎタバコ窩）は，長母指伸筋腱と短母指伸筋腱のあいだの皮膚の窪みのことで，深部に舟状骨を触れる（図 4-38）．

固有伸筋（extensor digitorum proprius）

橈骨神経に支配され，示指固有伸筋（extensor digitorum index proprous）と小指固有筋（extensor digitorum minimum proprous）がある．

示指あるいは小指の DIP・PIP・MP 関節を単独で伸展する．

内在筋（intrinsic muscles）

骨間筋（interosseous）（図 4-39）

尺骨神経に支配され，掌側骨間筋と背側骨間筋に分けられる．

掌側骨間筋（voral interosseous）

第 1 掌側骨間筋：第 2 中手骨尺側に起始し，示指指背腱膜の総指伸筋腱の中央索と尺側の側索に停止する．

第 2 掌側骨間筋：第 4 中手骨橈側に起始し，環指指背腱膜の総指伸筋腱の中央索と橈側の側索に停止する．

第 3 掌側骨間筋：第 5 中手骨橈側に起始し，小指指背腱膜の総指伸筋腱の中央索と橈側の側索に停止する．

背側骨間筋（dorsal interosseous）

第 1 背側骨間筋：第 1 中手骨尺側と第 2 中手骨橈側に起始し，示指指背腱膜の総指伸筋腱の中央索と橈側の側索に停止する．

第 2 背側骨間筋：第 2 中手骨尺側と第 3 中手骨橈側に起始し，中指指背腱膜の総指伸筋腱の中央索と橈側の側索に停止する．

第 3 背側骨間筋：第 3 中手骨尺側と第 4 中手骨橈側に起始し，中指指背腱膜の総指伸筋腱の中央索と尺側の側索に停止する．

第 4 背側骨間筋：第 4 中手骨尺側と第 5 中手骨橈側に起始し，環指指背腱膜の総指伸筋腱の中央索と尺側の側索に停止する．

示指〜小指の PIP 関節と DIP 関節を MP 関節屈曲時に伸展させる作用を有する．また，掌側骨間筋は示指〜小指の MP 関節の内転を，背側骨間筋は示指〜小指の MP 関節の外転を行う．

虫様筋（lumbricalis）（図 4-40）

第 1 虫様筋：正中神経に支配され，示指深指屈筋腱橈側に起始し，示指指背腱膜の骨間筋腱橈側に停止する．

第 2 虫様筋：正中神経に支配され，中指深指屈筋腱橈側に起始し，中指指背腱膜の骨間筋腱橈側に停止する．

第 3 虫様筋：尺骨神経に支配され，中指・環指の深指屈筋腱に起始し，環指指背腱膜の骨間筋腱橈側に停止する．

第 4 虫様筋：尺骨神経に支配され，環指・小指の深指屈筋腱に起始し，小指指背腱膜の骨間筋腱橈側に停止する．

2 本に分岐した骨間筋腱はそれぞれ総指伸筋の中央索と側索に合流して癒合する．虫様筋腱は橈側の骨間筋腱に合流癒合する．

骨間筋と協調して，示指〜小指の PIP・DIP 関節

2．手と指の機能解剖──指の関節の筋と運動

A：掌側骨間筋．尺骨神経支配

指背腱膜の総指伸筋腱に停止

第2・4・5中手骨に起始

B：掌側骨間筋．尺骨神経支配

示指〜小指 MP関節内転

C：背側骨間筋．尺骨神経支配

総指伸筋腱の中央索と側索に合流

第1〜5中手骨に起始

D：背側骨間筋．尺骨神経支配

示指〜小指 MP関節外転

図 4-39　骨間筋．尺骨神経支配

A：虫様筋

第3・4虫様筋 尺骨神経支配

第1・2虫様筋 正中神経支配

B：虫様筋

指背腱膜の骨間筋腱橈側に停止

第3・4虫様筋は中指・環指と環指・小指の深指屈筋腱に起始

第1・2虫様筋は示指・中指の深指屈筋腱橈側に起始

C：虫様筋腱

総指伸筋腱側索

総指伸筋腱中央索

虫様筋腱

背側骨間筋腱

掌側骨間筋腱

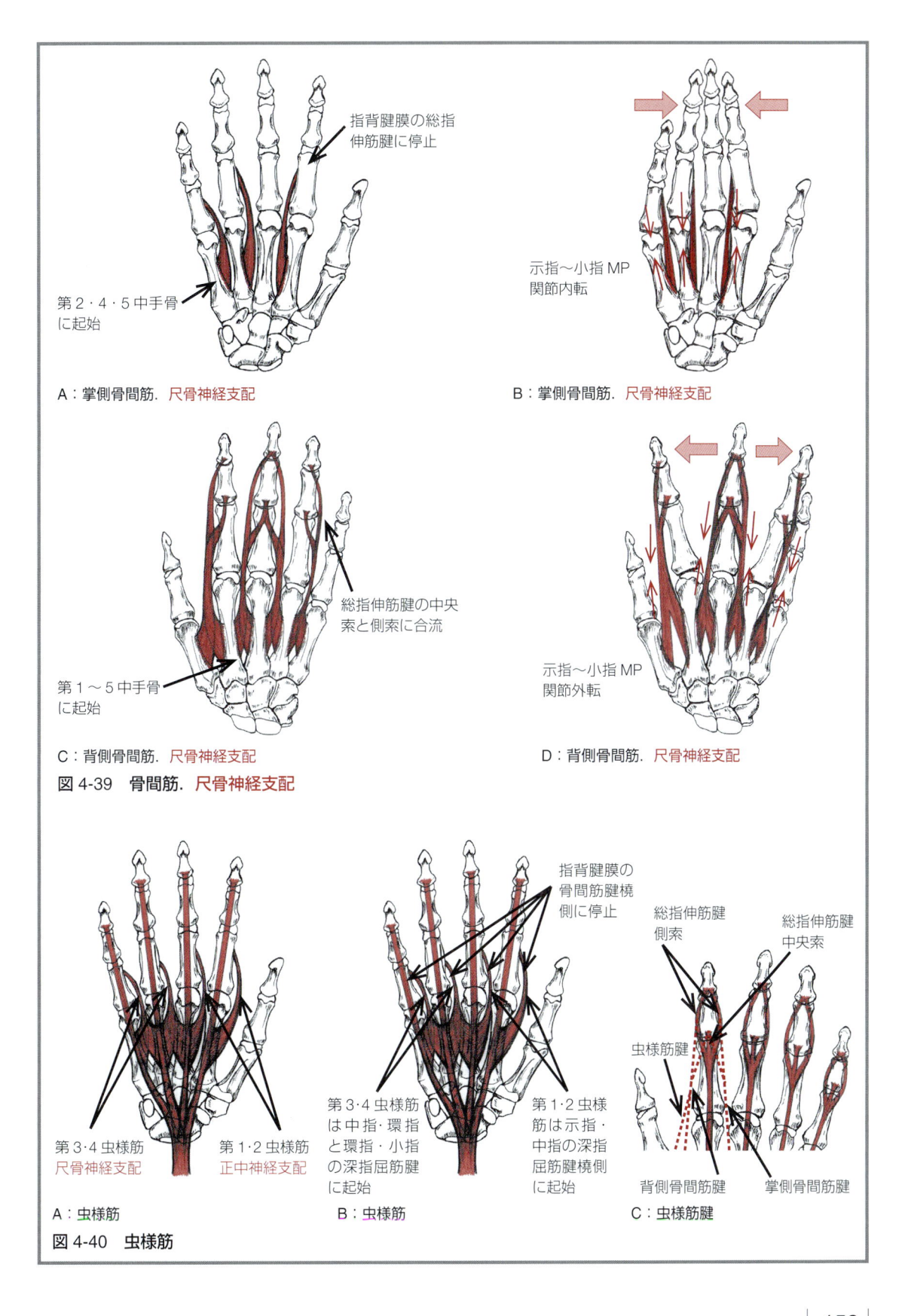

図 4-40　虫様筋

をMP関節屈曲時に伸展させる作用を有する（図4-41）．

母指球筋 (thenar)（図4-42）

母指対立筋（opponens pollicis）：正中神経に支配され，大菱形骨に起始して第1中手骨橈側に停止する．母指の対立に作用する．

母指内転筋（aductor pollicis）：尺骨神経に支配され，第2・3中手骨の掌側に起始して母指基節骨底の尺側に停止する．母指CM関節の内転に作用する．

短母指屈筋（flexor pollicis brevis）：正中神経と尺骨神経に二重支配を受け，大・小菱形骨と有頭骨に起始して母指基節骨底の掌側に停止する．母指MP関節の屈曲に作用する．

短母指外転筋（abductor pollicis brevis）：正中神経に支配され，舟状骨に起始して母指基節骨の橈側に停止する．母指CM関節の掌側外転に作用する．

小指球筋 (hypothenar)（図4-43）

尺骨神経に支配され，小指外転筋（abductor digitorum minimum），小指対立筋（opponens digitorum minimum），短小指屈筋（flexor digitorum minimum brevis），短掌筋（palmaris brevis）からなる．

手根管・腱鞘の機能と構造（図4-44）

筋収縮時に手関節・指の関節の運動時に筋腱が

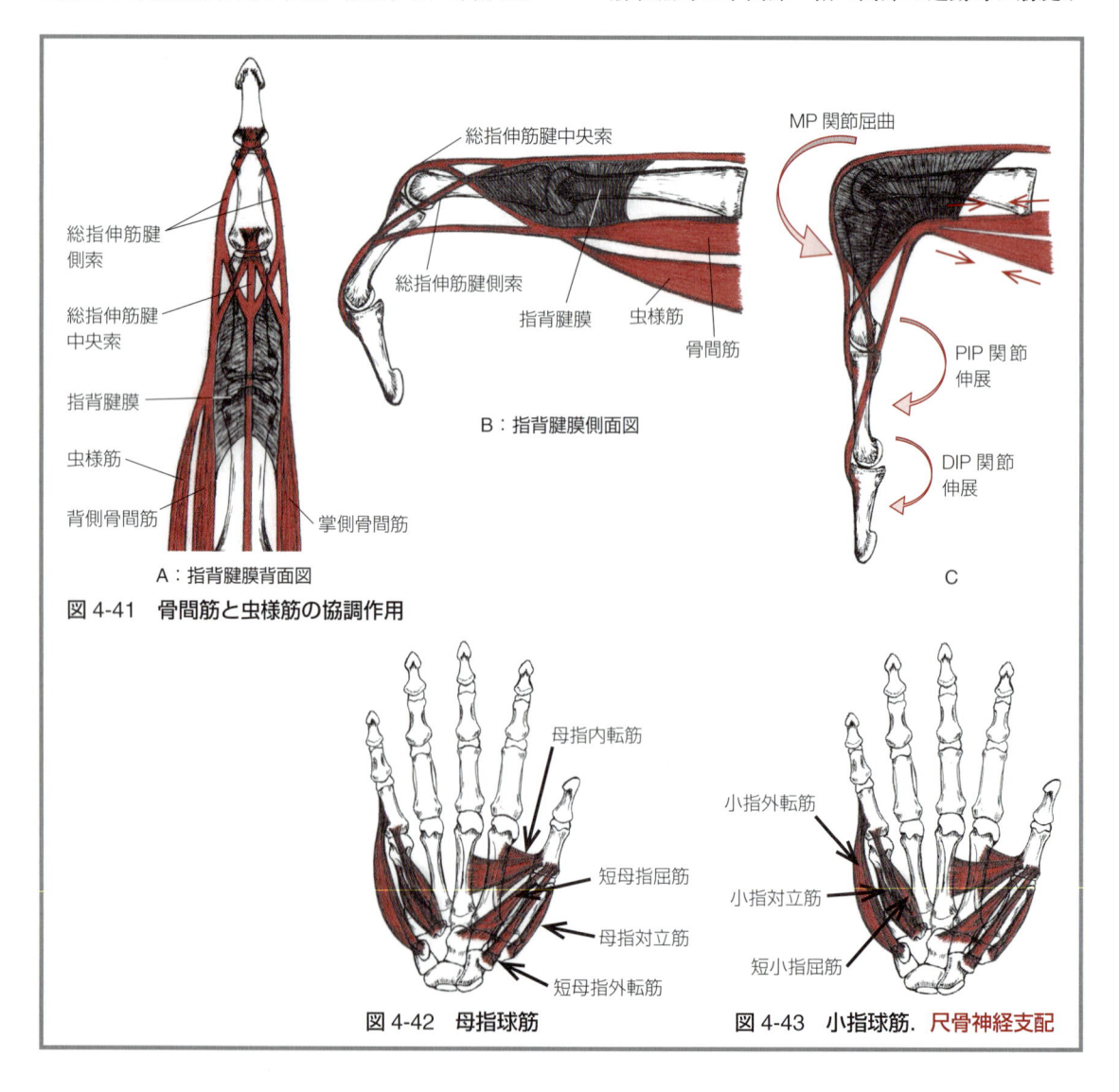

図4-41 骨間筋と虫様筋の協調作用
A：指背腱膜背面図
B：指背腱膜側面図

図4-42 母指球筋

図4-43 小指球筋．尺骨神経支配

手根管 (carpal tunnel)

横手根靱帯と大菱形骨,舟状骨,有鉤骨,豆状骨からなる管腔.内腔を深指屈筋,浅指屈筋,長母指屈筋,正中神経が通過する.

腱鞘 (tendon sheath)

滑液鞘:屈筋腱や伸筋腱を覆い滑液で潤っている.
線維鞘:滑液鞘を包む線維性の鞘で,腱の脱臼を防止する滑車の役目を担う.
　　　Aプーリー:輪状の線維鞘で4本存在する.
　　　Cプーリー:十字の線維鞘で3本存在する.

3. 肘関節・前腕のスポーツ障害

上肢の科学

　上肢は,上腕,前腕,手から構成され,手を使用する動作で重要な部位である.四足動物時代,上肢は体幹部を支持し,進行方向の決定や推進力,衝撃吸収などに用いる前足の役割を担っていた(図4-45).現在では,二足歩行への進化により把持機能が主体となった.把持動作は,「圧排(横つまみ)」「かぎ下げ」「摑み」「摘み」「握り」と目的に合わせた手の運動機能に分類される[1](図4-46).これら上肢の機能を効率的に活用するには,肩甲帯や体幹が安定していることが条件となる.しかし,肩甲帯や体幹が不安定な場合,上肢のバランス反応や支持,推進機能などで代償されることがある.

　ヒトは上肢で多様な運動を獲得した反面,土台である肩甲帯や体幹,下肢の不安定性を代償することで過剰動作を生じやすくなった.これら上肢の過剰動作は種々の障害を招く一因である.

スポーツにおける上肢の科学

　スポーツにおいて上肢は,日常生活以上にバラ

A:手根管
手根管と腱鞘は腱の走行の逸脱を防ぐ役割がある.

B:手根管

C:腱鞘

図4-44　手根管・腱鞘の機能と構造

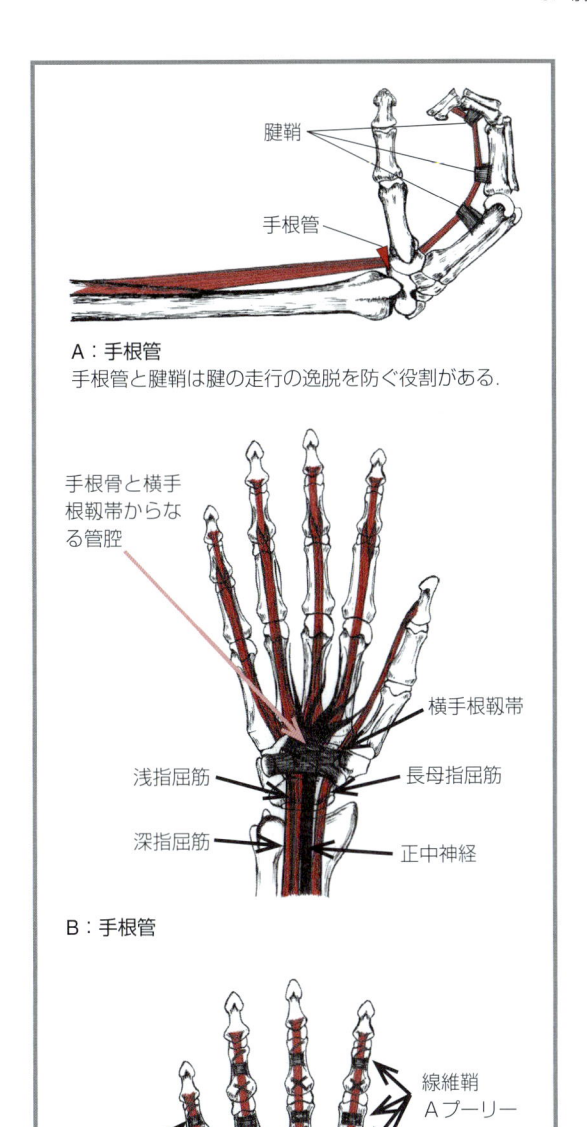

逸脱せず一定の位置を走行するために存在する.

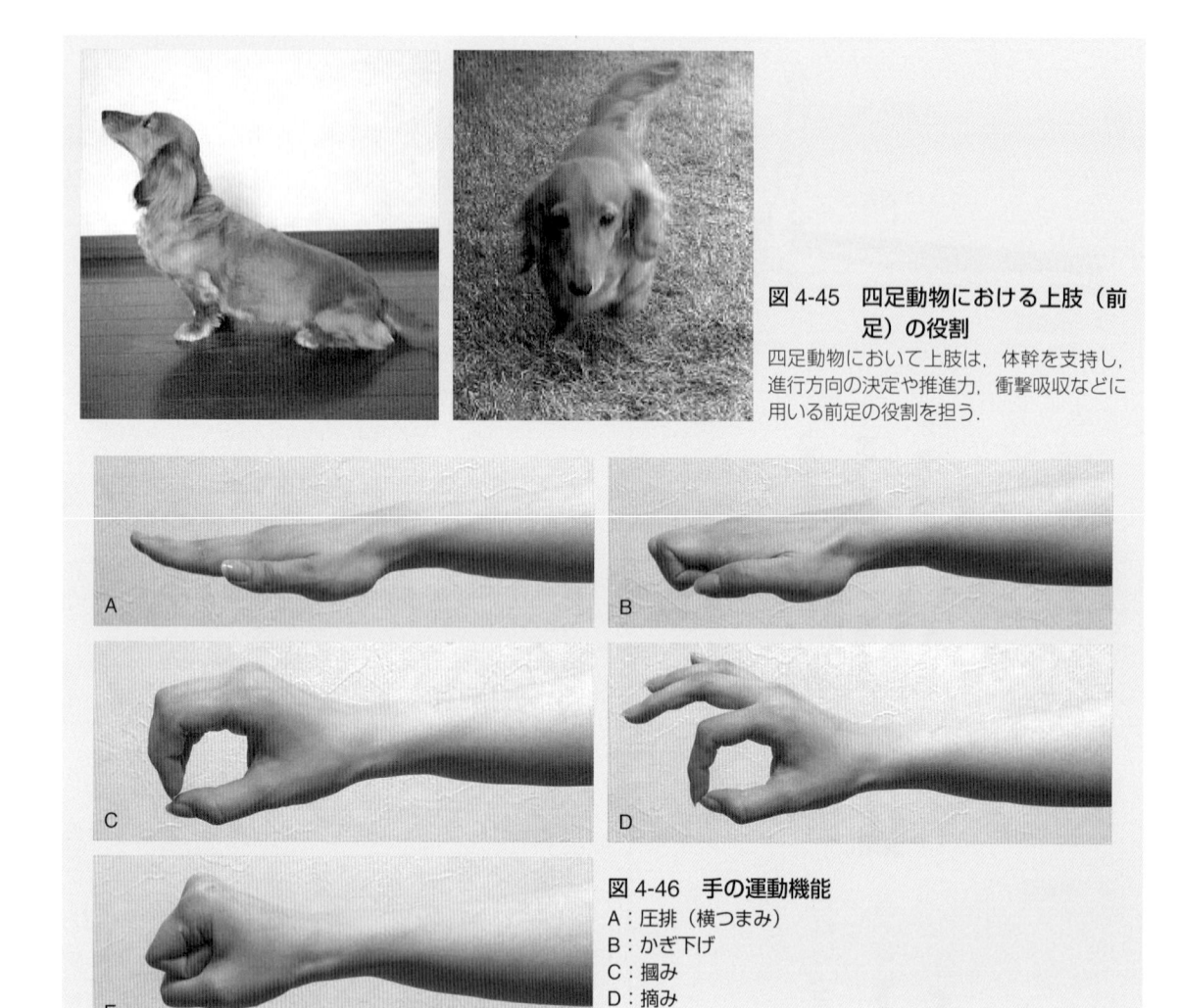

図 4-45 四足動物における上肢（前足）の役割
四足動物において上肢は，体幹を支持し，進行方向の決定や推進力，衝撃吸収などに用いる前足の役割を担う．

図 4-46 手の運動機能
A：圧排（横つまみ）
B：かぎ下げ
C：摑み
D：摘み
E：握り

（上羽康夫．2010[1]）を改変）

ンス，支持，推進機能を要求される．
　「下肢および体幹で発生した運動エネルギーを効率よく伝達する」ことや，「把持した道具を介し物体に正確な力を伝達する」ことが特徴的な機能である．スポーツのなかでも，肘，前腕に障害を呈しやすいテニスやゴルフは，ラケットやクラブを把持するため，道具を介した伝達機能が重要となる．
　伝達機能には体幹が安定していることや把持動作の使い分けが重要である．肩甲帯や体幹の安定性低下は，体幹部の可動性や伝達機能を低下させる．把持動作の適応能力低下は，動作のパターン化による malalignment や過緊張が要因で可動性や伝達機能を低下させる．これらの機能低下は，手関節や前腕で代償されることが多く，上肢の障害を招きやすい要因である．
　ここでは，テニス・ゴルフ動作時に伝達機能が破綻する要因を上肢や体幹から述べ，上肢安定化機構と運動連鎖を示し，スポーツ障害の病態と理学療法評価，治療を記載する．

上肢安定化機構

　身体にはさまざまな安定化機構が存在する．この項では機能解剖の観点から，肘関節，前腕，手

関節の安定化機構について示す．

肘関節の安定化機構

内側安定化機構

　肘関節の内側部は，靱帯性と筋性による安定化機構が存在する．靱帯性の機構としては，内側側副靱帯（以下，MCL）には，前斜走線維（以下，AOL），後斜走線維（以下，POL），横斜走線維がある．AOLは屈曲，伸展の回転軸に近く，POLは屈伸の回転軸より後方に位置するため[2]，屈曲位の安定性に関与するが伸展位では安定性が低下する．また，AOLの前部線維が屈曲0〜60°，後部線維は屈曲60°以上で伸張し，POLはより屈曲角度が増加した場合の安定化に重要である（図4-47）．

　筋性の機構は，浅指屈筋や尺側手根屈筋が関与する．浅指屈筋はAOLに一部付着して[3]MCLのやや前方を走行し，尺側手根屈筋は，MCL直上を走行する[3]（図4-48）．浅指屈筋や尺側手根屈筋の収縮ベクトルは腕尺関節を安定させる．

外側安定化機構

　肘関節の外側部は，靱帯性と筋性による機構が連動し安定性を高めている．靱帯性の機構としては，外側側副靱帯（以下，LCL）には，橈側側副靱帯（以下，RCL），外側尺骨側副靱帯，輪状靱帯（以下，AL），副靱帯がある．RCL前方線維は伸展時に，後方線維は屈曲時に緊張し，外側尺骨側副靱帯は最大屈曲時に伸張して内反制動に関与する．靱帯のなかでもALは重要であり，前腕回内時に，ALとRCLが，楕円形である橈骨頭の偏心性回転により伸張して近位方向への伸張ベクトルを発揮する．

　筋性の機構は，円回内筋と回外筋が存在する．円回内筋は前腕回内時に収縮ベクトルを発生させる．この収縮ベクトルは，AL，RCLにより生じた伸張ベクトルとの合力で腕橈関節を安定させる（図4-49）．回外筋は前腕回外時に収縮して，起始部であるALとRCLを伸張させることで回内時と同様のメカニズムが生じ，安定させる．

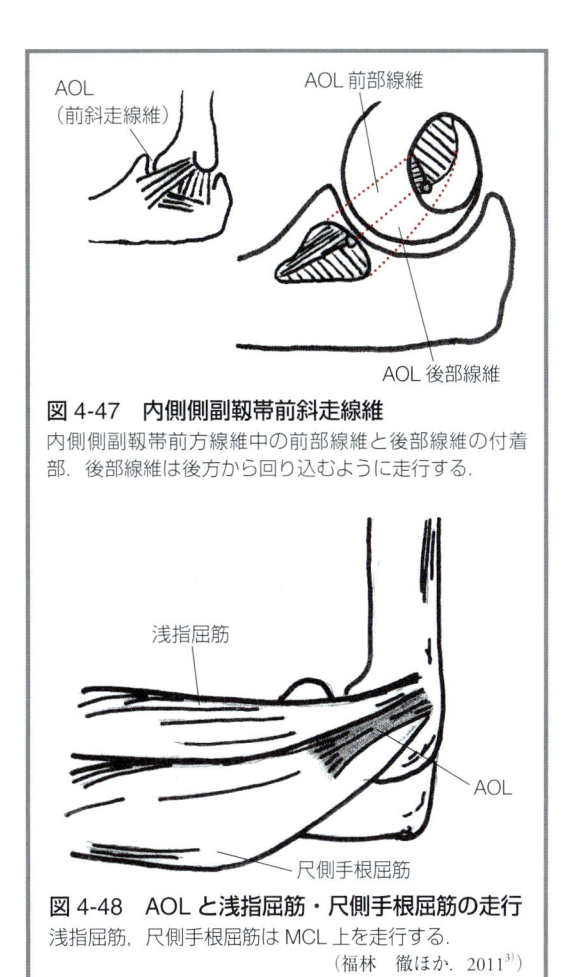

図4-47　内側側副靱帯前斜走線維
内側側副靱帯前方線維中の前部線維と後部線維の付着部．後部線維は後方から回り込むように走行する．

図4-48　AOLと浅指屈筋・尺側手根屈筋の走行
浅指屈筋，尺側手根屈筋はMCL上を走行する．
（福林　徹ほか．2011[3]）

後方安定化機構

　肘関節の後方部には，後方関節包，上腕三頭筋内側頭，肘筋による筋性の安定化機構が存在する．

　後方関節包は比較的弛緩しており，約90°以上屈曲で緊張し，肘関節を安定させる[4]．屈曲90°までは，後方関節包に連結している肘筋や上腕三頭筋内側頭が安定性に関与する．肘筋は，前腕回内時に後外側関節包を牽引させ，尺骨の回旋運動を円滑にさせる[5]．また，前腕回内を伴う肘関節伸展動作時に筋活動が最大になる[6]ことから，前腕回内時の後外側安定化に関与する．

前方安定化機構

　肘関節の前方部は前方関節包や上腕筋による筋性の安定化機構が存在する．

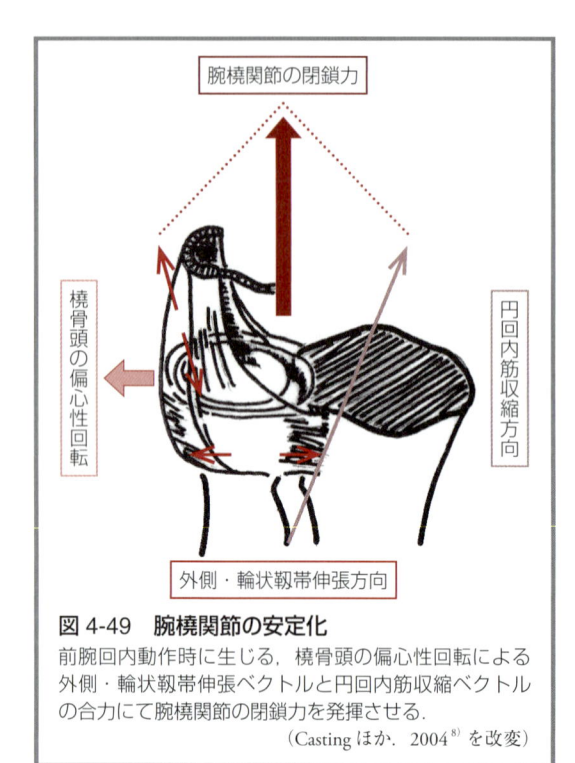

図4-49 腕橈関節の安定化
前腕回内動作時に生じる，橈骨頭の偏心性回転による外側・輪状靱帯伸張ベクトルと円回内筋収縮ベクトルの合力にて腕橈関節の閉鎖力を発揮させる．
（Castingほか，2004[8]を改変）

前方関節包は後方同様に比較的弛緩しており，上腕筋と連結している．上腕筋には浅層と深層が存在する．浅層は起始，停止とも狭く一部分だが，深層は上腕骨遠位部に広く起始し，尺骨近位部に広く停止する[3]．

前腕の安定化機構

前腕を近位と遠位に大別すると，近位前腕の安定性には輪状・方形靱帯，骨間膜が，遠位前腕には骨間膜，方形回内筋，橈尺靱帯が関与する．なかでも双方に関与する骨間膜が前腕の安定化機構に重要と考える．

骨間膜は一様の膜ではなく，膠原線維からなる強靱な靱帯結合である．橈骨近位1/3境界部から尺骨遠位1/4境界部に走行する腱様部と，前腕近位1/4境界部から遠位橈尺関節部まで腱様部周囲に存在する膜様部がある[7]（図4-50）．

骨間膜の生力学的役割は，①回外制動効果，②橈骨と尺骨の相対的位置関係の維持，③手根骨から上腕骨への力の伝達機能である[8]．

骨間膜は前腕可動域の回内35°から回外20°まで橈尺骨の骨間膜付着部間距離は最大であり，これ以上回内・回外を強めると骨間膜付着部間距離は短縮する[9]．腱様部は回内時に近位部が緊張し，回外時に遠位部が緊張することで橈尺間を安定させる．さらに前腕の背側には，尺側近位1/4境界部から橈骨中央に走行する強靱な背側斜索（dorsal oblique cord）が存在し（図4-51），最大回内位で緊張するとともに，掌側の腱様部と交差することで安定性をより高めている[7]．

橈骨と尺骨の位置関係は，中央にある前方線維（腱様部）により橈骨の近位方向へのすべりを制動し，後方線維（とくにWeitbrecht線維束）により遠位方向へのすべりを制動する．機能的には，中央部の前方線維がplus variantを制動するために重要である．

手根骨から上腕骨への力の伝達機能は，骨間膜を介して橈骨から尺骨に伝達させる．骨間膜の過度な緊張や緊張低下により伝達機能が低下した場合は，前腕回内alignmentで橈骨に直接荷重することにより力の伝達を代償することが多い[10]（図4-52）．

生力学的役割以外に，骨間膜の膜様部は，回内時に背側凸，回外時に掌側凸へ形状変化することで，回内・回外動作を円滑にする[7]（図4-53）．骨間膜の掌側は，長母指屈筋，深指屈筋の起始部であり，これら屈筋群の緊張は骨間膜を掌側に牽引し，前腕回内制限をきたす[11]．背側には，長短母指伸筋，長母指外転筋により同様に回外制限をきたすと推察される．これら屈筋群や伸筋群の緊張は膜様部を形状変化させて前腕の回内・回外運動にも関与すると考えられる．

手関節の安定化機構

手関節の安定化機構には，遠位手根骨列と，独自の運動性をもった舟状骨，月状骨，三角骨を靱

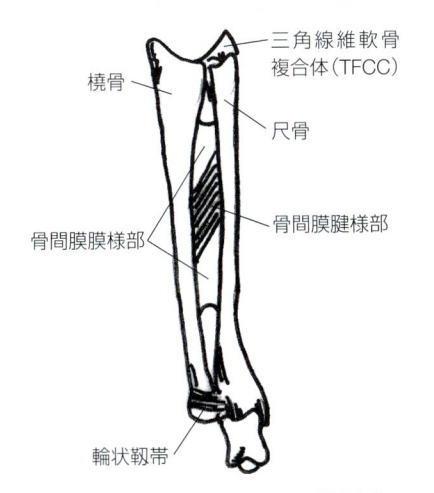

3. 肘関節・前腕のスポーツ障害——上肢安定化機構

図4-50 前腕骨間膜（腱様部・膜様部）
橈骨近位1/3境界部から尺骨遠位1/4境界部に走行する腱様部と前腕近位1/4境界部から遠位橈尺関節部までの範囲で腱様部周囲に存在する膜様部.
（中村俊康ほか, 1995[7]）

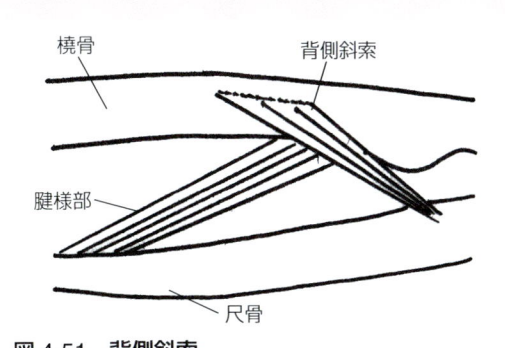

図4-51 背側斜索
骨間膜の背側には，尺側近位1/4境界部から橈骨中央に走行する強靱な背側斜索が存在する.
（中村俊康ほか, 1995[7]）

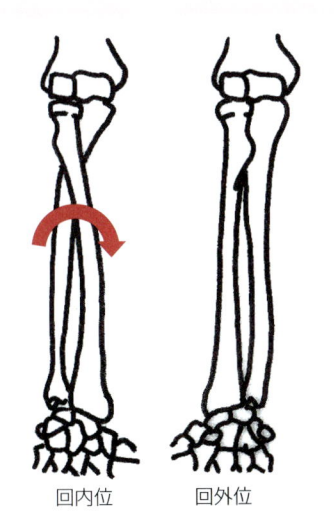

図4-52 回内alignmentによる荷重伝達
前腕回内にて橈骨荷重を強めることで手指，手関節への伝達を代償しやすい.
（渡曾公治, 2003[10]を改変）

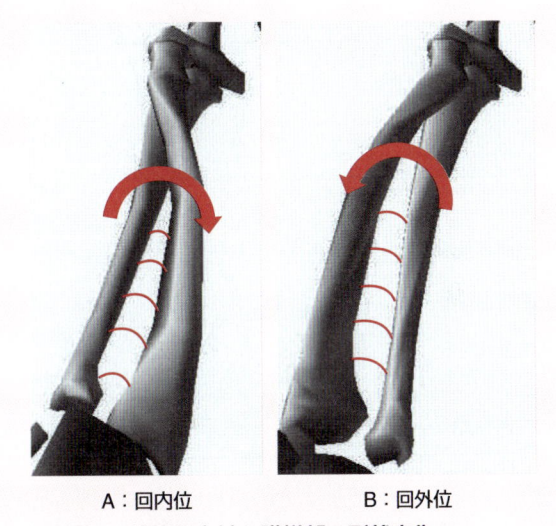

図4-53 前腕回内外と膜様部の形状変化
骨間膜の膜様部は，回内時に背側凸へ，回外時に掌側凸へ形状変化し，円滑な回内・回外運動を遂行させる.

帯で連結させたoval ring theory[12]がある（図4-54）. 近位手根骨列は，手関節運動における橈骨と遠位手根骨列の位置関係に依存して安定する位置へ移動する．この近位手根骨列の運動性が手関節の安定化機構には重要である．

近位手根骨列のなかでも舟状骨の可動性は60〜80%と大きく，月状骨は40〜50%，三角骨は50〜60%である[13]．手根骨を連結する靱帯は数多く存在するが，掌背側で位置関係が異なる．掌側では手根骨に対し縦方向に走行する靱帯が多く，有頭骨を中心とした弓状で強靱である．背側では逆に手根骨に対し横方向に走行する靱帯が多く，三角骨が中

159

心となる[1]（図4-55）．これら靱帯の走行と強度から，手根間靱帯は単に手根骨の固定だけでなく，掌側，背側で役割が異なると考える（図4-56）．

尺側に存在するTFCC（機能は病態の項で述べる）は，進化により短縮した尺骨と手根骨間の形態を補償する尺側の安定化機構である．TFCC近位に存在する方形回内筋，尺側手根伸筋腱（以下，ECU腱）が支持性を補強する．方形回内筋の浅層は回内運動，深層は橈尺間の支持性を高める[14]．

ECU腱は，前腕回外時に尺骨頭を掌橈側へ，回内時に尺骨頭を橈側に圧迫し，手関節尺側を安定させる．さらにECUは肘筋と筋連結しており[15]，肘筋の機能も手関節尺側の安定性に関与すると考える．

上肢の運動連鎖

上肢にも下肢同様な運動連鎖が存在する．上肢の運動連鎖は，荷重位での動きが主体であり，この動きが非荷重位に反映していると考える．

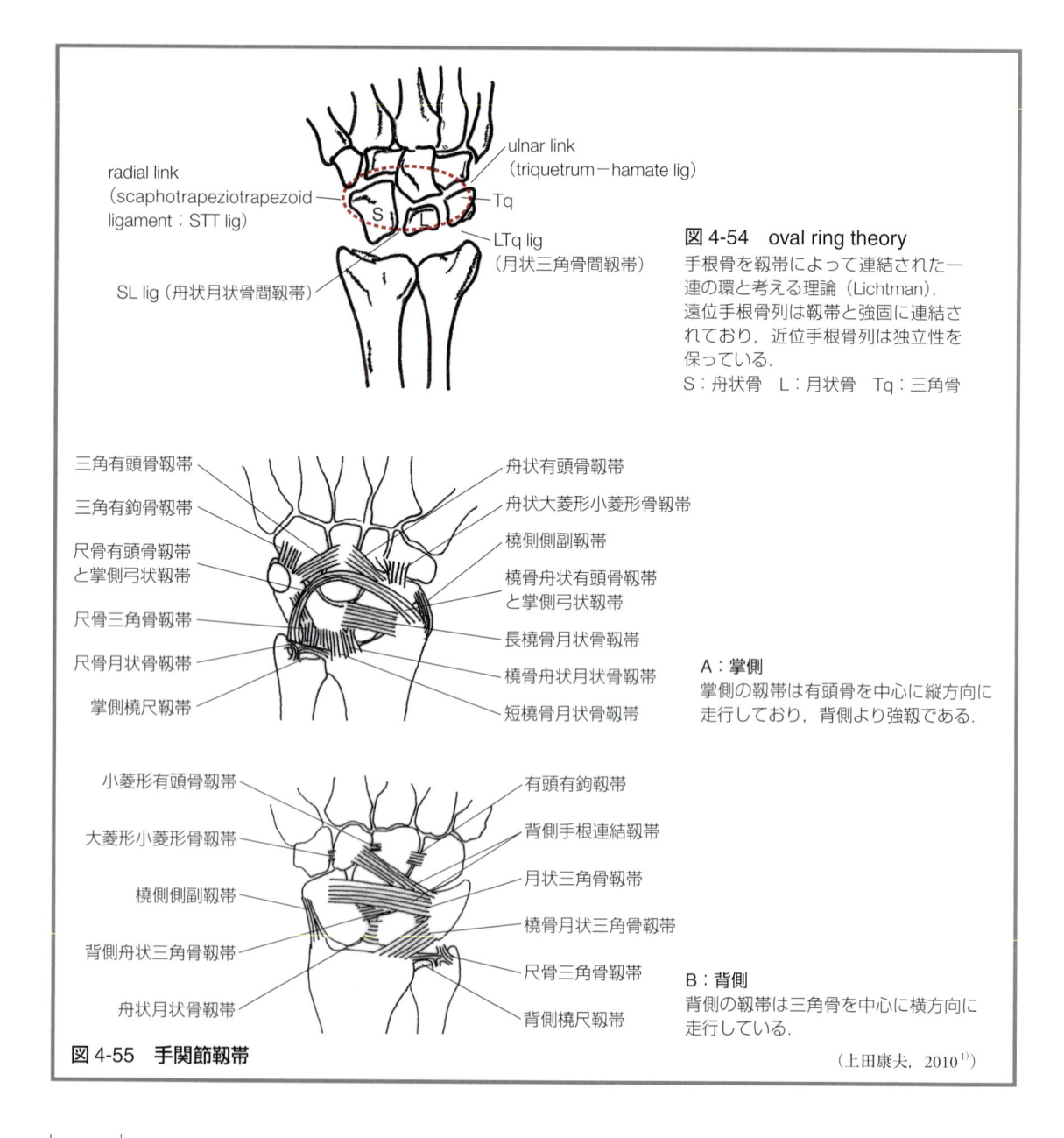

図4-54　oval ring theory
手根骨を靱帯によって連結された一連の環と考える理論（Lichtman）．遠位手根骨列は靱帯と強固に連結されており，近位手根骨列は独立性を保っている．
S：舟状骨　L：月状骨　Tq：三角骨

A：掌側
掌側の靱帯は有頭骨を中心に縦方向に走行しており，背側より強靱である．

B：背側
背側の靱帯は三角骨を中心に横方向に走行している．

図4-55　手関節靱帯

（上田康夫，2010[1]）

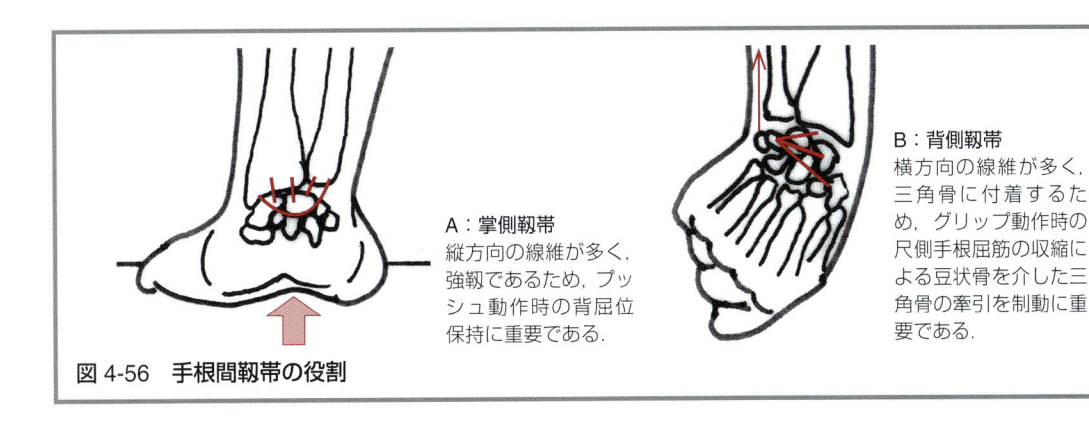

図4-56 手根間靱帯の役割

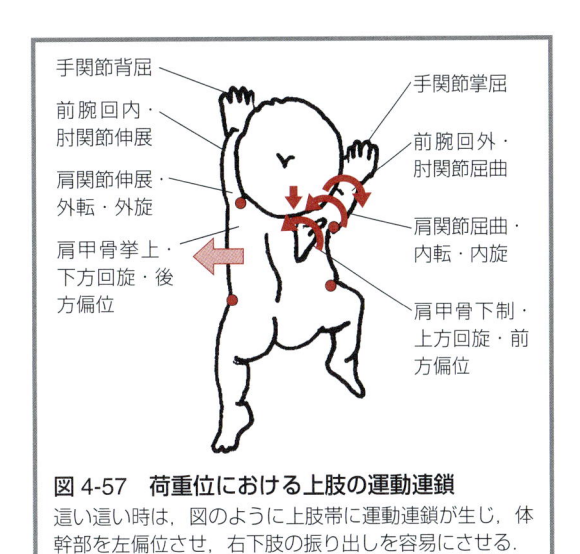

A：掌側靱帯
縦方向の線維が多く，強靱であるため，プッシュ動作時の背屈位保持に重要である．

B：背側靱帯
横方向の線維が多く，三角骨に付着するため，グリップ動作時の尺側手根屈筋の収縮による豆状骨を介した三角骨の牽引を制動に重要である．

荷重位における上肢運動連鎖

四足動物が行う四足歩行は，ヒトが成長過程で行う這い這いに類似すると考えられる．這い這いは，末梢である手部から運動連鎖を生じる．這い這い時の上肢には，体幹を支持かつ進行方向へ誘導する役割が存在し，体幹の重心移動をコントロールすることで下肢の振り出しを可能にしていると考える（図4-57）．体幹を左偏位させる場合は，右上肢帯に，手関節掌屈，前腕回外，肘関節屈曲，肩関節屈曲・内転・内旋，肩甲骨下制・上方回旋・外転−内旋（以下，前方偏位）が生じ，左上肢帯には，手関節背屈，前腕回内，肘関節伸展，肩関節伸展・外転・外旋，肩甲骨挙上・下方回旋・内転−外旋（以下，後方偏位）が生じ，右下肢の振り出しを容易にさせると考える[16]（図4-57）．

非荷重位における運動連鎖

ヒトが非荷重位で行う把持動作は，視覚的情報から物体を認識し，リーチした手の形や肘・前腕の動きに肩関節を介して体幹が適切な位置に対応することで動作を遂行させる[17]（図4-58）．把持動作は，霊長類が樹上で移動手段として用いるブラキエーション（枝渡り）が由来であると考える．ブラキエーション時の前脚は，樹上の枝に体幹を吊る（支持）し，かつ進行方向へ誘導し，体幹の重心移動をコントロールする（図4-59）．この動

図4-57 荷重位における上肢の運動連鎖
這い這い時は，図のように上肢帯に運動連鎖が生じ，体幹部を左偏位させ，右下肢の振り出しを容易にさせる．
（稲垣郁哉，2012[16]を改変）

きをヒトに置き換えると，支持する上肢帯には，手関節背屈，前腕回内，肘関節伸展，肩関節伸展・外転・外旋，肩甲骨挙上・下方回旋・後方偏位が生じ，リーチ方向の上肢帯には，手関節掌屈，前腕回外，肘関節屈曲，肩関節屈曲・内転・内旋，肩甲骨下制・上方回旋・外転−内旋・前方偏位が生じ，荷重位における這い這い時の動きに類似すると考える（図4-60A，B）．

手指と前腕の関係

母指伸展に作用する長母指伸筋，長母指外転筋の収縮が膜様部を背側に牽引し，前腕回内に連鎖する（図4-61A）．母指屈曲，DIP屈曲させる長母指屈筋，深指屈筋の収縮が膜様部を掌側に牽引し，

161

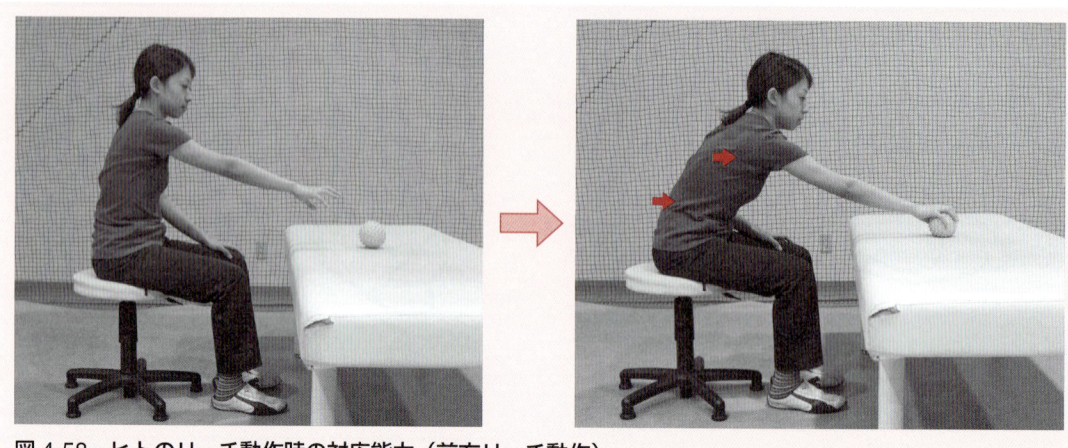

図 4-58 ヒトのリーチ動作時の対応能力（前方リーチ動作）
ヒトのリーチ動作は，視覚的情報により認識し，物体を把持すると決めた手の形や肘・前腕の動きに対して肩関節や肩甲帯，体幹が適切な位置に対応することで動作を遂行させる．

図 4-59 ブラキエーション（枝渡り）における前脚
霊長類が樹上で移動手段として用いるブラキエーション（枝渡り）は，樹上の枝に前脚で体幹を吊る（支持）し，かつ進行方向へ誘導し，重心移動をコントロールする．この動作は，ヒトが行う把持動作の由来と考えられる．

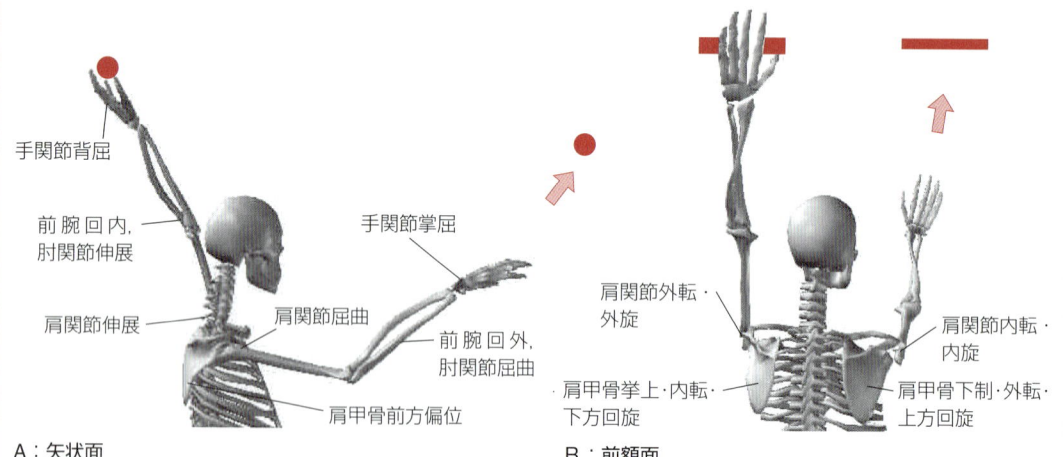

A：矢状面
手関節背屈
前腕回内，肘関節伸展
肩関節伸展
肩関節屈曲
手関節掌屈
前腕回外，肘関節屈曲
肩甲骨前方偏位

左上肢で体幹を吊る（支持）し，右上肢を次の目的物へリーチさせる場合，矢状面では図のような運動連鎖が生じ，体幹部を移動させると考えられる．

B：前額面
肩関節外転・外旋
肩関節内転・内旋
肩甲骨挙上・内転・下方回旋
肩甲骨下制・外転・上方回旋

左上肢で体幹を吊る（支持）し，右上肢を次の目的物へリーチさせる場合，前額面では図のような運動連鎖が生じ，体幹部を移動させると考えられる．

図 4-60 非荷重位における上肢の運動連鎖

前腕回外が連鎖する（図4-61B）．

上肢と体幹の関係

荷重位において，先述した運動連鎖により体幹が左偏位する場合（図4-57）は，右肩甲骨の前方偏位によって上位胸郭が前方回旋し，相対的な下位胸郭後方回旋として胸郭の左回旋が生じる．また，右肩甲骨下制，骨盤挙上に伴い，腰椎左側屈，胸椎右側屈が生じ，体幹は左偏位する（図4-62）．非荷重位においては，右上肢のリーチ動作の場合，同側の前鋸筋や外腹斜筋の収縮による肩甲骨の前方偏位によって上位胸郭が前方回旋し，相対的な下位胸郭後方回旋として胸郭の左回旋が生じる．

また，同側広背筋の収縮により肩甲骨の下制・下方回旋が生じ，腰方形筋の収縮により骨盤挙上が生じ，脊柱起立筋の収縮により脊柱での立ち直りが生じ，体幹が左偏位した台形的対応（p183 並進動作評価参考）に連動する（図4-63）．これら上肢と体幹の関係は，上肢を移動手段として用いた這い這いやブラキエーションが由来となり，荷重位，非荷重位において同様な連鎖が生じると考える．

4. 病態

肘，前腕のスポーツ障害はインパクト時に生じることが多い．代表的な疼痛部位を以下に示す（図

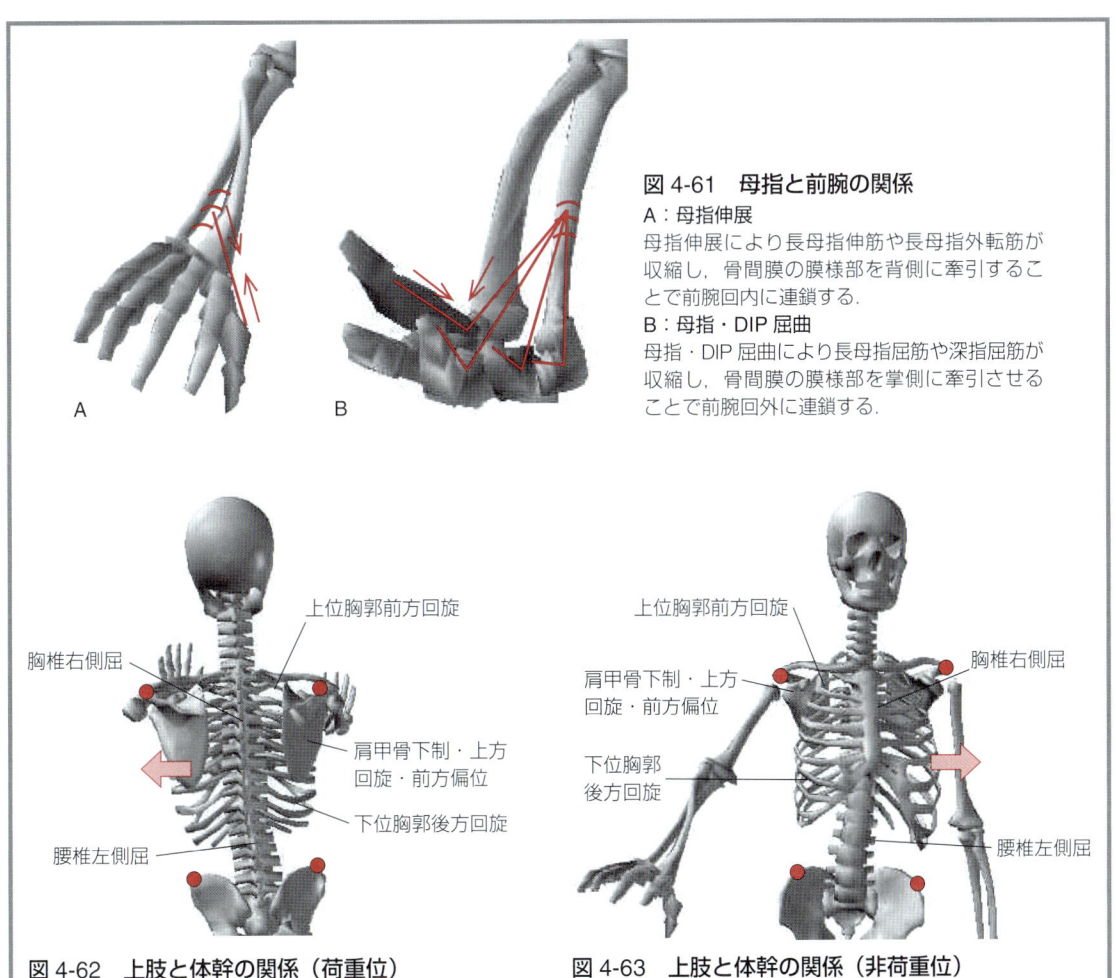

図4-61 母指と前腕の関係
A：母指伸展
母指伸展により長母指伸筋や長母指外転筋が収縮し，骨間膜の膜様部を背側に牽引することで前腕回内に連鎖する．
B：母指・DIP屈曲
母指・DIP屈曲により長母指屈筋や深指屈筋が収縮し，骨間膜の膜様部を掌側に牽引させることで前腕回外に連鎖する．

図4-62 上肢と体幹の関係（荷重位）
先述した上肢運動連鎖（図4-57の右上肢）に図のような体幹の運動連鎖が生じ，左偏位する．

図4-63 上肢と体幹の関係（非荷重位）
右上肢前方リーチの場合，図のような体幹の運動連鎖が生じ，左偏位する．この動きは荷重位での運動連鎖に類似すると考える．

4-64).

上腕骨外側上顆炎 (humeral lateral epicondylitis)

上腕骨外側上顆炎は，外側上顆に起始する長・短橈側手根伸筋（以下，ECRL・B）や，総指伸筋（以下，EDC），尺側手根伸筋（以下，ECU）の腱付着部炎が主因とされる[18]．ECRB，EDC，ECU 腱は共同腱を形成し，AL に付着する[19]．靱帯へ直接的伸張または各筋群の over use が付着部である靱帯に伸張ストレスを生じさせる．

大学テニス部における発生率は8%であるのに対し，テニスをする30歳以上の女性の68.2%で発症している[20]．加齢に関する研究で，外側上顆部はECRB，EDC，ECU が互いに癒合して腱板状となり，腱（靱帯）付着部の4構造（腱，非石灰化線維軟骨層，石灰化軟骨層，骨）からなる．このなかの非石灰化線維軟骨層が，加齢に伴って変性し，外側上顆炎の発生を助長する[20]．主な症状はグリップ時や手関節背屈時に生じる外側上顆部の疼痛であり，不良姿勢（図4-65）や靱帯または筋へのストレスを増大させる動作が要因となる．

上腕骨内側上顆炎 (humerus medial epicondylitis)

上腕骨内側上顆炎は，内側上顆に起始する橈側

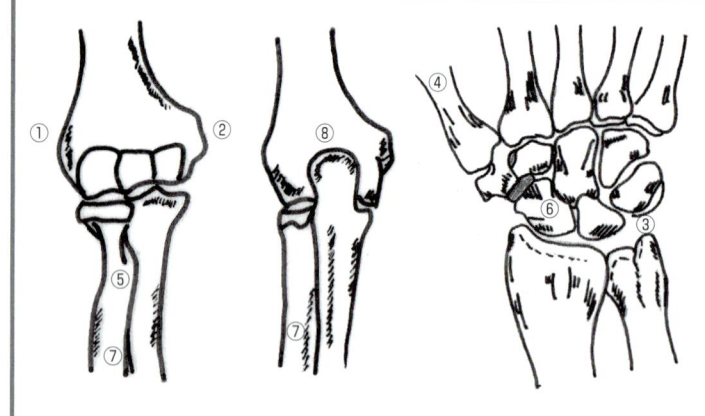

図 4-64　肘・前腕・手関節の疼痛部位
①上腕骨外側上顆炎
②上腕骨内側上顆炎
③TFCC 損傷
④ドゥケルバン病
⑤円回内筋症候群
⑥ECR 腱炎
⑦前腕コンパートメント症候群
⑧上腕三頭筋障害

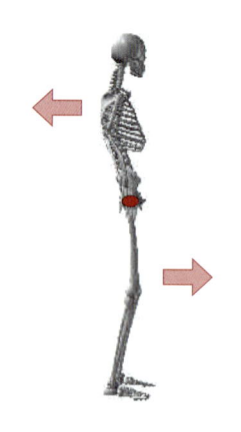

A：全身
下半身重心前方化，上半身重心後方にて身体重心後方化を呈した不良姿勢．

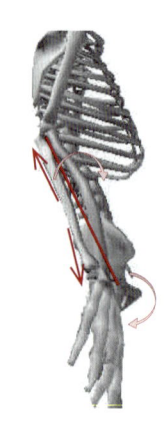

B：上肢
前腕回内，手関節掌屈・尺屈にて手関節伸筋群に遠心性ストレスが加わり，非石灰化線維軟骨層の変性が助長されやすい．

図 4-65　不良姿勢

手根屈筋（以下，FCR），尺側手根屈筋（以下，FCU），長掌筋，円回内筋の変性変化とされる[18]．変性変化は円回内筋とFCR移行部に初発し，進行すると肘部管症候群を合併しやすい[18]．肘部管症候群は23〜60％の頻度で合併するとされ[21]，症状を助長している場合もあり鑑別する必要がある．

三角線維軟骨複合体（triangular fibro cartilage complex：TFCC）損傷

TFCC損傷は，TFCCに摩耗や穿孔，断裂が生じることである．テニスやゴルフのスポーツ動作時の過剰な手関節運動，橈骨遠位端骨折後の合併症などに伴うことが多い．

TFCCには，近位側に橈尺間を支持する三角靱帯があり，遠位側に，三角線維軟骨（以下，TFC）を中心としてハンモック状に尺骨月状骨靱帯と尺骨三角骨靱帯およびメニスクス類似体（meniscus homologue）が存在する．尺側は，尺側手根伸筋腱腱鞘床および尺側関節包で構成される尺側側副靱帯が存在する[22]．TFCCはこれらの構造を有し，近位尺側では前腕回内・回外運動を，遠位側では手関節掌屈・背屈，橈屈・尺屈運動を許容する．3つの構成要素が相補的にクッション作用するsuspension theory（図4-66）により，尺骨，手根骨および遠位橈尺間の支持性を担う[19]．発症要因は，手関節尺屈時の圧縮ストレスが多い．尺骨の相対長が長いulna plus variantは損傷を助長しやすいとされるが，neutralやminusでも発症は認められる[23]．前腕回内動作は約1mmのulna varianceの増大[22]を生じ，グリップ動作は舟状骨と月状骨が同時に掌屈するため橈骨の見かけ上の短縮が生じてulna varianceを増大させる[24]．そのため，ラケットやクラブを把持した手関節尺屈や回内動作の多用はTFCC圧縮ストレスを助長しやすい．

ドゥケルバン病（de Quervain disease）

ドゥケルバン病は，長母指外転筋腱（以下，APL腱）と短母指伸筋腱（以下，EPB腱）が走行する手関節背側第1区画の狭窄性腱鞘炎である（図4-67）．主病変はEPB腱とされており[19]，手関節掌屈・尺屈時に疼痛を認めやすい．臨床的には手関節の不安定性があり，舟状骨が背屈回転している場合が多い．手関節尺屈に伴う舟状骨の背屈回転により長軸上の長さが延長し，伸張ストレスが助長される（図4-68）[19]．そのためスポーツ時の過度な手関節掌屈・尺屈を伴うグリップ動作は病態の助長因子となる．

円回内筋症候群（pronator teres syndrome）

円回内筋症候群は，上腕二頭筋，円回内筋，浅指屈筋による正中神経の絞扼性神経障害である．正中神経は，C_5〜T_1の内外側神経束から出て上腕筋と腕橈骨筋のあいだを通過し，上腕二頭筋腱膜の下方をくぐり肘窩部へ達する．その後，円回内筋の上腕頭と尺骨頭のあいだ（回内筋トンネル）を通過し，前骨間神経を分布する．両神経は浅指

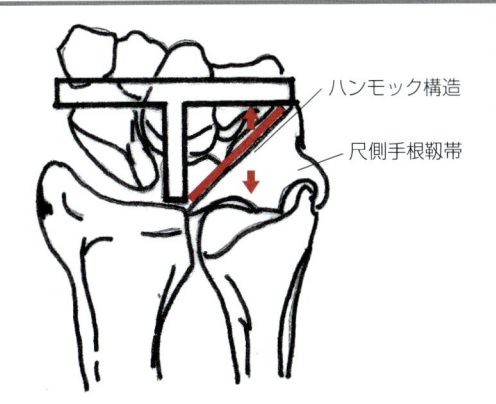

図4-66 suspension theory
近位側に橈尺間を支持する三角靱帯があり，遠位側にTFC（三角線維軟骨）を中心としてハンモック状に尺骨月状骨靱帯，尺骨三角骨靱帯およびメニスクス類似体がある．尺側には，尺側手根伸筋腱腱鞘床および尺側関節包で構成される尺側側副靱帯が存在する．これらの構造によって近位尺側では回内・回外運動を，遠位側では掌背屈，橈尺屈運動を許容し，3つの構成要素が相補的に作用したsuspension theoryにて尺骨，手根骨および遠位橈尺間の支持性を担う．
（林　典雄ほか．2010[19]を改変）

屈筋（浅指屈筋アーチ）の下を通過して手根管へ到達する[25]（図4-69）．前腕回内動作を多用するスポーツは筋自体が肥厚し，上腕二頭筋腱膜，円回内筋付近（回内筋トンネル），浅指屈筋起始部（浅指屈筋アーチ）にて神経を圧迫しやすい．

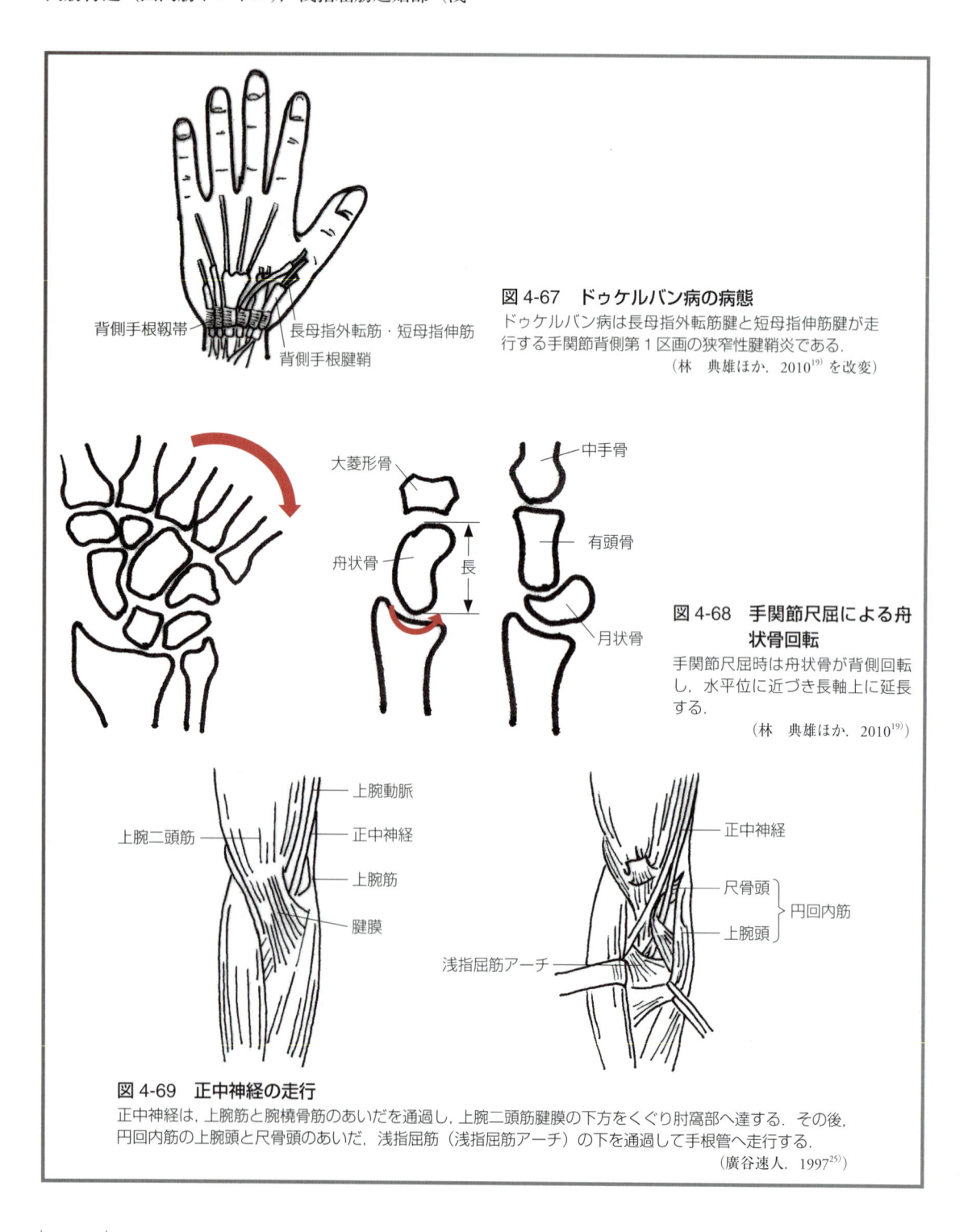

図4-67 ドゥケルバン病の病態
ドゥケルバン病は長母指外転筋腱と短母指伸筋腱が走行する手関節背側第1区画の狭窄性腱鞘炎である．
（林 典雄ほか．2010[19]を改変）

図4-68 手関節尺屈による舟状骨回転
手関節尺屈時は舟状骨が背側回転し，水平位に近づき長軸上に延長する．
（林 典雄ほか．2010[19]）

図4-69 正中神経の走行
正中神経は，上腕筋と腕橈骨筋のあいだを通過し，上腕二頭筋腱膜の下方をくぐり肘窩部へ達する．その後，円回内筋の上腕頭と尺骨頭のあいだ，浅指屈筋（浅指屈筋アーチ）の下を通過して手根管へ走行する．
（廣谷速人．1997[25]）

橈側手根伸筋（extensor carpi radialis：ECR）腱鞘炎

ECR腱鞘炎は，ECRL，ECRBが走行する手関節背側第2区画の狭窄性腱鞘炎である．ECRL，ECRBは，肘関節伸展，前腕回内，手関節掌屈，尺屈時に負荷が増大し，とくに肘伸展位でECRLが伸張する[26]．そのため肘関節伸展位での手関節掌屈・尺屈運動が要因と考えられる．主な症状として，手関節背側橈側部に，圧痛や腫脹，自動・他動時痛を訴えることが多い．

尺側手根伸筋（extensor carpi ulnaris：ECU）腱鞘炎

ECU腱鞘炎は，ECUが走行する手関節背側第6区画の狭窄性腱鞘炎である．症状は，手関節背側尺側部に沿った疼痛，腫脹，圧痛である．尺骨頭からのECUの亜脱臼により発症しやすい．

前腕コンパートメント症候群（compartment syndrome of forearm）

コンパートメント症候群は，骨や骨間膜，筋膜，筋間中隔により囲まれた隔室内圧が上昇し，筋，神経組織などに阻血性障害が生じる[27]．前腕コンパートメントには，掌側コンパートメント，背側コンパートメントがあり，各筋区間内にある筋群の過収縮による内圧上昇が要因である．主な症状としては，発赤，腫脹，硬結，圧痛，各コンパートメントの神経領域の知覚障害や冷感，自動・他動運動時痛がある．

5. 評価

病態把握

上腕骨外側上顆炎の場合，手関節伸筋群の過緊張を認めることは多いが，筋性の疼痛だけではない．疼痛は筋性以外にも靱帯や関節変性による軟部組織への機械的刺激などがあり，理学療法を展開するうえでは把握する必要がある．

病態把握と同時に，関節誘導における疼痛を軽減する方向性を評価することが重要である．たとえば，手関節背屈の自動運動時に疼痛が生じる場合，前腕回外または回内誘導，上腕内旋または外旋誘導，胸椎伸展誘導などにて軽減する場合がある．病態把握と方向性により各症例に対する理学療法の展開が異なるため重要である．代表的疾患における疼痛評価を以下に示す．

上腕骨外側上顆炎

筋・腱性の疼痛

筋収縮は等尺性収縮と等張性収縮に分けられる．等尺性収縮の特徴は，関節運動を伴わずに各目的とする筋に対して収縮ストレスを加えることが可能なことである．上腕骨外側上顆に起始する筋は多数存在するため，各筋を鑑別する必要がある．

肢位別手関節背屈テスト

中間位・橈屈位・尺屈位の各肢位で背屈運動に抵抗を加える．各ECRB・ECU・EDCに収縮ストレスを加えることができる（図4-70）．

手指伸展テスト

各第2～5指に抵抗を加える．EDCの各筋線維に収縮ストレスを加えることができる．また，手関節背屈テストと比較する．たとえば，橈屈位での背屈テストと第2指伸展テストが陽性の場合はECRLが病態だと鑑別できる（図4-70）．

前腕回外テスト

肘90°屈曲位で前腕回外運動に抵抗を加える．回外筋に収縮ストレスを加えることができる．

靱帯性の疼痛

靱帯性の疼痛では外側側副靱帯や輪状靱帯の損傷が考えられ，各靱帯に伸張ストレスを加える．外側側副靱帯は屈曲角度により制動部位が異なるため，さまざまな角度で内反ストレスを加える．内反ストレスに対する制動要素である靱帯・関節

手関節橈背屈テスト　　示指伸展テスト　　中指伸展テスト

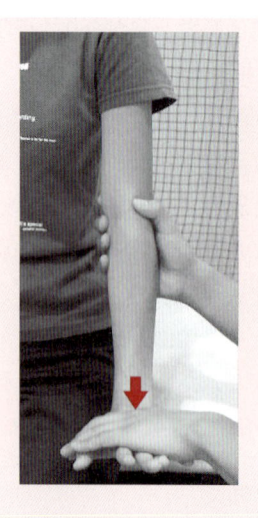

A：手関節背屈テスト
中間位で手関節背屈に等尺抵抗を加える．橈屈位，尺屈位も同様に行う．

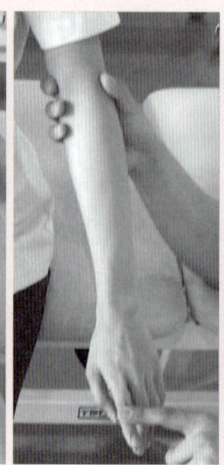

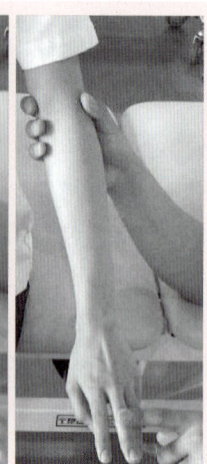

B：手指伸展テストとの鑑別
手関節橈背屈テストが陽性の場合，長橈側手根伸筋か短橈側手根伸筋が考えられるため鑑別する必要がある．

図 4-70　筋・腱性の鑑別

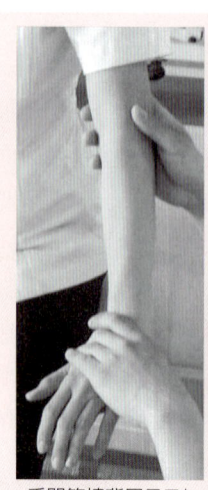

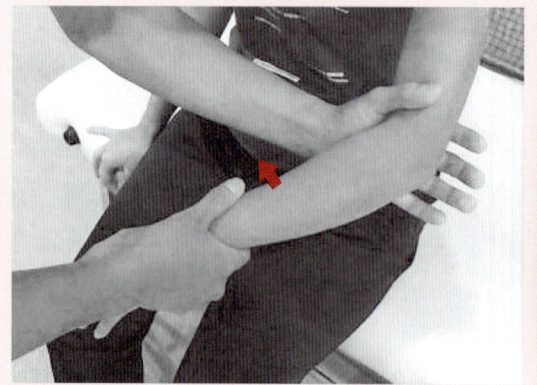

A：内反ストレステスト
肘関節の各屈曲角度にて内反ストレステストを加える．

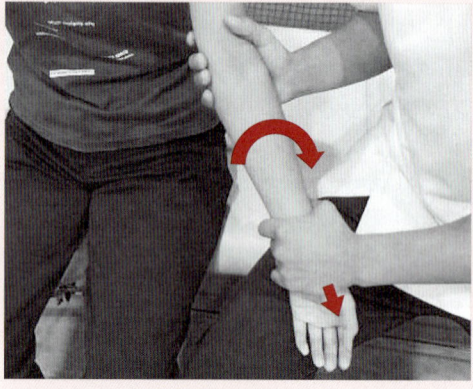

B：elbow impingement テスト
回外位にて肘関節伸展させ輪状靱帯に伸張ストレスを加える．

図 4-71　靱帯性の鑑別

包は伸展位での制動要素が強い[28]．輪状靱帯は，回内外動作により痛みが出現しやすい[29]．

肘関節内反ストレステスト

橈骨側副靱帯の前方線維は伸展位，後方線維は屈曲位で，外側尺骨側副靱帯は最大屈曲位での内反時に伸張する．肘関節角度により異なる靱帯に伸張ストレスを加えることができる（図 4-71）．

elbow impingement テスト

回外位で肘伸展させることで，輪状靱帯の損傷を評価する[30]（図 4-71）．

関節変性の疼痛

腕橈関節面の応力は前腕回内・回外時に変化する．肘関節 90°屈曲位での回内においては，矢状面では橈骨頭が前方移動し，圧縮応力は後方に集中し，前額面では橈骨頭が外側に移動し，内側に集中する．回外において，矢状面では，橈骨頭は前方に傾斜し，圧縮応力は前方に集中し，前額面では外反ストレスの影響を受けやすく外側に集中す

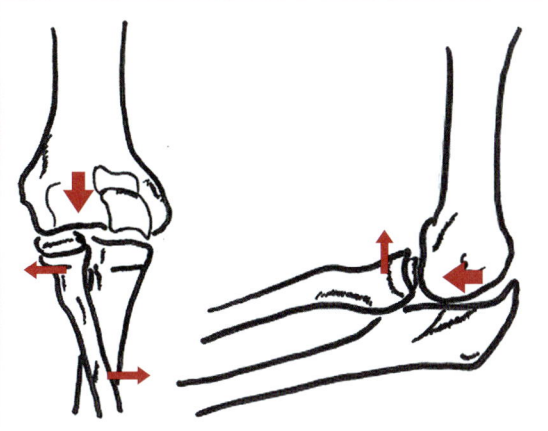

5．評価——病態把握

A：回内位
前額面上において回内位では橈骨頭が外側移動し，圧縮応力は内側に集中する．
矢状面上においては橈骨頭は前方移動し，圧縮応力は後方に集中する．

B：回外位
前額面上において回外位は外反ストレスの影響を受けやすく圧縮応力は外側に集中する．
矢状面上においては橈骨頭は前方傾斜しており，圧縮応力は前方に集中する．

図4-72　前腕回内・回外による応力集中

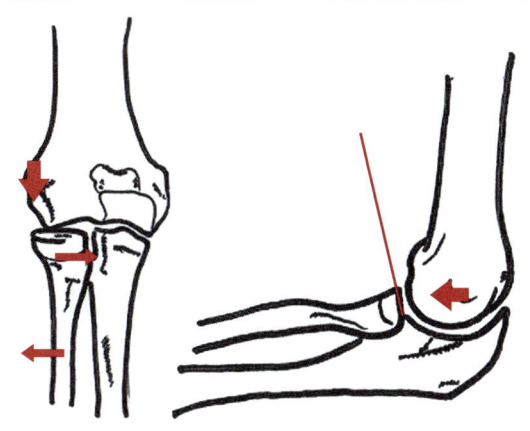

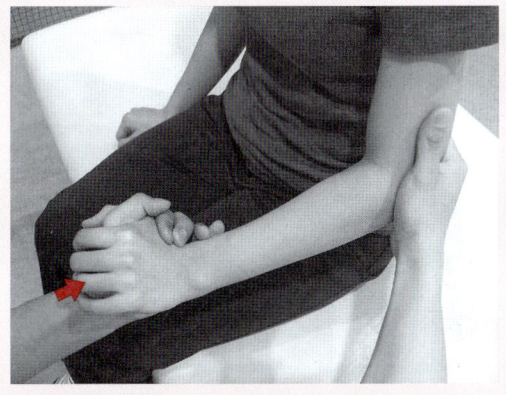

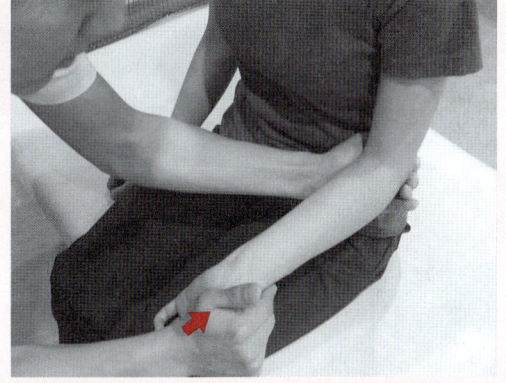

A：回内位
前腕回内にて腕橈関節内後側に圧縮ストレスを加えて評価する．

B：回外位
前腕回外にて腕橈関節前外側に圧縮ストレスを加えて評価する．

図4-73　関節変性の鑑別

る[31]（図4-72）．ストレスの増大は，軟骨変性や骨棘形成を生じ，関節包や滑膜の圧迫により疼痛を誘発しやすい．

腕橈関節ストレステスト

前腕回内・回外位で腕橈関節内外側に圧縮および伸張ストレスを加える（図4-73）．

上腕骨内側上顆炎

筋・腱性の疼痛

肢位別手関節掌屈テスト

橈屈位・尺屈位・中間位で掌屈運動に抵抗を加える．各FCR・FCU・長掌筋に収縮ストレスを加えることができる（図4-74A）．

前腕回内テスト

肘90°屈曲位で前腕回内運動に抵抗を加える．円

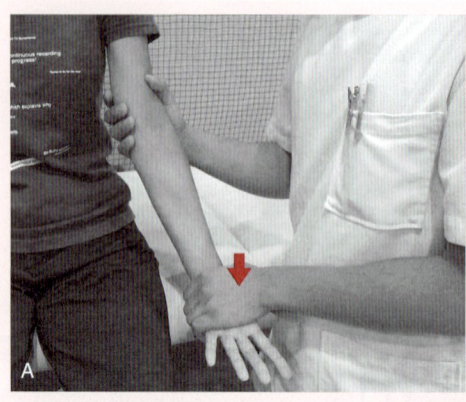

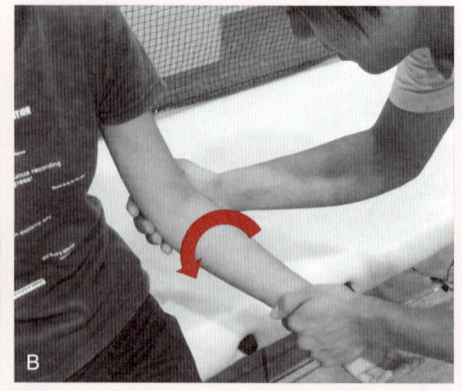

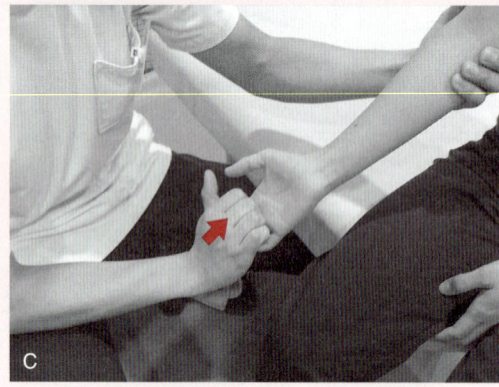

図 4-74　筋・腱性の鑑別
A：手関節掌屈テスト
中間位で手関節掌屈に等尺抵抗を加える．橈屈位，尺屈位も同様に行う．
B：前腕円回テスト
円回内筋に等尺抵抗を加える．
C：PIP 屈曲テスト
浅指屈筋に等尺抵抗を加える．

回内筋に収縮ストレスを加えることができる．（図4-74B）．

手指屈曲テスト

PIP 屈曲運動に抵抗を加える．浅指屈筋に収縮ストレスを加えることができる（図4-74C）．

靱帯性の疼痛

内側側副靱帯に伸張ストレスを加えて鑑別する．内側側副靱帯は屈曲角度により制動部位が異なるため，さまざまな角度で伸張ストレスを加える．外反ストレスに対する制動要素である靱帯・関節包は屈曲位で制動要素が強い[28]．

外反ストレステスト

前斜走線維の前部線維は 0 〜 60° 以下，後部線維は 60° 以上での外反時に伸張する．肘関節角度により異なる靱帯に伸張ストレスを加えることができる（図4-75）．

関節変性の疼痛

腕尺関節は蝶番関節であり，安定性の高い関節

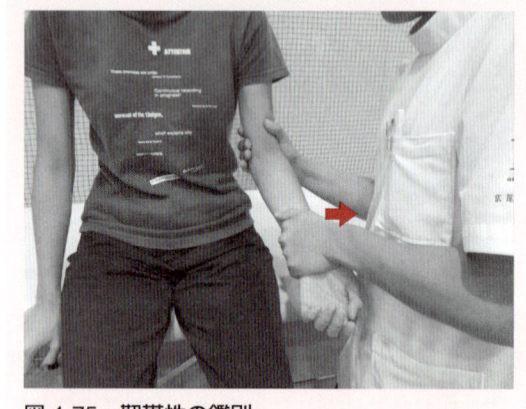

図 4-75　靱帯性の鑑別
肘関節の各屈曲角度にて外反ストレステストを加える．

面であるが，骨棘形成を伴うことが多い．肘関節の各肢位における軸圧は腕尺関節が腕橈関節の約 6 倍であり，とくに尺骨滑車切痕の鉤状突起部と肘頭先端部に集中する[32]．肘関節屈曲角度が 55 〜 115° のあいだでは軟骨が全面で互いに接触するが，屈曲 0 〜 55°，115° 以上では中心溝に軟骨被覆が

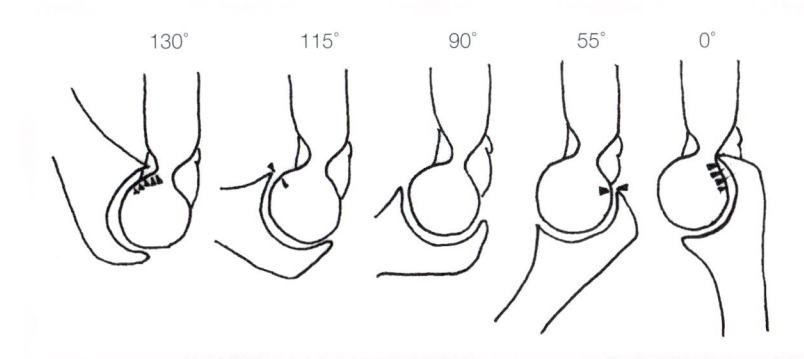

図4-76 **腕尺関節の軟骨の被覆率**
肘関節屈曲55～115°のあいだでは軟骨が全面で互いに接触するが，屈曲0～55°，115°以上では中心溝に軟骨被覆はないとされ，尺骨滑車切痕の鉤状突起部と肘頭先端部に接触，荷重を増加させる要因と考えられる．
（遠藤 優ほか．1997[29]）

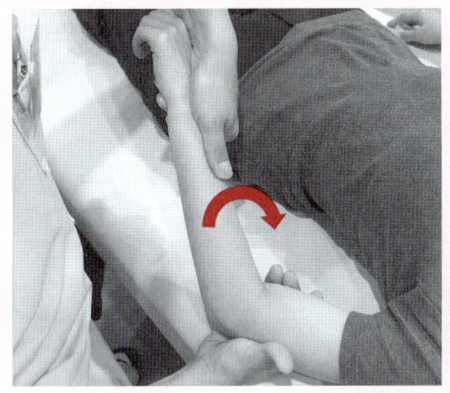

A：回内位
肘関節屈曲55°以下・115°以上位にて橈骨軸で前腕回内させ，腕尺関節内外側に回旋ストレステストを加える．

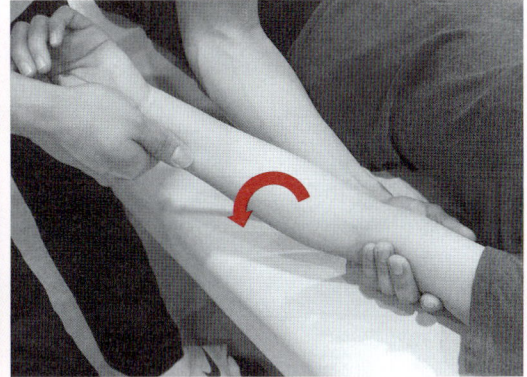

B：回外位
肘関節屈曲55°以下・115°以上位にて橈骨軸で前腕回外させ，腕尺関節内外側に回旋ストレステストを加える．

図4-77 **関節変性の鑑別**

存在しない[29]（図4-76）．このことは接触，荷重を増加させる一因である．

腕尺関節圧縮ストレステスト

肘関節を屈曲55°以下・115°以上にして鉤状突起部や肘頭先端に圧縮ストレスを加える．

腕尺関節回旋ストレステスト（肘関節屈曲55°以下・115°以上）（図4-77）

各屈曲位にて橈側を軸にし，前腕回内・回外させることで腕尺関節の内外側に回旋ストレスを加える．

TFCC損傷

軟部組織性の疼痛

TFCCにどのような伸張・圧縮・回旋ストレスが加わって疼痛を呈しているかを評価する．TFCCは軟部組織であるため他動運動にて疼痛を誘発する．

TFCC近位部ストレステスト（図4-78）

他動的に前腕回内・回外することでTFCC近位部に回旋ストレスを加える．

TFCC遠位部ストレステスト（図4-78）

他動的に手関節掌背屈・橈尺屈することでTFCC遠位部に伸張・圧縮ストレスを加える．

筋・腱性の疼痛

手関節尺側の疼痛は，TFCC損傷のみでなく，FCUやECU，EDC尺側部，固有小指伸筋の過収縮で生じる場合もあり鑑別する必要がある．

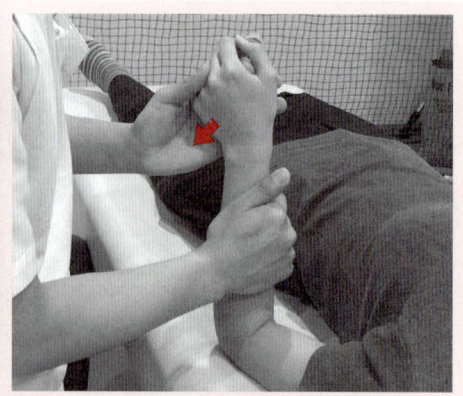

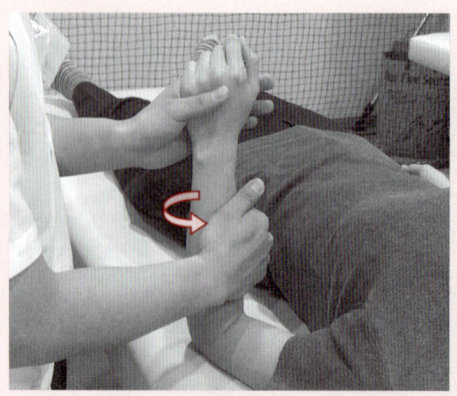

A：TFCC 近位部ストレステスト
他動的に前腕を回内・回外させて TFCC 近位側に回旋ストレスを加える．

B：TFCC 遠位部ストレステスト
他動的に手関節を掌背屈・橈尺屈することで TFCC 遠位側に伸張・圧縮ストレスを加える．

図 4-78　軟部組織性の鑑別

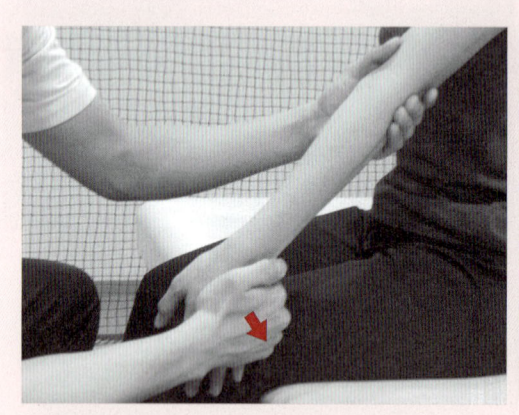

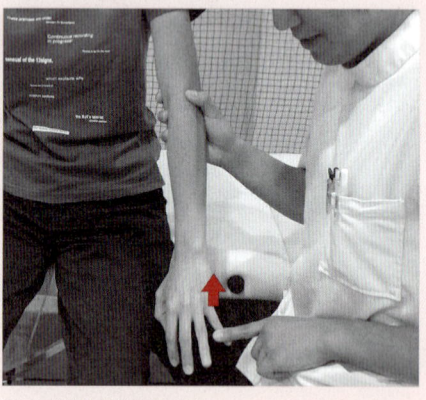

A：手関節尺屈テスト
手関節掌屈・背屈位で尺側方向に等尺運動を行い ECU，ECR の鑑別を行う．

B：尺側手指伸展テスト
小指伸展に等尺運動を行い，固有小指伸筋の鑑別を行う．

図 4-79　筋・腱性の鑑別

背屈位・掌屈位での手関節尺屈テスト（FCU・ECU 鑑別）（図 4-79）
総指伸筋ストレステスト
小指伸展テスト（図 4-79）

ドゥケルバン病

　ドゥケルバン病では，APL 腱，EPB 腱と手関節背側第 1 区画の摩擦により疼痛を生じる．APL 腱，EPB 腱の作用は母指伸展・外転作用である．スポーツ動作時では道具を把持する際に，手関節掌屈・尺屈，母指尺側内転を伴うグリップ動作により持続的伸張ストレスが加わりやすい．

Finkelstein テスト（図 4-80）
　母指を検者が握り，手関節を他動的に尺屈させる．

Eichhoff テスト（図 4-80）
　母指を他指で強く握り，手関節を自動的に尺屈させる．

円回内筋症候群

　円回内筋症候群は，上腕二頭筋，円回内筋，浅指屈筋による正中神経の絞扼性神経障害であり，

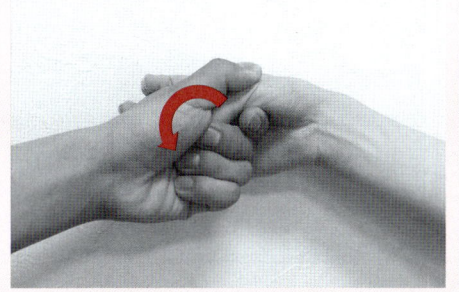

A：Finkelstein テスト
母指を検者が握り，手関節を他動的に尺屈させる．

B：Eichhoff テスト
母指を他指で強く握り，手関節を自動的に尺屈させる．

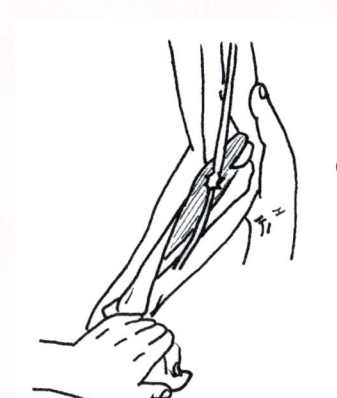

図 4-80　ドゥケルバン病の鑑別

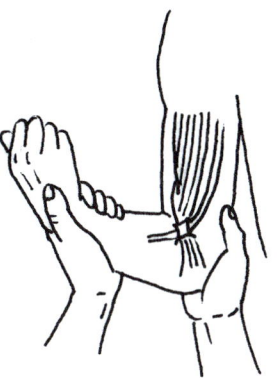

A：円回内筋テスト　　B：上腕二頭筋テスト　　C：浅指屈筋テスト

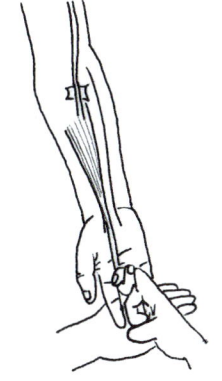

図 4-81　円回内筋症候群の鑑別
各筋群に収縮ストレスを加え，正中神経の絞扼を鑑別する Spinner の誘発試験がある．
（廣谷速人．1997[25]）

前腕および正中神経領域に痺れを呈する．テストは Spinner の誘発試験が有名である（図 4-81）．筋群が内側上顆炎に類似するが，知覚障害を有するため鑑別は容易である．特徴は，母指球から橈側 3 指にかけ痺れや手根管部に Tinel 徴候を認めないことである．

円回内筋テスト
上腕二頭筋テスト
浅指屈筋テスト

ROM 評価

テニスやゴルフ動作における関節可動域（range of motion：ROM）制限には，上肢筋群の過緊張による筋性スパズム，過度なグリップや回内動作による malalignment，疼痛による制限がある．これら ROM 制限の存在は，動作時に他部位の代償を助長し，病態の要因となる．筋性 malalignment による制限では，緊張の理由と malalignment の理由を評価する必要がある．同時に ROM が改善する関節誘導を評価して展開する．以下に各評価のポイントを示す．

肘関節屈曲・伸展

肘関節の屈曲・伸展は腕尺関節の運動が主体であり，腕尺関節の malalignment は屈曲・伸展の ROM に大きく関与する．しかし，肘関節は腕尺関節だけでなく腕橈関節も協調して行われるため[33]，腕橈関節の malalignment も屈曲・伸展の ROM 制限をきたす．腕尺・腕橈関節の ROM が改善する alignment を評価する．筋性・軟部組織性として，

屈曲制限では，後方関節包・上腕三頭筋・POLの伸張性低下，伸展制限では，前方関節包・上腕筋・上腕二頭筋・輪状靱帯の伸張性低下が考えられる．

尺骨誘導における肘関節屈曲・伸展ROM評価

尺骨の肘頭部を前方や後方，内旋，外旋誘導し，腕尺関節alignmentを変化させ，ROMの増減を評価する．

橈骨頭誘導における肘関節屈曲・伸展ROM評価

橈骨頭を掌側・背側・内旋・外旋誘導し，腕橈関節alignmentを変化させ，ROMの増減を評価する．

上腕骨誘導における肘関節屈曲・伸展ROM評価

上腕骨を前方・後方・内旋・外旋誘導し，上腕骨小頭と上腕骨滑車部を介して腕尺・腕橈関節alignmentを変化させ，ROMの増減を評価する．この評価において良好な場合は近位の影響が大きいと推察される．

筋緊張変化における肘関節屈曲・伸展ROM評価

上腕三頭筋・上腕筋・上腕二頭筋の伸張性低下は，屈曲や伸展ROM制限の原因となる．筋性のROM制限は，徒手的に筋の把持またはマッサージで筋緊張を低下させ，ROMの増減を評価する．

前腕回内・回外

前腕の回内・回外は近位・遠位橈尺関節の運動である．臨床上，近位橈尺関節のROM制限は遠位橈尺関節（以下，遠位前腕）や手関節で代償されやすい．ROMが90°ある場合でも，遠位前腕や手関節の代償を伴う回内・回外動作は機能的ではなく，近位橈尺関節（以下，近位前腕）にROM制限を生じる理由を評価する必要がある．

近位・遠位前腕の回内・回外ROM評価（図4-82）

近位と遠位の前腕部を把持し，他動的に回内・回外させる．各部位の可動域や抵抗感を評価する．臨床的には近位橈尺関節に可動域制限や抵抗感を感じることが多い．

上腕骨誘導における近位前腕の回内・回外ROM評価（図4-83）

上腕骨内旋・外旋誘導は上腕骨小頭を介して腕橈関節alignmentを変化させROMの増減を評価する．

手関節誘導における近位前腕の回内・回外ROM評価（図4-84）

前腕回内・回外時の回転軸は，手関節の肢位により変化し，尺屈を伴う回内・回外動作では橈骨軸となりやすい[34]．橈骨軸優位では尺骨が橈骨上を回転するような運動となり，近位橈尺関節のROMは低下する．そのため手関節alignmentによ

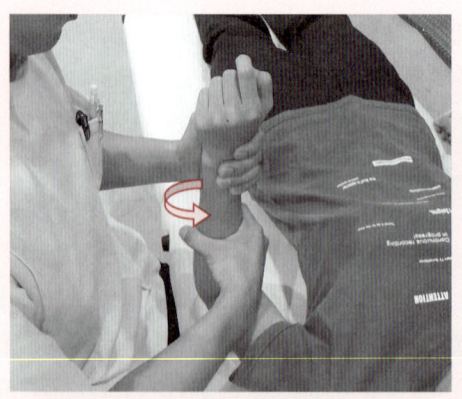

A：前腕回内
近位・遠位前腕を把持して他動的に前腕回内し，近位・遠位の回内ROMを比較する．

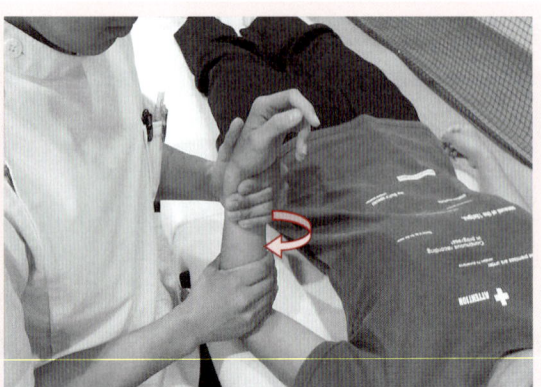

B：前腕回外
近位・遠位前腕を把持して他動的に前腕回外し，近位・遠位の回外ROMを比較する．

図4-82 近位・遠位前腕の回内・回外ROM評価

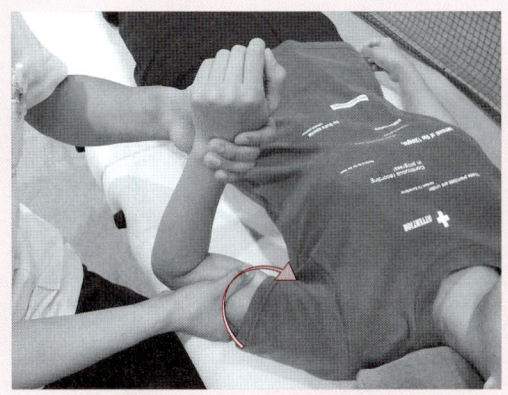

A：上腕内旋誘導
上腕骨を内旋誘導にて近位橈尺関節のROM変化を評価する.

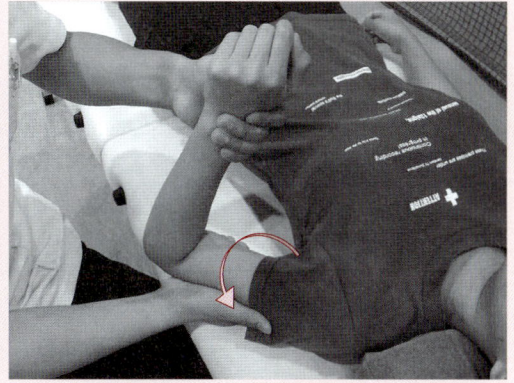

B：上腕外旋誘導
上腕骨を外旋誘導にて近位橈尺関節のROM変化を評価する.

図4-83 上腕骨誘導における近位前腕の回内・回外ROM評価

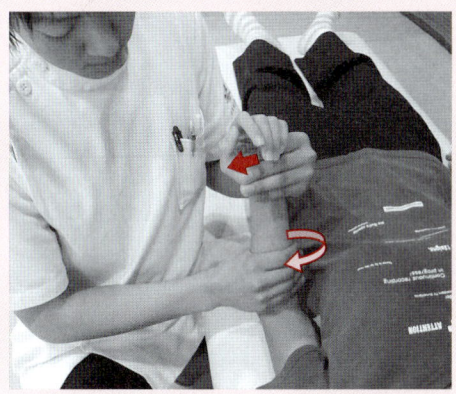

A：手関節橈屈誘導
手関節を橈屈誘導にて近位橈尺関節のROM変化を評価する.

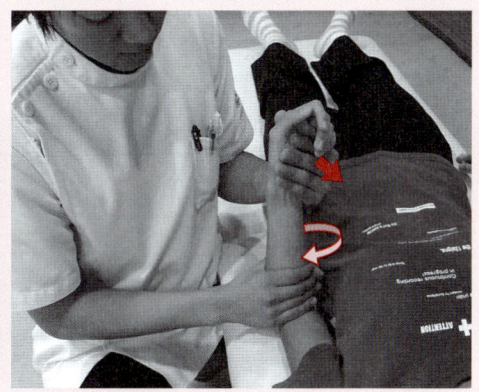

B：手関節尺屈誘導
手関節を尺屈誘導にて近位橈尺関節のROM変化を評価する.

図4-84 手関節誘導における近位前腕の回内・回外ROM評価

り回転軸を変化させROMの増減を評価する.

手指誘導における近位前腕の回内・回外ROM評価（図4-85）

骨間膜に付着する筋群と骨間膜膜様部の形状変化を利用して, 手指の屈曲伸展誘導におけるROMの増減を評価する.

筋力評価

テニスやゴルフの動作では, 上肢筋群の過緊張とmalalignmentを生じやすい. 過緊張は筋収縮時の滑走性を低下させ, malalignmentは筋の長さをアンバランスにし, 見かけ上の筋力低下を生じることが多い. 筋力評価も, 代償動作や見かけ上の筋力低下が改善する関節誘導を評価する.

関節誘導における上肢の筋力評価

ROM同様, 筋力を発揮しやすいalignmentを評価しながら筋力を評価する.

体幹部安定における上肢の筋力評価（図4-86）

腹横筋は上下肢運動時に先行収縮すると報告されている. また, 運動速度が速くなるにつれ先行収縮が大きくなるとされる[35]. そのためスポーツ動作ではとくに体幹部の安定要素が重要と考える.

175

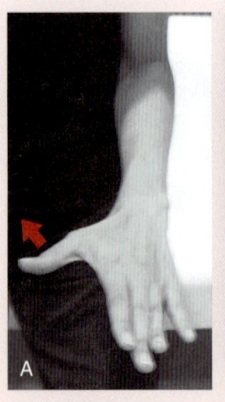

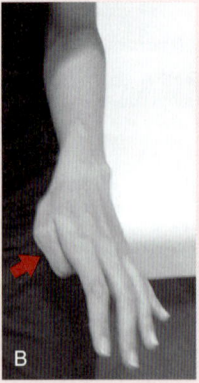

第4章　肘関節・前腕のスポーツ障害

図 4-85　手指誘導における近位前腕の回内・回外 ROM 評価
A：母指伸展誘導
母指を伸展（開排）誘導にて近位橈尺関節の ROM 変化を評価する．
B：母指屈曲誘導
母指を屈曲誘導にて近位橈尺関節の ROM 変化を評価する．

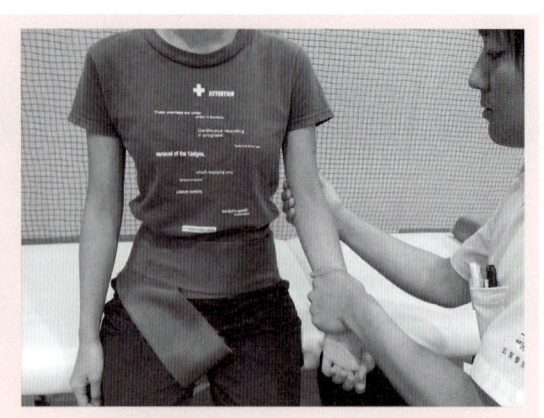

図 4-86　体幹部固定における上肢の筋力評価
体幹インナーユニットをバンドなどで補償し，筋力評価の増減や代償動作の変化などを評価をする．図は腹横筋の補償であり，場合に応じて，補償するインナーユニットをコントロールする．

インナーユニット（横隔膜，多裂筋，腹横筋，骨盤底筋群）の機能低下は体幹部の安定性低下を生じ，見かけ上の筋力低下を助長する．

座位・立位における上肢の筋力評価

スポーツ動作は全身運動であり，下肢の影響も考慮する必要がある．座位および立位で筋力評価を行うことにより，体幹部や下肢からの影響の優先順位を評価できる．座位より立位にて「見かけ上の筋力低下」や代償動作が増強する場合は，下肢の影響により体幹部の安定性低下を助長していることを示唆している．

姿勢評価

姿勢とは身体機能の表れである．体幹部の安定性が重要な上肢では全身を含めた姿勢評価が大切である．とくに上肢運動に連動する上部体幹の alignment は重要である．ここでは，肘関節・前腕，体幹の malalignment を考慮して代表的な姿勢を以下に示す．

身体重心位置（矢状面：図 4-87A，B）

上半身重心後方化，下半身重心前方化の偏位は身体重心を後方化させる．下半身重心の前方化は，バランスを頭部前方突出，肩甲骨前傾で代償しやすく，頸部，肩甲帯部の筋緊張が高まる．肩甲骨周囲筋の過緊張は，肩甲骨や肩関節の ROM を制限し，肘関節や手関節による代償を助長させるため病態の要因となる．

身体重心位置（前額面：図 4-88）

矢状面同様，前額面でも，上半身重心，下半身重心の偏位は身体重心も偏位させる．偏位側の肩甲骨はバランスを挙上で代償しやすく，反対側は下制位を伴いやすい．過度な肩甲帯挙上位は肩甲骨下方の筋群を緊張させ，過度な下制位は上方の筋群を緊張させる．これら筋群の筋緊張は矢状面同様，肩甲骨や肩関節の可動性を制限し，肘関節や手関節による代償を助長させるため病態の要因となる．

肩甲帯前方回旋（肩甲骨前傾・外転・内旋，鎖骨前方回旋）

肩甲帯の前方回旋は，肩甲骨の前傾や外転，鎖骨の前方回旋を伴う．この alignment が過度になると上腕骨は相対的に伸展・外旋位となる（図 4-89）．そのため上腕骨を介して前腕も回外方向に位置し，逆に前腕回内運動を多用しやすい．この alignment

図4-88 身体重心位置（前額面）
前額面でも、上半身重心、下半身重心の偏位は身体重心も偏位させる．偏位側の肩甲骨は挙上位で代償しやすく、反対側は下制位を伴いやすい．肩甲帯挙上位は肩甲骨下方の筋群を緊張させ、下制位は上方の筋群を緊張させやすい．

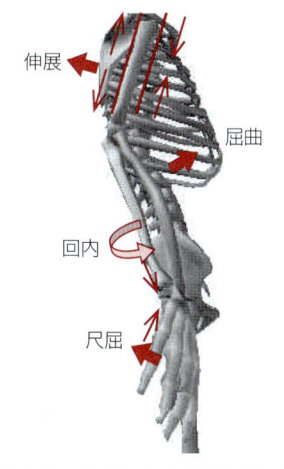

図4-87 身体重心位置（矢状面）
A：全身
身体重心後方化姿勢
B：頭位・肩甲帯部
上半身重心後方化を頭位前方、上部体幹前方回旋にて代償をとりやすい．

図4-90 肩甲帯前方回旋による上肢 malalignment
肩甲帯前方回旋により相対的肩関節伸展位が生じ、肘関節屈曲位にて、上腕二頭筋の持続的収縮と上腕三頭筋の持続的伸張が生じる．また、肘関節屈曲、遠位前腕回内 alignment となり、ulna plus variant にて手関節尺屈、TFCC 圧縮ストレスを生じやすい．

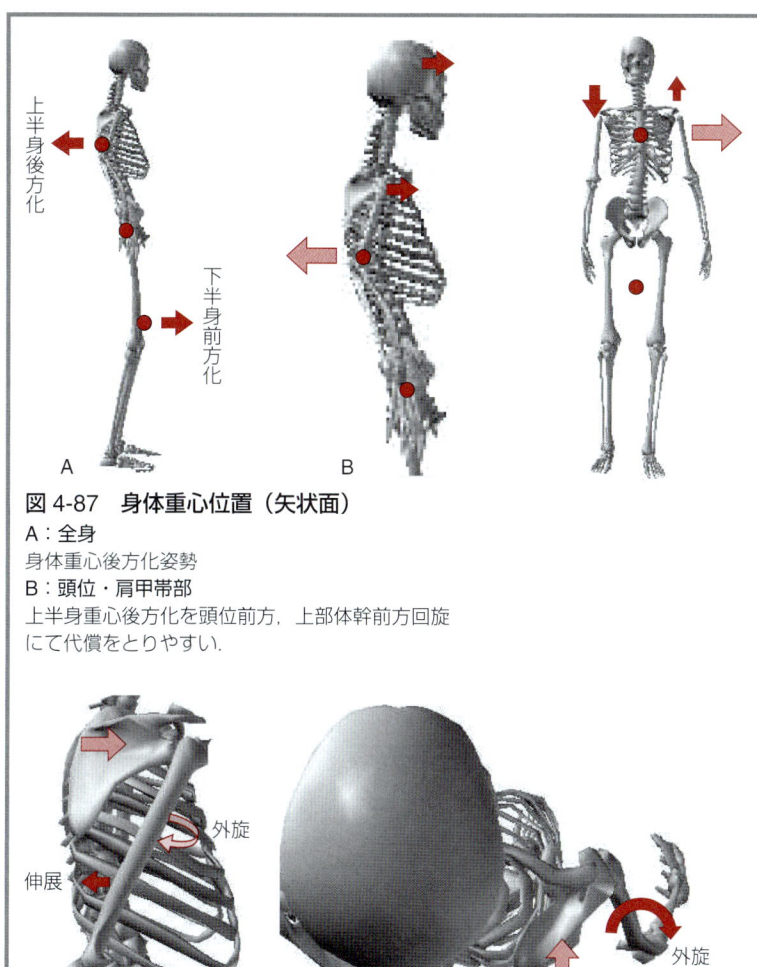

図4-89 肩甲帯前方回旋 malalignment
肩甲帯の前方回旋は、肩甲骨の前傾や外転、鎖骨の前方回旋を伴いやすい．過度な肩甲帯前方回旋は上腕骨が相対的に伸展・外旋位となりやすい．

が持続するほど肩関節後方構成体は短縮し、上肢内旋時の上腕骨内旋運動が減少し、遠位前腕での回内運動が増加する．遠位前腕による回内運動の増大は、手関節尺屈増大や ulna plus variant にて TFCC 損傷を助長させる（図4-90）．

相対的伸展位では重力の関係上、肘関節屈曲位にて対応される．肩関節伸展、肘関節屈曲 alignment は、上腕二頭筋の持続的収縮と上腕三頭筋の持続的伸張にて筋緊張が亢進する．過度な肩甲帯前方回旋 alignment は、これらの要因により、肘関節屈曲・遠位前腕回内 alignment を助長する（図4-90）．

また肩甲帯前方回旋は、胸郭を介して、下部体幹・骨盤の alignment にも影響を及ぼす．肩甲骨外転・前傾にて下部前鋸筋が収縮し、前鋸筋と筋連結のある外腹斜筋にも収縮が加わることで[36]、下部体幹・骨盤 alignment の偏位を助長する．

機能評価

テニス・ゴルフの動作は全身運動であるため、

全身の運動連鎖を考慮した評価が必要である．ここではスポーツ動作をポイントに，上肢−体幹の連結を考慮した評価を記載する．

握力把持評価

道具を用いるスポーツでは力を伝達させるため握力把持（power grip）となる（図4-91）．握力把持の多用は手関節部に加わる軸圧によりulnar varianceの増大現象や[37]，手関節尺屈位・遠位前腕回内を伴うため，近位手根骨列の背側回転，回外alignmentとなりやすい[38,39]（図4-92）．FCUと橈側手根伸筋が作用するとグリップ時の手根骨を回外させる[40]．なかでもECRBがFCUの対称的位置に存在し[6]，両筋群で手根骨回外ベクトルを生じさせると考える（図4-93）．また，過度なDIP関節屈曲は，深指屈筋の緊張により，骨間膜の膜様部を掌側凸へ牽引させるため前腕回内制限の要因となる．そのため，握力把持の多用は，遠位手根骨列回外alignmentやulnar variance pulus，前腕回内制限，FCU，ECRBの筋緊張を亢進させ，上腕骨外側上顆炎やTFCC損傷などの病態を助長する因子となる．

臨床的には，手関節尺屈，示指・中指の中手指節（MP）関節屈曲低下，第5中手骨頭下制を助長している場合が多い（図4-92）．握力把持評価と同時に，関節誘導におけるグリップの効率性を評価する．

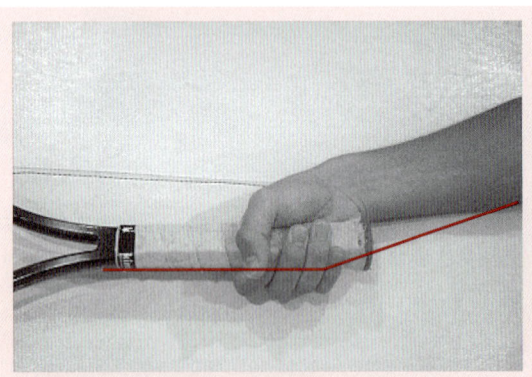

A：尺屈位でのグリップ（握力把持：power grip）
握力把持を強いられたグリップ．スイング動作時の力の伝達においては必要不可欠であるが，過剰収縮となり病態を伴いやすい．

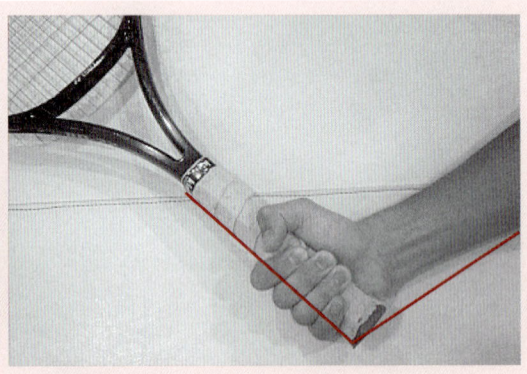

B：橈屈位でのグリップ
病態は伴いにくいが，スイング時の力の伝達においては非効率である．

図4-91　テニスラケットのグリップ動作

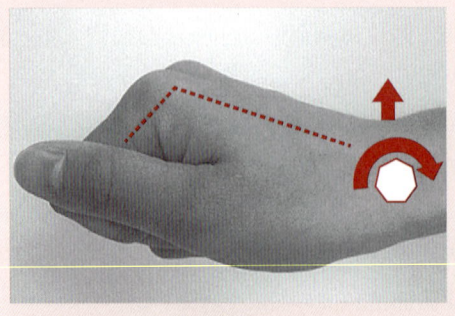

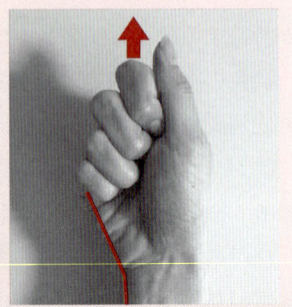

矢状面　　　　　　　　前額面　　　　　　　　水平面

図4-92　握力把持評価
矢状面では示指MP関節屈曲低下や近位手根骨列の背側回転malalignment，前額面では第5中手骨頭下制や近位手根骨列回外malalignment，水平面では手関節尺屈を助長している場合が多い．

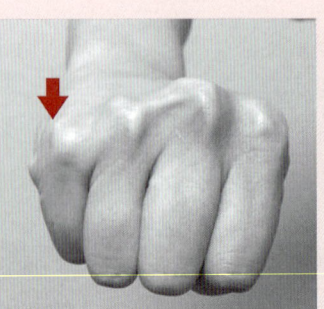

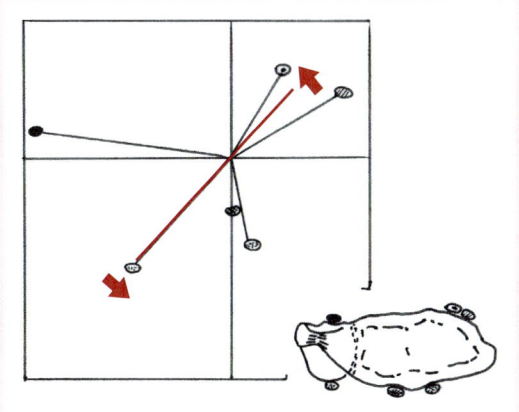

図4-93 手根骨の相対的回外ベクトル
手関節において対称的部位に存在するFCUとECRBが手根骨の相対的回外ベクトルを生じさせる.
（矢崎 潔, 2006[6]）

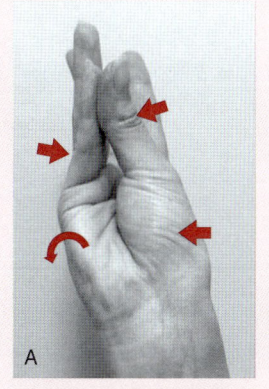

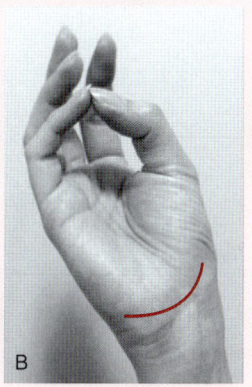

図4-94 精密把持評価
A：不良対立動作
母指は，過度にCM関節を尺側内転させ，IP関節を伸展させる．小指は，第5中手骨の掌側回転と外旋の低下を，過度なPIP・DIP関節伸展とMP関節屈曲で代償し，近位横アーチが破綻しやすい．
B：対立動作
母指，小指とも各関節を分節的に屈曲でき，近位横アーチが保持されている．

精密把持評価

虫様筋握りや対立動作である精密把持動作は，手内在筋の評価となる．母指対立動作は，母指手根中手（CM）関節の尺側内転と指節（IP）関節の伸展が過度であり，母指内転筋や長母指屈筋の収縮に手関節尺屈が伴いやすい．小指対立動作は，近位指節間（PIP）・遠位指節間（DIP）関節伸展位のMP屈曲が強く，有鈎骨や第5中手骨の動きが少ない（図4-94）．これら精密把持動作は，手内在筋の機能低下とともに手根骨や中手骨malalignmentとなり，近位横アーチ，遠位横アーチ[6]が破綻し，手関節や指関節の過度な運動となり，病態を助長する要因となる．

前腕回転軸評価（回内外動作）

テニスやゴルフのスイング時は前腕の回内・回外動作を伴う．回内・回外時の回転軸はスイング動作に影響を与えると考えられる．回内時に回転軸が橈骨軸優位になると，肩関節外転・内旋，手関節尺屈が連動しやすく，回外時では，肩関節内転・外旋，手関節橈屈に連動しやすい（図4-95）．回内・回外時に，これらの連動した運動を観察することで回転軸を評価できる．橈骨軸の回内・回外動作では，橈骨に対する尺骨の回転モーメントが生じるが，腕尺関節は回旋機構を有していないため回旋ストレスが増大する．先行研究より，橈骨軸での前腕回内動作は，尺側手根屈筋や尺側手根伸筋の筋活動増加を認め[41]，上腕骨内側・外側上顆付着部の筋群に影響を及ぼすと考えられる．

体幹に対する上肢alignment評価

前述したように，体幹に対する上肢malalignmentは，肩関節における対応が減少し，手関節での過度な代償を誘発させる．運動連鎖を考慮して上肢alignment誘導における体幹機能を評価する．

上肢を前方または後方に位置させるよう誘導し，歩行や片脚立位などの動作にて評価する（図4-96）．

上肢−体幹連結評価（他動）

テニスのサーブ動作は，野球の投球と異なり，体幹，骨盤，肘，手，肩の順番に運動連鎖が生じる[3]．言い換えると，テニスのスイング動作は，上肢の鞭打ち様運動ではなく，体幹部で生じたエネルギーを，スイング時に，先行する肘，前腕の動きに，

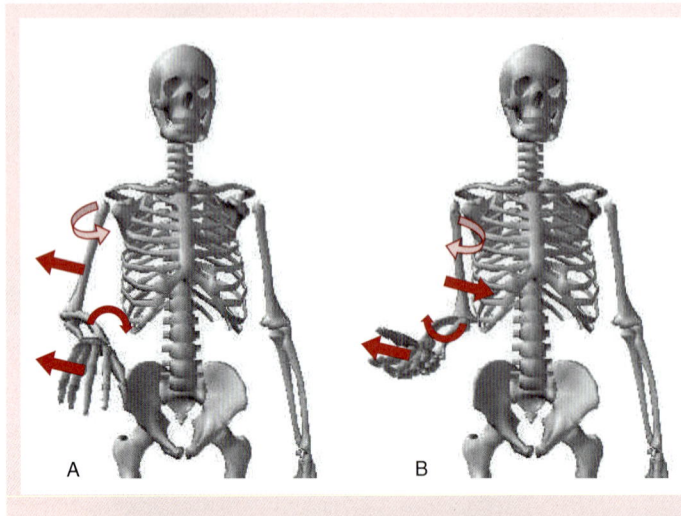

図4-95 回内・回外制限による肩・手関節の代償動作
A：回内制限
回内制限では，肩関節外転・内旋，手関節尺屈にて代償されやすい．
B：回外制限
回外制限では，肩関節内転・外旋，手関節橈屈にて代償されやすい．

上肢前方誘導　　　　　　　　　　上肢後方誘導

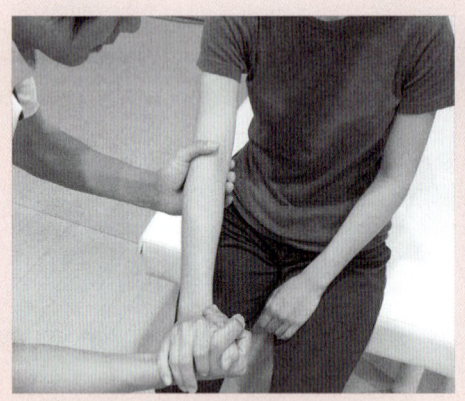

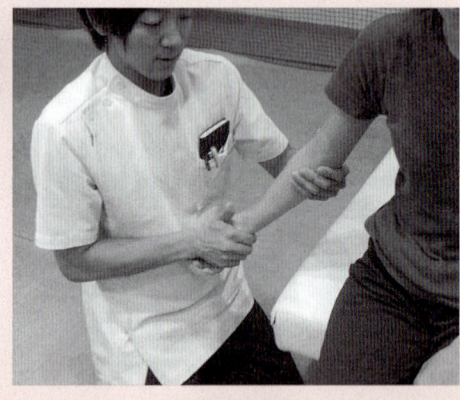

図4-96 体幹に対する上肢alignment評価
上肢を前方または後方に他動的に誘導する．誘導後，歩行や片脚立位を観察し，上肢をどちらに誘導させたほうが良好か評価する．

肩関節における対応で効率よくエネルギーを伝達し，遂行している．この点を考慮し，手部や前腕，上腕誘導における肩関節機能を評価する．前腕ROM制限や前腕回転軸の橈骨軸偏位は，前腕と上腕が連動しないことが多い．回内動作時に肘関節屈曲が生じ，肩関節運動が低下する場合や，リーチ動作時にも肩関節の対応が低下し，前腕の過度な回内・回外動作で代償される（図4-97A，B）．

上肢−体幹連結評価（自動）

自動運動でリーチ動作を評価する．非機能的なリーチ動作では，過度な肩甲骨前方偏位により相対的な上胸郭骨後方位となり，上半身重心の前方移動が減少しやすい．そのため，骨盤前傾や股関節屈曲の低下を伴うことが多い（図4-98A）．また，挙上動作においても，肩関節機能が向上し，挙上動作が改善する手部や前腕の誘導を評価する（図4-98B）．

胸椎伸展評価

テニスのサーブ動作は，インパクト時に上肢を180°付近まで挙上する．肩関節屈曲制限や胸椎伸展制限を有する場合，上肢挙上動作は腰椎伸展運動で代償され，打点が後方化しやすい．後方化からのインパクトは，肘関節や手関節での代償動作や各筋群へ加わるストレスも増大し，extensor cuff

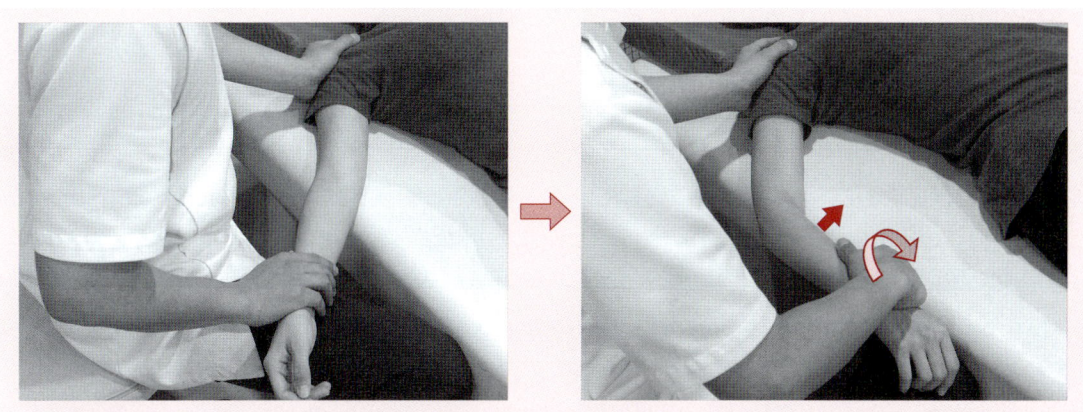

A：前腕運動
前腕回内・回外に伴う肩関節内旋・外旋運動が生じず，回内では肘関節屈曲，回外では肩関節伸展（肩前方突出）などにて代償されやすい．肩関節内旋・外旋が生じる手部や前腕の誘導を評価する．

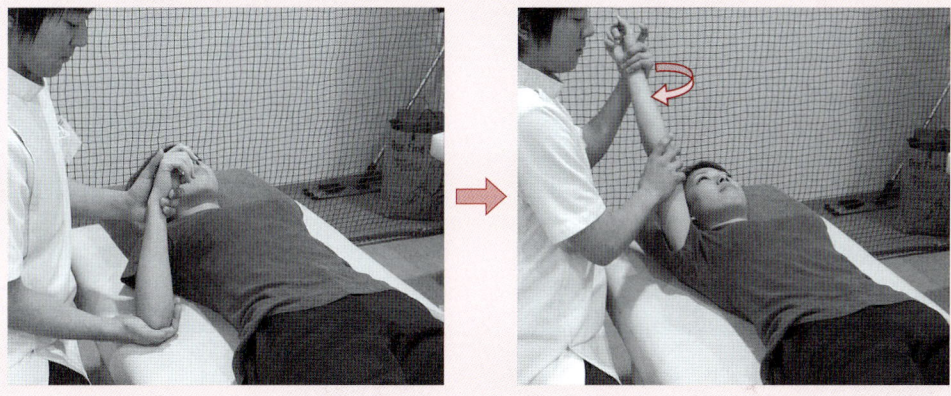

B：リーチ動作
他動的にリーチ動作を行い，肩関節の適応（内旋・外旋）が生じるかを評価する．生じない場合は，前腕の過剰な回内・回外にて動作を代償させる．手部や前腕の誘導により代償が減少し，肩関節での適応が生じるかを評価する．

図 4-97　上肢－体幹連結評価（他動）

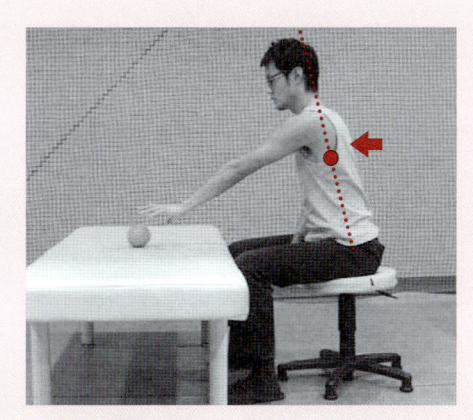

A：リーチ動作
前方リーチ動作時に矢状面では，上半身重心，股関節屈曲角度，骨盤前傾角度，肩甲骨の前方偏位，上位胸郭や下位胸郭，頭位の位置など評価する．

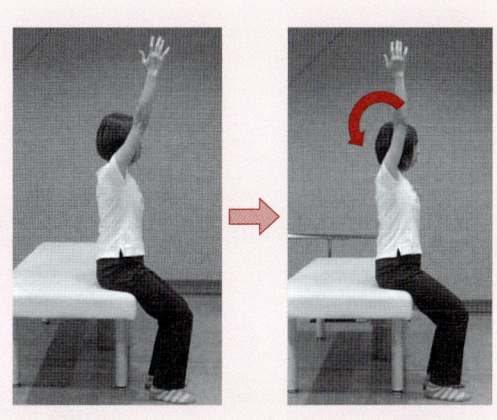

B：挙上動作
自動的に上肢を挙上してROMを評価する．肩関節機能が改善する手部や前腕の誘導を評価する．図は，三角骨，月状骨，舟状骨，有鈎骨誘導後である．

図 4-98　上肢－体幹連結評価（自動）

の負荷が増加する[19]．そのため胸椎伸展を伴う上肢挙上動作が重要である（図4-99）．脊椎伸展モーメントを生み出すインナーユニット（横隔膜，多裂筋，腹横筋，骨盤底筋群[42]：図4-100）のどの機構がとくに機能低下し，ユニットが破綻しているかを評価し，優先順位をつける（図4-101）．このことは理学療法を展開するうえでも重要である．

体幹回旋評価

テニスやゴルフのスイング動作は体幹回旋を伴うため，体幹回旋のROMを評価する必要がある．立位で左回旋を行う場合，左距骨下（ST）関節回外連鎖に伴う下腿外旋，相対的な大腿内旋，骨盤後方回旋，右ST関節回内連鎖に伴う下腿内旋，相対的な大腿外旋，骨盤前方回旋により骨盤左回旋

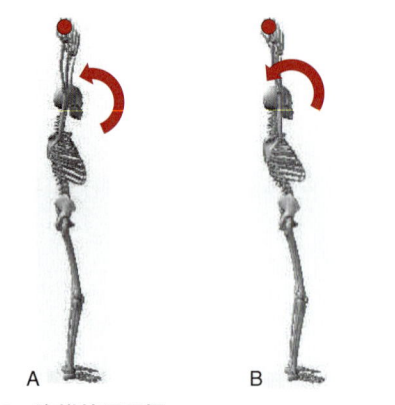

図4-99　胸椎伸展評価
A：機能的な胸椎伸展
上肢挙上動作に胸椎伸展を伴う．
B：非機能的な胸椎伸展
胸椎でなく，腰椎伸展にて代償され，打点が後方重心になりやすく，インパクト時にextensor cuffに負荷が増大しやすい．

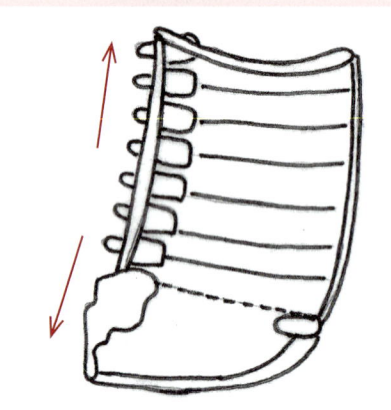

図4-100　インナーユニットの機能
横隔膜，多裂筋，腹横筋，骨盤底筋群にて構成されるインナーユニット．腹圧を上昇させて，脊柱の伸展モーメントを生じさせる．
（Lee Dほか，2001[42]を改変）

治療前　　横隔膜　　腹横筋　　骨盤底筋群　　多裂筋

図4-101　インナーユニットの優位性
各筋群を固有収縮し，上肢挙上動作にて胸椎伸展運動を確認し，優位差を評価する．この症例の場合は横隔膜がとくに重要だと推察される．

が生じる[42]．これに連動し，肋骨部には，左肋骨後方回旋，右肋骨前方回旋が生じ，体幹が左回旋する（図4-102）．回旋動作のなかで制限または過度な動きのみられる部位を評価することが重要である．体幹のalignmentも回旋運動を行うためには非常に重要である．脊柱後弯が著明な場合は，脊柱後方の靱帯や筋膜が伸張され回旋制限しやすく，脊柱前弯が著明な場合では，脊柱後方の脊柱起立筋の過収縮により回旋制限される．また，脊椎の複合運動（coupling motion）により，体幹屈曲・伸展位での側屈と回旋運動は異なる．伸展位では非回旋側に側屈し，回旋側荷重に，屈曲位では回旋側に側屈し，非回旋側荷重となりやすい（図4-103）．つまり，回旋動作には，脊柱周囲の靱帯・筋膜・筋の過剰な伸張や収縮を生じない生理的な弯曲alignmentを保持することが重要である．

たとえば，体幹の左回旋時に骨盤左回旋量が少なく，上部体幹左回旋や体幹右側屈で代償することは臨床上多くみられ（図4-104），過度な肩甲帯の代償は，肩甲上腕関節malalignmentを助長し，病態につながる一因である．

並進動作評価

体幹の形状は台形的対応と平行四辺形的対応に大別することができ[43]（図4-105），並進動作時の重心移動に伴う胸腰椎の側屈運動を評価する．重要なのは，移動距離でなく胸腰椎の分節的な動きである．並進時の代償的な肩甲骨挙上や外転運動は肩甲上腕関節malalignmentを助長する（図4-106）．体幹部では，どの部位の可動性低下を肩甲骨帯で代償しているのかを評価し，上肢では，どの部位を誘導すると肩甲骨と胸椎部が分節的に並進動作しやすいのかを評価する．

歩行評価

歩行において上肢は，下肢と逆方向に連動して動き，歩行時の骨盤や上部・下部体幹回旋の捩れと同様に，進行方向へ身体を向けるよう調節している．初期接地（IC）時に，同側の腕の伸展は最大に達し，同側立脚終期（Tst）時で，腕の屈曲は最大に達する[44]（図4-107）．後方への腕の振りは筋制御により能動的に行われるが，前方は筋活

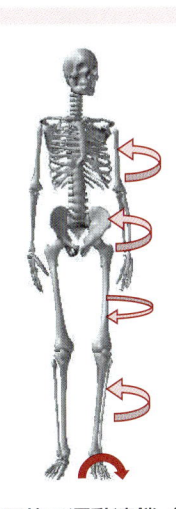

図4-102　体幹回旋の運動連鎖（体幹左回旋）
立位にて左回旋を行う場合，左距骨下関節回外連鎖による下腿外旋，大腿内旋，骨盤後方回旋が生じ，右距骨下関節回内連鎖による下腿内旋，大腿外旋が生じ，骨盤前方回旋にて骨盤左回旋が生じる．これに連動して，左肋骨後方回旋，右肋骨前方回旋にて体幹の左回旋が生じる．

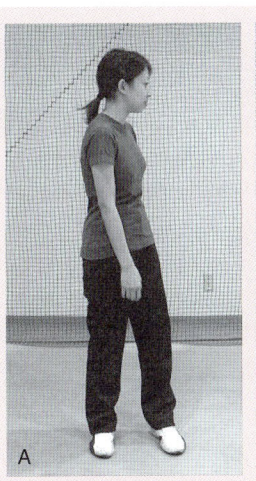

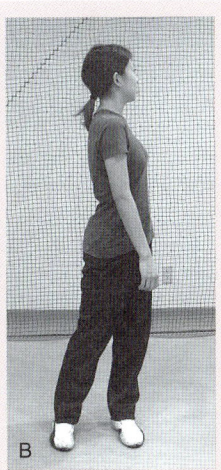

図4-103　体幹肢位による回旋運動の違い
A：屈曲位
屈曲位では回旋側に側屈し，非回旋側荷重となりやすく，回旋を伴うスポーツ動作には非効率的である．
B：伸展位
伸展位では非回旋側に側屈し，回旋側荷重となりやすく，回旋を伴うスポーツ動作には効率的である．

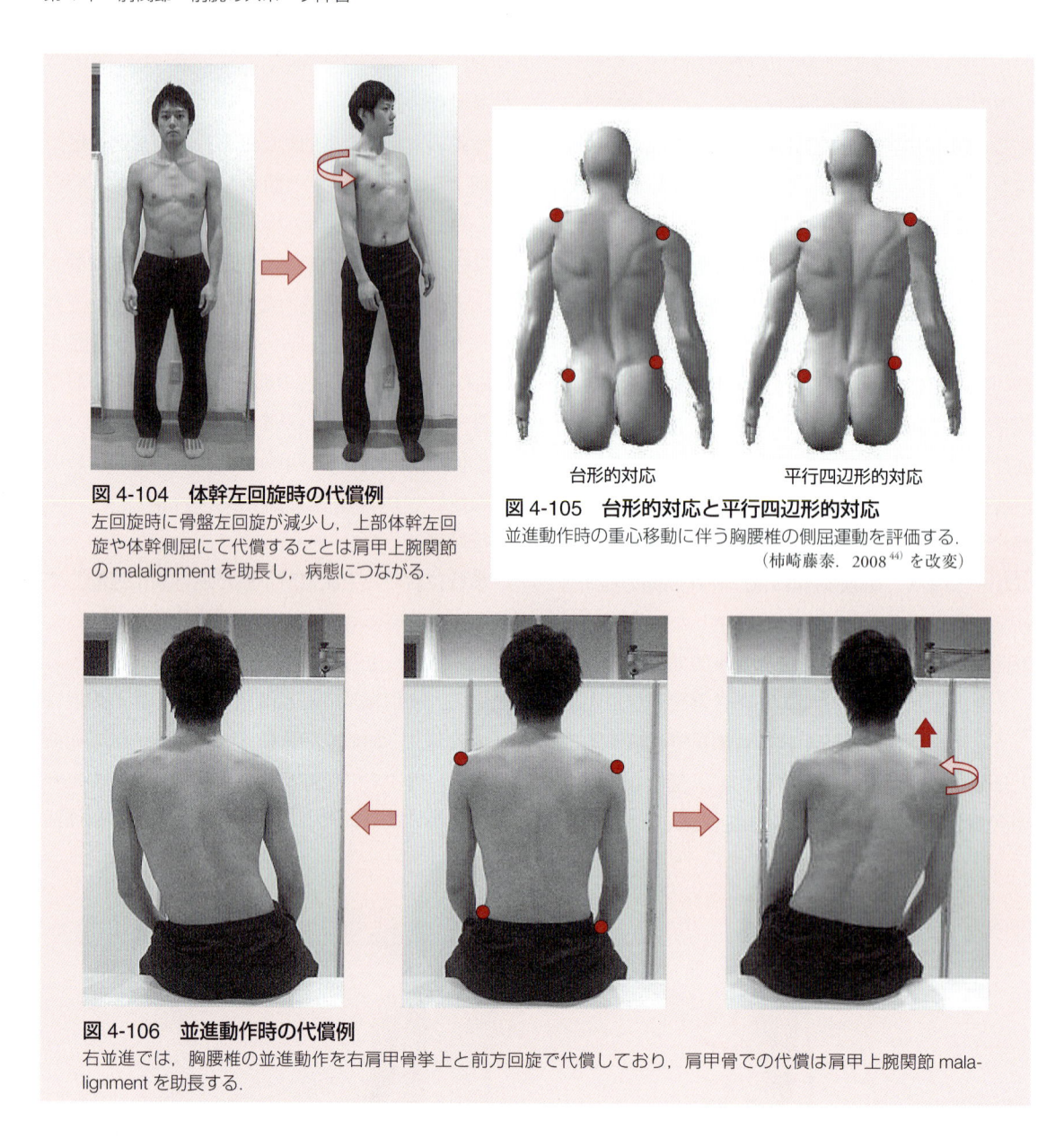

第4章 肘関節・前腕のスポーツ障害

図 4-104　体幹左回旋時の代償例
左回旋時に骨盤左回旋が減少し，上部体幹左回旋や体幹側屈にて代償することは肩甲上腕関節の malalignment を助長し，病態につながる．

図 4-105　台形的対応と平行四辺形的対応
並進動作時の重心移動に伴う胸腰椎の側屈運動を評価する．
（柿崎藤泰．2008[44] を改変）

図 4-106　並進動作時の代償例
右並進では，胸腰椎の並進動作を右肩甲骨挙上と前方回旋で代償しており，肩甲骨での代償は肩甲上腕関節 malalignment を助長する．

動を伴わず受動的に行われる[44]．前方への腕の振りが低下している症例に振りが増加すると骨盤後傾が減少することがある．腕を前方に振ることで足圧中心が前方へ移動することや[45]，立脚後期の股関節屈曲モーメントが減少するため[46]，歩行と腕の振りに関係があるものと考えられる．つまり腕の振りを操作することで，パッセンジャーユニット（頭部，頸部，体幹，骨盤，上肢の総称）の位置関係が変化し，身体重心や歩行を改善させることが可能であると考える（**図 4-108**）．

上肢に障害がある場合，過緊張や malalignment があり，歩行時に腕の振りが減少していることが多い．このような場合は，元々の上肢過緊張に加えて，スイング時の握力把持でより緊張が亢進し，病態を助長しやすい．

腕の振りが減少する要因は，過緊張や malalignment 以外に，上肢におけるバランス制御や歩行時の代償的な肩甲骨前傾による上肢 malalignment な

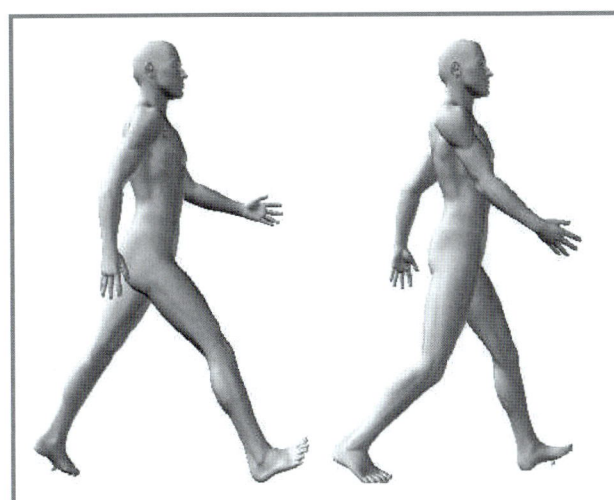

図 4-107　歩行周期と腕の振り
HC（ヒールコンタクト）時に，同側の腕の伸展は最大に達し，同側 Tst（ターミナルスタンス）時で，腕の屈曲は最大に達する．

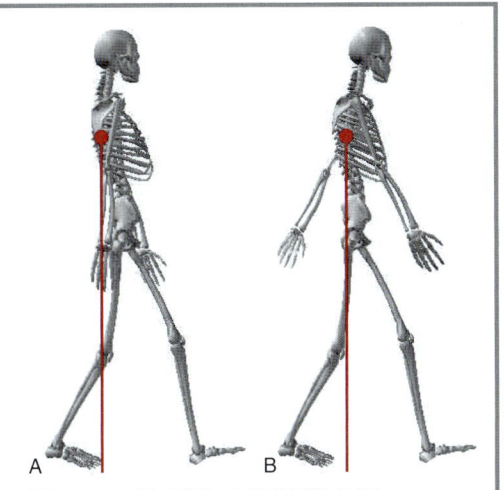

図 4-108　腕の振りと身体重心位置
A：腕の振りなし
腕の振りが少ない場合は，上肢質量の後方化により，股関節屈曲モーメント増大に伴う下半身重心前方・上半身重心後方となりやすい．
B：腕の振りあり
腕の振りがある場合は，上肢質量の前方化により，股関節屈曲モーメント減少に伴う下半身重心後方・上半身重心前方となりやすい．

どがある．とくに代償的な肩甲骨前傾は，立脚中期（Mst）から Tst にかけて肩甲骨前傾が生じる場合でも，下肢の推進力を代償して生じる場合や直前に生じた骨盤の前方移動，体側屈のバランス制御として生じる場合がある（**図 4-109A, B**）．また，腕の振りを，肩関節でなく肘関節にて代償する場合では，とくに上腕，前腕が連結しておらず，歩行時にも肘関節にストレスを増大させていると考える．

　腕の振り以外にも，歩行時に胸椎後弯を助長している症例は，スポーツ動作時に，胸椎伸展を伴う体幹回旋が起きず，後方重心での手打ちスイングとなっていることが多い．そのため胸椎後弯を助長している歩行周期や原因を評価・考察する必要がある．臨床的には，IC から荷重応答期（RL）に骨盤前方移動が生じ，頭位前方突出を伴う頸胸椎屈曲のバランス反応にて胸椎後弯を呈する症例は多い．

　このように歩行時の腕や体幹の対応はさまざまであり，スポーツ動作に関係すると考えられ，歩行とスポーツ動作を関連づけて評価・展開していくことは重要である．

スポーツ動作

　開始肢位からインパクトまでの流れのなかで生じる運動エネルギーをいかに伝達させるか，道具を把持している手関節，前腕の動きに体幹がいかに対応できるかが重要である．効率的な伝達や対応が行えず，手関節や肘関節にて過剰な力の伝達を強いられている時期を評価や分析し，考察していく必要がある．

テニス動作（右打ち）

サーブ動作[3]（図 4-110）

・ワインドアップ期：バックスイング開始から非スイング側のボールが手から離れるまでの期間．ワインドアップ期では，ラケット側の肩を外転すると同時に体幹を非スイング側へ回旋させ，スイングに必要な回旋運動のエネルギーを高める準備期間である．

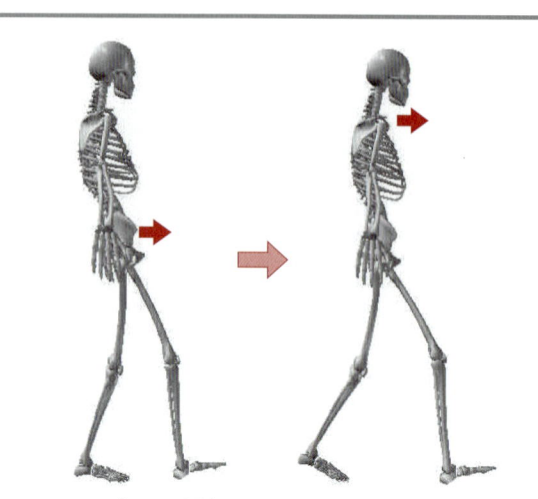

A：バランス反応
RL～Mst 前半に生じた骨盤の前方移動のバランス制御にて肩甲骨前傾させることがある．

B：推進力の代償
Mst 後期～Tst 時の蹴り出し時の推進力不足を肩甲骨前傾させ代償させることがある．

図 4-109　歩行時の代償的な肩甲骨前傾

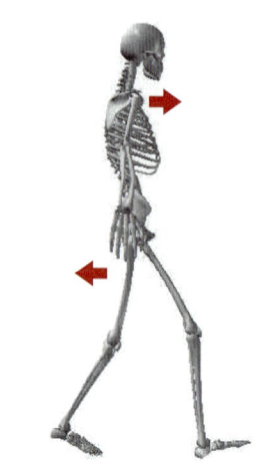

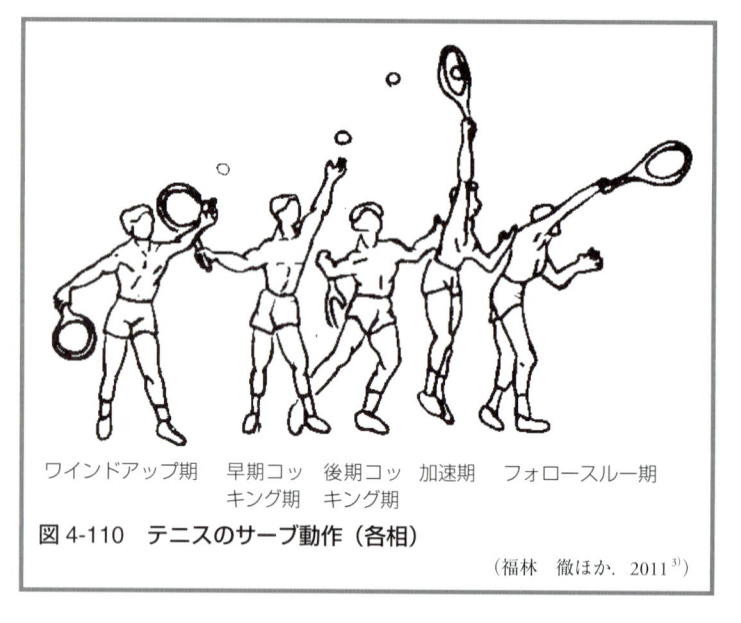

ワインドアップ期　早期コッキング期　後期コッキング期　加速期　フォロースルー期

図 4-110　テニスのサーブ動作（各相）

（福林　徹ほか．2011[3]）

・早期コッキング期：スイング側の肩関節が最大外旋する途中の期間（全コッキングの 75％）．早期コッキング期は，スイングに必要なエネルギーをより高める準備期間である．具体的には，ボールを振り上げた非スイング側の上肢挙上に伴い，体幹伸展・側屈と膝関節屈曲させる．全身をバネのように縮め，位置エネルギーを蓄積させ，スイング側の肩関節外旋を強めて体幹の非スイング側への回旋を増加させ，腕の振りを加速するための運動エネルギーを蓄積する．

・後期コッキング期：スイング側の肩関節が最大外旋するまでの期間（全コッキングの 25％）．後期コッキング期は，蓄積されたエネルギーを，スイング方向への回旋運動とジャンプ動作に転換する時期で，ボールに運動エネルギーを伝達する準備期間として重要である．足関節を底屈させ，膝関節を伸展させ，体幹をスイング方向に側屈・回旋させ垂直に起こす．肩関節外旋角度をより高めることで上肢のスイングに大きな初速を与える．

・加速期：ラケットにボールがインパクトするまでの期間．加速期は，全身で発生させた運動エネルギーを，上肢を介してボールに伝達させる時期である．テニスのサーブ動作は投球動作と異なり，体幹，骨盤，肘，手，肩の順番に運動連鎖が生じる[3]．軸足の蹴り出しにより下肢の運動エネルギーを体

幹に伝達し，体幹の側屈，回旋運動に骨盤が連鎖し，運動エネルギーを上肢に伝達させる．同時に，ラケットを把持した上肢に，肘関節伸展，前腕回内，手関節掌屈が生じ，肩関節内旋が連鎖することでインパクトさせる．この肩関節での対応が運動エネルギーを効率的に伝達させ，スイングを遂行させると考える．

・フォロースルー期：スイングが終了するまでの期間．フォロースルー期は，スイングによって生じたエネルギーを，全身を用いて分散させ吸収する時期である．体幹の前傾・回旋運動により全身的にエネルギーを吸収し，左下肢を一歩出し着地することで次のプレーにつながりやすい[47]．

フォアハンドストローク[3]（図 4-111）

・準備期：バックスイング開始からラケットを前進させるまでの時期．準備期は，ラケット側の肩関節水平外転と同時に体幹を非スイング側へ回旋し，同側下肢を半歩後退させ，軸足への荷重を強めることにより，スイングに必要な回旋運動のエネルギーを高める準備期間である．

・加速期：ラケットが前進し，ボールにインパクトするまでの期間．加速期は，サーブ動作と異なり，運動を制御しながらエネルギーの変換と伝達を行う時期である．具体的には，膝関節屈曲にて重心を下降させ，位置エネルギーを蓄積しながら，軸足の蹴り出しにより運動エネルギーに変換させる．

同時に，踏み込み足で骨盤の回旋を制御することで，鞭打ち動作のように，体幹の側屈・回旋運動を生じ，エネルギーを伝達させる．インパクトに向けて，肩関節水平内転，前腕回内，肘関節屈曲，手関節掌尺屈する上肢に肩関節内旋，肩甲帯前方回旋にて対応することで体幹からのエネルギーを伝達させる．

・フォロースルー期：インパクトからスイングが終了するまでの期間．フォロースルー期は，サーブ動作同様に，スイングによって生じたエネルギーを，全身を用いて分散させ，吸収する時期である．脊柱伸展・回旋運動により全身的にエネルギーを吸収し，右下肢を一歩出し，着地することで次のプレーにつながりやすい[47]．

バックハンドストローク[3]（図 4-112）

・準備期：バックスイング開始からラケットを前進させるまでの時期．準備期は，ラケット側の肩関節水平内転と同時に体幹を非スイング側へ回旋し，回旋側下肢の軸足荷重を強めることで，スイングに必要な回旋運動のエネルギーを高める準備期間である．

・加速期：ラケットが前進し，ボールにインパクトするまでの期間．加速期は，フォアハンドストローク同様に，エネルギーの変換を行いながらボールに力を伝達させる時期である．具体的には軸足の蹴り出しと踏み込み足によりスイング側へ重心

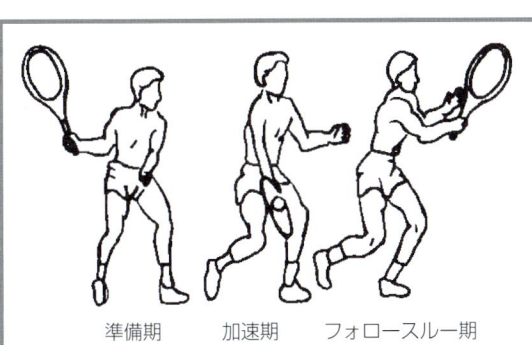

準備期　加速期　フォロースルー期

図 4-111　テニスのフォアハンドストローク動作（各相）

（福林　徹ほか．2011[3]）

準備期　加速期　フォロースルー期

図 4-112　テニスのバックハンドストローク動作（各相）

（福林　徹ほか．2011[3]）

移動させながら，バックスイングで蓄積した運動エネルギーを，体幹の側屈・回旋運動で上方へ伝達させる．重心を降下させ，位置エネルギーを蓄積しながら踏み込み，すぐに膝関節伸展，足関節底屈で運動エネルギーに変換させる．生じた運動エネルギーは，スイングの上肢の動きに肩関節で対応することにより効率的に伝達される．

・フォロースルー期：インパクトからスイングが終了するまでの期間．フォロースルー期は，同様に，スイングによって生じたエネルギーを，全身を用いて分散させ，吸収する時期である．脊柱伸展・回旋運動により全身的にエネルギーを吸収し，踏み込み足を軸足にし，対側下肢を一歩出し，着地することで次のプレーにつながりやすい[47]．

　従来，上腕骨外側上顆炎は，バックハンドインパクト時の伸筋群の過収縮が病態であるとされている（図4-113）．臨床では，サーブやフォアハンドのインパクト時に外側上顆に疼痛を訴える場合も多い．手関節伸筋群は，ラケットを把持する際にstabilizerとして作用する[19]．ECRL，ECRBは，肘関節伸展，前腕回内，手関節掌屈，尺屈時に遠心性収縮で負荷が増大し，ECRLは，肘関節伸展位で有意に伸張性が増加する[25]．以上のことから，

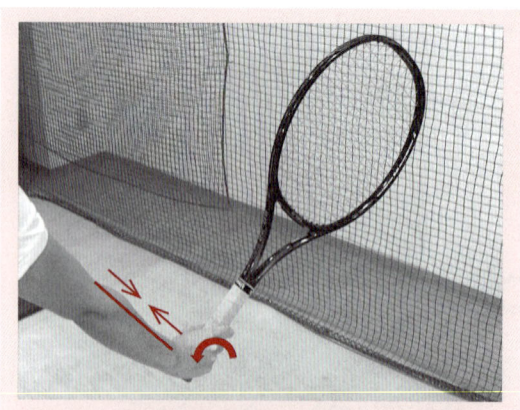

図4-113　従来の上腕骨外側上顆炎のメカニカルストレス
従来は，スイング動作時の過度な手関節背屈動作による手関節ECRBの収縮ストレスが主病態であるとされていた．

肘関節伸展，前腕回内，手関節掌屈，尺屈動作でインパクトすることにより，stabilizer作用の伸筋群に過度な伸張ストレスが加わる．技術の低い選手では，バックハンドのインパクト時に手関節が掌屈・尺屈し，典型的なテニス肘患者は，フォアハンド時に手関節より肘関節が先行し，手関節背屈位から急激に掌屈，前腕回内を行うとされる[3]．どのスイングスタイルでも効率的に力を伝達できない場合は，過度な前腕回内や手関節掌屈・尺屈にて伝達することでECRBに伸張ストレスが加わりやすい（図4-114）．

　上腕骨内側上顆炎はFCRや円回内筋に好発しやすい．この筋群は，前腕の回内・回外全ROMで回内モーメントを有する[3]．内側上顆炎は，フォアハンドのインパクト時に生じる肘関節外反を，FCRや円回内筋にて回内モーメントを発揮させて制御するため好発しやすい（図4-115）．外反制御の際に，手関節尺屈にて回内モーメントを生じる場合はFCUが病態の内側上顆炎になりやすい．

　TFCC損傷は，近位部，遠位部に分別でき，近位部は回内・回外を，遠位部では掌背屈・橈尺屈運動を許容する．臨床においてはインパクト時に疼痛を訴えることが多く，インパクト時の手関節不安定性が問題である．手関節が安定していれば，インパクト時に手関節に過剰な運動が生じず，TFCC損傷が生じにくい．しかし，体幹での伝達機能低下や可動性の低下を有する場合は，過度な手関節動作にてボールコントロールするために不安定となりTFCC損傷となる．

　これらの病態を助長する上肢の影響として，体幹に対する上肢malalignmentは，多関節筋の緊張が高く，過度な握力把持を助長する．このような症例はスイング時のグリップが過剰となり，上肢筋群の負荷が増大する．スイング時には瞬間的に握力把持を活用し，それ以外の局面では上肢がリラックスした状態でラケットを把持できることが重要である．

5. 評価——ROM評価

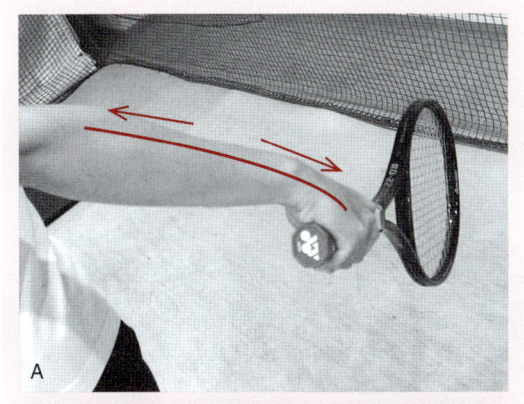

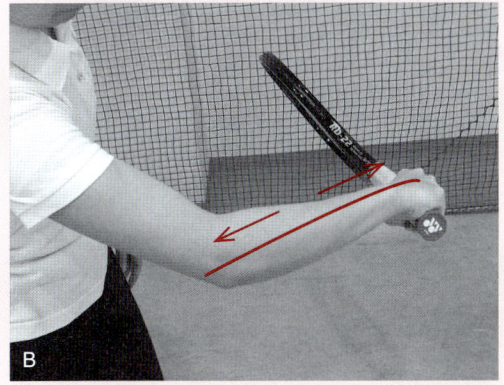

図4-114　上腕骨外側上顆炎のメカニカルストレス
A：バックハンド
バックハンド動作ではインパクト時に，手関節掌屈・尺屈が生じ，前腕が回内し，ECRBの伸張ストレスが増大する．
B：フォアハンド
フォアハンド動作ではフォロースルー早期に，手関節掌屈・尺屈が生じ，前腕が回内し，ECRBの伸張ストレスが増大する．

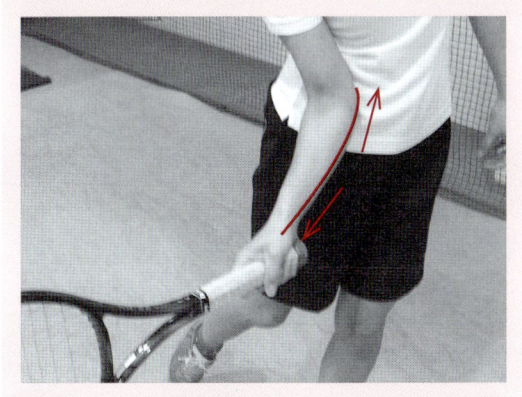

図4-115　上腕骨内側上顆炎のメカニカルストレス
フォアハンドストロークのインパクト時に生じる肘関節外反を，FCRや円回内筋にて回内モーメントを発揮させた制御がストレスとなる．

体幹と下肢の影響として，スイング時の後方重心は脊椎伸展に伴う回旋動作が起きず，手打ちスイングとなる．後方重心の要因には，体幹の安定性低下やスイング時の軸足支持性低下，踏み込み足支持性低下がある．軸足支持性低下では早期に重心移動が生じ，踏み込み足支持性低下では重心移動を制動できず，骨盤前方移動や側方移動が生じる．これらの骨盤移動により下半身重心が前方化し，相対的に上半身重心の後方化を誘発させ，後方重心となる場合が多い（図4-116A～C，4-117A～C）．このような症例は歩行時にも類似した動きがみられる．軸足支持性低下では，Tstに骨盤前方移動が生じて早期に対側へ重心移動する．踏み込み足支持性低下では，ICからRL時に骨盤前方移動が生じて制御ができていない歩容であることが多い．このように歩行とスポーツ動作を関連づけて評価することは重要である．

そのほか，外側上顆炎と内側上顆炎の発生機序の違いは，体幹側屈に伴う肩関節角度が関係している．スイング側に体幹側屈するタイプは肩関節内転位となり，肘関節外反にて対応する．反対側に側屈するタイプは肩関節外転となり，肘関節内反にて対応することで病態を助長する（図4-118）．

以上のように疾患名から推察するのではなく，各症例の対応や機能を把握することが重要であり，なぜこのような「手打ちスイング」となり，代償に違いが生じるのかを評価して展開していく必要がある．

ゴルフ動作（右打ちの場合）

スイング動作[48]（図4-119）

・準備期：バックスイング開始からクラブを前進させるまでの期間．準備期は，全身を用いてスイングに必要な回旋運動エネルギーを蓄積させる準備期間である．具体的には，両上肢で把持したクラブを，肩関節水平内転・外転，前腕回内，手関節背屈・橈屈の動きを伴ってバックスイングさせ，位置エネルギーを蓄積させる．トップポジション

189

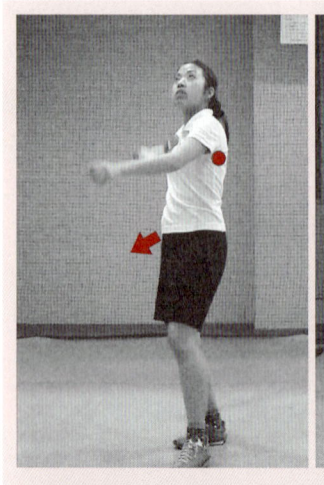

第4章　肘関節・前腕のスポーツ障害

A：サーブ
サーブ時に軸足の支持性が低下すると骨盤の制動ができず，早期に下半身前方重心・上半身後方重心となる．体幹回旋減少，インパクトの後方重心，スイング量の増大などを伴う手打ちスイングになり，ECRBなどに伸張ストレスが加わりやすい．

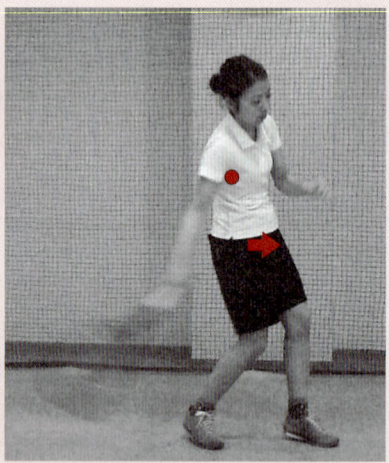

B：フォアハンドスイング
フォアハンド時に軸足の支持性が低下すると，早期に体幹側屈を伴う後方重心で体が上方を向きやすく，ボールがオーバーしやすい．そのため，インパクト時に前腕回内，手関節掌屈などにて代償しやすく，ECRBなどに伸張ストレスが加わりやすい．

C：バックハンドスイング
バックハンド時に軸足の支持性が低下すると，早期に後方重心を呈した際に，前腕回内，手関節掌屈によるECRB伸張ストレスが加わり，その状態からインパクトにかけて過度な収縮ストレスとなりやすい．

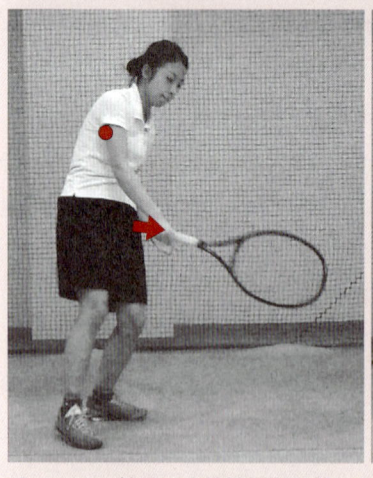

図4-116　軸足の支持性低下を伴うテニスのスイング動作

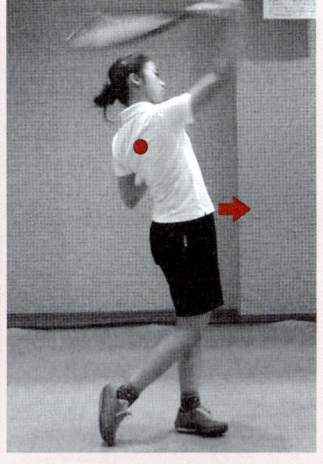

5. 評価——ROM評価

A：サーブ
サーブ時に踏み込み足の支持性が低下すると，インパクト直前に後方重心を呈し，体が開いてしまい，肘関節に外反ストレスが加わりやすい．

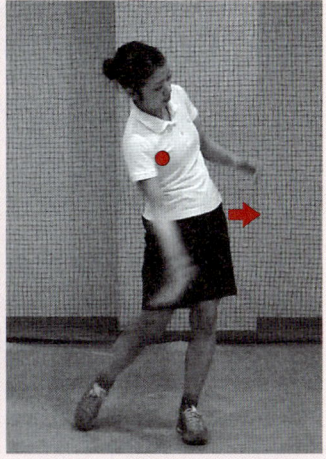

B：フォアハンドスイング
フォアハンド時に踏み込み足の支持性が低下すると，体幹側屈に伴い肩関節内転優位になりやすく，肘関節に外反ストレスが加わりやすい．

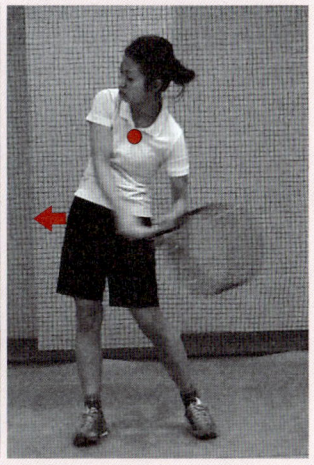

C：バックハンドスイング
バックハンド時に踏み込み足の支持性が低下すると，体幹側屈に伴い，肩関節内転，前腕回内，手関節掌屈・尺屈になりやすく，ECRBに伸張ストレスが加わりやすい．

図4-117 踏み込み足の支持性低下を伴うテニスのスイング動作

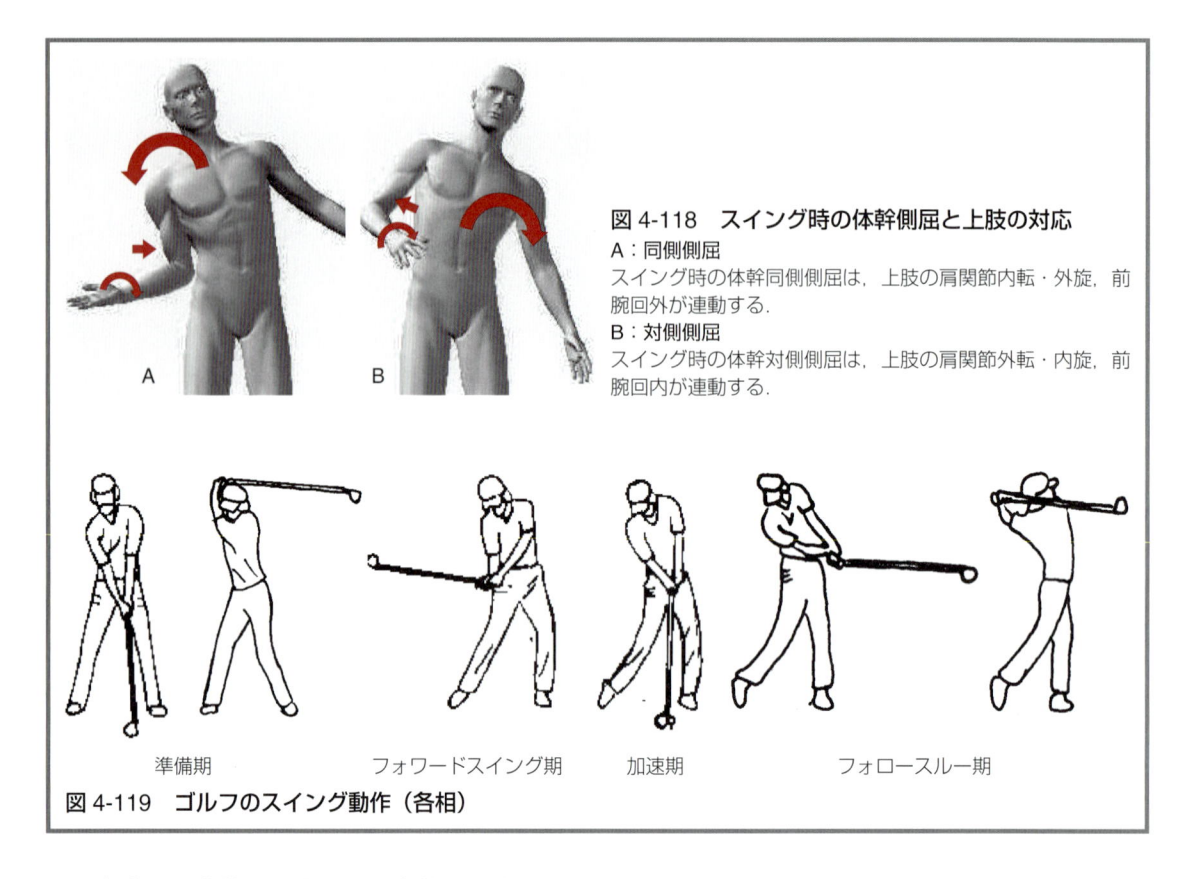

図4-118 スイング時の体幹側屈と上肢の対応
A：同側側屈
スイング時の体幹同側側屈は，上肢の肩関節内転・外旋，前腕回外が連動する．
B：対側側屈
スイング時の体幹対側側屈は，上肢の肩関節外転・内旋，前腕回内が連動する．

準備期　　　フォワードスイング期　　　加速期　　　フォロースルー期
図4-119 ゴルフのスイング動作（各相）

では右背屈と左橈屈が大きく，左橈屈に生じるFCUの遠心性収縮によりクラブを安定させる[49]．同時に体幹は，非スイング側への脊椎伸展，側屈，回旋を伴い，非スイング側下肢への荷重を強めることによりスイングに必要な回旋運動エネルギーを高める．

・フォワードスイング期：クラブヘッドが前進し，平地に対してシャフトが水平となる時期．蓄積されたエネルギーを運動エネルギーに変換させる時期である．具体的には，トップポジションにあるクラブを，スイング側の手関節掌屈・尺屈，非スイング側の前腕回外を伴い受重力方向へ振り下ろす．同時に，非スイング側股関節外旋による軸足の蹴り出しで骨盤をスイング側へ回旋させ，蓄積した位置エネルギーを運動エネルギーに変換させる．

・加速期：クラブにボールがインパクトするまでの期間．テニスのフォアハンド同様に，運動を制御しながらエネルギーを伝達させる時期である．具体的にはフォワードスイングで生じた骨盤回旋運動をスイング側の大殿筋で制御し，腰部の回転を肩より先に減速させる．この骨盤回旋減少が左殿部に壁をつくり，制御された骨盤を支点に胸腰椎の側屈・回旋を強める．この鞭打ち様動作がエネルギーを伝達させ，クラブヘッドへの速度を効率的に高めている[50]．その際，脊柱の伸展・回旋運動により，スイング側下肢への荷重を行う．

・フォロースルー期：スイングが終了するまでの期間．スイングによって生じたエネルギーを全身を用いて分散させ，吸収する時期である．スイング側下肢で制御しつつ，体幹の伸展・回旋運動により全身的にエネルギーを吸収させる．

ゴルフでは，右打ちのゴルファーが左上腕骨外側上顆炎や右上腕骨内側上顆炎になりやすい[51]．グリップ動作は，特性上，手関節尺屈位ではあるが，重いクラブの使用は手関節尺屈が増大し，バック

スイング時に生じる左手関節橈屈低下や，インパクト時に生じる左右手関節掌尺屈を助長させやすい．さらに，テニス同様，インパクト時以外の握力把持を助長し，手関節や前腕に過度な筋緊張をもたらす．

左外側上顆炎の多くは，テニス同様，ECRBなどの伸張，収縮ストレスが病態の原因となる．加速時に肘が先行したインパクトでは，ECRBが伸張した状態からの手関節背屈動作により過度な収縮が加わると考えられる（図4-120）．右内側上顆炎は，加速時に肘関節外反にて先行してインパクトを迎えると，FCRや円回内筋にて制御した状態からの手関節動作になり過度な収縮が加わることによって生じる（図4-121）．

テニス同様，スイング時の後方重心は脊椎伸展に伴う回旋動作が生じず，手打ちのスイングとなる．下肢の影響としては，軸足支持性低下や踏み込み足支持性低下は，骨盤前方移動や，側方移動により後方重心を助長する（図4-122）．歩行の初期接地から荷重応答期時に骨盤が前方移動して後方重心となる症例は，ゴルフ動作のフォワードスイング時に骨盤前方移動が生じ，後方重心となる．また，立脚終期時に骨盤前方移動し後方重心となる症例は，加速期付近で骨盤前方移動が生じ，後方重心となりやすい（図4-123A，B）．ゴルフ動作のフォワードスイング時に骨盤前方移動が生じている場合に，右股関節や骨盤を安定させるアプローチのみでは，効果が得られないか効果の持続性に乏しいことが多い．このような場合，歩行時に対側の推進期が安定せず，初期接地から荷重応答期時に骨盤前方移動していることが多く，対側下肢に対しアプローチする必要がある．つまり，スポーツ動作だけでなく，歩行とスポーツ動作を関連づけて評価していくことがスポーツ障害の病態を把握するうえでは重要である．

上肢の影響としては，テニス同様で体幹に対する上肢malalignmentは握力把持を助長する．また，過度な握力把持は，前腕筋緊張亢進によるROM制限と手根骨malalignmentにより，体幹からのエネルギーを効率的に伝達できず手打ちスイングとなりやすい．

以上のように，体幹に対する上肢malalignmentが握力把持を助長する場合や，体幹や下肢の支持性低下が上肢malalignmentを助長する場合があるため評価する必要がある．

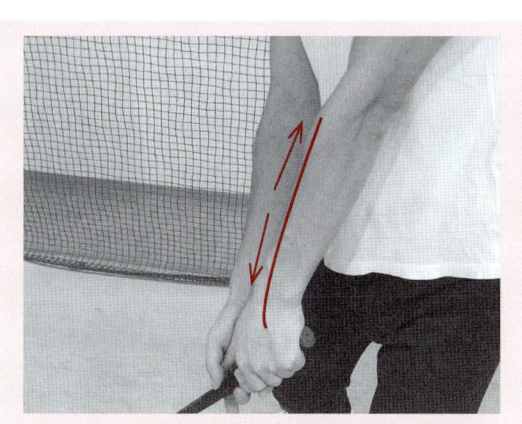

図4-120　左上腕骨外側上顆炎のメカニカルストレス（ゴルフ）
加速時に肘が先行してインパクトを迎えるとECRBに伸張ストレスが加わる．

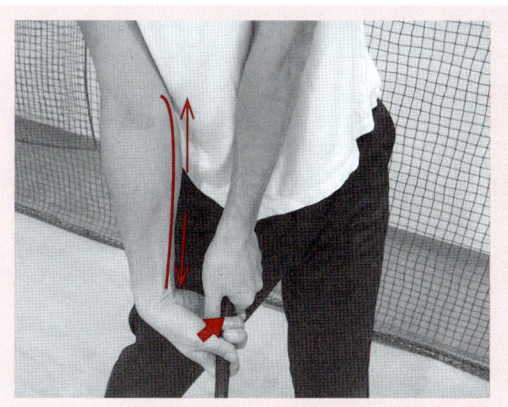

図4-121　右上腕骨内側上顆炎のメカニカルストレス（ゴルフ）
加速時に肘関節外反にて先行しインパクトを迎えると，FCRや円回内筋にて制御される．またその状態で手関節掌尺屈するとストレスが増大する．

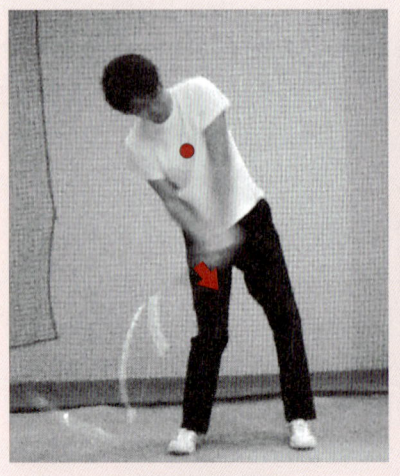

図 4-122　軸足・踏み込み足の支持性低下に伴うゴルフスイング動作
各下肢の支持性低下は骨盤などを制動できず，体幹側屈を伴う後方重心となり，手打ちスイングになりやすい．

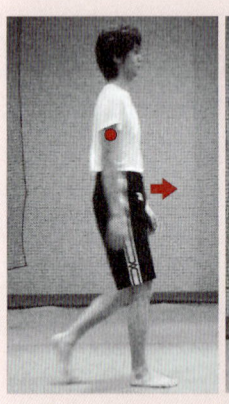

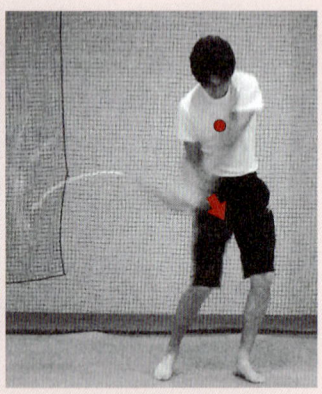

軸足の支持性低下

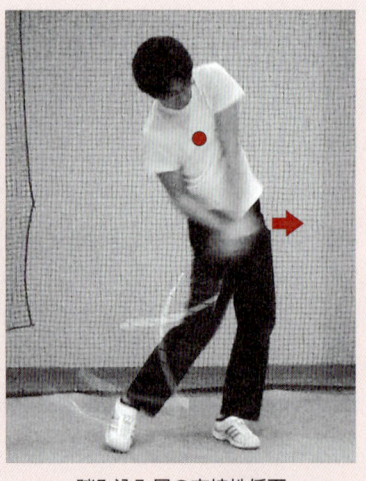

踏み込み足の支持性低下

A：荷重応答期～立脚中期前期に骨盤前方移動を伴う場合
歩行で荷重応答期～立脚中期前期に骨盤前方移動がみられる症例では，ゴルフ動作のフォワードスイング時に骨盤前方移動が生じ，後方重心となる場合が多い．

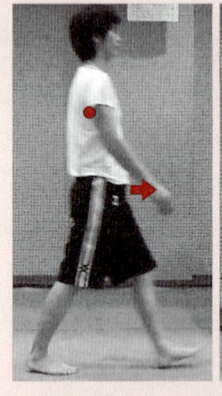

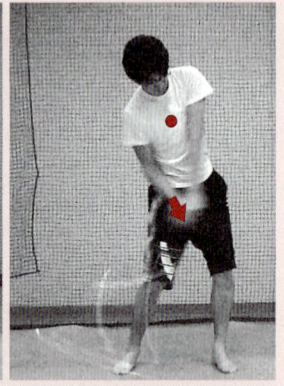

B：立脚中期後期～立脚終期時に骨盤前方移動を伴う場合
歩行で立脚中期後期～立脚終期時に骨盤前方移動がみられる症例では，加速期付近で骨盤前方移動や側方移動が生じ，後方重心となる場合が多い．

図 4-123　歩行動作とスイング動作の関係

6．治療

　スポーツ動作は全身運動であり，全身に対してアプローチする必要がある．テニスやゴルフはスポーツのなかでも道具を把持するため，上肢から体幹への影響も強く，双方を考慮したアプローチが必要である．病態把握を行い，どのタイミングで機能が破綻して，疼痛が出現しているかを評価したうえでアプローチすることが理学療法を展開するうえで重要となる．安定化機構や上肢機能，運動連鎖をもとに上肢から体幹を考慮したアプローチを以下に示す．

上肢安定化アプローチ

肘関節

上腕三頭筋内側頭・上腕筋の調整

　肘関節疾患を有する症例は，上肢 malalignment により肘関節屈曲・遠位前腕回内位であることが多く，上腕三頭筋内側頭の機能低下や上腕筋の短縮を呈していることが多い．両筋は上腕骨から尺骨に付着する単関節筋であり，これらの機能は，

上腕骨に対する尺骨の固定性や尺骨軸優位の動作に関与する.

上腕三頭筋内側頭の固有収縮

上腕三頭筋内側頭は，筋の走行から，尺骨を内旋・外反させながら肘関節を伸展させると，筋収縮ベクトルが一致し筋収縮を促通させやすい（図4-124）．二関節筋である長頭の緊張を除くため肩関節の位置関係に配慮する．

上腕筋の固有ストレッチ

上腕筋は，上腕骨前面および筋間中隔から尺骨粗面および関節包に付着し，停止部は横方向に走行している．停止部を横方向に伸張しながら肘関節伸展を促す．

橈骨頭・尺骨 alignment 改善

上肢 malalignment では，橈骨頭の前方偏位，尺骨の外方偏位により近位前腕回内 ROM が低下する．

前腕回内誘導

回外位から回内位への運動に伴い，橈骨頭は，前方（掌側）に 2 mm 偏位かつ回旋方向と逆に 4°回旋（回外方向）し[3]，尺骨は内旋する．この動きを誘導しながら前腕を回内させる（図 4-125A）．

前腕回外誘導

回内誘導と反対に，橈骨頭を後方（背側）に誘導しながら回旋と逆方向（回内方向）に回旋し，尺骨の外旋を誘導しながら前腕を回外させる（図4-125B）．

前腕

前腕骨間膜アプローチ

上肢 malalignment では前腕骨間膜が不均等な緊張状態となり機能低下をきたす．遠位前腕回内位では，腱様部近位と背側斜索が過緊張し，腱様部遠位が緊張低下する．回外位では，腱様部近位と背側斜索が緊張低下し，腱様部遠位が過緊張を呈しやすい．また，膜様部は回内外動作時に変形対応できる柔軟性が重要である．

回内 alignment 誘導

前腕回内位で，腱様部近位（橈骨付近）と背側斜索を走行に沿って伸張させる．また，膜様部が

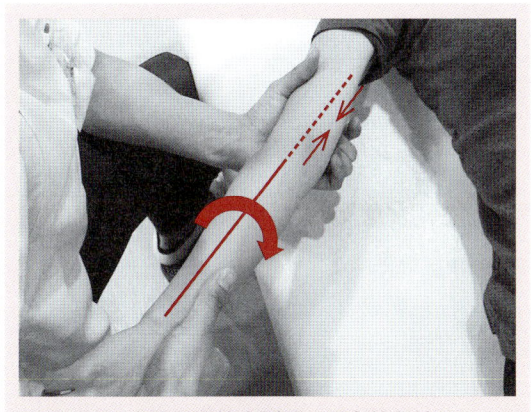

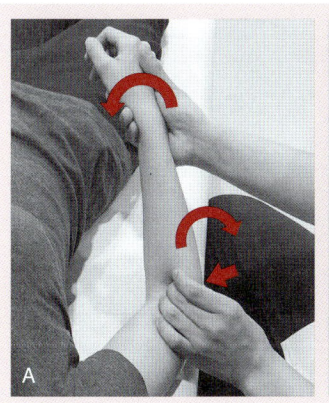

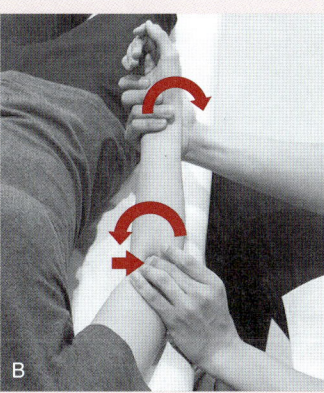

図 4-124　上腕三頭筋内側頭の固有筋収縮
上腕三頭筋内側頭は，筋の走行上から，尺骨を内旋・外反誘導し，肘関節を伸展させると，筋収縮ベクトルが尺骨に一致するため筋収縮を獲得しやすい．

図 4-125　橈骨頭・尺骨 alignment 改善
A：前腕回内誘導
橈骨頭を前方（掌側）かつ回旋方向と逆（回外方向）に回旋し，尺骨は内旋を誘導しながら前腕回内させる．
B：前腕回外誘導
橈骨頭を後方（背側）かつ回旋方向と逆（回内方向）に回旋し，尺骨は外旋を誘導しながら前腕回外させる．

回内時に背側凸するように，橈骨，尺骨を把持して柔軟性を改善する（図4-126A）．膜様部は，母指伸展による母指外転筋・伸筋の収縮や，深指屈筋，長母指屈筋の筋緊張軽減を促すと背側凸へ形状変化させやすい．

回外 alignment 誘導

前腕回外位で，腱様部遠位（尺骨付近）を走行に沿って伸張させる．また，膜様部が回外時に掌側凸するように橈骨，尺骨を把持し，柔軟性を改善する（図4-126B）．膜様部は，母指屈曲，DIP屈曲による深指屈筋，長母指屈筋の収縮を促すと掌側凸へ形状変化させやすい．

回内筋・回外筋の調節

骨間膜やalignment改善だけでなく，回内筋，回外筋も調節する必要がある．橈尺関節を連結する単関節筋である方形回内筋や回外筋が重要である．とくに回外筋は，輪状靱帯や後方関節包とも連結しており[29]，回外筋の伸張性低下は筋性のみでなく，靱帯性，軟部組織性の回内制限因子となるため十分な伸張性が必要である．

円回内筋尺骨頭・方形回内筋浅層の固有収縮，回外筋ストレッチ

肘関節屈曲位にて円回内筋を弛緩させた状態で，尺骨に対して橈骨を回内方向へ回転させる．方形回内筋浅層は回内動作に重要であり，最終域付近で関与するため，中間位から前腕回内運動を行う．

回外筋の固有収縮

肘関節屈曲位にて上腕二頭筋を弛緩した状態で，尺骨に対して橈骨を回外方向へ回転させる．

手関節

近位手根骨誘導

手根骨は，oval ring theory を利用して近位手根骨に独自の運動を誘導することで手関節の動的安定化を図る．近位手根骨の動きは，手関節背屈・尺屈時に背側回転，掌屈・橈屈時に掌側回転する radio-lunate-capitate link とした一連の動きがみられる[52]．また手関節尺屈に伴い背側回転，回外し，橈屈に伴い掌側回転，回内するため，この動きを誘導する．

手関節背屈誘導

手関節背屈誘導には，近位手根骨の下制，背側回旋が重要である．とくに月状骨の背側回転，掌側移動（以下，下制）の動きを誘導する必要がある．

手関節橈屈誘導

手関節橈屈誘導には，近位手根骨の掌側回転，回内，尺側偏位の動きが重要である．手関節を橈

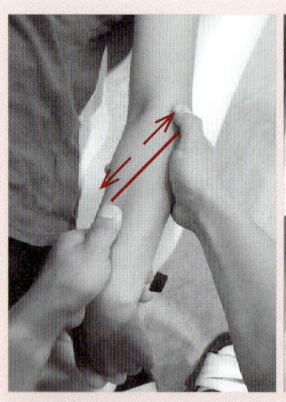

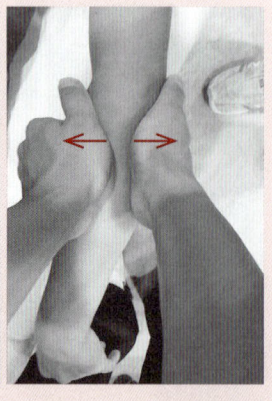

A：前腕回内 alignment 誘導
前腕回内に伴い，腱様部近位（橈骨付近），背側斜索を走行に沿って伸張させる．柔軟性が低下している部位の膜腰部に背側凸するように橈骨，尺骨を把持し，柔軟性を改善させる．

B：前腕回外 alignment 誘導
前腕回外に伴い，腱様部遠位（尺骨付近）を走行に沿って伸張させる．柔軟性が低下している部位の膜様部は掌側凸するように橈骨，尺骨を把持し，柔軟性を改善させる．

図4-126　前腕骨間膜アプローチ

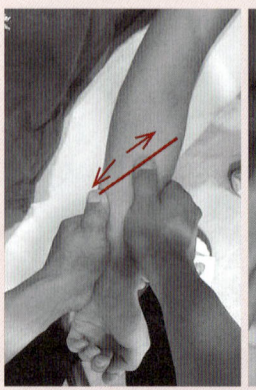

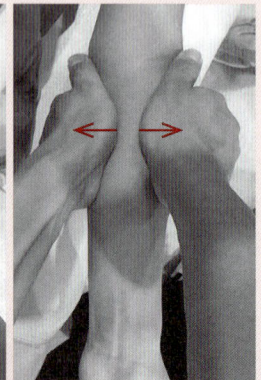

6. 治療——上肢安定化アプローチ

屈位に保持して橈側周囲の組織が弛緩した状態で行い，とくに舟状骨や月状骨の掌側回転，回内，下制を誘導する必要がある（図4-127A）．

手関節尺屈誘導

手関節尺屈誘導には，近位手根骨の背側回転，回外，橈側偏位の動きが重要である．手関節を尺屈位に保持して尺側周囲の組織が弛緩した状態で行い，とくに三角骨の背屈回転，回外，下制を誘導する必要がある（図4-127B）．

TFCC 安定化機構の改善

TFCCの安定化機構としては，方形回内筋深層やECU腱，ECUに筋連結する肘筋が重要である．

方形回内筋の固有収縮

肘関節屈曲位に保持して円回内筋を弛緩した状態で，尺骨に対して橈骨を回内方向へ回転させる．方形回内筋深層は遠位前腕の支持性に重要であり，軽度回外位付近での回内動作に関与するため[53]，軽度回外位付近で前腕回内運動を行う．

肘筋の固有収縮

肘筋は回内時に肘関節後外側関節包の伸張作用があり[5]，前腕回内に伴う尺骨の内旋を誘導しながら肘関節伸展させる（図4-128）．

上肢帯

上肢帯の軸形成

上肢 malalignment では多関節筋が過緊張し，関節安定化機構である単関節筋が機能しにくい．各関節が安定する位置関係にて，等尺性収縮であるプッシュ動作を施行すると，上肢全体の良好な alignment で軸形成され単関節筋が機能しやすい．また，上肢を介して体幹部の安定化を学習させることができる（図4-129）．

上肢機能を考慮したアプローチ

グリップ誘導

MP関節では，中手骨骨頭の形態的に，第2中手骨骨頭は掌側橈側に，第4，5中手骨骨頭は掌側尺側に骨隆起が存在するため[1]，基節骨が収斂しながら屈曲する（図4-130）．MP関節屈曲には，中手骨が背側回転することが重要であり，中手骨を背側回転させ，各基節骨を収斂させながらグリップを誘導する（図4-131）．

精密把持促通

母指対立動作では，第1中手骨の掌側回転，内旋運動が生じ，母指対立筋の作用に母指外転筋，短母指屈筋にて補完される[54]．アプローチは，舟

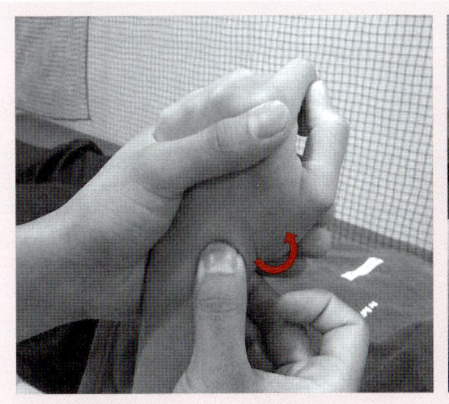

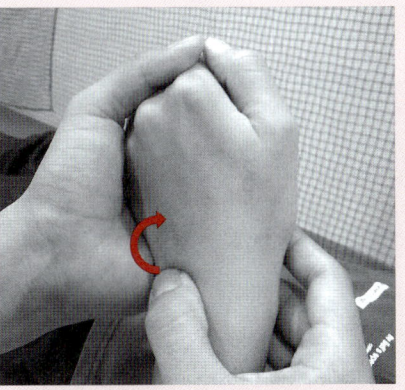

A：手関節橈屈誘導
手関節を背屈・橈屈位にて，手関節橈側関節包などが弛緩した状態で，近位手根骨列，とくに舟状骨を掌側回転，回内，下制誘導する．

B：手関節尺屈誘導
手関節を掌屈・尺屈位にて手関節尺側関節包などが弛緩した状態で，近位手根骨列，とくに三角骨を背側回転，回外，下制誘導する．

図4-127　近位手根骨列誘導

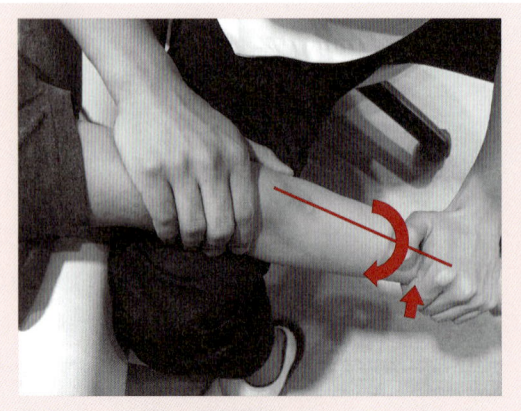

図 4-128　肘筋の固有収縮
前腕回内に伴う尺骨の内旋を誘導させながら肘関節伸展運動させる.

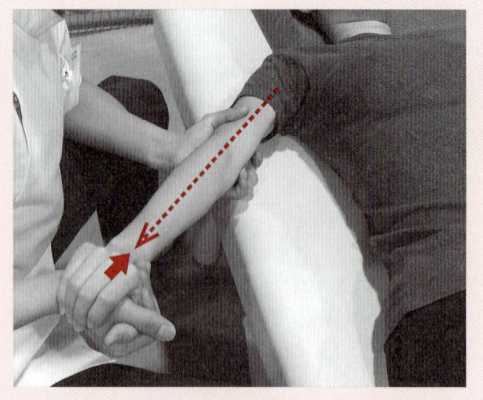

図 4-129　上肢帯の軸形成
各関節が安定する位置関係で, 等尺性収縮であるプッシュ動作を施行する. 上肢全体の良好な alignment で軸形成され, 単関節筋が機能しやすくなる.

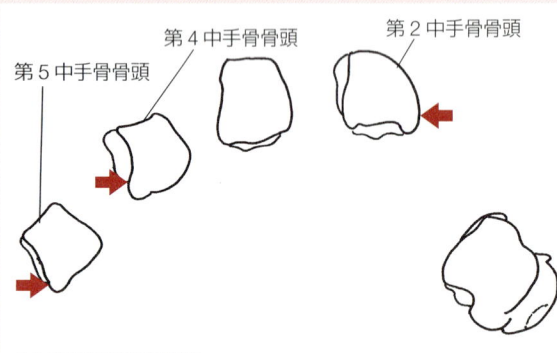

A：中手骨骨頭の形態
中手骨骨頭の形態的に, 第2中手骨骨頭では掌側橈側に, 第4, 5中手骨骨頭では掌側尺側に骨隆起（矢印）が存在する. 図は右手を指尖から見た場合.

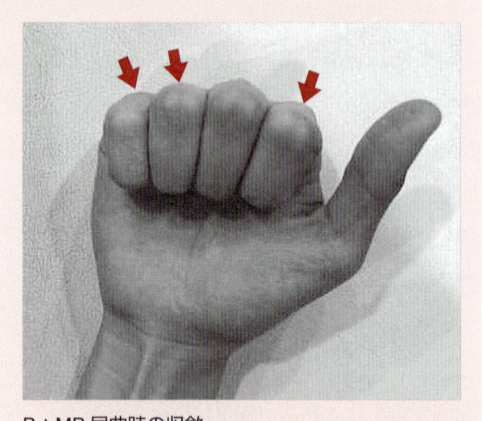

B：MP 屈曲時の収斂
骨隆起が基節骨を中央へ押し出すため, MP 関節屈曲時に基節骨は収斂する.

図 4-130　MP 関節屈曲に伴う基節骨の収斂

（上田康夫. 2011[1]）を改変）

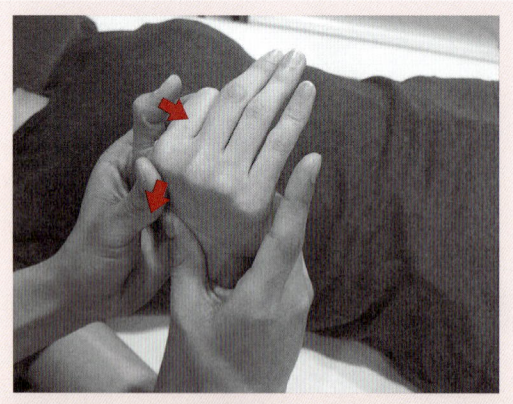

図 4-131　グリップ誘導
MP 関節屈曲には, 中手骨の背側回転, 各基節骨の収斂を行いながらグリップを誘導する.

状骨の下制・掌側回転, 大菱形骨の内旋誘導, 第1中手骨の掌側回転・内旋誘導で動作を獲得しやすい（図 4-132A）. 小指対立動作は, 進化の過程で生じた有鈎骨の形態変化からなる鞍関節と[54]（図 4-132B）, 有鈎骨に起始する小指対立筋, 短小指屈筋が重要である. 小指対立筋は第5中手骨尺側に停止する. アプローチは, 有鈎骨外旋に第5中手骨の掌側回転・外旋を誘導する（図 4-132B）. 過度な握力把持で前腕回内制限をきたしている症例には, 母指対立動作アプローチを行うことで長母指屈筋の緊張が低下し, 前腕回内 ROM が改善され

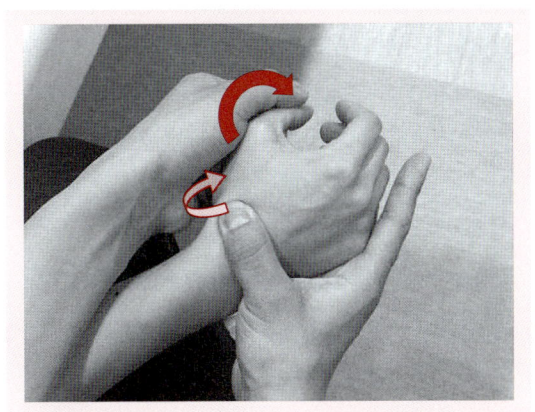

A：母指対立動作
母指対立動作は，舟状骨の下制・掌側回転，大菱形骨の内旋，第1中手骨の掌側回転・内旋を誘導しながら行わせる．

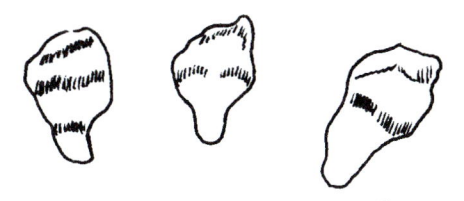

（フランク・ウィルソン，2005[55]）を改変）

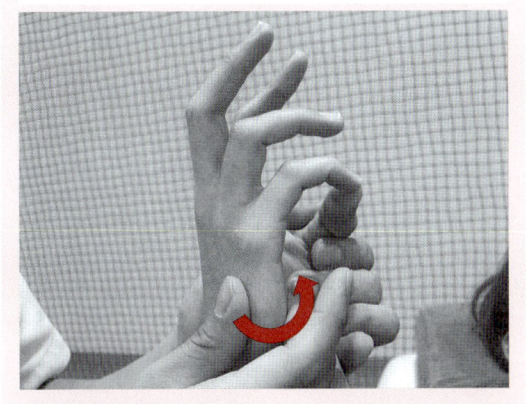

B：小指対立動作
上図は左からヒト，ルーシー，チンプの有鉤骨の突起．進化によりヒトの突起は短縮し，第5中手骨の回転を可能にする．小指対立動作は，進化の過程で生じた有鉤骨と中手骨間の鞍関節が重要である．有鉤骨外旋と第5中手骨掌側回転・外旋を誘導する．

図4-132 精密把持促通

やすい．また，遠位手根骨列を回内誘導するとFCUとECRBの緊張が低下し，手関節背屈を誘導しやすい場合が多い．

6．治療——上肢安定化アプローチ

前腕回転軸形成

橈骨軸優位での回内・回外動作は，手関節，肩関節での代償動作を誘発し，効率的に力が伝達されない．回転軸を偏位させている原因を特定し，malalignmentを改善したうえで，尺骨軸優位の回内・回外動作を学習させる（図4-133A）．また，尺骨頭下制，橈骨頭回外方向にテーピングを貼付することで，尺骨軸優位の回転軸が形成され，回内ROMが改善しやすい（図4-133B）．

運動連鎖を考慮したアプローチ

荷重位と非荷重位

四つ這い位など手部を荷重位にさせた状態で体幹の並進運動を行う．荷重位での運動連鎖を考慮し，手関節掌屈や前腕回外を誘導すると，体幹の反対側への並進動作が生じやすくなり，手関節背屈，前腕回内を誘導すると，同側への並進動作が生じやすくなる（図4-134A）．また，手部の第5中手骨部の縦アーチ（以下，外側縦アーチ）をパッドやテーピングにて挙上方向に誘導すると，同側の肩甲骨の前方偏位に伴い体幹による反対側への並進動作が生じやすくなると考える（図4-134B）．これらの反応は非荷重位においても類似しやすい．座位にて，右前腕回内，左前腕回外を誘導すると体幹が右偏位しやすく（図4-135A，B），手部の外側縦アーチを挙上すると，同側の肩甲骨前方偏位に伴う前鋸筋機能が向上する（図4-136A，B）．

上肢−体幹連結アプローチ

上肢の前方誘導は，同側の肩甲骨の前方偏位，上位胸郭前方回旋，相対的な下位胸郭後方回旋が連鎖しやすく，前鋸筋や外腹斜筋，下部僧帽筋，広背筋などの機能が重要である．手関節や前腕alignmentの誘導でこれらの機能が向上しない場合は体幹部にもアプローチする必要がある（図4-137A）．また，後方誘導は，同側の肩甲骨後方偏位，上位胸郭後方回旋，相対的な下位胸郭前方回旋が連鎖しやすく，上部僧帽筋や肩甲挙筋，腹直筋などの機能が重要である（図4-137B）．

199

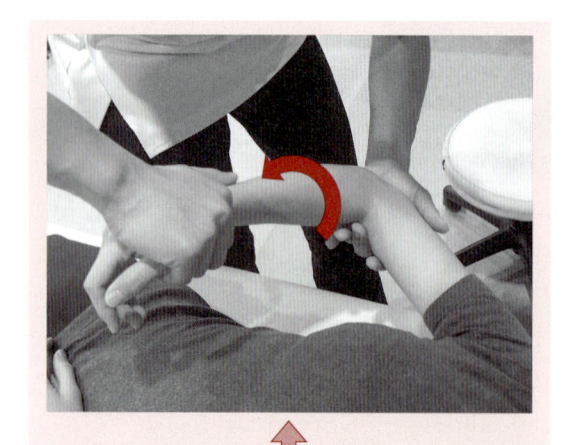

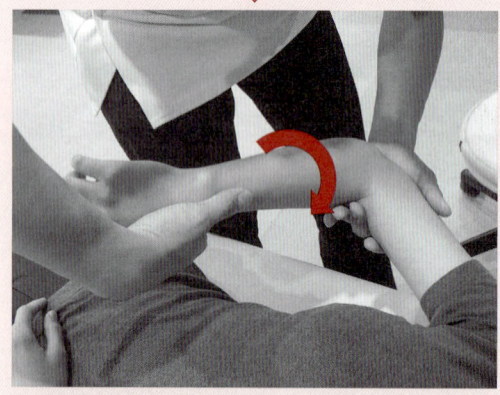

第4章 肘関節・前腕のスポーツ障害

A：回内・回外運動
malalignmentを改善したうえで，尺骨軸優位の回内・回外動作を学習させる．とくに上腕二頭筋，上腕三頭筋長頭を緊張させないよう注意する．

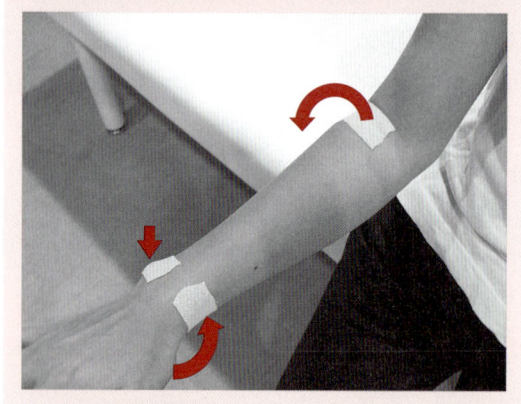

B：テーピング誘導
尺骨頭下制，橈骨頭回外方向にテーピングを貼付することで尺骨軸優位の回転軸が形成されやすい．

図4-133 前腕回転軸形成

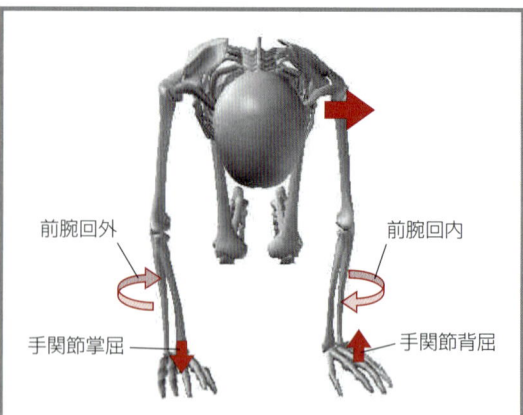

A：前腕・手関節誘導
荷重位で，右前腕回外・手関節掌屈，左前腕回内・手関節背屈を誘導すると体幹は左偏位しやすくなる．

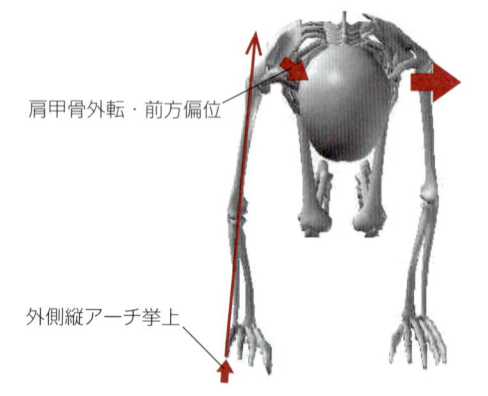

B：手部の外側縦アーチ誘導
荷重位で手部の外側縦アーチを挙上すると，同側肩甲骨の内転・後退が制御され，肩甲骨は外転し，前方方向へ転換する．肩甲骨外転・前方偏位は上位胸郭前方回旋に連動し，体幹を反対側へ偏位しやすくする．

図4-134 運動連鎖アプローチ（荷重位）

6. 治療——上肢安定化アプローチ

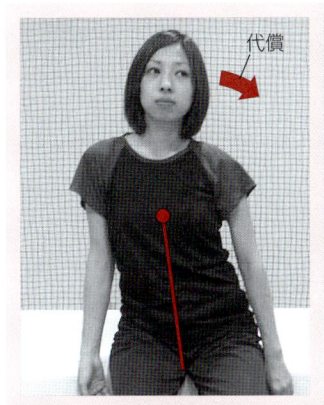

前腕誘導前　　　　　　前腕誘導後

図 4-135　運動連鎖アプローチ（非荷重位）
右前腕回内，左前腕回外を誘導すると，体幹の機能的な右偏位が生じやすくなる．これは荷重位での反応に類似していると考える．

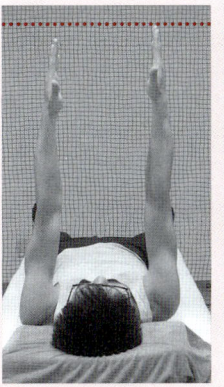

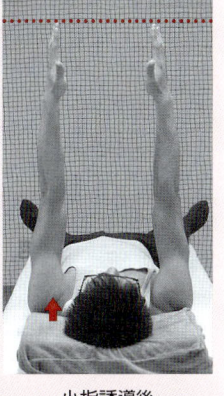

小指誘導前　　　　　　小指誘導後

図 4-136　運動連鎖アプローチ（非荷重位）
手部の第5中手骨の縦アーチを挙上誘導すると同側の前鋸筋機能が向上する．これは荷重位での反応に類似していると考える．図は左第5中手骨誘導である．

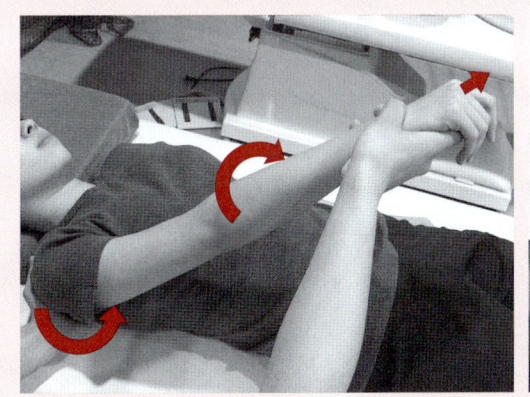

A：前方リーチ
上肢の前方誘導は，同側の肩甲骨前方偏位，上位胸郭前方回旋，相対的な下位胸郭後方回旋が連鎖する．上肢 alignment の誘導で体幹機能が向上しない場合は体幹部にもアプローチする必要がある．

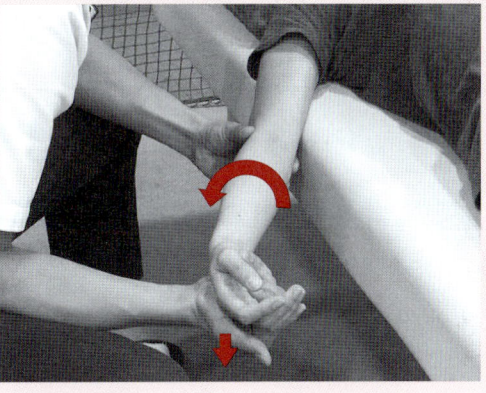

B：後方リーチ
上肢の後方誘導は，同側の肩甲骨後方偏位，上位胸郭後方回旋，相対的な下位胸郭前方回旋が連鎖する．上肢 alignment の誘導で体幹機能が向上しない場合は体幹部にもアプローチする必要がある．

図 4-137　上肢－体幹連結アプローチ

引用文献

1) 上羽康夫：手 その機能と解剖 改訂5版．金芳堂，2010．
2) 和田卓郎：肘関節のバイオメカニズム．関節外科 21：55-61，2002．
3) 福林 徹ほか（編）：スポーツにおける肘関節疾患のメカニズムとリハビリテーション，ナップ，2011，pp3-141．
4) 林 典雄ほか：上腕三頭筋内側頭と肘関節後方関節包との結合様式よりみた肘関節拘縮治療について．理学療法学 26(1)：12，1999．
5) 中図 健：上肢運動器疾患の診かた・考え方．医学書院，2011，pp93-136．
6) 矢崎 潔：手の関節の動き・運動の理解．メディカルプレス，2006，pp101-142．
7) 中村俊康ほか：前腕骨間膜の機能解剖－dorsal obliqud cordを中心にして－．臨床整形外科 30(8)：945-950，1995．
8) Casting J, et al：関節・運動器の機能解剖．井原秀俊ほか（訳）．共同医書出版社，2004，pp57-59．
9) 石井清一：前腕の回旋運動障害の病態と治療．関節外科 16(12)：1469-1474，1997．
10) 渡曾公治：総論－スポーツ整形外科医の立場から．MB Med Reha 33：1-10，2003．
11) Kapandji AI（塩田悦仁訳）：カパンディ関節の生理学．原著第6版，医歯薬出版，2006，pp115-122．
12) 堀井恵美子：手関節のバイオメカニズム．関節外科 21：62-67，2002．
13) 堀井恵美子：手根骨の三次元運動分析．整形外科バイオメカニクス 13：41-45，1991．
14) 中村俊康：手関節尺側の機能解剖－TFCCを中心として－．MB Orthop 10(2)：1-7，1997．
15) 河上敬介ほか：骨格筋の形と触察法．河上敬介（編）．大峰閣，2004．
16) 稲垣郁哉：上肢の運動連鎖を考慮した理学療法の展開．ブラッシュアップ理学療法．福井 勉（編）．三輪書店，2012，pp65-68．
17) 田中 繁ほか（訳）：マニピュレーションスキル．モーターコントロール運動制御の理論と臨床応用．医歯薬出版，2000，pp361-445．
18) 林 英俊：上腕骨内側・外側上顆炎の病態と整形外科的治療．理学療法．25(1)：152-156，2008．
19) 林 典雄ほか：整形外科運動療法ナビゲーション－上肢－．林 典雄ほか（編）．メジカルビュー社，2010，pp152-153，pp194-195，pp206-207．
20) 薄井正道：肘の筋・腱付着部障害．MB Orthop 18(1)：23-29，2005．
21) 西尾康彦：上腕骨内側上顆炎－その病態と手術療法－．骨・関節・靱帯 15(10)：1025-1230，2002．
22) 中村俊康：尺骨突き上げ症候群の診断と治療．MB Orthop 18(12)：61-68，2005．
23) 山崎哲也：手関節のスポーツ障害の診断と治療．MB Orthop 16(2)：10-18，2003．
24) 貞廣哲郎ほか：遠位橈尺関節のレ線計測値の加齢推移．日手会誌 5：501-514，1986．
25) 廣谷速人：末梢神経障害．金原出版，1997，pp55-62．
26) 高崎博司ほか：ストレッチ動作による手関節伸筋の伸張率とテニス肘発生のメカニズム：新鮮凍結遺体標本を用いた観察．整形外科スポーツ学会誌 25(1)：126，2005．
27) 篠原孝明ほか：手の代表的スポーツ障害の病態と治療．投球障害のリハビリテーションとリコンディショニング－リスクマネイジメントに基づいたアプローチ－．山口光圀（編）．文光堂，2010，pp82-90．
28) Morry BF, et al：Articular and ligamentous contri-bution to the stability of the elbow joint. Am J Sports Med 11：315-319，1990．
29) 遠藤 優ほか：肘関節．整形外科理学療法の理論と技術．山崎 勉（編）．メジカルビュー社，1997，pp252-276．
30) 中村 崇：上腕骨内側・外側上顆炎の理学療法プログラム．理学療法 25(1)：157-161，2008．
31) 井上貞宏：変形性肘関節症の成因－解剖学的観察から．MB Orthop 12(7)：1-8，1999．
32) 村田英明ほか：変形性肘関節症の発生機序に関する生体力学的解析．日本臨床バイオメカニクス学会誌 16：5-8，1995．
33) 宮下浩二ほか：肘関節機能の評価と臨床推論の進め方．理学療法 25(9)：1282-1288，2008．
34) 財前知典：変形性肘関節症と変形性指関節症．外来整形外科のための退行変性疾患の理学療法．小関博久（編）．医歯薬出版，2010，pp66-87．
35) Richardson C, et al（斎藤昭彦訳）：腰痛に対するモーターコントロールアプローチ－腰椎骨盤の安定化のための運動療法．医学書院，2008，pp28-52．

36) Platzer W（長嶋聖司訳）：上肢．解剖学アトラスⅠ．文光堂，2008，p116.
37) 貞廣哲郎ほか：遠位橈尺関節のレ線計測値の加齢推移．日手会誌 5，501-514，1986.
38) 中村正徳：手根骨の機能解剖．整形・災害外科 28：1473-1480，1985.
39) 川口浩太郎ほか：手関節の不安定性と理学療法のポイント．理学療法 27(11)：1295-1303，2010.
40) 西山　徹ほか：遠位橈尺関節変形性関節症－加齢現象・運動分析の対場より－．関節外科 16(12)，1510-1518，1997.
41) 稲垣郁哉ほか：前腕回転軸の変化が前腕筋活動に及ぼす影響．専門リハビリテーション研究会会誌 10：70-72，2011.
42) Lee D（丸山仁司監訳）：ベルビック-アプローチ．医道の日本社，2001.
43) 入谷　誠ほか：結果の出せる整形外科理学療法．メジカルビュー社，2009，pp178-281.
44) 柿崎藤泰：多関節運動連鎖からみた高齢者の胸椎・胸郭の保存的治療戦略．多関節運動連鎖からみた変形性関節症の保存療法．井原秀俊ほか（編）．全日本病院出版会，2008，pp168-179.
45) Kirsten Gotz-Neumann：観察による歩行分析．月城慶一ほか（訳）．医学書院，2007，pp77-80.
46) 高橋　仁ほか：ランニング時の上肢の振りが足圧中心位置に及ぼす影響．The Journal of Japanese Physical Therapy Association 29(2)：312，2002.
47) 國見ゆみ子：歩行分析にあらわれる歩行時の腕の振りの影響．リハビリテーション工学研究 19：20-24，1998.
48) 中村泰介：サッカー選手なら知っておきたい「からだ」のこと．大修館書店，2006，pp14-27.
49) 畠中拓哉ほか：ゴルファーのリハビリテーションテクニック－ゴルファーの腰痛に対する関節運動学的アプローチの治療効果：臨床スポーツ医学(17) 12，2000；pp1439-1447.
50) 平野裕一ほか：打つ動作における前腕および手の働き．日本体育学会大会号（43）：406，1992.
51) 櫻岡　広ほか：ゴルフスイング動作時の体幹の働き．日本体育学会大会号（49）：375，1998.
52) 西尾泰彦ほか：上腕骨内上顆炎－その病態と手術療法－．骨・関節・靱帯 15(10)：1025-1030，2002.
53) 坂田悍教：橈骨遠位端骨折遺残変形における力学的変化．関節外科 16(12)：1483-1489，1997.
54) 六角智之ほか：遠位橈尺関節の安定性に対する方形回内筋の機能．日本臨床バイオメカニクス 17：307-310，1996.
55) フランク・ウィルソン（藤野邦夫訳）：手の五〇〇万年史－手と脳と言語はいかにして結びついたか．新評論，2005，pp25-167.

第5章
頸椎のスポーツ障害

1. 頸椎の機能解剖

頸椎は7つの椎骨からなり（図5-1），胸椎・腰椎の上に立っている．腰椎は骨盤帯の上に立って支持されているため，7つの頸椎のalignmentは，下肢・骨盤帯・腰椎・胸椎のalignmentに影響を受ける．また，頸椎は肩甲骨と筋性の密な連結があるため，肩甲帯や上肢のalignmentにも影響を受ける（図5-2）．

頸椎の関節のうち，環椎後頭関節は後頭骨と環椎（第1頸椎）からなり，主に頸椎の屈曲（前屈）および伸展（後屈）運動を行う（図5-3）．

環軸関節は環椎と軸椎（第2頸椎）からなり，主に頸椎の回旋運動を行う（図5-4）．

頸椎の側屈運動は回旋運動を伴って起こる（図5-5）．

椎間関節は，上関節突起と下関節突起からなる滑膜性関節で関節包を有する．

この関節面は水平面に対して約45°の傾斜を有している．関節面の表面は硝子軟骨で覆われ，頸椎の運動の際に相互に滑動する（図5-6A）．

ルシュカ（Luschka）関節は椎体下縁の側縁と鈎状突起からなり，頸椎の側屈運動においてこの関節の運動が起こる．この関節は滑膜と関節包を有しない非滑膜性関節である（図5-6B）．

頸椎は胸椎や腰椎と同様に，前柱と後柱とこれらに囲まれる脊柱管からなる．前柱は椎体が縦に連結し，椎体間には椎間板が介在する（図5-6B, C）．

椎間板は，球状で水分に富み弾力性のある髄核と，これを取り囲む無数の線維が形成する線維輪からなる．頸椎運動の際の衝撃を緩和している．

椎体前方には前柱前方を縦に連なる前縦靱帯が

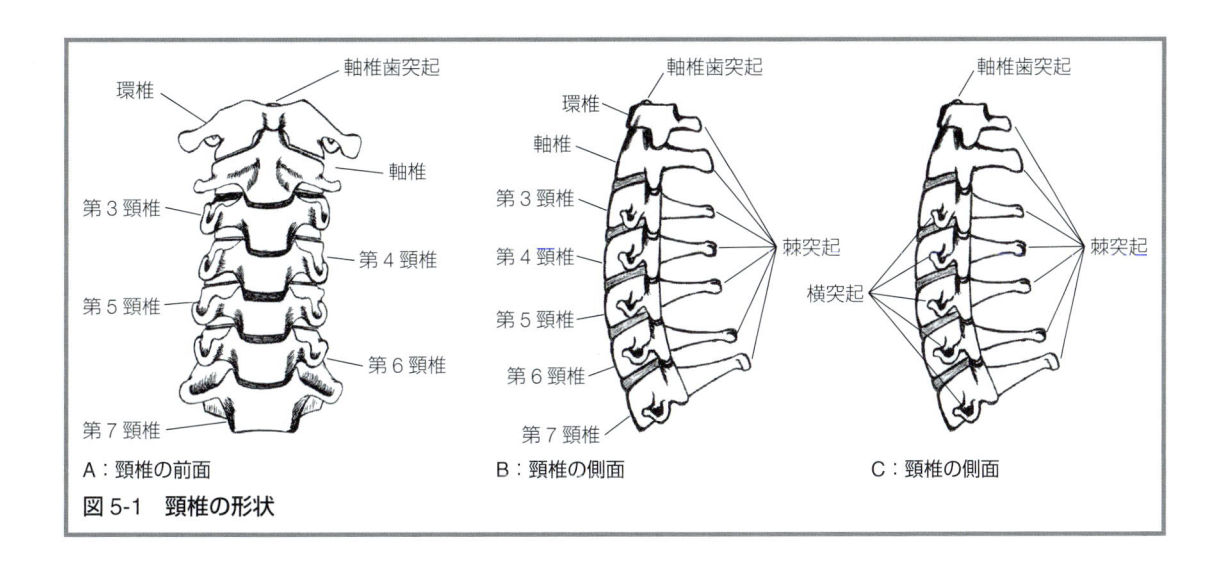

A：頸椎の前面　　B：頸椎の側面　　C：頸椎の側面

図5-1　頸椎の形状

205

第5章 頸椎のスポーツ障害

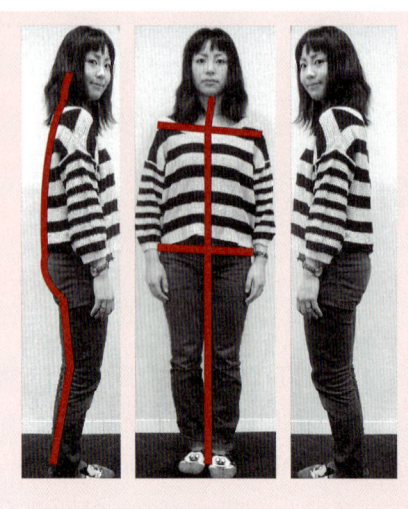

図 5-2 頸椎の alignment
頸椎の alignment は，下肢・骨盤帯・腰椎・胸椎の alignment や上肢・肩甲帯の alignment の影響を受ける．

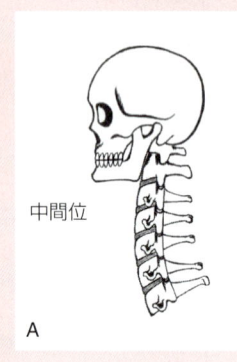

A 中間位

B 中間位

頸椎における屈曲伸展運動は後頭環椎関節で大部分の運動が行われる．

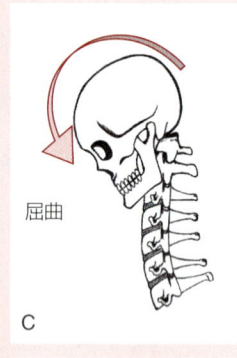

C 屈曲

D 屈曲

頸椎における屈曲運動は後頭環椎関節で大部分の運動が行われる．

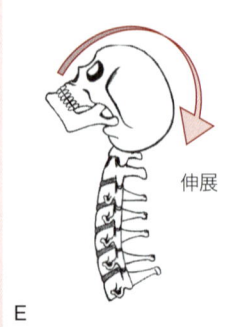

E 伸展

F 伸展

頸椎における伸展運動は後頭環椎関節で大部分の運動が行われる．

図 5-3 環椎後頭関節

図5-4 環軸関節

A 中間位
B 中間位
C 右回旋
D 右回旋
E 左回旋
F 左回旋

頸椎における回旋運動は環軸関節で大部分の運動が行われる．

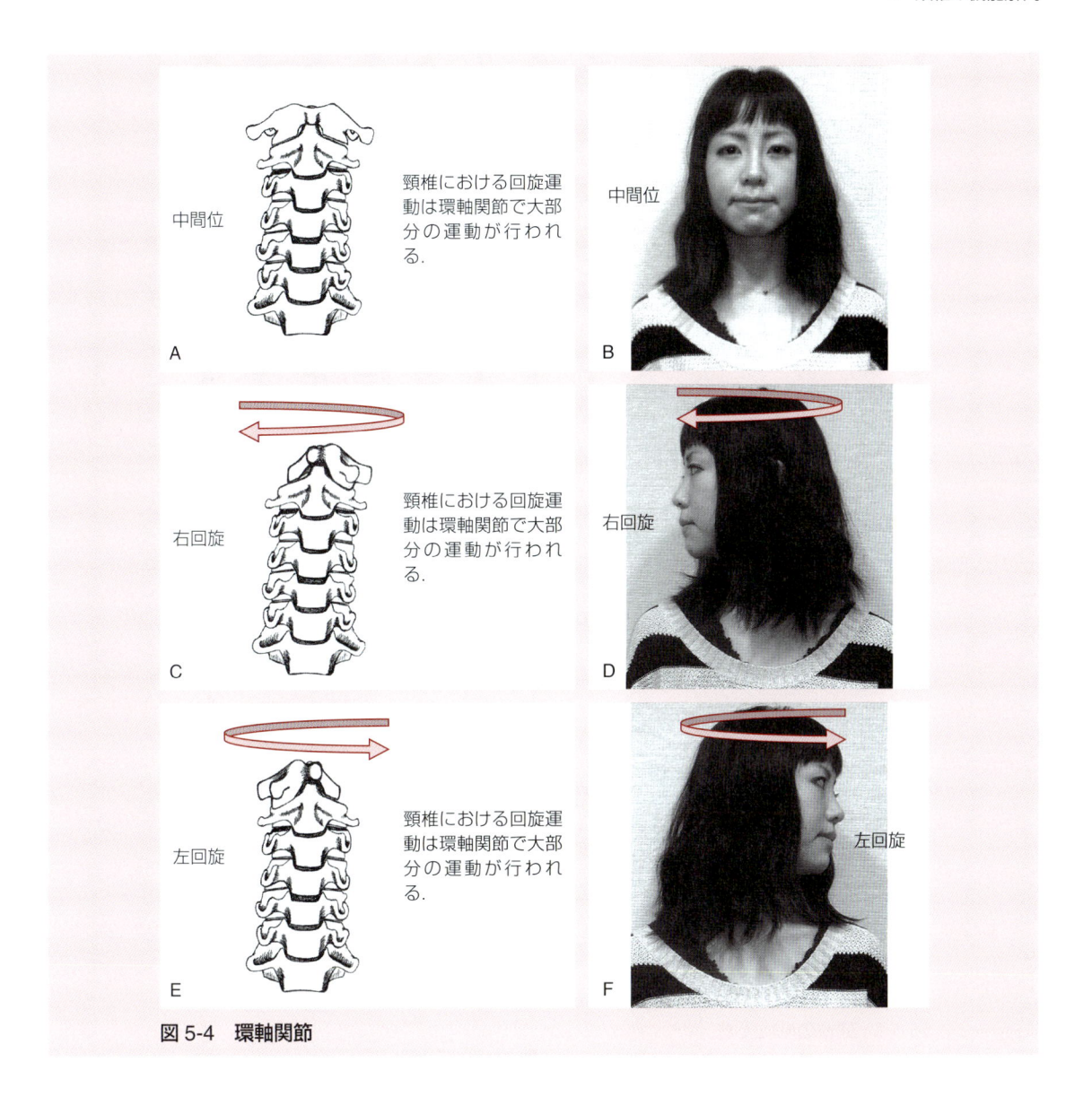

付着し，頸椎伸展（後屈）運動を制御している．椎体後方，すなわち脊柱管前方には前柱後方を縦に連なる後縦靱帯が付着し，頸椎の屈曲（前屈）運動を制御している．脊柱管後方を形成する椎弓には黄色靱帯が付着し，頸椎屈曲（前屈）運動を制御している．後柱後方の棘突起間を棘間靱帯と棘上靱帯が縦に連なり項靱帯を形成し，頸椎屈曲（前屈）運動を制御している（図5-7）．

脊柱管の内腔には脊髄が通過し，8対の頸神経根を出す（図5-8）．

頸椎のalignmentは，骨盤帯・腰椎・胸椎のalignmentに影響を受けるが，直接的には頸椎に付着する筋群の緊張状態のバランスによって変化する（図5-2）．

頸椎の筋群は，前頸筋群，胸鎖乳突筋，斜角筋群，椎前筋群，固有背筋群に分けられる．頸部の筋は，2つの大きな筋膜からなる単位に包まれる．1つは，食物や空気の通路がある頸部前方の臓性単位の気管前葉で，前方の筋群はこの筋膜に包まれる．もう1つは，頸部後方の椎骨単位の椎前葉で，後方

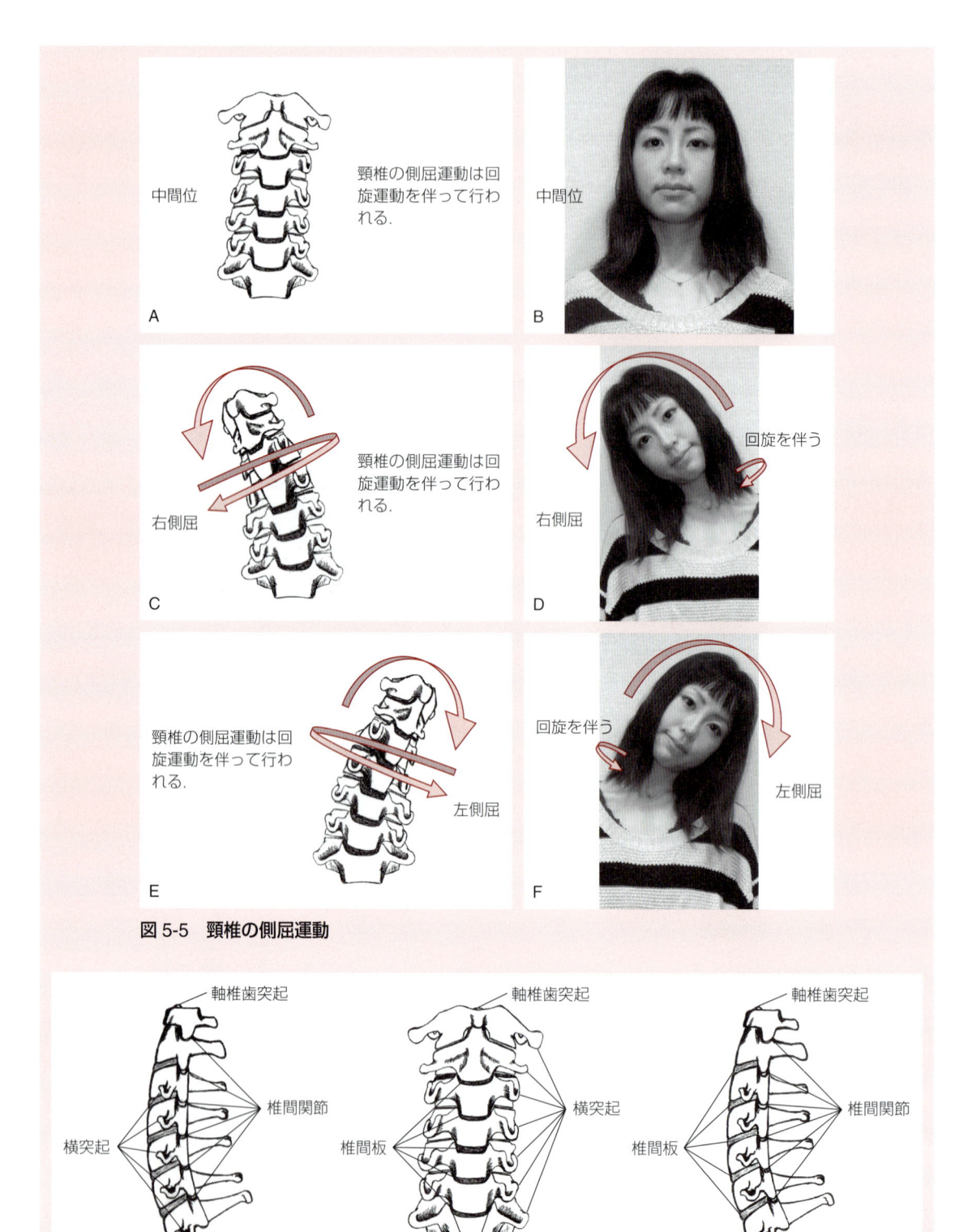

第5章 頸椎のスポーツ障害

中間位 頸椎の側屈運動は回旋運動を伴って行われる． A	中間位 B
右側屈 頸椎の側屈運動は回旋運動を伴って行われる． C	回旋を伴う 右側屈 D
頸椎の側屈運動は回旋運動を伴って行われる． 左側屈 E	回旋を伴う 左側屈 F

図 5-5 頸椎の側屈運動

A：頸椎の側面 — 軸椎歯突起，横突起，椎間関節
B：頸椎の前面 — 軸椎歯突起，横突起，椎間板，ルシュカ関節
C：頸椎の側面 — 軸椎歯突起，椎間板，椎間関節

図 5-6 頸椎の構成

図 5-7 頸椎の靱帯

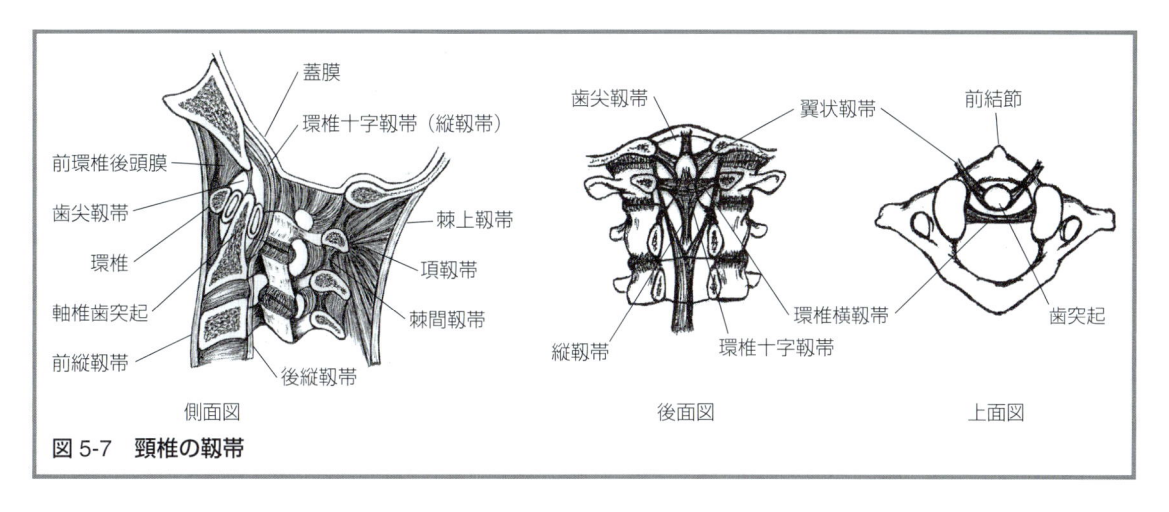

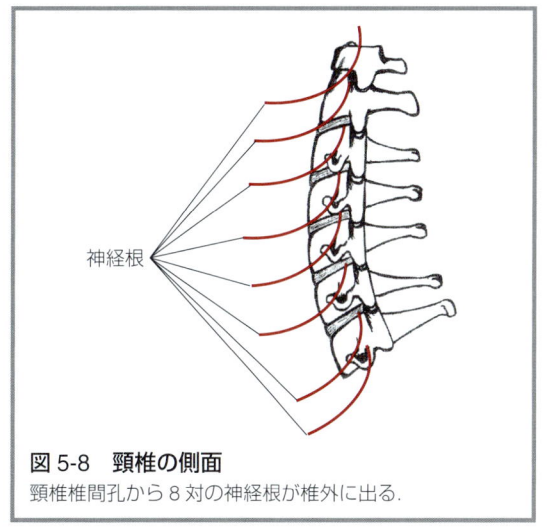

側面図 / 後面図 / 上面図

図 5-8 頸椎の側面
頸椎椎間孔から8対の神経根が椎外に出る.

の筋群はこの筋膜に包まれる．この2つの筋膜は，ともに被包筋膜という頸部表層を包む大きな筋膜に包まれている（図5-9）．

頸部と体幹は骨・筋で連結するだけでなく，後方では項筋膜の深葉が胸腰筋膜に，前方では頸筋膜が三角筋や胸筋の筋膜に連なるように筋膜で連鎖を形成している．体幹と四肢も筋膜による連鎖があり，頸部，上肢，体幹，下肢のおのおのが間接的に連鎖を形成している．全身が筋膜連鎖によって影響し合う（図5-10）．

正常な頸椎のalignmentは前弯を呈して配列している．頸椎長軸方向への負荷に対しての抵抗性を有する（図5-11）．

頸椎後弯alignmentは，長軸方向への負荷に対しての抵抗性が脆弱であるため，頭部・顔面の荷重負荷により椎間板内圧が上昇しやすい（図5-12）．

椎間板内圧が上昇していくと，防御的に頭部・顔面を支持する項頸部・肩甲帯の筋群の緊張が高まる．

2. 頸椎のスポーツ障害

頸椎は，多軸性の運動が可能であり，脊柱のなかでは最も可動性を有する．また，視覚，聴覚，嗅覚など外界の情報を取り入れる感覚器官が集中し，頭部・顔面の定位のために重要な役割を担う．スポーツによる頸椎疾患は，ラグビー，相撲，ボクシングなどのコンタクトスポーツに多く，頸椎の過伸展，過屈曲，回旋強制外力によって頸椎椎間板や椎間関節，関節包，周囲の靱帯，神経，筋などの軟部組織に損傷が引き起こされる．重症例では，頸椎骨折，脊髄損傷や椎間板ヘルニアによる神経障害などにより，スポーツ復帰が困難になるケースもある．

一般的に頸部痛を有する場合は，正常な頸椎前弯alignmentから逸脱したストレートネックや頸椎後弯alignmentなどの異常alignmentを呈することが多い．この状態では,頸椎に負荷が加わりやすく，スポーツ動作などの強い外力により負荷が増大し，疼痛をきたしてしまう．理学療法の展開には，異

図 5-9 頸筋膜

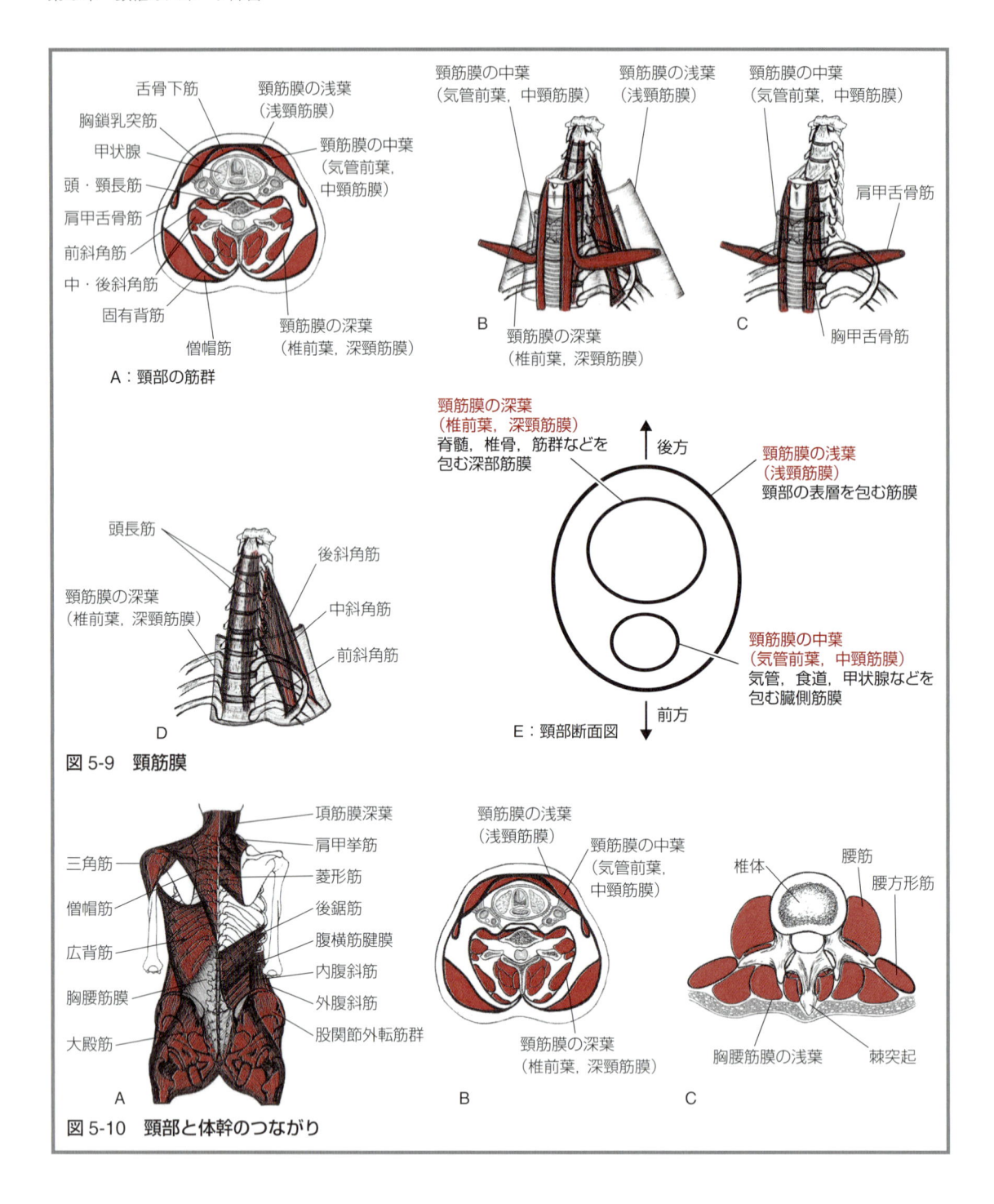

図 5-10 頸部と体幹のつながり

常 alignment により加わるメカニカルストレスを把握し，頸椎 alignment の改善を中心に，動作指導や運動学習を行う．また，頸椎は脊柱の一部であるため，胸椎や腰椎など脊柱全体にも着目し，評価，治療を行う必要がある．

頸椎 alignment の重要性

脊柱には生理的な弯曲が存在し，頸椎においては生理的な前弯 alignment がみられる．スポーツ選手に問わず頸椎に何らかの障害をきたしている場

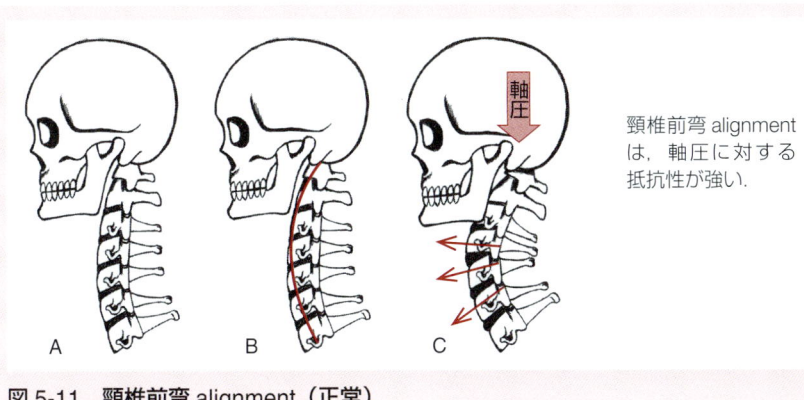

図 5-11 頸椎前弯 alignment（正常）

頸椎前弯 alignment は，軸圧に対する抵抗性が強い．

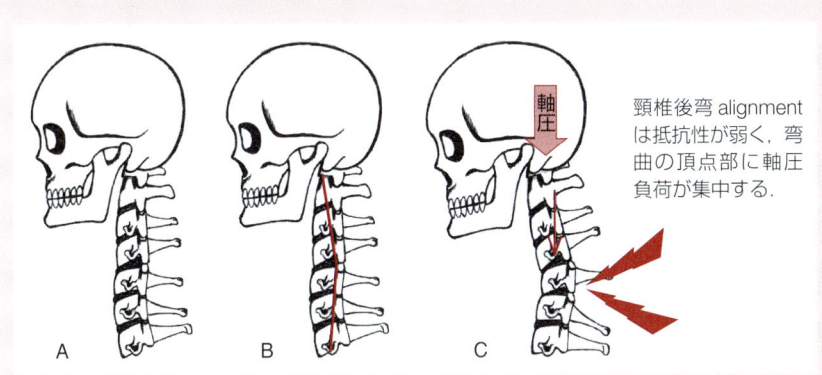

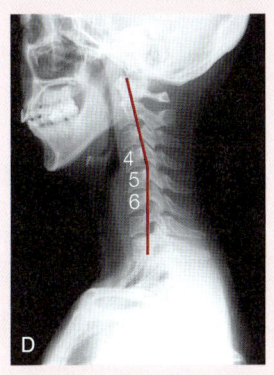

図 5-12 頸椎後弯 alignment（異常）

頸椎後弯 alignment は抵抗性が弱く，弯曲の頂点部に軸圧負荷が集中する．

合，生理的な頸椎前弯 alignment から逸脱したストレートネックや頸椎後弯などが多くみられ，異常な頸椎 alignment を呈している（図5-13）．頸椎の生理的な前弯の存在と椎間板の機能は，脊柱に作用する大きな軸圧に対して優れた適応を可能にする（図5-14）．頸椎前弯 alignment は，頭部の重い質量を支え，その質量に対する抵抗性を増大することができる（図5-15）．よって，頸椎前弯の減少によるストレートネック，頸椎後弯 alignment などの alignment 異常では，頸椎の軸圧に対する抵抗性は低下し（図5-16），頸部外傷の危険性が上がるとの報告もある[1]．よって，スポーツ選手における頸椎疾患をとらえるためには，画像所見など含め，頸椎 alignment を詳細に評価する必要がある．また，頸椎が生理的な弯曲から逸脱した理由を，体幹機能や腰椎，胸椎を含めた脊柱全体から抽出し，良好な頸椎 alignment を獲得するために理学療法を展開する．

良好な頸椎 alignment 保持によるスポーツ応用

ラグビー，アメリカンフットボール，相撲などのコンタクトスポーツにおいて，頸椎外傷発生率は高く，コンタクト時の頭頸部の位置が重要視されている．指導者は，タックルなどのコンタクト時に頭部を下げないように指示するが，頸椎が後弯せずに前弯を保持することの重要性を示している．前述したように良好な頸椎 alignment は，大きな軸圧に対して適応することが可能となる（図5-17）．

コンタクト時の理想の姿勢は，頸椎を過度に屈曲しないように前方を見て軽く顎を引き，肩甲骨が挙上しないように胸を張ることであると報告されており，この状態であれば，頸椎に筋収縮が集

生理的前弯 alignment　　ストレートネック　　頸椎後弯 alignment

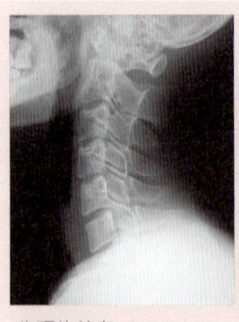

図 5-13 頸椎 alignment

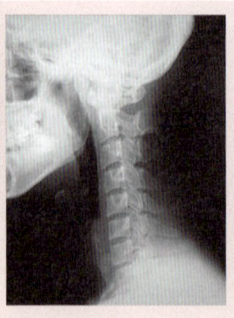

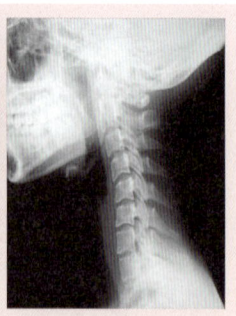

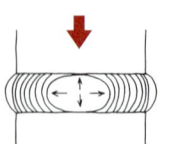

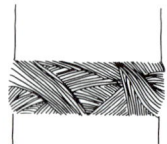

髄核
圧力に対する緩衝作用

線維輪
圧迫力に対して線維輪の交差する角度が変化し、弾性的に力を受け止める。

図 5-14 外力に対する椎間板（髄核・線維輪）の抵抗性

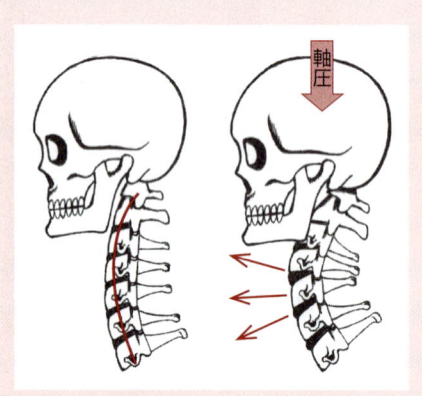

図 5-15 頸椎前弯 alignment
頸椎前弯 alignment では軸圧に対する抵抗性が強い。

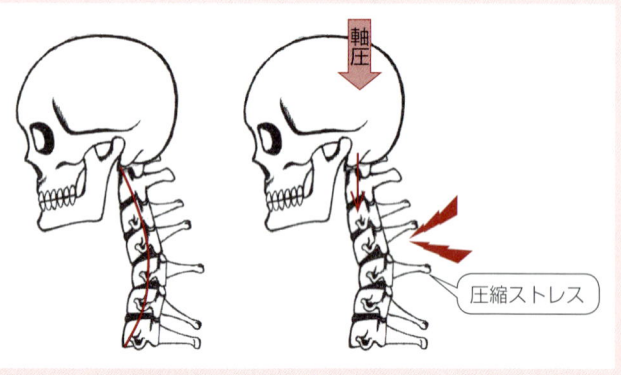

図 5-16 頸椎の異常 alignment
異常 alignment（ストレートネック、頸椎後弯など）では軸圧に対する抵抗性は弱い。

圧縮ストレス

良好な頭頸部 alignment　　危険性の高い頭頸部 alignment

図 5-17 タックル時の頸部 alignment

中し、腹筋や背筋群の協調運動も行いやすくなる[2]。
また、顎を水平に引く『チンイン姿勢』（図5-18）では、通常姿勢より、頸部筋力および頸部筋活動は通常姿勢時と比べ有意に増加することが報告されており[3]、頸部外傷に対して効果的である。
以上のことから、頸椎屈曲位におけるコンタクト

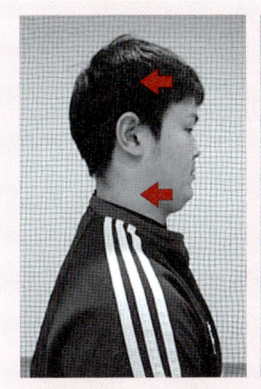

図5-18 チンイン姿勢
良好なチンイン姿勢　　不良なチンイン姿勢

プレーは頭頸部外傷をきたす可能性が高く危険であり，頸椎前弯alignmentを獲得することが頭頸部の外傷予防となる．

コンタクトスポーツによる頸椎への負担（鞭打ちの原理から）

スポーツ現場では，タックルや不意に衝突することにより，交通事故と同じようなメカニズムから鞭打ち症状をきたすことがある．

前方からの衝突後初期には，頸椎はいったん屈曲し，その後，下位頸椎から順に伸展していく．この動作が，あたかも鞭がしなるかのような運動となり頸部に負荷を加える（図5-19）．

この衝突動作によって，C_{5-6}椎間は回旋中心が上方化し前開きの状態となる[10]（図5-20）．衝突により加わる"鞭がしなるような応力"に対する頸椎の伸展応答は椎間高位によって異なり，下位椎間は上位椎間に比べ伸展しやすいことから[4]，C_{5-6}などの下位頸椎に負荷が加わりやすいことが理解できる．また，頸椎前弯の頂点であるC_{5-6}間は，可動性と前弯が大きく，力学的な静的ストレスが加わりやすいことから，椎間板ヘルニアや頸部変形性脊柱症による骨棘が最も発生しやすい部位でもある．したがって，タックルや不意の衝突においてもC_{5-6}椎間に障害が発生しやすいことが理解

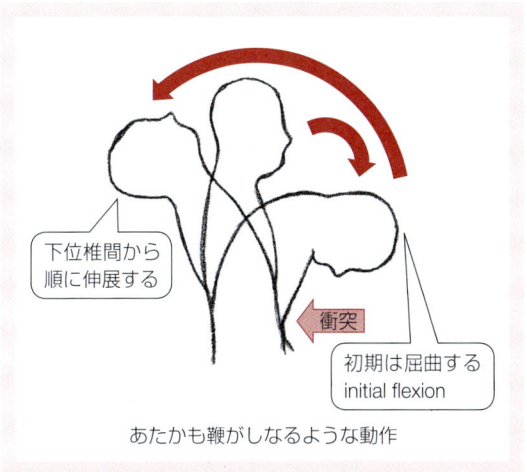

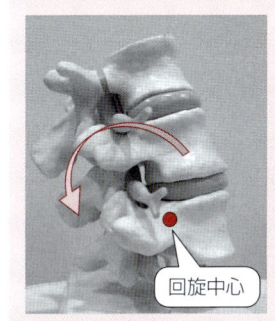

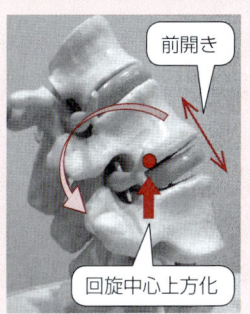

図5-19 鞭打ちの原理
下位椎間から順に伸展する
衝突
初期は屈曲する initial flexion
あたかも鞭がしなるような動作

図5-20 衝突による頸椎回旋中心の上方化
正常　　回旋中心の上方化
回旋中心　　前開き　回旋中心上方化

できる．

C_5，C_6に障害が生じやすい解剖学的背景

頸椎疾患症例のX線写真を確認すると，C_{4-6}間に骨棘や椎間狭小化など何らかの問題を生じている場合が多い．前述のように，衝突などによりC_{5-6}間に負荷が加わりやすいとの報告もあり，頸椎のなかでもとくに注目する必要がある．

C_{4-6}間に問題が発生する理由は，この領域が頸椎前弯の頂点であり，力学的な静的ストレスが加わりやすいことや頸椎の運動範囲があげられる[5]（図5-21，表5-1）．頸椎の前後屈運動は，主に環椎後頭関節で行われ，頸椎全体の動きとしては，環椎後頭関節の動きに連動して上位から下位にかけて頸椎が順に可動する．環椎後頭関節以下の各

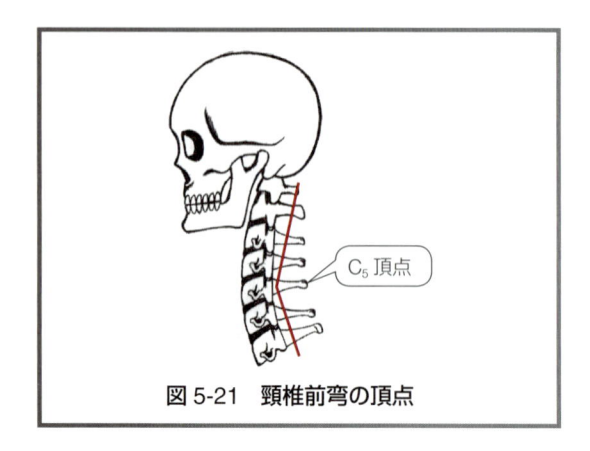

図 5-21　頸椎前弯の頂点

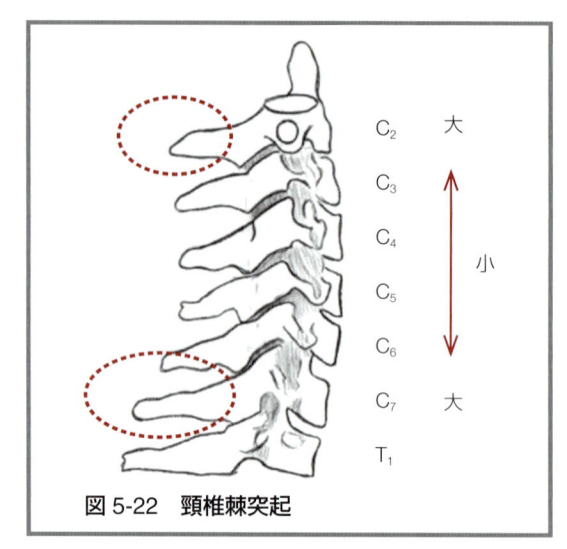

図 5-22　頸椎棘突起

表 5-1　頸椎の運動範囲

	前後屈	側屈	回旋
$0 \sim C_1$	13°	8°	0°
$C_1 \sim C_2$	10°	0°	47°
$C_2 \sim C_3$	8°	10°	9°
$C_3 \sim C_4$	13°	11°	11°
$C_4 \sim C_5$	12°	11°	12°
$C_5 \sim C_6$	17°	8°	10°
$C_6 \sim C_7$	16°	7°	9°
$C_7 \sim T_1$	9°	4°	8°
計	98°	59°	106°

(酒勾　崇．1989[5])

椎間では，小さな可動域ながらも，各椎間が連動して可動することにより，頸椎全体として大きな可動性を有している．頸椎全体での屈伸動作は，前弯 alignment の頂点である C_5 を中心に可動するため，C_{5-6} 局所に大きい可動域が存在するわけではないが，頸椎全体の可動域としてとらえると C_{5-6} 間で最大の可動性を有することになる．また，C_{5-6} 間の伸展可動域が大きい解剖学的背景は，棘突起の大きさも関与する．棘突起は C_2，C_7 で大きく，C_{3-5} 間の棘突起は小さく短い構造となっている（図 5-22）．棘突起は伸展運動の制限因子であり，お互いが衝突することで過剰な伸展運動を制御している．よって，C_{3-5} は棘突起が小さく短い構造であるため，その領域において伸展可動域が大きくなることが理解できる[5]．したがって，コンタクトプレーによる頸椎に対する大きな伸展ストレスは，棘突起によって制限されない領域で過剰な伸展運動が生じてしまう．

以上のことから，頸椎前弯 alignment の頂点に位置する C_{5-6} 椎間は，解剖学的背景からストレスを受けやすいことが理解できる．

また，脊柱管前後径は，上位頸椎では広く，下位頸椎では狭くなる．とくに C_{5-6} 間のレベルで，最も狭くなることから神経系の影響も受けやすい部位である．

コンタクトの方向により影響を受けやすい部位

身体がコンタクトを受ける方向により頭頸部の偏位が決定し（図 5-23），その偏位に対し軟部組織や関節がメカニカルストレスを受け，衝撃が強ければ神経系にまで影響を及ぼす．後方からコンタクトされた場合，頸椎は伸展方向へ偏位し，前面の胸鎖乳突筋がストレスを受ける（図 5-24）．前方からコンタクトされた場合，頸椎は屈曲方向へ偏位し，後面の僧帽筋上部がストレスを受ける（図 5-25）．側方からコンタクトされた場合，頸椎は同側側屈方向へ偏位し，側面の頭板状筋，前斜角筋，中斜角筋がストレスを受けやすい（図 5-26）．そのほか，後側方では頭板状筋・胸鎖乳突

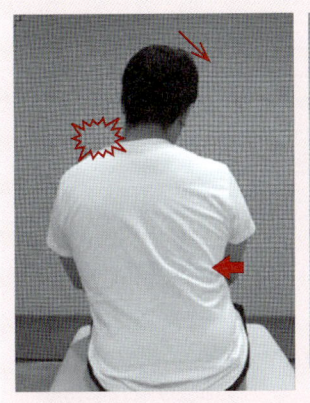

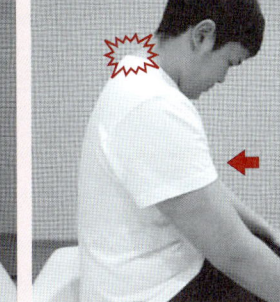

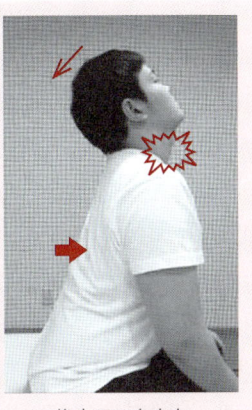

図5-23 コンタクトの方向性による頸部への影響

側方コンタクト　　前方コンタクト　　後方コンタクト

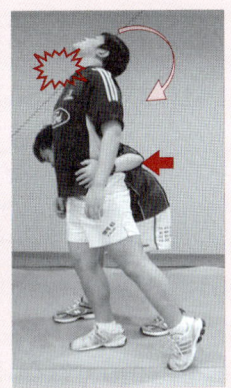

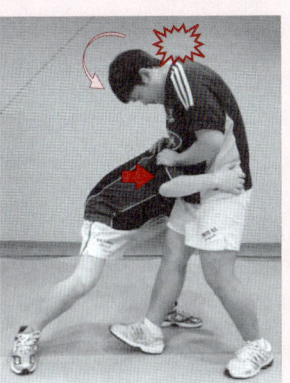

図5-24 後方コンタクトによる頸部への影響

図5-25 前方コンタクトによる頸部への影響

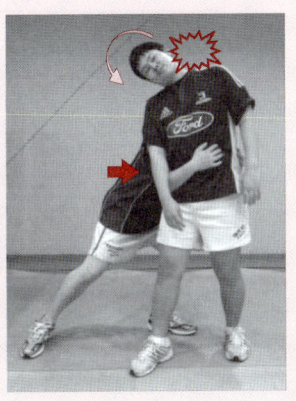

図5-26 側方コンタクトによる頸部への影響

筋が，前側方では頭板状筋・僧帽筋上部がストレスを受ける．以上のことから，問診により，コンタクトが加わった状況を詳しく聞き出し，触診による頸椎周囲の筋緊張・スパズム評価から損傷を受けた筋群を特定する．

頸部筋緊張のとらえ方　～頸椎 alignment 改善を図る～

頭部を重力に抗抗して活動するためには，筋緊張を刻々と調整し変化させる必要がある．正常な姿勢や運動は，正常な筋緊張が存在し身体の安定

性と可動性が保障されているが，不良姿勢や神経系の障害を生じると，異常な筋緊張となり身体の安定性や可動性が失われる．正常な姿勢や運動を行うためには姿勢反射が必要となる．これは，頸筋などの固有感覚刺激，半器管と耳石器からなる前庭迷路からの刺激，視覚器からの刺激などが脳幹でコントロールされ引き起こされる．さらに大脳皮質支配下で姿勢反射は抑制され，さまざまな平衡反応が生じてバランスを保ち，目的動作に必要な筋緊張を保持している．頸椎前弯alignmentから逸脱した異常alignmentや椎間板の退行変性により頸椎に不安定性が生じると，頸椎を正常な位置に戻す反応である姿勢反射が起こり，持続的な頸部筋緊張を発生させてしまう．以上のことから，筋緊張はalignmentや神経系の影響を受けており，頸部の筋緊張が亢進している部位を"硬いからマッサージでほぐす"という治療の発想ではなく，異常な頸椎alignmentよって発生した異常な筋緊張に対し，正常な頸椎alignmentを再構築し，正常な筋緊張を獲得させるというとらえ方をしなければならない．

図5-27 椎間板を支配する洞脊柱神経
（神保静夫ほか，2010[6]）

図5-28 椎間関節を支配する頸神経背側枝（内側枝）
（神保静夫ほか，2010[6]）

頸椎由来の肩甲帯周囲への疼痛[6]

臨床において，頸椎運動時に肩甲帯周囲の疼痛がみられる症例が少なからず存在し，頸椎の治療により症状が緩和する場合がある．ストレートネックや後弯alignmentなどの異常な頸椎alignmentは，軸圧に対する抵抗性が弱いため，椎間板や椎間関節への圧縮ストレス，圧縮による椎間孔狭小化などにより，その放散痛として肩甲帯部に疼痛をきたす場合がある．よって，肩甲帯周囲に痛みを訴える場合は，頸椎の状態も含め包括的に評価する必要がある．

肩甲帯部痛を生じる頸椎構成体は，椎間板，椎間関節，神経根に分別することができる．疼痛の起源が椎間板に存在する場合は洞脊柱神経を介して起こる（図5-27）．求心性インパルスが脊髄へ達したのち，反射弓を介して肩甲帯部の筋スパズムを引き起こし，局所の関連痛を惹起すると推論されている．椎間関節では，頸神経背側枝の内側枝が支配しており，椎間関節由来の関連痛に関係する神経とされている（図5-28）．頸神経根の硬膜鞘にAδ線維とC線維からなる自由神経終末が存在し，頸神経硬膜鞘の刺激症状として肩甲帯部痛が生じるとしている．椎間板，椎間関節，神経根のいずれの脊髄神経においてもC_{4-7}間に刺激を加えることにより肩甲帯周囲に関連痛が投影され，深部に感じる鈍い・だるいような疼痛を自覚する．

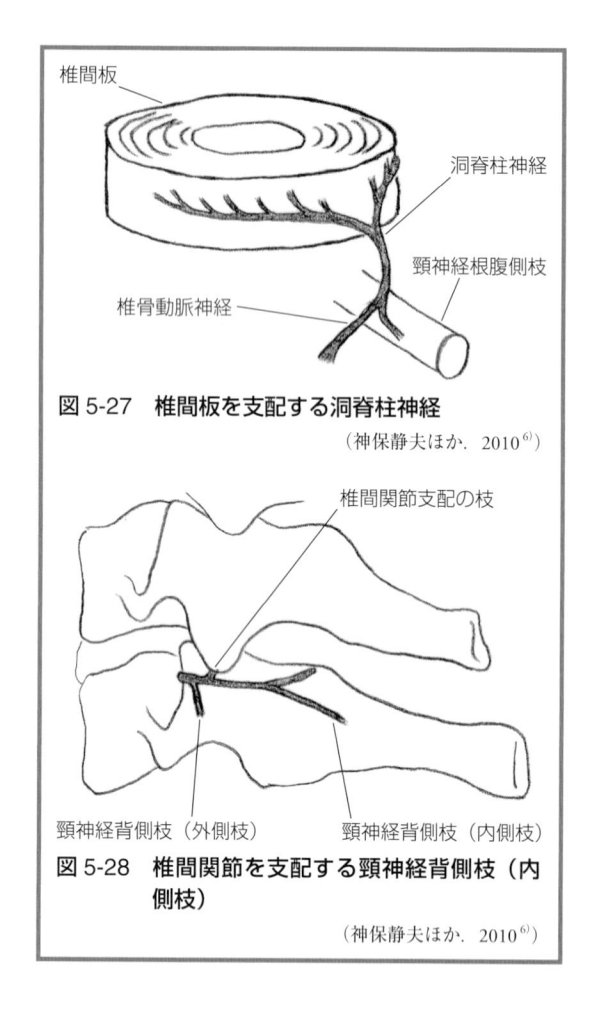

3. 病態

頸椎椎間板ヘルニア

椎間板組織の線維輪が破綻し，髄核が脊柱管内あるいは椎間孔内へ逸脱するものである（図5-29）．髄核の脱出方向により，正中型，傍正中型，前外側型，後外側型に分けられる（表5-2，図5-30）．髄核は，しばしば後縦靱帯深層と浅層間あるいは硬膜外腔へ脱出することもある．髄核が外側へ突出した場合には神経根を圧迫し神経根症状（radiculopathy）を呈する．神経根症状には，背部や上肢への放散痛やしびれ，脱力症状がみられる．突出方向が正中部に近い場合には脊髄を圧迫し，脊髄症状（myelopathy）を呈する．脊髄症状には，四肢および体幹のしびれや感覚障害，運動麻痺，膀胱・直腸障害などがみられる．

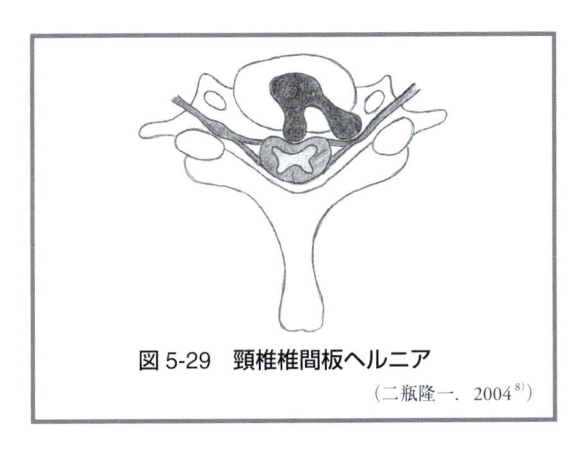

椎間板ヘルニアは，スポーツ外傷などにより椎間板に急激な力が加わったり，繰り返しの負荷が椎間板に加わったりして発症するものである．

30〜50歳代の男性に多く，神経症状を引き起こしやすい部位はC_{6-7}椎間が最も多いとされ，次いでC_{5-6}，C_7-T_1，C_{4-5}椎間の順となっている[7]．

症状・診断

頸部，肩から上肢への疼痛，しびれで発症することが多い．頸部の運動制限を認め，運動時頸部痛の増強を伴いやすい．神経根症状が強くなると，上肢の知覚障害や筋力低下が著明となる．脊髄症状を呈する場合は，体幹および下肢の知覚障害，筋力低下が認められるようになり，症状が強い場合は歩行障害へと発展する．神経根症状が主な場合は，症状を詳細に調べれば，原因となる障害部位をかなり正確に推定できるが，脊髄症状を伴っている場合，診察だけでは障害部位を正確に推定

図5-29 頸椎椎間板ヘルニア
（二瓶隆一．2004[8]）

表5-2 頸椎椎間板ヘルニアの分類

正中型	髄核が脊柱管内に脱出し，脊髄を圧迫する．脊髄症状を呈する．
傍正中型	髄核が脊柱管内に脱出し，脊髄と神経根（前根）を圧迫する．脊髄症状と神経根圧迫症状（解離性運動麻痺：運動麻痺＋，知覚障害−）を呈する．keegan型ともいわれる．
前外側型	髄核が椎間孔外側に脱出し，神経根（前・後根）と椎骨動脈を圧迫する．神経根圧迫症状と椎骨動脈圧迫症状（めまいなど）を呈する．
後外側型	髄核が椎間孔内側に脱出し，神経根（前・後根）を圧迫する．神経根症状を呈する．

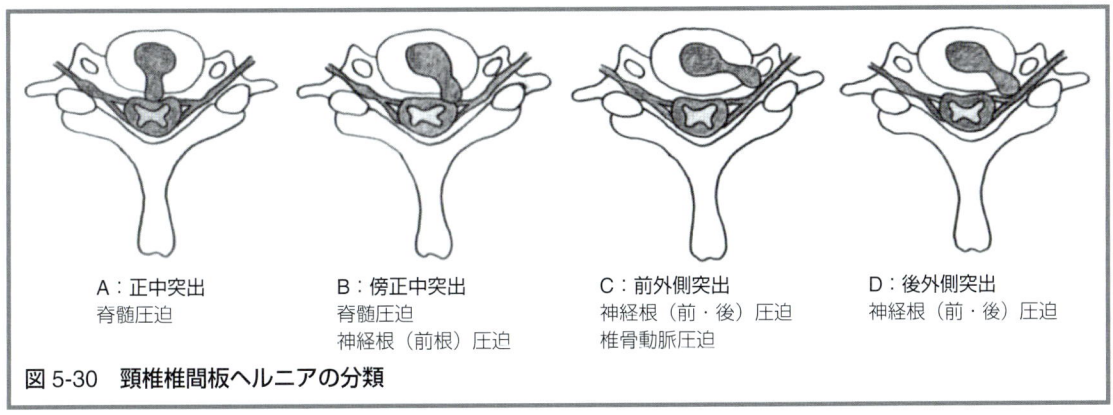

A：正中突出
脊髄圧迫

B：傍正中突出
脊髄圧迫
神経根（前根）圧迫

C：前外側突出
神経根（前・後）圧迫
椎骨動脈圧迫

D：後外側突出
神経根（前・後）圧迫

図5-30 頸椎椎間板ヘルニアの分類

することは困難なことが多い．直接的なヘルニアの判断には，MRI，CT，脊髄造影検査などを必要とする[8]．

外傷性頸部症候群（頸椎捻挫）

外力によって関節が過度の運動を強制された場合に生じる，靱帯，関節包，皮下組織などの損傷を捻挫という．頸椎捻挫は，ラグビー，相撲，ボクシング，水泳の飛び込みなどのコンタクトスポーツによって起こる頸部軟部組織の外傷である．頸椎捻挫は，主に頸部筋や靱帯などの軟部組織に軽度の損傷が発生することによる障害であり，頸部に加わる外力の程度により，筋損傷→靱帯・関節包損傷→椎間関節損傷と損傷の重傷度が変化する．頸椎捻挫の頸部痛の主因は頸椎椎間関節にあるとの報告があり[9]，椎間関節の衝突によって滑膜ひだが刺激を受けて炎症を起こすことにより頸部痛が出現すると推察されている[10]（図5-31）．症状としては，頸部の運動制限や疼痛，神経根症状，脊髄症状，頭痛やめまい，悪心などの不定愁訴がある．

分類としては，1995年のケベック鞭打ち症関連障害（whiplash associated disorders：WAD）特別調査団による研究によって提唱されている[11]（表5-3）．

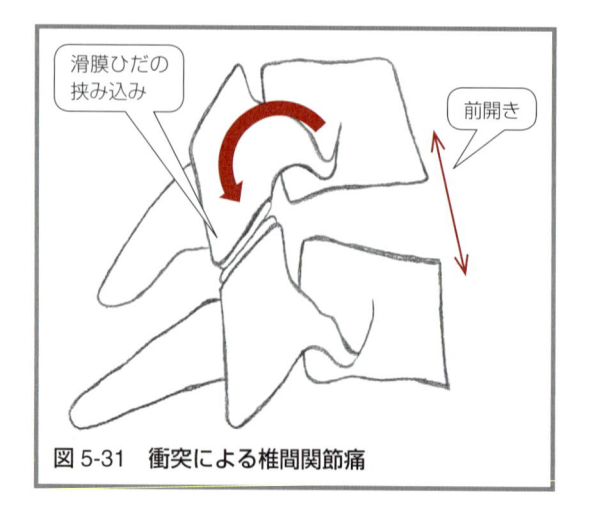

表5-3 ケベック鞭打ち症関連障害
特別調査団による研究によって提唱されている分類

Grade 0	頸部痛なし
Grade 1	頸部痛のみ
Grade 2	頸部痛＋頸部運動制限・圧痛あり
Grade 3	頸部痛＋神経学的所見あり（筋力低下，知覚障害，腱反射低下・消失）
Grade 4	頸部痛＋骨折・脱臼あり

（Spitzer WO et al. 1995[11]）

Barré-Liéou 症候群[12]

頸椎捻挫後に発症し，難治性のめまい，吐き気，頭痛，耳鳴り，霧視などの自律神経症状を主体とする愁訴を呈する．発生機序はさまざまな説があげられており，症状としては，頭痛，めまい，耳鳴り，視障害，嗄声，首の違和感，摩擦音，易疲労感，血圧低下などの自覚症状を主体とするものと定義されている[13]．

Barré-Liéou 症候群の発生機序[12,14]

Barré-Liéou症候群の発生機序としていくつかの説がある．1926年にBarréは，頸部交感神経の刺激状態が頸部骨格筋の過緊張を発症させると報告している．その後，椎骨動脈循環障害説，頸部軟部組織緊張亢進説，脳幹障害説，末梢前庭・内耳障害説などがあげられ，Barré-Liéou症候群が1つの原因からなるものではないことが理解できる．平衡機能障害を引き起こす原因としては，緊張性頸反射のインパルス異常が考えられている．頸部外傷によって，頸部に存在する固有受容器に異常求心性インパルスが発生し，それらが脊髄網様体路を経由して脳幹に伝達され，平衡機能障害を引き起こすと考えられている．最近では頸部痛に対するK点ブロックが注目されている．K点とは，胸鎖乳突筋の鎖骨後頭骨頭の筋腱移行部に相当する部位で，頸部痛例の90％以上で圧痛が陽性である．この部位へのブロックを行うと頸部痛とともにBarré-Liéou症候群のような愁訴が著しく改善す

図5-31 衝突による椎間関節痛
（滑膜ひだの挟み込み／前開き）

るとの報告があり，その発生機序は特異的な胸鎖乳突筋の鎖骨後頭骨頭にあると推測されている[15]．発症は，外傷性である一次性と，その後に起こる心因性の二次性に分類している．

一次性 Barré-Liéou 症候群 [12]

頸部交感神経緊張亢進説

Barré が発表した，頸部交感神経の刺激状態が頸部骨格筋の過緊張を発症するという考え方であり，筋緊張の亢進によってめまいが発症する．

椎骨動脈循環障害説

頸部交感神経の過緊張により椎骨動脈の血行不全をきたし，二次性に前庭神経や内耳血流障害を引き起こす．椎骨動脈は，2つの椎骨神経とその分枝によって囲まれ損傷を受けやすい．

頸部軟部組織緊張亢進説

頸部外傷によって，頸部に存在する固有受容器に異常求心性インパルスが発生し，それらが脊髄網様体路を経由して脳幹に伝達され，平衡機能障害を引き起こす．

脳幹障害説

外力が直線あるいは並進加速度として作用したときの圧勾配あるいは，外力が回転加速度として作用した際の脳の shear strain（回転性のゆがみ）によるメカニズムや頸部過伸展の際の延髄の下方牽引により脳幹・小脳障害が生じる．

末梢前庭・内耳障害説

耳石器が外傷により障害を受ける可能性は十分に考えられる．

二次性 Barré-Liéou 症候群 [12]

ストレス因子として，持続する痛み，一次性 Barré-Liéou 症候群による自律神経症状，家庭や職場のストレスなどが考えられる．これらのストレスは，大脳皮質，視床下部の上位中枢を含めた全身性の自律神経機能（交感神経）に異常をきたすという[16]．

バーナー症候群 [8]

ラグビー，アメリカンフットボールなどのコンタクトスポーツに多発する一過性の腕神経叢損傷，または頸髄神経根症である．タックルなどの頭部の衝突により頸部から上肢にかけて電撃様放散痛が生じる．上肢の知覚障害，筋力低下を認めることもある．

受傷機転はさまざまであるが，衝突による肩の引き下げと頸部の側屈により生じる腕神経叢の伸展損傷や腕神経叢への直達外力による神経根障害（鎖骨と第1肋骨に腕神経叢が挟まれて）などがあげられる．また，頸椎への慢性ストレスによる椎間板変性，頸椎変性変化による椎間板ヘルニア，椎間孔の狭窄が存在する上に頸部側屈外力が加わって発症する場合もある．

4．評価

スポーツにおける頸椎疾患は，とくにコンタクトスポーツにより発生することが多い．頸椎周囲の軟部組織の損傷に加え，神経症状も合併することがあるため，その鑑別が必要になる．よって，脊髄症状・神経根症状の障害部位を画像所見や評価から絞り病態を把握する．また，頸部痛を訴えるほとんどの症例において異常な頸椎 alignment が観察される．生理的な前弯 alignment では軸圧に対する抵抗性は強く，前弯 alignment から逸脱したストレートネック・後弯 alignment では軸圧に対する抵抗性は弱い．とくにコンタクトスポーツを行う選手では，頸椎に強い外力が加わるため，X線写真も含め alignment のチェックが必要となる．頸椎疾患のメカニカルストレスを把握するためには，病態に対する各種テストや評価を行う．また，頸椎局所の機能評価としては，頸椎 alignment などを中心に脊柱・体幹機能を含め包括的に評価を行う．

問診

スポーツにおける頸椎疾患では，①コンタクトプレーなどにより，頸椎に急激なストレスが加わり損傷する場合と，②頸椎の繰り返し動作（overuse）により損傷する場合がある．よって，①と②のどちらで頸部痛が生じたかを確認する．①の場合は，発生機序を十分に把握し，頸椎がどのような状態でどのような方向にストレスが加わったかを詳細に確認する．②の場合は，ポジションや競技特性を理解したうえで痛みが出現する動作を聴取し，実際の疼痛出現動作（再現痛）を確認する．また，神経症状を合併する場合は，しびれの領域・程度，筋力の左右差などに自覚があるかどうかを確認する．

神経症状の病態把握

神経症状を合併している場合，問診の情報からおおよその責任神経根を絞り，深部腱反射，感覚検査，筋力，画像診断にて，より正確な病態を判断していく．

国分のミエログラフィーによる頸髄根糸の関節では，C_{3-4}椎間高位ではC_5髄節に，C_{4-5}椎間はC_6髄節に，C_{5-6}椎間はC_7髄節に，C_{6-7}椎間はC_8髄節に対応している[15]．

ヒトの上肢筋の支配髄節については，三角筋はC_5髄節，上腕二頭筋はC_5ではなく主にC_6髄節，腕橈骨筋はC_6髄節，上腕三頭筋はC_7髄節，総指伸筋はC_8髄節，主内在筋はC_8, T_1髄節支配となっている．頸部脊髄症の高位診断（図5-32）は，深部腱反射，感覚，筋力低下で判断することが多いが，感度，特異度ともに高いのは感覚障害領域である[17]．次いで上肢の深部腱反射が有効であるが，筋力については手指の小さな筋力が障害されやすいため高位診断において感度が悪いとの報告がある．

ほかにはYossの提唱する頸部神経根症診断[18]などを指標として，総合的に責任神経根の確認・把握を行う（表5-4）．

	反射	最頭側筋力低下
C_{3-4}	上腕二頭筋腱反射 上腕三頭筋腱反射	三角筋
C_{4-5}	上腕二頭筋腱反射 上腕三頭筋腱反射	上腕二頭筋
C_{5-6}	上腕二頭筋腱反射 上腕三頭筋腱反射 指屈曲反射	上腕三頭筋 総指伸筋
C_{6-7}	上腕二頭筋腱反射 上腕三頭筋腱反射 指屈曲反射	短母指外転筋 小指外転筋

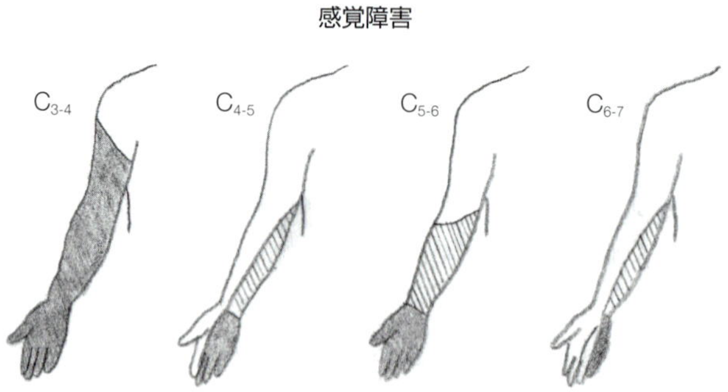

図5-32 神経根症状における障害部位の推定

表5-4 Yossの提唱する頸部神経根症診断

神経根	痛み	手指	筋力低下	腱反射減弱
C_5	肘以遠になし	なし	肩周囲筋	上腕二頭筋 腕橈骨筋
C_6	前腕橈側	母指（および示指）	上腕二頭筋 腕橈骨筋 手関節背屈筋	上腕二頭筋 腕橈骨筋
C_7	前腕背側または掌側	示指と中指	筋上腕三頭筋	上腕三頭筋
C_8	前腕尺側	環指と小指	ハンド	上腕三頭筋

(Yoss RE et al. 1957[18])

椎間板や椎間関節由来の頸部・肩甲帯部痛[6]

Clowardが，頸椎椎間板造影において針刺入時に生じる頸部・肩甲帯部痛を示した．この椎間板由来の疼痛は洞脊柱神経の刺激症状と考えられており，脊髄における反射弓を介して頸部肩甲帯部に筋スパズムを引き起こし，局所の関連痛を惹起するとされている[19]（図 5-33）．

椎間関節由来の関連痛にかかわる神経としては，頸神経根（内側・外側枝）が注目されている．Dwyerは椎間関節造影を行い，各椎間関節に起因する疼痛の領域を示している[20]（図 5-34）．

以上のことから，疼痛部位局所が問題ではなく，関連痛により痛みが投射するケースも存在する．よって，関連痛が存在することを頭にいれながら，問診において疼痛部位を聴取し，画像や他の評価と照らし合わせ病態をとらえていく．

K点の圧痛評価[15]

K点（図 5-35）

国分によるK点は，胸鎖乳突筋の鎖骨後頭骨頭の筋腱移行部に相当する部位で，乳様突起先端から約5cm後内方にあたり，直径が7mm程度の大きさである．頸部痛例の90%以上で圧痛が陽性であり，圧痛陽性例では激痛を訴えるので同点を容易に同定できる．K点にブロックを行うと，頸部痛とともに随伴の諸愁訴が著しく改善し，陽性所見の大方が陰性化することから，頸部痛やそれに伴う諸愁訴の発生機序は，特異的に胸鎖乳突筋の鎖骨後頭骨頭にあると推測されている．

K点は，頸部痛において非常に臨床的で有意義

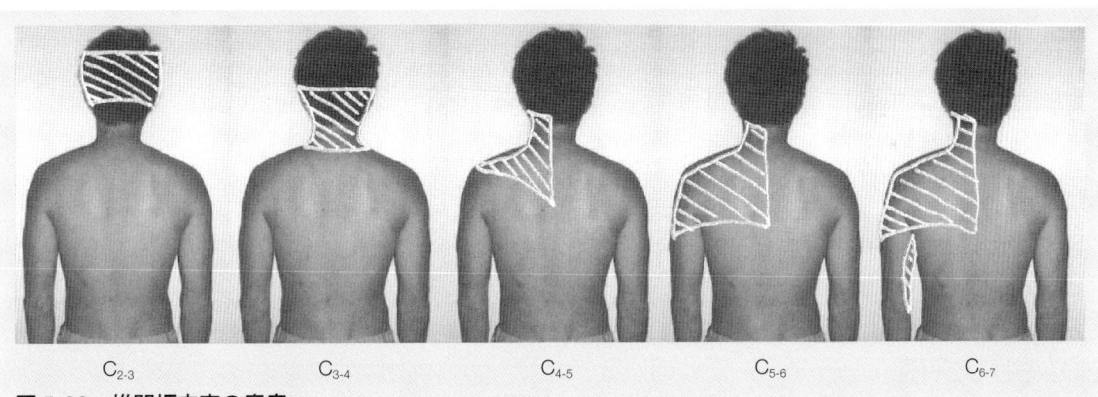

図 5-33 椎間板由来の疼痛
頸椎椎間板造影において針刺入時に生じる各椎間板レベルでの頸部・肩甲帯部痛

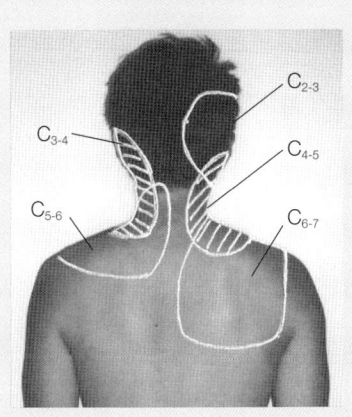

図 5-34 椎間関節由来の疼痛
椎間関節造影を行い，各椎間関節に起因する疼痛の領域

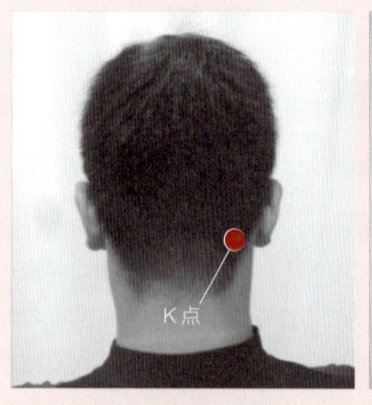

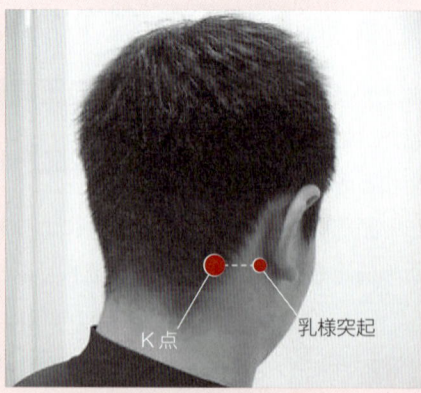

図 5-35　K点
K点は乳様突起先端から約5 cm後内方に相当する．

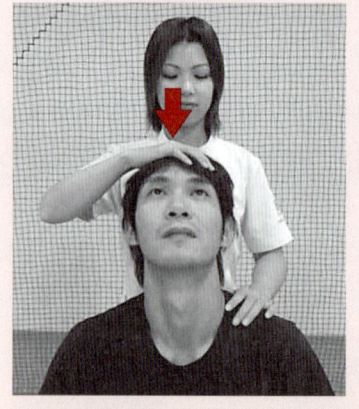

図 5-36　Jackson head compression test

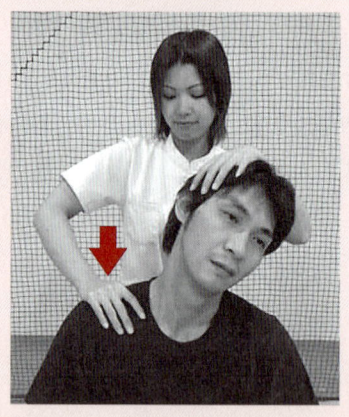

図 5-37　Jackson shoulder distraction test

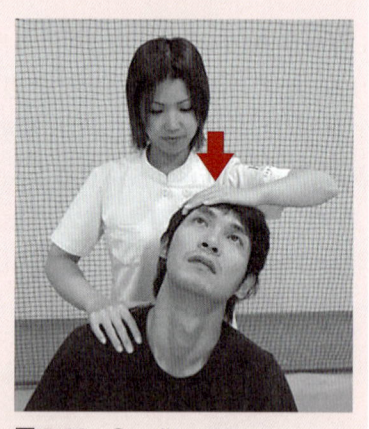

図 5-38　Spurling test

なポイントであり，治療前後において同点を触察し，圧痛の差や患者の愁訴も含め評価する．

神経根症状評価

Valsalva sign

腹圧上昇時（咳，くしゃみ等）に患側上肢に放散痛が起こる．

Jackson head compression test（図 5-36）

頚椎後屈位にて頭部を下方に圧迫し，椎間孔を狭小化させる．神経根に圧迫性障害が存在するとき，患肢や背部に放散痛が起こる．

Jackson shoulder distraction test（図 5-37）

頚椎を側屈させて肩を下方に圧迫すると神経根に張力が加わる．神経根に障害が存在するとき，患肢に放散痛が起こる．

Spurling test（図 5-38）

頚椎を後側屈し椎間孔を狭小化させ，頭部を下方に圧迫する．神経根に圧迫性障害が存在するとき，患肢や背部に放散痛が起こる．

神経症状に対する評価

頚椎屈曲で疼痛・しびれが生じる場合

頚椎を屈曲すると，上位椎体は前方に動き，前

方の椎間板の上下幅を減じて髄核を後方に押しやり[21]（図5-39），神経根や脊髄を圧迫する可能性がある．頸椎屈曲で疼痛・しびれが増大する場合，髄核による神経根圧迫症状，脊髄圧迫症状を疑う．

頸椎伸展で疼痛・しびれが生じる場合

頸椎椎間孔は屈曲時に拡大し，伸展時には狭小化する．よって，頸椎伸展時に疼痛・しびれが増強する場合，椎間孔狭小化による神経根症状を疑う．また，頸部脊柱管の容積は，最大屈曲で最大になり，最大伸展で最小となる．よって，過伸展が繰り返されると脊柱管容積は減少状態となり，頸部脊髄症とそれに関連する神経障害を引き起こす可能性がある[22]．

図5-39 髄核の後方移動
（Kapandji IA. 2005[21]）

疼痛・しびれ領域の確認

疼痛・しびれは支配神経領域に反復性に出現するため，デルマトーム（dermatome）を用い損傷部位を評価する（図5-40）．

筋力

握力：左右の握力を測定し，神経根症状による筋力低下の有無を評価する．握力が10kg以下，ピンチ力3kg以下の場合，著明な巧緻性動作障害をきたしている可能性がある[23]．

感覚

デルマトームを参考に，各支配神経領域に対し触・圧覚の評価を行う．

図5-40 デルマトーム
（中村隆一ほか．2000[35]）

深部腱反射

上腕二頭筋（C_{5-6}），腕橈骨筋（C_6），上腕三頭筋（C_7）の深部腱反射における反応（亢進，減弱，消失）を評価する．

病的反射

脊髄症状の有無を評価する．陽性では，脊髄症状が疑われる．

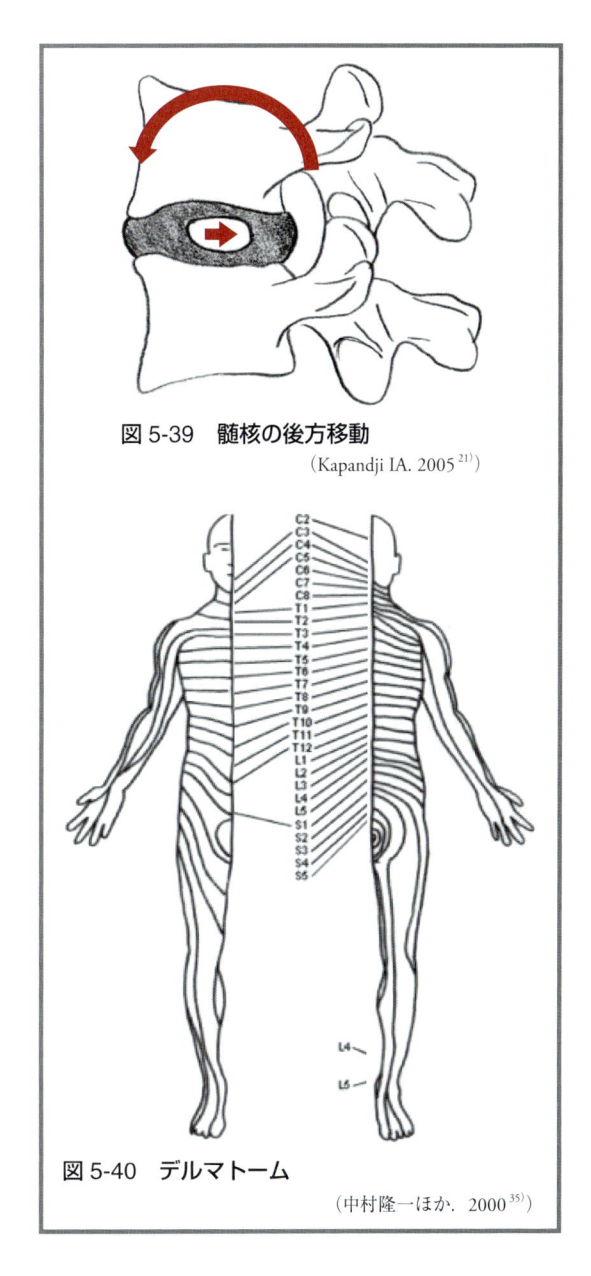

Hoffmann徴候

被検者の中指を検者自身の母子と中指で挟み，示指で被検者の中指のDIP関節を屈曲しておいて，急に母指を離すことにより深指屈筋を伸長する．脊髄症状があれば，深指屈筋の伸張反射の亢進がみられるとともに，母指の屈曲が生じる[24]．

Babinski 徴候

足底の踵から外側縁を経て4・5指を基部までピンと擦ると，正常では足趾の屈曲が生じる．脊髄症状では，母趾の伸展とほかの4指の開排がみられる[24]．

5. 頸部機能評価

頭頸部 alignment 評価

頭頸部の不良姿勢として，慢性的な頭部前方位姿勢があげられる．頭部前方位では，正中位に比べ頭部を支えるために4倍の頸部筋活動が必要になる[25]（図5-41）．よって，頭部の位置と頸部筋緊張を照らし合わせて評価する．また，頭部前方位では，下位頸椎屈曲位，上位頸椎伸展位により生理的な前弯 alignment から逸脱している．異常 alignment により軸圧に対し抵抗性が弱い状態での頭頸部へのコンタクトストレスは，椎間への圧縮応力増大や下位頸椎の屈曲応力増強により椎間板へのストレスを増大させる原因になりかねない．よって，画像所見を含め頸椎 alignment の状態を詳細に観察する．

上位頸椎の可動性評価

環椎後頭関節は，主に屈伸運動が行われる．頭部への作用としては，感覚器（視覚，平衡感覚器）が集中している頭部を水平位に保つ役割を果す．

上記で述べたような異常な頸椎 alignment では，上位頸椎が伸展位で固定されていることが多く，後頭下筋群（図5-42）の過緊張がみられる．この状態では，環椎後頭下の動きが阻害され，環椎後頭関節の機能を失ってしまう．上位頸椎の評価は，イメージとして，お皿（環椎）の上をボール（頭部）が「転がるようにすべる」動きを確認する．お皿（環椎）の上にボール（頭部）がうまく載っていなければボールは不安定になり，上位頸椎周囲の筋群はバランスをとるために筋緊張を高めることになってしまう（図5-43）．よって，後頭下筋群を中心に頸部周囲の筋緊張を触擦しながら，上位頸椎屈曲・伸展の可動性を評価する（図5-44）．

頸椎屈伸動作の評価

頭頸部の屈曲および伸展可動域は大きく，合わせて約130～135°である．一般に屈曲と伸展は頭側から尾側方向へと順に生じ，初動の8°は原則とし

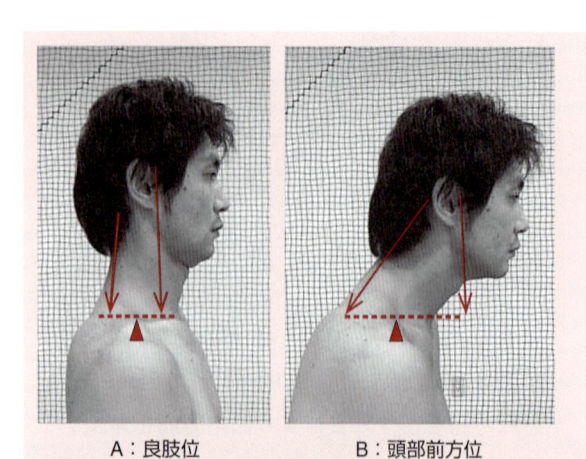

図 5-41 慢性的な頭部前方位姿勢
頭部前方位では頭部を支えるために良好肢位に比べ4倍の負荷が加わる．

A：良肢位　　B：頭部前方位

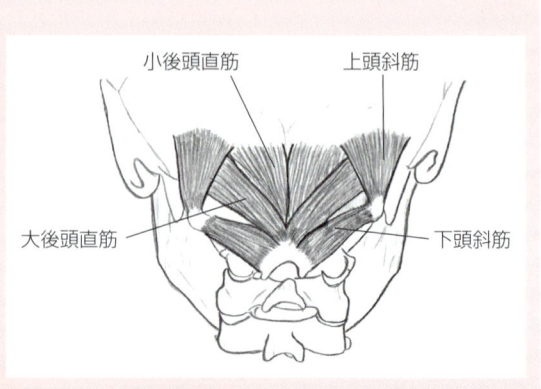

図 5-42 後頭下筋群
小後頭直筋　上頭斜筋　大後頭直筋　下頭斜筋

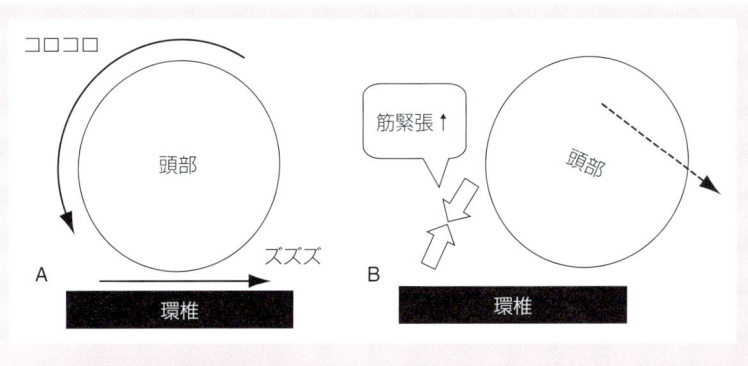

5. 頸部機能評価——頸椎回旋・側屈評価（中・下位頸椎）

図 5-43　環椎後頭の動き
A：安定した環椎後頭関節の動き
B：ボール（頭部）が皿（環椎）から逸脱すると周囲筋は緊張する．

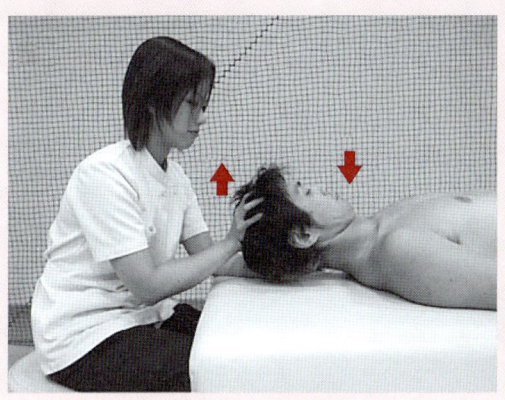

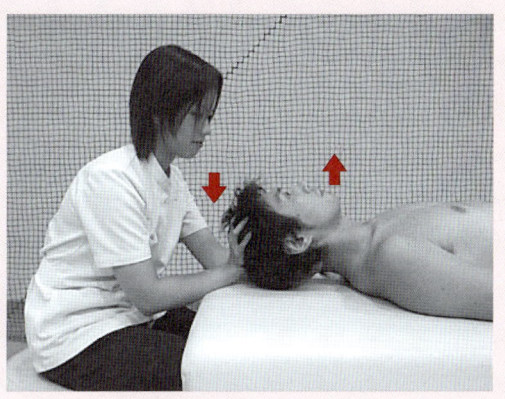

A：上位頸椎屈曲可動域評価　　　B：上位頸椎伸展可動域評価
図 5-44　上位頸椎屈曲・伸展の可動性を評価

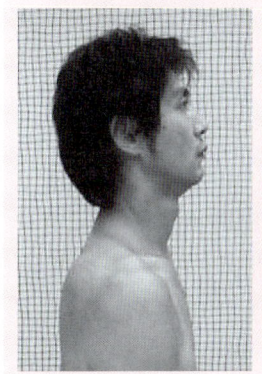

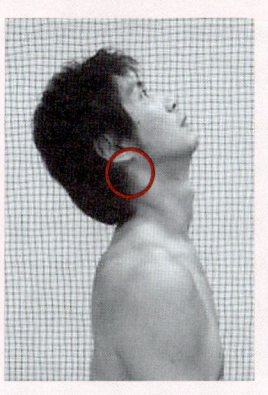

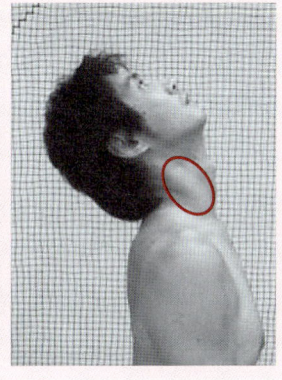

図 5-45　頸椎屈伸動作評価
頸椎屈伸時に頭側から運動が開始されているかを評価する．初動は環椎後頭関節にて行われる．

て環椎後頭関節にて行われる[26]．この運動パターンの現れ方に異常が生じた場合（初動における環椎後頭関節の動きが乏しい），頸椎間の不安定性が示唆されるため，着目して観察する（図5-45）．

頸椎回旋・側屈評価（中・下位頸椎）

　脊柱に生じる複合運動を脊柱の連結運動（coupled movement）とよぶ．中・下位頸椎は屈曲位でも伸展位でも側屈と回旋は同方向に起こるとされている．よって，中・下位頸椎では，側屈と回旋が複合して行われるため，一側の側屈が制限されると同側の回旋も制限されることになる．評価では，頸椎を左右に回旋させ，中・下位頸椎の回旋・側屈の可動性を左右で確認する（図5-46）．

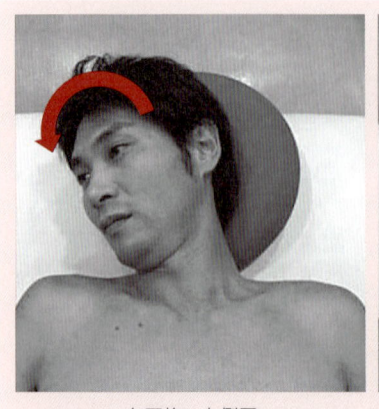

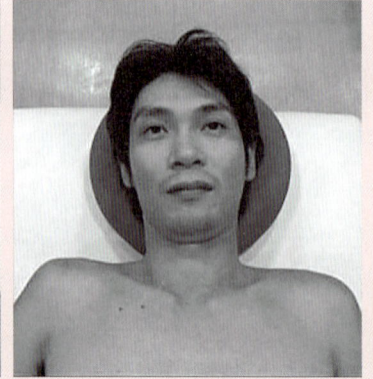

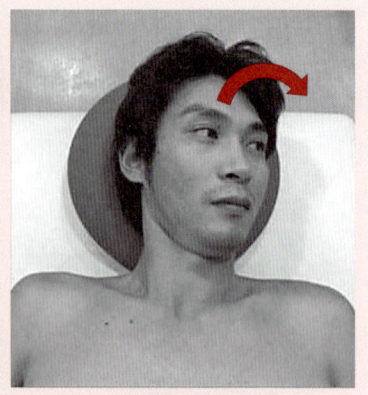

右回旋・右側屈　　　　　　　　　　　　　　　　　　　　　　　　　　　　　　　　　　　　左回旋・左側屈

図 5-46　頸椎回旋・側屈評価
中・下位頸椎では側屈と回旋は同方向に起こる．図において左回旋・左側屈が制限されていることが観察される．

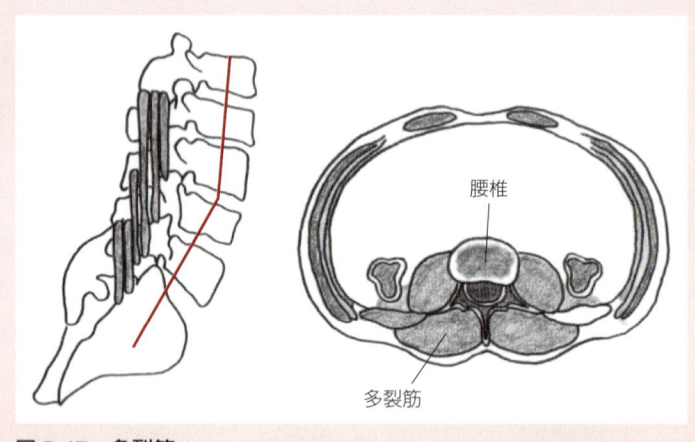

図 5-47　多裂筋
多裂筋は分節的な伸展トルクを発生させ，腰椎の生理的前弯を形成する．

脊柱 alignment と頭部

　脊柱の生理的な弯曲としては腰椎前弯，胸椎後弯，頸椎前弯がみられる．この生理的な脊柱弯曲や姿勢に影響を与える因子として，体幹安定化に関与するインナーユニット（多裂筋，腹横筋，骨盤底筋群，横隔膜）の機能があげられる．とくに，脊柱に直接付着している多裂筋は，腰椎に分節的な伸展トルクを発生させることから，生理的な腰椎前弯 alignment を維持するために必要な要素である（図 5-47）．体幹機能低下などにより脊柱の生理的な弯曲を保てなくなると，スウェイバック（sway back）姿勢や後弯（kyphosis）姿勢，平背（flat back）姿勢となり（図 5-48），頭部前方位になってしまう．よって，頭頸部の位置を把握するために，体幹機能も含め，脊柱 alignment を評価する（図 5-49）．

体幹機能

　上記で述べたように，体幹機能低下により異常な脊柱 alignment を呈し，結果的に頭部前方位となり，下位頸椎屈曲位，上位頸椎伸展位の異常 alignment をきたしてしまう．生理的な腰椎の弯曲を維持するために作用する多裂筋や腹横筋の評価を行う．

腰椎の分節的伸展運動評価

　座位にて骨盤を前傾させ，腰椎を伸展させる．

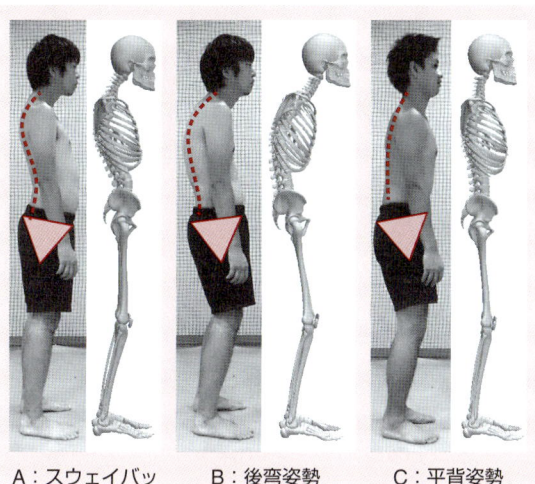

5. 頸部機能評価――咬筋，側頭筋（咬合筋）の筋緊張評価

A：スウェイバック姿勢　B：後弯姿勢　C：平背姿勢

図 5-48　さまざまな異常姿勢

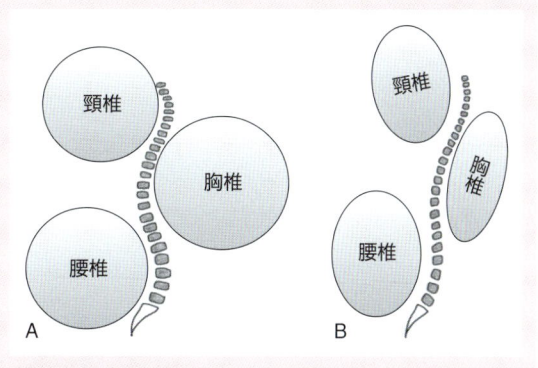

図 5-49　脊柱 alignment
A：腰椎の適切な前弯 alignment は，適切な脊柱の生理的弯曲を形成する．
B：腰椎の前弯 alignment 逸脱により，脊柱全体の生理的弯曲が破綻する．

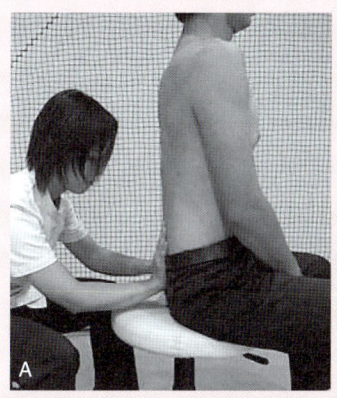

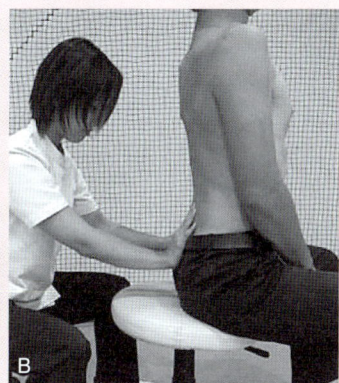

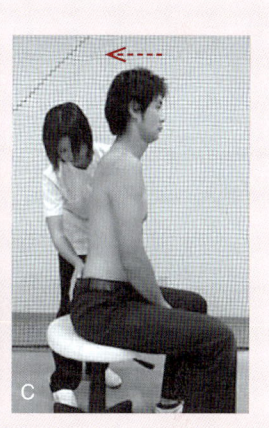

図 5-50　腰椎の分節的伸展運動評価
A, B：骨盤前傾に伴う下位腰椎から上位腰椎にかけての分節的な伸展運動を評価する．
C：腰椎を伸展時の頭部の位置変化を評価する．頭部の後方移動がみられず，頭部前方位の固定化が観察される．

骨盤の前傾に伴い，下位腰椎から上位腰椎にかけて分節的に伸展するかを評価する．腰椎の分節的な伸展トルクは多裂筋が担うため，触診に加え，この動作ができるか否かで多裂筋の機能を判断する．また，腰椎を伸展時の頭部の位置変化も確認する（図 5-50）．

バンドを用いた評価
（腹横筋の機能を再現させる）

バンドを用い，腹横筋の機能を再現させる．その状態で頸椎の運動を行わせ，頸部運動時の疼痛の変化や頸椎動作の変化を評価する（図 5-51）．頸椎運動が円滑に，かつ，頸部痛が緩和すれば体幹部の影響が考えられる．

咬筋，側頭筋（咬合筋）の筋緊張評価

咬合筋の過緊張は頸部周囲筋（胸鎖乳突筋など）の緊張を高め，頸椎屈曲方向の動きは増加するものの，伸展方向の動きは低下してしまう．スポーツ動作などの瞬間的な力を発揮する際，強く咬合する場合が多く，咬合筋の過緊張を生じてしまう．開口時，上位頸椎は伸展し，閉口時は屈曲する（図

227

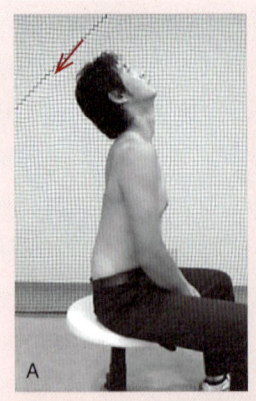

図 5-51　バンドを用いた評価
A：バンドなしの頸椎伸展運動
B：バンド着用での頸椎伸展運動

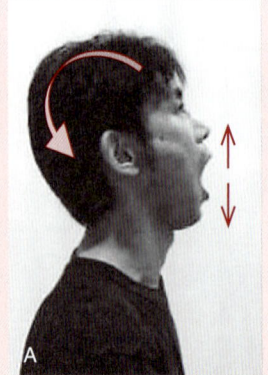

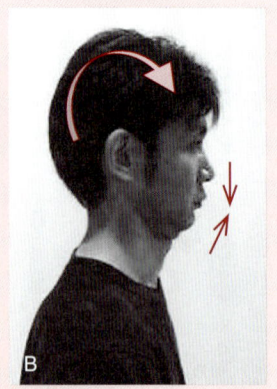

図 5-52　開口・閉口に伴う頸椎の動き
A：開口時，上位頸椎は伸展運動を伴う．
B：閉口時，上位頸椎は屈曲運動を伴う．

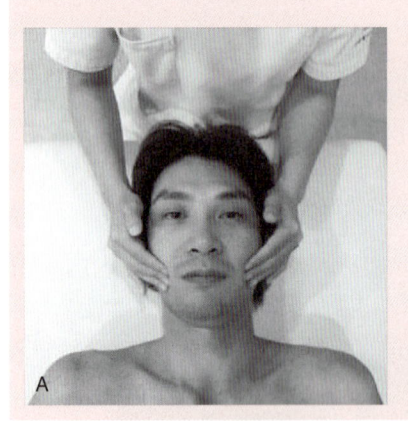

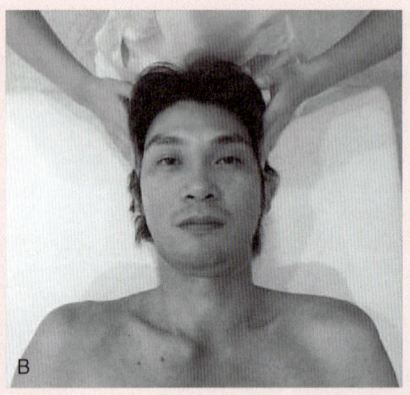

図 5-53　咬筋，側頭筋の筋緊張の評価
A：咬筋の筋緊張評価
B：側頭筋の筋緊張評価

5-52)．咬合筋は閉口で作用するため，過緊張では上位頸椎の伸展制限になることが理解できる．よって，咬筋，側頭筋の筋緊張を評価し（図5-53)，頸部に影響を及ぼしているかを評価する．

各動作における頭頸部位置の確認

　頭部位置変化は，頸椎 alignment が変化し，それに伴い胸椎，腰椎が変化することから，体幹機能を含め脊柱をユニットとしてとらえる必要がある．多裂筋，腹横筋など下部体幹機能の低下は，生理的な腰椎前弯 alignment を保持できず，腰椎前弯を減少させて胸椎後弯を増大させ，結果的に頭頸部前方位姿勢を形成する．逆に，頭頸部前方位姿勢は，腰椎弯を減少させて胸椎後弯を増大させ，多裂筋，腹横筋などの下部体幹の機能低下に関与する．以上のことから，頭頸部の位置と下部体幹には，連鎖的な関係が存在することが理解できる．下部体幹機能は，安定した動作に必要であり，とくにスポーツ選手に求められる機能であることから，各動作時の頭頸部の位置を確認し，安定した運動が遂行できているかどうかを評価する（図5-54).

6. 治療

　頸椎の治療はさまざまであり多岐にわたるが，スポーツにおける頸椎疾患に対しては，競技特性，ポジションなどを把握したうえでアプローチすることが大切である．とくに，頸椎はコンタクトスポーツにより受傷することが多いため，受傷機転などからストレスポイントを把握し，頸椎を中心に，脊柱，体幹など包括的なアプローチにより，

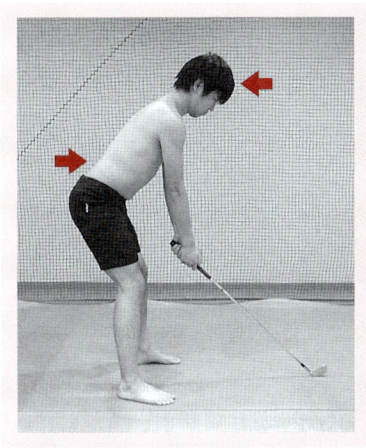

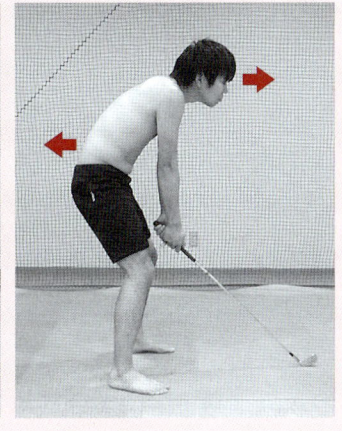

図 5-54 動作における頭頸部位置の確認
A：良好な頭頸部の位置
B：不良な頭頸部の位置（頭頸部前方位姿勢）

ストレスポイントへの負荷軽減を図る必要がある．頸椎のスポーツ障害は，前述したように頸椎alignmentの異常をきたしているケースが多い．炎症が治まり一時的に疼痛が緩和したとしても，頸椎alignmentの異常が改善されなければ，頭頸部に加わる外力などに対応できず再発する可能性も考えられる．頸椎alignmentの異常は，頸椎の支持機構が破綻し，頸部周囲筋の過緊張や椎間板などに加わる負荷が増大するため，とくにスポーツ選手には好ましくない．よって，頸椎のスポーツ障害をとらえるにあたり，頸椎alignmentに着眼し，正常な頸椎alignmentを再構築するための理学療法展開が求められる．

急性期へのアプローチ

炎症期では，軟部組織において炎症担当細胞による貪食と線維芽細胞による瘢痕形成が始まり，この状態で過度の運動負荷を加えると，炎症を亢進させ瘢痕組織の破綻を招くおそれがある．よって，痛みが強く炎症が強い急性期では，頸椎カラーなどの装具にて安静にする必要がある．しかし，頸部の不動化は，筋，腱，靱帯などにおいて，この時期に生じるコラーゲン組織の増加と水分含有量の増加およびコラーゲンの交差結合をより高める結果となり，コラーゲン組織の伸張性を損ねてしまう可能性がある[27]．したがって，頸椎カラーで固定しながらも，炎症症状を助長しない程度で，運動負荷を考慮し愛護的なROMや軟部組織に対するアプローチが必要となる．

頸椎カラーの力学的特性

頭部前方位では，頸椎の支点から頭部までの重心線の距離が長くなるため，頸椎伸筋群の活動量は増大し，関節応力も著しく増加する．頸椎カラーを装着すると，その反作用が頭部荷重に拮抗した力を生じさせ，頸椎の屈曲モーメントを小さくすることができ，関節応力も減少する[28]（図5-55）．よって，急性期において頸椎に負荷が加わらない状態を保持するためには有効である．

上位頸椎へのアプローチ

上位頸椎（後頭下筋群）リリース

後頭下筋群は，上頭斜筋，下頭斜筋，大後頭直筋，小後頭直筋の4対の筋から構成され，頸椎の最深層に位置する．上頭斜筋，下頭斜筋，大後頭直筋にて後頭下で構造的三角形を形成しており，頭頸部を安定させるような解剖学的特徴を有している（図5-56）．

頭部前方位による異常な頸椎alignmentでは，下位頸椎は屈曲し，上位頸椎は伸展位の状態であるため，上位頸椎を伸展位で保持する後頭下筋群の

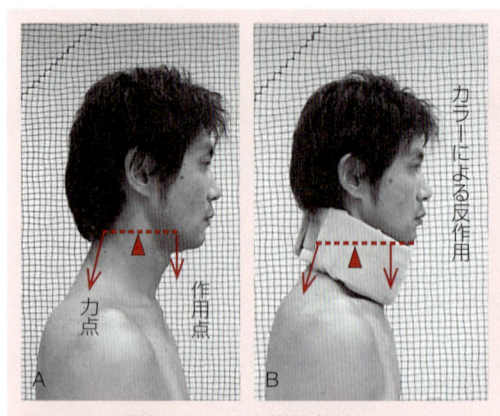

図 5-55　頸椎カラーの力学的特性
A：頭頸部の位置により力点における後頸部の負荷が決定される．
B：頸椎カラー装着により反作用が生じ後頸部に加わる負荷は軽減する．

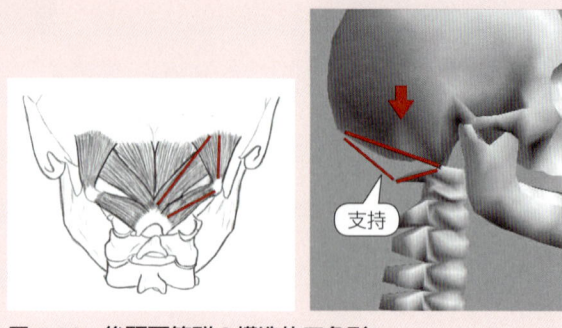

図 5-56　後頭下筋群の構造的三角形
後頭下三角：上頭斜筋と下頭斜筋と大後頭直筋からなる三角形のスペース

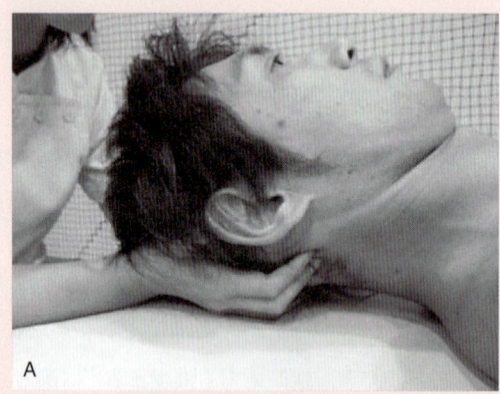

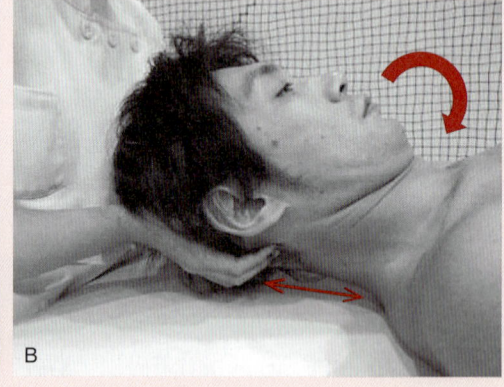

図 5-57　上位頸椎（後頭下筋群）リリース
A：後頭下筋群のリリース
B：後頭下筋群のストレッチ
上位頸椎を屈曲させ後頭下筋群を抑制する．

持続的な収縮がみられる．このような状態では，環椎後頭関節の可動性が制限されてしまう．お皿（環椎）の上にボール（頭蓋）を載せるイメージで上位頸椎の屈曲運動を促し，後頭下筋群の筋緊張を抑制し，後頭下筋群の機能を改善させる（図5-57）．

顎関節運動を利用した上位頸椎へのアプローチ

顎関節運動に伴って頸椎の運動が生じる．基本的には，開口に伴って上位頸椎は伸展し，閉口に伴って上位頸椎は屈曲する．よって開口位では，頸椎は伸展可動域が増加し，閉口位では屈曲可動域が増加する．閉口位（咬合位）では，頭位角度が屈曲方向へ増加し，屈曲へ働く胸鎖乳突筋の筋活動が増加することも報告されている[29]．

上位頸椎伸展へのアプローチ：頭頂部から頸椎にかけて軸圧を加えた状態で，開口するタイミングに合わせ，上位頸椎を伸展させる（図5-58A）．

上位頸椎屈曲へのアプローチ：頭頂部から頸椎にかけて軸圧を加えた状態で，閉口するタイミングに合わせ，上位頸椎を屈曲させる（図5-58B）．

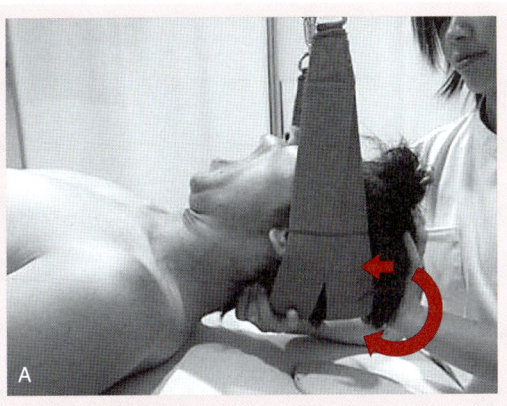

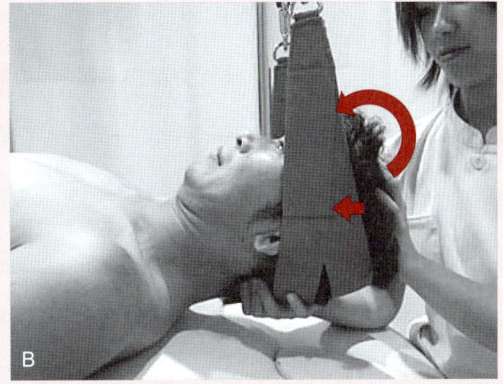

図 5-58　顎関節運動を利用した上位頸椎へのアプローチ
A：上位頸椎伸展へのアプローチ
　頸椎に軸圧を加えた状態で，開口運動に合わせ上位頸椎を伸展させる．
B：上位頸椎屈曲へのアプローチ
　頸椎に軸圧を加えた状態で，閉口運動に合わせ上位頸椎を屈曲させる．

頸椎 alignment に対するアプローチ

頭部前方位の補正

　頭頸部の理想的な前弯 alignment では，斜角筋や胸鎖乳突筋，肩甲挙筋，頭・頸半棘筋，僧帽筋を含む長い筋により補強され，張り鋼のワイヤーロープシステムとして頭頸部が垂直方向へ安定する[22]．異常な頸椎 alignment では，頭部が体幹に対して前方位に保持されていることや左右どちらかに傾斜していることが多く，頭頸部が垂直方向へ安定するシステムは機能せず，頸椎の安定化が破綻する．よって体幹に対する頭部の位置関係を修正するような動きを学習させ，頭長筋，頸長筋などの頸椎前弯 alignment 保持に必要な筋群を活動させることにより，頸椎 alignment 改善や頭頸部の安定化を図る．

頸長筋，頭長筋の作用[22,30]（図 5-59）

　深部に位置し，頸椎前面の両側に存在する．これらの筋は，動的な前縦靱帯のような役割を果たし，頸椎の垂直方向への安定性に重要な要素を供給する．頸長筋の横断面積が小さくなるほど頸椎前弯角度が大きくなるとの報告もあり[31]，頸椎 alignment に影響を与えていることがわかる．頸椎性の頭痛や頸部痛は，この深部筋の弱化により発生するとの報告もある[32]．

タオルを利用した頸椎前弯 alignment へのアプローチ

　前弯 alignment の頂点は C_5 にあたり，C_5 を頂点とした前弯 alignment 保持には頸椎前面筋の椎前筋が作用する．とくに頸直筋の垂直線維は，頸椎前弯の頂点である C_5 をまたぐように走行している（図 5-60）．この解剖学的な背景から，C_5 を頂点とした良好な前弯 alignment 保持において頸直筋垂直線が作用することが理解できる（図 5-61）．C_5 を頂点として前弯 alignment を構築するために，タオルを利用してアプローチする（図 5-62）．

頭頸部へのスリングアプローチ

　頭部をハンギングし，頭部を床方向へ垂直に押しつけるような運動を学習させる．このアプローチにより，下位頸椎伸展・上位頸椎屈曲方向へ誘導し，頸椎の生理的前弯の保持に作用する頸長筋，頭長筋などの椎前筋が活動する．頸椎の安定性向

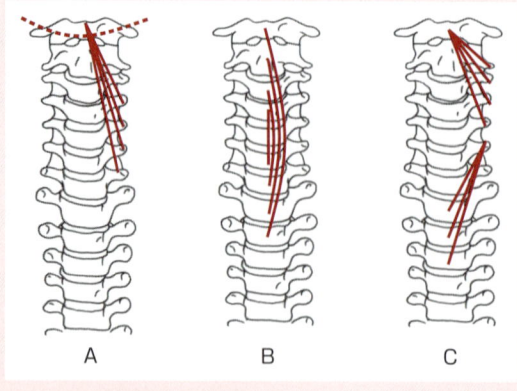

図 5-59　頸長筋，頭長筋
A：頭長筋
B：頸長筋垂直線維
C：頸長筋上斜線維・下斜線維

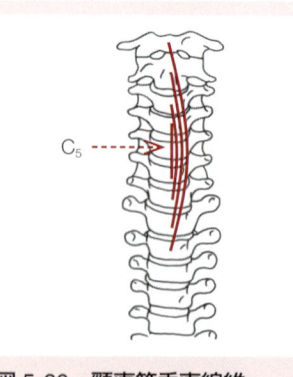

図 5-60　頸直筋垂直線維
C_5 を中心にまたぐように走行する．

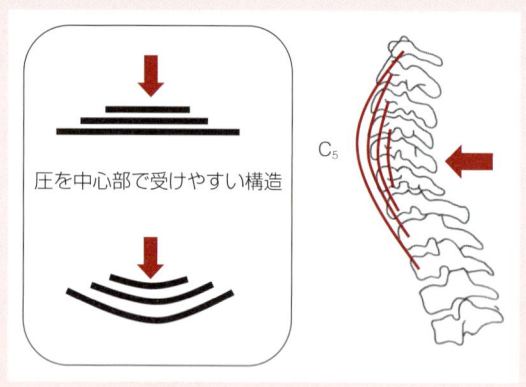

図 5-61　C_5 を頂点とした頸椎前弯 alignment

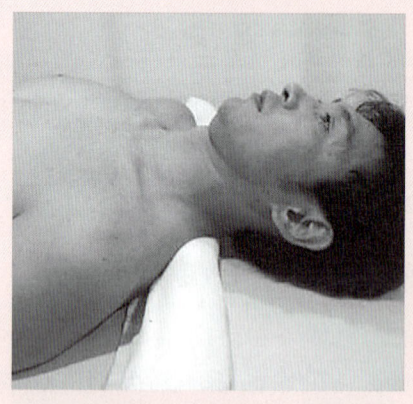

図 5-62　タオルを利用した頸椎前弯 alignment へのアプローチ
タオルを C_5 に当て，前弯の頂点を形成する．

上および頭部前方位の補正，頸椎 alignment 改善を図る（図 5-63，64）．

頸椎の側方安定化

頭頸部が垂直方向へ安定するシステムであるワイヤーロープとしての機能が作用するためには，脊柱（頸椎）を中心に対称的に走行する筋が左右均等の長さになる必要がある（図 5-65A）．頸椎疾患を有するケースにおいては，頸椎がどちらかに側屈・回旋偏位していることが多く，左右の筋長に差がみられ，ワイヤーロープとしての機能が失われる（図 5-65B）．よって，前額面上における頸椎 alignment 改善させ，筋長の左右差を調整することにより頸椎の垂直安定化を図る（図 5-66）．

多部位からのアプローチ

脊柱 alignment へのアプローチ

脊柱の生理的な弯曲が破綻することにより，スウェイバック（sway back）姿勢や平背（flat back）姿勢，後弯（kyphosis）姿勢となり，結果的に頭部前方位を強いられるため，頸椎 alignment に異常をきたす．上半身重心は Th_{7-9} 付近とされており，その点が後方に移動することにより，頭部がバランスをとるように前方へ移動し（図 5-67），脊柱の生理的な弯曲が崩壊する．脊柱の生理的な弯曲から逸脱してしまう理由はさまざまであるが，大きな原因としては，脊柱が重力に対して抗せなくな

6. 治療——多部位からのアプローチ

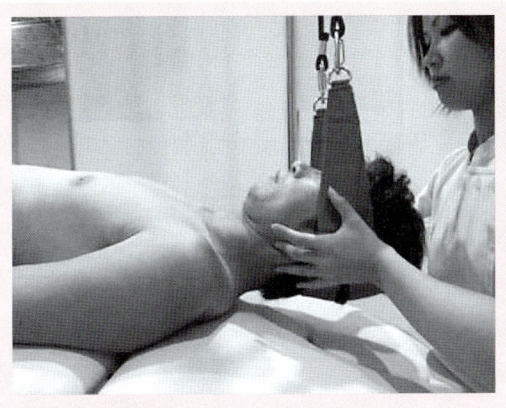

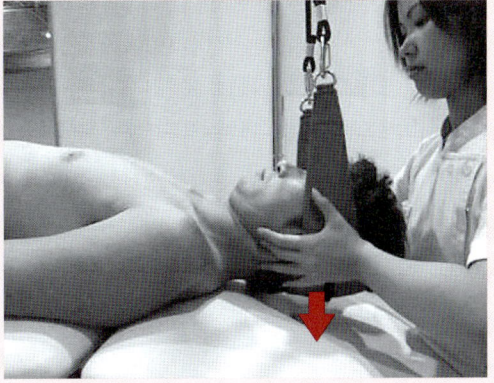

図 5-63 頭頸部へのスリングアプローチ
頭部をハンギングし床方向へ誘導する．始めは，他動運動で行い，その後自動運動にて，頸長筋や頭長筋を促通する．

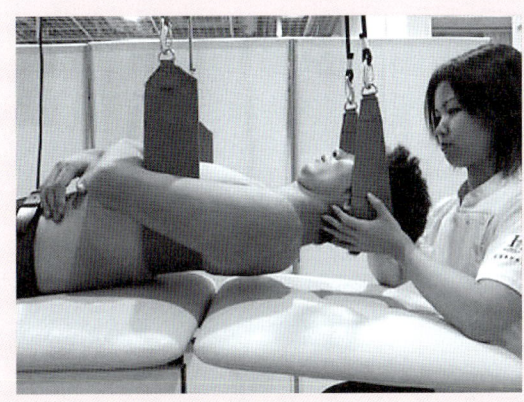

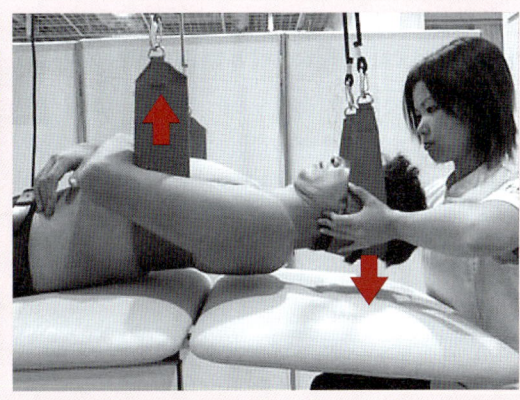

図 5-64 頭頸部へのスリングアプローチ
胸椎部をハンギングすることにより，頭頸部が床方向へ作用しやすくなる．

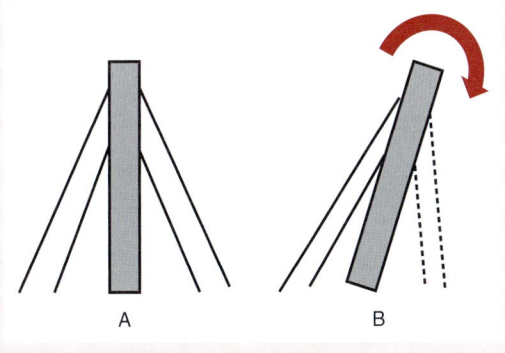

図 5-65 ワイヤーロープシステム
A：良好な頸椎 alignment
左右の筋長が均等であり，ワイヤーロープとしての機能が発揮されている．
B：側屈・回旋を伴った頸椎 alignment
左右の筋長が不均等であり，ワイヤーロープとしての機能は発揮されない．

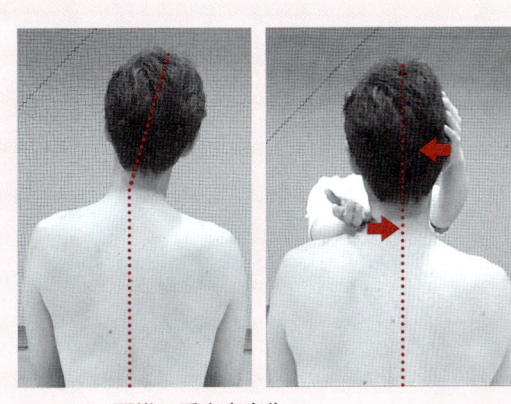

図 5-66 頸椎の垂直安定化

233

ることがあげられる．よって，脊柱の生理的な弯曲を再構築するため，腰椎，骨盤帯の抗重力活動に伴う腰椎の生理的弯曲の獲得と，上半身重心が存在する胸椎部の前方化，体幹部に対する頭部の適切な位置を学習させることにより，脊柱の抗重力活動を促し，脊柱全体としての弯曲の正常化を図る．

背臥位にてスリングアプローチ（図5-68）

ハンギングポイントを頭部，胸部，骨盤部とし，上半身を吊るしリラックスした状態にて，背部に設置したポール上で上半身を上下に移動させる．腰椎の抗重力活動が起こらず，胸椎部が後方化しているケースに有効であり，ポールによる胸部を前方へ向かわせるモーメントにより，上半身重心が前方化する．上半身重心の前方化により，脊柱の抗重力活動が促され，脊柱alignmentの改善を図る．

座位にてスリングアプローチ（図5-69, 70）

座位にて両上肢をハンギングし，両上肢，頭部の質量をスリングで支える．よって，体幹は，両上肢・頭部の質量を保持するための筋活動が抑制され，分節的に動きやすくなる．その状態で前方への並進動作を行い，脊柱の前方への分節的な動きを促通する．背部筋の過緊張により，腰椎，骨盤帯の抗重力活動がうまく行えていないケースに有効であり，腰椎骨盤帯の動きに伴って脊柱の抗重力活動を促し，上半身重心の前方化を図る．

胸郭正中化による脊柱alignmentへのアプローチ

横隔膜は，筋腱性のドーム状の形態をしたもので，吸気活動の70〜80％を占める．胸空を3方向の径すべてを横隔膜自体で増加させる作用をもつ．腱中心の下方移動は上下径に関与し，下位肋骨の挙上は横径に，肋骨の補助を伴う上位肋骨の挙上は前後径に関与する[33]．脊柱の生理的弯曲が保たれた良好な姿勢では横隔膜は機能するが，不良姿勢では胸郭の偏位が生じており，付着する横隔膜のドーム状の形態は破綻し，機能低下を引き起こす[34]．

以上のことから，横隔膜は胸郭の形態と密接な関係にあり，横隔膜が機能するために胸郭正中化

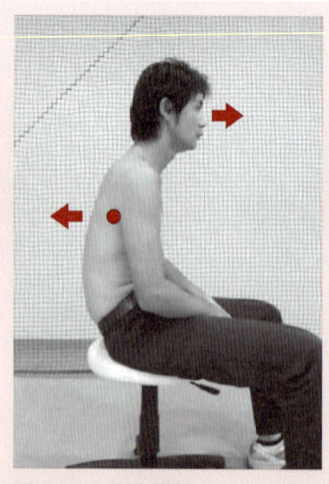

図5-67 不良姿勢
上半身重心が後方に移動することにより，頭部がバランスをとるように前方へ移動する．

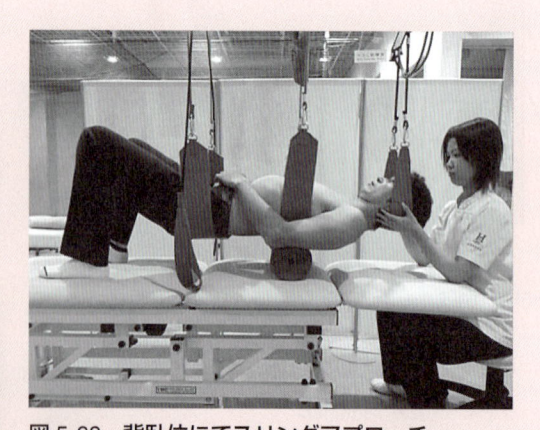

図5-68 背臥位にてスリングアプローチ
全身をハンギングすることによりリラックス状態をつくり，ポールの反作用を利用し，後弯が増強している胸椎部へアプローチする．上半身重心が前方へ偏位し，脊柱alignmentの改善を図る．

6．治療――多部位からのアプローチ

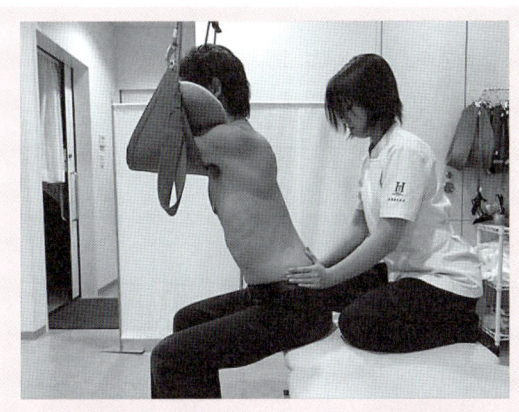

図 5-69　座位にてスリングアプローチ
頭部・上肢をハンギングし，背部筋のリラクセーションを図る．その状態で，体幹を前方へ並進させた際に，表面筋による制御が過剰に作用せず，深部筋による制御が作用する．

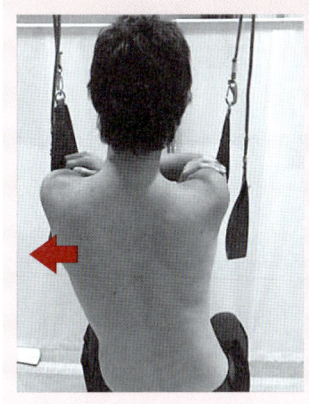

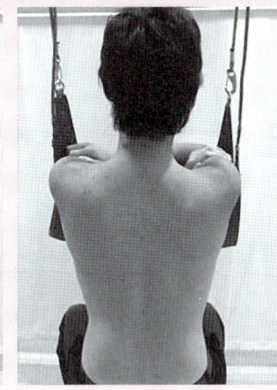

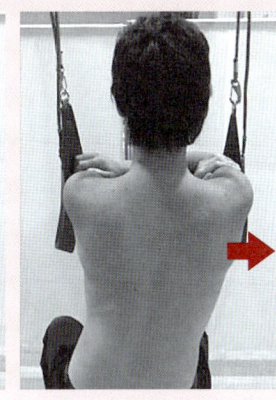

図 5-70　座位にてスリングアプローチ
頭部・上肢をハンギングし，背部筋のリラクセーションを図る．その状態で，側方への並進動作を行い，脊柱の側方動作の改善を図る．

させ，脊柱 alignment 改善を図る．

腰椎抗重力活動に伴う頭頸部位置の修正（図 5-71）

　腰椎の抗重力活動の低下により上半身重心は後方化し，頭頸部はバランスを保持するために前方位となる．腰椎に抗重力活動を促すようなアプローチを行い，頭頸部の位置が同時に改善される場合もあれば，頭頸部の位置が改善されない場合もある．その場合は，腰椎の抗重力活動を促すとともに頭頸部へのアプローチを行い，腰椎と頭頸部を連動させて脊柱全体へアプローチすることが望ましい．

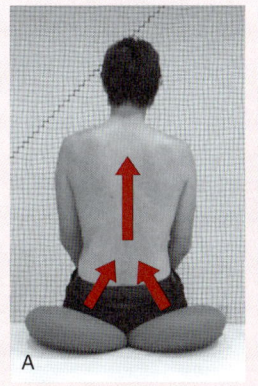

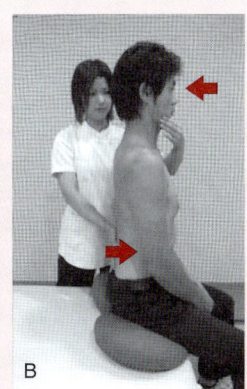

図 5-71　腰椎の抗重力活動に伴う頭頸部位置の修正
A：左右のエアスタビライザーのベクトル合成から脊柱が伸展方向へ作用を促す．
B：腰椎の抗重力活動に伴い，固定化した頭頸部前方位を安定方向（後方）へ誘導する．

引用文献

1) Lisa a ferrara : A Biomechanical Study to Assess the Affect of Cervical Spine Posture on the Axial Load Berring Ability.
2) 高澤祐治ほか：頚部周囲の筋力強化法〜コンタクトスポーツにおける回復期のリハビリテーション〜．整形・災害外科 48（5）：539-546，2005.
3) 市木良敏ほか：チンイン姿勢時の頚部筋力と筋活動．体力科学 58：91-98，2009.
4) Shea M, Edwards WT, White AA, Hayes WC : Variations of stiffness and strength along the human cervical spine. J Biomech 24 : 95-107, 1991.
5) 酒匂　崇：頚椎外科．金原出版，1989.
6) 神保静夫，熱田祐司：肩甲帯部痛をきたす頚椎疾患．MB Orthop 23(3)：53-60，2010.
7) Murphey F : Surgical treatment of leterally ruptured cervical disc. Review of 648 cases, 1939 to 1972. J Neurosung 38 : 679-683, 1973.
8) 二瓶隆一：整形外科学テキスト．南江堂，2004.
9) Barnsley L, Lord SM, Wallis BJ, Bogduk N : The prevalence of chronic cervical zygapophysial joint pain after whiplash. Spine 20 : 20-25, 1995.
10) 金岡恒治，小野古志朗：追突時の頚椎椎体間挙動解析〜頚椎捻挫の受傷機序解明に向けて〜．MB Orthop 12(1)：27-36，1999.
11) Spitzer WO et al : Scientific monogaraph of the Quebec task force on whiplash associated disorders : redefining "whiplash" and its management．Spine 20(8 suppl) : 2-73, 1995.
12) 遠藤健司ほか：Barre-Lieou 症候群．MB Orthop 12(1)：45-53，1999.
13) 遠藤健司ほか：Barre-Lieou 症候群．整形外科 48：842，1997.
14) 添田修一：頚椎捻挫の病態と治療．慢性化要因としての椎間板損傷と Barre-Lieou 症候群．MB Orthop. 16：1-9，1989.
15) 国分正一：頚部痛に対するK点ブロック．整形・災害外科 53：39-46，2010.
16) 則武昌之：臨床症状と尿中カテコラミンの上昇を平行して認めた Barre-Lieou 症候群の一例．日内会誌 75：91-97，1986.
17) Seichi A, Takeshita K, Kawaguchi H et al : Neurologic level diagnosis of cervical stenotic myelopathy．Spine. 31 : 1338-1343, 2006.
18) Yoss RE, Corbin KB, MacCarty CS et al : Significance of symptoms and signs in localization of involved root in cervical disk protrusion. Neurology 7 : 673-683, 1957.
19) Grubb SA et al : Cervical discography:clinical implications from 12 years of experience. Spine 25 : 1382-1389, 2000. figure2.
20) Dwyer A et al : Cervical zygapophyseal joint pain patterns I : a study in normal volunteers. Spine 15 : 453-457, 1990. figure4.
21) Kapandji IA：カパンディ関節の生理学Ⅲ脊柱・体幹・頭部．医歯薬出版，2005.
22) Donald A Neumann：筋骨格系のキネシオロジー．医歯薬出版，2006.
23) 川崎洋二ほか：頚椎症性脊髄症の機能解剖学的特性．理学療法 27(6)：749-756．2010.
24) 内山　靖：中枢神経系障害の特殊検査．評価学．医学書院，2002，pp190-191.
25) Oatis CA : Kinesiology, 470-487. Lippincott Williams & Wilkins, 2004.
26) Ordway NR et al : Cervical flexion, extension, protrusion, and retraction. A radiographic segmental analy. Spine 24 : 240-247, 1999.
27) 木津信也：頚椎捻挫の理学療法．理学療法 23(7)：1002-1019，2006.
28) 赤羽根良和：頚椎椎間板ヘルニアの機能解剖学的特性．理学療法 27(6)：757-764：2010.
29) 小関泰一：咬合が頚部屈曲動作に及ぼす影響．日本理学療法学術大会，2010.
30) 河上敬介：体幹筋の解剖学的理解のポイント．理学療法 23(10)：1351-1354：2006.
31) mayoux-Benhamou MA et al : Longus collihas a posture function on cervical curvature.Surg Radiol Anat 16(4)：367-371, 1994.
32) Jull GA et al : Further clinical clarification of the muscle dysfunction in cervical headache.Cephalalgia19 : 179-185, 1999.
33) Blandine CG : The skeletons role in breathing. Anatomy of breathing. Eastland Press, 2006, pp35-55.
34) Zacharkow D : Standing posture. Posture : Sitting, chair design and exercise. Charles C Thomas, 3-48, 1988.
35) 中村隆一ほか：基礎運動学　第5版．医歯薬出版，2000，pp456-457.

第6章 胸郭のスポーツ障害

1. 機能解剖

骨

胸椎（thoracic spine）

椎骨は，大きく椎体と椎弓の2つの部位から構成される．椎弓は椎弓根により椎体と連結している．両側の椎弓板は後方で結合し棘突起を構成する．椎弓根と椎弓板の連結部位の側方部には横突起が存在する．また上方に上関節突起，下方に下関節突起が存在し，それぞれ隣接する椎骨の関節突起と関節を構成する（図6-1）．

椎体と椎弓に囲まれた椎孔とよばれる孔が存在し，これが連なり脊柱管を構成する．脊柱管の中を脊髄が通過する．隣接する上下の椎弓根間にできる隙間を椎間孔とよび，脊髄から分岐した神経の通り道となる（図6-2）．

胸椎は12個の椎骨から構成されており，腰椎と比較すると小さく椎間板も薄くなっている．特徴として椎弓板は扁平な長方形であり，棘突起は長く下方を向き，上位から下位へ向かうほど長さが短縮する．第1～4胸椎までは頸椎の名残を受けて小さく，棘突起は水平に伸びている．第5～8胸椎は胸椎の典型的な形をとっている．また第9～12胸椎は腰椎の特徴をもつ．胸椎の最大の特徴は，肋椎関節によって肋骨と連結していることであり，肋骨と関節を構成する肋骨頭窩があることである．椎体後面に肋骨頭窩が存在し，第1胸椎では最上方部に楕円形，下方部に半楕円形の関節面をもつ．第2～9胸椎までは上方と下方に半楕円形の関節面をもち，2つで1つの関節面を構成する．第10～12胸椎までは楕円形の関節面が1つずつ存在する．また横突起には肋骨結節との関節面である横突肋骨窩が存在する（図6-3）．

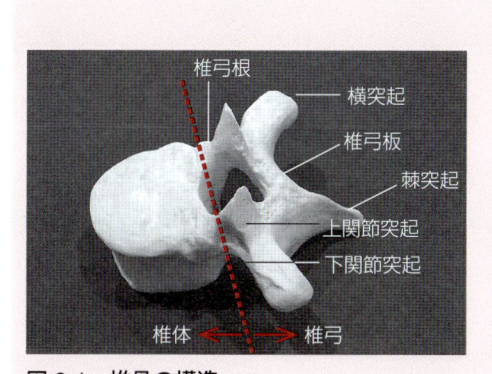

図6-1 椎骨の構造

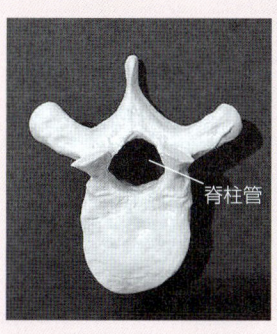

図6-2 脊柱管と椎間孔

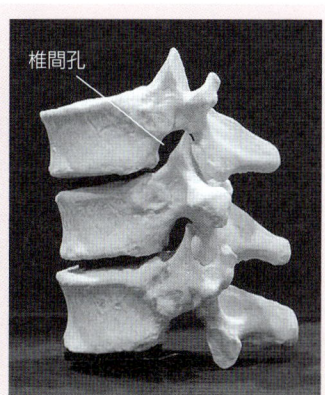

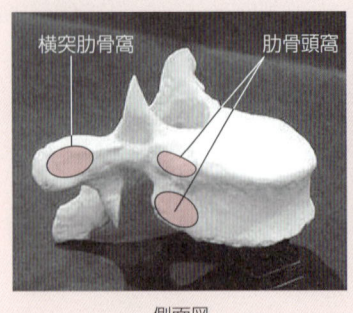

図6-3 胸椎の解剖図

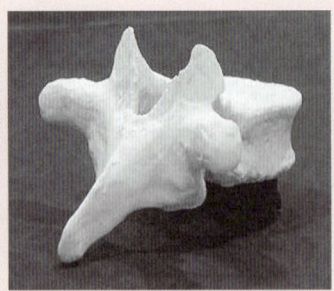

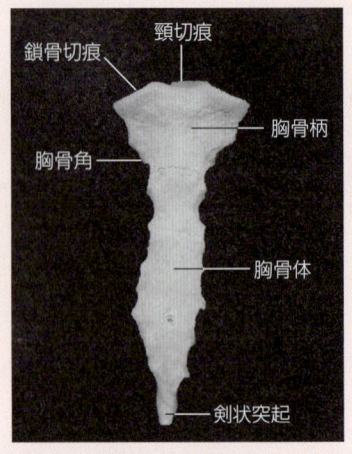

図6-4 胸骨の解剖図

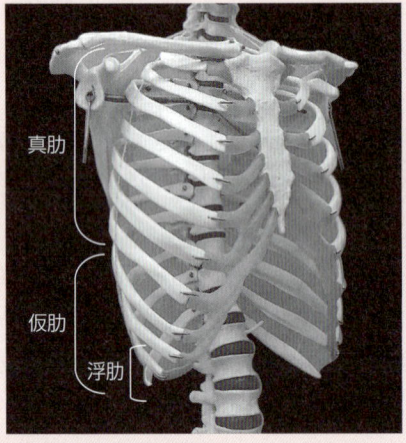

図6-5 肋骨の全体図

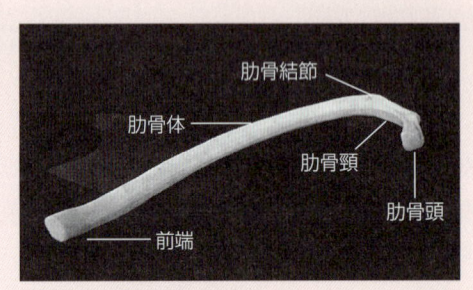

図6-6 肋骨の解剖図

胸骨 (sternum)

　胸骨は胸郭前面部にある扁平骨で，上方から胸骨柄，胸骨体，剣状突起の3つの部分から構成される（図6-4）．胸骨柄の左右上端は鎖骨切痕といわれ，鎖骨頭との関節面を構成している．左右鎖骨切痕のあいだには頸切痕が存在する．また胸骨柄と胸骨体のあいだは胸骨角といわれ，成人になるまでは軟骨で加齢とともに骨化する場合もある．剣状突起は人によりさまざまな形態をとっていることがある．

　胸骨の両側には第1～7肋軟骨と連結する肋骨切痕が存在する．指標としては，第2肋骨切痕は胸骨角の高さにあり，第7肋骨切痕は胸骨体から剣状突起に移行する部分にある．胸骨体は男性のほうが長く柔軟性がある．

肋骨 (ribs)

　肋骨は全部で左右12対あり，真肋，仮肋，浮肋に分けられる．真肋は第1～7肋骨のことをさし，肋軟骨を介して直接胸骨に付着する．仮肋は第8～12肋骨のことをさす．第8～10肋骨は肋軟骨が第7肋軟骨に付着し，間接的に胸骨に付着する．最下部の第11，12肋骨のことを浮肋といい，肋軟骨をもたず胸骨には連結しない（図6-5）．

　肋骨は前方部を肋軟骨，後方部を肋硬骨とよぶ．肋硬骨は，肋骨頭，肋骨頸，肋骨体から構成されている．中央部の肋骨体は弯曲が最も強い部位である．肋骨頸と肋骨体は肋骨結節によって分けることができる．前方部分は肋軟骨と結合しており前端といわれている（図6-6）．

　肋骨の多くは，肋骨頭と隣接する上下胸椎の上

肋椎関節窩，下肋椎関節窩の2つで1つの関節窩が関節をなし，肋骨結節とは椎骨横突起が関節を構成する．しかし，第1，11，12肋骨は椎骨の構造上，1つの椎骨としか接していない．また第11，12肋骨は横突起には接しない．

個々の特徴として第1肋骨は小さく扁平型であり，前，中斜角筋が付着する．第2肋骨には後斜角筋，前鋸筋が付着する．第11，12肋骨には肋骨結節と肋骨溝が存在しない．肋骨は通常12対であるが，まれに11対や13対であることもある．13対の場合は頸肋や腰肋の可能性も考える必要がある．

肋骨の前方部分である肋軟骨は胸骨と連結する．肋軟骨は弾性に富んでおり，これによって胸郭の弾性は増加する．肋軟骨の弾性は加齢とともに失われ，胸郭全体の可動性も減少する．肋骨が胸骨に対して下方にあると，吸気時に肋軟骨はトージョンロッドのようにねじれる．1本の棒が長軸方向にねじれると，棒の弾性はねじれのエネルギーを蓄え，力が除かれたときに元の位置に戻ろうとする[1]．

関節，靱帯

椎間関節（apophyseal joint）

脊柱には椎体後方部の関節突起間に24対の椎間関節が存在する．椎間関節は平面関節に分類され，上方の椎体の下関節突起と下方の椎体の上関節突起が関節面を構成する．それぞれの関節面は小さいが，運動部分が総和されると大きな可動性をもつことができる[2]．頸部では側方運動，前方および後方傾斜，わずかな回旋が可能である．胸部では主に回旋が行われ，わずかな屈曲と伸展が可能である．腰部では主に屈曲と伸展が可能となり，わずかではあるが回旋も可能である．これらの部位ごとの可動性の相違は，椎間関節の関節面の向きが異なることで生じる．頸椎では前額面に近い位置をとり，胸椎では斜断面のような関節面をもち，腰部ではほぼ矢状面と平行な位置をとる[3]（図6-7）．

椎体間関節（interbody joint）

椎体間関節は半関節に分類され，上下の椎体，椎間板，椎体終板から構成される．上下の椎体間には椎間板が存在し，衝撃吸収と負荷分散作用をもつ．椎間板は髄核と線維輪で構成されている．椎間板の中心には髄核があり，膠原線維と線維軟骨から構成される線維輪が取り巻いている（図6-8）．胸椎の椎間板の厚さは頭方から尾方にかけて増加し，前方で高く，後方で低くなっている．十分な水分が含まれた髄核では衝撃吸収作用が効率よく働くが，加齢や過度の消耗によりその水分量が減少していくと体重支持や衝撃吸収作用が低

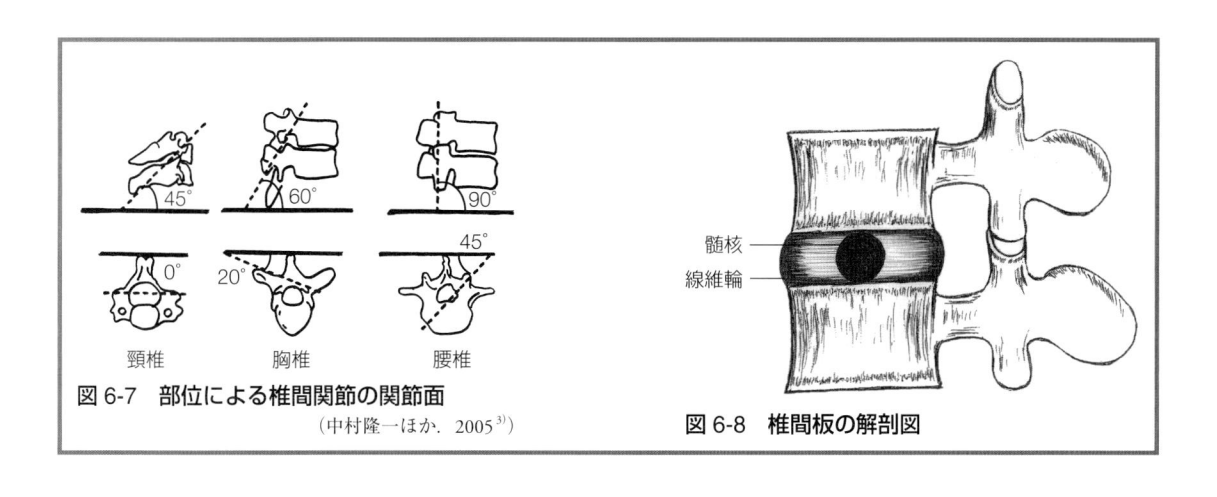

図6-7 部位による椎間関節の関節面
（中村隆一ほか，2005[3]）

図6-8 椎間板の解剖図

下する．また，圧が加わると髄核に対する相対的な運動により線維輪が伸張され，椎間板に加わる力に対抗しようとする．これは元に戻ろうとする自己安定化機構である（図6-9）．

脊柱の靱帯

前縦靱帯，後縦靱帯，棘上靱帯は脊柱全体に沿うように連続して走行しており，脊柱の全体的な動きを制御する．前縦靱帯は椎体の前面部に付着し，脊柱の過伸展を制御する．後縦靱帯は椎体後面に，棘上靱帯は棘突起先端部に付着し，第7頸椎棘突起に始まり，下方に向かって仙骨まで走行する．これら2つの靱帯は脊柱の過屈曲を制御する．後縦靱帯は椎間板と結合して保護する作用をもつ．

黄色靱帯，棘間靱帯，横突間靱帯は連続しておらず，おのおのの椎骨間を連結している．黄色靱帯は椎弓間に分節状に走行しており，静止時に靱帯は緊張し，脊柱の直立に際して協調的に働く[2]．また屈曲時にはさらに緊張し，脊柱の動きを制御している．棘間靱帯は上下の棘突起間に付着し，脊柱の屈曲を制御する．横突間靱帯は同側の上下横突起間に付着して側屈を制御する（図6-10）．

肋椎関節（costovertebral joint）

肋骨後面には2つの関節面が存在する．1つの関節面は椎体と関節を構成する肋骨頭関節面，もう1つは横突起と関節を構成する肋横突関節面である（図6-11）．

肋骨頭関節は滑膜関節であり，第1，11，12肋骨以外は2室性関節となっている．基本的に，この関節は，肋骨頭と2つの椎骨で構成される関節窩で構成される．また椎体間にある椎間板が，関節内肋骨頭靱帯を介して肋骨頭と結合している．関節包を補強するために放線状肋骨頭靱帯が3本存在し，そのうち中間帯は椎間板の線維輪と結合する．

肋横突関節も滑膜関節であり，横突起先端部と肋骨結節で構成されている．これらは骨間肋横突靱帯，後部肋横突靱帯，上肋横突靱帯の3つの肋横突靱帯で補強される．骨間肋横突靱帯は短く強靱である（図6-12）．

胸肋関節（sternocostal joint）

胸肋関節は，上位7本の肋軟骨と胸骨で構成される関節である．胸肋関節は肋軟結合と胸肋結合に分けることができる．肋軟結合部は肋軟骨と肋骨の骨部分の移行部のことを表す．この部には関節包や靱帯による補強はみられず，わずかな運動が可能である．胸肋結合部は，肋軟骨内側端と胸骨の肋骨切痕で関節を構成する（図6-13）．第1

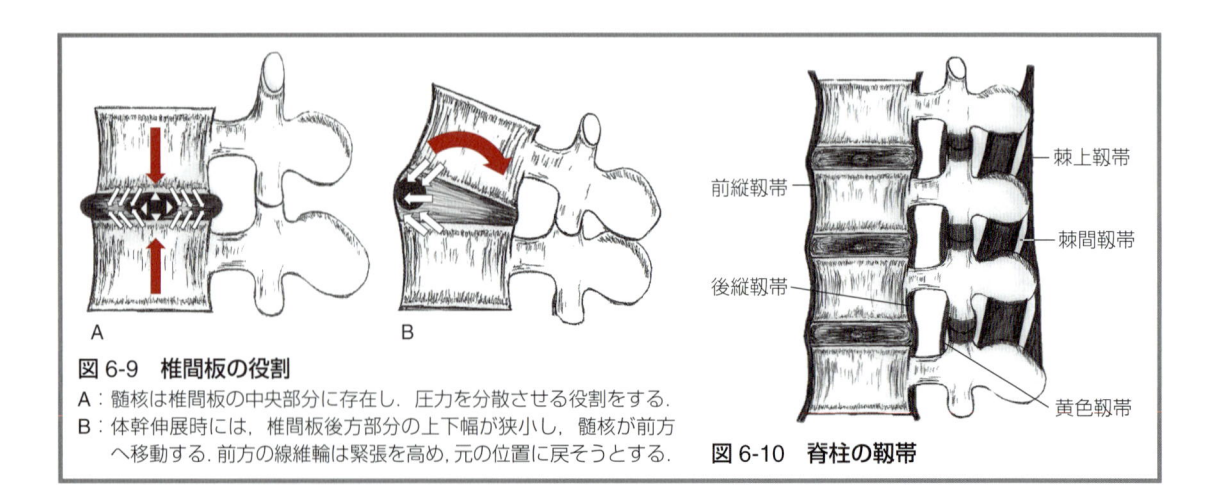

図6-9　椎間板の役割
A：髄核は椎間板の中央部分に存在し，圧力を分散させる役割をする．
B：体幹伸展時には，椎間板後方部分の上下幅が狭小し，髄核が前方へ移動する．前方の線維輪は緊張を高め，元の位置に戻そうとする．

図6-10　脊柱の靱帯

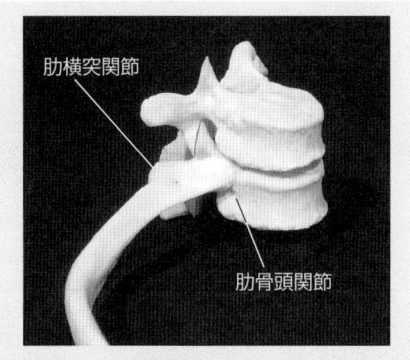

図6-11 肋椎関節

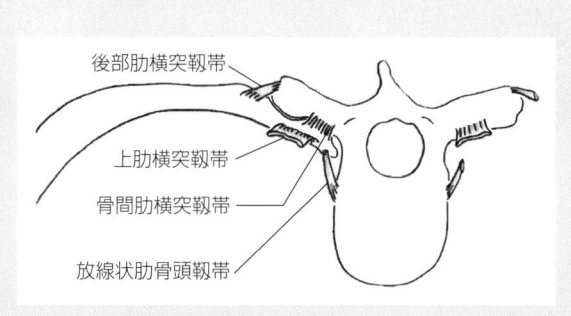

図6-12 肋椎関節に関与する靱帯

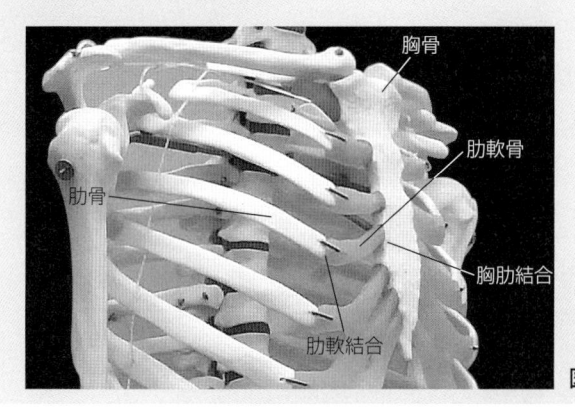

図6-13 胸肋関節

の胸肋結合は不動結合であり，第2～7までの結合は滑膜性でわずかにすべり運動がみられる．これらは放線状胸肋靱帯によって補強されている[4]．

肋軟骨間関節 (interchondral joint)

第6～10肋骨の軟骨間に肋軟骨間関節が存在する．これらは軟骨間靱帯により補強されている．

運動学

脊柱屈曲

胸郭全体で30～40°の可動性をもつ．屈曲時に椎体間の前方部は狭小化し，後方部は拡大する．このことにより髄核は後方移動する．椎間関節では，下位椎体の上関節突起に対して上位椎体の下関節突起が相対的に前上方にすべり，覆いかぶさるようなかたちをとる（図6-14A）．また肋横突関節では肋骨頸が上方へすべり，肋間は前方で狭小

化する．

胸椎の屈曲時には胸郭全体の形状が変化し，胸郭や脊柱間の角度が変化する．屈曲時には，肋椎角，上部胸肋角，下部胸肋角，肋軟骨角のおのおのの角度が増加する[1]（図6-15）．また脊柱と肋骨のあいだで運動連鎖が生じ，脊柱屈曲時には肋骨の前方回旋を伴う[5]（図6-16A）．

脊柱伸展

胸郭全体で20～25°の可動性をもつ．椎体間の前方部は拡大し，後方部では狭小化する．このことにより髄核は前方移動する．椎間関節では，下位椎体の上関節突起に対して，上位椎体の下関節突起が相対的に後下方にすべり，互いが接触して動きが制限される[1]（図6-14B）．また肋横突関節では肋骨頸が下方へすべり，肋間は前方で拡大する．

胸椎の伸展時には，屈曲と同様に胸郭全体の形

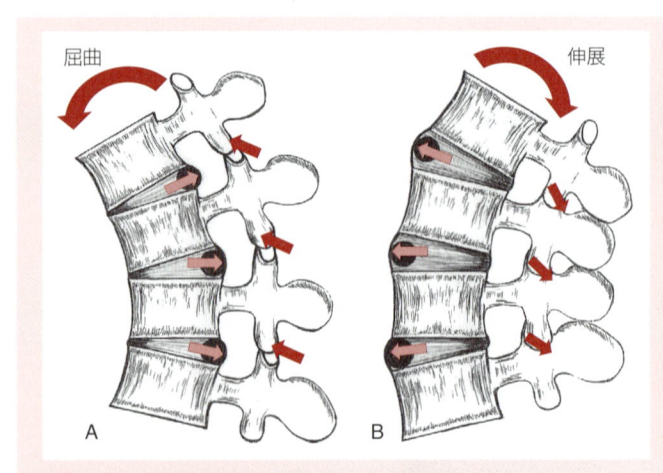

図6-14 屈伸時における椎間関節の動き
A：屈曲時における椎間関節の動き
B：伸展時における椎間関節の動き

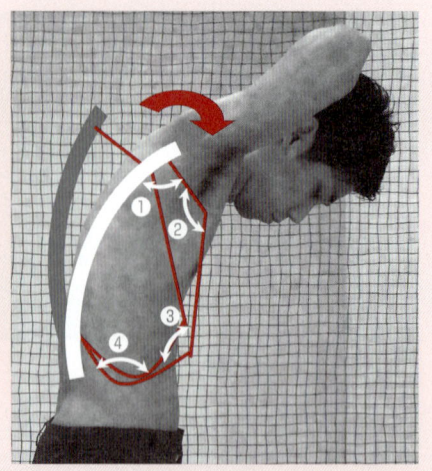

図6-15 屈曲時における胸郭全体の動き
❶：肋椎角，❷：上部胸肋角，❸：下部胸肋角，
❹：肋軟骨角
体幹屈曲時にはおのおのの角度が増加する．また伸展時には角度が減少する．

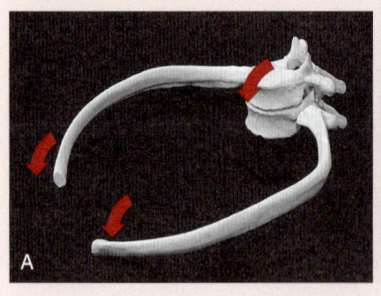

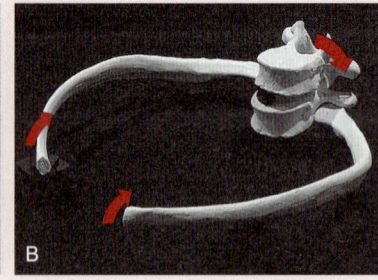

図6-16 脊柱-肋骨の運動連鎖
A：脊柱屈曲-肋骨前方回旋
B：脊柱伸展-肋骨後方回旋

状が変化し，胸郭や脊柱間の角度が変化する．伸展時には，肋椎角，上部胸肋角，下部胸肋角，肋軟骨角のおのおのの角度が減少する[1]．また脊柱と肋骨のあいだで運動連鎖が生じ，脊柱伸展時には肋骨の後方回旋を伴う[5]（図6-16B）．

脊柱側屈

胸郭全体でおのおの25°の可動性をもつ．側屈時には，側屈側の隣接する椎体の上・下関節突起がお互いにすべっていく[1]．上位胸椎の下関節突起は，側屈側において下方へ，反対側では上方へすべる（図6-17）．側屈運動は，側屈側の関節突起同士が接触することや，反対側の黄色靱帯，横突起間靱帯が緊張することによって制限される．肋骨頸は，側屈側で上方へ，反対側では下方へすべり，肋間は，側屈側においては狭小化し反対側では拡大する[5]（図6-18）．

胸郭全体の形状変化としては，側屈時に，側屈側の胸郭下制，肋間狭小化，肋軟骨角の減少が生じる．反対側では，胸郭挙上，肋間拡大，肋軟骨角拡大が生じる[1]（図6-19）．

脊柱回旋

胸郭全体でおのおの30°の可動性をもつ．胸椎回旋は，椎間関節の構造上腰椎よりも可動性があるが，胸椎回旋時には，肋軟骨のねじれにより運動制限が生じる．回旋側では，上位胸椎の下関節突起は下方へ，下位胸椎の上関節突起は上方へすべる．肋横突関節においては，回旋側の肋骨頸が下方へ，反対側では上方へすべる．肋骨は，回旋側

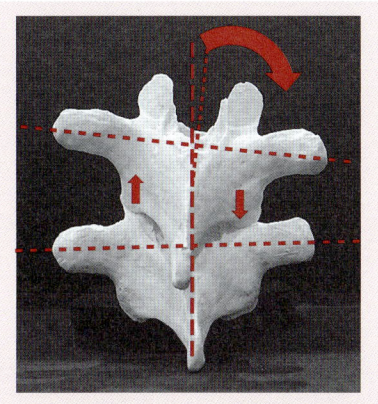

図 6-17　側屈時における椎間関節の動き
側屈側の上位胸椎の下関節突起は下方へ、反対側の下関節突起は上方へすべる.

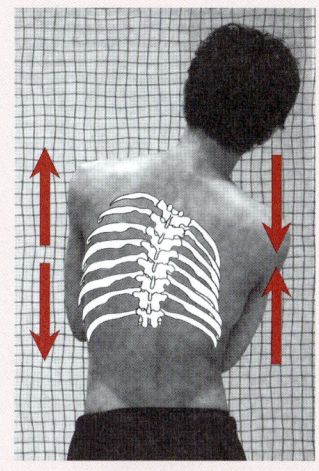

図 6-18　側屈時における肋間の動き
側屈側の肋間は狭小化し、反対では肋間の拡大がみられる.

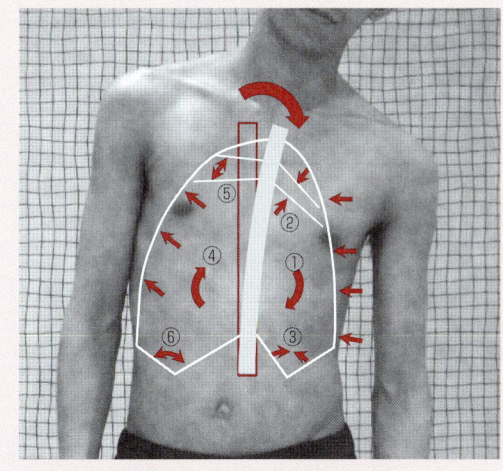

図 6-19　側屈時における胸郭全体の動き
側屈時に側屈側は①胸郭下制、②肋間狭小化、③肋軟骨角の減少が生じる. 反対側は④胸郭挙上、⑤肋間拡大、⑥肋軟骨角の拡大が生じる.

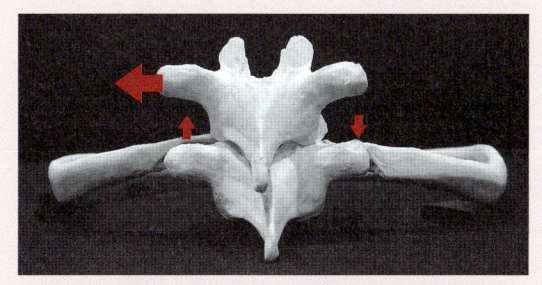

図 6-20　回旋時における椎間関節と肋骨の動き
回旋側の肋骨頸が下方へ、反対側では上方へすべる. 肋骨は回旋側で後方回旋し、反対側で前方回旋が生じる. このとき上位胸椎は反対側へ偏位する.

で後方回旋し，反対側で前方回旋が生じる．このとき上位胸椎は反対側へ偏位する[5]（図6-20）．

呼吸機能

呼吸は恒常的に行われ，生命維持には必要不可欠なものである．吸入した空気が気道や肺を通ったあとに再び体外に呼出する機械的過程を呼吸活動といい，安静時では1分間に12〜20回持続的に行われるものである．

健常成人の全肺容量は約5.5 l とされている．1回換気量は，換気周期において肺に出入りする空気の量のことであり，安静時では0.5 l とされているが運動時には肺活量の約60%まで増大する[6]（図6-21）．

呼吸は，自動的または他動的な要素が胸郭内容量を変化させることで生じる胸郭運動である．吸気の際，胸腔内容量は肋骨と胸骨に付着する筋によって増大する．胸郭が拡大し，胸腔内圧が減少することで肺を膨らます吸引力を作り出す．肺が膨張した結果，肺胞内圧が大気圧より低くなり大

第6章 胸郭のスポーツ障害

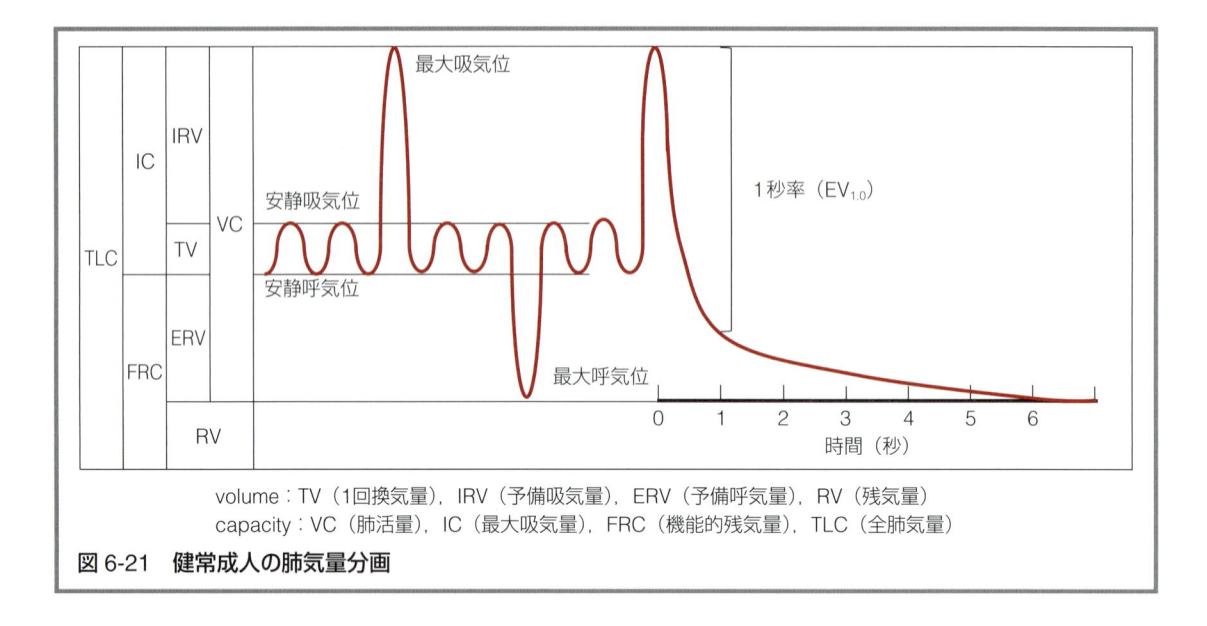

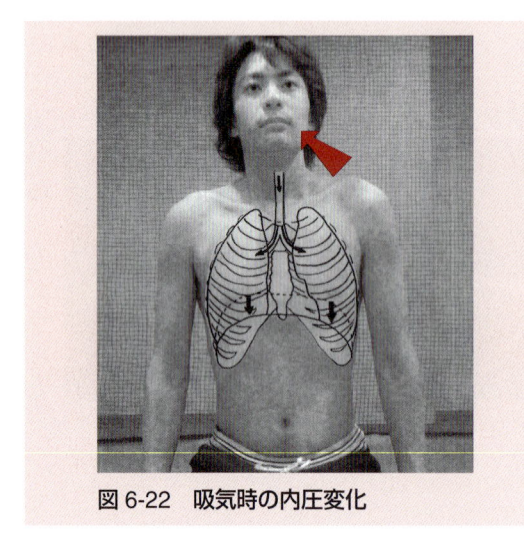

図6-21 健常成人の肺気量分画

volume：TV（1回換気量），IRV（予備吸気量），ERV（予備呼気量），RV（残気量）
capacity：VC（肺活量），IC（最大吸気量），FRC（機能的残気量），TLC（全肺気量）

図6-22 吸気時の内圧変化

気から空気が流入する（図6-22）．呼気時には胸腔内容量の減少が肺胞内圧を上昇させ，それによって肺胞から大気に空気が流出する．これらのように外部の圧と内部の圧が反比例することをボイルの法則という[4]．

呼吸時の胸郭運動

胸郭垂直方向への変化

吸気時，横隔膜の収縮により筋のドームが下降し，胸郭の垂直径が増加する．安静呼気時には横隔膜が弛緩し，安静位置である上方へ戻る．

吸気時に胸骨は挙上し，肋骨の外側端と前方端が上方へ移動する．肋軟骨は元の位置よりも水平位をとる．

胸郭前後，横方向への変化

吸気時に胸骨は矢状面において前方に移動する．それに伴い，第1，10肋骨が挙上する．第1肋骨が挙上することで，第1肋骨と胸骨のなす角である胸肋角が減少し，第10肋骨の挙上により胸骨とのなす角は増大し，胸郭全体の形状変化が生じる[1]（図6-23）．

また肋骨の運動は，肋横突関節と肋骨頭関節のあいだを貫く回転軸の方向と肋骨の形状によって決定される．上位6本の肋骨は，回転軸が前額面に対し約25〜35°の角度をもち，肋骨の挙上に伴って前方へ移動することで前後径が増加する．また下位6本の肋骨では，回転軸が前額面に対し約35〜45°の角度をもち，肋骨が挙上した際に外方へ移動することで横径が増加する（図6-24）．

呼気時には，吸気筋の弛緩によって，肋骨と胸骨が元の位置に戻ることを可能とする．胸骨の下

1. 機能解剖――呼吸時の筋活動

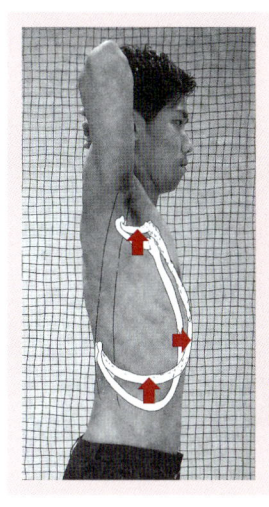

図 6-23　胸郭前後方向への変化
吸気時に胸骨は矢状面において前方に移動することで第1，10肋骨が挙上し，胸郭全体の形状変化が生じる．

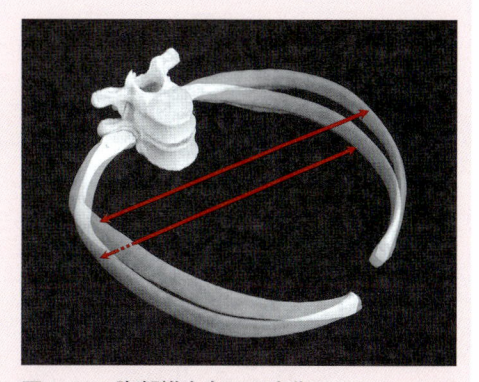

図 6-24　胸郭横方向への変化
吸気時に肋骨が挙上した際，肋骨が外方へ移動することで横径が増加する．

後方への動きと肋骨の下制により胸郭の横径が減少する[4]．

呼吸時の筋活動

呼吸運動にかかわる筋は，吸気時に肋骨を挙上させ胸腔内容量を増加させる筋，呼気時に肋骨を下制させ胸腔内容量を減じる筋に分けられる．これらはさらに主動作筋と補助筋に分けられる．

安静時において呼吸運動では，胸郭の拡張と弛緩が無意識下で恒常的に繰り返されている．吸気時には吸気筋により空気を取り込み，胸郭，肺を膨らませる．呼気筋は安静時にはあまり働かず，吸気筋の弛緩によって胸郭，肺がしぼみ，その弾性によって呼気活動が行われる．息を強制的に吐き出すときには補助作用をもつ呼気筋が働く．通常，努力して呼吸を行う際には呼吸補助筋が働く．

安静時吸気筋

安静時における吸気筋には，横隔膜，斜角筋，肋間筋があげられる．基本的には横隔膜の収縮により吸気活動が生じる．

横隔膜 (diaphragm) （図 6-25）

横隔膜は，胸郭内部に位置し，胸腔と腹腔を分けている大きなドーム状に広がった筋である．胸骨部，肋骨部，脊椎部に分けることができ，それぞれ起始は異なるものの腱中心に停止する．胸骨部は剣状突起から腱中心に停止し，肋骨部は，第7～12肋骨から腹横筋と絡み合いながら腱中心に停止する．脊椎部は，第1～3腰椎椎体に停止する右脚，第1，2腰椎に停止する左脚に分けることができ，それぞれ腱中心に停止する．横隔神経（C_{3-5}）により支配されており，脊柱に近い部分には，下大静脈，食道，腹大動脈が通過する3つの開口部がある．

吸気活動の70～80％を担い，垂直，内外側，前後の3方向における胸腔内容積の増大に関与する．横隔膜の収縮によりドームは下方へ引かれ，平坦になることで胸腔の垂直径が増加する．それに対し腹腔の垂直径は減少する．安静時，前額面では，横隔膜の外側部は6～7 cm胸郭に付着している．この部のことをzone of appositionとよぶ．吸気では横隔膜が下方移動し，肋骨が挙上することによりzone of appositionの長さは短縮する[8]（図6-26）．矢状面では吸気により横隔膜が下方移動することで腹壁は前方へ突出する．また強制呼気時には腹筋群が働くことで腹壁が押し込まれ，横隔膜は上方移動する[8]（図6-27）．

横隔膜の右側は，肝臓の位置から左側と比較すると高い位置をとっている．安静吸気時には横隔膜のドームが約1～2肋間隙沈下し，約1.5 cm下

図 6-25　横隔膜
A：全体図
B：下面図
大静脈孔（下大静脈通過部位）
腱中心
食道裂孔（食道通過部位）
腰筋通過部位
大動脈裂孔（腹大動脈通過部位）
腰方形筋

図 6-26　zone of apposition （阿部幹雄ほか．1992[8]）を改変）
横隔膜の外側部が胸郭に付着している部のことを zone of apposition とよぶ．吸気では横隔膜が下方移動し，肋骨は挙上することにより zone of apposition の長さが短縮する．

図 6-27　呼吸時の腹壁の動き（阿部幹雄ほか．1992[8]）を改変）
吸気により横隔膜が下方移動することで腹壁は前方へ突出する．また強制呼気時には腹筋群が働くことで，腹壁が押し込まれ横隔膜は上方移動する．

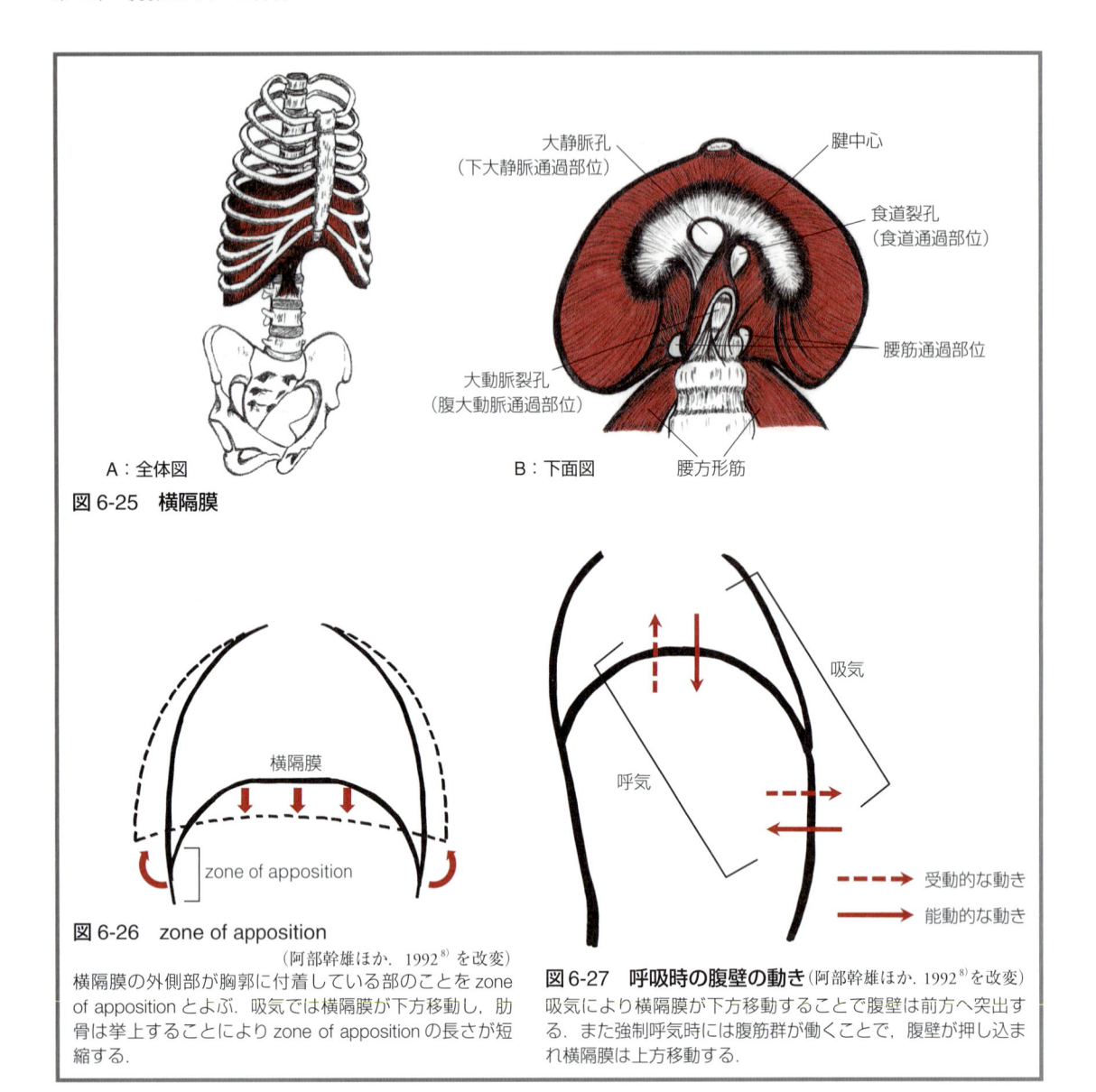

吸気
呼気
受動的な動き
能動的な動き

降する．強制吸気時には6〜10 cm下降し，右側ドームの高位部は第4肋間隙に，外側では第11胸椎椎体の高さに位置する．左側ドームの高位部は第5肋間隙に，外側では第12胸椎椎体の高さに位置する[2,4]（図6-28）．

横隔膜の機能は肢位によって変化する．背臥位では腹部臓器が頭側に移動し，横隔膜を上方へ押し上げることで吸気が困難となる．これは吸気時において腹部臓器の抵抗が座位より強まり，横隔膜の下方移動を困難にさせるためである．側臥位では腹部臓器が背臥位よりも頭側に移動し，横隔膜への圧迫力が高まることで吸気はより困難となる[1]（図6-29）．

斜角筋（scalene muscles）（図6-30）

斜角筋は，前斜角筋，中斜角筋，後斜角筋の3つの線維から構成される．支配神経は頸神経前枝である．前斜角筋は第3〜6頸椎横突起，中斜角筋は第2〜7頸椎横突起からそれぞれ第1肋骨前方部に隣り合わせになるように走行する．後斜角筋は第4〜6頸椎横突起から第2肋骨外側面に走

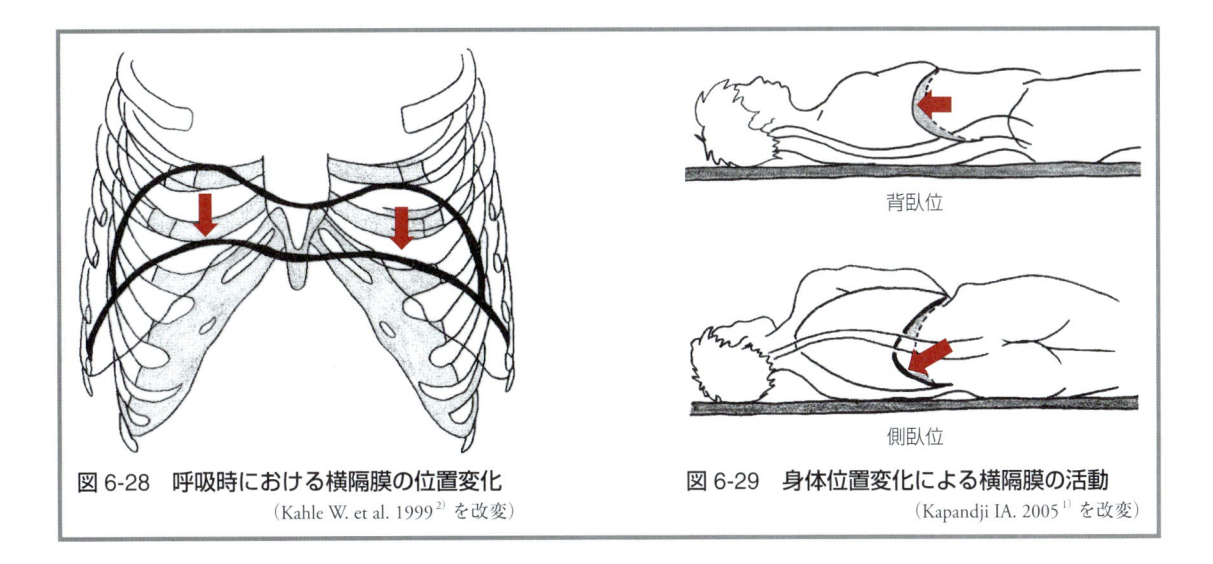

図 6-28　呼吸時における横隔膜の位置変化
（Kahle W. et al. 1999[2]）を改変）

図 6-29　身体位置変化による横隔膜の活動
背臥位
側臥位
（Kapandji IA. 2005[1]）を改変）

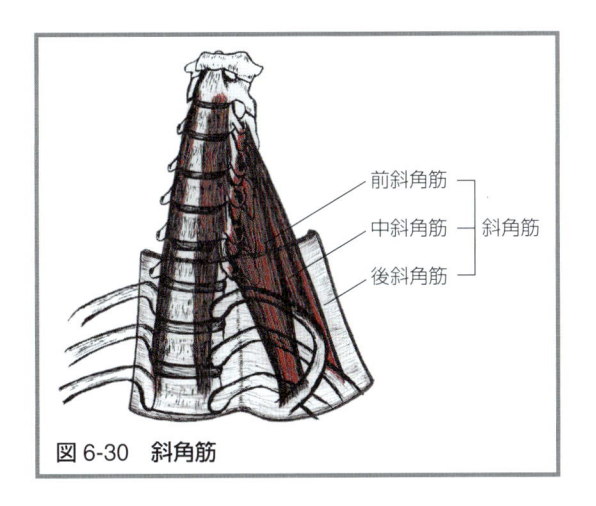

図 6-30　斜角筋
前斜角筋
中斜角筋　斜角筋
後斜角筋

行する．後斜角筋は垂直に近い走行するのに対し，前，中斜角筋は斜め前方に走行する．

片側性の後斜角筋の収縮では頸椎を側屈させ，前，中斜角筋の収縮では頸椎を反対側へ回旋させる作用をもつ．両側性の前，中斜角筋の収縮では頸椎の前弯を増強させる作用をもつ．頸椎を固定すると第1，2肋骨が挙上し，吸気の補助をする作用をもち，胸腔内容量を増加させる[7]．

肋間筋群（intercostales muscles）

肋間筋は外層である外肋間筋，中間層である内肋間筋，内層である最内肋間筋の3層からなる．肋間筋は上下の肋骨間に11対存在し，肋間神経（Th$_{1-11}$）に支配されている．内肋間筋は，上位の肋間溝から1つ下位の肋骨上面背側へ付着し，後下方へ走行する．外肋間筋は下位肋骨上面の腹側へ前下方に走行する．肋間筋は薄い筋線維層を形成し，肋骨同士を連結することで胸郭を1つの連続体にする．そのため，1つの筋に引っ張られるように胸郭全体が動く[7]（図6-31）．呼吸筋としての役割とともに，肋骨間を覆うことで安定性に関与している．

外肋間筋は肋骨を挙上させ吸気筋として働く．内肋間筋は肋骨の下制作用をもち，呼気に働く．最内肋間筋は肋骨下筋とよばれることもあり呼気筋として働く[1]（図6-32）．

強制吸気筋

胸鎖乳突筋，僧帽筋，脊柱起立筋，大胸筋，小胸筋などがあげられ，主動作筋の補助として働く．これらの筋は，胸腔内容量の増加に直接的または間接的に作用する．

呼気筋

安静呼気は，胸腔および肺の弾性と横隔膜の弛緩によって生じる受動的な作用によって行われる．よって筋の収縮はあまり必要としない．しかし強制呼気では筋収縮が必要となる．内肋間筋は走行

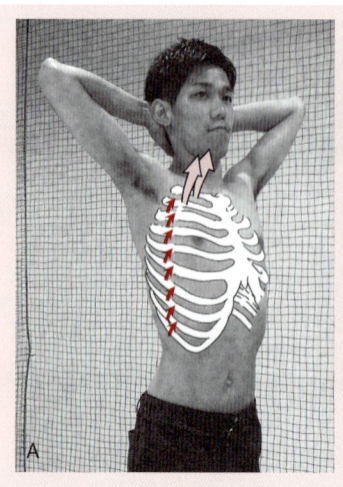

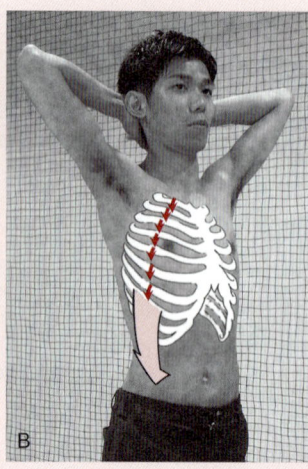

図6-31 肋間筋による胸郭の動き
A：各外肋間筋の協同収縮
B：各内肋間筋・最内肋間筋の共同収縮

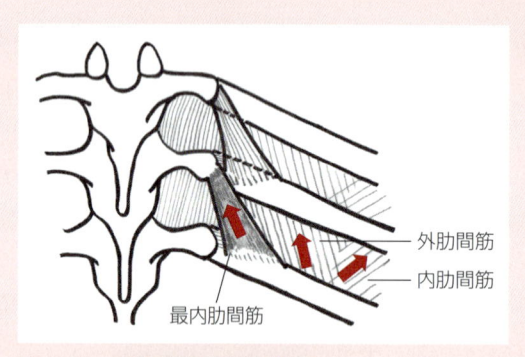

図6-32 各肋間筋による作用
（Kapandji IA. 2005[1] を改変）
各肋間筋は肋骨間を覆い肋骨間の安定性に関与している。各肋間筋の筋走行は異なり、またその作用も異なる。

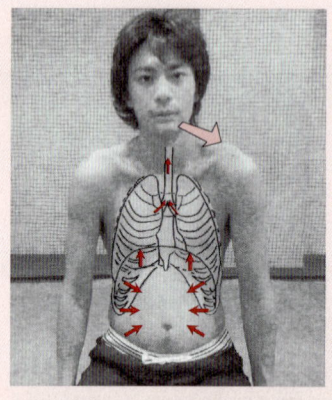

図6-33 呼気活動における腹筋群の働き
呼気時では、腹筋群の収縮により腹腔内圧を上昇させ、腹部臓器を圧迫する。この作用により横隔膜を上昇させ、胸郭側へ押し上げる。

から肋骨を下制させ、肋間を狭小化させることで胸腔を縮小するために呼気筋として作用する。

腹筋群は呼気筋群としては重要である。主な腹筋群としては、腹直筋、外腹斜筋、内腹斜筋、腹横筋があげられる。腹筋群の収縮により腹腔内圧を上昇させ、腹部臓器を圧迫する。このことで横隔膜は上昇し胸郭側へ押し上げられる。また肋骨は下制するように働き、呼気運動が生じる[4]（図6-33）。

胸横筋も強制呼気筋として働く。胸郭の内側に位置し、第2～7肋骨と胸骨の内側に付着し、下斜方向に走行している。肋軟骨を下制させ、呼気に作用する。

胸郭に作用・付着するその他の筋

脊椎深筋群

体幹の後部には多数の筋があり、いくつかの層に分かれている。そのなかでも深部に位置する筋は椎体同士を連結している小さな筋群である。

横突間筋は、横突起から1つ下の横突起を連結する筋群で脊椎の側屈に作用する。棘間筋は、上下の棘突起を連結する筋群で脊椎の伸展に作用する。横突棘筋は、回旋筋、多裂筋、半棘筋の3つに分けることができ、3つの筋はすべて横突起から起始する。仙骨から軸椎にわたって走行しており、

脊椎の後部に停止する．回旋筋は上位椎骨の椎弓板に停止する．また多裂筋は，2～4個上位の椎骨の棘突起に停止する．半棘筋は，4～6個上位の椎骨の棘突起に向かい走行し，回旋筋と多裂筋の上部を覆う．作用としては，両側の筋群が同時に働くことで脊椎伸展動作の補助をする．片側性に作用すると，収縮側とは反対側への回旋動作が生じる．また屈曲および伸展運動における正中化作用や腰椎前弯を増強させる作用をもつ．

先の研究により，脊柱の伸展において横突棘筋の作用が重要とされている[7]．横突棘筋は，脊柱の後弯が突出している第6胸椎周辺の部位に最も作用するが，頸椎と腰椎の前弯増強部位ではあまり作用しない．脊椎の深部筋群は，椎体間を連結し作用することで，椎骨と椎間板の配列を調和させたり，椎間関節の適合性に作用したりして脊椎間の安定性に関与する．

脊椎中間筋群

中間筋群は深部筋群の上部を覆っており，総称して脊柱起立筋とよばれている．中間筋群は大きく3つに分けることができ，外側から内側に向かい腸肋筋，最長筋，棘筋と並んでいる（図6-34）．

頸腸肋筋は，第1～6肋骨から下位頸椎横突起に走行する．胸腸肋筋は，第7～12肋骨から第1～6肋骨に走行する．腰腸肋筋は，腸骨稜や腰筋膜から下部肋骨に走行する．

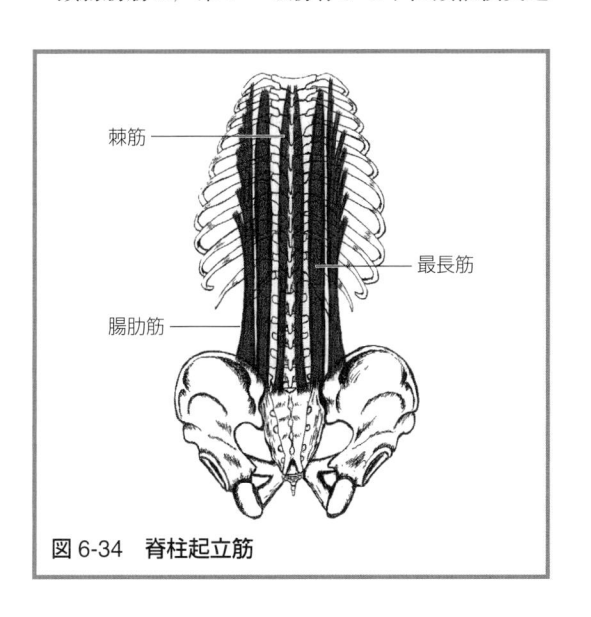

頭最長筋は，第4頸椎～第3胸椎横突起から側頭骨の乳様突起に走行する．頸最長筋は，上位胸椎横突起から下位頸椎に走行する．胸最長筋は，腰椎横突起から胸椎横突起と第9，10肋骨後面に走行する．

脊柱の伸展作用をもち，深部筋で生じた作用を完結させる．片側での腸肋筋の収縮が生じると脊柱側屈や回旋を促す．また頭最長筋は両側性の収縮で頭部の伸展を生じさせ，片側性では頭部の側屈を生じさせる．

頭棘筋は，第7頸椎～第1胸椎棘突起から後頭骨に停止する．作用としては，頸椎を固定した状態で筋が作用すると頭部が伸展する．脊柱を固定しての片側性収縮では，頭部の回旋や側屈の動きを補助する．頭部を固定した状態では，両側性に働くと頸椎の伸展が生じる．胸棘筋は，第1～10胸椎棘突起から第11胸椎～第2腰椎棘突起に付着する．作用は胸椎伸展である．

脊椎中間筋群と深筋群は単独で特定の運動を遂行することは困難であるが，それぞれ協調して作用し，脊柱の起立に関与する[7]．

板状筋（splenius）（図6-35）

頭板状筋は，項靱帯と第7頸椎～第4胸椎棘突起から乳様突起と後頭骨に走行する．頸板状筋は，第5～7胸椎棘突起から第1～3頸椎横突起に走行する．支配神経は頸神経（C_{1-8}）である．作用としては，両側性収縮で頭部と頸部の伸展が生じ，片側性で側屈または回旋が生じる．

後鋸筋（図6-36）

上後鋸筋（serratus posterior superior muscle）は，第7頸椎～第3胸椎棘突起から第1～5肋骨に付着し，肋間神経に支配される．作用としては，上

図6-34　脊柱起立筋

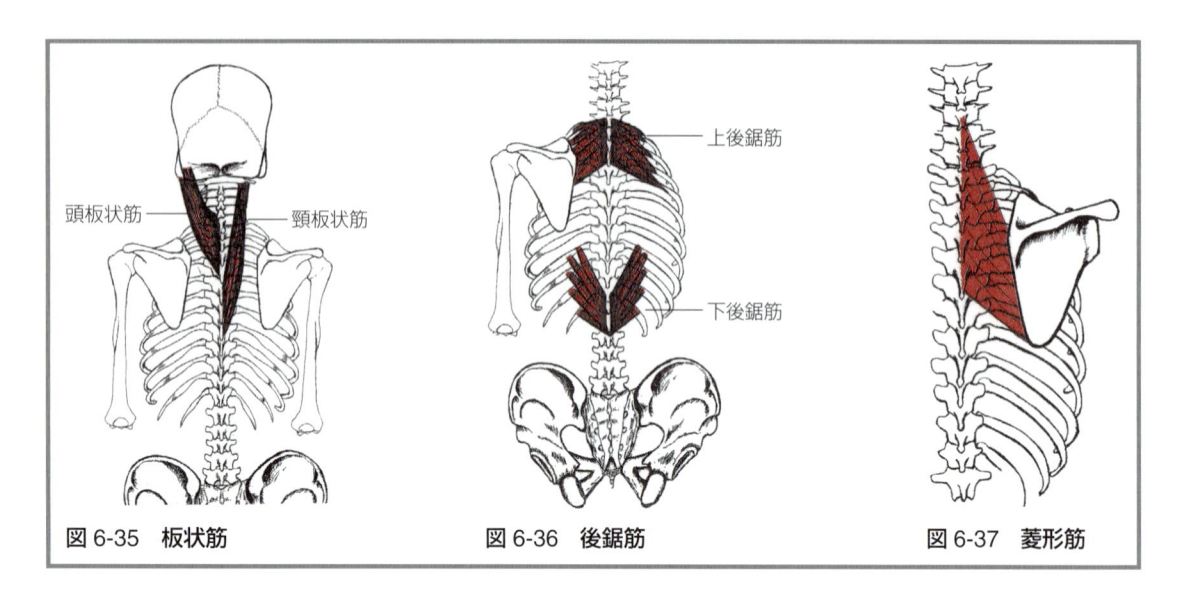

図 6-35　板状筋　　　　　　　　図 6-36　後鋸筋　　　　　　　　図 6-37　菱形筋

位肋骨を挙上し，吸気を補助する．肋骨を椎骨に連結させる筋であり，収縮により胸郭内容量を増加させ，胸郭後面上部の安定性に関与する[9]．下後鋸筋（serratus posterior inferior muscle）は，第12胸椎〜第2腰椎棘突起から第9〜12肋骨に付着し，胸神経前枝に支配される．作用としては，下位肋骨を下制させ，呼気を補助する．横隔膜の収縮に対しては下位肋骨を安定させる作用をもつ．肋骨を椎骨に連結させる筋であり，収縮により胸郭内容量を増加させ胸郭後面下部の安定性に関与する[9]．

菱形筋（rhomboideus）（図 6-37）

菱形筋は，第7頸椎と第1〜4胸椎棘突起から肩甲骨内側縁に走行する．支配神経は肩甲背神経（C_{4-5}）である．作用は，肩甲骨の内転，下方回旋である．肩甲骨を固定すると脊椎を外方に寄せる役割をもつ．

広背筋（latissimus dorsi）（図 6-38）

広背筋は，仙骨，腸骨稜，胸腰筋膜，第7〜12胸椎棘突起，第9〜12肋骨後面から上腕骨結節間溝に走行する．支配神経は胸背神経（Th_{6-8}）である．上腕の伸展・内転・内旋に作用する．上腕骨を固定した状態での両側性収縮では胸腰椎を伸展する

作用をもつ．

僧帽筋（trapezius）（図 6-39）

僧帽筋は，後頭骨，項靱帯，頸椎と胸椎のすべての棘突起から，上部線維では鎖骨外方1/3，中部線維は肩甲棘，下部線維は肩甲棘内端に走行する．支配神経は副神経，頸神経叢筋枝（C_{2-4}）である．作用としては，すべての線維が同時に収縮することで肩甲骨は内転する．肩関節を固定した状態であれば頸部の伸展が生じる．上部線維の単独収縮では肩甲骨の挙上，上方回旋が生じ，頸部では同側への側屈，反対側への回旋が生じる．中部線維では肩甲骨の内転が生じ，下部線維では肩甲骨は下制，下方回旋する作用をもつ．僧帽筋中部線維と前鋸筋の同時収縮は肩甲骨を固定する作用をもつ．

前鋸筋（serratus anterior）（図 6-40）

前鋸筋は，第1〜10肋骨から肩甲骨内側縁前面に走行する．作用としては肩甲骨の上方回旋がある．支配神経は長胸神経（C_{5-8}）である．肋骨を固定すると肩甲骨を胸郭に引き寄せる作用をもつ．腕立て伏せのときには前鋸筋が肩甲骨を胸郭へ引き寄せる作用をもつため，正しい位置関係をとる

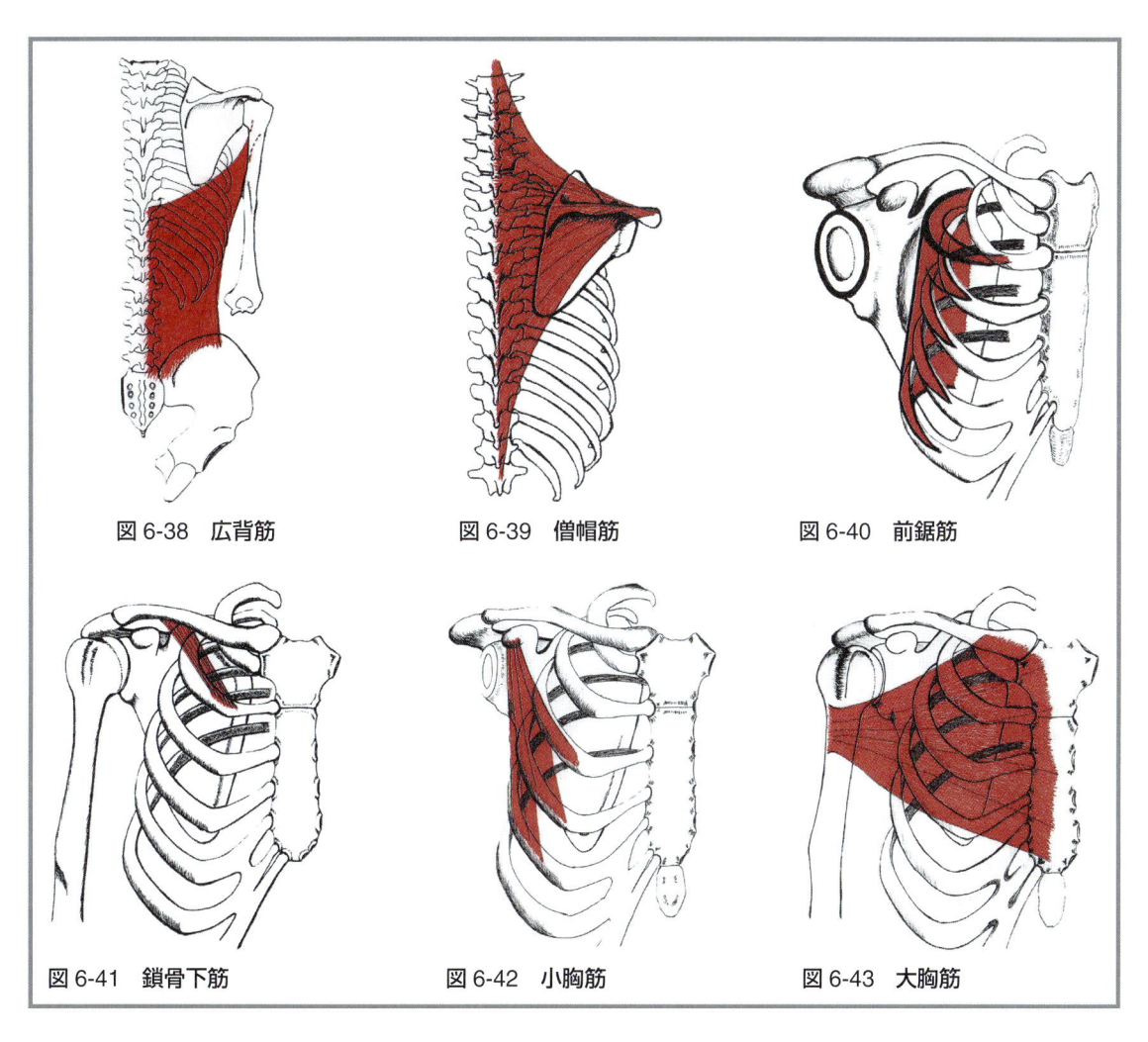

図 6-38　広背筋　　　図 6-39　僧帽筋　　　図 6-40　前鋸筋

図 6-41　鎖骨下筋　　図 6-42　小胸筋　　　図 6-43　大胸筋

ことができる．また，外腹斜筋と筋連結して腹部にも作用する[10]．

鎖骨下筋（subclavius）（図 6-41）

鎖骨下筋は，第 1 肋骨とその肋軟骨から鎖骨下部に走行する．支配神経は鎖骨下筋神経（C_{5-6}）である．作用は鎖骨の下制である．

小胸筋（pectoralis minor）（図 6-42）

小胸筋は第 3 ～ 5 肋骨から烏口突起に走行する．支配神経は胸筋神経（$C_6 - Th_1$）である．肋骨を固定すると，胸郭上での肩甲骨前傾作用をもつ．また肩甲骨を固定すると，肋骨を挙上させ，吸気を補助する．

大胸筋（pectoralis major）（図 6-43）

大胸筋は，鎖骨内前方に起始する鎖骨部と，胸骨，第 1 ～ 5 肋軟骨，第 7 肋骨から起始する胸骨部に分けられる．筋はねじれながら結節間溝に停止する．支配神経は胸筋神経（$C_5 - Th_1$）である．鎖骨部と胸骨部の両側性の収縮は，上腕の内転と内旋や 60°までの上腕屈曲作用をもつ．肩が固定されると鎖骨部が鎖骨を下制させ，胸骨部が吸気を補助する．

胸鎖乳突筋（sternocleidomastoid）（図 6-44）

胸鎖乳突筋は，胸骨柄上部と鎖骨近位部から乳様突起，上部後頭線に走行する．支配神経は副神経，

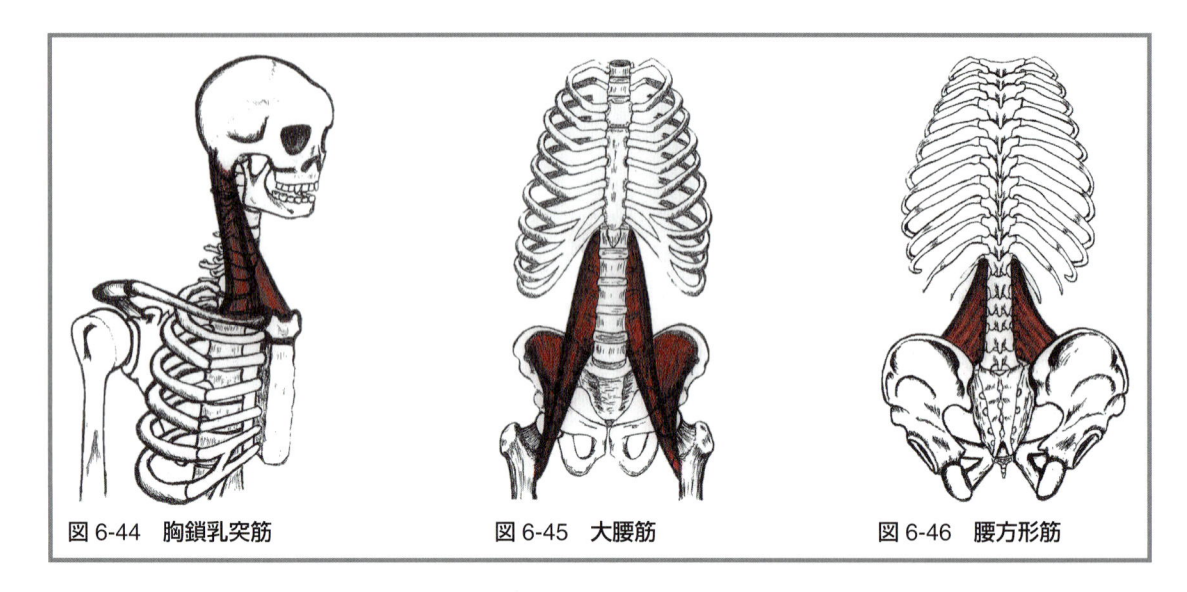

図 6-44　胸鎖乳突筋　　　　図 6-45　大腰筋　　　　図 6-46　腰方形筋

頸神経（C_{1-3}）である．作用としては，片側性収縮で同側の側屈と反対側への回旋が伸展とともに生じる．両側性の収縮では頭部を伸展する作用があり，頸椎の前弯が増加する．頭蓋骨を固定すると胸骨と鎖骨が挙上し，吸気を補助する．

肋骨挙筋（levatores costarum）

肋骨挙筋は，胸椎横突起から1つまたは2つ下の肋骨結節に付着する．一側につき12個あり，両側で24個存在する．支配神経は脊髄神経後枝である．肋骨の挙上により吸気を補助し，胸腔内容量を増加させる作用をもつ．後鋸筋と同様に肋骨を椎骨に連結させ，胸郭後面の安定性に関与する[9]．また胸椎，肋骨が固定されている状態では脊柱の回旋を補助する．

胸横筋（transversus thoracis）

胸横筋は，下部胸骨後面と剣状突起から第2〜6肋軟骨上側方に走行する．支配神経は肋間神経（Th_{2-6}）である．胸横筋が収縮すると第2〜6肋軟骨を下制させ，呼気を補助する作用をもつ．

大腰筋（psoas major）（図 6-45）

大腰筋は，第12胸椎〜第5腰椎椎体から骨盤の前方および鼠径靱帯の後方を通過し，小転子に停止する．大腰筋は立位での身体重心高位を上下にまたぎ，身体重心に関与している[11]．支配神経は腰神経叢，大腿神経（L_{1-4}）である．大腰筋は，股関節を屈曲し，内転と外旋を補助する．大腰筋の単独の収縮は，座位における後方への傾斜や，前額面上での反対側への側屈負荷に対する脊柱安定化作用として働く[11]．両側性の収縮では脊椎前弯を増加させる役割をもつ．大腰筋は横突棘筋とともに脊椎の伸展に関与する．

腰方形筋（quadratus lumborum）（図 6-46）

腰方形筋は，腸骨稜後方から第12肋骨と第1〜5腰椎の横突起に付着する．支配神経は腰神経叢の枝（$Th_{12}-L_3$）である．筋線維は，垂直に走行するものと斜めに走行するものがある．腰方形筋の片側性収縮により同側の骨盤挙上が生じる．また骨盤を固定したときには，第12肋骨とともにほかの肋骨が引き寄せられるため，同側の胸郭と腰椎が側屈する．両側性収縮では腰椎の伸展や安定化に寄与する．また腰方形筋は呼気筋であり，肋骨を下制させる作用をもち，横隔膜や腹横筋による腹腔内圧の調整を助けることで体幹安定化に関与する[11]．

腹横筋 (transversus abdominis)

腹横筋は腹筋群のなかで最深部に位置する．腹横筋の線維は水平に走行し，前方で腱膜に付着する．下方部は鼠径靱帯と腸骨稜，後方は腰椎，上方は下位7つの肋骨下面，前面は白線に付着する．支配神経は，肋間神経，腸骨下腹神経，腸骨鼠径神経である．腹横筋の収縮により下位肋骨を下制させることで腹斜筋とともに腹圧を高め，腹腔および骨盤内臓を圧迫し，コルセットのような役割をする．脊椎が固定されていると腹部を引き込む作用をもち，腹腔の直径は減少する[7]（図6-47）．また強制呼気時に前面の腱膜が固定されていると腰椎の前弯が増加する．腹横筋は，腹圧上昇によって腰椎への負担を減ずるだけではなく，内腹斜筋とともに胸腰筋膜に間接的に付着することで脊柱垂直方向への張力が生じ，腰椎部を支持するように働くため体幹安定化作用に関与する[11]．

内腹斜筋 (internal abdominal oblique)（図6-48）

内腹斜筋の下方は鼠径靱帯と腸骨稜，後方は胸腰筋膜，上方は下位4つの肋骨，前方は腱膜に付着し，筋線維は前上方に走行している．支配神経は，肋間神経，腰神経，腸骨下腹神経，腸骨鼠径神経である．片側性の収縮では体幹側屈，同側への脊柱および胸郭の回旋が生じる．両側性の収縮では体幹の屈曲として作用する．脊柱や骨盤が固定されていると肋骨が下制し，呼気に関与する．骨盤が固定されていると体幹の屈曲動作を補助する．左右の内腹斜筋と外腹斜筋が同時に収縮すると脊柱は屈曲し，胸郭下制に作用し体幹の屈曲に作用する（図6-49）．体幹屈曲の主動作筋は腹直筋であるため内・外腹斜筋は補助的に働く．内腹斜筋は深部に位置することから体幹安定化に重要な筋とされている．内腹斜筋は，胸腰筋膜と連結し腰椎部に間接的に付着するため，胸腰筋膜の緊張は腰部を安定させる．また背部から腹側へ走行するため，ほかの腹壁筋群と協調して腹腔内圧を高め，体幹安定化に関与している[11]．

外腹斜筋 (external abdominal oblique)（図6-50）

外腹斜筋の上方の線維は第5〜12肋骨外縁から

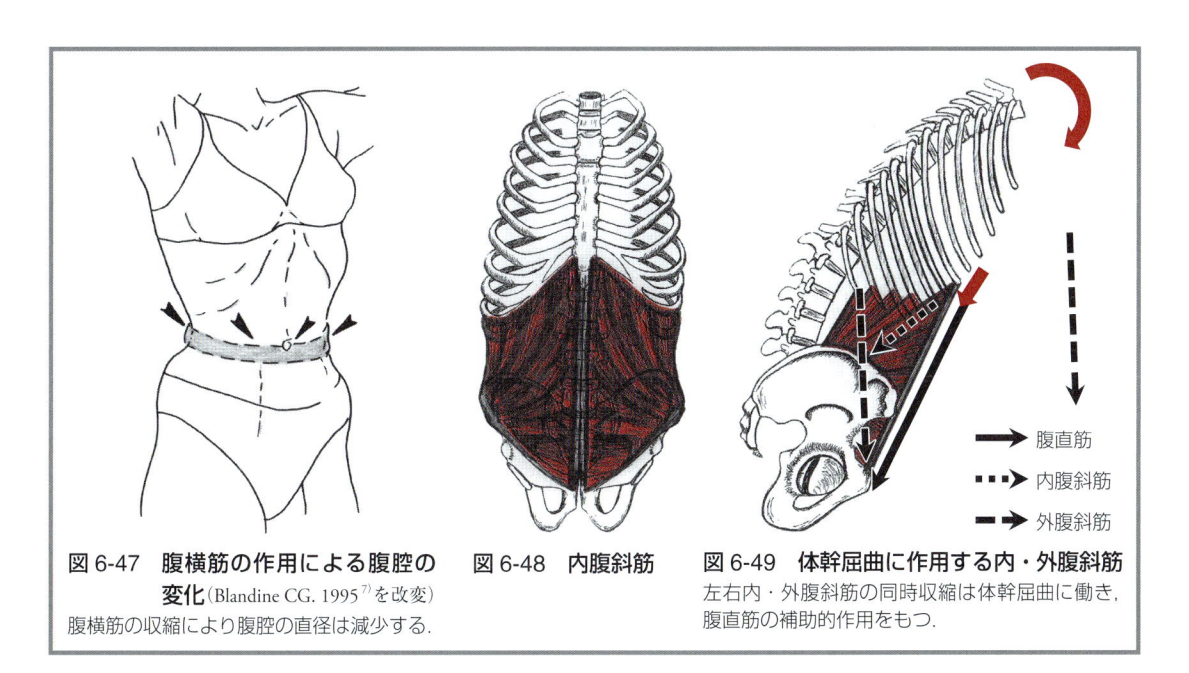

図6-47 腹横筋の作用による腹腔の変化(Blandine CG. 1995[7]を改変)
腹横筋の収縮により腹腔の直径は減少する．

図6-48 内腹斜筋

図6-49 体幹屈曲に作用する内・外腹斜筋
左右内・外腹斜筋の同時収縮は体幹屈曲に働き，腹直筋の補助的作用をもつ．

→ 腹直筋
⇢ 内腹斜筋
⇨ 外腹斜筋

図 6-50　外腹斜筋

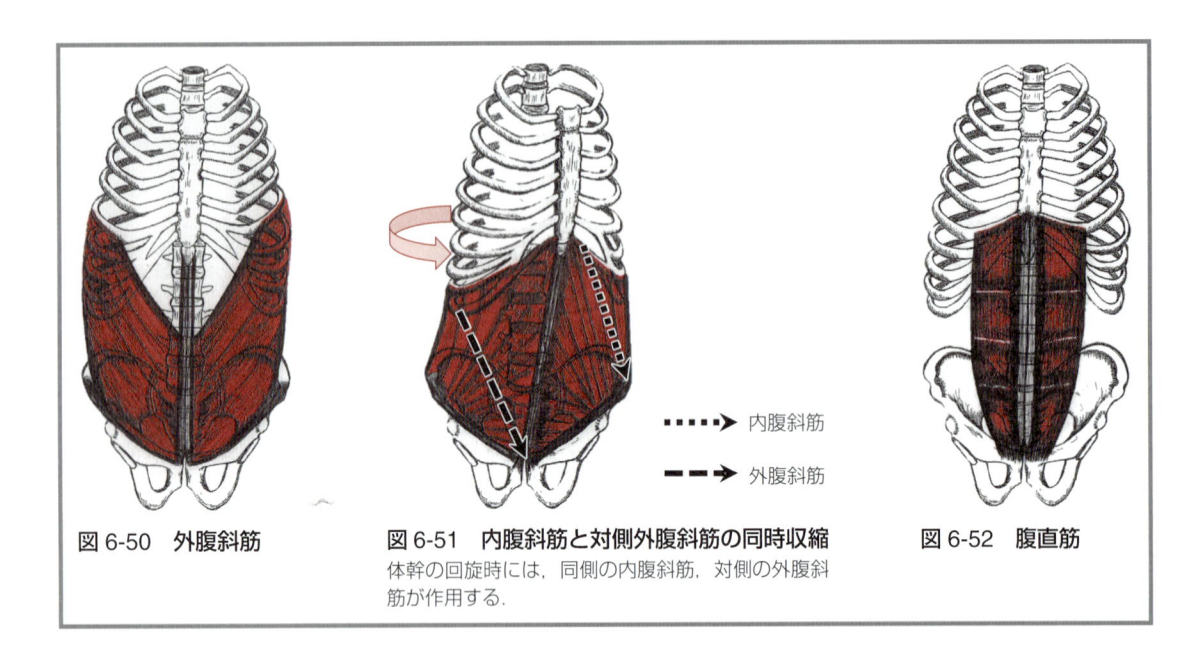

図 6-51　内腹斜筋と対側外腹斜筋の同時収縮
体幹の回旋時には，同側の内腹斜筋，対側の外腹斜筋が作用する．

┄┄▶ 内腹斜筋
━━▶ 外腹斜筋

図 6-52　腹直筋

鼠径靱帯に走行する．下方と前方の線維は腱縁から白線と鼠径靱帯に付着する．筋線維は前下方に走行し，内腹斜筋の線維に対して垂直に走行する．片側性の収縮では体幹の側屈と反対側への回旋が生じ，両側性の収縮では，体幹の屈曲を補助する．内腹斜筋と外腹斜筋は共同して体幹の回旋に作用する[1]（図6-51）．体幹の回旋では同側の内腹斜筋，対側の外腹斜筋が作用する．骨盤が固定されていると肋骨が下制し呼気に関与する．

腹直筋（rectus abdominis）（図 6-52）

腹直筋は，恥骨稜と恥骨結合から剣状突起と第5～7肋軟骨に走行する．肋間神経によって支配される．腹直筋は前面で腹直筋鞘と3つの腱区画が融合して溝ができ，多腹筋として腹壁前面を走行する．体幹の屈筋として強力に働き，肋骨や胸骨を下制させる作用をもつ．強制呼気時には，胸横筋や腹部筋群と連動して作用し，胸腔内圧や腹腔内圧を上昇させる作用をもつ．

胸腰筋膜（thoracolumbar fascia）（図 6-53）

胸腰筋膜は，前層，中層，後層と3層に分かれ

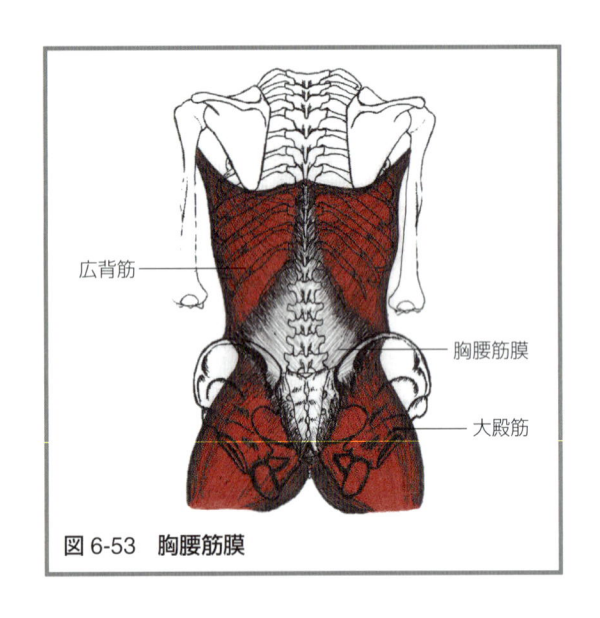

図 6-53　胸腰筋膜
広背筋
胸腰筋膜
大殿筋

ており体幹後部を大きく走行する．骨盤帯を安定させるのに重要な筋がこの胸腰筋膜に付着しており，腹横筋，内腹斜筋，大殿筋，広背筋，脊柱起立筋，多裂筋，大腿二頭筋の緊張により骨盤帯や腰部の安定化を図っている．胸腰筋膜は，上部で広背筋と下部で大殿筋と連結しており，各筋の緊張により胸腰筋膜の緊張が高まり骨盤と上下肢をつなぐ伝達メカニズムの役割を担う．腹横筋や内腹斜筋の緊張により後縦靱帯が緊張して棘突起間

を近づかせ，腰椎の伸展方向へのモーメントを生み出す．また胸腰筋膜の後層部と接している脊柱起立筋の緊張は，腹横筋よりも胸背筋膜に与える影響は大きく，このことを水圧ポンプ作用という[11]．

2. 病態とメカニカルストレス

病態

胸椎椎間板ヘルニア

胸椎は肋骨によって可動性が制限されているため，椎間板ヘルニアを発症することは腰椎や頸椎に比較するとまれである．男女差はなく，下位胸椎部が好発部位（第9～12胸椎）となっており，30歳以降に発症することが多い．治療は，ヘルニアが側方型か中央型かによって決定される．一般的に中央型のヘルニアでは，脊髄が圧迫されると胸部脊髄症（thoracic myelopathy）と総称され，錐体路障害としての痙性対麻痺と下半身の知覚障害が出現する．また深部腱反射亢進やバビンスキー（Babinski）反射がみられる[12]．進行すると排尿障害を呈することもある．側方型のヘルニアでは神経根圧迫症状も伴うため，より多くの症状が生じる．画像診断はMRIが有効で，脱出腫瘤と脊髄圧迫所見がみられる．保存療法では，硬膜外注射や鎮痛薬などの薬物療法，理学療法，装具療法が適用となる．観血療法では，開胸により前方から椎間板を切除し，椎体間固定を行う．後方からの椎弓切除による摘出手術では脊髄麻痺を増悪させる危険がある[13]．

棘上・棘間靱帯炎

中腰位で重量物を持ち上げたり背部を強打したりした際に棘突起間が拡大し，後方の靱帯が伸張されることで発生する．とくに棘間靱帯は弾力性が乏しいため，屈曲時に強い力が加わると損傷しやすい．ストレスが強い場合には靱帯の断裂が生じることもある．通常では腰椎最下2棘突起間に好発するが，背部にもみられることがある．断裂すると，触診により棘突起間の陥没と局所疼痛がみられる．単純X線では突起間の拡大はみられない．治療としてはギプス包帯固定を行い，体幹の屈曲を制限する．陳旧例では生活動作の指導や理学療法を施行し，柔軟に対応できる身体を構築していく[14]．

筋・筋膜性腰背部痛

腰神経後枝の知覚枝が腰背筋膜を貫通する部位，あるいは筋膜に分布する終末枝に，牽引，絞扼などの物理的刺激や炎症性変化が出現することによって生じる疼痛を筋・筋膜性腰背部痛という．

筋膜とは身体の筋を包む膜である．浅い部分は皮膚の下から，深い部分では骨に至るまでの軟部組織をも包む．筋膜は筋線維を束ねており，歩行や日常生活動作などで生じる衝撃を吸収する役割を担っている[15]（図6-54）．

発生機序は主に各種スポーツ活動中，急激な腰背部の捻転や中腰からの立ち上がり時に生じる神経の牽引または絞扼である．または不良姿勢によって腰背部の筋膜などに過緊張が生じ，筋膜が肥厚する．この肥厚した筋膜に外傷や疲労によるストレスがさらに加わると，筋膜貫通部で知覚枝が刺激され，徐々に疼痛が生じたり，慢性的な症状を呈したりすることもある．

症状は，一般的にヘルニアや骨折などにみられるような強い疼痛を伴うことは少ない．下肢腱反射，大腿神経伸展テスト，Lasègue徴候に異常はみられず，筋力低下や知覚鈍麻を伴うことも少ない．棘突起外縁や仙棘筋部などに好発し，体幹屈曲時に疼痛を伴うことが多い．X線検査では特別な異常所見は認めない．

治療としては，急性期には十分な安静が必要となってくる．また，圧痛点にステロイド剤を加え

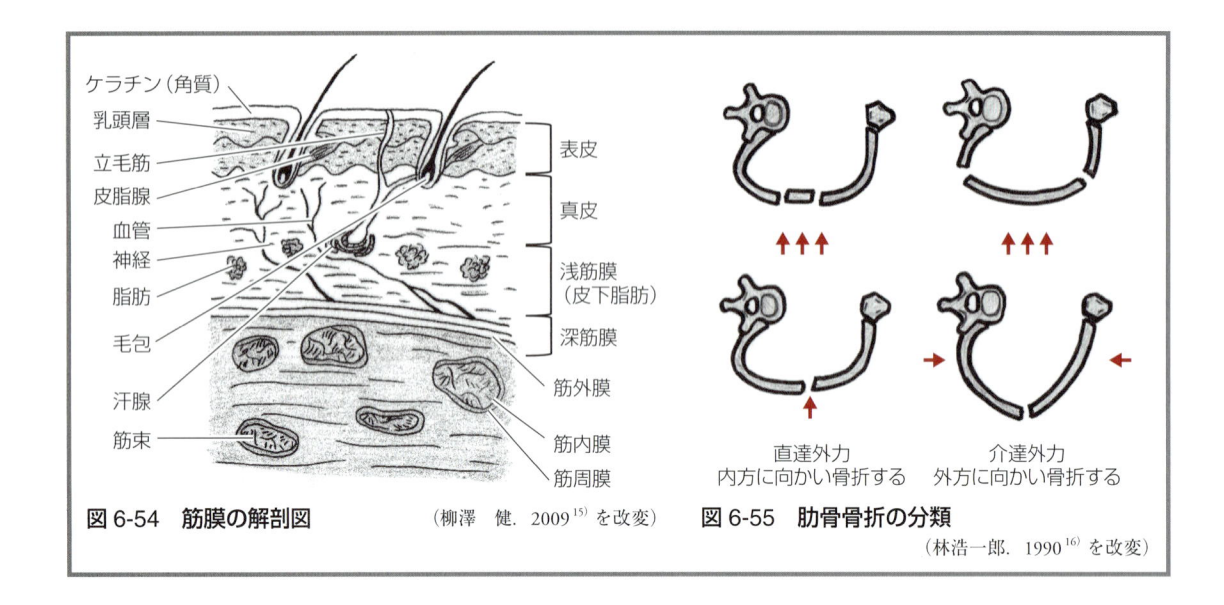

図 6-54　筋膜の解剖図　　　（柳澤　健．2009[15]）を改変）

図 6-55　肋骨骨折の分類
直達外力　内方に向かい骨折する
介達外力　外方に向かい骨折する
（林浩一郎．1990[16]）を改変）

た局所麻酔剤を注入することで効果がみられることもある．しかし，この疾患では筋疲労の蓄積が問題となってくるため，理学療法にて姿勢や動作時のストレスを軽減させる必要がある．とくに，胸郭や脊柱のrealignmentは重要である[14]）．

肋骨骨折

　肋骨骨折は全骨折の10％を占めるといわれており，原因としては直達外力や介達外力，疲労骨折があげられる．直達外力によるものでは肋骨が内方に向かい骨折し，介達外力では外方に向かい骨折することが多い[16]）（図6-55）．1ないし2本程度の骨折が多いが，外力の大きさによっては多数の骨折がみられることもある．2カ所以上で骨折が生じることもあり，気胸や血胸あるいは胸壁動揺による奇異呼吸を伴うことがある．

　スポーツの現場では，ゴルフや野球などの種目で疲労骨折が生じやすい．ゴルフでは利き腕と反対側の第5，6肋骨に多く，野球では利き腕側の第7，8肋骨に生じやすいとされている[17]）．発生機序は肩甲骨の運動と関係があるとされており，肩甲骨と肋骨のあいだに存在する前鋸筋の関与が考えられている．ゴルフスイングでは，前鋸筋の収縮と肩甲骨の動きによる機械的ストレスが生じる．野球では，投球動作のコッキング期で前鋸筋の求心性収縮，フォロースルー期では遠心性収縮がみられ，肋骨付着部への牽引ストレスが生じる．

　第1肋骨には，前鋸筋と前斜角筋が後外方に，中斜角筋が内上方に，内肋間筋が下方に向かって作用することで剪断ストレスが加わる[17]）（図6-56）．この繰り返しにより疲労骨折を呈する．

　症状としては，深呼吸や咳をしたときの背部・肩甲骨部の疼痛が特徴的である．骨折部に一致して限局性の圧痛や介達痛がみられ，第1肋骨骨折の場合は鎖骨上窩の圧痛もみられる．第5〜7肋骨後外側部は触診が困難なため，注意して観察する必要がある．画像診断としては単純X線が有用である．しかし骨折線が明らかでなく，仮骨ができてから初めてわかる場合もある．

　治療は，伸縮性包帯で圧迫したり，胸壁バンドを用いることが多い．骨折部分の保護とともに胸郭運動をできる限り制限することにより疼痛を緩和させることを目的とする．1カ月程度の安静で骨癒合する．疼痛消失後スポーツ復帰は可能だが，3カ月は受傷機転である動作を控える．第1肋骨骨折の場合は，胸郭出口症候群や腕神経叢麻痺を伴

図6-56 第1肋骨に付着する筋群
前鋸筋，前斜角筋が後外方に，中斜角筋が内上方に，内肋間筋が下方に向かって働き，第1肋骨へ剪断ストレスが加わる．
（一宮邦訓ほか．2010[17]を改変）

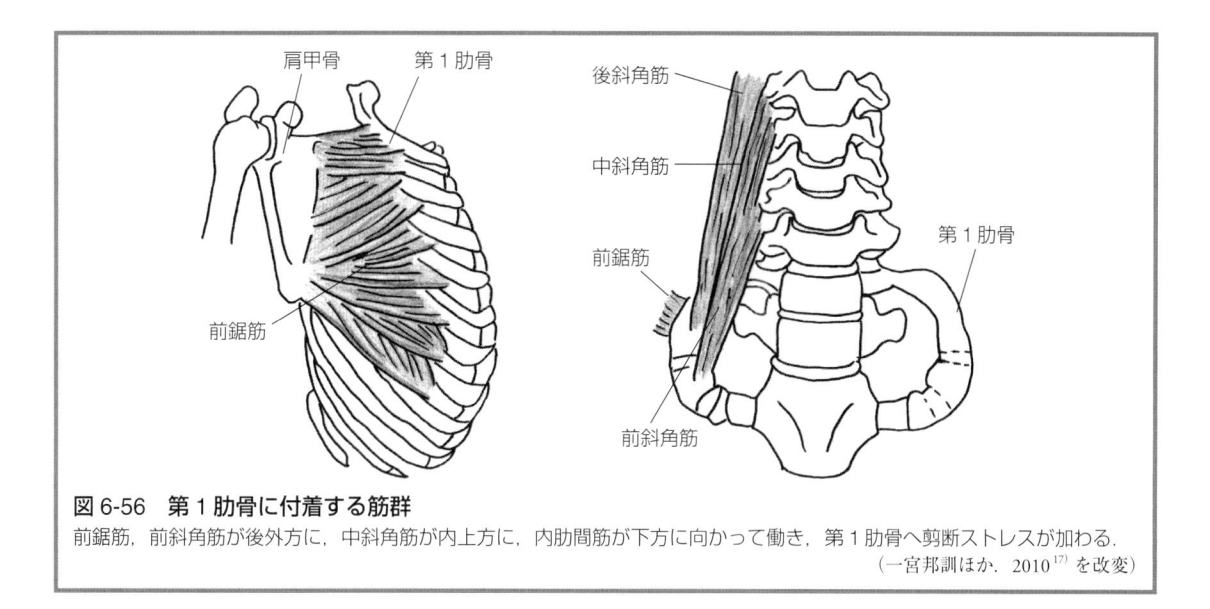

うことがあるので注意が必要である．

その他の胸郭の痛み

スポーツ動作は運動が過度になることが多く，大きな身体負荷を伴うために痛みを出現させることがある．スポーツの現場では，診断名が明確にならない胸郭の痛みを呈するものが多く，この痛みを原因に現場からリタイアする人も少なくない．

筆者は，胸郭の特定部位にある一定以上の負荷が生じることにより，このような痛みが発生するものと考えている．直接的または間接的な胸郭への機械的有害刺激によりゆがみが生じることで，胸郭を構成する能動要素や受動要素に損傷が起こる．また肋骨を介し，胸郭を構成する関節alignmentの異常が生じることもある．その異常を生じる因子としては，体幹の捻転を用いるゴルフスイング動作などの間接的な因子と，コンタクトスポーツなどにより胸郭を殴打することによる直接的な因子があげられる．

これらの痛みは慢性的もしくは急性的に生じ，さまざまなケースが存在する．1つ目は肋椎関節や胸肋関節に関与する靱帯や関節包など受動要素の損傷である．関節包には豊富な感覚神経終末（機械受容器）が分布する．機械受容器は痛覚を受容する侵害受容器と，位置覚，運動覚などの固有感覚受容器に分類される．椎間関節包の神経組織には，疼痛受容の機能を有する自由神経終末を含んでおり[18]，この部分に伸張または圧縮ストレスが生じることで痛みを引き起こすものと考えられる．2つ目には，胸郭に付着する筋などの能動要素の損傷があげられる．急激な筋の収縮や外傷により直達外力が加わることで急性的に発生するケースや，繰り返し行われる動作により発生する慢性的なケースがある．繰り返される動作や関節alignmentの異常に対し，位置関係を維持するために生じる持続的な筋の収縮が疼痛を引き起こすこともある．3つ目は胸神経支配域に痛みを伴う場合である．この場合，椎体や肋骨alignment異常による神経の絞扼を考慮する必要がある．脊椎椎間孔から出た胸神経は前枝と後枝に分岐する（図6-57）．前枝は肋間神経とよばれ，肋骨内縁を走行したあと，外側皮枝と前皮枝に分かれて，胸郭の前面と外側面に分布する．後枝は脊椎椎間孔を出たあと，上関節突起の外側面に沿って斜めに後下方へ走行し，後皮枝として胸郭後面に分布する（図6-58）．これらは椎体横突起間に存在する横突間筋や横突間

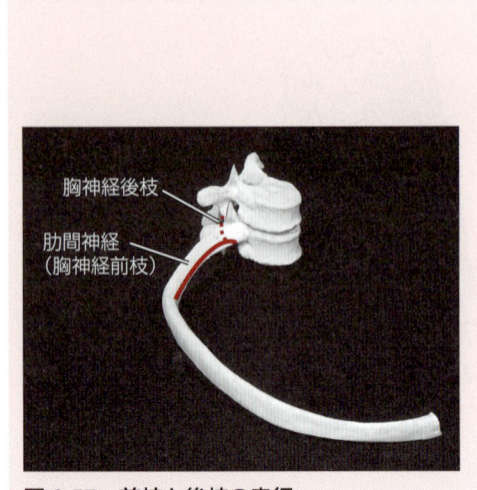

図6-57 前枝と後枝の走行

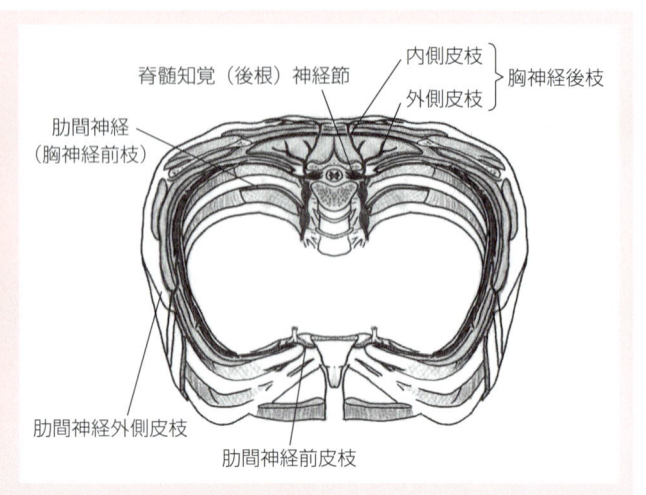

図6-58 胸神経の神経分布

靱帯の緊張によって絞扼されるものと考えられる．たとえば右側に神経の絞扼による痛みが存在する場合，下位の椎体に対し上位の椎体が左回旋することで右横突間靱帯に緊張が生じ，右側椎間孔後方部が縮小することが原因と考えられる．また脊髄後枝は，前枝に比較すると著しく細く，その直径は2 mm以下であるため[18]，脊髄前枝よりも後枝の障害が多く，胸神経後枝支配領域に痛みが存在するものと考えられる（図6-59）．後枝は感覚神経であり，その支配筋である脊柱起立筋部に痛みが生じるものと考えられる．前枝は運動神経であるが肋間神経は混合神経であるため，前方部，側方部の痛みも生じる場合がある．胸郭前方部，側方部，後方部いずれも痛みが生じている場合には，胸神経の絞扼などによるものであることを考える必要がある．そのため，各動作や痛みの種類，部位などにより，どの組織由来の疼痛かを鑑別する必要がある．これらの痛みを呈する患者の多くは胸郭可動性が低下しており，機械的侵害刺激に対して，胸郭本来の役割である力を分散する衝撃吸収作用が不十分となっているケースが多い．もしくは，過剰に胸郭を動かすことにより過度な外力が加わることが問題となっているケースもある．慢性的なケースでは筋筋膜性腰背部痛となりやすい．

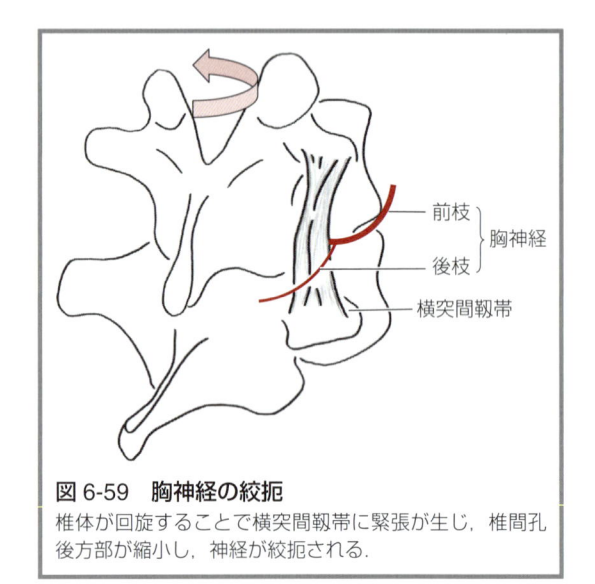

図6-59 胸神経の絞扼
椎体が回旋することで横突間靱帯に緊張が生じ，椎間孔後方部が縮小し，神経が絞扼される．

急性期には十分な安静が必要となる．慢性期ではスポーツ動作において体幹動作時に胸郭可動性の制限が生じているケースや，他部位の可動性が減少し，胸郭の動きが過剰となっていることが多いため，理学療法にて改善を目指す．

運動学からみた体幹の身体ストレス

体幹伸展ストレス

テニスのサーブ動作やバレーボールのアタック

動作時には，腰椎と同時に胸椎の伸展運動が生じる．主に腰椎部での可動性が大きいために胸椎部の疼痛はあまりみられないものの，この部位の伸展制限は腰椎部に過剰なストレスを生じさせる．

体幹伸展時には，前縦靱帯をはじめとする前方組織に伸張ストレスが加わる．後方組織である椎間関節や棘突起間部には圧縮ストレスが生じる．臨床上，股関節や胸椎の可動性低下により腰椎部が過剰に動くことで疼痛が生じることを多く経験する．股関節や胸郭の可動性低下，腹横筋や多裂筋などの脊椎固定作用を有する筋群の機能低下により腰椎に過剰な前弯が生じ，後方組織に疼痛を引き起こすことが多い．

体幹屈曲ストレス

バレーボールのレシーブ時には体幹屈曲位でのプレーが必要となる．体幹屈曲時には，前方で椎体と椎間板にかかる圧縮ストレスが増加し，後方では，棘上靱帯や棘間靱帯に伸張ストレスが発生する．体幹屈曲運動を行う際，股関節や骨盤帯の可動性低下を頸胸椎部の過剰動作で代償していることを臨床上多く経験する．このような体幹屈曲運動を行っているケースでは，体幹屈曲位でのプレーにおいて胸椎部が後方へ位置することが多く，次の動作に移行しづらくなるためパフォーマンスが低下する．

体幹側屈ストレス

捕球動作におけるリーチ動作や砲丸投げの準備動作などでは体幹の側屈運動が生じる．この運動は主に椎体間関節と椎間関節により構成され，側屈側とは反対の横突間靱帯などの軟部組織により制限される．過剰な運動が生じた場合にはこの部に伸張ストレスが生じる．肋間は側屈側の肋間狭小がみられ，反対側では肋間拡大がみられる[7]（図6-60）．

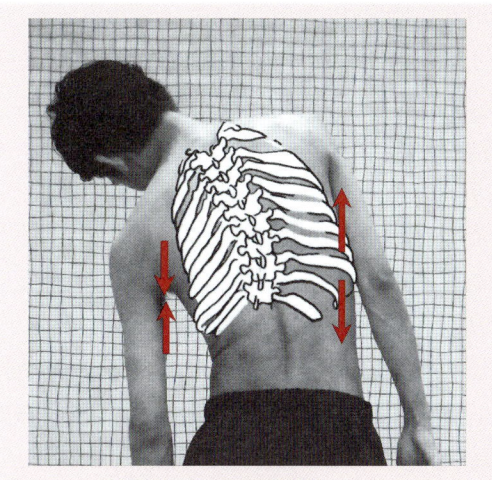

図 6-60　体幹側屈時の肋骨運動
側屈時，側屈側の肋間狭小がみられ，反対側では肋間拡大がみられる．

体幹回旋ストレス

スポーツ動作では回旋運動が多くみられる．野球やテニスなどのスイング動作などもその1つである．股関節，胸郭での回旋運動制限をきたすと腰椎部の過剰な回旋運動が生じる．椎間関節は，腰椎部では水平面に対して関節面が90°であるため，回旋がわずかしか起こらない[2]．そのため，可動性の少ない関節が過剰に動くことで，回旋側と反対側の椎間関節には圧縮ストレスが生じ，関節包などが挟まれることが多い．もう一方では伸張ストレスが生じ，これらのストレスが疼痛の原因となりうる．

3. 理学療法展開

スポーツ動作では，動作の質をあげパフォーマンスを向上するために，効率的かつバリエーションに富んだ身体の動きが必要になってくる．胸郭は，24本の肋骨と1個の胸骨，12個の胸椎から構成され，全体的には籠状の形態をしている．胸郭は身体のなかでも高位に存在するため重心移動に有利である．一部分を動かすことは困難であるが，籠状の形態をわずかな動きで位置変化させること

で身体を動かすことができる．そのため，動作の質を向上させるためには胸郭の機能的な動きが重要である．

また胸郭は，相撲やラグビーなどのコンタクトの多いスポーツでは，心肺器官や血管の保護として重要な役割を担う．さらには頸椎に対し構造的基盤としての機能を有し，この部の機能低下は頸部痛を生じやすいことを臨床上経験する．

動作効率を向上させるためには主動作となる関節運動のみでは困難であり，運動連鎖により多関節を利用することで動作速度をあげていく必要がある．胸郭は「load transfer：力の伝達」[19]の作用を有するとされており，頸部の質量を下肢へ伝達する役割や，下肢からは床反力などの力を上方へ伝達する役割も備えている．つまり，胸郭は運動連鎖を行っていくうえで力を伝達する中継地点となる．そのために胸郭や全身を考慮した理学療法を展開していかなければならない．

胸郭に求められる機能

生命を維持するために必要な呼吸活動は，酸素を取り入れ，二酸化炭素を体外に排出することであり，常に行われているものである．この呼吸活動を実際に行っているのが胸郭や腹部の筋群である．そのなかでも横隔膜は吸気活動の75％を担っており重要である．横隔膜は呼吸活動において重要な位置を占めていることに加え，体幹の安定化にも作用することがわかってきている[20]．近年の研究では，末梢の動きに先行して腹横筋が働くと同時に横隔膜の収縮もみられている．このことから横隔膜は体幹の安定化に寄与していることが示唆され，呼吸活動と身体運動における姿勢制御活動において重要な役割を担っている．つまり胸郭を呼吸器だけでなく運動器としても捉える必要がある[21]．

横隔膜はインナーユニットの一部であり，腹横筋や後腹膜筋群を介した腰部多裂筋，骨盤底筋群

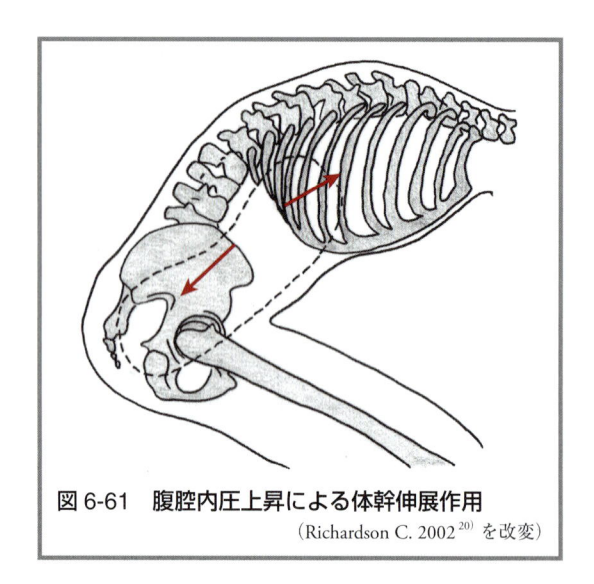

図6-61　腹腔内圧上昇による体幹伸展作用
（Richardson C. 2002[20] を改変）

と協調的に作用する．これらの筋群は筋単位ではなく1つの筋ユニットとして働き，体幹の安定化に寄与する．腹横筋の収縮は特定方向の力の制御よりもむしろ，方向に依存しない脊椎剛性の産生や腰椎の分節間制御に関与する[20]．また，腹腔内圧を上昇させるのに効果的である．腹腔内圧の上昇は横隔膜部と骨盤底部を引き離すように作用し，体幹伸展モーメントを生じさせる．腹腔は，脊椎の前方で膨らんだ風船のように働き，体幹の伸展筋群よりも長いレバーアームをもち，体幹の伸展力に関与する[20]（図6-61）．腹横筋の収縮により横隔膜が伸張されることで吸気効率が高まり，胸腔の弾性を増加させる．つまり，インナーユニットの機能低下は呼吸活動や体幹安定化にも影響を及ぼす．

胸郭運動と運動制限因子

胸椎は，腰椎と比較すると可動域が小さい．しかし，12個ある椎体が集合体になると大きな動きが可能となる．また，下位胸椎は，腰椎の動きに連動して比較的大きく動き，上位胸椎は頸椎と連動して動く．しかし，胸椎の動きは，肋骨と胸骨の動きが不十分な場合に大きく制限される．肋骨と胸椎は肋椎関節で連結しており，胸椎運動に連

動して肋椎関節の運動が生じ，胸椎屈曲時に肋骨は前方回旋，胸椎伸展時に後方回旋する[5]（図6-62）．また胸椎回旋時に回旋側の肋骨は後方回旋し，反対側は前方回旋する[7]（図6-63）．

通常の呼吸活動でも肋骨の動きが観察される．上・中位肋骨はポンプハンドルモーションといわれるように上下方への動きが主なのに対し，下位肋骨はバケツハンドルモーションといわれるように横方向へ動く[22]（図6-64）．臨床上，動作や呼吸において肋骨運動の左右差や可動性の減少を呈しているケースを多くみる．胸郭の動きが減少している状態では，腰椎部が過剰に動くことで疼痛を引き起こすことが多い．

下位肋骨の動きを制限する因子として，1つ目に，胸椎の回旋や側屈の malalignment があげられる．胸椎の malalignment は肋椎関節に影響を与え，肋骨の動きに不均等を生じさせる．通常，脊柱全体の屈曲運動に連動して肋骨の前方回旋が生じる．胸椎が，回旋・側屈偏位を呈した状態では，運動時の肋骨運動量にも左右差が生じる．脊柱の機能的かつ構築的問題が生じることにより，肋骨の動きにも問題が生じる．

2つ目は，胸郭形状変化による肋骨の運動学的な異常である．外腹斜筋の過活動により筋起始部に前方への牽引力が生じるため，肋骨の形状変化が生じる．また外腹斜筋は前鋸筋と筋連結しているため，肩甲胸郭関節の機能にも大きく関与する[10]（図6-65）．肋間筋の過緊張は肋骨同士の連続性を作り，胸郭全体の硬さを作ってしまう．この状態であれば，1つの筋が張力を発生することにより胸郭全体が引っ張られる．このような胸郭全体の形状変化は肋骨の動きを阻害するため，呼吸運動や身体運動において一部の肋骨運動に優劣を生じ，胸郭全体の可動性低下や過剰な運動を呈する．

3つ目は，下位肋骨を横方向に拡張する役割をもつ下後鋸筋の機能低下があげられる．下後鋸筋は第12胸椎から第2腰椎の棘突起に起始をもち，第

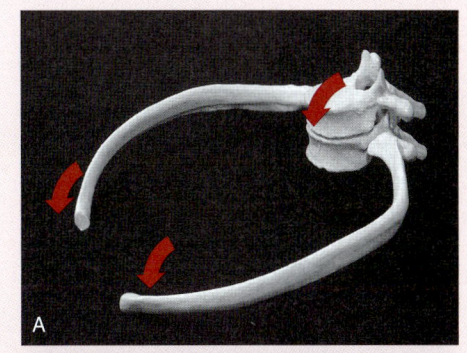

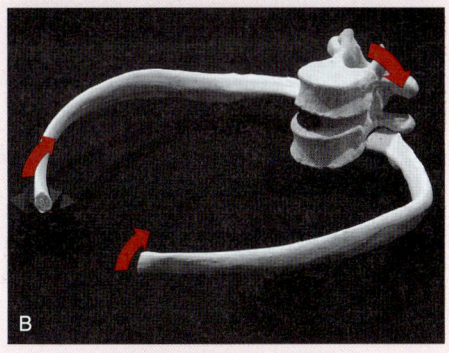

図 6-62　胸椎屈伸時の肋骨運動
A：脊柱屈曲—肋骨前方回旋
B：脊柱伸展—肋骨後方回旋

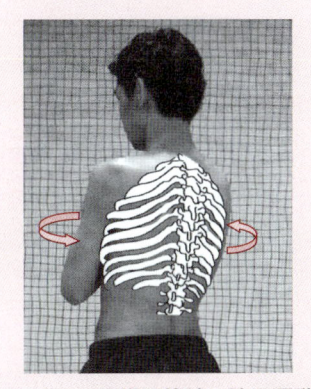

図 6-63　胸椎回旋時の肋骨運動

9〜12肋骨に停止する．作用としては，付着した肋骨を下制させて呼気を補助する役割や，下位肋骨をコントロールして胸腰椎の運動を正常に働かせる役割をもつ[23]（図6-66）．

上肢，頸部と胸郭の運動

胸郭と上肢の連鎖は肩関節の機能を考えるうえで重要である．大きな可動性をもつ上腕の動きは，

第6章 胸郭のスポーツ障害

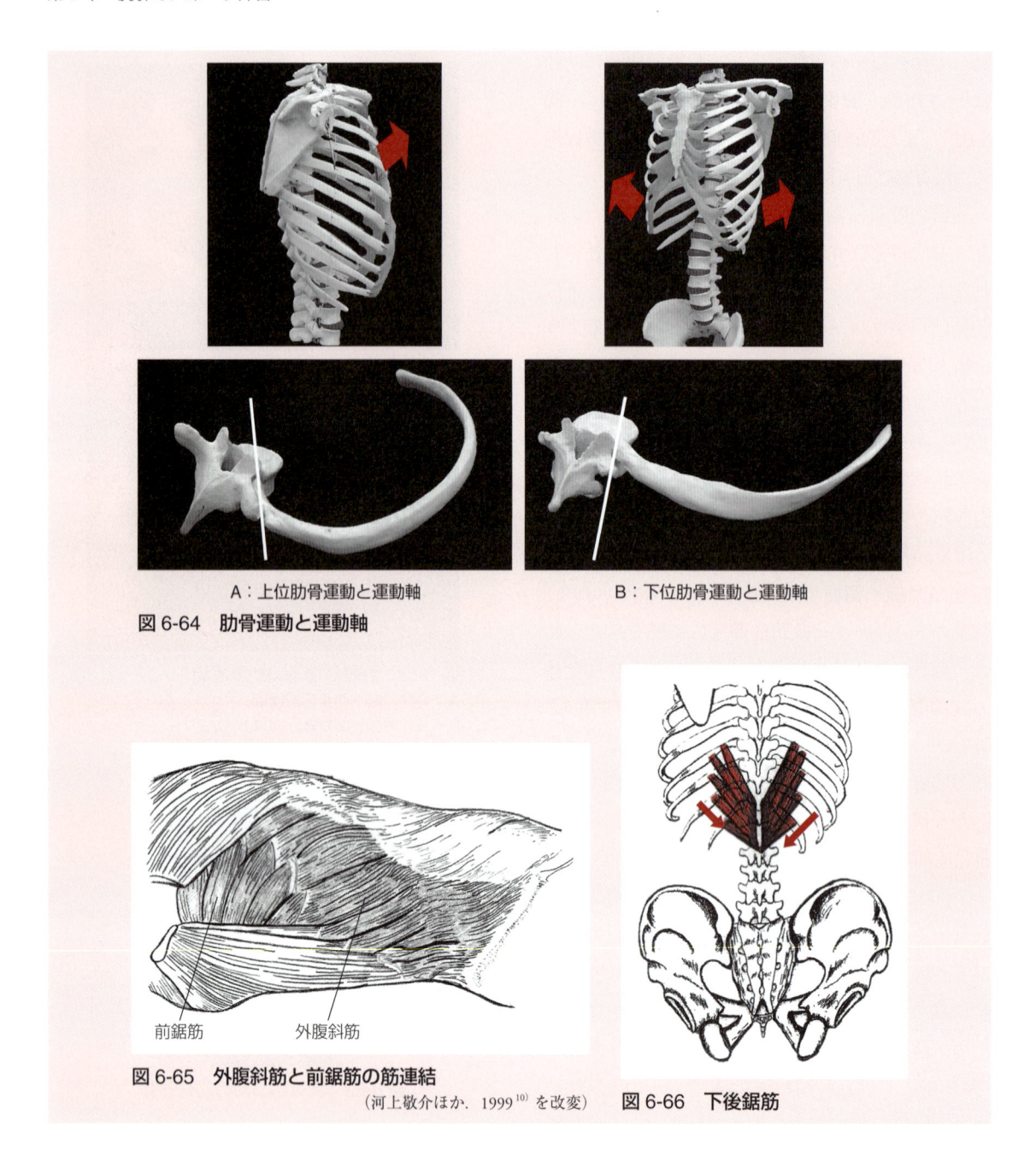

A：上位肋骨運動と運動軸　　　　B：下位肋骨運動と運動軸
図6-64　肋骨運動と運動軸

図6-65　外腹斜筋と前鋸筋の筋連結
（河上敬介ほか．1999[10]）を改変）

図6-66　下後鋸筋

胸郭に影響を与える．また肩甲骨と肋骨は肩甲胸郭関節を構成しており，肩甲骨は一定した脂肪層（滑走面）に補助されて胸郭に沿うように動く[7]（図6-67）．そのため，胸郭のmalalignmentは肩甲骨の動きに大きな影響を与える．

両上肢を屈曲した際に脊柱は伸展し，胸郭の前面部が伸張されて肋間前面部は拡大する．両上肢伸展時に脊柱は屈曲し，胸郭前面部は短縮し，肋間前面部は縮小する．上肢を内転すると同側の胸郭側方部は短縮し，肋間も縮小する．また外転時には同側の胸郭側方部は伸張し，肋間は拡大する．外旋・内旋時も上肢の動きに合わせるように脊柱が同方向に回旋する[7]（図6-68）．投球動作における後期コッキング期でみられる肩関節90°外転位で

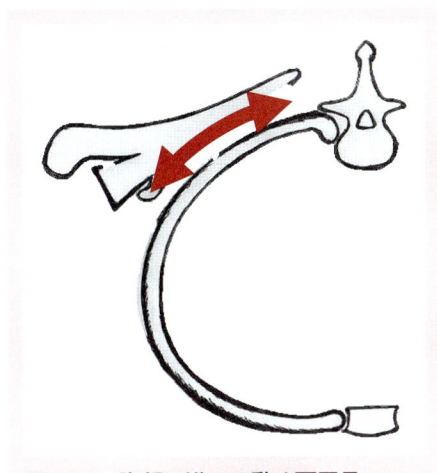

図 6-67　胸郭に沿って動く肩甲骨
肩甲骨は一定した脂肪層（滑走面）に補助されて胸郭に沿うように動く．

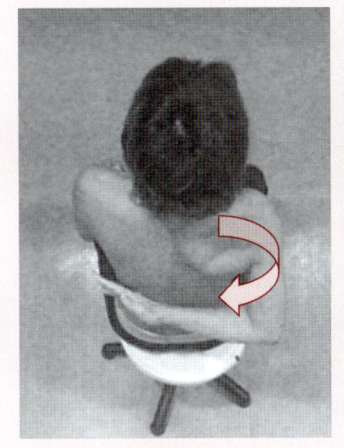

図 6-68　上肢回旋に伴う脊柱の動き

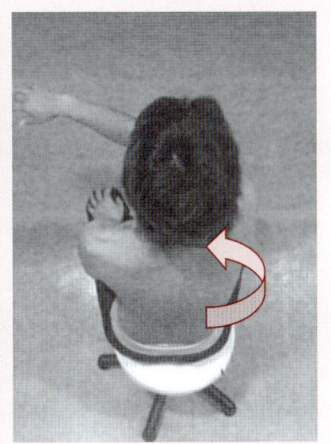

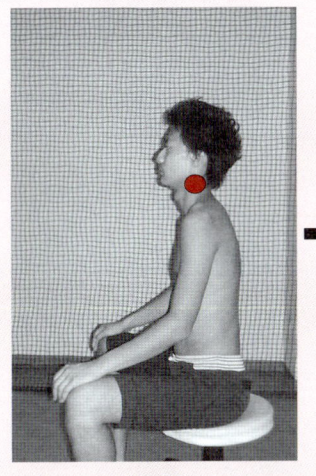

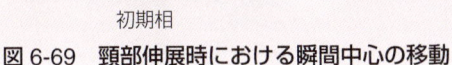

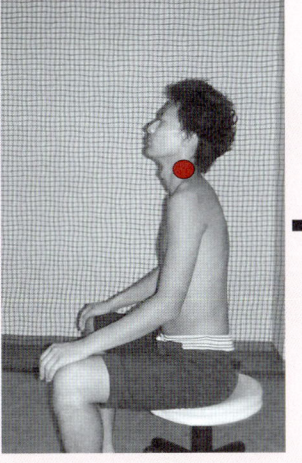

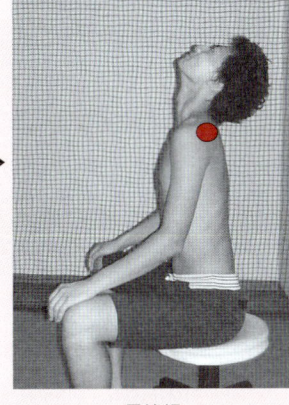

図 6-69　頸部伸展時における瞬間中心の移動

の外旋運動では，肩甲骨が後傾することで外旋運動を補助している．そのためには，下部胸郭の伸展時に，胸郭全体の動きである上部胸郭の挙上が必要である．

　頸部の機能を考えるうえで，頸部と胸郭の連鎖は重要である．頸部が回旋すると胸椎も同方向に回旋し，それとともに肋骨も回旋する．頸部の屈曲や伸展の際，初期相では運動の瞬間中心が上位にあるのに対し，最終相では下位頸椎から上位胸椎に移動する．そのためには胸椎の屈曲や伸展が頸部の運動に連動する必要がある[24]（**図6-69**）．

　これらの運動連鎖は上位胸椎付近まで波及するため，頸部の疾患であっても胸郭の機能を考える必要がある．

体幹の安定化機構

　関節の安定性を生み出すメカニズムには，形状学的閉鎖（form closure）と力学的閉鎖（force closure）という考え方がある．形状学的閉鎖では，関節面が接近し，形状的に安定した状態であれば維

持に余分な力は必要としない．力学的閉鎖では，関節の安定性を保つために外力（筋力）が必要となるため関節内圧が上昇し，関節面の摩擦係数と関節変位に対する抵抗力は増加する[25]（図6-70）．

体幹における力学的閉鎖に関与する筋には，ローカルマッスルとグローバルマッスルという考え方がある[20]．ローカルマッスルは関節に近い部分に存在する深層筋であり，筋の長さは短く，収縮により関節を安定させる．グローバルマッスルは関節を動かす表層筋である．体幹のローカルマッスルは，横隔膜，腹横筋や後腹膜筋群を介した腰部多裂筋，骨盤底筋群などである．これらの筋は，剛性，脊椎分節の椎間関係の制御および腰椎alignmentの制御に関与する．これらはインナーユニットとして捉えられる（図6-71）．

また，グローバルマッスルとしては，腹直筋や胸腰筋膜，脊柱起立筋，腹斜筋群などがあげられる．グローバルマッスルのなかにはほかの筋と連結してユニットを構成しているものもある．これらはアウターユニットとして捉えられ，インナーユニットと協調して体幹を安定させている．アウターユニットには，後筋腱縦系帯，後筋腱斜系帯，前筋腱斜系帯があげられる[25]．後筋腱縦系帯は，脊柱起立筋，胸腰筋膜深部層，仙結節靱帯，大腿二頭筋で構成される（図6-72）．胸腰筋膜の張力が増加することで仙腸関節を圧迫し，体幹の安定化に寄与する．後筋腱斜系帯は，広背筋と反対側の大殿筋，そのあいだにある胸腰筋膜で構成され，胸腰仙椎各関節の安定性や体幹の安定性に関与している（図6-73）．前筋腱斜系帯は，内腹斜筋と反対側の外腹斜筋，大腿内転筋群とそのあいだにある前腹部の筋膜によって構成される（図6-74）．この部のインバランスは体幹不安定性や股関節内転・外転の可動性低下をもたらす．アウターユニットは，線維が同方向に走行する筋同士が骨または筋膜を介してリンクしており，複数の筋によって全身的な姿勢制御作用を生んでいるシステムであ

図6-70　関節の安定性を生み出すメカニズム

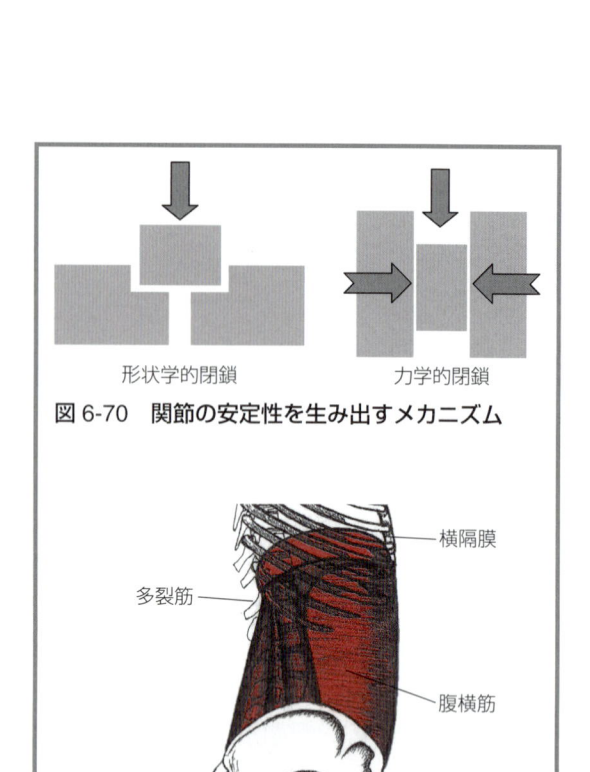

図6-71　インナーユニット

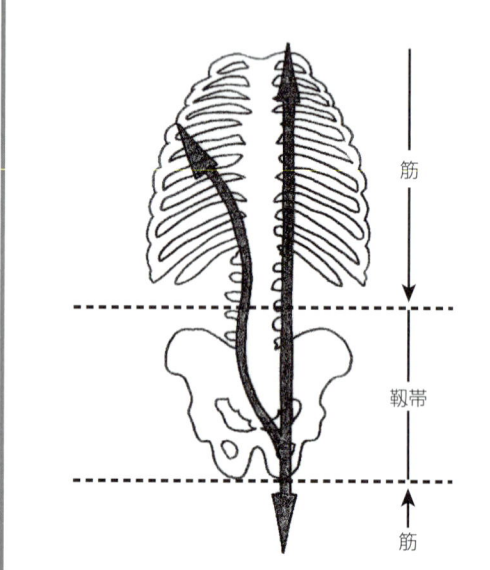

図6-72　後筋腱縦系帯
後筋腱縦系は，脊柱起立筋，胸腰筋膜深部層，仙結節靱帯，大腿二頭筋で構成される．

（Lee D. 2001[25]を改変）

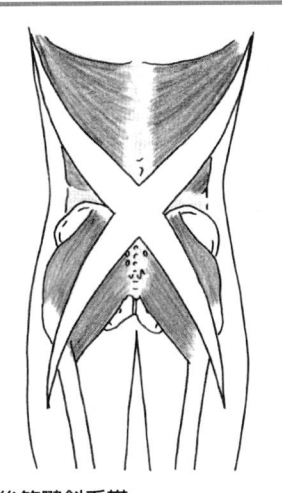

図 6-73　後筋腱斜系帯
後筋腱斜系帯は，広背筋と反対側の大殿筋，そのあいだにある胸腰筋膜で構成される．
(Lee D. 2001[25] を改変)

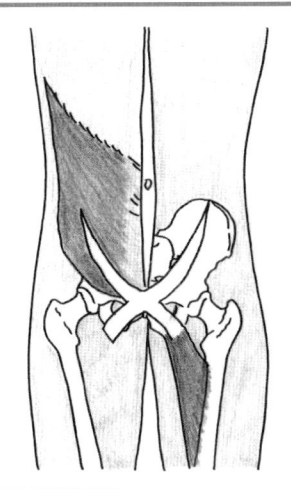

図 6-74　前筋腱斜系帯
前筋腱斜系帯は，内腹斜筋と反対側の外腹斜筋，大腿内転筋群とそのあいだにある前腹部の筋膜によって構成される．
(Lee D. 2001[25] を改変)

る．大きい可動性と強い負荷が生じる競技スポーツではアウターユニットの活動が重要であり，その活動に伴って同等の固定性がインナーユニットに求められる．

姿勢 alignment と体幹機能

姿勢と横隔膜の機能には関連性があるとされている．骨盤が前方移動した姿勢はスウェイバックといわれ，著しい胸椎後弯位を呈する（図6-75）．この姿勢では横隔膜の malalignment が生じる．理想的な姿勢では，矢状面において，横隔膜の付着位置が後方よりも前方が高い位置となる．しかし，胸椎後弯位を呈する不良姿勢では，肋骨の傾斜が垂直に近づき横隔膜の前方は垂れ下がる[26]（図6-76）．また，スウェイバック姿勢では骨盤が前方移動することで腹筋群が伸張される．そのため，能動的な呼気における腹部前面筋の収縮が行いづらくなり，受動的な横隔膜の活動が低下する．

体幹のインナーユニットである横隔膜が十分に機能できる条件として，上部体幹と下部体幹の位置関係が長軸方向に一致していることがあげられる[26]（図6-77）．不良姿勢により体幹の長軸方向への配列が崩れると，体幹の安定化機構が破綻していく．このようなケースでは肩甲骨や胸郭を挙上させ，息をこらえたような姿勢で体幹を安定させようとする．そのため呼気時には肋骨を下制することが困難となる．

ジャンプ動作における胸郭の役割

バスケットボールやバレーボールなどに多くみられるジャンプ動作の踏み切り時には，矢状面において，体幹伸展，股関節伸展，膝関節伸展，足関節底屈運動が連動して生じる．

ジャンプ動作の踏み切り前にみられるスクワット動作は，より高くジャンプ動作を遂行するために必要な予備動作である．このスクワット動作では，大腿直筋，腓腹筋の遠心性収縮により筋腹や腱が伸張される．筋腹や腱は，伸張されることで弾性エネルギーを溜め込む．これは，ゴムのようにエネルギーを溜め込むことで反対の動きを強力なものにするために行われる．また，筋は，伸張されるとそれ以上損傷しないように自動的に収縮する機能をもっている．これを伸張反射といい，筋を引き伸ばしたときに運動ニューロンが興奮し

図6-75　スウェイバック

頭部の突き出しを伴う頸椎前弯

胸椎の後弯

胸郭の沈み込み

骨盤の前方移動

腹部突出

腰椎前弯減少

スウェイバックは踵荷重位になり後方重心となりやすい．

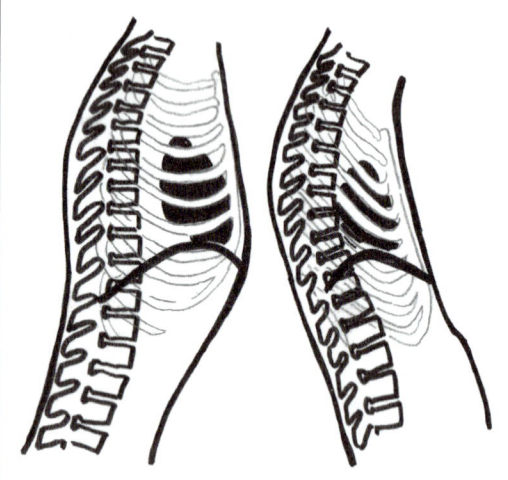

良好姿勢　　　　　　　不良姿勢

図6-76　姿勢と横隔膜 (Zacharkow D. 1988[26]を改変)

理想的な姿勢　　　　　不良姿勢

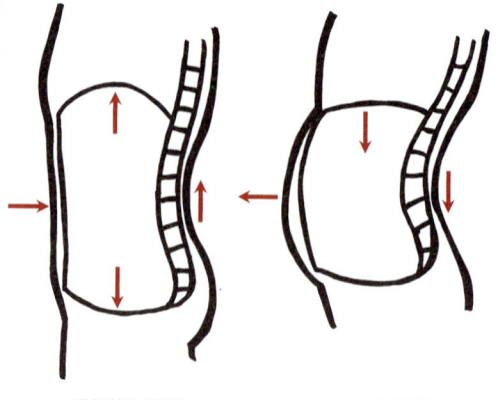

図6-77　姿勢の位置関係と体幹安定化
(Zacharkow D. 1988[26]を改変)

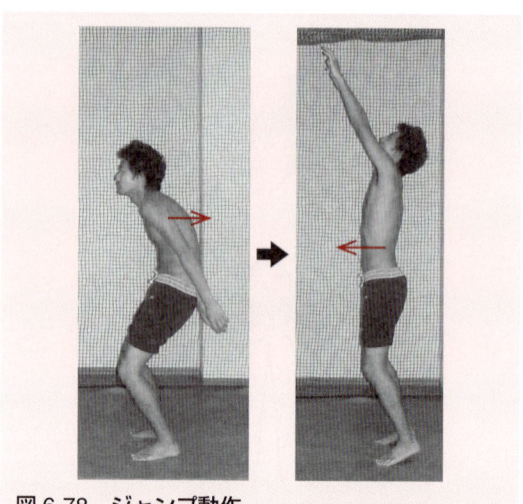

図6-78　ジャンプ動作
踏み切りから滞空時において，胸椎伸展運動，股関節伸展動作の減少を腰椎前弯増強によって代償している．

て筋の収縮を引き起こす[27]．これらのような主動作と逆の運動である反動動作は関節に大きな伸展トルクを生じさせ，ジャンプ動作に大きく貢献する[28]．これらの動きが主動作と連動して生じない場合には動作効率が低下する．

　踏み切りから滞空時に，胸椎伸展運動，股関節伸展運動の減少を腰椎前弯増強によって代償していることを臨床上多く観察する（図6-78）．反動動作が十分に行われていなければ腰椎部での過剰な運動が強要されてしまう．また，胸椎伸展運動や肋骨の可動性の減少も要因として考えられる．

　もし上半身重心が後方にあれば，反動動作が効率よく行われず踏み切り動作に支障をきたす．ジャンプ動作を効率よく行うためには，踏み切り前の予備動作である体幹前傾，股関節屈曲，膝関節屈曲運動が安定して行えていることが重要である．

4. 評価

姿勢 alignment 評価

　姿勢の左右非対称性は必ずしも身体機能の異常を引き起こすわけではないが，力学的にどのようなストレスが各部位にかかるのかを理解するには

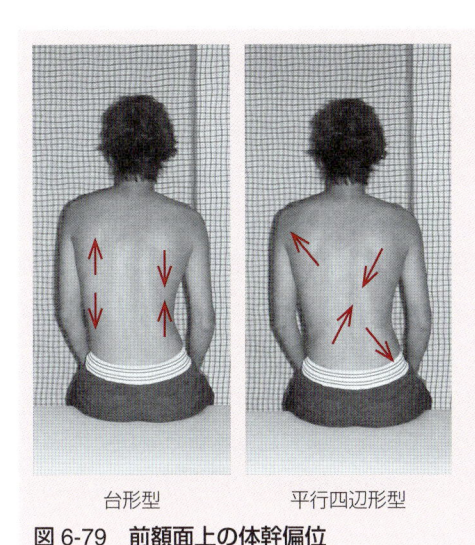

4. 評価——脊椎 alignment 評価

図 6-79　前額面上の体幹偏位
台形型　　平行四辺形型

図 6-80　姿勢 alignment 観察のポイント
A：矢状面では耳垂，大転子，外果前縁を観察する．
B：前額面では鼻，骨盤中央，足部中央の位置を観察する．
C：水平面上では左右肩峰を結んだ線，左右上後腸骨棘（PSIS）を結んだ線を確認する．

重要である．

　矢状面上では，耳垂，大転子，外果前縁を観察する．耳垂と外果前縁を結んだ線に対して大転子が前後どちらに偏位しているかを確認する．前方にあれば骨盤は前方移動して股関節伸展位となり，また後方にあれば骨盤は後方移動して股関節屈曲位となる．また脊柱 alignment の観察も必要となる．頭部の位置，胸椎後弯や腰椎前弯の程度，骨盤前傾・後傾を観察する必要がある．正常な脊柱 alignment では第 3 腰椎が腰椎弯曲の頂点と一致し，第 12 胸椎は腰椎弯曲と胸椎弯曲の中間点をなす．これを指標に脊柱 alignment を分節的に評価していく[1]．

　前額面上では，鼻，骨盤中央，足部中央の位置を観察する．鼻と足部中央を結んだ線で骨盤中央が左右どちらに偏位しているかを確認する．骨盤中央が左側へ偏位していれば骨盤左偏位とし，右側へ偏位していれば骨盤右偏位とする．体幹の形状も確認する必要があり，体幹を前額面上で 4 分割した際に，どの部分が伸張または短縮しているかを観察し，大きく台形型と平行四辺形型に分ける[29]（図 6-79）．この体幹の形状によりアプローチの方法が異なるため観察が必要である．

　水平面上では，左右肩峰を結んだ線と左右上後腸骨棘を結んだ線で相対的に体幹がどちらに偏位しているかを確認する．骨盤に対して左右肩峰を結んだ線が左回旋していれば，上半身の左回旋位となる．しかし，肩甲骨は，体幹の運動方向と関係なく単独で偏位がみられる場合も多いため，肩甲骨の観察も必要となる．

　矢状面，前額面，水平面と三次元で姿勢 alignment を観察していく必要がある[30]（図 6-80）．

脊椎 alignment 評価

胸椎棘突起の alignment 評価

　棘突起の回旋偏位は，棘突起を左右から横断するように触診し，左右どちらが指にかかる圧が強いかで確認する（図 6-81）．左側が強ければ椎体の右回旋が生じていることが示唆される．

　観察するポイントは胸椎の形状を考えることである．胸椎の棘突起は頸椎と比較すると長細い．棘突起の方向は全体的に同じではなく，上位と下

267

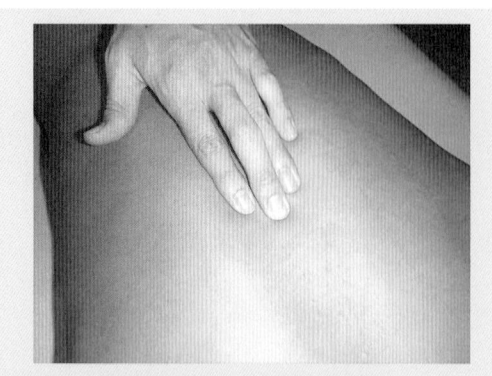

第6章　胸郭のスポーツ障害

図 6-81　胸椎棘突起の alignment 評価
棘突起の回旋偏位を観察するには，棘突起を左右から横断するように触診し，左右どちらが指にかかる圧が強いかで確認する．

胸椎横突起の alignment 評価

　胸椎横突起には多くの筋が付着しているため，片側の筋緊張が高い場合には椎体偏位を生じやすい．そのため，触診の際には圧痛を伴うことがあるので注意が必要である（図 6-82）．左右横突起を母指にて触診し，左右にかかる圧の差にて椎体の回旋偏位を確認する（図 6-83）．たとえば，右横突起の圧が強ければ椎体は右回旋していることが示唆される．また横突起は肋骨と肋横突関節を構成しているため，肋横突関節の可動性を確認するのにも有効である．

　観察するポイントは胸椎や肋骨の形状を考えることである．胸椎の形状では，第1〜3，11，12胸椎の横突起は棘突起と同じ高さに位置する．第4〜6胸椎の横突起は，同じレベルの棘突起とその1つ上の棘突起間に位置する．第7〜10胸椎の横突起は上位椎体の棘突起と同じ高さに位置する[31]．肋骨形状の特徴として，背側から腹側にかかる圧に対しては第2肋骨が最も可動性が乏しく，頭尾方向からの圧に対しては第10肋骨が最も可動性があるとされているため確認の指標となる[32]．

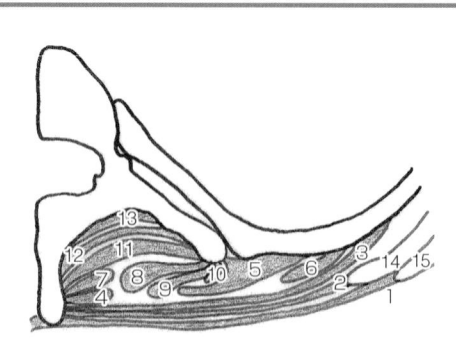

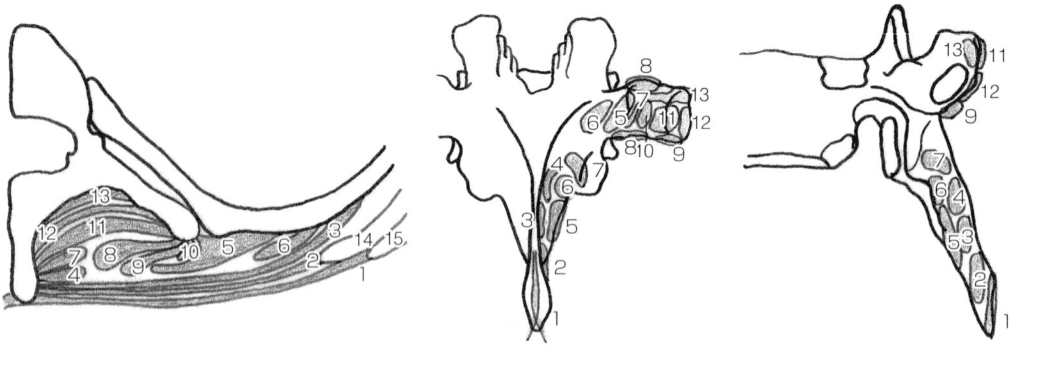

位で異なることが多いため注意が必要である．

　第1〜3胸椎の棘突起は，頸椎と同様に後方へ伸びているため，横突起と棘突起は同じ高さに位置する．第4〜6胸椎の棘突起はやや下を向いているため，同じレベルの椎体とその1つ下にある椎体の横突起間に位置する．第7〜9胸椎の棘突起はかなり下を向いているため，1つ下にある椎体の横突起と同じ高さに位置する．第10〜12胸椎の棘突起は横突起と同じ高さに位置する．これは椎体の形状が腰椎に似てくるためである[31]．

水平面
1. 僧帽筋，2. 大・小菱形筋，3. 上後鋸筋，
4. 頸板状筋，5. 胸最長筋，6. 胸腸肋筋，7. 棘筋，
8. 頭半棘筋，9. 頭最長筋，10. 頸最長筋，
11. 胸半棘筋，12. 多裂筋，13. 回旋筋，
14. 肩甲骨体，15. 肩甲棘

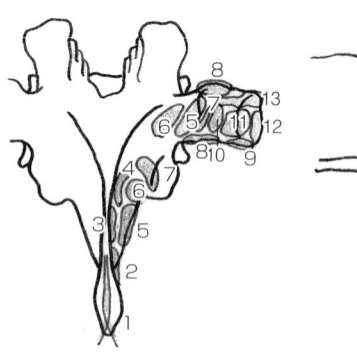

前額面
1. 僧帽筋，2. 大菱形筋，3. 頸板状筋，4. 棘筋，
5. 多裂筋，6. 回旋筋，7. 胸半棘筋，8. 胸横突間筋，
9. 肋骨挙筋，10. 頭半棘筋，11. 胸最長筋，
12. 胸腸肋筋，13. 頭・頸最長筋

図 6-82　胸椎横突起に付着する筋
(J. & V. ドヴォルザーク．1988[32]を改変)

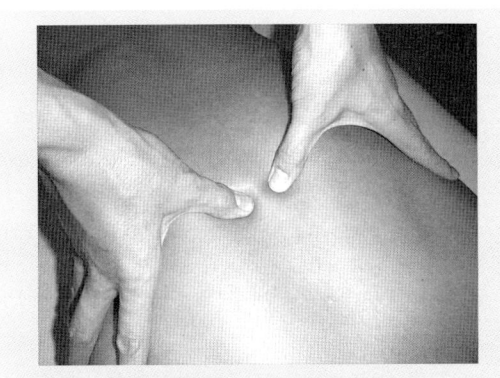

図 6-83　胸椎横突起の alignment 評価
左右横突起を母指にて触診し，左右にかかる圧の差で椎体の回旋偏位を確認する．

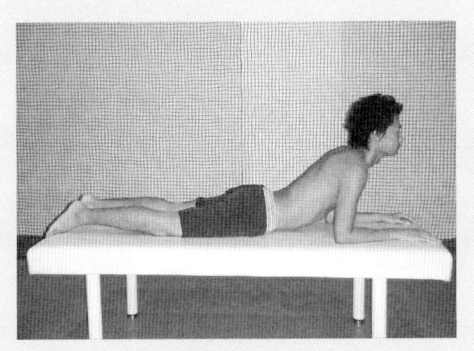

両肘立て位

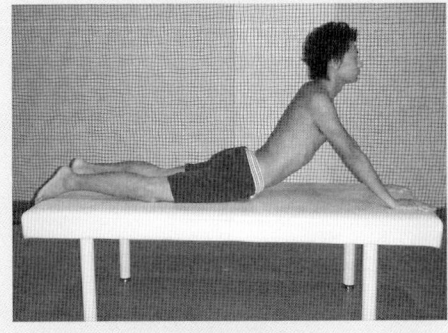

両手立て位

図 6-84　脊柱伸展の可動性評価
脊柱全体の伸展可動性を診るために患者を腹臥位からの両肘立て位か両手立て位にし，その可動性を観察する．

脊柱伸展の可動性評価

　脊柱全体の伸展可動性を診るために，患者を腹臥位からの両肘立て位か両手立て位にし，その可動性を観察する．上肢の過剰運動を防ぐため，肩関節の直下に手や肘が位置するようにする．基本的には，両肘立て位であれば胸部の伸展可動性を，両手立て位であれば腰部の伸展可動性を診るテストとなる．さらに頸部伸展運動に伴う胸椎伸展可動性を診る場合は，両肘立て位にて頸部を伸展させる．この際，胸椎伸展可動性の程度とともに，最長筋や腸肋筋などの脊柱起立筋群の収縮の左右差を確認する（図 6-84）．

胸郭の評価

胸郭運動の評価

　体幹運動の際に肋骨が連動しているかを確認するため，座位にて肋骨部を把持して動作時における肋骨の運動量を観察したり，左右の肋間に手を入れるイメージで触知したりしながら肋骨運動時の圧変化を確認する．胸郭全体の動きを診るのであれば，中位肋骨で確認することが望ましい．主に基本動作である屈曲・伸展・回旋・側屈動作で確認する．屈曲時には肋骨の前方回旋運動が生じるため，背側から肋骨が動いた際の圧変化や回旋量を確認する．肋骨の回旋偏位を起こしている場合には，後方回旋側の肋骨運動は早期に生じ，肋骨上縁に圧増加がみられる（図 6-85）．

　肋間部の触診も重要であり，左右差を確認することにより胸郭の形状を把握する．また，呼吸時における胸郭の拡張や縮小なども観察する．

呼吸機能評価

　胸郭全体が換気運動でどの程度動いているかを計測する．本来であればマグネットメーターやレスピトレースなどの機器を使用することが望ましいが，臨床ではテープメジャーを用いることが多い．測定は，腋窩線上，剣状突起下端線上，第10肋骨部線上で行う．各部位において最大吸気時と最大呼気時の周径の差を拡張差として計測する[33]（図 6-86）．

体幹伸展　　　　　　　　　　　　　　　　　体幹屈曲

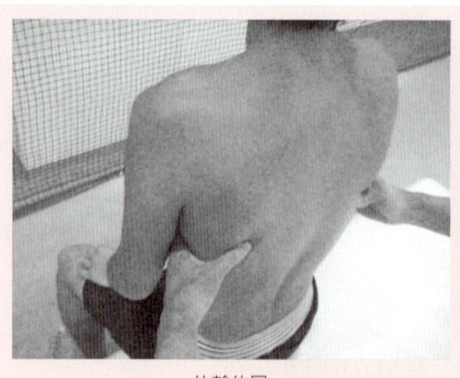

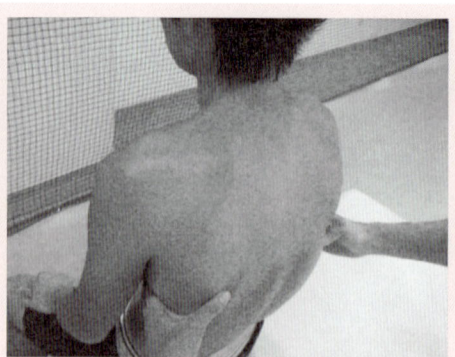

図 6-85　体幹屈曲における肋骨運動評価
体幹屈曲時，肋骨の前方回旋運動が連動して生じる．肋骨が動いた際の圧変化や回旋量を確認する．

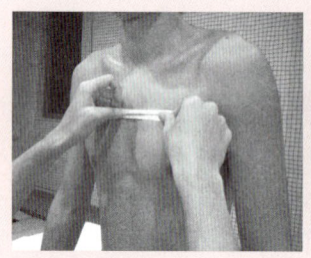

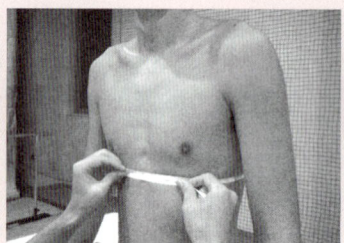

腋窩線上　　　　　　　剣状突起下端線上　　　　　　第10肋骨部線上

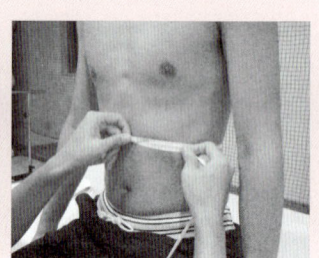

図 6-86　テープメジャーによる計測方法

胸郭の可動性評価

上部胸郭の運動性を観察する際には，左右交互に上部胸郭に対して対側の下方へ圧迫を加えることで弾性をみる．このときに胸郭の柔軟性が減少していれば，周囲筋群の緊張が高く非対称な胸郭であることが示唆される[34]（**図 6-87**）．

下部胸郭前面の運動性を観察する際には胸骨下角を評価することも重要な指標となる（**図 6-88**）．左右どちらかの胸骨下角が減少していれば，減少側の外腹斜筋の緊張が高いことが示唆される[34]．呼気時に下部胸郭前面の左右肋骨が十分に下制するかを観察する．この部の観察は zone of apposition の機能をみるもので，左右差を確認することは重要となる．また下部胸郭後面の運動性を観察することも重要である．広背筋と反対側の大殿筋は筋連結しており，共同的に機能する．また広背筋は

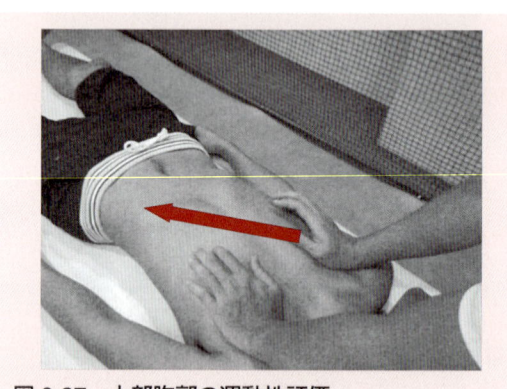

図 6-87　上部胸郭の運動性評価
上方から対側の下部胸郭に向けて圧迫を加え，上部胸郭の柔軟性を観察する．

下後鋸筋とも筋連結しているため，これらの機能低下は反対側の大殿筋の機能低下を引き起こす．下後鋸筋の機能低下は下位肋骨の後方回旋位を定着させ，呼気時における下位肋骨の下制運動を制限する[34]（**図 6-89**）．呼吸における第1，10肋骨，

4. 評価──胸郭の評価

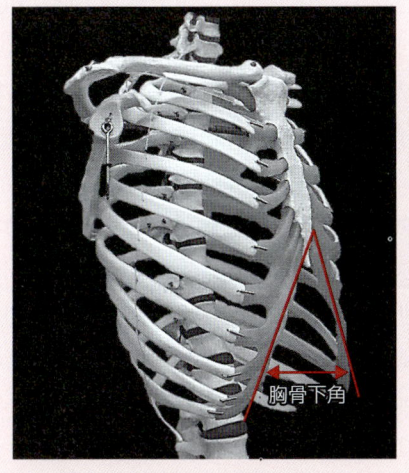

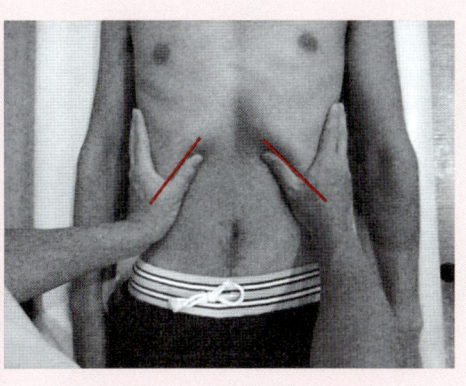

図 6-88　胸骨下角の計測
胸骨と肋骨弓のなす角度を測定し，左右の形態差を確認する．

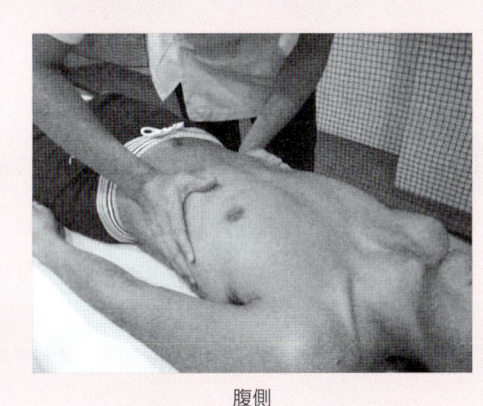

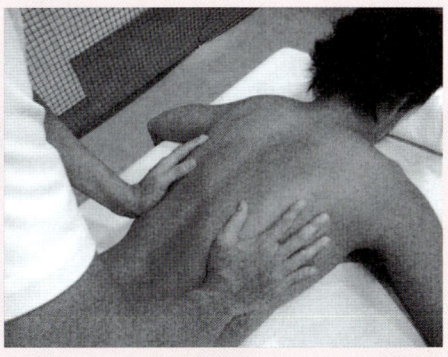

図 6-89　下部胸郭腹側，背側の運動性評価
呼気時における下位胸郭腹側，背側の可動性を触診する．また左右における下制の程度の差も確認する．

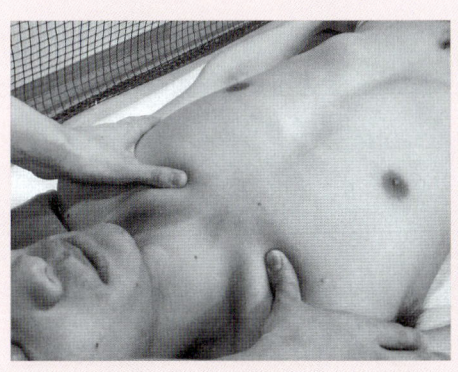

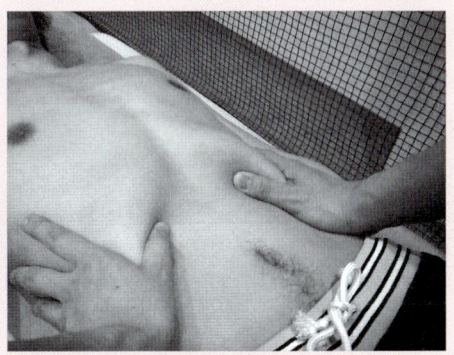

第1肋骨　　　　　　　　　　　　　　第10肋骨

図 6-90　呼吸時における第 1，10 肋骨の運動性評価
呼吸時における第 1，10 肋骨の可動性を触診する．

胸骨の動きも観察する必要がある．矢状面において吸気時に胸骨は前上方へ，第 1, 10 肋骨は挙上し，呼気時には元に戻る（**図 6-90**）．呼吸に合わせて第 1, 10 肋骨を触診し，呼吸における肋骨の動き

271

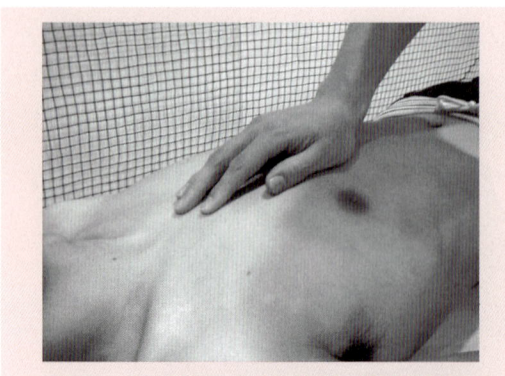

図 6-91 呼吸時における胸骨の運動性評価
呼吸時における胸骨の可動性を触診する．

を観察する．胸骨も同様に呼吸に合わせて評価を行う（図 6-91）．

左右非対称な胸郭では，可動性低下や筋機能低下が生じるため，効率のよい呼吸運動を行うことができない[33]．呼吸運動の際には十分な可動性を有しなければならない．

肋骨リングの評価

同じレベルにある左右肋骨は，胸骨と関節を構成する胸肋関節や脊椎にある肋椎関節を介して1つのリングとして考えられる[34]．これらの肋骨リングは胸郭に12個存在し，機能的に安定した胸郭では，それぞれが規則的に配列することが理想である．身体に加わる外乱や四肢の動きに付随して肋骨リングが回転し，胸郭全体の形状が変化していく．これらはカップリングモーションといわれ，基本的には体幹の屈曲に対しては回旋を行い，また回旋に対しては側屈を用いて身体の平衡を保持する役割をもっている．

臨床上，背側や腹側から観察すると不規則にリングが並んでいることが多く，このような状態では四肢動作に伴う胸郭運動に左右差が生じる場合がある．筋の過緊張による肋骨への牽引力がリングの配列に不正を及ぼし，胸郭可動性や体幹機能に左右差を生じさせる．

おのおのの肋骨リングレベルに対して腹側から左右肋骨外側部に背側と外側方向に他動的に圧迫を加え，リングに回転力を加えたときの可動性の左右差を観察する．また，背側からも同様に肋骨角外側を圧迫し回転させることで可動性を観察する必要がある[34]（図 6-92）．他動的に肋骨リングの可動性を確認するだけでなく，四肢動作に付随して生じる肋骨リングの動きも確認する必要がある．腹臥位にて肩関節外転90°位で内旋・外旋可動域を確認する．内旋運動に伴い同側の上位肋骨が前方回旋し，外旋運動に伴い反対側の下位肋骨の前方回旋が生じる．そのため，動きに合わせた肋骨部の前方回旋が生じなければ内旋・外旋運動が困難となる（図 6-93）．また，腹臥位にて両肩関節90°外転位で肩甲骨を水平内転させる．このとき，肩甲骨の水平内転運動に対して上位肋骨には前方への回転力が必要となる．上位肋骨が後方回旋位を呈している場合，大小菱形筋や僧帽筋中部線維に過活動が生じるため水平内転運動が困難となり，結果として可動性に左右差が生じる[34]（図 6-94）．

体幹前面の機能評価

自動下肢伸展挙上（active straight leg raising：ASLR）テスト

背臥位にて，膝関節伸展位で股関節の屈曲・外転運動をさせることにより下肢を床面から離し，その場で保持させる．これは体幹前面部と下肢の連結性をみるものであり，固定性が低下している側の骨盤後方回旋を伴う．体幹と下肢の連結性が良好であれば，骨盤の後方回旋はわずかしか起こらない．

また，徒手的に両側から骨盤に圧迫を加えることで閉鎖力を増加させる．前筋腱斜系帯の影響をみるためには，体幹の屈曲，下肢挙上側への回旋に対して抵抗を加え，下肢を挙上させる．これらの操作を加えた際の能力差を観察する（図 6-95）．

4．評価——体幹前面の機能評価

図6-92　他動的な肋骨運動の評価
左右同レベルの肋骨に回転力を加えたときの可動性や左右差を確認する．
腹側　　　　　　　　　　　　　　　　　　　　背側
（柿崎藤泰，2010[34]）を改変）

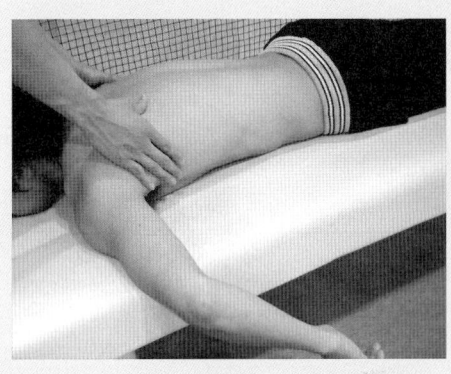

図6-93　肩関節内旋・外旋の動きに付随して生じる肋骨運動の評価
四肢運動時に付随して生じる肋骨の動きを観察する．
内旋時　　　　　　　　　　　　　　　　　　　外旋時

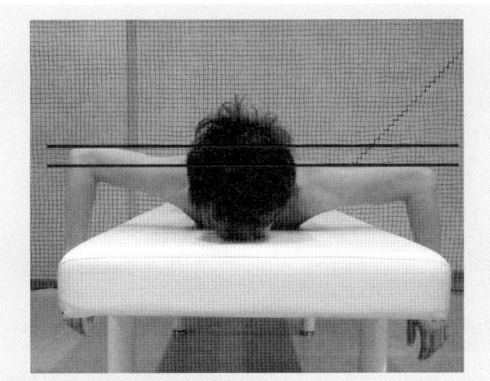

図6-94　肩甲骨水平内転テスト
両肩関節90°外転位から肩甲骨を水平内転させる．左右の肘の高さに差が生じる．

外腹斜筋機能評価

外腹斜筋の左右差は胸郭の形状変化を引き起こし体幹の安定性を低下させるため，この部の観察は必要となる．肋骨下方部から指を挿入し，緊張の程度を確認する[34]（図6-96）．緊張の左右差が認められる場合，外腹斜筋の優劣が体幹の回旋偏位を生じさせる．そのため，股関節屈曲，膝関節屈曲位にて左右の膝を合わせた状態を維持したままでの下肢挙上時には，優位側方向へ下肢が挙上し，下腿の傾きが確認できる[34]（図6-97）．また背臥位で股関節屈曲，膝関節屈曲位にて殿部に不安定板を挿入し，骨盤帯を含む下肢を左右へ回旋させた際の運動のしやすさを確認する[34]（図6-98）．また，徒手筋力テストによる外腹斜筋力の左右差を確認するのもよい．

外腹斜筋は前鋸筋と筋連結しており[10]，体幹の

273

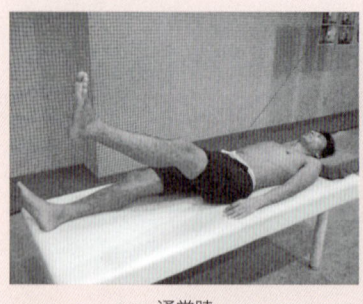

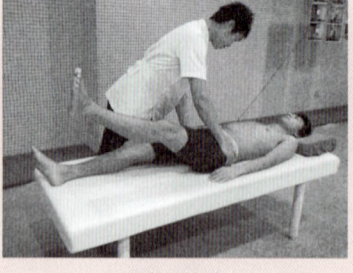

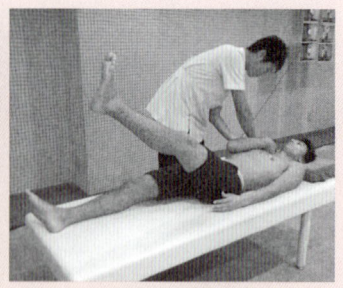

図 6-95　自動下肢伸展挙上テスト
背臥位にて体幹と下肢の連結性をみるものである．通常時，閉鎖位での下肢挙上を行い骨盤後方回旋の程度や能力差を確認する．

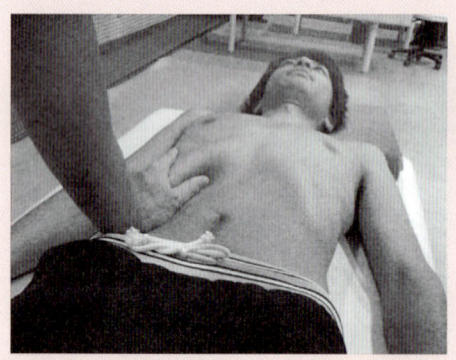

図 6-96　肋骨弓の触診
肋骨部下方部から指を挿入し，緊張の程度を確認する．外腹斜筋の緊張が高ければ，指が入らないか痛みを伴う場合がある．

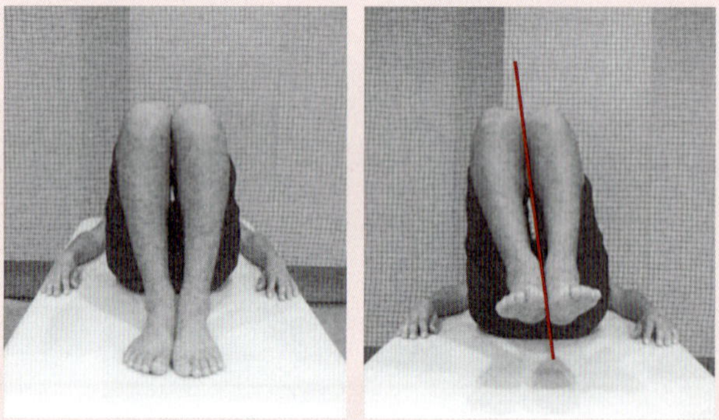

図 6-97　足底離床テスト
両膝を合わせた状態を維持し，両側の足底をわずかに床から持ち上げる．このときの下腿の傾きを観察する．この図の場合，下腿が右側に傾くことから右外腹斜筋が優位であることが考えられる．

（柿崎藤泰，2010[34]）を改変）

機能的ユニットを構成している．そのため，外腹斜筋が収縮することにより前鋸筋の筋長が変化する．筋が効率よく発揮できるのは，長さ張力曲線で表されているようにアクチンとミオシンが最も重なり合う中間の長さであり，連結橋の数も増加するとされている[35]．しかし，より大きな力を発揮するためには，筋の弾力性という能動的に元に戻る性質を利用することが有効であるため，少し引き伸ばされた位置が最も大きな力を発揮できる．

外腹斜筋と前鋸筋機能的ユニットの評価としては，背臥位にて左右肩関節外転90°，肘関節屈曲，指伸展位をスタートポジションとし，両上肢を天井に向かって伸ばすことで肩甲骨の外転運動をさせ，前鋸筋機能の左右差を確認する．もし右が高位にある場合，右の前鋸筋が優位であることが示唆される．この場合，右外腹斜筋の優位性が生じているケースが多く，胸郭偏位が前鋸筋機能に影響を及ぼしていることが示唆される[34]（図6-99）．

腹横筋機能評価

腹横筋は下位肋骨を下制させ，腹斜筋とともに腹圧を高め，腹腔および骨盤内臓を圧迫することでコルセットのような役割をするため体幹の安定化に作用する．腹横筋の機能を評価するには腹圧上昇の程度を観察する必要がある．下腹部を触診し，力を入れた際に盛り上がりの程度や左右差を

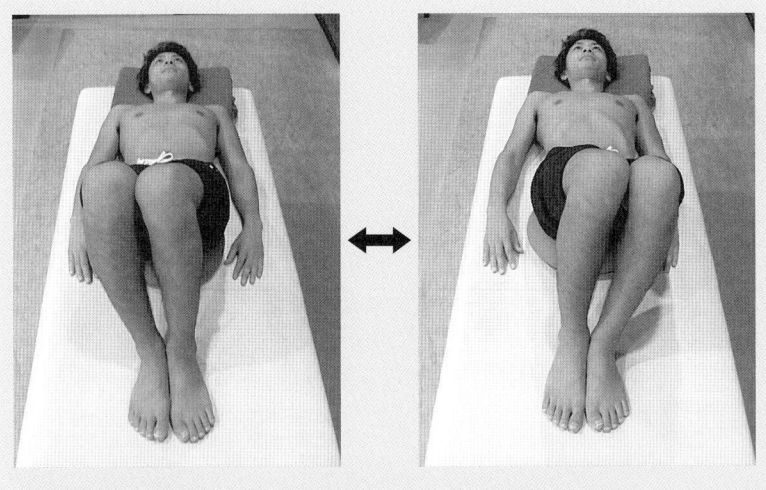

図 6-98　骨盤帯回旋テスト
不安定板を殿部に置き，両膝を合わせた状態を維時しながら骨盤帯を含む下肢を左右へ回旋させる．この動作における体幹の固定性を観察する．この図の場合，左外腹斜筋の機能低下が示唆される．

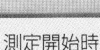

(柿崎藤泰．2010[34])を改変)

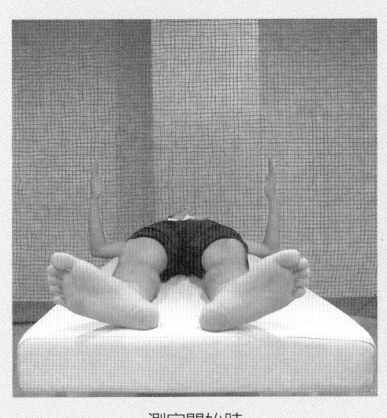

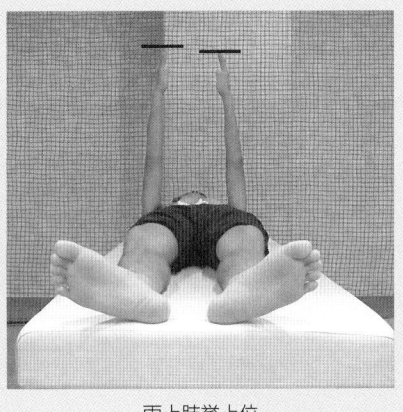

図 6-99　両上肢挙上テスト
背臥位にて左右肩関節外転 90°，肘関節屈曲，指伸展位をスタートポジションとし，両上肢を天井に向かって伸ばすことで前鋸筋機能の左右差を確認する．

(柿崎藤泰．2010[34])を改変)

確認する．腹横筋の収縮が正しく行われている状態では下腹部における腹壁深部の緊張がゆっくり高まるのに対し，不適切な状態では腹壁の緊張が急激に高まり上腹部における表在筋の筋収縮が感じられ，腹壁全体が拡張して触診している手指が腹壁から押し出される[20] (図 6-100)．

また，マンシェットにより他覚的に評価することもできる．マンシェットを用い，腹横筋がほかの腹筋群から分離して収縮を行えるかどうかを確認するものである．背臥位にて股関節屈曲，膝関節屈曲位にさせマンシェットを腰部の下に置く．初めにマンシェットの圧を 40 mmHg に設定し，この状態から腰椎の動きを伴わないようにマンシェットを圧迫して腹圧を上昇させるよう指示する．適切に分離した収縮が行われていれば 10 〜 15 mmHg の圧増加が示される．適切でなければ圧が変化しないか，過剰増加が観察される[36] (図 6-101)．

体幹後面の機能評価

腰背部筋群の評価

腰痛や背部痛を呈するケースでは，脊柱に付着する筋群の左右非対称性が生じていることを臨床上多く経験する．腰椎を支持する筋の左右差は体幹の不安定性を助長するだけでなく，構築的破綻を生じさせる．脊椎に付着する筋群は筋の張力により脊椎を左右から支持しているため，どちらかの筋群の緊張が高まることで脊椎の側屈または回旋などのストレスが生じる．それにより脊椎の構

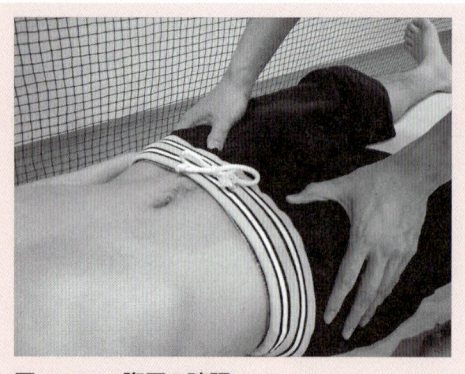

図 6-100　腹圧の確認
下腹部を触診し，力を入れた際の盛り上がりの程度や左右差を確認する．

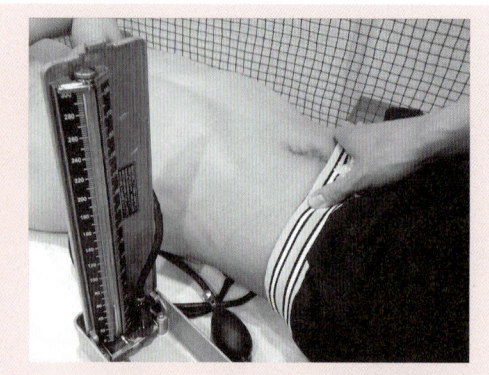

図 6-101　マンシェットを用いた腹横筋機能検査

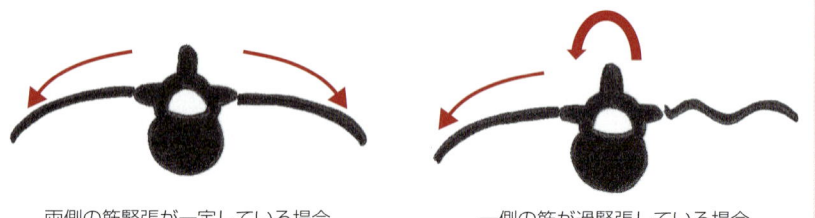

図 6-102　筋張力による椎体の回旋
一側の緊張が増加することで椎体には回旋や並進などの偏位が生じる．

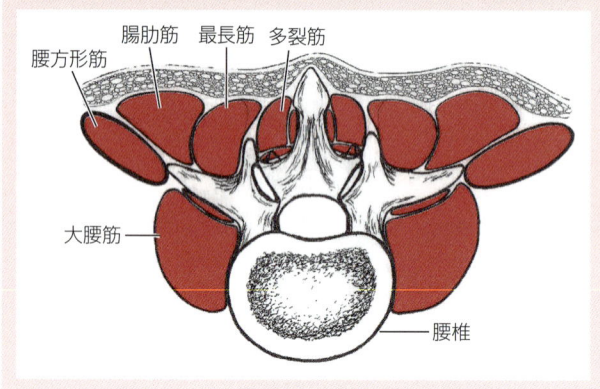

両側の筋緊張が一定している場合　　一側の筋が過緊張している場合

図 6-103　多裂筋の解剖（水平面図）
腰部多裂筋は腰椎筋群のなかでも最も内側に位置している．それぞれ腰椎の棘突起および椎弓から起こり，関節の安定に関与している．

腰方形筋　腸肋筋　最長筋　多裂筋　大腰筋　腰椎

造的破綻をきたすことになるため，この部の観察は重要である（図6-102）．とくに腰部多裂筋は腰椎安定化には重要であるため観察が必要である（図6-103）．腰部多裂筋は，一般的に第4腰椎付近で最も膨隆が大きく，この部での触診が妥当である．観察のポイントは，ジャコビー線より上の棘突起を第4腰椎，下を第5腰椎棘突起の目安として触診することである．この部の棘突起からすぐ外側で多裂筋の左右差や萎縮の程度を観察する[20]（図6-104）．また，頸部の伸展や下肢の伸展動作に伴う多裂筋の収縮の左右差を診ることも必要である．

腰方形筋は，大腰筋とともに腰椎に対して垂直方向に作用し，筋性安定化をもたらす．また脊椎から最も外側に位置するために脊椎からのモーメント長が長く，骨盤を挙上するにあたって最も効率のよい筋である．その反面，一側の過収縮が生じることにより付着する骨盤，腰椎，肋骨の位置関係に左右差が生じやすくなり，腰椎部の筋性安定化に破綻が生じる．そのため，この部の機能的な左右差を確認する必要がある（図6-105）．立位

4. 評価——体幹後面の機能評価

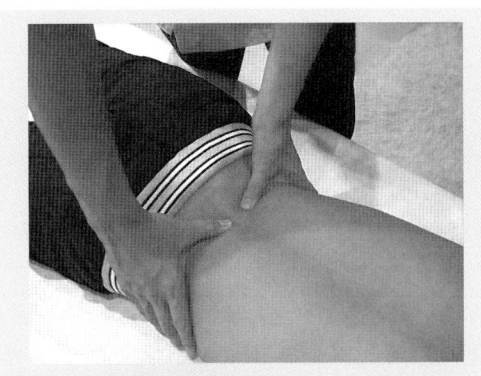

図6-104 多裂筋の触診
各腰椎レベルにおける腰部多裂筋の収縮の左右差を観察する.

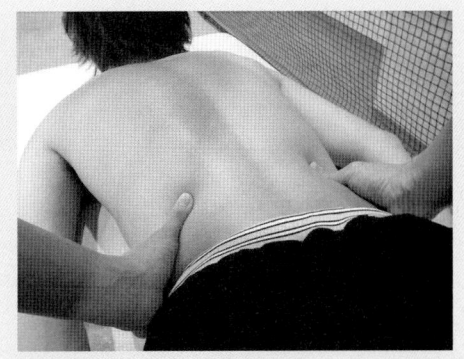

図6-105 腰方形筋の機能的検査
腹臥位で左右骨盤の挙上を交互に行い,腰方形筋の収縮の左右差を観察する.

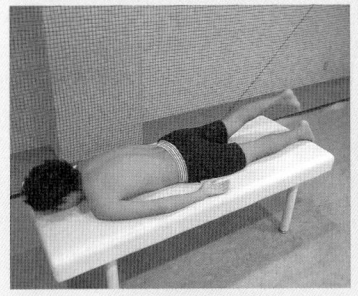

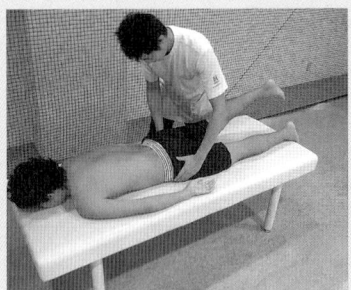

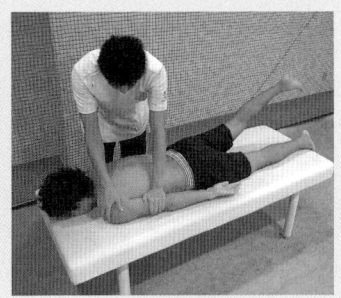

通常時　　　　　　骨盤圧迫時　　　　　　後筋腱斜系帯促通時

図6-106 股関節伸展テスト
腹臥位にて体幹と下肢の連結性をみるものである.通常時,閉鎖位を増加させた場合における下肢挙上側の動作遂行の程度や能力差を観察する.

では足部の底屈にて代償することがあるので腹臥位で行うのが妥当である.腹臥位にて左右骨盤の挙上を交互に行い,動作遂行の優位性を観察する.このとき,骨盤の回旋にて代償動作を行うことがあるので注意して観察を行う必要がある.

股関節伸展テスト

下肢運動時には,体幹固定性と同様に胸郭可動性も重要である.腹臥位にて膝関節伸展位で股関節伸展運動を行う.このとき,初動時の動作遂行のしやすさや股関節伸展に伴う骨盤前傾運動の左右差などを確認する.下肢挙上時には骨盤が後方回旋し,胸郭は,骨盤に対し正中を保つために骨盤とは逆回旋する.この際,下肢挙上側の肋骨が前方偏位することで運動が遂行される.そのため

に下部胸郭の可動性が必要となる.また,膝伸展位で挙上することで下肢のモーメント長が増加し,体幹の固定性はより必要となる.そのため,下肢と体幹後面の連結性を観察する評価にもなる[34].

この動作の代償として,肩甲帯の運動がみられる場合がある.たとえば,右下肢伸展時には右肩甲帯の前方回旋と左肩甲帯の後方回旋によって代償することがあるので注意が必要である.

また,徒手的に両側から圧迫を加えることで閉鎖力を増加させる.また後筋腱斜系帯の影響をみるには,下肢挙上側とは反対側の上肢の内旋,伸展運動に対し抵抗を加え,下肢を挙上させる.これらの操作を加えた際の能力差を観察する(図6-106).

第6章 胸郭のスポーツ障害

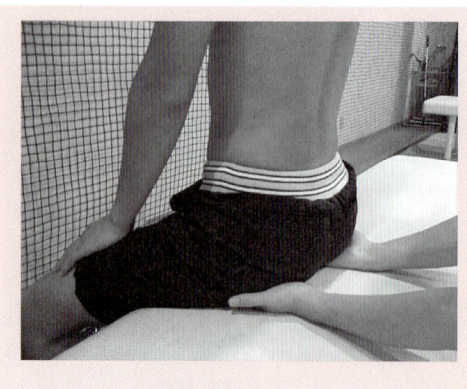

図6-107 座圧中心の見方
座位にて殿部の下に手を入れ坐骨結節位置や圧を確認する.

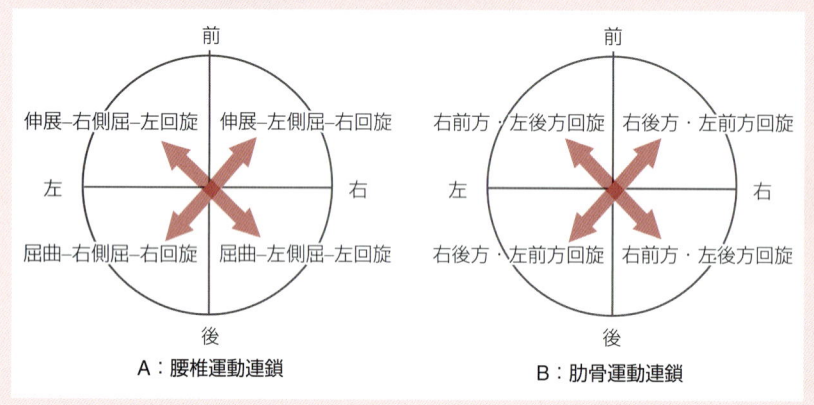

A：腰椎運動連鎖
B：肋骨運動連鎖

図6-108 腰椎，胸郭連鎖と座圧中心
上半身重心位置とそれに伴いやすい腰椎と肋骨の運動連鎖
（柿崎藤泰，2008[29]）を改変）

座圧中心評価

　座圧中心位置を確認するために座位にて殿部の下に手を置き，坐骨結節の位置や圧を確認する（図6-107）．上半身重心位置は座圧として置き換えられ，姿勢と合わせて考える必要がある．たとえば，手に受ける圧が左側で強ければ体幹の左偏位が生じていることが多く，また前方にあれば骨盤後傾が，後方に位置すれば骨盤前傾が生じる．

　座圧中心の移動を評価するには，座面を左右，前後に4分割して座圧中心を移動することで，腰椎または中位肋骨の運動連鎖が良好に行えているかを評価する[29]（図6-108）．右前方・左後方と右後方・左前方と斜めに座圧中心を移動した際，動きの優劣があるかを確認する．これは姿勢時における胸腰椎や肋骨部のmalalignmentが，腰椎，胸郭回旋の有利性を生じさせるために動きの優劣が生じるからである[33]（図6-109）．

5. 治療

　効率的な動作の遂行やバランスのとれた姿勢保持のためには，末梢運動に先行して生じる体幹の固定作用や体幹内での姿勢制御を行わなければならない．そのためには胸郭を含めた体幹機能の再構築が必要となる．体幹ローカルシステムの再構築や，肩関節，骨盤，股関節などの大きな筋群の作用による胸郭の安定化が必要となり，これらの筋群の左右差は胸郭alignmentを不規則に変化させる．そのため，胸郭周囲筋群をはじめ，四肢を含めた筋の再教育が必要となる．胸郭alignmentは，左右対称（脊柱の偏位を伴わない）なものが理想とされており，正中化された胸郭alignmentではインナーユニットの活動性は高まるとされている[33]．

　不良姿勢では体幹筋群の緊張や筋長の変化によってお互いの相互関係が崩れ，インナーユニットの機能低下が簡単に生じる．つまり，左右非対

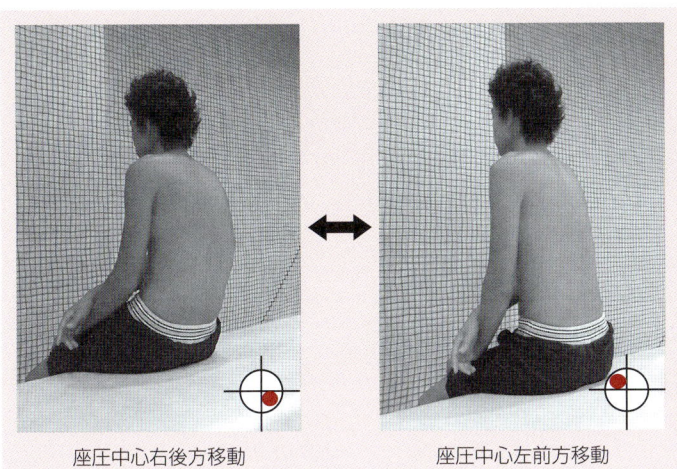

図 6-109 座圧中心移動の評価
座面を上方から見て4分割し座圧中心を移動することで,腰椎または中位肋骨の運動連鎖が良好に行えているかを観察する.

座圧中心右後方移動　　座圧中心左前方移動

（柿崎藤泰,2003[33]）を改変）

称な姿勢では体幹機能が低下する場合が多い.

胸椎後弯に対するアプローチ

理想的な姿勢では,荷重時の重力線が弯曲頂点に対して頸椎ではわずかに後方,胸椎ではわずかに前方を通過し,頸胸部の正常な弯曲位を維持している.つまり重力には正常な弯曲を維持するための外的モーメントアームをもつ作用がある.

体幹機能の低下による体幹屈曲姿勢が顕著になると,荷重時における重力線が,理想的な姿勢よりも胸椎では弯曲頂点のさらに前方に偏位し,外的モーメントアーム長が長くなることで,後弯による屈曲姿勢の程度もいっそう著しくなる.胸椎の生理的弯曲は,椎体間関節前方部の圧迫力によって制限されるため,屈曲姿勢では持続的な圧縮ストレスが生じる可能性がある.また体幹屈曲姿勢では,体幹の長軸方向への配列が崩れ,インナーユニットの活動性が低下するため,体幹機能が低下することが予想される.そのため,胸椎部の屈曲姿勢の改善が必要となる.

ハーフポールによる胸椎伸展 (図6-110)

患者を背臥位にし,腋窩部背面にハーフポールを脊柱と垂直になるよう横に配置する.このとき頭部が過剰な伸展を起こさないように,脊柱の形状に合わせて枕を高くする.患者に深呼吸をするよう指示し,呼気に合わせて上部胸郭を圧迫する[33].呼気に合わせ呼吸を促すことで,吸気の際に胸郭の復元力を利用することができ,吸気活動に伴う胸椎伸展運動が向上する.

スリングを使用した胸椎伸展 (図6-111)

患者を座位にて肩関節と水平の高さに前腕を合わせ,体幹を前傾させながら前方に移動させる.この運動により脊柱全体での伸展動作を促通し,過剰に伸展動作を行っている部分の抑制や減少している部分の改善を促す.また,体幹を前方移動した際には座圧中心が前方に移動する.座圧中心の前方移動に伴い,胸椎は伸展,肋骨は後方回旋が連動するため,これらの動きを誘導していくのも有効である.体幹前傾位での移動を促すことで多裂筋の促通や腹腔内圧の改善にもなる.また,前方移動した際には股関節屈曲も連動して行われるため,股関節機能改善にも有効である.

頸部伸展運動に伴う胸椎伸展運動 (図6-112)

上位胸椎の伸展運動は基本的に頸部伸展運動の延長として生じるため,頸部伸展運動の最終域まで動かすことで促通していく.患者を腹臥位からの両肘立ち位にした状態で頸部の伸展運動を最終

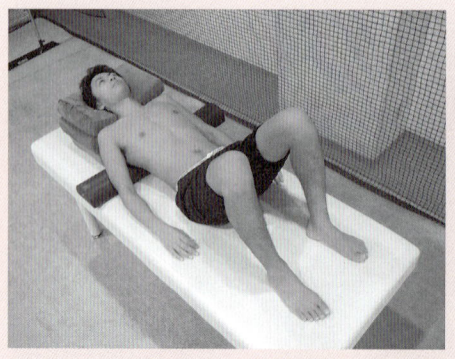

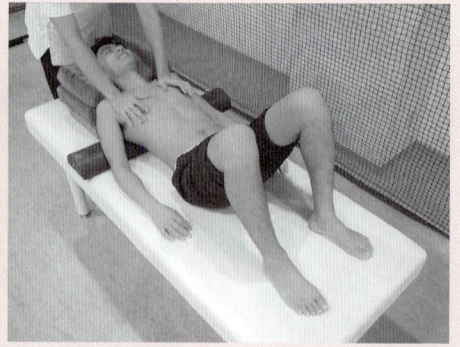

図6-110 ハーフポールによる胸椎伸展
上半身重心位置である第7胸椎付近にハーフポールを脊柱に垂直になるように横に置き,深呼吸をさせる.
(柿崎藤泰.2003[33])を改変)

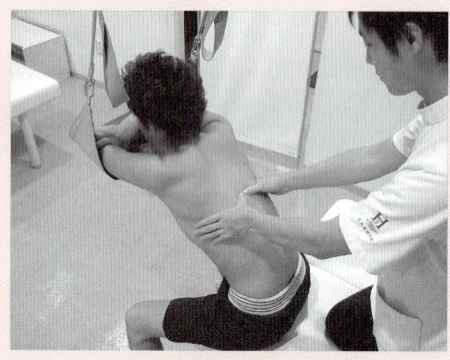

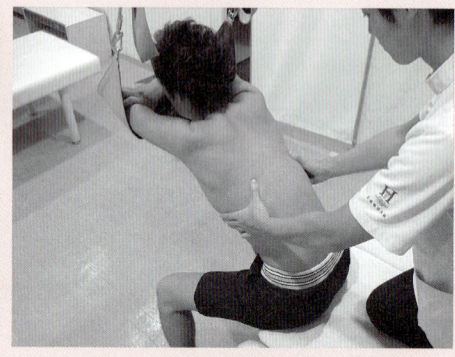

胸椎誘導時　　　　　　　　　　　肋骨誘導時

図6-111 スリングを使用した胸椎伸展
脊柱全体での伸展動作を行うことで過剰に伸展動作を行っている部分の抑制や減少している部分の改善を促す.

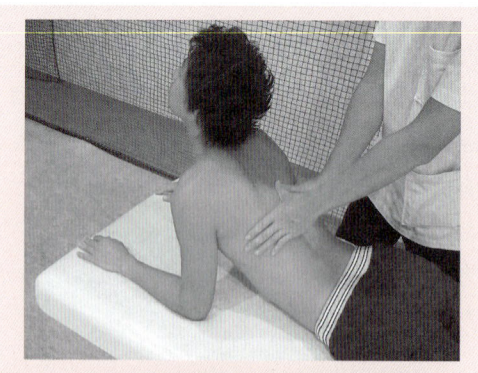

図6-112 頸部伸展運動に伴う胸椎伸展運動
頸部伸展運動の際,上位胸椎に支点を作り,上位胸椎の伸展を促していく.

域まで行う.頸部伸展運動の際,上位胸椎に支点を作ることで上位胸椎の伸展を促していく.腸肋筋や最長筋などの脊柱起立筋群が,左右差なく運動に対して収縮できているかを観察する.もし左右差がある場合は,脊柱alignmentを徒手的に修正して頸部の側屈や回旋動作を行い,片側の収縮を促通していく.

前額面上での体幹偏位に対するアプローチ

前額面上での体幹偏位は体幹全体の形状を変化させ,呼吸活動や動作を行ううえで非効率となるためにこの部の改善は必要となる.体幹の形状によって短縮部位と伸長部位が異なるため,アプローチの方法を変える必要がある[29].

平行四辺形型の体幹に対しては，背臥位にて，上部体幹偏位側の肩甲骨外側部と下部体幹偏位側の骨盤外側部に不安定板を入れて対角線上に延長した部分を矯正し，このポジションでの呼吸運動を行う．このときに呼吸を介助することも有効である．また，座位にて偏位側とは逆方向に傾きを作って体幹偏位を改善し，短縮側の改善を図る．このとき偏位させた側の肩甲骨が下制しないように保持しておくことや，偏位させた側と逆側の腰部を固定し，骨盤が挙上しないように保持しておくことがポイントとなる[29]（図6-113）．

台形型の体幹に対しては伸張側の側腹部を短縮方向に誘導する必要がある．伸張側を上にした側臥位をとり，下部胸郭を下制方向に呼吸介助運動を行い，短縮方向に誘導する．また，短縮側を上にした側臥位で伸張側にバスタオルを丸めたものや枕などを入れることにより伸張を促す[39]．側腹部の筋である腰方形筋の短縮は下部胸郭の運動を阻害するため，改善が必要となる（図6-114）．

体幹偏位と座圧中心偏位に対するアプローチ（図6-115）

座位にて不安定板を殿部の下に置き，座圧中心を移動させる．座圧中心を4分割して姿勢や不得意な動作を評価し，その改善を行う[33]．このときの動作はわずかな動きで行い，可能な限り脊柱の動きで行うのが目的である．上肢や頸部で代償が生じる場合があるので注意が必要となる．

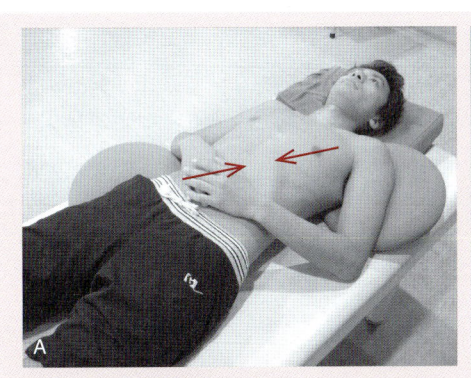

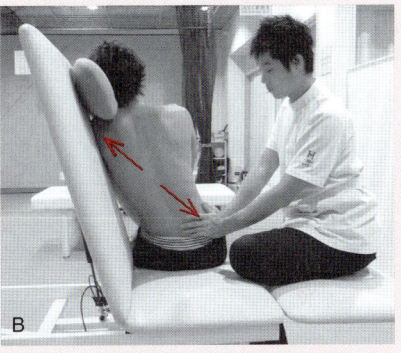

図6-113 体幹平行四辺形型に対する治療
A：上部体幹偏位側と下部体幹偏位側に不安定板を入れ，延長側の短縮を図る方法．
B：上部体幹偏位を反対側へ誘導し，短縮した部位の延長を図る方法．
（柿崎藤泰．2008[29] を改変）

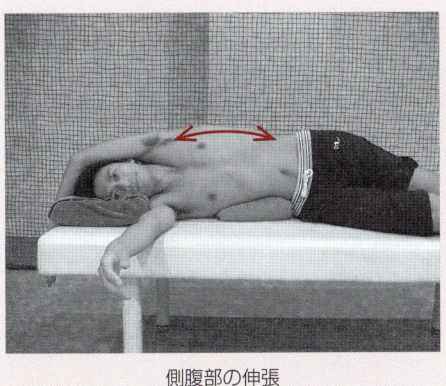

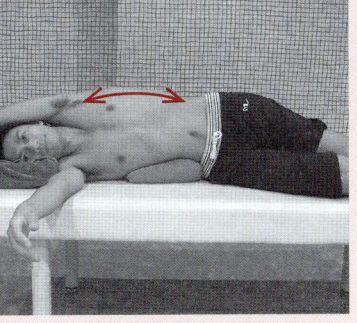

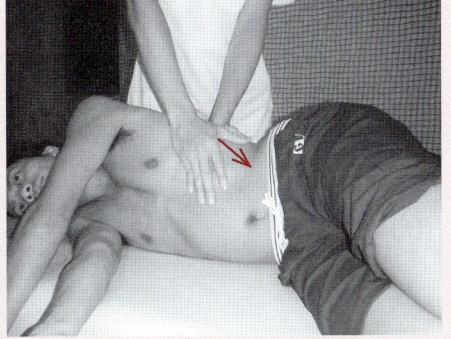

側腹部の伸張　　　側腹部の短縮

図6-114 体幹台形型に対する治療
側臥位にて短縮している胸部および腹部の側方部を伸張または短縮させ体幹の偏位を是正する．

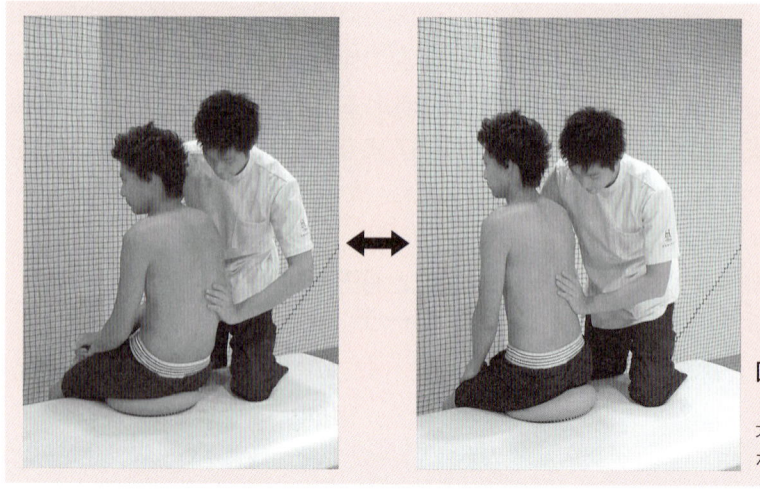

図6-115 体幹偏位と座圧中心偏位に対するアプローチ
不安定板を殿部の下に置き、座圧中心を移動させる.

　たとえば、腰部の前弯を減弱させたい場合には座圧中心を後方に移動させる．このときに腰椎部の屈曲が生じているかを確認する．また、腰椎の前弯を増強させたい場合には座圧中心を前方に移動させる．このときに胸郭が前方に位置するかを確認する．また、上半身重心位置が左右どちらかに偏位している場合は逆方向へ誘導を行う．また、回旋動作にて制限が生じている場合には回旋位での脊柱屈伸動作を行う．

　これらの座圧中心の移動では胸郭の運動連鎖も生じるため、胸郭へのアプローチにもなるので有効である．

肋骨に対するアプローチ

肋骨の下制運動が困難な場合に対するアプローチ

　肋骨を十分に下制することが困難な場合、呼気における胸郭の復元力が得られず呼吸活動に支障をきたす．また吸気時に横隔膜の活動準備が不十分となり、インナーユニットとしての機能低下を助長する可能性があるため改善が必要となる（図6-116）．

　呼気時には腹横筋などの腹部深層筋が働き、腹部の周径が減少することで肋骨の下制運動が生じる．しかし肋骨の十分な下制が生じない場合には腹横筋の機能低下を引き起こし、呼吸活動を阻害する一因となる．そのため、呼気終期に表層の筋群が過剰に働き、腹壁を引き込むことができない．

　背臥位で呼気に合わせて操作を加えていく．腹部表層筋が過剰な活動を生じないように行うのが望ましく、胸骨下方部に圧迫を加えて行うと効果的である．呼気終末時に上腹部は弛緩し、下腹部の収縮が入るのを確認しながら行い、円滑な呼吸活動を誘導していく[34]（図6-117）．

不規則な肋骨リングの配列に対してのアプローチ

　肋骨リングの配列を修正するには、下位肋骨の状態を把握しやすい背側から行うのが望ましい．

　徒手的に修正するのであれば、評価から肋骨リングの回転が生じづらい側に対して行う．肋骨角外側部を外腹側方向に圧迫し、背側の肋骨リングが規則正しく配列して同等の回転が得られるように修正をしていく．肋軟骨の弾性の低下により胸郭のたわみが出ない状態では、疼痛を訴える場合もあるので注意しなければならない（図6-118）．

　肩甲骨内転テストにて左右差が生じ、可動性が低下している場合や、肩関節90°外転位での内旋運動の可動性が低下している場合では、上位肋骨リングに定型的な後方回旋の傾きが生じていることが考えられる．上位肋骨の前方回旋量が不十分

5. 治療——体幹不安定性に対するアプローチ

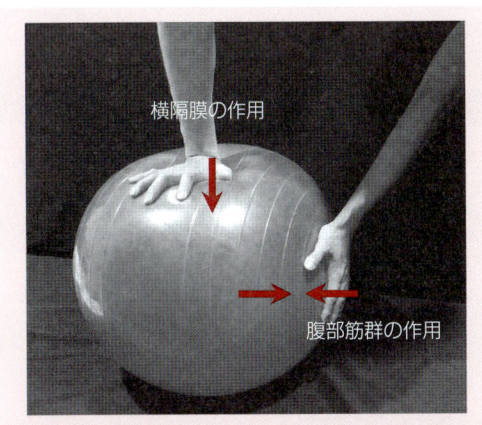

図 6-116 横隔膜の作用による腹腔内圧上昇のイメージ
横隔膜は収縮することで下方移動する．このときに前方へ押し出す力を腹壁の筋群が抑制することで腹腔内圧が上昇する．

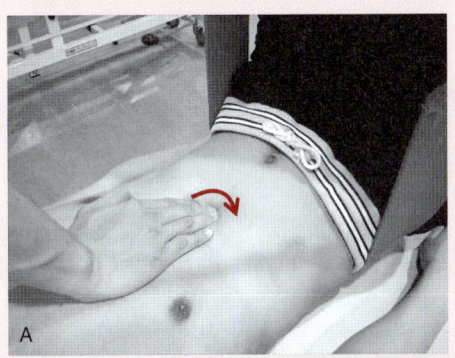

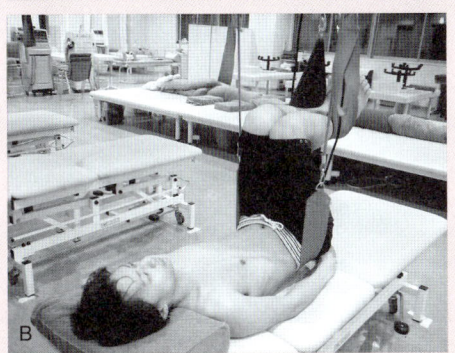

図 6-117 肋骨の下制運動が困難な場合に対するアプローチ
A：呼気に合わせ胸郭下方部に圧迫を加える．
B：骨盤を後傾すると腹部臓器が頭側に移動し，横隔膜へ適度な圧迫を与える．

（柿崎藤泰，2010[34]）を改変）

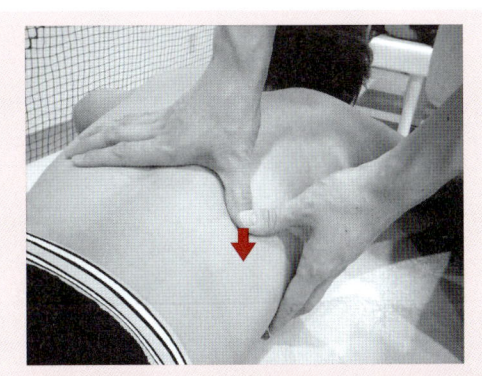

図 6-118 不規則な肋骨の配列を徒手的に修正する方法
肋骨角外側部を外腹側方向に圧迫し，背側の肋骨が規則正しく配列して同等の回旋が得られるように修正をしていく．

90°外転位での内旋運動では，付随して生じる上位肋骨の前方回旋量が不十分なため制限が生じる．上位肋骨の前方回旋が不十分な側に対してアプローチを行っていく．

体幹不安定性に対するアプローチ

骨盤前傾運動の低下に対するアプローチ

骨盤前傾運動が低下している状態では，連動して生じる脊柱の伸展が低下しやすい．結果として，インナーユニットが働きづらく脊柱が頭尾方向に伸びることが困難となり，体幹の不安定性を生じやすい．

背臥位にて，股関節90°屈曲位から股関節外転，外旋運動を行う．股関節外旋運動に伴って骨盤前傾が生じ，脊柱の伸展を高めることができる．両膝を把持しながら行うことで骨盤の過度な前方移動を防ぐ[29]（図6-119）．また，スリングを使用して股関節外転，外旋運動を行うことで骨盤の前傾運動を促すのも効果的である．

一側の腰方形筋の過収縮に対するアプローチ

一側の腰方形筋の過収縮は腰部の筋に左右差を生じさせ，脊柱を垂直位に保つことが困難となる．

状態では，肋骨面と肩甲骨面で滑走がうまく行われず，肩甲骨内転運動が困難となる．また肩関節

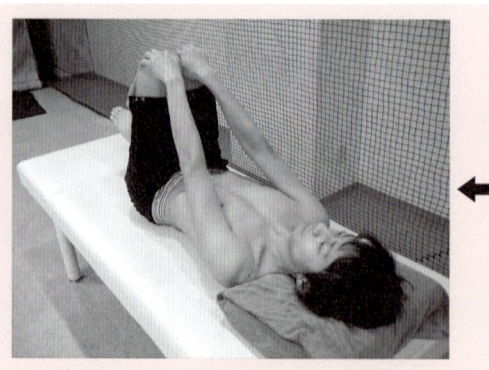

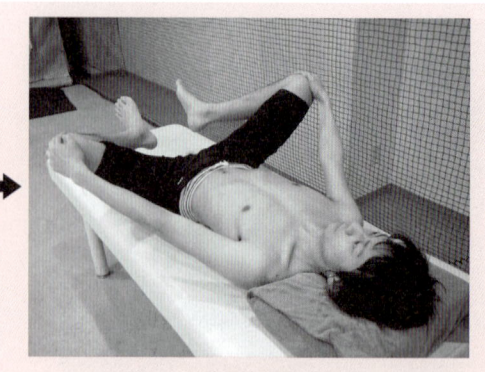

第6章　胸郭のスポーツ障害

図6-119　骨盤前傾運動の低下に対するアプローチ
股関節90°屈曲位から股関節外転, 外旋運動を行い, この運動に伴う骨盤前傾を促していく.
(柿崎藤泰, 2008[29]を改変)

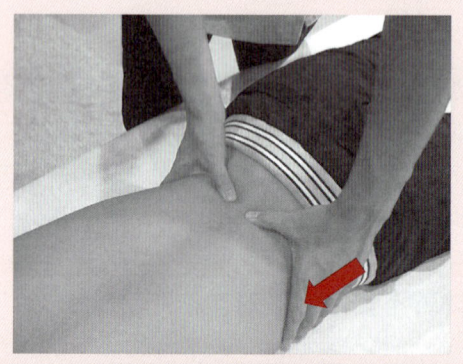

動作開始時　　　　動作終了時

図6-120　一側の腰方形筋の過収縮に対するアプローチ
腹臥位にて代償動作が生じない程度の幅で骨盤挙上を行わせる.

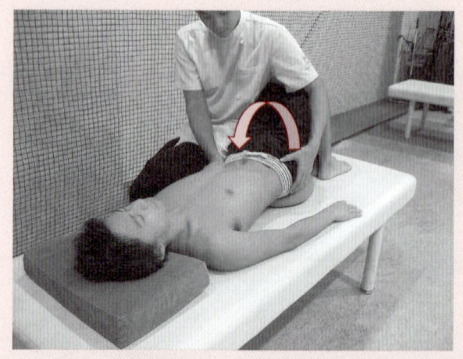

図6-121　一側の外腹斜筋過収縮に対するアプローチ
機能低下している側の外腹斜筋を促通する.
(柿崎藤泰, 2010[34]を改変)

腰椎部の筋性安定化に破綻が生じ, 体幹が機能しづらくなるため動作が非効率となる.

評価を基に, 骨盤の挙上動作が非効率な側に対して治療を行う. 腹臥位にて骨盤挙上を行わせ, 代償動作が生じない程度の幅でその左右差が減少するまで行う (図6-120). また, スリングを使用して骨盤の挙上動作を促すのも効果的である.

一側の外腹斜筋の過収縮に対するアプローチ (図6-121)

外腹斜筋の過活動は胸郭回旋偏位を生じさせてしまうため改善が必要となる. 基本的に胸郭形状の正中化を考えていく必要がある. 一側の活動を抑制するためには反対側の外腹斜筋を促通していく. また外腹斜筋は前鋸筋と筋連結しているため, 前鋸筋の固有収縮を入れることで外腹斜筋の活動性をあげる. 外腹斜筋の過緊張は付着部である第5肋骨の前方偏位を助長するため, 肋骨前方偏位の左右差が生じる. この部での変化量を治療後の効果判定とするとよい. 背臥位にて股関節屈曲, 膝関節屈曲位とし, 殿部に不安定板を挿入する. 評価を基に, 優位側と反対側の外腹斜筋に対してアプローチを行う. 骨盤帯を含む下肢を回旋させると同時に, 体幹は正中を維持するために, 骨盤帯, 下肢回旋方向とは逆回旋が生じ, 外腹斜筋の活動が生じる. このときのポイントは, 動作の初動時

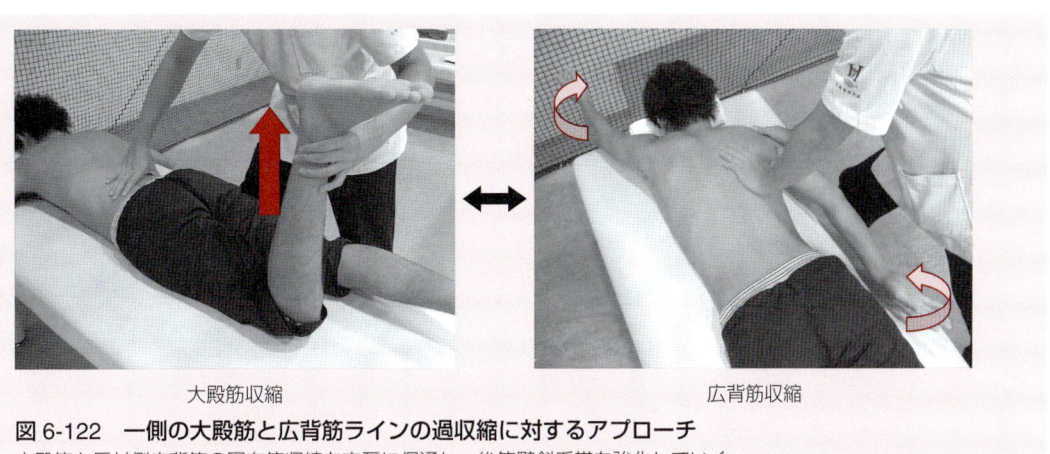

大殿筋収縮　　　　　　　　　　　　　　　広背筋収縮

図 6-122　一側の大殿筋と広背筋ラインの過収縮に対するアプローチ
大殿筋と反対側広背筋の固有筋収縮を交互に促通し，後筋腱斜系帯を強化していく．

(柿崎藤泰．2010[34] を改変)

に対してアプローチを行うことである．動作が大きいと回旋側とは反対側肩甲帯の前方回旋が生じ，外腹斜筋のアプローチとしては不十分となるために注意が必要である[34]．

一側の大殿筋と広背筋ラインの過収縮に対するアプローチ（図 6-122）

大殿筋と胸腰筋膜を介した反対側の広背筋で構成される後筋腱斜系帯は体幹の安定化に関与するが，一側のラインが過収縮を起こすと体幹は機能しづらくなり動作に非効率が生じる．

腹臥位で，膝関節 90°屈曲位での股関節伸展運動を行い，大殿筋の固有収縮を促す．このとき反対側の背部の収縮を確認する．反対側の広背筋を収縮させるには肩関節内旋・伸展運動を行い，広背筋の固有収縮を促す．このとき，大きな運動により代償動作を行わないようにすることがポイントとなる．また胸椎が屈曲位にある場合にはアウターユニットが機能しづらくなるため，広背筋や大殿筋の収縮を促すには胸椎伸展位が望ましい．その方法としては，反対側上肢を挙上位にすることで胸椎の伸展モーメントが高まり胸椎伸展位での運動が可能となる．

大殿筋と広背筋の収縮を数回ずつ交互に入れ，胸腰筋膜や下後鋸筋を介して大殿筋と反対側の広背筋を連動させる．このことにより前額面上での下半身と上半身の位置をコントロールすることができ，体幹が正中位をとることで体幹の安定化や動作効率も向上させることができる[34]．

引用文献

1) Kapandji IA：腰椎・胸椎．カパンディ関節の生理学Ⅲ 脊椎・体幹・頭部（塩田悦仁訳）．医歯薬出版，2005, pp66-161.
2) Kahle W, Leonhardt H, Platzer W：運動器の系統解剖学．分冊 解剖アトラスⅠ（越智淳三訳）．文光堂，1999, pp58-59.
3) 中村隆一，斎藤 宏，長崎 浩：体幹と脊柱の運動．基礎運動学．医歯薬出版，2005, pp274-279.
4) Neumann DA：体軸骨格．筋骨格系のキネシオロジー（嶋田智明，平田総一郎訳）．医歯薬出版，2005, pp269-399.
5) Lee D : The thorax : An integrated approach. Orthopedic Physical Therapy. 2003, pp41-57.

6) Guyton AC and Hall JE : Textbook of Medical Physiology, 10th ed. WB Saunders, 2000.
7) Blandine CG：体幹・肩関節．動きの解剖学Ⅰ（仲井光仁訳）．科学新聞社，1995，pp25-135.
8) 阿部幹雄，堀江孝至：呼吸筋．呼吸療法テキスト（三学会合同呼吸治療士委員会）．克誠堂，1992，pp29-33.
9) 渡辺正仁：筋系．理学療法士・作業療法士・言語聴覚士のための解剖学．廣川書店，2001，pp163-252.
10) 河上敬介，磯貝 香：頸部と体幹の前面の筋．骨格筋の形と触察法（河上敬介，小林邦彦編）．大峰閣，1999，pp113-148.
11) 鈴木貞興：脊柱．整形外科理学療法の理論と技術（山嵜 勉編）．メジカルビュー社，2006，pp144-171.
12) Gary A. Shankman：腰椎，胸椎，頸椎のマネジメント．整形外科的理学療法—基礎と実践（鈴木 勝監訳）．医歯薬出版，2008，pp412-413.
13) 寺山和雄，辻 陽雄：胸椎，腰椎．標準整形外科学．医学書院，2000，pp458-459.
14) 藤巻悦夫：胸・腹部．図説整形外科診断治療講座 第17巻スポーツ外傷・障害．メジカルビュー社，1990，pp76-101.
15) 柳澤 健：筋損傷・筋筋膜炎．理学療法学ゴールドマスターテキスト4 整形外科系理学療法学．メジカルビュー社，2009，pp140-141.
16) 林 浩一郎：胸郭の外傷．新図説臨床整形外科講座 第3巻 頸椎・胸椎・胸郭．メジカルビュー社，1990，pp275-285.
17) 一宮邦訓，市村竜治ほか：体幹の疲労骨折．臨床スポーツ医学，27(4)：405-409，2010.
18) 山下敏彦：椎間関節性腰痛の基礎．日本腰痛会誌，13(1)：24-30，2007.
19) Lee D：Introduction to the thorax：セミナーテキスト．
20) Richardson C：科学的基礎．脊椎の分節的安定性のための運動療法（斎藤昭彦訳）．エンタプライズ，2002，pp9-66.
21) 柿崎藤泰：胸郭の病態運動学と理学療法．理学療法，26(3)：431-440，2009.
22) Blandine CG：The skeleton's role in breathing. Anatomy of Breathing. Eastland Press, 2006, pp35-55.
23) 蒲田和芳：運動学的特性を理解して行う胸郭コンディショニング．月刊トレーニングジャーナル，364：12-19．2010.
24) 上田泰久：頸椎屈曲伸展運動における運動中心の軌跡分析．理学療法学，32(Suppl 2)：321，2005.
25) Lee D：解剖・腰-骨盤帯-股関節域のバイオニクス，ペルビックアプローチ（丸山仁司監訳）．医道の日本社，2001，pp15-62.
26) Zacharkow D : Standing posture. Posture : Sitting, Chair Design and Exercise. Charles C Thomas, 1988, pp3-48.
27) 有働正夫：運動と反射．運動生理学（石河利寛，杉浦正輝編）．建帛社，1996，pp57-65.
28) 深代千之：跳躍の仕組み．体育の科学，57(7)：492-500，2007.
29) 柿崎藤泰：多関節運動連鎖からみた高齢者の胸椎・胸郭の保存的治療戦略．多関節運動連鎖からみた変形性関節症の保存療法（井原秀俊，加藤 浩，木藤伸宏編）．全日本病院出版会，2008，pp168-179.
30) 石井美和子：腰部疾患に対する姿勢・動作の臨床的視点と理学療法．理学療法ジャーナル，41(2)：131-137，2007.
31) Gross J, Fetto J, Rosen E：頸椎と胸椎．筋骨格系検査法（石川 斉，嶋田智明訳）．医歯薬出版，2005，pp38-80.
32) J. & V. ドヴォルザーク：脊柱の生体力学と機能的検査・刺激過敏部．徒手医学 痛みの診察法（山浦伊裟吉，佐藤達夫訳）．中央洋書出版部．1988，p14，54，55.
33) 柿崎藤泰：呼吸運動療法．呼吸運動療法の理論と技術（本間生夫編）．メジカルビュー社，2003，pp114-139.
34) 柿崎藤泰：変形性脊椎症．外来整形外科のための退行変性疾患の理学療法（小関博久編）．医歯薬出版，2010，pp105-124.
35) 真島英信：骨格筋の収縮．生理学．文光堂，2004，pp49-75.
36) 荒木秀明：腰痛症の理学療法．標準理学療法学専門分野運動療法学各論（奈良 勲監修，吉尾雅春編）．医学書院，2005，p256.

第7章
腰仙部のスポーツ障害

1. 腰仙部の機能解剖

腰仙部の形状

仙骨の上に5つの腰部椎骨が縦に連なって腰椎が形成される．仙骨は左右の腸骨に挟まれて仙腸関節を形成し，骨盤輪または骨盤帯として腰椎を支えている．腰椎前方部分は介在する椎間板を挟んで各椎体が上下に連結し，腰椎後方部分は上関節突起と下関節突起が椎間関節を形成して連結している（図7-1A）．

仙腸関節は関節包を有する滑膜性関節であり可動性はあるが，その動きはきわめて小さい（図7-1B）．仙腸靱帯・仙結節靱帯・腸腰靱帯などの靱帯に強固に制御されている（図7-1C）．

腰椎の運動

腰椎の屈曲（flexion）・伸展（extension）（図7-2），体幹の右側屈（bend to right）・左側屈（bend to left）（図7-3），体幹の右回旋（rotation to right）・左回旋（rotation to left）（図7-4）．

腰椎の構成

前柱（腰椎前方部分）

前縦靱帯（anterior longitudinal ligament）（図7-5A）

椎体前面を縦に連なる靱帯で，脊柱の過伸展を制御する（図7-5C）．

椎間板（髄核と線維輪）（vertebral disc）（図7-5A）

椎体間に介在する線維軟骨で，中心の髄核を線維輪が取り巻いている．髄核は水分を多く含有し，弾力性による衝撃緩和を有する．無数の線維からなる線維輪は椎体間の運動を制御する．腰椎の運動に伴って椎体間に狭小化する部位が生じ，その

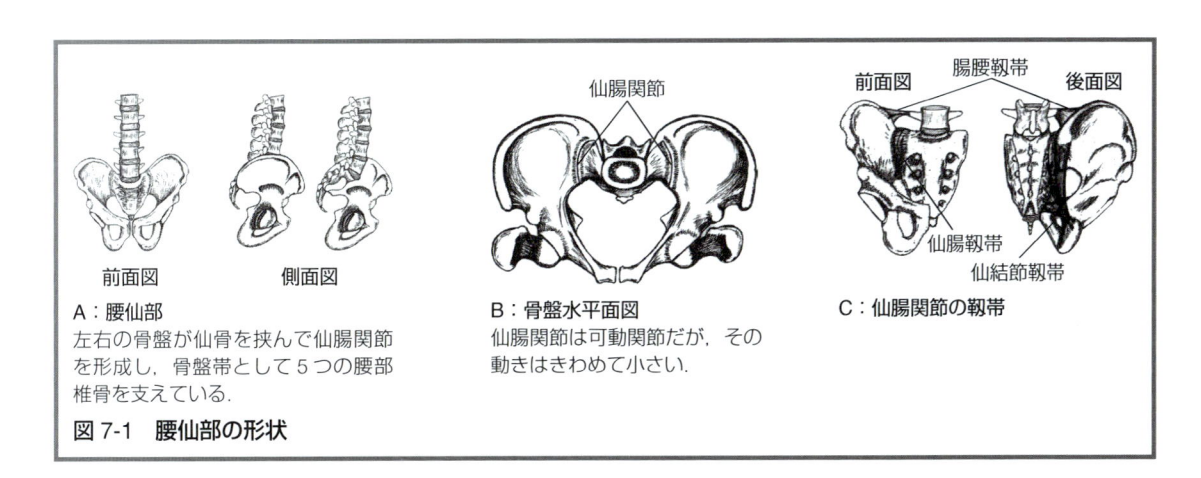

A：腰仙部
左右の骨盤が仙骨を挟んで仙腸関節を形成し，骨盤帯として5つの腰部椎骨を支えている．

B：骨盤水平面図
仙腸関節は可動関節だが，その動きはきわめて小さい．

C：仙腸関節の靱帯

図7-1 腰仙部の形状

第7章 腰仙部のスポーツ障害

腰椎中間位　　　　　腰椎屈曲　　　　　腰椎伸展

図7-2　腰椎の屈曲・伸展

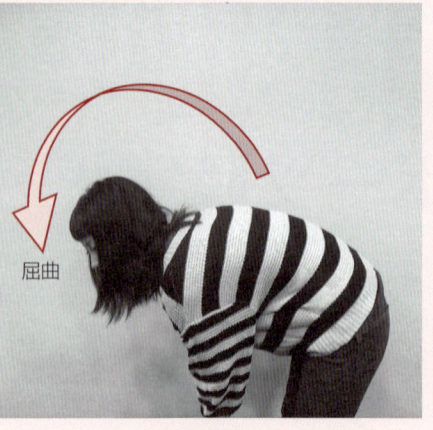

中間位　　　　　右側屈　　　　　左側屈

図7-3　腰椎の側屈

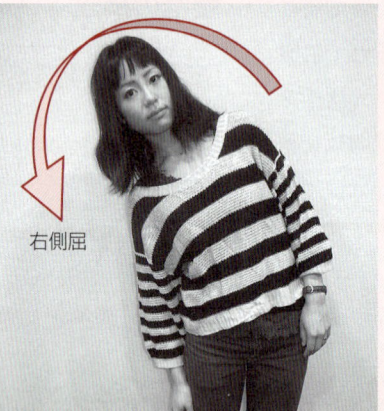

中間位　　　　体幹の右回旋　　　　体幹の左回旋

図7-4　腰椎の回旋

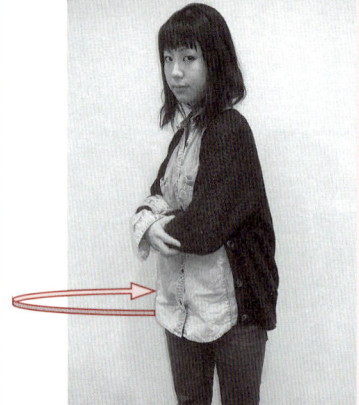

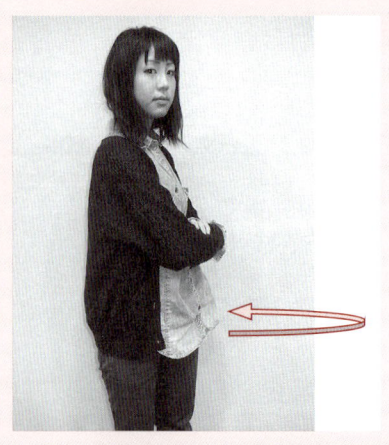

288

部位の椎間板内圧が上昇すると，髄核は内圧の低い椎体間の広い部位に偏移する（図7-6）．

後縦靱帯（posterior longitudinal ligament）（図7-5A）

椎体後面で縦に連なって脊柱管前壁を形成する靱帯で，脊柱の過屈曲を制御する（図7-5B）．

後柱（腰椎後方部分）

黄色靱帯（flavum ligament）（図7-5A）

上下の椎弓間を結ぶ靱帯で，脊柱の過屈曲を制御する（図7-5B）．

脊柱管後壁を形成する．

椎間関節（fascet joint）（図7-5A）

上関節突起と下関節突起により形成され，上下の椎骨を連結している．関節包と滑膜に覆われている平面関節で，腰椎運動の際に関節面の滑動が起こる．関節面の傾きは水平面に対し約90°，前額面に対し約45°をなす（図7-7）．

棘間靱帯（interspinous ligament）（図7-5A）

棘突起間を結ぶ靱帯で，脊柱の過屈曲を制御する（図7-5B）．

棘上靱帯（supraspinous ligament）（図7-5A）

棘突起間を結ぶ靱帯で，脊柱の過屈曲を制御する（図7-5B）．

図7-5 腰椎の構成
A：腰椎
B：腰椎過屈曲の制限
C：腰椎過伸展の制限

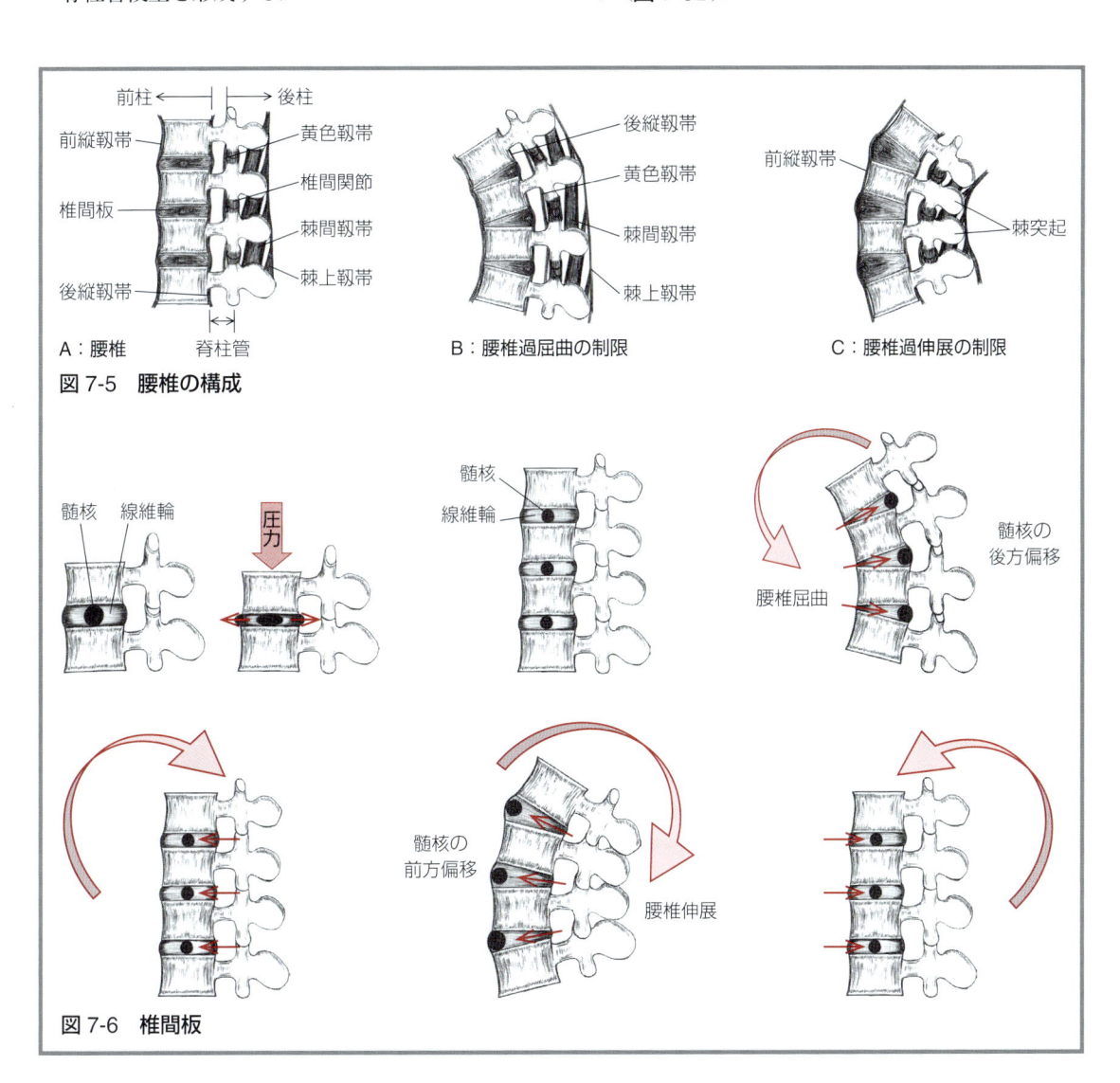

図7-6 椎間板

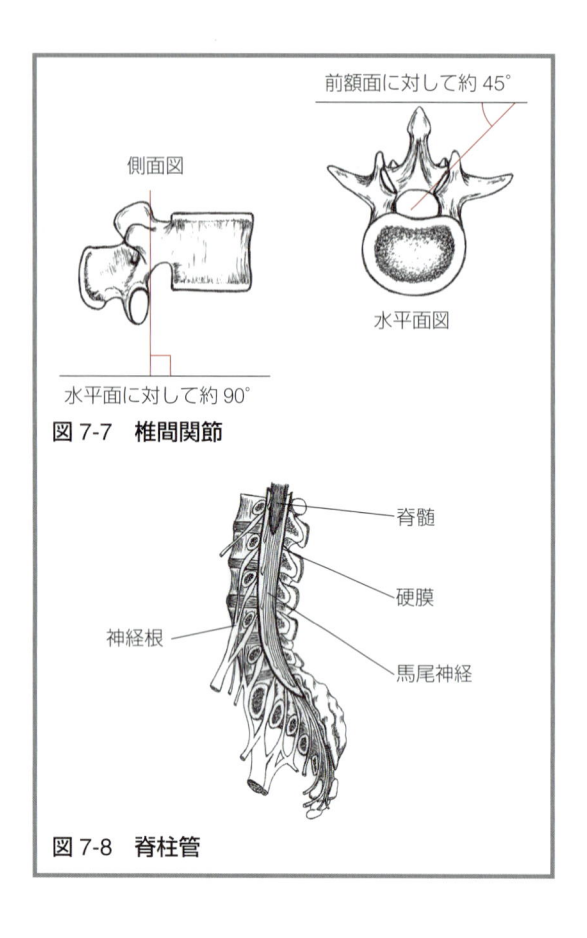

図 7-7　椎間関節

図 7-8　脊柱管

なって形成される管腔で，腰椎の前柱と後柱のあいだに介在する．前壁は後縦靱帯，後壁は黄色靱帯に覆われ，その内腔は脊髄が通過する（**図 7-5A**）．脊髄表面はくも膜に被われ，硬膜がこれを包み込んでいる．脊髄は第 2 腰椎上縁の高さで終わり，第 2 腰椎以下の脊柱管内腔を馬尾神経が通過する（**図 7-8**）．

腰椎の動力筋

腰椎の屈筋

腹直筋（rectus abdominis）
　胸腰椎の屈曲作用と骨盤の挙上・後傾作用がある（**図 7-9**）．

内腹斜筋（obliquus internus）
　胸腰椎の屈曲以外にも体幹の側屈・同側への回旋作用がある（**図 7-10**）．

外腹斜筋（obliquus externus）
　胸腰椎の屈曲以外にも体幹の側屈・対側への回旋作用がある（**図 7-11**）．

腸腰筋（iliopsoas）
　股関節の屈筋である腸腰筋は腰椎屈曲作用も有する．

腰椎の伸筋

脊柱起立筋群（棘筋，最長筋，腸肋筋）（図 7-

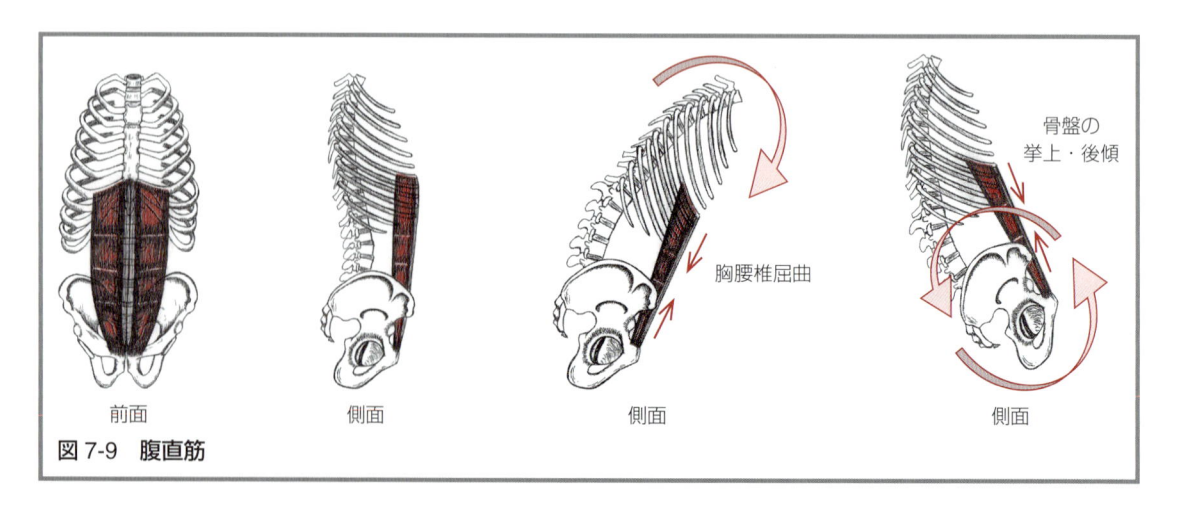

棘突起（spinous process）（**図 7-5C**）
　椎弓から後方へ連なる骨性の突起で，脊柱の過伸展を制御する．

脊柱管（spinal canal）

腰椎の椎体後壁と椎弓からなる椎孔が縦に連

図 7-9　腹直筋

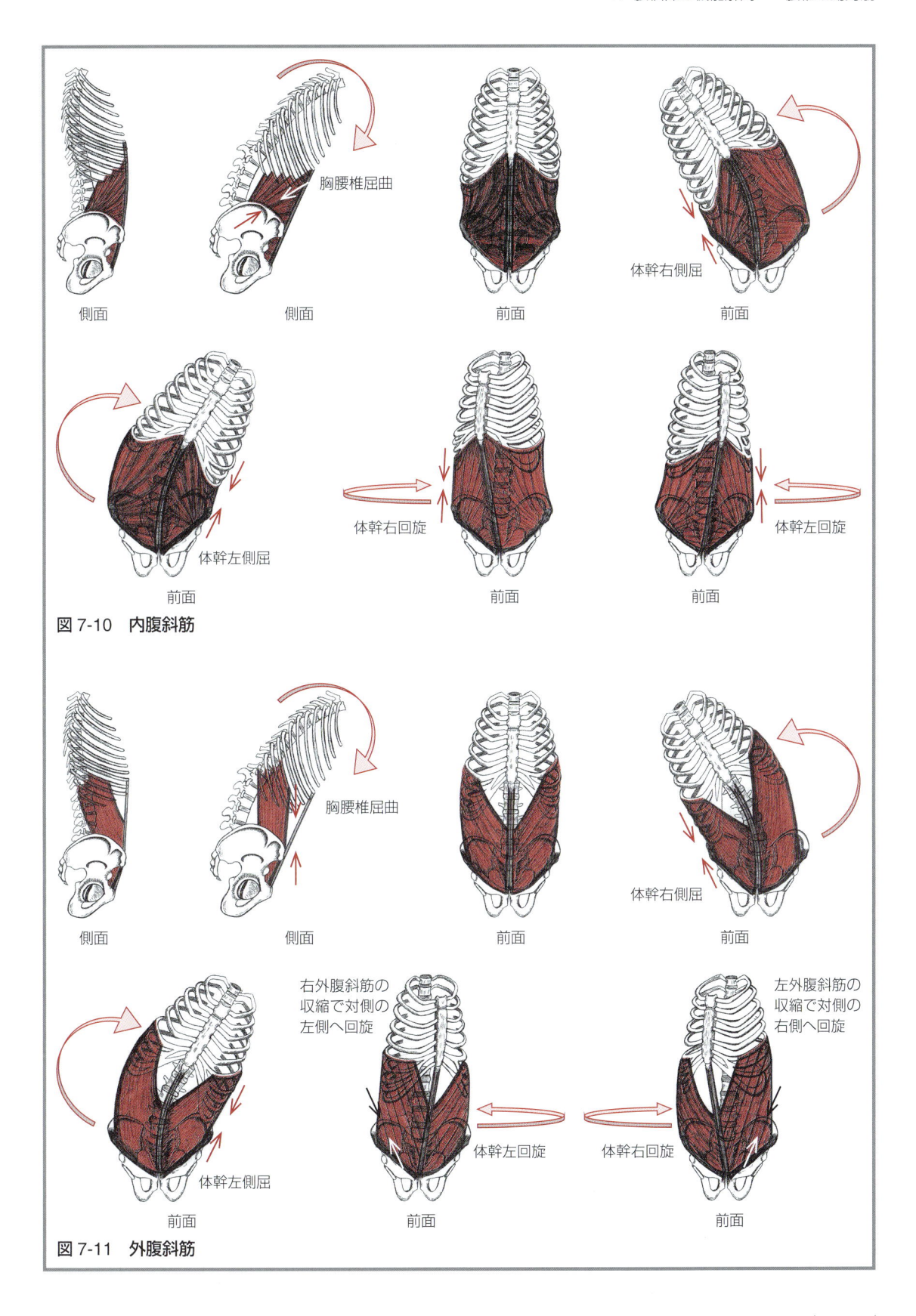

1. 腰仙部の機能解剖──腰椎の動力筋

図 7-10 **内腹斜筋**

図 7-11 **外腹斜筋**

291

第7章 腰仙部のスポーツ障害

12), 横突棘筋（回旋筋, 多裂筋, 半棘筋）, 棘間筋, 横突間筋（図7-13）は腰椎伸展作用を有する.

腰方形筋は両側同時収縮では腰椎伸展に作用し, 片側収縮では同側の体幹側屈に作用する（図7-14）.

腰仙部・骨盤帯の安定筋

体幹インナーユニット（inner muscles unit of trunk）

体幹深部の筋である横隔膜, 腹横筋, 骨盤底筋群は連なって巨大な囊状, あるいは袋状の筋のユ

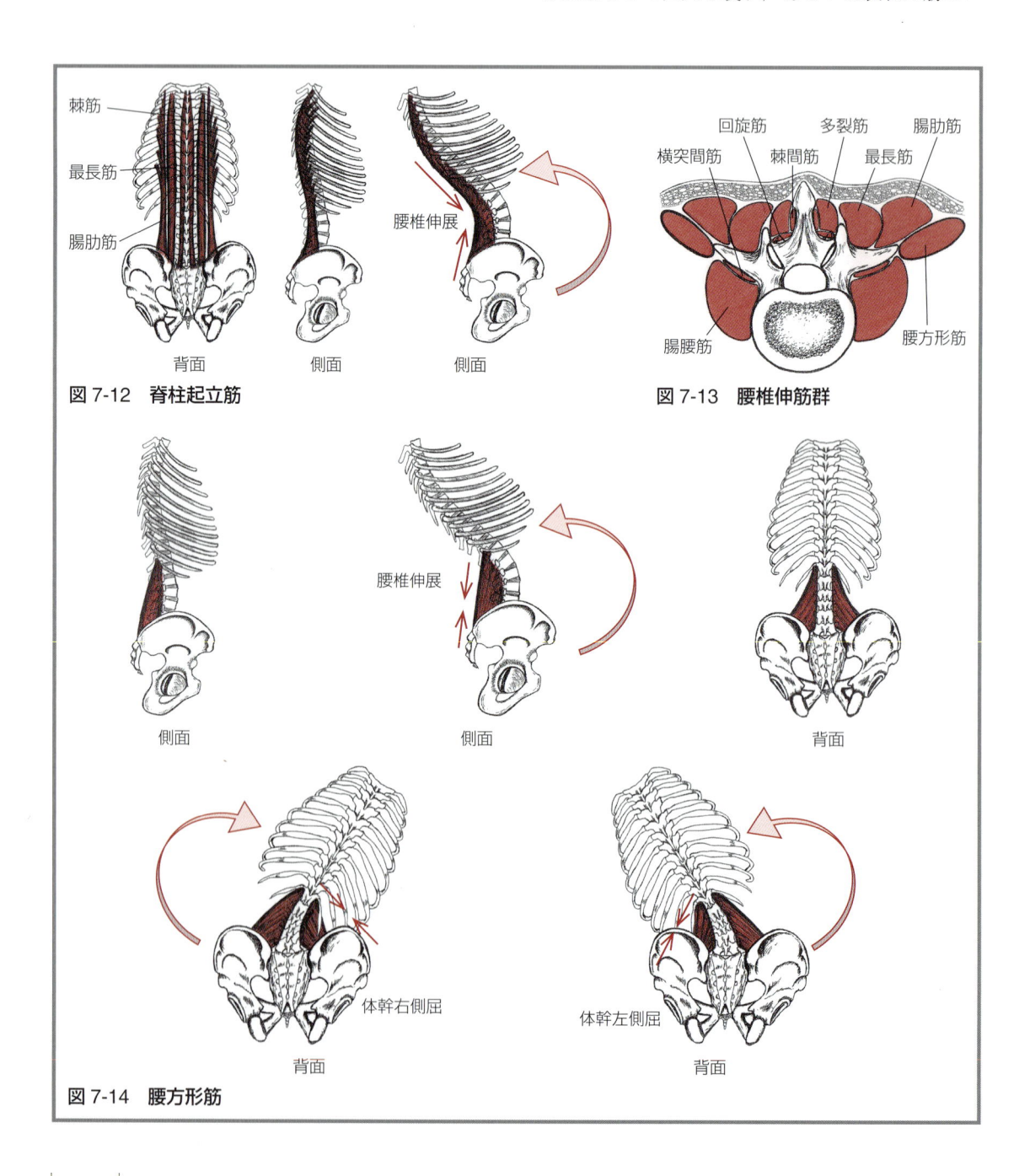

図7-12 脊柱起立筋

図7-13 腰椎伸筋群

図7-14 腰方形筋

ニットを形成し，stabilizer として腰仙部の安定化に寄与している．この筋ユニットの後方には脊椎を介して多裂筋などの傍脊柱筋や腰方形筋・腸腰筋が連結し，骨盤内では梨状筋が骨盤底筋群に連結して，脊柱・体幹・下肢の alignment に影響を与えている（図 7-15A，B）．この筋ユニットの適切な緊張状態は体幹全体の安定に作用する（図 7-15C）．また，下肢・胸椎・胸郭・頸椎の alignment 変化や運動にも関与し（図 7-15D），さらに胸椎や胸郭から肩甲骨を介して肩関節や上肢の alignment にも影響を及ぼす（図 7-15E）．

仙腸関節の運動

仙腸関節の動きはきわめて小さいが，関節面のごくわずかな alignment 変化が腰仙部の安定性や運動に影響を与える．骨盤の腸骨の関節面に対し仙骨が前傾した状態の alignment を前傾（neutation）といい，その逆に仙骨が後傾した状態の alignment を後傾（counter neutation）という．

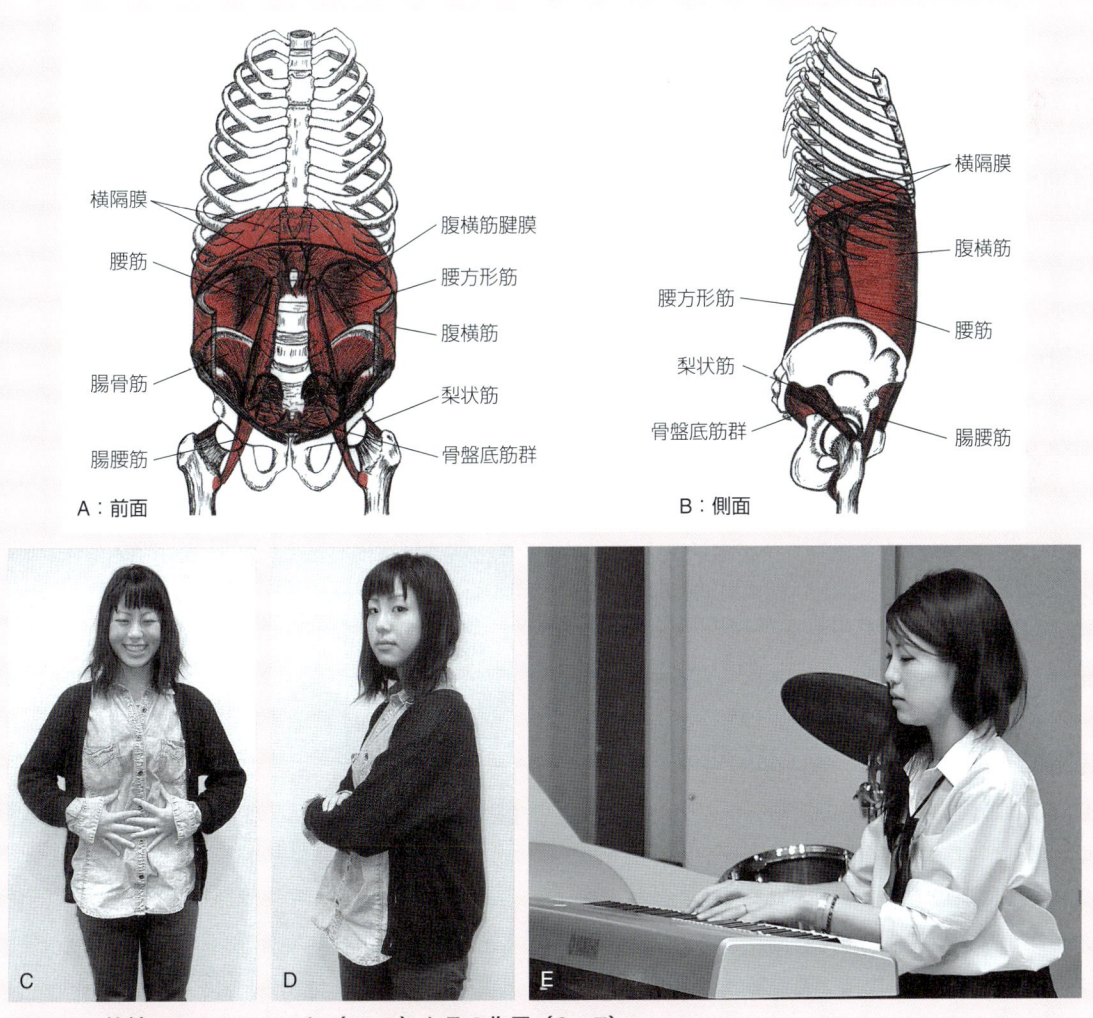

図 7-15 体幹インナーユニット（A，B）とその作用（C〜E）
C：体幹インナーユニットは腰仙部の stabilizer として体幹を安定させる作用を有する．
D：体幹インナーユニットの作用は体幹を安定させ，下肢だけでなく胸椎・胸郭・頸椎の alignment にも影響を与える．
E：体幹インナーユニットの作用は体幹の安定とともに胸郭と肩甲骨を介して肩関節や上肢の alignment にも関与する．

2. 腰仙部のスポーツ障害

腰仙部のスポーツ障害

腰仙部痛はスポーツ選手特有の症状ではないが，発生率は85〜95%と報告されている[1]．スポーツ選手では，種目により発生率が異なり，コンタクトスポーツでは，レスリング，サッカー，アメリカンフットボールの順に多く，ノンコンタクトスポーツでは，体操，テニス，ゴルフの順に多い[2]．競技の特性により，腰仙部へのメカニカルストレスの加わり方が異なるため，個人の機能や能力に加えてそれぞれの競技特性を考慮して評価・理学療法を展開する必要がある．

腰仙部痛の原因とメカニカルストレス

腰仙部痛の原因は，解剖学的には腰仙部周囲の筋膜・関節・関節周囲組織・神経に関連する侵害受容器の炎症や力学的変化である．

腰仙部に炎症や力学的変化をもたらす原因は，急激に加えられた外傷のみではなく，わずかな静的・動的負荷が長期間連続して加えられたメカニカルストレスによっても生じる．

腰仙部に生じるメカニカルストレスとしては，圧縮，軸回旋，剪断ストレスなどがある[3]（図7-16, 17）．

圧縮ストレス

圧縮ストレスは，椎間板に加わる垂直方向の圧力のことで（図7-16A），椎間板内への圧力が高くなると線維輪や終板を通じて髄核が外方へ膨隆する．腰椎屈曲位での荷重は，椎間板前方の上下幅を減じ，線維輪前方部に圧迫力を加え，髄核を後方に押しやる．髄核の後方移動により，線維輪に張力が働き，外方へ膨隆するメカニカルストレスを増加させる．腰椎伸展位では，線維輪前方部への圧迫力は減少するため，髄核を後方へ押しやるストレスは軽減し，腰椎alignmentによって椎間板への圧縮ストレスが変化することがわかる．

軸回旋ストレス

軸回旋ストレスは，椎体部の軸回旋により生じるもので（図7-16B），そのトルクの大きさは，腰仙部を安定させる靱帯や筋などの機能低下により，回旋軸が椎体内中心から離れるほど大きくなる（図7-17）．腰椎回旋軸は椎体の後方に存在し（図7-18），この軸から逸脱した非生理的な関節運動が繰り返されると，椎間関節包や椎間板の外側線維輪・椎間関節の損傷を招き，椎間関節の突起間の損傷により腰椎分離症を招く．

剪断ストレス

剪断ストレスは，上下の椎間板や椎間関節間に対して平行方向に負荷が生じるものである（図7-16C）．剪断ストレスは腰椎の前弯角（腰椎前弯の程度）や仙骨の傾きに影響され，前弯角や仙骨の前傾が大きくなるほど椎間板に加わる剪断ストレスも大きくなる．剪断ストレスにより椎間板に変性が生じると，上位椎体が前方へすべることで腰椎すべり症を発症する．

圧縮，軸回旋，剪断ストレスのような腰仙部へのメカニカルストレスが生じる原因は，一般的に腰仙部の筋力低下や柔軟性低下だけが原因ではなく，他部位の機能低下の代償などが原因となり腰仙部へのメカニカルストレスが生じる場合もある．よって腰仙部痛に対する理学療法では，腰仙部局所のみではなく下肢・体幹などの全身機能や運動パターンを評価し展開する必要がある．

腰仙部へのメカニカルストレスを軽減する適切な脊柱の運動

腰仙部へのメカニカルストレスを軽減する適切な脊柱の運動とは，脊柱が生理的な弯曲から適切な運動を行うことである．生理的な弯曲とは，頸椎前弯，胸椎後弯，腰椎前弯である．脊柱が適切な運動を行うと，弾力性をもち，外からの衝撃を分散することができる（図7-19A）．脊柱が適切な

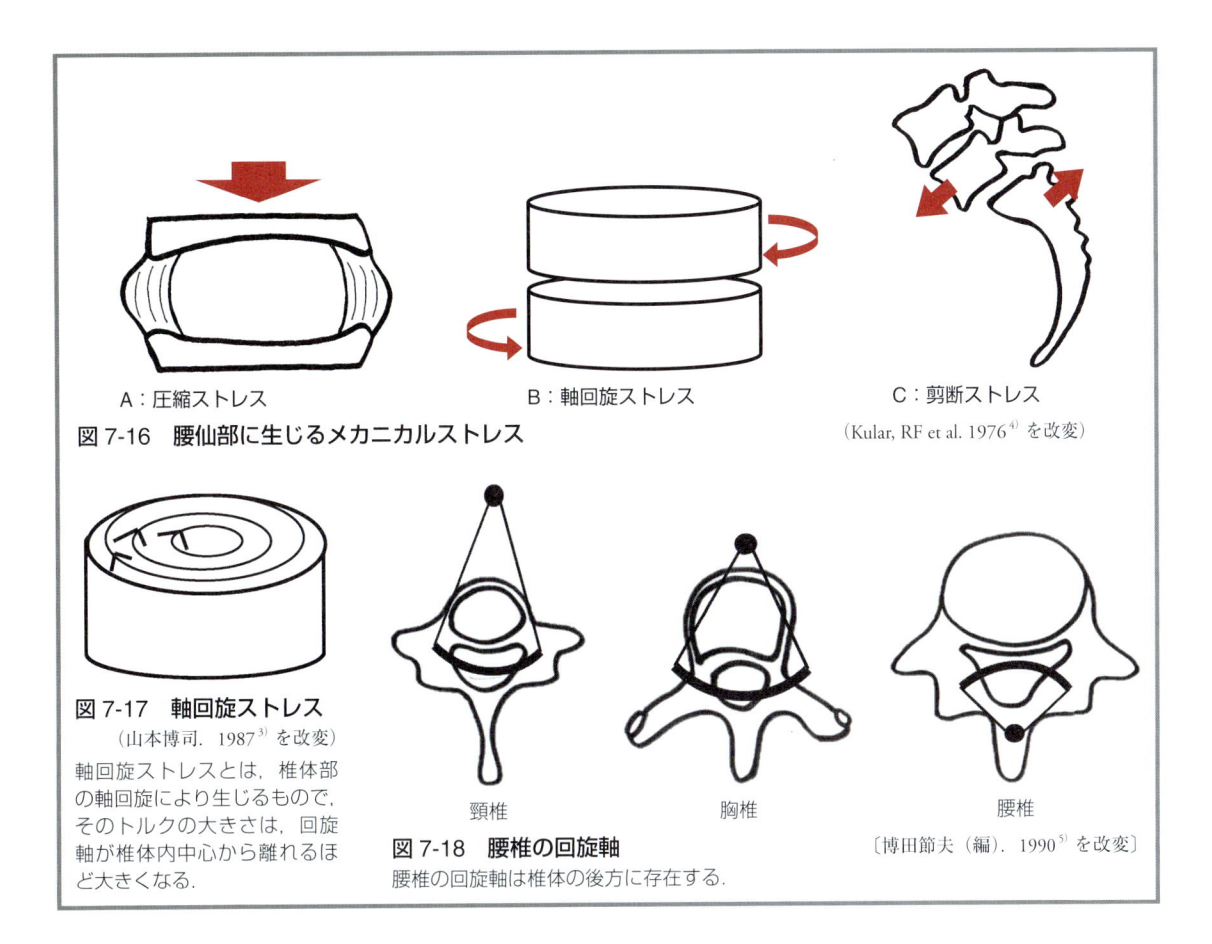

図 7-16　腰仙部に生じるメカニカルストレス

A：圧縮ストレス　　B：軸回旋ストレス　　C：剪断ストレス
（Kular, RF et al. 1976[4]を改変）

図 7-17　軸回旋ストレス
（山本博司. 1987[3]を改変）
軸回旋ストレスとは，椎体部の軸回旋により生じるもので，そのトルクの大きさは，回旋軸が椎体内中心から離れるほど大きくなる．

頸椎　　胸椎　　腰椎

図 7-18　腰椎の回旋軸
腰椎の回旋軸は椎体の後方に存在する．
〔博田節夫（編）. 1990[5]を改変〕

運動を行えなければ，脊柱局所へのメカニカルストレスは増大し，関節周囲組織などが損傷すると，疼痛を発生させる（図7-19B）．

脊柱の適切な運動を維持するために必要な機能は，体幹筋群の働きによる抗重力伸展活動と腰仙部の安定性である．

体幹筋群の働きは，大きく分けてアウターマッスルとインナーマッスルによるものに分類される．アウターマッスルは腹直筋や脊柱起立筋群などの表面筋であり，脊柱の屈曲・伸展など大きな運動を行う際に作用する．インナーマッスルはインナーユニットとよばれる横隔膜・腹横筋・多裂筋・骨盤底筋群の4つで形成され，腹腔内圧上昇による抗重力伸展活動により脊柱の適切な運動を維持し，静的安定化を担っている（図7-15B）．腹腔内圧上昇による抗重力伸展活動は，重力に抗する活動のことである．インナーユニットとして体幹筋群が共同して活動することで，動作時の腰椎や仙腸関節の圧縮ストレスを軽減する．腹腔内圧上昇による抗重力伸展活動が低下すると，動作に伴い腰仙部への圧縮ストレスは増加し，腰仙部局所へのメカニカルストレスが増加する（図7-20）．

アウターマッスルは体幹の支持や姿勢制御に不可欠であるが，筋長が長いことから脊柱の回転中心より遠くなるため，体幹の過度な剛性を生じ，脊柱の分節的運動と安定性を維持するには限界がある[8]．インナーマッスルは筋長が短く，脊柱の回転中心に近いため，脊柱の分節的運動と安定性の維持に適している（図7-21）．動作時においては，インナーマッスルとアウターマッスルが協調して働くことで，適切な脊柱の運動を維持する．とくに多裂筋は腰椎と仙骨を連結する多分節筋であり，

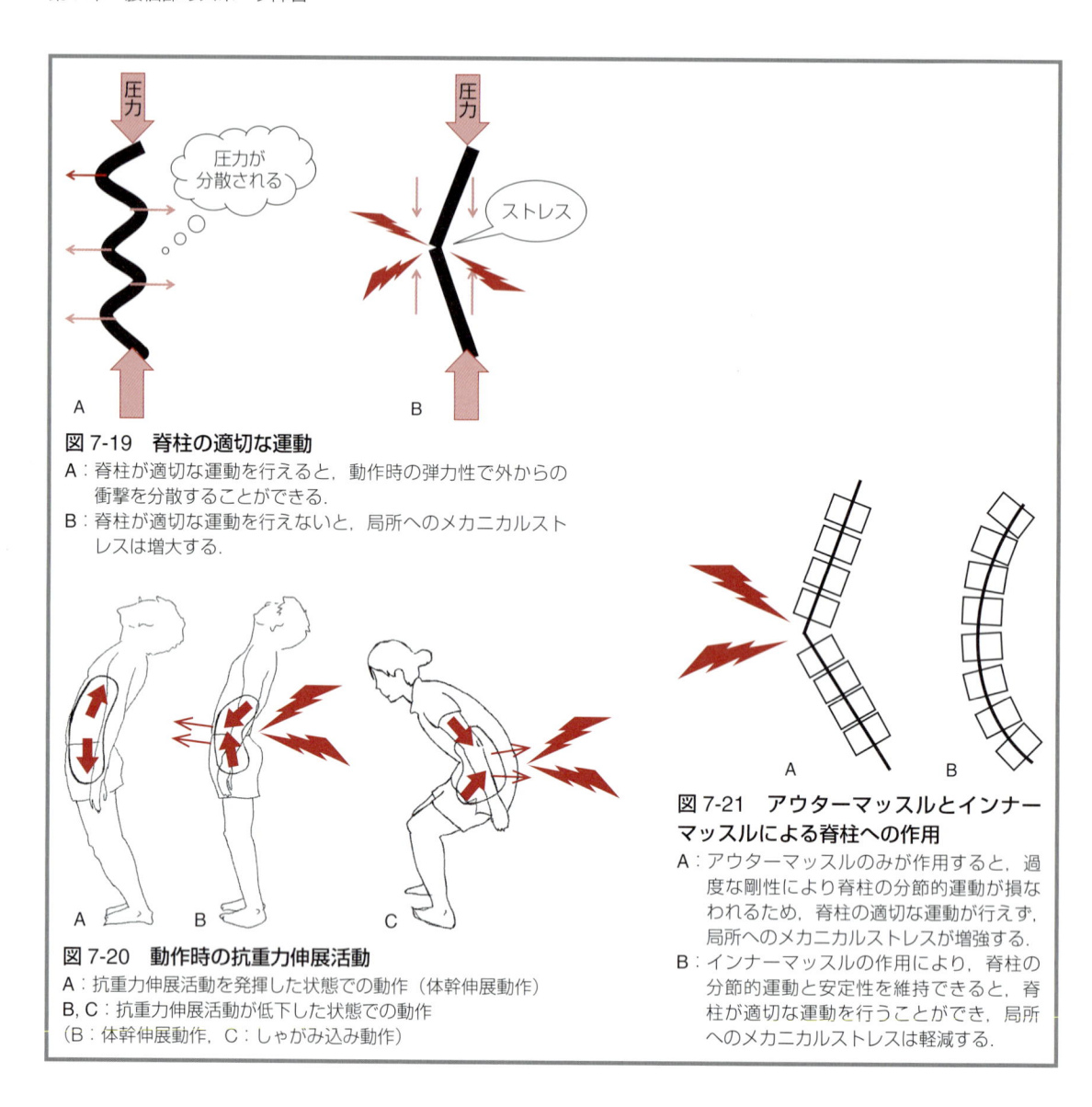

図7-19 脊柱の適切な運動
A：脊柱が適切な運動を行えると，動作時の弾力性で外からの衝撃を分散することができる．
B：脊柱が適切な運動を行えないと，局所へのメカニカルストレスは増大する．

図7-20 動作時の抗重力伸展活動
A：抗重力伸展活動を発揮した状態での動作（体幹伸展動作）
B, C：抗重力伸展活動が低下した状態での動作
（B：体幹伸展動作，C：しゃがみ込み動作）

図7-21 アウターマッスルとインナーマッスルによる脊柱への作用
A：アウターマッスルのみが作用すると，過度な剛性により脊柱の分節的運動が損なわれるため，脊柱の適切な運動が行えず，局所へのメカニカルストレスが増強する．
B：インナーマッスルの作用により，脊柱の分節的運動と安定性を維持できると，脊柱が適切な運動を行うことができ，局所へのメカニカルストレスは軽減する．

効率よく脊柱分節を安定させる[3]．

また，脊柱の動きを支持する土台として，骨盤帯の安定性も重要である．骨盤帯には仙腸関節が存在し，仙骨と寛骨で構成され，関節運動は仙骨の前傾（neutation）と後傾（counter neutation）である（図7-22）．仙腸関節を含む骨盤帯の安定性を保つためには，閉鎖位機構と閉鎖力機構が重要である[9]（図7-23）．閉鎖位機構とは，仙腸関節の圧迫力が靱帯の張力により増加し，骨盤帯が受動的に安定することである．仙腸関節に付着する多くの靱帯は，仙骨の前傾を制御するよう構成されている（図7-24）．閉鎖力機構とは，仙骨・寛骨に付着する筋群により，仙腸関節に圧迫力が増加し，骨盤帯が能動的に安定することである．仙腸関節の圧迫力を増加させる筋群は，体幹部を安定させるインナーマッスルに加え，胸背筋膜，アウターマッスルである大殿筋・対側の広背筋も関与する[10]（図7-25）．

これらの機能により，動作時において，適切な脊柱の運動を行うことができれば，腰仙部局所の

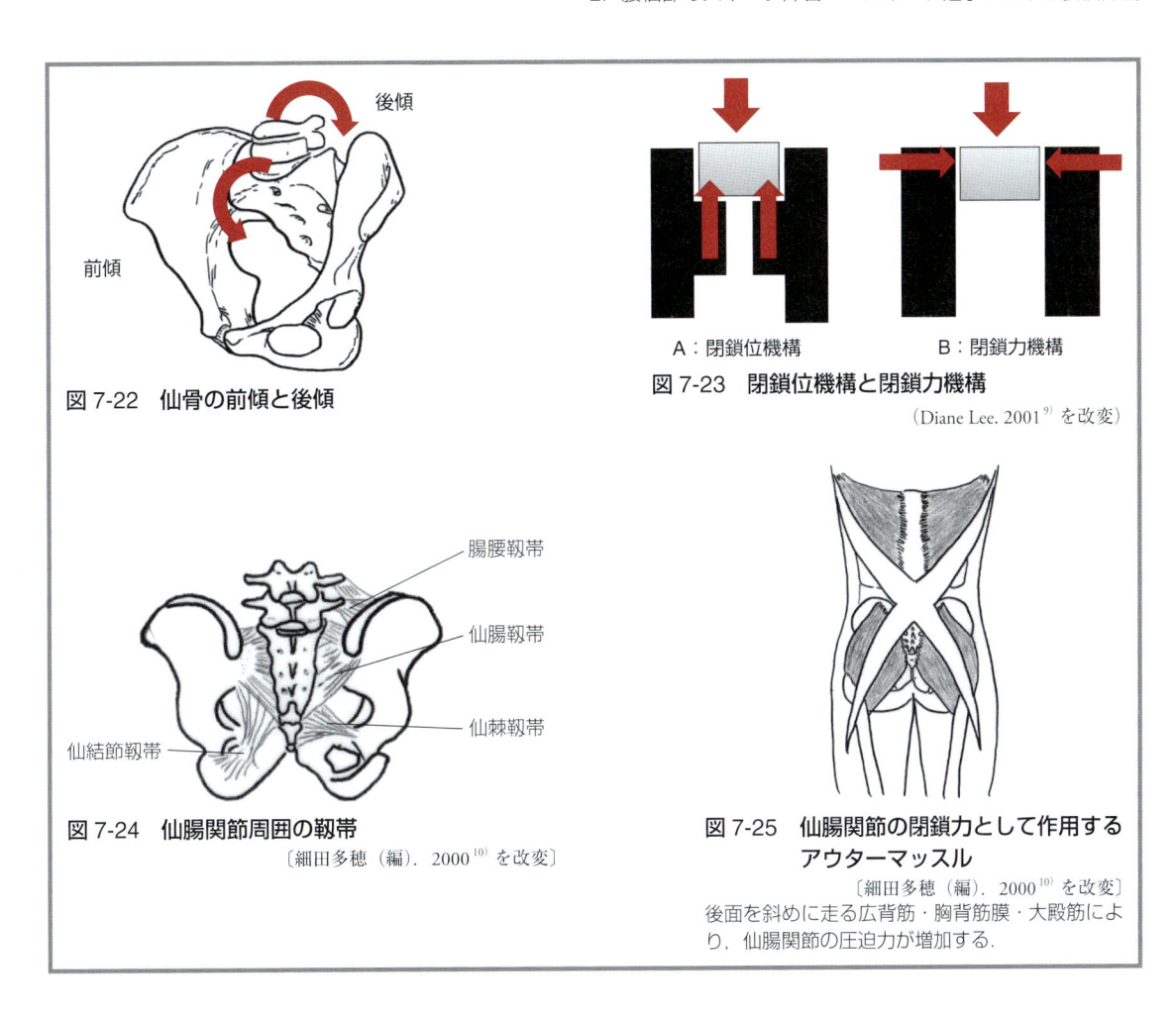

図 7-22 仙骨の前傾と後傾

図 7-23 閉鎖位機構と閉鎖力機構
A：閉鎖位機構　　B：閉鎖力機構
〔Diane Lee. 2001[9] を改変〕

図 7-24 仙腸関節周囲の靱帯
腸腰靱帯
仙腸靱帯
仙棘靱帯
仙結節靱帯
〔細田多穂（編）. 2000[10] を改変〕

図 7-25 仙腸関節の閉鎖力として作用する
アウターマッスル
〔細田多穂（編）. 2000[10] を改変〕
後面を斜めに走る広背筋・胸背筋膜・大殿筋により，仙腸関節の圧迫力が増加する．

メカニカルストレスを軽減することができる．

スポーツ選手における腰仙部痛

　スポーツ選手において，抗重力伸展活動が低下し，適切な脊柱の運動が維持できなければ，衝撃分散作用の低下（図7-19）による局所へのメカニカルストレスが増大する．それに伴い，腰椎の非生理的な関節運動や腰仙部の不安定性増強による腰仙部へのメカニカルストレスが増加すると，腰仙部痛を生じる．脊柱が適切な運動を行えるような生理的な弯曲をとることができないと，動作時，腰椎では非生理的な関節運動が生じる．このような非生理的な関節運動の繰り返しにより，脊柱alignment異常を生じる．脊柱alignment異常は，腰椎の前弯増強・前弯減少に大きく分類される．

腰椎の前弯増強に伴う腰仙部痛

　腰椎の前弯増強に伴う腰仙部痛は，クラシックバレエや器械体操選手などの腰椎伸展型スポーツに加えて，バスケットボール，バレーボールや長時間のランニングなどの床反力の強い衝撃を受けるスポーツ選手においても，腰椎の前弯増強による腰仙部痛を発生する．体幹伸展動作の際にインナーユニット機能や骨盤帯の安定性の低下がみられる症例では，抗重力伸展活動の低下により腰椎の前弯が増強し，椎間関節部への圧縮ストレスは増大する．バレーボールやバスケットボールなどの軽度膝関節屈曲位を維持する姿勢やジャンプ動作においても，抗重力伸展活動の低下による腰椎の前弯増強が生じ，腰仙部痛を発生させる（図

7-26).長時間のランニングなど,床反力による衝撃が生じるスポーツでは,適切な脊柱の運動による床からの衝撃吸収機能が低下し,腰仙部へのメカニカルストレスの増強による腰仙部痛が発生する(図7-27).

腰椎の前弯増強に伴う腰仙部痛では,腰椎分離症,腰椎分離すべり症,椎間関節症へと移行しやすい.

腰椎の前弯減少に伴う腰仙部痛

腰椎の前弯減少に伴う腰仙部痛は,アメリカンフットボール,レスリング,相撲などの体幹屈曲型のコンタクトスポーツに加え,サッカーのキック動作や自転車競技など屈曲を強いるさまざまな分野において発症する.体幹屈曲動作の際にインナーユニット機能や骨盤帯の安定性低下がみられる症例では,抗重力伸展活動の低下により腰椎の前弯が減少し,腰椎椎間板前方部へ強い圧縮ストレスを生じさせる.コンタクトスポーツではコンタクト時の衝撃が腰椎部の屈曲応力を増大させ,椎間板前方部への圧縮ストレスを増大させる(図7-28).

腰椎の前弯減少に伴う腰仙部痛では,椎体前方部への圧縮ストレスの増大により髄核が後方へ移動し,腰椎椎間板ヘルニアを生じやすい.

体幹の側屈・回旋動作の繰り返しにより発症する腰仙部痛

骨盤帯の安定性低下に伴う腰仙部痛は,ゴルフやテニスなどの体幹の側屈・回旋動作の繰り返しにおいても多く発生する.ゴルフやテニスプレイヤーでは,他関節痛に比較して腰痛発生率が最も多い[11].ゴルフやテニス動作の際に,インナーユニット機能や骨盤帯の安定性低下がみられる症例では,抗重力伸展活動の低下により,腰椎椎間板,椎間関節,仙腸関節などに,回旋,圧縮,剪断などのメカニカルストレスが生じる.ゴルフ動作では,インパクト時に体幹回旋角度と右側屈が最も大きくなり[7],抗重力伸展活動が低下している症例では,インパクトの衝撃を繰り返すことにより腰仙部痛を発症することが多い(図7-29).

骨盤底筋群での支持機構

骨盤底筋群は,骨盤帯の底部で臓器を支えてお

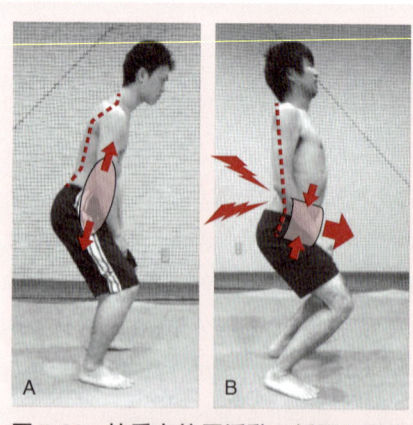

図7-26 抗重力伸展活動の低下と腰椎の前弯増強
A:抗重力伸展活動により生理的な脊柱alignmentを維持する症例.
B:抗重力伸展活動の低下により腰椎前弯が増強する症例.

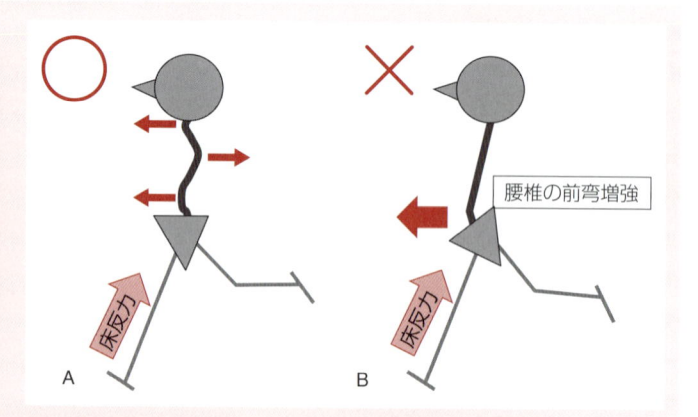

図7-27 長時間のランニングによる腰椎の前弯増強
A:脊柱の適切な運動にて行うランニング動作では,床反力の衝撃吸収が機能する.
B:脊柱が適切に運動を行えなければ,床からの衝撃により腰椎の前弯増強などによるメカニカルストレスが生じる.

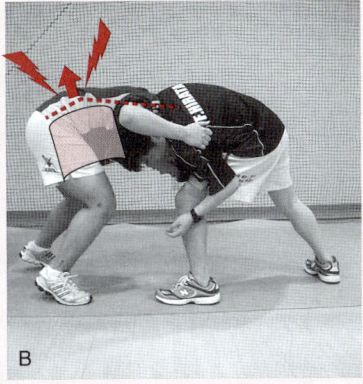

図7-28 抗重力伸展活動の低下と腰椎の前弯減少
（ラグビーのスクラム動作）
A：抗重力伸展活動により脊柱が適切な運動を行っている症例.
B：抗重力伸展活動の低下により腰椎の前弯が減少する症例.

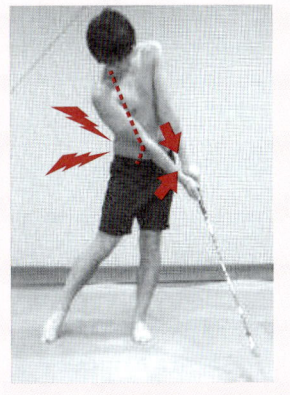

図7-29 抗重力伸展活動の低下による体幹回旋・側屈時のメカニカルストレス
ストレスが増強する症例（ゴルフ動作）.

り，インナーユニットの一部として体幹安定化と抗重力伸展活動を担っている（図7-15）.

骨盤底部には，尿生殖隔膜，骨盤隔膜，内骨盤筋膜の3つの膜が存在する．骨盤隔膜は，臓器を支持する主体をなす[12]．骨盤隔膜は，肛門挙筋（恥骨尾骨筋，腸骨尾骨筋，恥骨直腸筋）と尾骨筋で構成され，骨盤底部全体を覆う（図7-30）．骨盤底部の筋・筋膜は，両坐骨結節のほぼ中間点にある会陰腱中心で交差する（図7-31）．骨盤底筋群が効率よく働き，動作時に抗重力伸展活動を発揮するためには，会陰腱中心に圧をかけるような上半身重心のコントロール機能が重要となる（図7-32）．会陰腱中心に圧をかけるような上半身重心のコントロールは，骨盤帯においてはインナーユニットの機能と寛骨・仙骨の動きとともに維持される．

骨盤帯内の動きは，寛骨前傾・後傾の動きと，仙骨前傾・後傾の動きがある（図7-33）．寛骨前傾の動きや仙骨の前傾機能により，骨盤底部前方に存在する，骨盤隔膜・会陰膜とよばれる厚い三角形の筋膜，恥骨結合部へ内臓の質量を移動させることができる．このとき，両坐骨間距離は離れる．

寛骨後傾の動きや仙骨の後傾機能では，骨盤隔膜による支持機構に加えて骨盤底部後方に存在する仙結節靱帯・仙棘靱帯などの靱帯（図7-34）が存在する後方部へ内臓の質量を移動することができる．このとき両坐骨間距離は縮まる．これらの骨盤帯の動きと，インナーユニット機能が協調して働くことにより骨盤帯部が安定すると，動作時の上半身重心の移動に伴い，内臓質量の圧を会陰腱中心部に加えることができ，抗重力伸展活動を効率よく発揮することができる（図7-35）.

腰椎部と股関節の連鎖と腰仙部痛

腰椎部と股関節は，骨盤帯を介してさまざまな動作で相互に関連しながら運動する．腰椎と骨盤帯では，立位時に骨盤を前傾すると腰椎の前弯は増強し，逆に骨盤を後傾すれば腰椎の前弯は減少する[14,15]．前屈の可動範囲は全体で約110°であり，腰椎が40°，股関節が70°を占めている．

側屈動作や回旋動作においても腰椎と股関節の連鎖が存在する[9]．側屈動作は，股関節は同側の外転，逆側の内転が生じ，股関節内転側の骨盤の挙上に伴い腰椎は側屈する．腰椎と股関節の動きの

図 7-30 骨盤底筋群の主体をなす骨盤隔膜
（Richard L et al. 2011[13]）を改変）

図 7-31 会陰腱中心 （Richard L et al. 2011[13]）を改変）
骨盤底部の筋・筋膜は，両坐骨結節のほぼ中間点に存在する会陰腱中心で交差する．

図 7-32 骨盤底部の模式図（骨盤側面図）
効率のよい抗重力伸展活動には，会陰腱中心に圧をかけるような上半身重心のコントロールが必要となる．

図 7-33 骨盤帯の動き
A：寛骨前傾と仙骨前傾．両坐骨間距離は離れる．
B：寛骨後傾と仙骨後傾．両坐骨間距離は近づく．

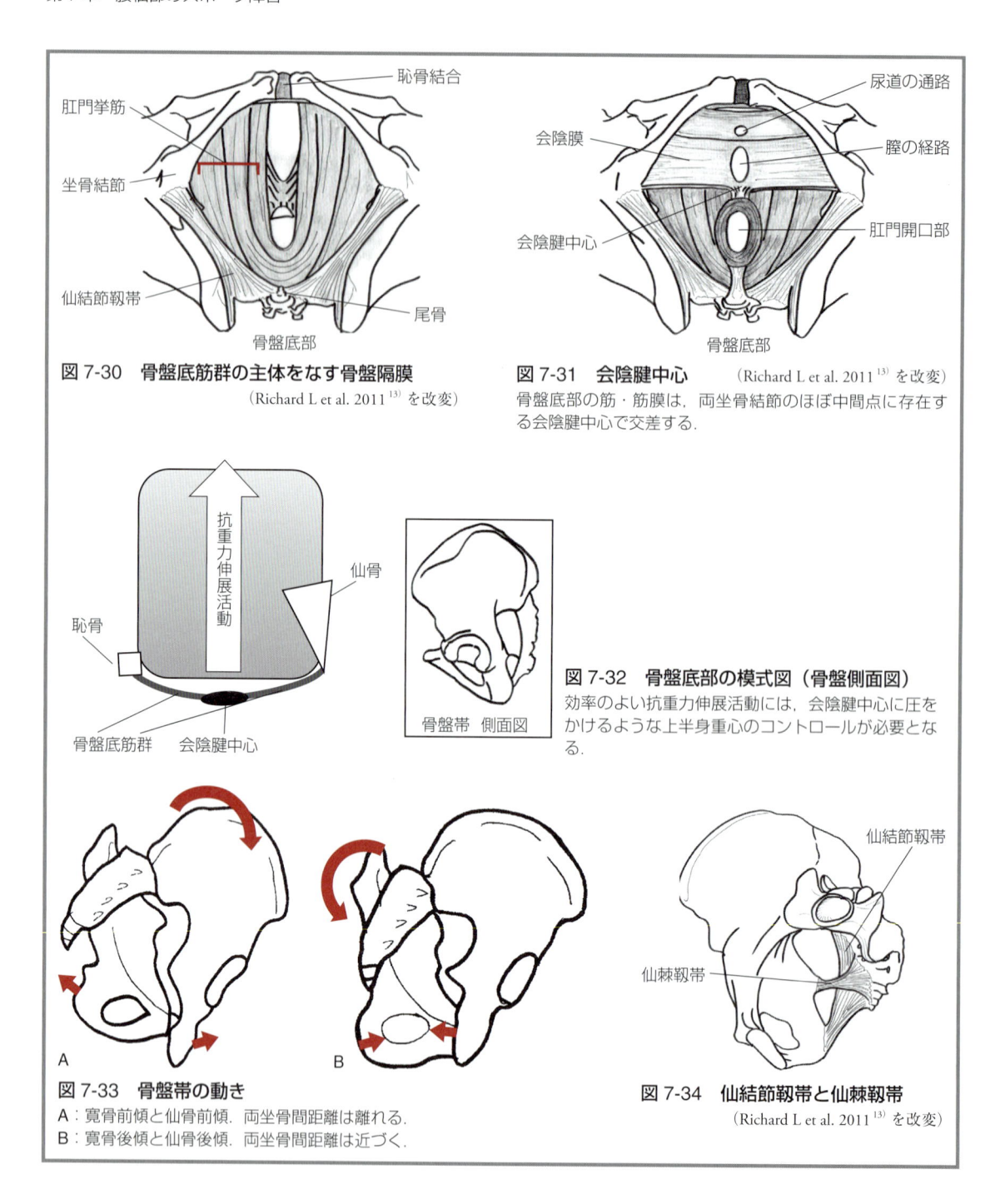

図 7-34 仙結節靱帯と仙棘靱帯
（Richard L et al. 2011[13]）を改変）

比率としては股関節の動きが大きくなる．

以上のことから腰椎部と股関節のあいだは動作時に連鎖的に作用することが理解でき，とくに股関節の動きが大きく占めていることがわかる．そのリズムが破綻したときに，腰仙部への非生理的な運動が強いられ，メカニカルストレスが増強し，疼痛を発生する．

股関節の機能を発揮するために重要な筋の1つに，内閉鎖筋，梨状筋などの股関節外旋筋が存在する．内閉鎖筋と梨状筋は骨盤帯の底部を構成し，

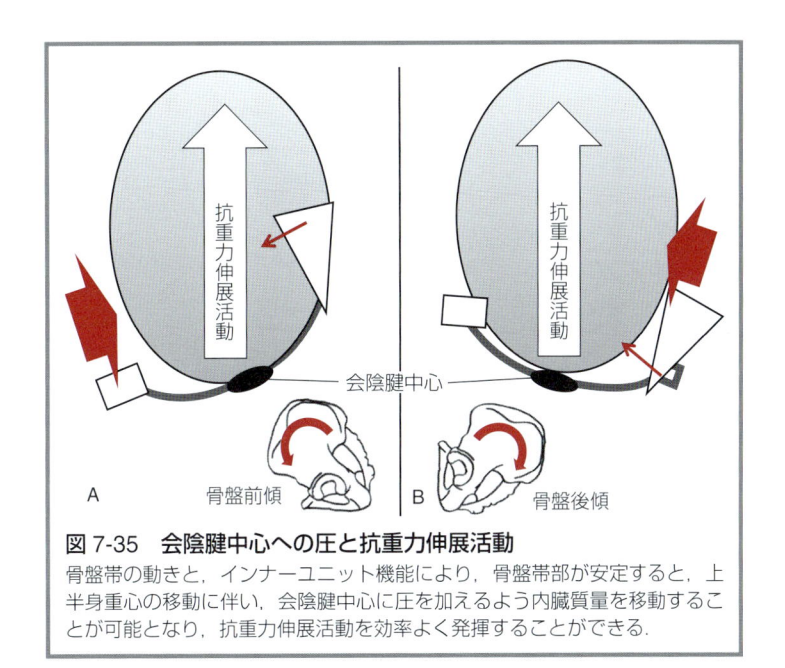

図7-35 会陰腱中心への圧と抗重力伸展活動
骨盤帯の動きと，インナーユニット機能により，骨盤帯部が安定すると，上半身重心の移動に伴い，会陰腱中心に圧を加えるよう内臓質量を移動することが可能となり，抗重力伸展活動を効率よく発揮することができる．

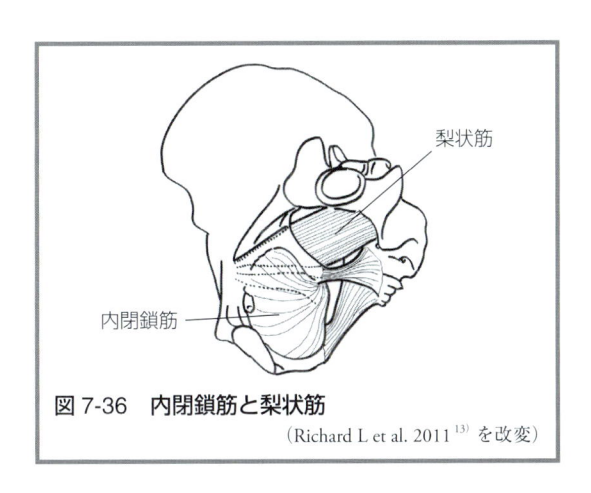

図7-36 内閉鎖筋と梨状筋
（Richard L et al. 2011[13] を改変）

骨盤底筋群とともに骨盤底部の安定性にも関与している（図7-36）．股関節機能は，両坐骨間に存在する骨盤底部を安定させることにより，骨盤と大腿骨の分離した動き（股関節機能）を獲得する．スポーツ動作においても，股関節の動きとともに内閉鎖筋と梨状筋が関与することで，骨盤底部の安定性とともに股関節機能を向上させる．

3. 病態

腰椎椎間板ヘルニア

　腰椎椎間板ヘルニアとは，腰椎椎間板内の髄核や線維輪が膨隆または脱出することにより，神経根や馬尾神経を圧迫し，症状を伴うものをいう（図7-37）．腰椎椎間板ヘルニアは，L_{4-5}・L_5-S_1椎間板など下位腰椎部に多発する[2]．

分類

　椎間板内にある髄核の移動様式は，4つに分類される[17]（図7-38）．

protrusion型　　軽度の膨隆
subligamentous extrusion型　　髄核が線維輪を覆っているもの
transligamentous extrusion型　　後縦靱帯の損傷を伴うもの
sequestyation型　　脱出したヘルニアが中央椎間板と完全に遊離して脊柱管内の他の部位に移動したもの

図7-37 腰椎椎間板ヘルニア
（Neumann, 2006[16]を改変）
腰椎椎間板ヘルニアは，腰椎椎間板内の髄核や繊維輪が膨隆または脱出することにより，神経根や馬尾神経を圧迫し，症状を伴うものである．

図7-38 Macnabの分類 （Macnab I et al. 1990[17]を改変）
① protrusion型
② subligamentous extrusion型
③ transligamentous extrusion型
④ sequestyation型

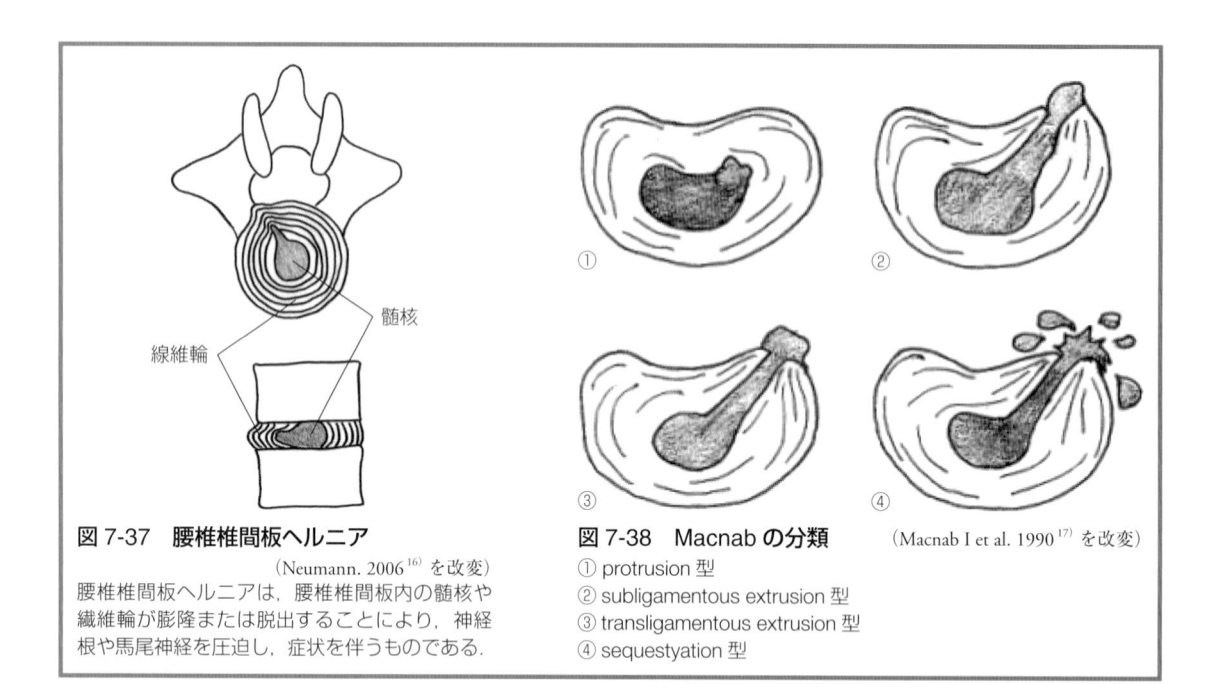

後縦靱帯の損傷を伴ったtransligamentous extrusion型とsequestyation型は，ヘルニア組織が生体の異物として認識され免疫反応が起こり，自然吸収される可能性が高い[19]．

症状

おもな症状は，腰痛と下肢痛である．腰痛のメカニズムは，線維輪の断裂部分に血管が新生し，神経終末が入り込むために生じることと，膨隆した椎間板が後縦靱帯を押し上げることにより生じると考えられている[12]．膨隆・脱出した髄核により，神経根や馬尾神経が圧迫されると，それぞれが支配する表在知覚の障害と筋力低下が起こり，神経学的な所見として腱反射テストの減弱または消失がみられる（図7-39，表7-1）．椎間板ヘルニアが正中後方に発生すると，脊髄硬膜内に存在する馬尾神経全体を圧迫し，下肢知覚運動障害のほかに，排尿障害も出現する．

検査方法

腰椎椎間板ヘルニアの検査方法には，MRI，ディスコグラフィー（椎間板造影），神経根造影などがある．MRI所見では，正常であればT2画像にて白く見えるが，変性した椎間板は黒くなり，脱出した椎間板の程度や部位を判断することができる．ディスコグラフィーでは，椎間板造影剤にて外側ヘルニアや後縦靱帯を穿破しているかの判断が可能である．神経根造影では，正常では神経根の走行に沿って造影されるが，神経根が圧迫されていると途絶しているのが確認される．

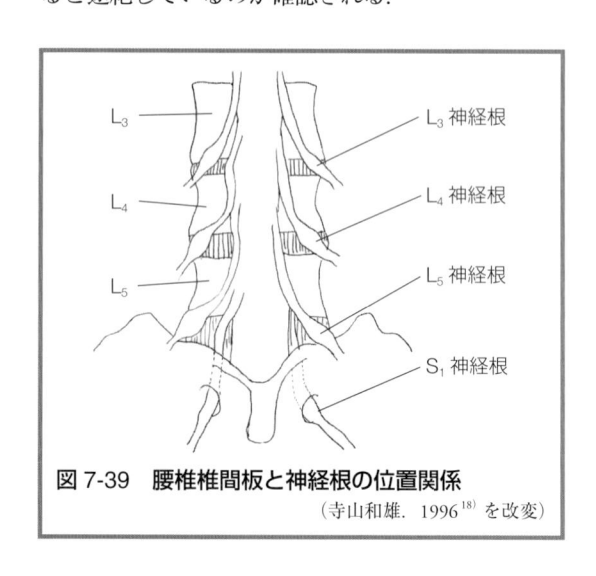

図7-39 腰椎椎間板と神経根の位置関係
（寺山和雄，1996[18]を改変）

表7-1 腰椎椎間板ヘルニアの高位と神経根圧迫症状

ヘルニアの高位	圧迫される神経根	知覚障害	筋力低下	深部腱反射
L_{2-3} または L_{3-4}	L_3 または L_4	大腿前面↓ 下腿内側↓	大腿四頭筋↓ 前脛骨筋↓	膝蓋腱反射↓
L_{4-5}	L_5	下腿前外側↓ 足背部↓	足関節背屈筋↓ 長母指伸筋↓	すべて正常
L_5-S_1	S_1	下腿外側↓ 足外側↓	腓骨筋↓	アキレス腱反射↓

腰椎分離症，腰椎分離すべり症

腰椎分離症

　腰椎分離症とは，椎骨の上下関節部での骨性連絡が欠如したものを指し，腰椎の関節突起間部に生じる疲労骨折である[20]（図7-40）．腰椎分離症では，上下関節の分離部を包む関節包や，隣接する椎間関節の滑膜の炎症により疼痛を生じるが，無症状の場合もある．腰椎分離症は体幹運動の多いスポーツ選手に好発し[21]，腰仙部の安定性や脊柱の適切な運動が行われていない症例において，腰椎前弯位での回旋運動を繰り返すことにより，椎間関節部に負荷が加わり発症する．腰椎分離症の初期は無症状であることが多く，回旋ストレスにより不安定性が増強すると，分離部と椎間関節部へのメカニカルストレスが増加し，片側性の骨折が生じる．長期の回旋ストレスが加わり続けると，最終的に両側性の腰椎分離症へ移行する．

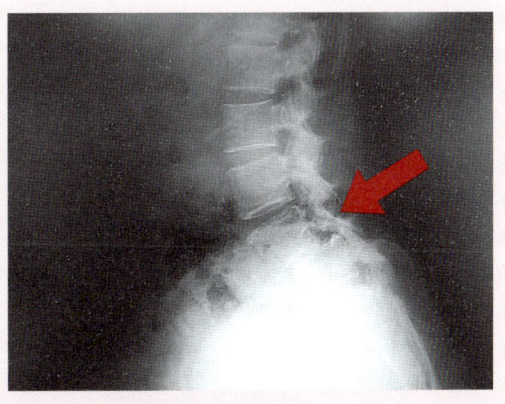

腰椎分離すべり症

　腰椎分離すべり症は，関節突起間部を横切る椎弓の分離により，上位椎体が下位椎体上面の傾斜に沿って前方へすべる状態である（図7-41）．腰椎分離症が存在しても靱帯性の連絡が保たれている場合，機械的な不安定性はなく，症状は無症状の場合もある．靱帯結合が欠如している場合には腰椎分離すべり症へ移行し，靱帯にストレスが加わることによる腰痛や神経根圧迫症状を生じる．好発部位はL_5-S_1であり，下位の椎体や仙骨底が床に対して前傾するほど，上位の椎体は前方へのすべりを生じる．

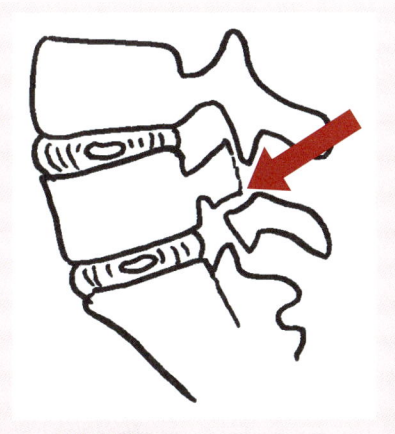

図7-40 腰椎分離症
腰椎分離症は，椎骨の上下関節部で骨性連絡を欠くものをいい，腰椎の関節突起間部に生じる疲労骨折である．

図7-41 腰椎分離すべり症
腰椎分離すべり症とは，関節突起間部を横切る椎弓の分離により，上位椎体が下位椎体上面の傾斜に沿って前方へすべる状態である．

腰椎椎間関節症

腰椎椎間関節症とは，腰椎椎間関節の不安定性や過可動性が関節包への過負荷となり，関節周辺組織に変性や腰痛を発生させる病態を指す．関節包には感覚受容器が存在するため，伸張，圧迫などのメカニカルストレスによる炎症症状が，脊髄神経後枝を介して腰痛を生じさせる（図7-42）．臨床症状としては，腰部痛，殿部痛，下肢痛や下肢のしびれが出現するが，神経学的な所見は正常であり，感覚障害などの神経根圧迫症状も認められない．

筋・筋膜性腰痛症

筋・筋膜性腰痛症は，腰背部脊柱起立筋群（殿筋も含む）に，自発痛，運動時痛，筋硬結部の圧痛（トリガーポイント）が存在し，筋スパズムを有するが，一般的には神経症状を認めない[24]．筋硬結部位の圧迫により，離れた場所に関連痛を生じる場合もある．硬結部位は筋の終板帯にみられ，終板の機能障害，電気的活動亢進により局所的な短縮反応を生じる[22]．筋・筋膜性腰痛は腰痛のなかで最も多いとされ[22]，外傷も含む筋損傷を伴う急性期の疼痛と，スポーツ動作中における姿勢制御による筋群のover useが原因の慢性的な疼痛に分

けられる．

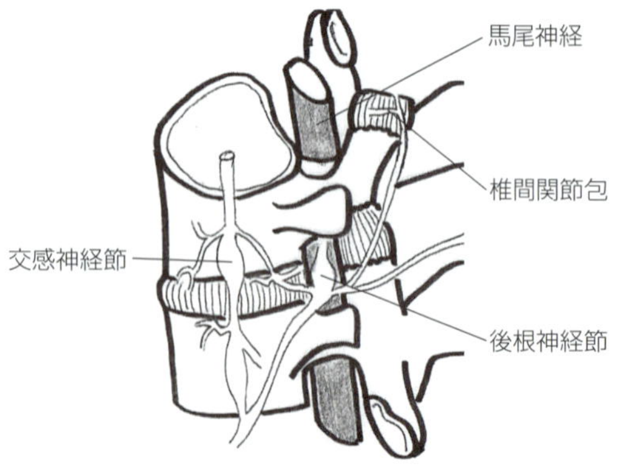

仙腸関節痛 [23, 24]

仙腸関節痛は，骨盤帯の不安定性により，仙骨と寛骨間の関節周囲組織へ過度なメカニカルストレスが生じることにより発症する．仙腸関節痛の発痛源は，神経終末が分布している関節包と関節後方の靱帯領域に存在する．疼痛の性質は，鋭く刺すような痛みと表現されることが多く，上後腸骨棘，仙骨溝，仙結節靱帯に圧痛のある例が多い．

4. 評価

評価のポイントは，X線やMRIなどの画像所見や，整形外科的評価による局所の病態把握と，疼痛部位で発生するメカニカルストレスを把握することである．スポーツ障害では持続的な運動にて疼痛が増大するケースが多いため，力学的負担の問題点をスポーツ動作で評価することも必要である．

整形外科テスト

疼痛誘発テスト

Valsalva徴候

腹圧上昇時（咳，くしゃみなど）に，神経支配域に電撃様放散痛が生じる．

下肢伸展挙上（straight leg raising）（SLR）テスト（図7-43）

背臥位にて股関節屈曲を行い，坐骨神経の神経根に伸長ストレスを加える．左右差を比較して制限がある場合，坐骨神経痛とハムストリングスの筋の伸張時痛で出現場所が異なる．坐骨神経はL_4〜S_3神経根が合流しているため，伸長ストレスにより，電撃様放散痛が殿部から下肢後面に沿って出現する．頸部屈曲，股関節内転・内旋，足関節背屈を加えると，疼痛が増強する．股関節屈曲70°以下で下肢に疼痛を訴える状態をLasègue（ラセー

図7-42 腰椎の椎間関節包周囲の神経節
（寺山和雄．1996[22]を改変）

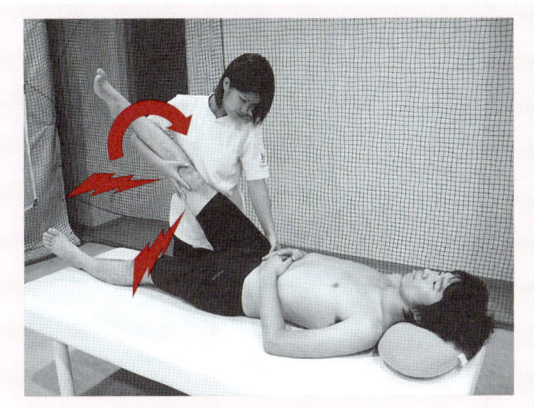

図7-43 SLRテスト

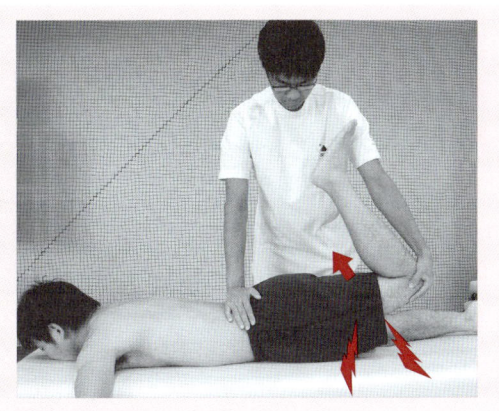

図7-44 FNST

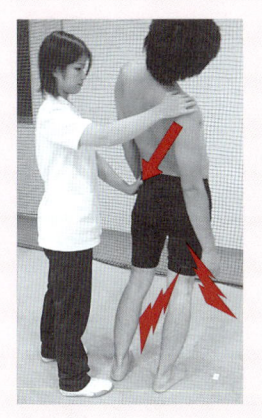

図7-45 Kempテスト

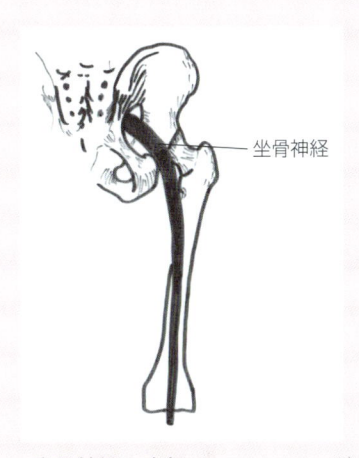

図7-46 坐骨神経の走行（松原貴子．2008[25]）を改変

グ）徴候とよぶ[25]．

femoral nerve stretching test（FNST）
（図7-44）

　腹臥位にて膝関節屈曲した状態で股関節を伸展させ，大腿神経に牽引ストレスを与える．$L_{2～4}$神経根の障害では，大腿神経の支配領域である大腿前面から下腿内側にかけて，疼痛や放散痛，しびれが生じる．上位腰椎椎間板ヘルニアにて陽性となる．大腿直筋の短縮で偽陽性となる．

Kempテスト（図7-45）

　立位にて膝を伸展させたまま，患側へ体幹を後側屈させる．患側の椎間孔を狭小化させ，下肢への放散時痛が出現する場合を陽性とする．上下の関節突起部や椎間孔の形態の変化に関連した病態の存在を判定する．

Valleix徴候（図7-46）

　坐骨神経の骨盤出口付近を圧迫すると下腿後面に電撃様放散痛がみられる．

仙腸関節不安定性テスト

Gaenslen検査（図7-47）

　背臥位にて一側股関節を屈曲して把持させ，骨盤を固定したまま対側股関節を伸展させる．仙腸関節部に疼痛を生じた場合，陽性となる．第4神経根が侵害されている場合，股関節伸展に伴い疼痛を生じることがあるが，その際は大腿前面部痛が発生する[26]．

Patrick（FABERE）テスト（図7-48）

　背臥位にて股関節の屈曲位から，外転・外旋・伸展を行い，仙腸関節および腰部組織にストレス

305

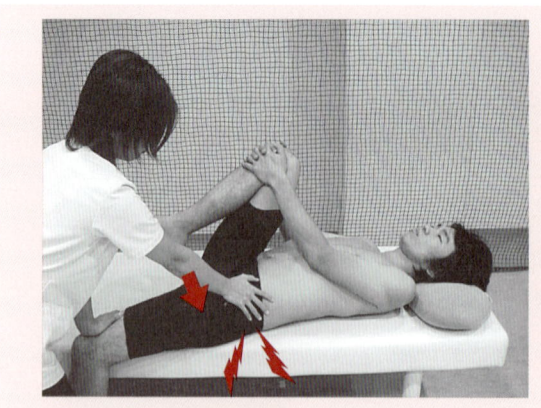

図 7-47　Gaenslen 検査

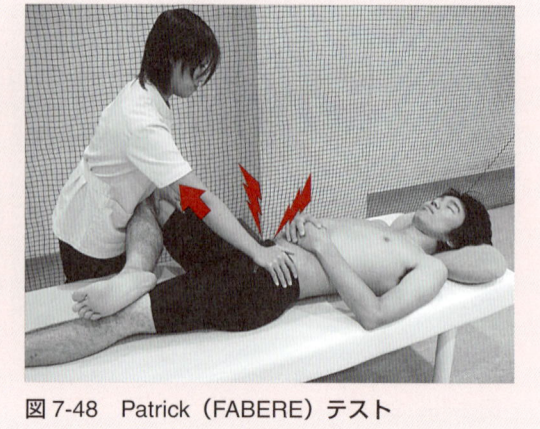

図 7-48　Patrick (FABERE) テスト

を加える．仙腸関節部に疼痛を生じた場合，陽性となる．同時に股関節の可動性も評価できる．本テストでの股関節伸展時の陽性では股関節伸展制限を示唆する．

知覚・筋力検査（図 7-39）

知覚・筋力検査では，障害された神経根の支配領域に，感覚の鈍麻や消失・筋力低下がみられる．

感覚神経の支配領域は，L_4神経根は下腿内側，L_5神経根は下腿外側から母指にかけて，S_1神経根は小指から足底外側である．

運動神経の支配領域は，L_4神経根は大腿四頭筋（膝関節伸展力），L_5神経根は前脛骨筋（足関節背屈筋力），S_1神経根は下腿三頭筋（足関節底屈力）である．

深部腱反射（図 7-39）

L_4神経根障害では膝蓋腱反射，S_1神経根障害ではアキレス腱反射の低下がみられる．

腰椎・仙腸関節機能の評価

腰椎機能評価

スポーツ選手では，特定動作の反復により腰痛を発症する例が多い．腰仙部痛を予防するために必要な腰椎機能は，脊柱の生理的弯曲の維持による，腰椎の分節的安定性である．動作時に腰椎の分節的安定性が低下すれば，反復動作による腰椎部へのメカニカルストレスが増強し，長期間に及ぶと腰仙部痛を発症する．

バレエや器械体操，バレーボール，バスケットボールのオーバーヘッド動作など，体幹伸展動作を繰り返すスポーツ選手では，腰椎伸展のメカニカルストレスが持続して加わる．腰椎伸展のメカニカルストレスを軽減させるためには，内・外腹斜筋群や腹直筋による腰椎伸展制御機能を向上させ，広背筋や脊柱起立筋群による体幹伸展筋の過活動を軽減させる必要がある．これらの協調した制御機能が破綻すると，生理的な脊柱弯曲が維持できず，腰椎前弯が増強する．

レスリングやアメリカンフットボールなどの体幹前傾姿勢でのコンタクトスポーツや，テニスやバレーボールなどの構え姿勢を維持するスポーツ，自転車競技などの体幹屈曲動作を維持するスポーツでは，腰椎屈曲のメカニカルストレスが繰り返し加わる．体幹屈曲動作の繰り返しによる腰痛を訴えるスポーツ選手では，腸腰筋による腰椎前弯維持機能の低下に加えて，下位腰椎の屈曲・回旋運動が増強しているケースが多く[27]，下位腰椎部の安定性は腰痛を予防するうえでも重要である．下位腰椎部の不安定性は，左右多裂筋の同時収縮機能低下，片側の内腹斜筋活動の低下，片側の腹

直筋活動の増加[28]により生じる．なかでも，多裂筋は，横突起に付着する脊柱起立筋群よりも伸展応力が強く，長いレバーアームをもっているため，脊柱の屈曲や前方剪断力をコントロールする[29]．多裂筋は回旋にあまり関与しないが，回旋の主動作筋である腹筋群による屈曲方向の力を相殺する力をもつ[30]．

腰椎の機能はこれらの安定化機構に加えて，インナーユニットの作用による抗重力伸展活動が重要で，腰椎への圧縮，回旋，剪断などのメカニカルストレスを軽減させ，腰痛を予防する．

評価方法

腰椎機能の評価では，腰椎前弯の可動性や，多裂筋，腹直筋，腹斜筋が左右均等に機能するかを確認する．

腰椎前弯の可動性は，両肘立て位や両手立て位にて評価する（図7-49）．

多裂筋機能は，腹臥位より頭部を挙上させ，腹直筋・内腹斜筋機能は背臥位にて頭部を挙上し，筋の膨隆や収縮のタイミングなどの左右差を触診して確認する．

また，腰椎の前額面上の制御機能も評価する．腰椎の前額面上の制御機能では，腰方形筋や腸腰筋，腹斜筋機能が関係しているが，なかでも腰方形筋は腰椎と腸骨稜を結んでおり，遠心性収縮により対側への側屈をコントロールし，脊柱を安定させる作用をもつ[29]．X線での画像所見（図7-50）や腰椎棘突起，下位肋骨部の触診により，腰方形筋や腸腰筋，腹斜筋機能の左右差を比較する．腹臥位にて片側の骨盤挙上運動を行い，前額面上の腰椎の動的な評価も行う（図7-51）．

また，実際のスポーツ動作時の腰椎機能も評価する．アメリカンフットボールのタックル動作などの姿勢において，肩や頭部に徒手にて圧を加える．徒手にて加えた圧により，腰椎部の安定性が維持できれば，腰椎機能は維持できていると推測される．徒手にて加えた圧により，腰椎の前弯増強や前弯減少，回旋，側屈運動が生じる場合は腰椎機能の低下を疑う（図7-52）．

仙腸関節機能評価

仙腸関節機能とは，仙骨前傾・後傾機能のことである．これらの機能により，骨盤底部に存在する会陰腱中心に適切に圧を加え，インナーユニットの機能である骨盤帯の安定性と抗重力伸展活動を発揮することができる．仙腸関節に付着する靱

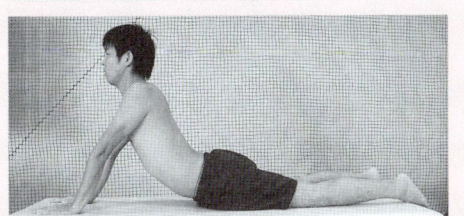

図7-49 腰椎前弯の可動性評価
腰椎前弯の可動性は，両肘立て位や両手立て位にて評価する．

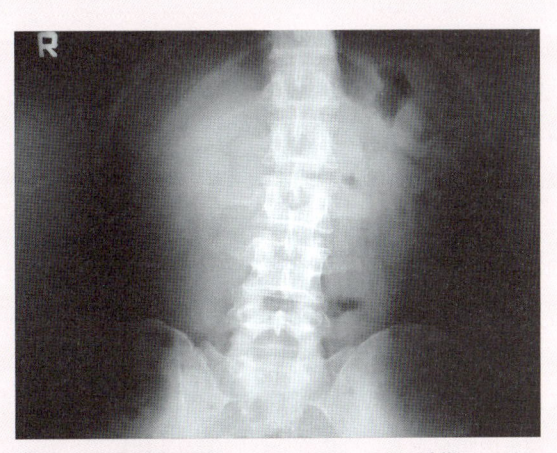

図7-50 腰椎前額面malalignmentのX線像
前額面上で腰椎alignmentに異常がみられた場合，腰方形筋や腸腰筋機能の左右不均衡が予測される．

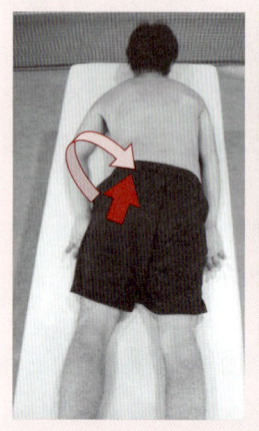

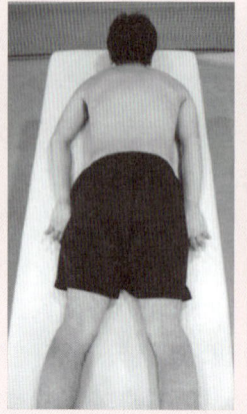

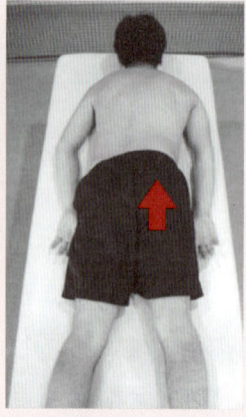

図 7-51 前額面上の腰椎の動的な評価
腹臥位にて片側の骨盤挙上運動を行い，前額面上の腰椎の動的な評価を行う．左図では，左腰方形筋機能低下により，骨盤後方回旋による代償動作がみられる．

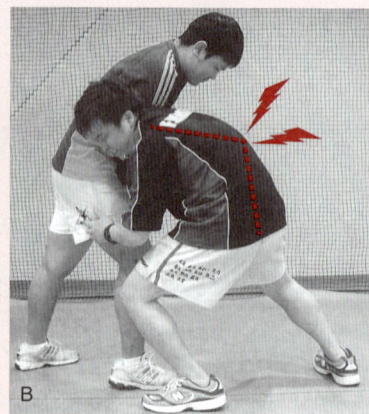

図 7-52 スポーツ動作での腰椎機能評価
A：右肩からの圧に対して，下肢までの連結が保たれている．
B：右肩からの圧に対して，腰椎屈曲の増強が確認される．
アメリカンフットボールのタックル動作などの姿勢において，肩や頭部に徒手にて圧を加える．徒手にて加えた圧により，下肢までの連結が確認できれば，腰椎機能は維持できていると推測される．

帯やインナーユニットのほかに，仙腸関節に直接付着していない脊柱起立筋，腹筋群，大腿二頭筋などが，胸背筋膜を介して骨盤帯後面の安定性に関与する[9]（図 7-25）．

評価方法

仙腸関節機能の評価方法は，仙腸関節の動きが微量であるため，触診にて確認する．腹臥位より上肢の力を使用して両肘立て位まで体幹伸展動作を行う（図 7-53）．体幹伸展動作に伴い仙骨前傾を強めるか，仙骨前傾の低下により腰椎の過度な前弯や，骨盤帯が床から離れるなどの代償動作がみられるかを確認する．

また，腹臥位での体幹伸展動作時に徒手にて仙骨前傾・後傾を誘導し，体幹伸展動作の変化にて，仙骨の alignment を確認する．

骨盤底筋群機能評価

骨盤底筋群の機能とは，内臓質量の圧を会陰腱中心部にかけることで，抗重力伸展活動を効率よく発揮し，骨盤帯の安定性を維持することである．

骨盤底筋群の機能は，股関節の動きに伴う骨盤底部の安定性を両坐骨間の距離にて評価する．評価は，背臥位や側臥位にて行う．背臥位・側臥位にて下肢を屈曲させて股関節の屈伸運動や外転・外旋運動を行う（図 7-54, 55）．この際，両坐骨部を触診し，両坐骨間の距離を維持し，体幹が安定した状態で股関節運動が行われているかどうかを確認する．骨盤底筋群の機能が低下すると，股関節の屈伸や外転・外旋運動の際に股関節と骨盤帯の分離した運動がみられず，股関節周囲筋の過度な収縮により両坐骨が離れるような動きがみら

4．評価――腰椎・仙腸関節機能の評価

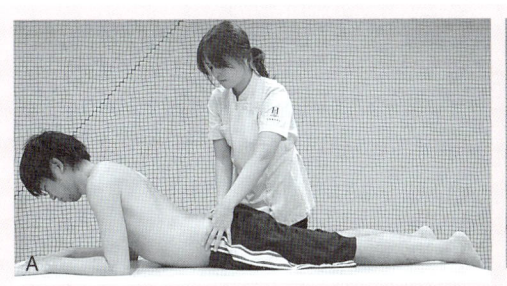

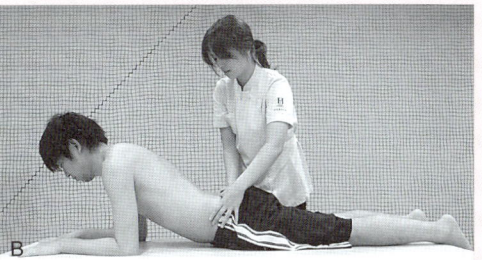

図 7-53　仙腸関節機能評価
A：仙腸関節機能の低下により，代償として腰椎前弯を強める動きがみられる．
B：仙腸関節機能の低下により，骨盤帯が床から離れる代償動作がみられる．
仙腸関節の評価法は，腹臥位より上肢の力を使用して両肘立て位まで体幹伸展動作を行う．

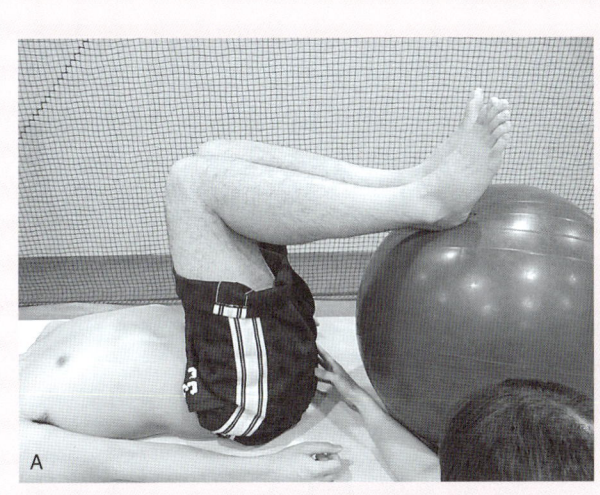

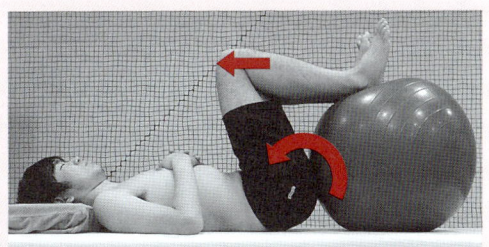

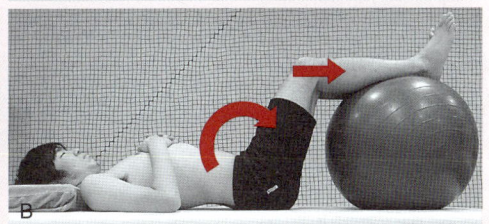

図 7-54　背臥位での骨盤底筋群機能評価
A：背臥位にて下肢を屈曲させて，股関節の屈伸運動を行う．坐骨部を触診し，股関節と骨盤帯が分離した運動が行えているか評価する．
B：図では，股関節屈伸運動に伴い骨盤運動が生じている．

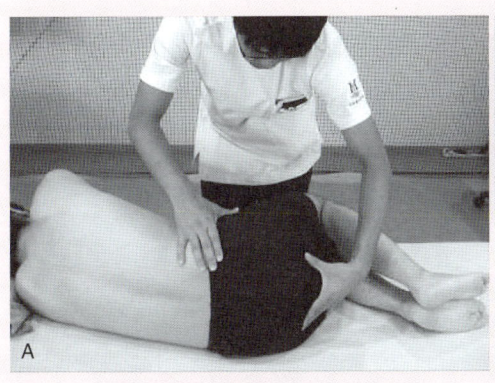

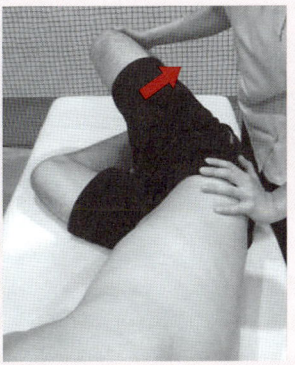

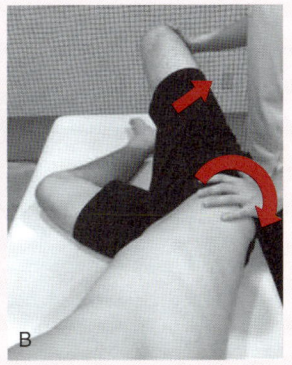

図 7-55　側臥位での骨盤底筋群機能評価
A：側臥位にて下肢を屈曲させて，股関節の外転・外旋運動を行う．坐骨部を触診し，股関節と骨盤帯が分離した運動が行えているか評価する．
B：股関節と骨盤帯の分離した運動が行えない場合，股関節の外旋・外転時に骨盤の後方回旋による代償がみられる．

れたり，骨盤帯による代償動作が出現したりする（図7-54，55）．

姿勢・動作の評価

姿勢・動作の評価の目的は，腰仙部局所の機能評価に加えて全身からの影響を把握することである．

座位評価

座圧中心移動に伴う骨盤と腰椎の動きの評価（図7-56，57）

座圧中心位置と腰椎運動には関連性があるため[31]，座位にて前後左右の座圧中心移動を行い，それに伴う骨盤と腰椎の連動した動きを評価する．

座圧中心の座圧前方移動では骨盤前傾と腰椎伸展，後方移動では骨盤後傾と腰椎屈曲を伴う．座圧中心の左右移動では，座圧移動に伴い逆側の骨盤挙上と腰椎側屈が生じる．

よって，被検者に前後左右の移動を行わせ，骨盤と腰椎の連鎖的な動きが生じているか確認する．

両坐骨を支持した状態での分節的な脊柱運動の評価（図7-58）

両坐骨を支持した状態では支持基底面は広く，支持基底面内では分節的な脊柱運動が可能である．しかし，重心移動が支持基底面から逸脱すると安定性が低下するため脊柱の分節的な制御では対応できず，アウターマッスルによる非分節的なダイナミックな制御が起きる．よって，分節的な脊柱運動を評価するため，両坐骨支持した支持基底面内での脊柱の運動を行う．

脊柱の分節的な運動に関与する多裂筋や回旋筋などの深部筋が機能低下していると，分節的な運動を行えない．

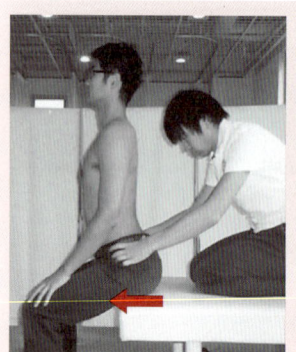

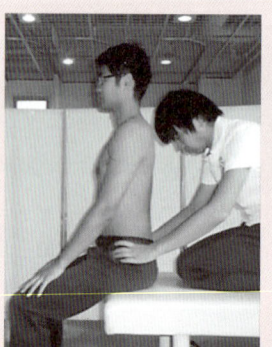

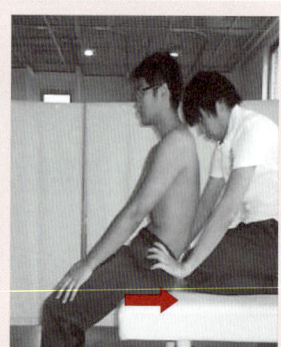

図7-56 座圧中心移動に伴う骨盤と腰椎の動きの評価（矢状面）
座圧中心の前後移動において，座圧前方移動では骨盤前傾と腰椎伸展，後方移動では骨盤後傾と腰椎屈曲を伴う．

図7-57 座圧中心移動に伴う骨盤と腰椎の動きの評価（前額面）
左右の座圧中心移動では，座圧移動に伴い逆側の骨盤挙上と腰椎側屈が生じる．

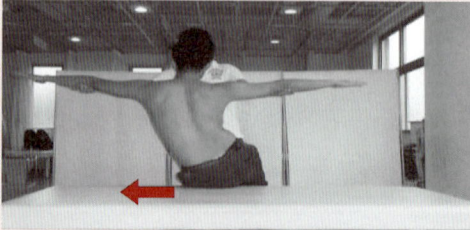

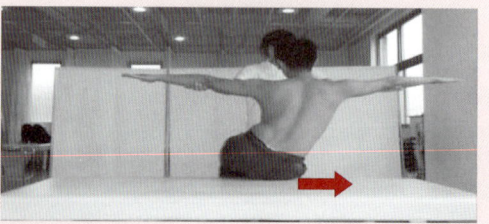

4. 評価――姿勢・動作の評価

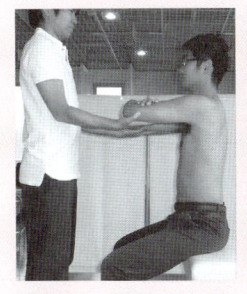

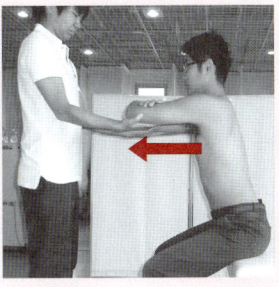

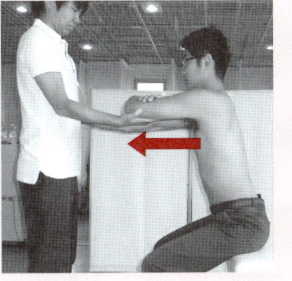

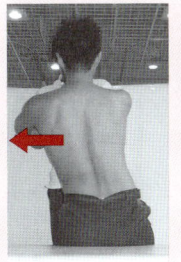

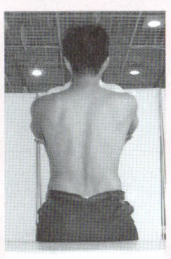

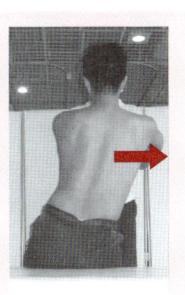

矢状面
座位にて検者は被検者の両上肢を把持する．両坐骨を支持した状態で前方への分節的な脊柱運動を行う．

前額面
座位にて検者は被検者の両上肢を把持する．両坐骨を支持した状態で左右への分節的な脊柱運動を行う．

図 7-58　両坐骨を支持した状態での分節的な脊柱運動の評価

立位評価

立位評価は，下肢の運動機能を合わせた全身機能を把握するために行う．立位での評価にて，スポーツ動作時の腰仙部と股関節の制御方法をある程度把握できる．

立位姿勢評価

立位姿勢では前額面上での腰椎骨盤帯 alignment の左右非対称性や矢状面での頭部や骨盤の位置などを評価する．

立位の前額面上の評価では，脊柱棘突起や下位肋骨位置の左右差，骨盤の側方傾斜を触診して評価し，腰椎の前額面上の alignment の左右対称性が保たれているかを評価する．

立位の矢状面上の評価では，骨盤の位置や脊柱の弯曲を評価する．骨盤が重心線より前方に位置する場合，腰仙部では後方に傾斜する力を受けやすく（腰椎の前弯増強），重心線より後方に位置する場合，腰仙部では前方に傾斜する力を受けやすい（腰椎の前弯減少）（図 7-59）．

動作時の腰仙部安定性の評価

立位での動作評価では，腰仙部の分節的安定性と股関節機能を含む下半身と上半身機能を評価する．

上記で述べたように腰椎と股関節には連鎖的な動きが存在し，それぞれが活動するタイミングを変化させながら身体を制御している．とくに腰仙部に疼痛をきたす症例では，股関節機能の低下により，腰椎に過度な運動が生じていることが多い．腰仙部の安定性や股関節機能に対する理学療法も重要であるが，全身の alignment や機能からの影響を考慮して評価する必要がある．

体幹屈曲時の腰仙部安定性の評価

体幹屈曲時の腰仙部安定性は，前屈動作にて評価する．正常な前屈動作では，股関節屈曲と足関節底屈に伴う下半身重心の後方移動と，体幹屈曲に伴う上半身重心の前方移動が生じ，骨盤は後方に移動する（図 7-60A）．腰椎の屈曲を維持する筋や靱帯による制御機能が低下すると，前屈動作時の腰椎屈曲の制御ができず，腰椎の前弯は減少または屈曲位となる（図 7-61A）．腰椎屈曲の制御機能低下に加えて股関節屈曲機能が低下すると，前屈動作における骨盤前傾位での上半身重心の前方移動が制限されて腰椎屈曲がさらに増加し，腰椎屈曲方向のメカニカルストレスが増加する（図 7-62A）．

また，スクワット動作も評価し，足関節背屈・膝関節屈曲機能による影響も確認する．捻挫や骨折の既往，外傷による足・膝関節の不安定性増強により，足関節背屈・膝関節屈曲機能が低下すると，スクワット動作時の下腿前傾機能が低下する．下腿前傾機能の低下により下肢屈曲機能は低下して

図 7-59 立位の矢状面上の評価
A：正常な立位．重心が床面に対して一直線上に存在するため，安定している．
B：骨盤が重心線より前方に位置する場合，腰仙部では後方に傾斜する力を受ける．
C：骨盤が重心線より後方に位置する場合，腰仙部では前方に傾斜する力を受ける．

図 7-60 正常な前屈・後屈動作
A：前屈動作では，股関節屈曲と足関節底屈と，体幹屈曲に伴う上半身重心の前方移動が生じ，骨盤は後方に移動する．
B：後屈動作では，股関節伸展と足関節背屈と，体幹伸展に伴う上半身重心の後方移動が生じ，骨盤は前方に移動する．

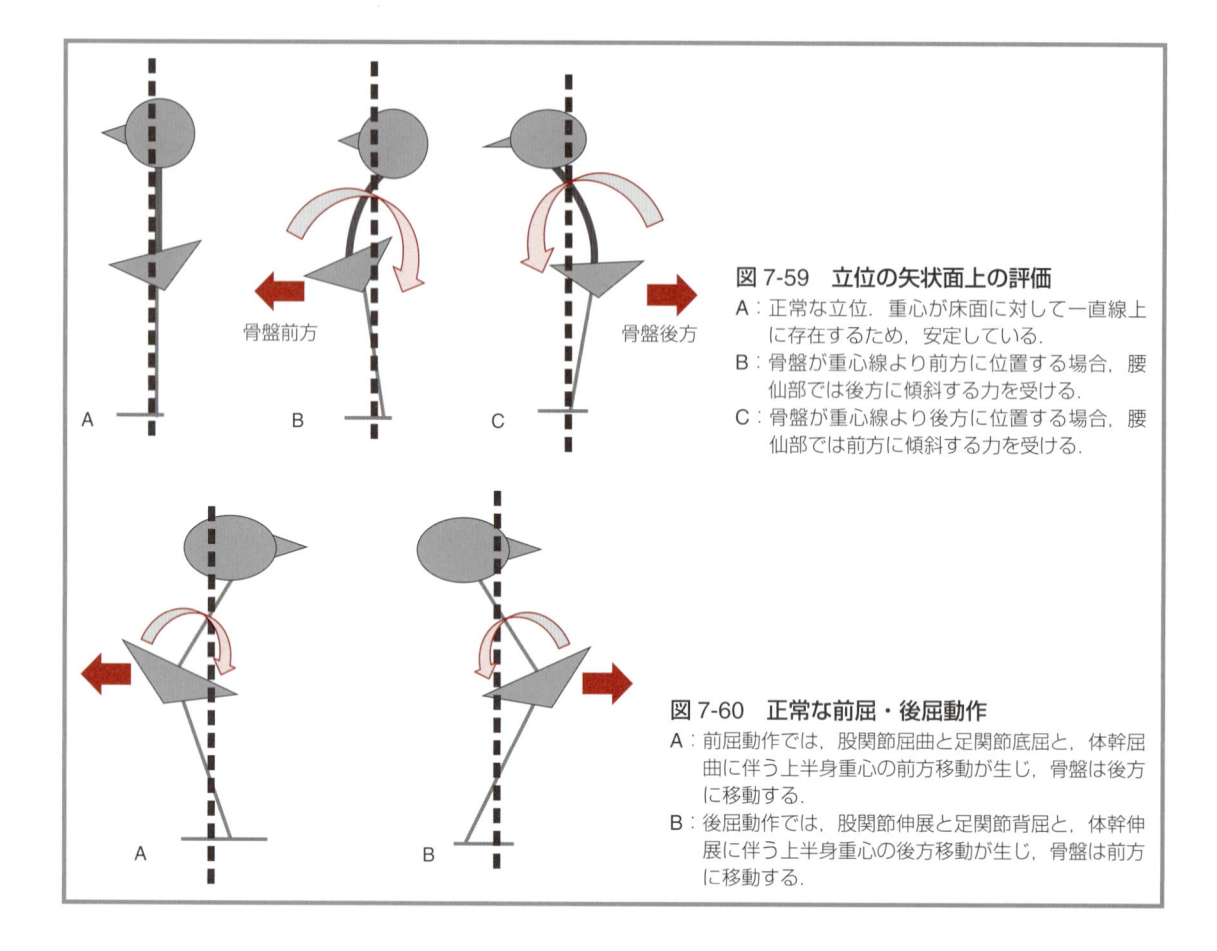

上半身重心の前方化に伴う骨盤前傾機能が減少し，腰椎屈曲運動が増加する（図 7-62B）．このような運動パターンでは，アメリカンフットボールやレスリング，相撲などの体幹前傾位で強い外力が加わるコンタクトスポーツにおいて，繰り返しの腰椎屈曲の負荷が腰椎部の圧縮ストレスを増大させて腰椎の前弯は減少し，腰椎椎間板ヘルニアなどの腰仙部痛を生じる可能性がある（図 7-28）．

体幹伸展時の腰仙部安定性の評価

体幹伸展時の腰仙部安定性は，後屈動作にて評価する．正常な後屈動作では，股関節伸展と足関節背屈に伴う下半身重心の前方移動と，体幹伸展に伴う上半身重心の後方移動が生じ，骨盤は前方に移動する（図 7-60B）．腰椎伸展時の筋や靱帯などの制御機能が低下すると，後屈動作時の腰椎伸展運動を制御できず，腰椎の前弯は増強する（図 7-61B）．腰椎伸展の制御機能低下に加えて股関節伸展機能が低下すると，後屈動作時の骨盤後傾運動が制限されて上半身重心の後方化に伴い腰椎の前弯がさらに増加し，腰椎伸展方向のメカニカルストレスが増強する（図 7-63）．

また，スクワット動作の伸展相を評価し，足関節底屈・膝関節伸展機能も確認する．足・膝関節の伸展機能が低下すると，スクワット動作時の下腿後傾機能が低下する．下腿後傾機能の低下により，下肢伸展機能は低下し，上半身重心の後方化に伴う体幹伸展動作時の股関節伸展機能が低下する．股関節伸展機能低下により上半身重心の後方化に伴う骨盤後傾機能も低下し，代償として腰椎伸展運動が増加する（図 7-64）．このような運動パターンをとる状態で，バレエや新体操，テニス，バレーボールのアタックなど，体幹の強い伸展動

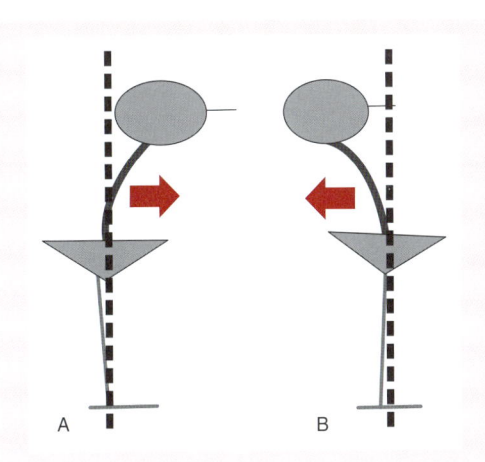

図 7-61 腰椎の制御機能が低下した前後屈動作

A：腰椎屈曲の制御機能が低下すると，前屈動作時の腰椎の制御ができず，腰椎の前弯は減少または屈曲位となる．
B：腰椎伸展の制御機能が低下すると，後屈動作時の腰椎伸展運動を制御できず，腰椎の前弯は増強する．

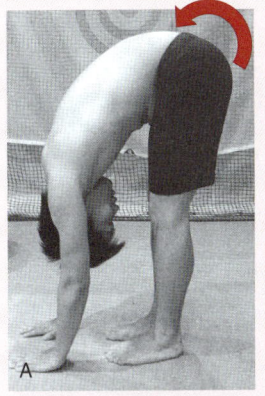

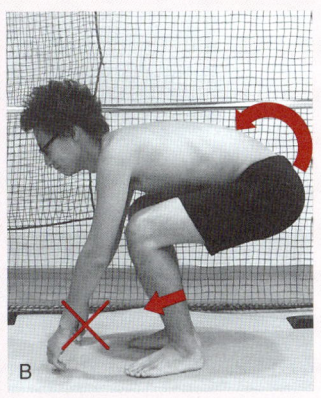

図 7-62 体幹屈曲部の腰仙部安定性

A：股関節屈曲機能が低下した症例による体幹前屈動作
腰椎屈曲の制御機能低下に加えて股関節屈曲機能が低下すると，前屈動作における骨盤前傾位での上半身重心の前方移動が制限されて腰椎屈曲がさらに増加し，腰椎屈曲方向のメカニカルストレスが増加する．
B：足関節背屈機能が低下している症例のスクワット動作
スクワット動作時において，足関節背屈機能が低下すると，下肢屈曲機能は低下して上半身重心の前方化に伴う骨盤前傾機能が減少し，腰椎屈曲運動が増加する．

図 7-63 股関節伸展機能が低下した症例の後屈動作

後屈動作時において，腰椎伸展の制御機能と股関節伸展機能が低下すると，骨盤後傾運動が制限されて上半身重心の後方化に伴い腰椎の前弯がさらに増加し，腰椎伸展方向のメカニカルストレスが増強する．

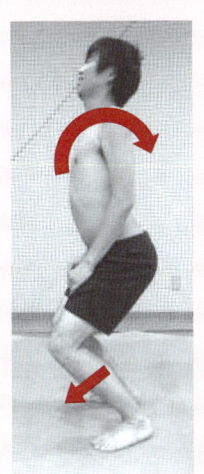

図 7-64 腰椎伸展制御機能の低下

スクワット動作時の下腿後傾機能が低下すると，下肢伸展機能は低下し，股関節伸展機能が低下する．股関節伸展機能低下により，上半身重心の後方化に伴う骨盤後傾機能も低下し，代償として腰椎伸展運動が増加する．

作をおもに行うスポーツ動作を繰り返し行うと，腰椎の前弯は増強して，より腰椎後方への圧縮ストレスや剪断ストレスを増大させ，腰椎分離症などの腰仙部痛を生じる可能性がある（図 7-65）．

骨盤帯の側方移動時の腰仙部安定性の評価（図 7-66）

骨盤帯の側方移動時の腰仙部安定性の評価は，骨盤の側方移動の左右差にて評価する．足を軽く開いた状態で，骨盤帯の少ない並進移動を行い，床と平行して左右均等に骨盤帯が動けるかを評価する．

腰椎側屈の制御機能が低下すると，抗重力伸展活動が低下し，反対側への側屈制御機能が低下する．このような症例が，バドミントンやテニス，バスケットボールなどの左右への移動を伴うスポーツ動作を繰り返すと，腰椎前額面上のalign-

図7-65　バレーボール動作における腰椎後方への圧縮ストレス・剪断ストレスの増強

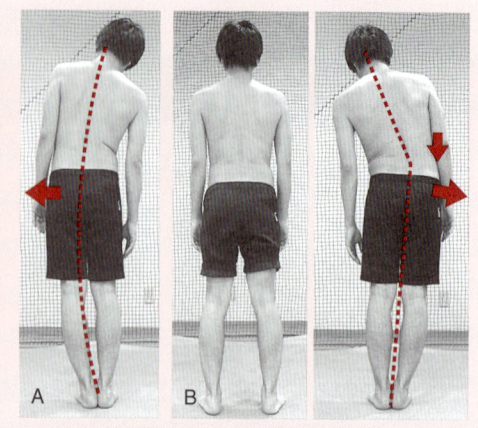

図7-66　腰椎側屈の制御機能評価
足を軽く開いた状態で，骨盤帯の少ない並進移動を行い，床と平行して左右均等に骨盤帯が動けるかを評価する．本症例は，骨盤帯の右並進移動時に骨盤帯の安定性が低下している．

mentは悪化し，腰仙部へのメカニカルストレスを増大させ，腰仙部痛を生じる可能性がある．

体幹回旋時の腰仙部安定性の評価

前述したように，体幹の回旋動作は，腰仙部よりも股関節の動きを中心に行う．

スポーツ動作時に股関節の回旋運動が少ないと，体幹回旋動作時に代償として胸腰椎移行部や胸椎，肩甲帯での過剰な運動が起こり，表面筋の過活動や左右のアンバランスが生じる．このようなアウターマッスルのアンバランスにより支持機構であるインナーマッスルのバランスも低下し，腰仙部安定性低下による腰仙部痛を発生することが考えられる．とくに，ゴルフや野球のバッティング，テニス動作など，足部を床に固定した状態で体幹回旋動作を必要とするスポーツ動作では，仙腸関節と股関節の動きが重要となる[32]．

仙腸関節と股関節の動きには，骨盤帯底部の安定性が関与する．よって，腰仙部回旋の制御機能では，骨盤の前後移動での骨盤底部の機能による仙腸関節の安定性を評価する．

評価方法は，体幹の矢状面動作にて仙腸関節の機能を確認し，体幹の回旋動作にて骨盤帯が水平位を維持できるかどうかを確認する．

矢状面での仙腸関節の機能の評価は，立位での前後屈運動にて行う．仙腸関節部を触診し，骨盤前方移動時に仙骨前傾，骨盤後方移動時に仙骨後傾の運動を確認する．仙骨前傾機能が低下している場合は，内臓質量の骨盤底部前方へも移動させる機能の低下が疑われ，仙骨後傾機能が低下している場合は，骨盤底後方へも移動させる機能の低下が疑われる．仙腸関節機能が低下すると，動作時に会陰腱中心部へ圧を加えることができず，インナーユニット機能が低下すると，抗重力伸展活動と骨盤帯部の不安定性が増強し，腰仙部へのメカニカルストレスは増大する．

骨盤の移動は，足部機能の影響も考えられる．外反母趾・偏平足などのアーチ低下やハイアーチなどにより足部機能が低下すると，体幹の屈伸運動に伴う骨盤帯の制御機能が低下する．動作時の骨盤帯制御機能が低下すると，股関節を含む下半身での回旋動作機能が低下し，上半身のみでの回旋動作が発生する．この状態でゴルフやテニスなどの体幹回旋運動を繰り返すと，骨盤帯や腰仙部の過剰な動きが要求されて腰仙部へのメカニカル

ストレスは増大し，椎間関節や椎間板・仙腸関節部の疼痛が出現する（図7-29）．

しゃがみ込み動作評価[33]

しゃがみ込み動作では，骨盤帯の安定性と下肢機能を評価する．方法は，しゃがみ込み時の骨盤帯の安定性を触診にて確認し，視覚的に体幹・大腿・下腿や足部の位置を評価する．

股関節屈曲機能が低下した症例では，体幹屈曲動作時に脊柱の屈曲が増加し，腰仙部へのメカニカルストレスが生じる．また，足部背屈機能が低下した状態でのしゃがみ込み動作では，下腿前傾機能の低下により股関節屈曲と体幹前傾運動が増加する．このような症例が体幹伸展運動を行う場合，体幹伸展動作時に脊柱の伸展が増加し，腰仙部へのメカニカルストレスが生じる（図7-67）．

しゃがみ込み動作の矢状面評価に加えて，片足にてしゃがみ込み動作の前額面評価も行う．前額面の評価では，股関節機能と足関節機能の制御機能を比較する．しゃがみ込み時に骨盤帯の側方移動が大きい場合，股関節の制御機能の低下を疑い，下腿の側方移動が大きい場合は足関節の制御機能の低下を疑う．これらの評価により，股関節や足関節の機能を総合的に判断し，下肢機能低下による腰仙部への影響を把握する．

5．治療

腰仙部疾患に対する理学療法の目的は，抗重力伸展活動とともに腰仙部を安定させ，腰仙部局所の過剰運動を抑制することである．その機能として，インナーユニットは，抗重力伸展活動と腰仙部安定性を維持し，生理的な腰椎の弯曲を形成するために重要となる．また，腰仙部以外（股関節や脊柱など）の関節機能の改善も，動作時における腰仙部局所の過剰運動を抑制し，安定性を獲得するために重要となる．

よって，腰仙部疾患に対する理学療法は，疼痛出現部位局所のみではなく，全身の運動機能を対象に行い，腰仙部の過剰運動を抑制するような運動パターンを学習させる必要がある．

急性腰痛症に対するアプローチ

急性期は，受傷時から4～6日に及び，疼痛が強く体動が困難な時期である．この時期では炎症症状の早期緩和と悪化防止を目的とする．腰痛症の急性期ではコルセットの装着も検討して腰仙部の安定性を補助し，動作時の腰仙部の過剰な運動を防ぐ．また，腰仙部を固定しながらも，炎症症状を助長しない程度の運動負荷を考慮し，愛護的な運動や軟部組織に対するアプローチを行う．

腰椎 alignment の改善

生理的な腰椎前弯 alignment 獲得に対するアプローチ

腰仙部疾患では，腰椎の前弯増強や前弯減少などの生理的な前弯 alignment が破綻していることが多く，種々のメカニカルストレスが生じる．よって，第3腰椎を頂点とした適切な腰椎前弯 alignment を獲得することにより，軸圧や外力に対する抵抗性

図7-67　しゃがみ込み動作
しゃがみ込み動作にて，下肢屈曲機能が低下している場合，上半身を中心とした屈曲運動により，腰椎では前弯が減少する．

が改善され，動作においても生理的な関節運動が行われる．腰椎の生理的な前弯alignmentを獲得するため，腹臥位にて両肘立て位から両手立て位による体幹伸展運動を学習させる（図7-68）．また，体幹伸展運動時の支点をボールにて形成し，腰椎前弯を学習させる（図7-69）．

体幹伸展時に第3腰椎より上位の腰椎・胸椎部を支点とするケースでは，胸椎の屈曲運動を行い，胸腰椎部の過度な前弯を軽限させてから，適切な体幹伸展運動を学習させる．体幹伸展時に第3腰椎より下位を支点とするケースでは，上位腰椎部である胸腰椎移行部の伸展を促すため，下部胸郭の下制を誘導し，適切な体幹伸展運動を学習させる．

腰椎の前額面上alignmentに対するアプローチ

X線所見や姿勢観察などにおいて，腰仙部alignmentに左右差が生じることで，前額面での非対称性が生じていることが確認できる．骨盤・腰仙部alignmentにおいて非対称性が存在すれば，それらに付着する筋群も非対称的に活動し，体幹を安定するシステムの機能が低下する．よって，腰椎前額面上の非対称性alignmentの改善に対しては，非対称性に活動している腰方形筋や腸腰筋，腹斜筋などの体幹筋を左右均等に活動させ，動作を学習させることが必要である．

方法としては，側臥位にて，肩甲帯の挙上・下制運動，骨盤の挙上・下制運動に伴う腰仙部の正しい動きを誘導し，側腹部の伸張や収縮運動を学習させる．運動が学習された後に抵抗運動を行い，よりスポーツ動作に応用できるような反応へ誘導する（図7-70）．

骨盤底筋群機能の改善

内閉鎖筋・梨状筋機能の改善（図7-71）

内閉鎖筋と梨状筋は，骨盤底筋部を構成し，骨盤底筋群による骨盤底部安定化機能とともに，股関節の分離した動きを行うことに関与している．

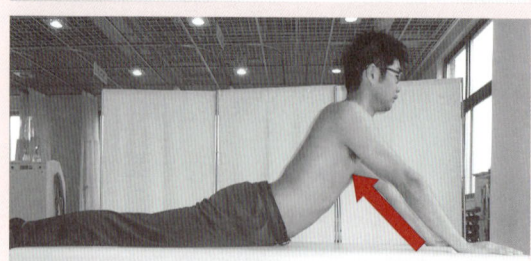

図7-68 腰椎alignmentの改善
腹臥位にて両肘立て位から両手立て位による体幹伸展運動を学習させる．

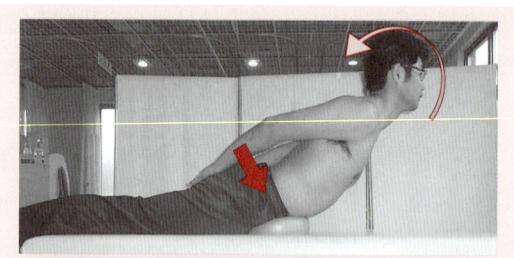

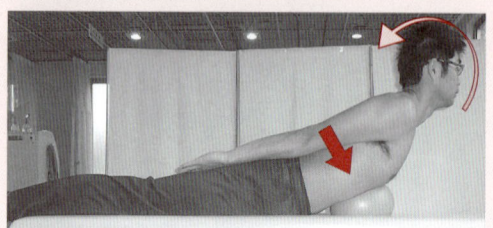

図7-69 腰椎alignmentの改善
第3腰椎より上位を支点とするケースでは下位腰椎部に，第3腰椎より下位を支点とするケースでは上位腰椎部にボールを入れ，反力を利用して体幹伸展時の支点をつくる．腰椎の生理的な前弯alignmentを形成し，体幹伸展運動を学習させる．

運動方法としては，股関節屈曲・伸展位にて，外旋・外転運動を行う．その際，触診にて両坐骨間距離が離れずに安定し，股関節運動と分離されているかを確認する．また，骨盤帯による代償が生じないよう注意する．

骨盤底筋群機能に伴う抗重力伸展活動の学習（図 7-72）

　骨盤底筋群機能とは，骨盤底筋群が抗重力下で機能することにより，重心移動による骨盤内臓器の偏移を制御して会陰腱中心への圧を高め，抗重力伸展活動を効率よく発揮させることである．骨盤底筋群機能の改善では，重心移動に伴い，両坐骨中心に存在する会陰腱中心に圧をかけるよう意識しながら運動を行う．意識下で会陰腱中心部へ圧をかけながらの運動ができない場合，腰椎制御機能や，骨盤帯の安定性，上下肢の機能を再評価し，機能面に対するアプローチを行ってから骨盤底筋

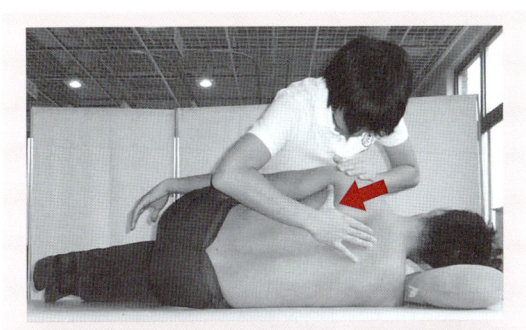

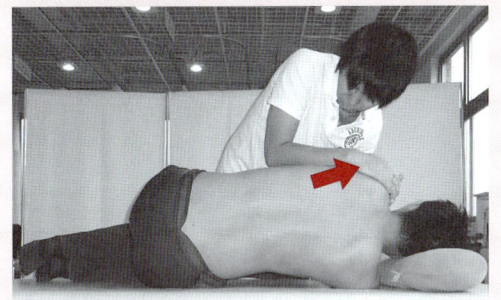

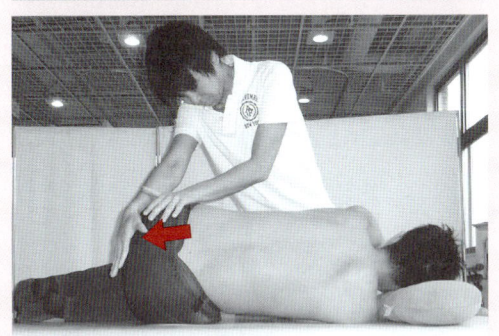

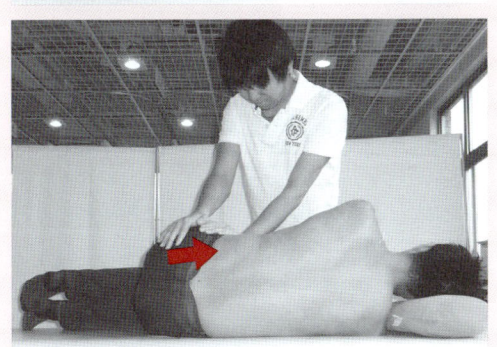

図 7-70　腰椎の前額面上 alignment に対するアプローチ
側臥位にて，肩甲帯の適切な挙上・下制運動，骨盤の適切な挙上・下制運動を誘導し，抵抗を加え，側腹部の伸張や収縮運動を学習させる．

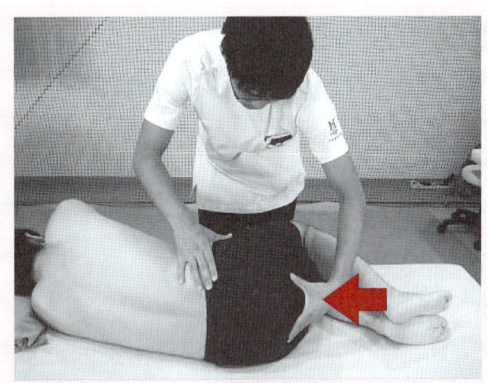

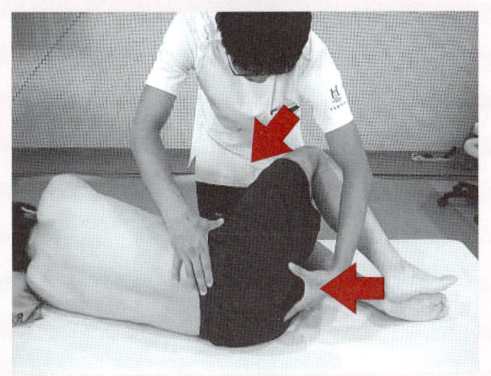

図 7-71　内閉鎖筋・梨状筋機能の改善
運動方法としては，股関節屈曲・伸展位にて，外旋・外転運動を行う．その際，触診にて両坐骨間距離が離れずに安定し，股関節運動と分離されているかを確認する．

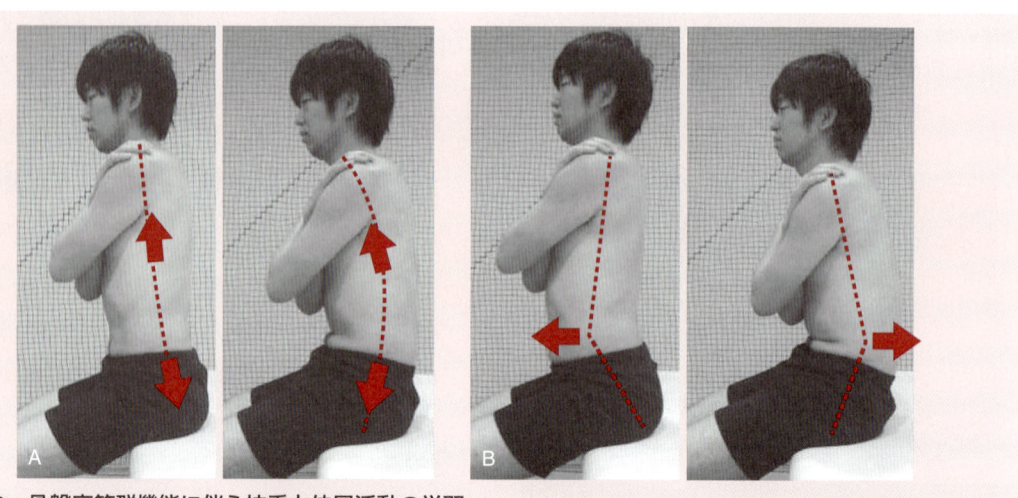

図 7-72 骨盤底筋群機能に伴う抗重力伸展活動の学習
A：骨盤の前後傾の運動．会陰腱中心に圧を加えた状態で行う．
B：骨盤の前後傾の運動にて，会陰腱中心に圧を加えられず，抗重力伸展活動が効率よく発揮できていない．
両坐骨中心に存在する会陰腱中心部に圧を加えるように意識し，運動を行う．例では，坐位での前後重心移動の運動を行う．

群機能の改善を行う必要がある．

股関節機能の改善

股関節機能は前述のとおり，骨盤底筋群とともに腰仙部の動きと密接に関係しており，股関節機能の改善は骨盤底筋群の機能を向上させ，腰仙部の安定性増加により腰仙部へのメカニカルストレスを軽減させる．

股関節屈曲可動性が低下しているケースでは，股関節後面筋の伸張性低下や大腿骨頭の前方化により，股関節の関節包内運動が制限されている場合が多い．股関節後面筋の伸張性低下の改善には，殿筋や梨状筋などの股関節後面筋のストレッチを施行する．股関節の関節包内運動の改善には，臼蓋に対して前方位にある骨頭を適切な位置（求心位）に誘導する．求心位では股関節の運動中心が定まり適切な関節包内運動を行うことができる．方法は，背臥位にて下肢を屈曲させ，大腿から臼蓋に向かって圧刺激を加え，骨頭の後方化（求心位）を促す（図 7-73）．

一般的には，臨床においてもスポーツ現場においても可動域制限が問題視され，可動域に対するアプローチがおもに行われることが多い．しかし，単に可動域を改善させるだけではなく，適切な運動を誘導して学習させなければ，不適切な運動から生じる可動域制限や不安定性が改善されず，根治的なアプローチにはならない．よって，股関節の可動域を確保したのち，適切な運動を学習させる．方法は多岐にわたるが，個々の機能や能力に合わせてアプローチを選択する（図 7-74）．

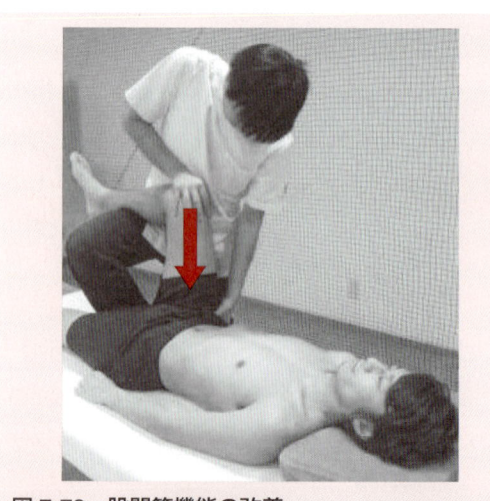

図 7-73 股関節機能の改善
背臥位にて下肢を屈曲させ，大腿から臼蓋に向かって圧刺激を加え，骨頭の後方化（求心位）を促す．

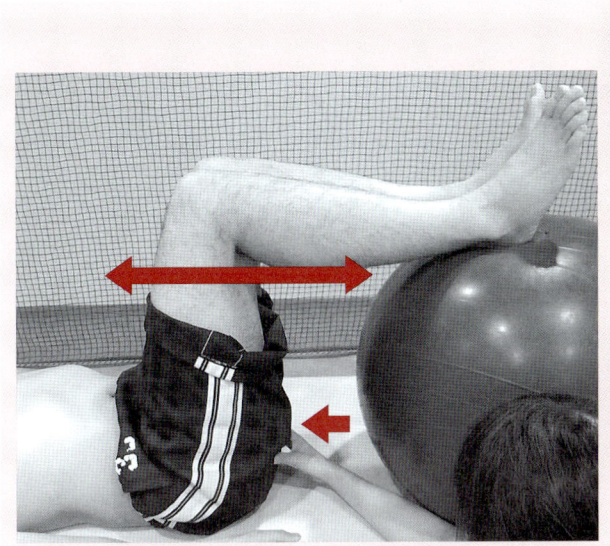

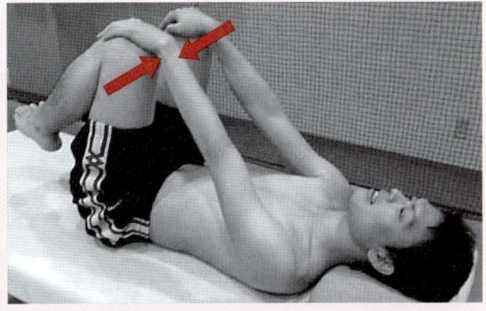

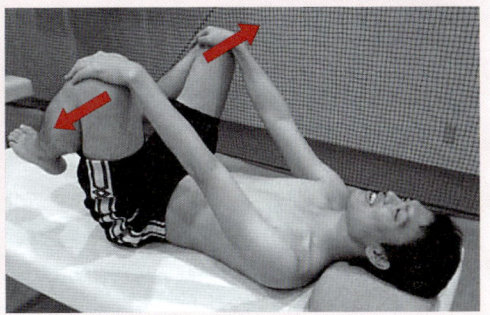

図 7-74 股関節機能の改善
坐骨を支持し,股関節屈曲運動や内転・外転運動を行い,股関節・骨盤帯の分離運動を学習する.

多裂筋機能の改善

多裂筋機能の改善は靱帯を介して仙骨前傾機能を回復させ,閉鎖位機構にて骨盤帯の安定性を増加させる.腹臥位にて仙骨前傾を徒手にて誘導した状態で深呼吸や下肢の伸展運動を行う(図7-75).

広背筋〜殿筋機能の改善

前述したように,仙腸関節を安定させる筋群として,大殿筋と対側の広背筋がある(図7-25).大殿筋と広背筋の収縮により,胸背筋膜を介して仙腸関節の安定性を増加させる.方法は,広背筋を働かせるため上肢の伸展・内転運動を単に行うだけではなく,広背筋が機能する環境を学習させるため,上半身重心偏位を正中化させるように胸郭を誘導しながら行う(図7-76).広背筋が機能する環境を維持した状態での殿筋の運動を施行し,広背筋〜殿筋の機能を学習させる.

胸部・肩甲帯部の機能の改善

胸部・肩甲帯部の機能は,オーバーヘッド動作など上肢を使用する動作において,腰椎と連動して活動する.テニスなどのサーブ動作や,バレーボールのサーブ・アタック,バスケットボールなどの動作では,ボールを打つインパクトの衝撃を,腰仙部から上肢や肩甲帯に伝達し,和らげることも重要である.

胸部や肩甲帯部の運動制限は,上肢を活動させるうえで制限となり,インパクト時に腰椎での過度な代償動作を生じさせてしまう.とくにスポーツ選手では,過度な上半身のトレーニングにおいて,前胸部や胸背部筋の伸張性が失われていることが多いため,ストレッチなどの局所的なアプローチに加え,肩甲骨と脊柱(腰椎)の連鎖的な動きを学習させることが重要である(図7-77).

足部機能の改善(図7-78)

動作時の足部機能は,下半身重心の制御機能として作用し,足圧重心の移動に関与している.下

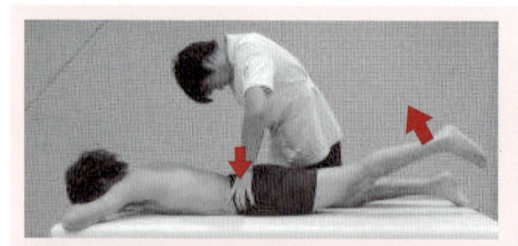

図7-75　多裂筋機能の改善
腹臥位にて仙骨前傾を徒手にて誘導し，深呼吸や下肢の伸展運動を行う．

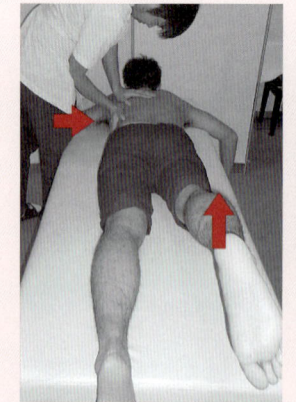

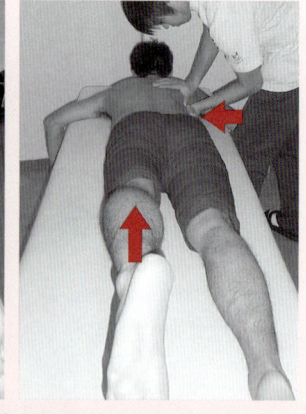

図7-76　広背筋と殿筋機能の改善
広背筋が機能する環境を学習させるため，上半身重心偏位を正中化させるように胸郭を誘導しながら股関節伸展運動を行う．

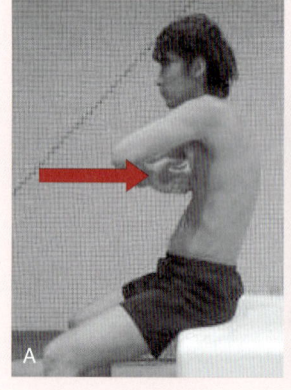

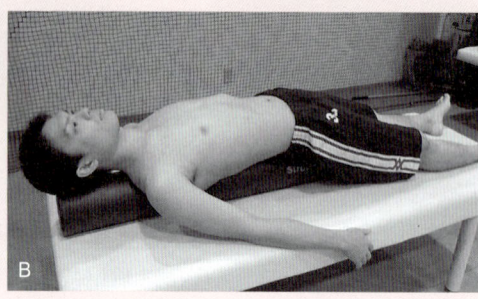

図7-77　胸部・肩甲帯部の機能改善
A：肩甲帯部の外転制限に対する肩甲骨外転・胸椎屈曲運動
B：肩甲帯部の内転制限に対する肩甲骨内転運動
ポール上にて重力を使用した肩甲帯内転を促し，深呼吸などを行うことで，正しい肩甲帯alignmentを学習させる．

半身重心は，股・膝・足関節が1つのユニットとなって制御しているため，足部機能の改善は，股・膝関節機能とともに下半身の重心制御機能を向上させる．下半身重心の制御機能が向上すると，腰仙部へのメカニカルストレスが軽減するため，腰仙部の安定性を獲得するには足部にも着目してアプローチする必要がある．

バレーボールのスパイクやバスケットボールなどのジャンプ動作時には，床反力を使用し，鉛直方向への重心移動が必要となる．この際，足部機能が低下し安定した下半身重心のコントロールができない場合，膝関節が前方や後方に動揺し，床反力を効率よく利用できない．結果的に空中姿勢の乱れへとつながり，腰椎部に負荷が加わるケースも存在する．また，床反力を得られないことから，ジャンプ力の低下などパフォーマンスの低下につながることも示唆される．

足部へのアプローチは，足部のアーチ機能の改善や足部底背屈運動の再学習を行う．足部の制御機能改善により，下半身重心を安定して移動させることができる．足部へのアプローチはさまざまな方法があり，足底板やテーピングにより足関節機能を改善させる方法もある．

矢状面の姿勢の改善

矢状面の立位姿勢において，乳様突起，肩峰，大転子，膝関節中心のやや前方，外果前方を結ぶ線が垂直線上にあるとき，前後方向のalignmentが正常である[34]．立位姿勢にて骨盤が前方や後方へ偏移している場合，腰仙部へのメカニカルストレスが生じやすい．骨盤が前方移動しているケースでは，腰椎伸展のストレスが腰仙部に生じやすく，骨盤が後方移動しているケースでは，腰椎屈曲のストレスが腰仙部に生じやすい（**図7-60**）．背臥

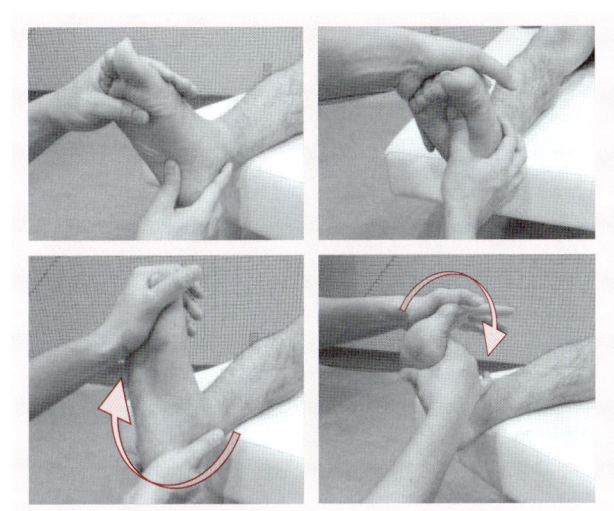

図7-78　足部機能の改善
足部のアーチ機能の改善や足部底背屈運動の再学習を行う．

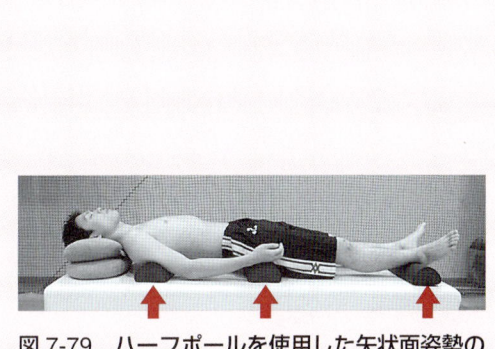

図7-79　ハーフポールを使用した矢状面姿勢の改善

位にて肩甲帯部と骨盤と下腿の3点をハーフポールの上に接地させることで，矢状面上の立位姿勢の改善を図り，骨盤の前後方向への位置を修正する（図7-79）．

参考文献

1) Trainor TJ, Wiesel SW : Epidemiology of back pain in the athlete. Clin Sports Med 21 : 93-103, 2002.
2) 福林　徹ほか：筋・筋膜性腰痛のメカニズムとリハビリテーション．NAP，2010, pp5-95.
3) 山本博司：腰痛発生のメカニズム．理学療法 4(6)：407-416, 1987.
4) Kular, R.F. et al : Non-linear behavior of the human intervertebral disc under axial lord. J Biomech 9 : 377, 1976.
5) 博田節夫編：関節運動学的アプローチ AKA．医歯薬出版，1990, p42.
6) I. A. KAPANDJI：カパンディ 関節の生理学Ⅲ－体幹・脊柱．医歯薬出版，2005, p10.
7) Morgan D, Cook F, Banks S, Sugaya H, Moriya H : The influence of age on lumber mechanics during the golf swing. Science and Golf Ⅲ, 1998, pp120-126.
8) Garolyn Richardson ほか：脊柱の分節的安定性のための運動療法−腰痛治療の科学的基礎と臨床．エンタサプライズ，2002, pp12-13.
9) Diane Lee：ペルビックアプローチ．医道の日本社，2001, pp22-88.
10) 細田多穂編：理学療法ハンドブック．協同医書出版社，2000.
11) McHaardy A, Pollard H, Luo K : One-year follow-up study on golf injuries in Australian amateur golfers. Am J Sports Med 35 : 1354-1360, 2007.
12) 髙橋　悟：骨盤臓器脱出手術に必要な女性骨盤の解剖．排尿障害プラクティス 18(3)：pp83-87, 2010.
13) Richard L. Drake, A. Wayne Vogl, Adam W. M. Mitchhell：グレイ解剖学．エルゼビア・ジャパン，2011.
14) Day JW, Smidt GL, Lehmann T : Effect of pelvic tilt on standing posture. phys ther 64 : 510-516, 1984.
15) Levine D, Whittle MW : The effects of pelvic movement on lumber lordosis in the standing position. jorthop Sports Phys Ther 24 : 130-135, 1996.
16) Donald A. Neumann：筋骨格系のキネシオロジー．医歯薬出版，2006, p429.
17) Macnab I, McCulloch J : Backache. 2ed, Williams & Wilkins, Baltimore, 1990, p132.
18) 寺山和雄：標準整形外科学．医学書院，1996, pp430-435.

19) 元文芳和：腰痛を診る．日医大医会誌 2(1)：42，2006．
20) 西良浩一：腰椎分離症の研究．Sportsmedicine 114：4-14，2009．
21) 西良浩一ほか：脊柱の疲労骨折−腰椎分離症．臨床スポーツ医学 27：411-421，2010．
22) 寺山和雄：標準整形外科学．医学書院，1996，pp430-435．
23) 松原貴子：筋・筋膜性腰痛症の理学療法プログラム．理学療法 25(1)：71-75，2008．
24) 村上栄一ほか：仙腸関節性疼痛の発痛源と臨床的特徴．関節外科 5：513-515，1999．
25) 田崎義昭：ベッドサイド神経の診かた．南山堂，2002，p55．
26) 山嵜　勉：整形外科理学療法の理論と技術．メディカルビュー，2004，pp172-174．
27) Burnett AF, Cornelius NW, Dankaerts W, O'Sullivan PB, Spinal kinematics and trunk muscle activity in cyclists : a comparison between healthy controls and nonspecific chronic low back pain subjects –a pilot investigation. Man Ther 9 : 211-219, 2004.
28) Burnett A, O'SulliVan P, Ankarberg L, et al : Lower lumbar spine axial rotation is reduced in end-range sagittal postures when compared to a neutral spine posture. Man Ther 13 : 300-306, 2007.
29) Shirley A. Sahrmann：運動機能障害症候群のマネジメント．医歯薬出版，2005，pp66-67．
30) Porterfield JA, DeRosa C : Mechanical low back pain. In Perspectives in functional anatomy, ed 2, WB Saunders, 1998.
31) 福井　勉：座圧における座圧中心位置と腰椎運動の関係．理学療法学，理学療法士協会，2000，p158．
32) 福井　勉：姿勢制御について．理学療法 13(1)：2-6，2006．
33) 福井　勉：「身体バランス」へのアプローチ 1，「全体」で身体をとらえる Coaching Clinic 7：13-14，2010．
34) 中村隆一ほか：基礎運動学．医歯薬出版，1992，p335．

第8章
野球における投球障害─投球障害肩

わが国の野球人口は推定580万人といわれており，当院にも投球障害肩の患者が多数来院する．投球障害肩は，不合理な投球フォームやover useによって生じる非外傷性疾患の各種病態の総称であり，野球選手においては発症頻度の高い疾患である．肩関節は，体幹と上肢を結ぶ大きな可動域（range of motion；ROM）をもつ球関節であり，非常に不安定な構造をしているため，さまざまな原因によりメカニカルストレスを受けやすく，組織が損傷しやすい部位でもある．

投球動作は，上肢，下肢，体幹とすべての関節運動が伴う動作であるため，肩の一部分だけを治療していても改善されないことを臨床上多く経験する．

投球障害肩を治療するうえで，形態解剖の知識に加え，機能解剖の知識，そして投球障害肩の発生メカニズムを理解し考えていく必要があり，運動連鎖を踏まえて全身から評価・治療していくことが病態改善への近道である．

1. 投球動作

投球障害肩を診る前に，投球動作とはどういう動きかを理解する必要がある．投球動作は，重力に抗した立位姿勢から投球方向へ身体を移動させ，下肢，体幹，投球側上肢への運動連鎖により，必要なエネルギーを足先からボールに至るまで効率よく伝える動作を要求される．正常な投球動作では，下肢→体幹→上肢と部位の速度が最大になる直前に次のエネルギーが伝達される．しかし，運動伝達のタイミングがずれた場合，あるいは部分の機能異常によるエネルギー低下を生じた場合，運動としてのパフォーマンスは低下する[1]（図8-1）．パフォーマンスの低下を代償するためにほかの関節に過剰な負担が強いられると，代償を促された関節の障害発生のリスクは大きくなる．

投球動作の相はさまざまな分類がなされているが，臨床においては，信原ら[2]による分類が投球動作の問題点を分析するのに優れている．簡単ではあるが以下に説明していく（図8-2，3）．

第1相　ワインドアップ期
（wind up phase）

投球動作開始のための片脚立位姿勢からステップ足が最大挙上するまでを指す．この相は，重心の投球側への移動という重要な課題の前段階とし

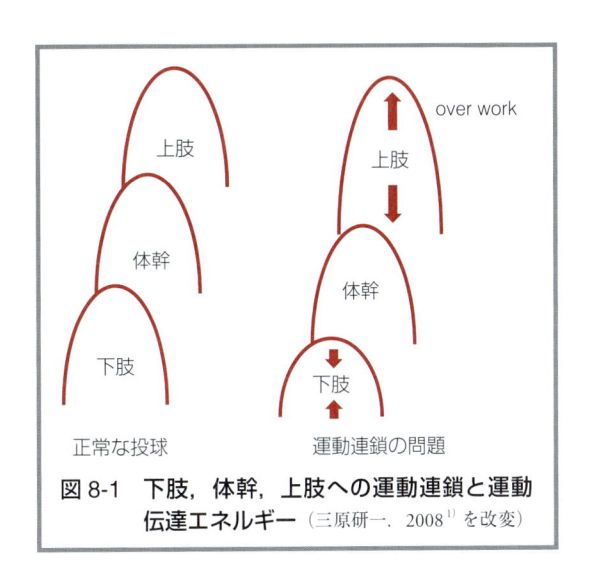

図8-1　下肢，体幹，上肢への運動連鎖と運動伝達エネルギー（三原研一．2008[1]を改変）

第8章　野球における投球障害─投球障害肩

図 8-2　投球動作（信原克哉. 2001[2]）

図 8-3　投球動作写真
A〜D：ワインドアップ期，E：早期コッキング期，F：後期コッキング期，G：加速期，H：フォロースルー期

てとらえられ，破綻すると踏み込む脚への体重移動が不十分となることが多い．この相の崩れは以降の相に影響を与え，各種障害を引き起こす要因となりやすいので投球動作においてとても重要な相である．

第2相　早期コッキング期（early cocking phase）

投球方向への移動が開始され，踏み込んだ足が完全に接地（foot plant）し，肩関節肢位が外転90°，水平外転15°前後になった時期を指す．投球側の肩関節水平伸展が助長されることによって，肩前方部を痛める原因となりやすい相である．

第3相　後期コッキング期（late cocking phase）

さらに加速していき，foot plant以降の肩関節最大外旋の時期を指す．投球側の肩が十分に上がりきらず，ゼロポジションとならないまま加速すると，肩前方部や肘の内側を痛める原因になりやすい相である．

第4相　加速期（acceleration phase）

トップポジションから体幹を回旋させながらボールを放すまでの時期を指す．最も動きが速くなる相である．この相では肩関節がゼロポジションを保ちながら，前相で外転・外旋位にあったのが内転・内旋位に切り替わり，肘関節においてはボールリリースに向けて屈曲位から伸展位へと急速に変化していく．

第5相　フォロースルー期（follow through phase）

ボールリリースから腕を振り切り，投球動作を終了するまでの時期を指す．この時期の所要時間は0.2秒であり，加速期同様，無意識化の運動であるため，それ以前の相における結果から生じていると考えられる．ステップ足の股関節屈曲・内旋や体幹の回旋運動によって急激な減速エネルギーを全身で吸収できるようにし，局所への負担を軽減させる必要がある．

2．肩関節の機能解剖

投球における肩関節の障害は，投球フォームと身体機能とのかかわり合い，病態部位に対する影響などを考慮し，組織学的損傷の発生メカニズムを解明して治療方法を選択していく必要がある．しかし，そのためには肩関節の機能解剖を理解する必要があるので以下に説明する．

肩関節の病態を把握するうえで，肩甲上腕関節の安定化メカニズムを理解する必要がある．

骨形態や関節面の形状，構成する肢節・体節・骨の位置関係からなるのが構築学的安定化メカニズムである．肩関節では，半楕円形の上腕骨骨頭に対して，臼蓋はわずか1/3の面積しかないため，半球状の上腕骨頭は小さな関節窩の上を大きく動き回ることができる（図8-4）．関節はこのような大きな可動性を有する代償として，安定性を犠牲にしている．

関節を安定させるために，靱帯，関節唇，関節包，関節包内圧からなる静的安定化メカニズム，単関節筋である回旋筋腱板からなる動的安定化メカニズムがある．これらがバランスよく機能して肩関節の安定性を保持している（表8-1）[3]．

静的安定化メカニズム

最も重要なものは関節上腕靱帯である（図8-5）．これには上方から上関節上腕靱帯（superior gleno humeral ligament；SGHL），中関節上腕靱帯（middle gleno humeral ligament；MGHL），下関節上腕靱帯（interior gleno humeral ligament；IGHL）があり，下垂位における前方への安定性にはSGHLとMGHLが，外転位における前方への安定性にはIGHLが寄与している．これらの関節上腕靱帯の緩みが出

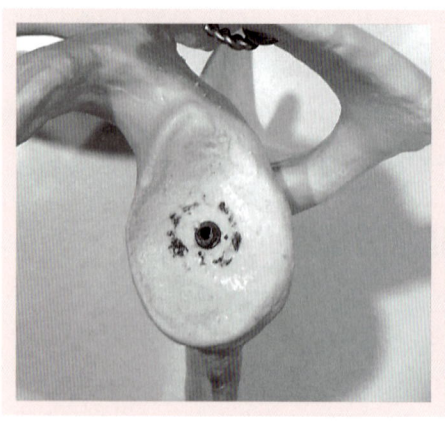

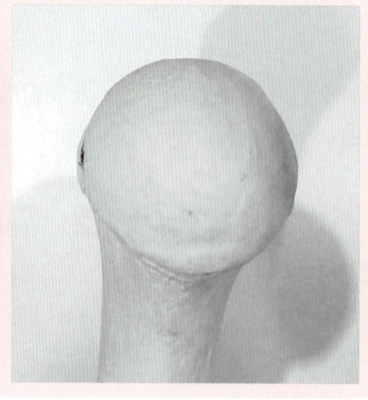

図8-4 骨形態
骨頭の直径35〜55 mmの球の1/3.
臼蓋の長径は骨頭の約1/2, 短径では1/3と小さく浅い.

表8-1 肩関節安定化メカニズム (佐志隆士, 2000[3]を改変)

1. 構築学的安定化メカニズム
   骨形態, 関節面の形状, 構成する肢節・体節・骨の位置関係
2. 静的安定化メカニズム
   関節唇, 関節包, 靱帯, 関節内圧
3. 動的安定化メカニズム
   単関節筋（インナーマッスル）

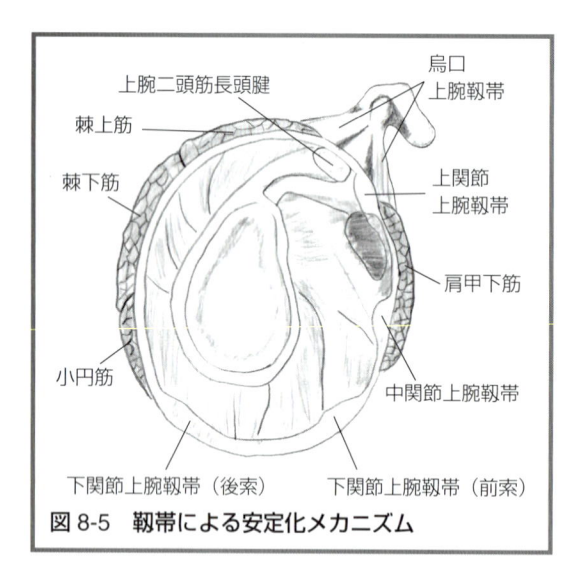

図8-5 靱帯による安定化メカニズム

上腕二頭筋長頭腱
棘上筋
棘下筋
小円筋
下関節上腕靱帯（後索）
烏口上腕靱帯
上関節上腕靱帯
肩甲下筋
中関節上腕靱帯
下関節上腕靱帯（前索）

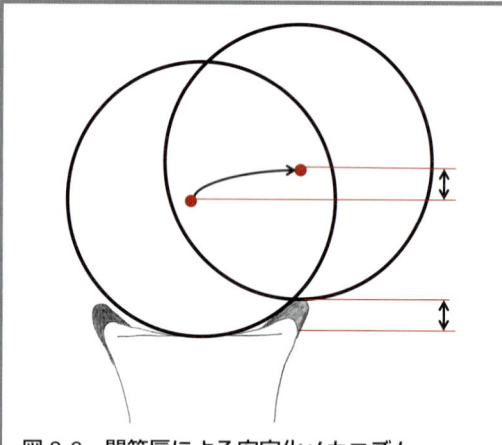

図8-6 関節唇による安定化メカニズム
(佐志隆士, 2000[3]を改変)
関節唇は関節窩を拡大させ, 上腕骨頭との接触面積を大きくする. また, 関節窩の深さを約2倍にすることで, 骨頭の非生理的な移動に対するバンパー効果を生み出している. これらの効果により肩甲上腕関節の安定性が高まる. 骨頭が脱臼するためにはこの山を乗り越えなければならない.

現することによりコッキング期から加速期にかけての肩関節外転・外旋位を強制されるメカニカルストレスが生じ, それが関節内の構造的破綻をきたす原因の1つになりうる.

関節唇は関節窩を拡大させ, 上腕骨頭との接触面積を大きくする. また, 関節窩の深さを約2倍にすることで, 骨頭の非生理的な移動に対するバンパー効果を生み出している. これらの効果により肩甲上腕関節の安定性が高まる. 骨頭が脱臼するためには関節唇の山を乗り越えなければならない（図8-6）.

関節包は, 膨らませると骨頭が2つ入るほどの大きさであることから, 関節包内は非常に不安定といえる. それに対して関節包内圧によって安定性が得られている. 関節包内圧は下垂で陰圧を示し, 骨頭を関節窩に引き付けている. 肩関節挙上に伴い, 関節がねじれることで関節内の圧は変化

図8-7 関節包内圧による安定化メカニズム
(水野智明, 2009[4]を改変)
関節包は骨頭の2倍の容積を有する. つまり, 関節包内は非常に不安定といえる. それに対し関節包内圧によって安定性が得られている.

関節包内圧力 ：陰圧
関節包のねじれ：（−）
関節の動き ：（＋）

関節包内圧力 ：陽圧
関節包のねじれ：（＋）
関節の動き ：（−）

図8-8 回旋筋腱板

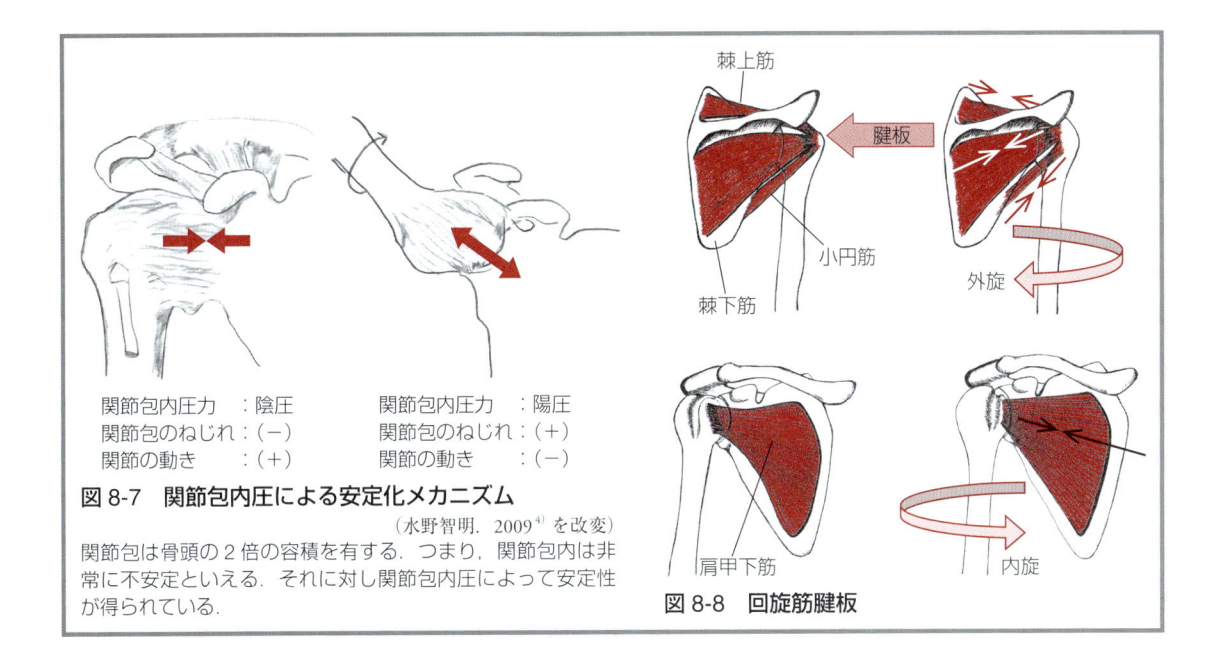

し, 60°を超えた位置では関節包はほぼ陽圧となる. 関節包が陽圧になると骨頭は不安定となるが, この時点では軟部組織や筋の緊張が高まるので, 陰圧による安定作用は不要になる（図8-7）[4].

動的安定化メカニズム

棘上筋, 棘下筋, 小円筋, 肩甲下筋の4つの筋の停止部付近で作られる回旋筋腱板（rotator cuff）（図8-8）. rotator は回転させるという意味で, cuff は袖の意味でその形態を表しており, その機能を意味している. これらの役割としては球関節である肩関節の回転軸を形成する. インナーマッスルと表層に位置するスピード, パワーを発揮といったパフォーマンスにかかわるアウターマッスルが機能的秩序を保って作用することにより関節の動的安定化が得られている. 肩甲上腕関節の動きは常に肩甲骨関節窩を基準として上腕骨が動く. リーチ動作のような上腕骨の動きが先行するときは, 上腕骨骨頭の位置を基準に肩甲骨関節窩が動き, 適合するといった協調運動により関節の適合が図られている[5].

3. 病態 [3,6]

上腕骨頭の臼蓋に対する求心位の乱れにより, 肩関節内にさまざまなメカニカルストレスが発生することで以下の病態を引き起こす一因となる（図8-9）[7].

上方関節唇損傷〔SLAP（superior labrum anterior and posterior）損傷〕

関節唇損傷は関節の受け皿である関節窩辺縁に

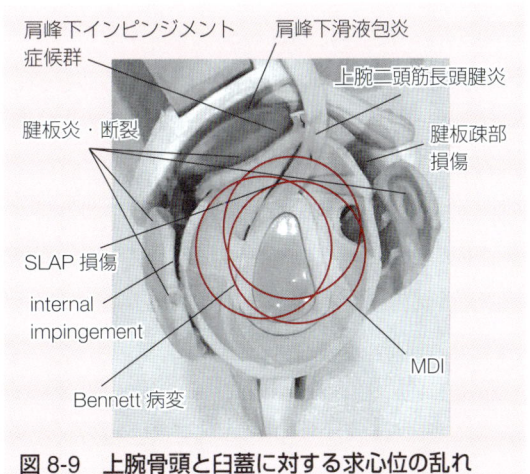

図8-9 上腕骨頭と臼蓋に対する求心位の乱れ

327

ある関節唇が投球動作による機械的な刺激によって剥離・断裂し，上肢の挙上回旋運動時に，引っかかり感，疼痛，脱臼感などの症状を呈するもので，損傷の程度・部位によりタイプ分類されている．

1990 年に Snyder ら[8] が命名したもので，関節唇の毛羽立ちといった軽度の変性から関節唇骨付着部の剥離や上腕二頭筋長頭腱の断裂なども含めた病態で，形態的に 4 型に分類されている．Type Ⅰ；関節唇の毛羽立ち，Type Ⅱ；関節唇の剥離，Type Ⅲ；関節唇のバケツ柄断裂，Type Ⅳ；上腕二頭筋長頭腱-関節唇複合体の断裂（図 8-10）．SLAP 損傷の発生機序としては諸説ある[9]．

牽引力 (traction injury)

投球障害の SLAP 損傷を最初に報告した Andrews ら[10] は，その発生機序を投球動作の減速期における上腕二頭筋長頭腱の牽引力と報告している．

関節内の組織衝突 (internal impingement)

Walch ら[11] が，投球動作の後期コッキング期で上腕骨頭と関節窩のあいだに腱板が挟み込まれる postero superior impingement という疾患概念を報告した．

peel back 現象

① Burkhart ら[12] は，peel back 現象，すなわち，後期コッキング期において上腕二頭筋関節唇複合体へ捻転力（torsional force）が加わることを報告した．
② peel back 現象とは，投球動作におけるコッキング期の肩関節外転・外旋位において上腕二頭筋長頭腱が後方にねじれることによって生じる動的な角度変化である（図 8-11）．peel back 現象は，後方あるいは前方・後方 SLAP 損傷の場合には常に認められるが，正常な肩では認められないとの報告もある．

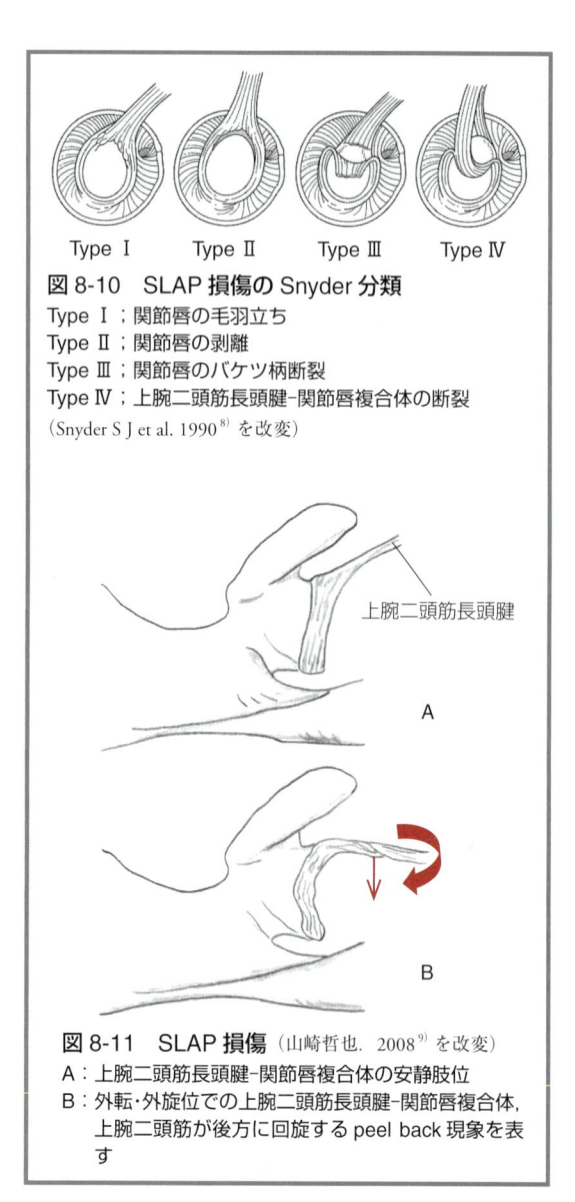

図 8-10　SLAP 損傷の Snyder 分類
Type Ⅰ；関節唇の毛羽立ち
Type Ⅱ；関節唇の剥離
Type Ⅲ；関節唇のバケツ柄断裂
Type Ⅳ；上腕二頭筋長頭腱-関節唇複合体の断裂
（Snyder S J et al. 1990[8]）を改変

図 8-11　SLAP 損傷（山崎哲也．2008[9]）を改変
A：上腕二頭筋長頭腱-関節唇複合体の安静肢位
B：外転・外旋位での上腕二頭筋長頭腱-関節唇複合体，上腕二頭筋が後方に回旋する peel back 現象を表す

internal impingement （図 8-12）[13]

投球時の後期コッキング期に上腕骨頭と関節窩のあいだに棘下筋腱が挟み込まれる現象を internal impingement という．後期コッキング期の再現肢位にて，上腕骨頭と関節窩のあいだに腱板が挟み込まれて疼痛が生じる．また，投球側の肩外旋 ROM の増加と内旋 ROM の減少の原因といわれる前方関節包の弛緩・後方関節包の拘縮・上腕骨頭の後捻変形が，この internal impingement を引き起こす

とも考えられている.

肩峰下インピンジメント症候群（図 8-13）[14]

肩峰下インピンジメント症候群は，肩甲上腕関節の挙上回旋動作時に，肩峰と烏口肩峰靱帯で形成される烏口肩峰アーチ下面で繰り返される機械的な刺激により発生する．これは，腱板機能不全による肩甲上腕関節の不安定性や肩甲帯機能不全が原因となっていることが多い．

投球時では加速期で上腕骨が急速に内旋位をとる際に，烏口肩峰アーチ下面に棘上筋腱および肩峰下滑液包が挟み込まれることによって生じる．後期コッキング期から加速期で肩前方部に疼痛がみられることが多い．

腱板断裂

投球障害肩では，関節面不全断裂が多く，棘上筋・棘下筋腱境界部に存在することが多い．前述した internal impingement によって生じる場合や加速期からフォロースルー期における腱板への遠心性張力と剪断力によって生じる場合などがある．また，前述した肩峰下インピンジメントによって滑液包面断裂が生じることもある．いずれの場合でも，後期コッキング期に肩後方部痛がある．

腱板断裂の MRI 所見の模式図（図 8-14）を示す．

多方向性不安定症

（multidirectional instability：MDI）

投球障害肩における MDI では，元々存在する関節包の弛緩に，繰り返される投球動作が加わりさらに投球時痛を誘発している．前方関節唇・関節包に負荷が繰り返しかかることによって生じる．このため，1 回の外傷で生じるような外傷性不安定症と異なり，明らかな Bankart 損傷を認めず，関節包や関節上腕靱帯の弛緩が主病変であることが多い．腱板疎部損傷（rotator interval lesion）は，1 回

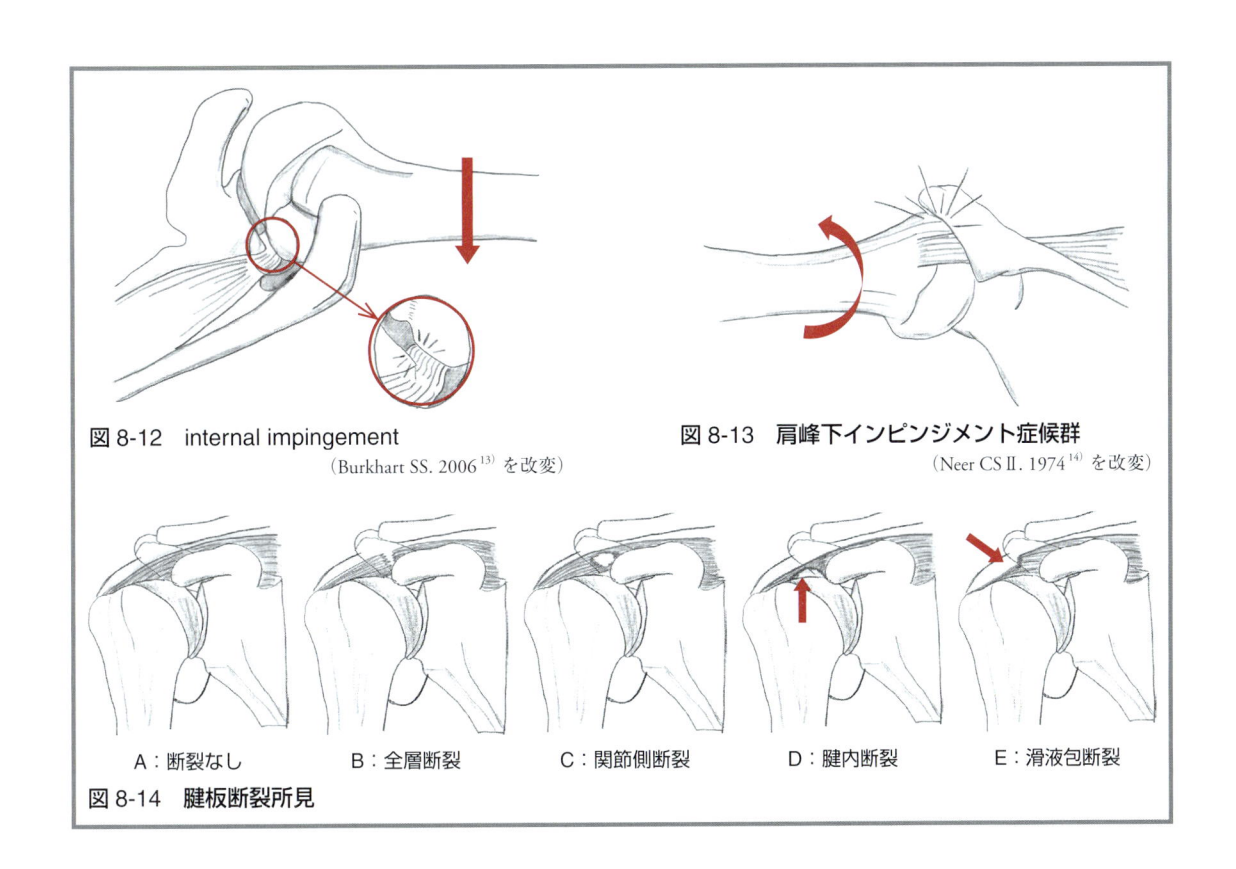

図 8-12　internal impingement
（Burkhart SS. 2006[13] を改変）

図 8-13　肩峰下インピンジメント症候群
（Neer CS II. 1974[14] を改変）

A：断裂なし　　B：全層断裂　　C：関節側断裂　　D：腱内断裂　　E：滑液包断裂

図 8-14　腱板断裂所見

の全力投球で受傷する場合もあり，下方不安定症を生じることが多い．不安定性の存在が二次的に internal impingement，肩峰下インピンジメント症候群，上腕二頭筋長頭腱損傷などの発症を引き起こすと考えられているので，肩関節不安定症は，多くの投球障害肩の一次的な病態と考えられる．

上腕二頭筋長頭腱炎

上腕二頭筋は上腕骨頭前方・上方への逸脱を抑える働きがあり，腱板による上腕骨頭の安定化が得られなくなった場合に症状が出現することが多い．

Bennett 病変（図 8-15）

関節窩後下縁に生じた骨棘である．原因として，上腕三頭筋腱付着部への張力による反応性骨形成や，伸展され剥離した後方関節包・関節複合体の修復機転による形成などが考えられている．水平内転制限および肩後部痛でコッキング期やフォロースルー期に疼痛がある．

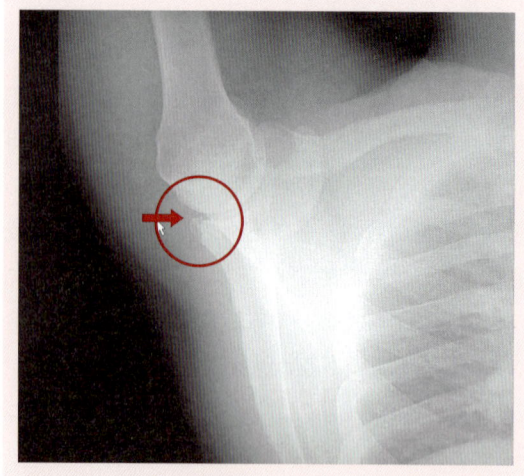

図 8-15　Bennett 病変

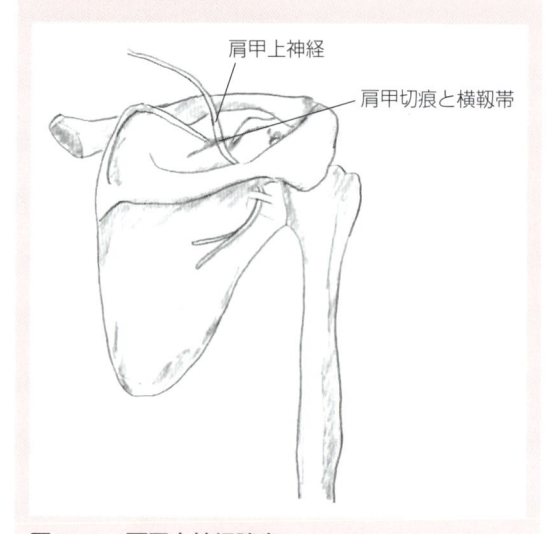

図 8-16　肩甲上神経障害

神経障害

肩甲上神経障害（図 8-16）

肩甲上神経は，上肩甲横靱帯で囲まれる肩甲切痕を前方から後方へ通り，棘上窩へ至る．靱帯を通過して 1 cm 以内に棘上筋へ運動枝を分枝する．さらに肩甲棘外側縁（棘窩切痕，spinoglenoid notch）を通過して棘下窩に入り，棘下筋への筋枝（通常 2～4 本）と肩関節および肩甲骨へ分枝する．後期コッキング期の過外転・外旋位では肩甲切痕で，フォロースルー期の過内転・内旋位では棘窩切痕で，神経に牽引力や圧迫力がかかり，繰り返す投球動作によって障害が生じると考えられている．とくに自覚症状がなくても，棘下筋萎縮を認める例は多い．

腋窩神経障害（図 8-17）

腋窩神経は，腕神経叢の後神経束より分岐し，小円筋が上辺，上腕骨頸部が外側辺，大円筋が下辺，上腕三頭筋長頭腱が内側辺を構成している腋窩の四辺形間隙（quadri lateral space；QLS）を通過して背中側に分布する．この際，腋窩神経は後上腕回旋動脈と平行して走行している．三角筋，小円筋に分布し，筋力低下や萎縮を認める．この部分での障害を QLS 症候群ともいうが，原因不明のことが多い．

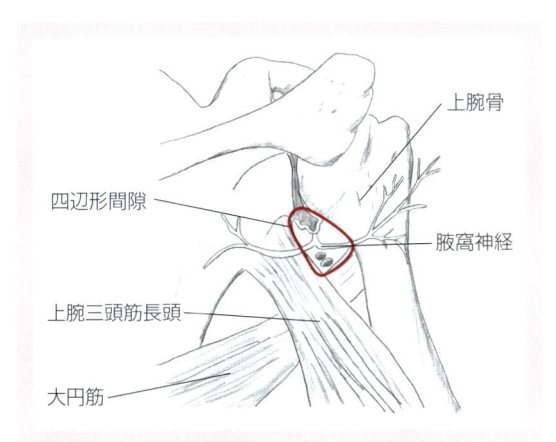

図8-17 QLS症候群

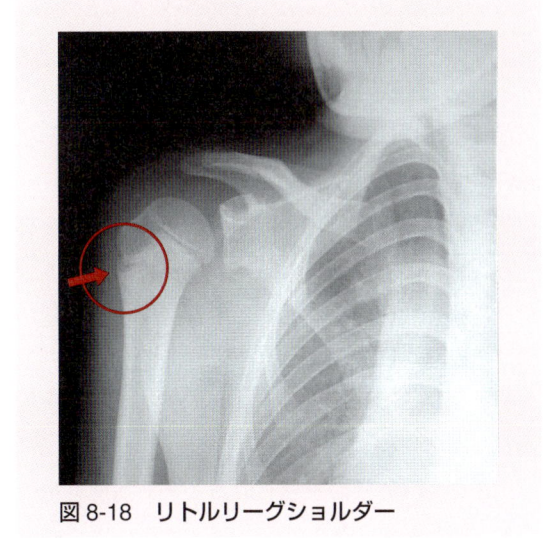

図8-18 リトルリーグショルダー

上腕骨近位骨端離開（リトルリーグショルダー）（図8-18）

上腕骨近位骨端に生じる．投球動作で，繰り返し骨端部に負荷がかかることによって，骨端離開を生じる．投球動作全般に疼痛があり，上腕骨近位の圧痛や腫脹を認める．

4. 評価

肩関節の疼痛は多岐にわたるため1つの評価だけで症状を判断することは難しく，病態を把握するためには画像所見と照らし合わせ，自覚症状や圧痛，種々の局所的評価を組み合わせて行うこと

表8-2 評価の流れ

局所的評価 （病態把握）	疼痛部位（触診） 肩関節 ROM 腱板機能 肩甲胸郭関節機能 疼痛誘発テスト 局所 alignment
全身的評価 （運動連鎖）	姿勢 各種 alignment 体幹・下肢機能 一般的動作 投球動作

で組織学的破綻を臨床的に判断する．投球動作は全身動作であるため，運動連鎖から考えなければ，局所的な機械的ストレスを判断することはできない．肩関節を診るということは，上肢，肩甲骨，体幹，下肢といった全身的評価も踏まえて考える必要がある．局所的評価で病態部位を特定し，全身評価でなぜ病態部位にメカニカルストレスが加わったのかを明確にしていく（表8-2）．

問診

年齢，競技レベル，受傷機転，既往歴などを聴取する．年齢によっては学年が変わることで，軟球から硬球へとボールの種類が変わり練習量も増える．また，小・中学生では骨格が未成熟であるため，反復する投球動作に起因する過負荷により，肩関節に障害をきたしやすい．

疼痛の有無で重要なのは「いつ痛くなるのか」，「どういう動作で痛くなるのか」を把握することであり，「日常生活でも痛いのか」，「練習中に痛いのか」，「練習が終わってから痛いのか」も聴取する．疼痛の箇所の特定とともに，発症機転，発症時期を聴取し，急性期か慢性期かを判断する．

局所的評価

疼痛部位の評価

まずは疼痛部位を確認する必要がある．可能であれば，衣服を脱いでもらい，前方部分，後方部

分に分け，直接，関節を触ることで，熱感や腫脹，炎症の有無を判断する．前方部分の圧痛点としては，腱板疎部，関節裂隙，前下方関節唇，大結節，結節間溝を触診し，後方部分の圧痛点としては，棘下筋腱付着部，棘下筋，QLS，肩甲骨内上角を触診する（図8-19）．

実際に本人に疼痛部位を確認させるのも重要な要素である．急性期の場合は，炎症範囲も広く手のひら全体的な範囲で疼痛がみられる palm sign，炎症が落ち着いてくると，「ここ」という感じで指の先で疼痛部位を限局できる finger sign で疼痛部分を確認することができる．

ROM 測定

一般に用いられる ROM の計測は，日本整形外科学会，日本リハビリテーション医学会の定める計測法に準じて実施する（表8-3）．肩の ROM 測定は肩甲骨の代償を制御して測定する．屈曲，伸展，外転，水平内転，1st・2nd・3rd での内旋と外旋 ROM を評価し，投球側のみでなく，非投球側でも同様に測定する．肩関節の測定時に肩甲骨や体幹などの動きの反応を診るのも大事である．ROM 測定の結果と触診による軟部組織の評価から制限因子を推測していく．野球選手は，成長期における頻回な外旋運動による骨性要素の上腕骨後捻変化と，軟部組織性要素の関節包，周囲筋・腱の伸張性変化があるので，測定時には外旋増加・内旋減少がよくみられる．

end feel がなく，突然の疼痛出現による制限があるときは，関節内の炎症性滑膜の増生や損傷部の腫張・充血が生じ，炎症が広範囲にわたる場合は関節内圧の上昇が起こっているものと思われる．この時期は病態部位の安静が大事である．

end feel に呼応した疼痛出現による制限の時期は，炎症後の滑膜肥厚や瘢痕組織の残存による軟部組織の柔軟性低下が考えられる．

関節唇損傷や関節内の異物などによる病態を有する場合の多くは，ある特定の肢位における運動だけに疼痛または違和感とともにロッキング様における運動制限がみられる[15]．

筋緊張による制限は筋自体の伸張性欠如や癒着などがみられる．

以上の ROM 制限を感じ取ることで病態を把握する一助となる（図8-20）．

肩関節以外では体幹機能と股関節機能の評価が重要である．股関節も投球側と非投球側の ROM を評価する．hip up テスト（図8-21），股関節の屈曲・内旋・外旋 ROM の評価により，投球側，非投球側の制限の有無を確認する（図8-22〜24）．

腱板機能評価

腱板機能は，球関節である肩関節の回転軸を形成する棘上筋，棘下筋，小円筋，肩甲下筋からなる．これらのインナーマッスルと，表層に位置する，スピードとパワーの発揮といったパフォーマンスにかかわるアウターマッスルが機能的秩序を保って作用することにより関節の動的安定化が得られている．

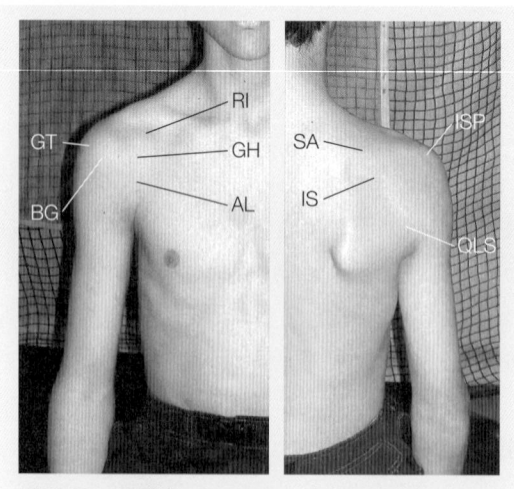

図 8-19　圧痛点
RI：腱板疎部，GH：関節裂隙，AL：前下方関節唇，
GT：大結節，BG：結節間溝
ISP：棘下筋腱付着部，IS：棘下筋，QLS：四辺形間隙，
SA：肩甲骨内上角

表 8-3　関節可動域表

部位名	運動方向	参考可動域角度	基本軸	移動軸	測定肢位および注意点	参考図
肩甲帯 shoulder girdle	屈曲 flexion	20	両側の肩峰を結ぶ線	頭頂と肩峰を結ぶ線		
	伸展 extension	20				
	挙上 elevation	20	両側の肩峰を結ぶ線	肩峰と胸骨上縁を結ぶ線	背面から測定する.	
	引き上げ（下制） depression	10				
肩 shoulder（肩甲帯の動きを含む）	屈曲（前方挙上） foward flexion	180	肩峰を通る床への垂直線（立位または座位）	上腕骨	前腕は中間位とする. 体幹が動かないように固定する. 脊柱が前後屈しないように注意する.	
	伸展（後方挙上） backward extension	50				
	外転（側方挙上） abduction	180	肩峰を通る床への垂直線（立位または座位）	上腕骨	体幹の側屈が起こらないように90°以上になったら前腕を回外することを原則とする. →［その他の検査法］参照	
	内転 adduction	0				
	外旋 external rotation	60	肘を通る前額面への垂直線	尺骨	上腕を体幹に接して, 肘関節を前方90°に屈曲した肢位で行う. →［その他の検査法］参照	
	内旋 internal rotation	80				
	水平屈曲 horizontal flexion（horizontal adduction）	135	肩峰を通る矢状面への垂直線	上腕骨	肩関節を90°外転位とする.	
	水平伸展 horizontal flexion（horizontal abduction）	30				

（日本整形外科学会, 日本リハビリテーション医学会, 1995. より引用）

thumb down テスト：肩内旋位で肘を伸展させ, 母指を下に向けた回内肢位（thumb down）, 上腕に軽い抵抗を加えながら挙上させると疼痛が出現し, 力が入らなくなることがある. 棘上筋の筋力低下のみならず, 多くの腱板断裂や腱板炎でも認められることがある（図 8-25）.

下垂位での内旋・外旋テスト：肩関節下垂にて肘関節90°屈曲させ, 内旋・外旋に抵抗を加える. 外旋運動で上部棘下筋が働き, 内旋運動では上部肩甲下筋の働きが評価できる（図 8-26）.

45°挙上位での内旋・外旋テスト：肩関節45°挙上位にて肘関節90°屈曲させ, 内旋・外旋に抵抗を加える. 外旋運動で下部棘下筋が働き, 内旋運動では中部肩甲下筋の働きが評価できる（図 8-27）.

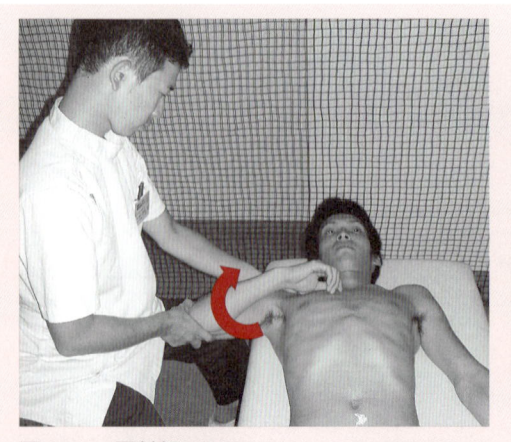

図 8-20　肩外転 ROM

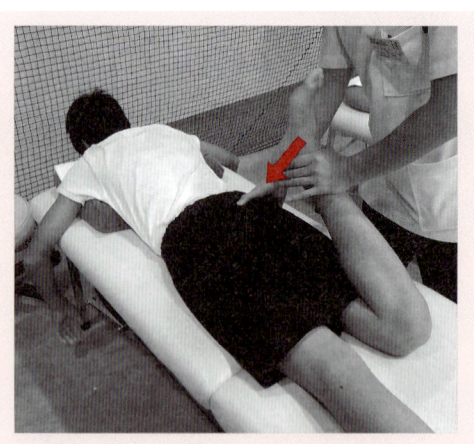

図 8-21　hip up テスト

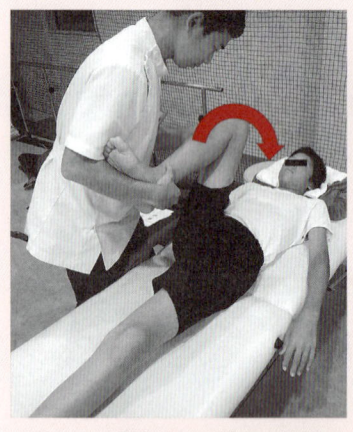

図 8-22　下肢 ROM 検査　股関節屈曲

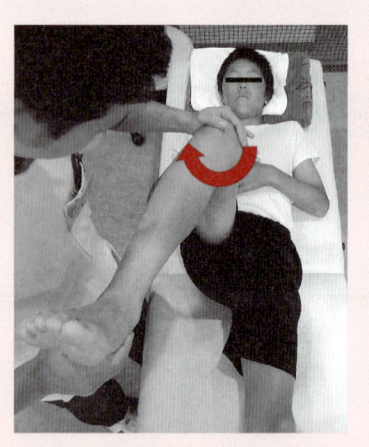

図 8-23　下肢 ROM 検査　股関節内旋

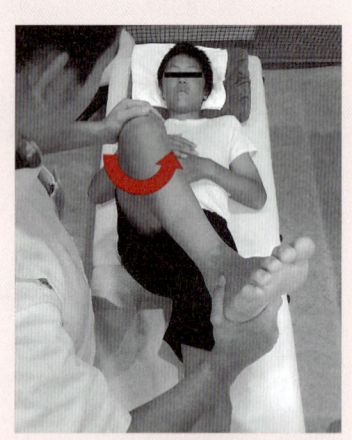

図 8-24　下肢 ROM 検査　股関節外旋

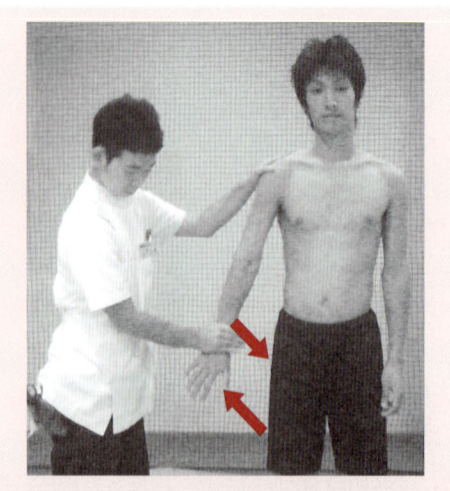

図 8-25　thumb down テスト
肩内旋位で肘を伸展させ，上腕に軽い抵抗を加えながら挙上させる．

120°挙上位での内旋・外旋テスト：肩関節 120°挙上位にて肘関節 90°屈曲させ，内旋・外旋に抵抗を加える．外旋運動で小円筋が働き，内旋運動では下部肩甲下筋の働きが評価できる（図 8-28）．

肩甲下筋テスト：肩内旋位で手背を腰に当て，手掌に抵抗を加えながら，手を背中から離すように命じる．肩甲下筋腱の働きが評価できる（図 8-29）．

肩甲胸郭関節機能評価

　肩甲骨は骨性連結として鎖骨を介するだけであり，そのほかは周囲筋の作用によって安定性を得ている．肩甲骨に付着する肩甲骨周囲筋は脊柱や肋骨から起始するため，肩甲胸郭関節の安定性や

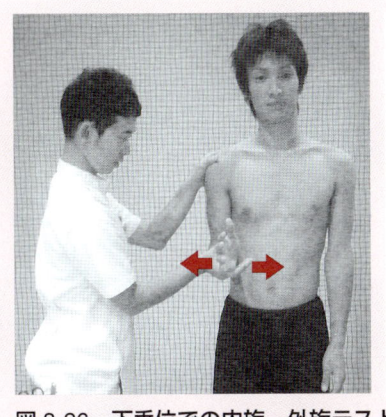

図 8-26　下垂位での内旋・外旋テスト

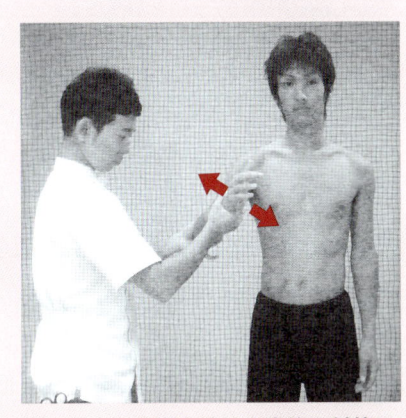

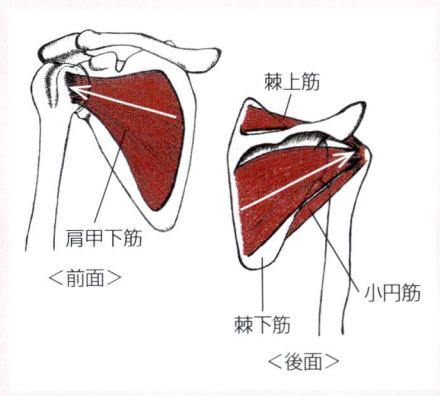

図 8-27　45°挙上位での内旋・外旋テスト

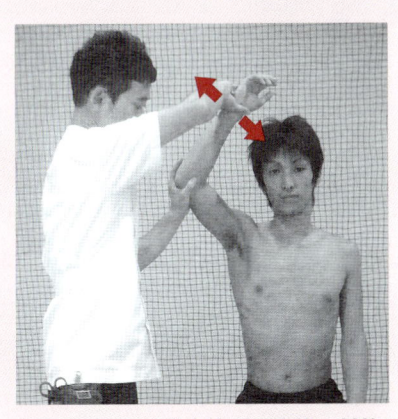

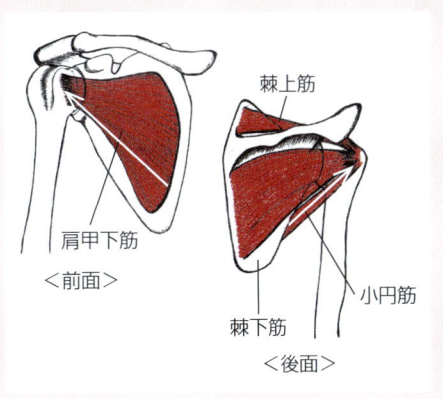

図 8-28　120°挙上位での内旋・外旋テスト

肩甲骨の位置は，体幹，骨盤帯を含む他部位からの影響を受けやすい．肩甲胸郭関節の機能評価を以下に説明する．

前鋸筋の筋力テスト：肩関節90°屈曲位，肘関節屈曲位にて抵抗を加え，保持できるかを診る（図8-30）．

肩関節90°屈曲テスト：指先まで伸展させたまま両側肩関節を90°屈曲位にさせると，左右の指の高さに差が生じる．高低差の意味としては，低い側での前鋸筋と外腹斜筋の機能低下を示唆するも

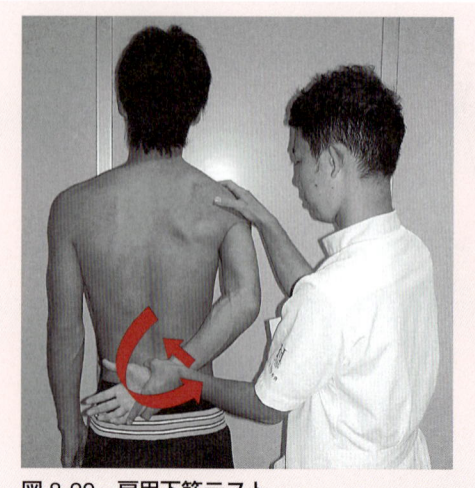

図8-29 肩甲下筋テスト
肩内旋位で手背を腰に当て，手掌に抵抗を加えながら，手を背中から離すように命じる．肩甲下筋腱の筋力を調べるテスト．

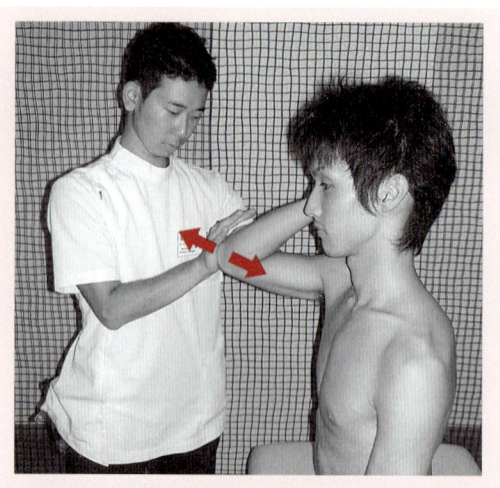

図8-30 前鋸筋の筋力テスト
肩関節90°屈曲位，肘関節屈曲位にて抵抗を加え，保持できるかを診るテスト．

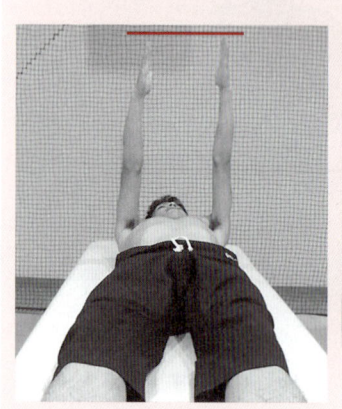

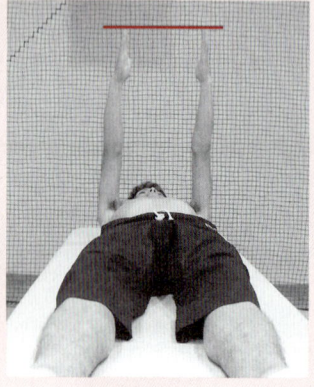

図8-31 肩関節90°屈曲テスト
指先まで伸展させたまま両側肩関節を90°屈曲位にさせると，左右の指の高さに差が生じる．高低差の意味としては，低い側での前鋸筋と外腹斜筋の機能低下が示唆される．

のであり，両側の指先が揃うことを目標にすることが必要である（図8-31）．

肩甲骨水平内転テスト：腹臥位で両肩関節90°外転位にて肩甲骨を水平内転させた場合，大小菱形筋や僧帽筋横行部に過活動が生じている側は，十分な肩甲骨の内転運動が行われず，上位肋骨の後方回旋位側の肩甲骨の水平内転が困難となっている（図8-32）．肩甲骨水平内転は肋骨の形状ならび可動性が必要であるため胸郭の可動性を診る必要がある．

下部僧帽筋の筋力テスト：腹臥位で上肢120°挙上位にて保持をさせるテスト（図8-33）．

臨床所見（疼痛誘発テスト）

臨床所見は病態診断項目であり，重篤な病態か否かを考えるうえで必要である．疼痛誘発テストが陽性ということは非生理的状態が身体のなかで起こっているということである[16]．1つの評価で判断するのではなく，複数の評価を行い鑑別する．

関節唇損傷ストレステスト

anterior apprehension テスト：肩関節90°外転・外旋位にて後方より上腕骨頭を母指で押すと脱臼感や疼痛を生じる．反復性肩関節脱臼や前方関節唇損傷などでみられる（図8-34）．

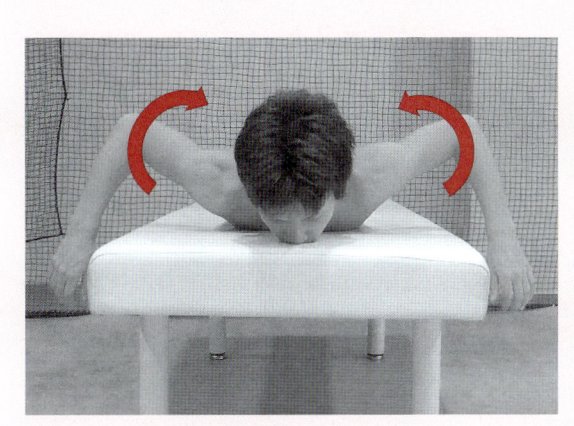

図 8-32　肩甲骨水平内転テスト

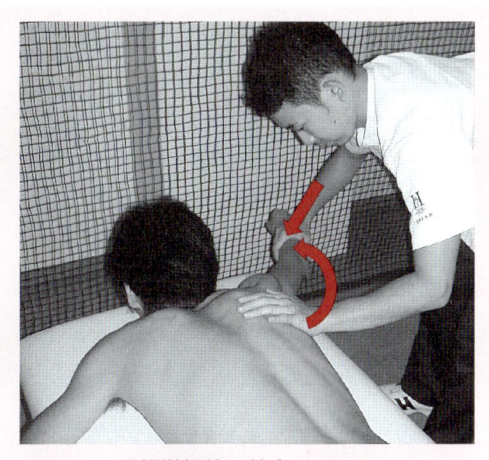

図 8-33　下部僧帽筋の筋力テスト
腹臥位で上肢 120°挙上位にて保持をさせるテスト．

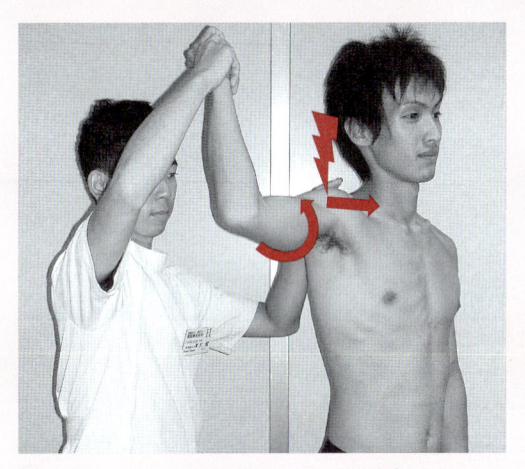

図 8-34　anterior apprehension テスト
肩関節 90°外転・外旋位にて後方より上腕骨頭を母指で押すと脱臼感や疼痛を生じる．

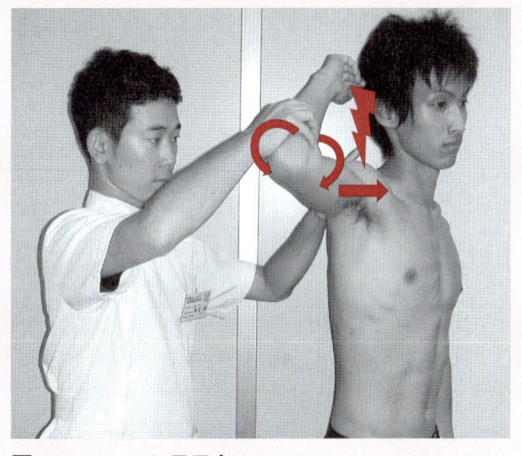

図 8-35　crank テスト
患肢を肩甲骨面で最大挙上させ，肘は屈曲位とし，上腕骨軸圧を加えながら内旋・外旋を強制する．その際に疼痛やクリック音が出現すれば陽性とする．

crank テスト：患肢を肩甲骨面で最大挙上させ，肘は屈曲位とし，上腕骨軸圧を加えながら内旋・外旋を強制する．その際に疼痛やクリック音が出現すれば陽性とする．関節唇のなかでもとくに上方関節唇損傷（SLAP損傷）で陽性率が高い（図 8-35）．

腱板ストレステスト

肢位を変化させての挙上抵抗テスト：外転挙上テストでは，scapula plane 上 45°挙上して内旋・外旋中間位とし，抵抗は 3 kg 以下で肩甲胸郭関節の代償に注意しながら，前後の関節包の張力を一定に保った状態で，棘上筋の機能不全または疼痛の有無を診る．水平屈曲での外転挙上テストでは，scapula plane よりも肩関節水平屈曲位で行うことで，後方関節包は緊張し，前方関節包は弛緩する．この肢位では肩甲下筋の収縮が必要であるため，肩甲下筋の機能不全または疼痛の有無を診ることができる．水平伸展での外転挙上テストでは，scapula plane よりも肩関節水平伸展位で行うことで，前方関節包は緊張し，後方関節包は弛緩する．この肢位では棘下筋・小円筋の収縮が必要であるため，

棘下筋・小円筋の機能不全または疼痛の有無を診ることができる（図8-36）[15]．

drop arm 徴候：上肢外転90°位からセラピストが手を離したときに，上肢を保持できずに落ちてしまう現象．腱板断裂や腱板炎などでみられる（図8-37）．

ニアーテスト（Neer impingement test）：肩甲骨を固定して，肩関節を内旋させて前方挙上させることで，回旋筋腱板が肩峰に衝突する際の疼痛の有無を問うテスト（図8-38）．

ホーキンステスト（Hawkins impingement test）：肘90°屈曲位で，肩関節を90°挙上して内転させ，固定された肩甲骨に対して強制的に肩関節を内旋し，回旋筋腱板が肩峰に衝突する際の疼痛の有無を問うテスト（図8-39）．

多方向性不安定症に対する牽引ストレステスト

sulcus 徴候：肩中間位で上肢を下方に牽引する

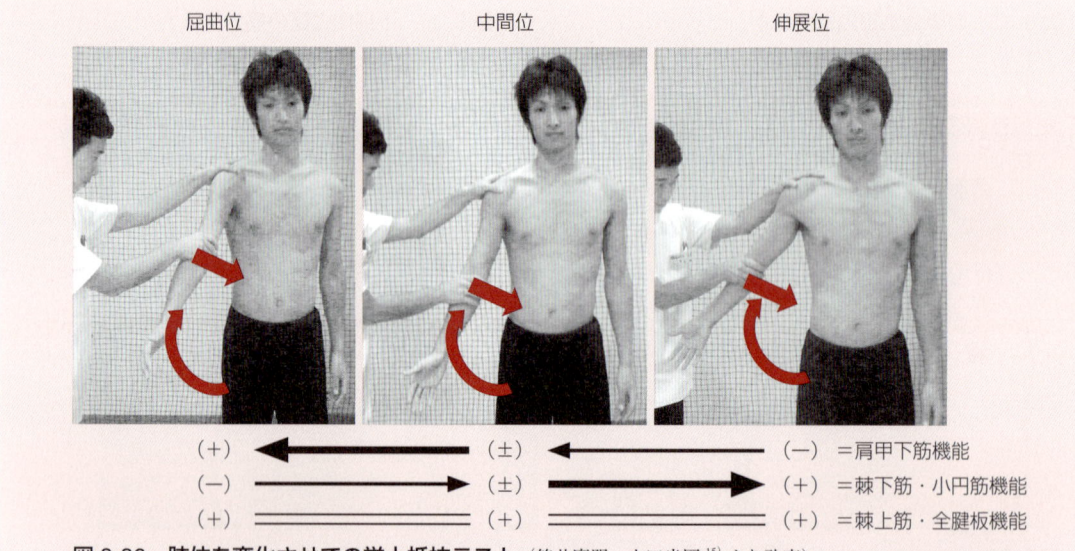

図8-36　肢位を変化させての挙上抵抗テスト（筒井廣明，山口光國[15]より改変）

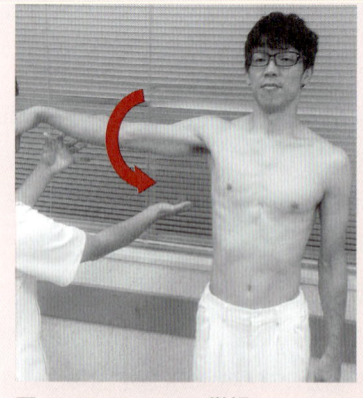

屈曲位　　中間位　　伸展位

（＋）←　（±）←　（−）＝肩甲下筋機能
（−）→　（±）→　（＋）＝棘下筋・小円筋機能
（＋）＝　（＋）＝　（＋）＝棘上筋・全腱板機能

図8-37　drop arm 徴候
上肢外転90°位からセラピストが手を離したときに，上肢を保持できずに落ちてしまう現象．

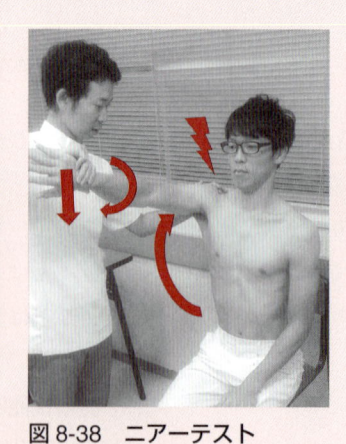

図8-38　ニアーテスト
肩甲骨を固定して，肩関節を内旋させて前方挙上させることで，回旋筋腱板が肩峰に衝突する際の疼痛の有無を問うテスト．

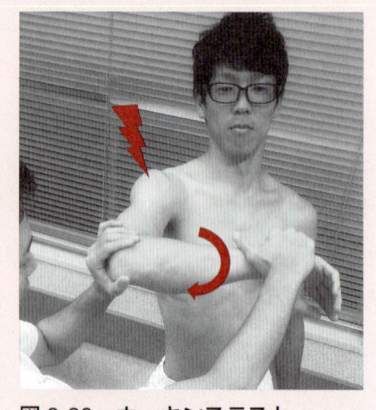

図8-39　ホーキンステスト
肘90°屈曲位で，肩関節を90°挙上して内転させ，固定された肩甲骨に対して強制的に肩関節を内旋し，回旋筋腱板が肩峰に衝突する際の疼痛の有無を問うテスト．

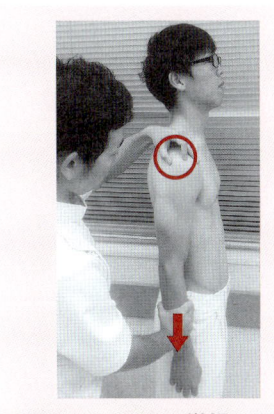

図 8-40　sulcus 徴候
肩中間位で上肢を下方に牽引すると，肩峰と上腕骨頭のあいだに全周性の陥凹ができる.

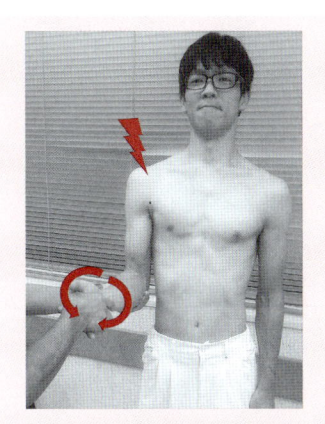

図 8-41　ヤーガソンテスト
肘を屈曲位で前腕を回外させる際に検者が抵抗を加えると結節間溝部に疼痛が出現するものを陽性とする.

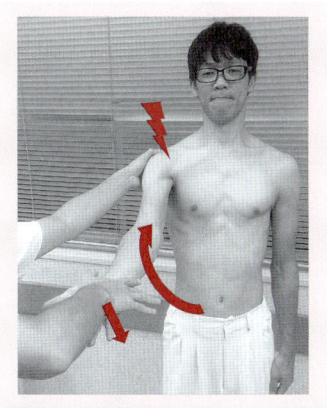

図 8-42　スピードテスト
前腕を回外させ肘を伸展したまま上肢を前方挙上させ，検者が前腕に抵抗を加えると結節間溝部に疼痛が出現するものを陽性とする.

と，肩峰と上腕骨頭のあいだに全周性の陥凹ができることがある．前下方への動揺性を現し，動揺性肩関節症などでみられる（図 8-40）．

上腕二頭筋長頭腱ストレステスト

ヤーガソンテスト（Yergason test）：肘屈曲位で前腕を回外させる際に検者が抵抗を加えると結節間溝部に疼痛が出現するものを陽性とする．上腕二頭筋長頭腱炎でみられる（図 8-41）．

スピードテスト（speed test）：前腕を回外させ，肘を伸展したまま上肢を前方挙上させ，検者が前腕に抵抗を加えると結節間溝部に疼痛が出現するものを陽性とする（図 8-42）．

全身的評価

投球動作は全身的運動であるため，肩関節のみの評価だけでなく，全身的評価を行う必要がある．

姿勢（alignment）評価

動作とは姿勢の連続であるため，姿勢 alignment の異常は投球動作の異常を示唆する要因の 1 つとなりうる．姿勢を評価するうえで最も大事なのは，上半身重心，下半身重心，身体重心観察点の位置関係を把握することである．福井ら[5]によると，上半身重心は第 7〜9 胸椎，また下半身重心は，大腿中点と中上 2/3 点のあいだに存在する．身体重心は，上半身重心と下半身重心の中点に存在する（図 8-43）．

基本的立位姿勢 alignment を診ることも大事である．前後方向の alignment は耳垂-肩峰-大転子-膝関節前部（膝蓋骨後面）-外果の 2〜5 cm 前部が一直線上に整列しているかどうかを観察する（図 8-44）．とくに骨盤の前後傾を確認することは重要である．骨盤の中間位は，上前腸骨棘（ASIS）と上後腸骨棘（PSIS）を結ぶ線が水平面と 8°の角度をなし，ASIS に対して PSIS が 2 横指高い位置となる（図 8-45）．

左右方向の alignment は，後頭隆起-椎骨棘突起-殿裂-両膝関節内側の中心-両内果の中心が一直線上に整列しているかどうかを観察する（図 8-46）．

一部の偏位，あるいは複数の観察点にみられる偏位から身体機能の問題が推察される．後頭隆起，両肩峰の高さ，椎骨棘突起の偏位，両腸骨の高さ，各部位での左右の偏位を確認することで，左右の体幹筋筋バランスの乱れや側弯症，下肢脚長差などの問題が疑われる．しかし，それらが直接的に

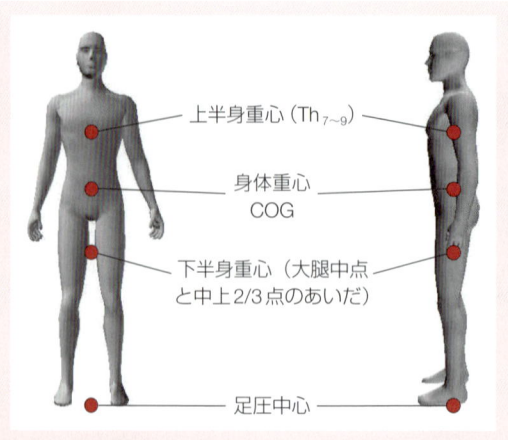

図 8-43　身体重心の位置（福井　勉ほか 2009[5]）を改変）

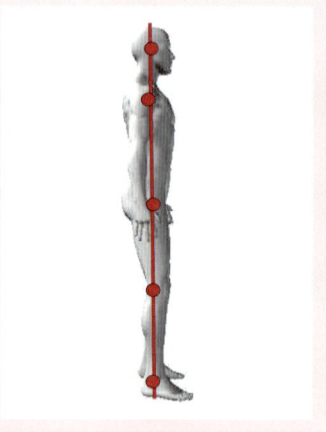

図 8-44　前後方向の alignment

図 8-45　骨盤の中間位
A：PSIS と ASIS を結ぶ線が水平面と 8°の角度をなす．
B：ASIS に対して PSIS が 2 横指高い．

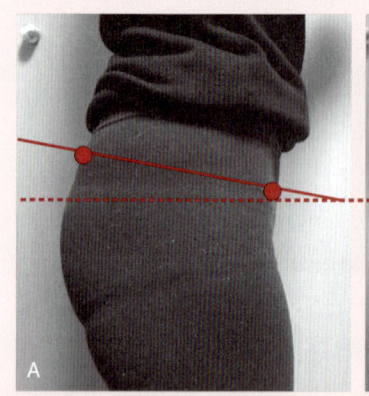

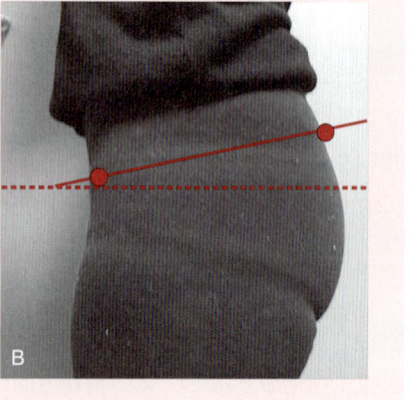

図 8-46　左右方向の alignment

投球障害肩と関連するとは限らず，ほかの評価と組み合わせることが重要である（図 8-47）．水平面方向の alignment は左右の肩峰を結び，左右の肩甲棘のなす角度を観察することで，scapular plane を確認することができる（図 8-48）．

各種 alignment 評価

各種 alignment 評価も投球動作時における各関節の状態を示唆する要因の 1 つとなりうる．

肩甲骨の評価：肩甲骨の左右の高さを評価する．肩甲棘の内側端は第 3 胸椎棘突起のレベルにあり，肩甲骨の内側縁または脊椎縁は棘突起線上から 5〜6 cm の距離にあるといわれている．下角は第 7〜8 胸椎棘突起のレベルにある．これを左右で比較し触診する（図 8-49）[17]．

Diveta の肩甲骨計測方法は第 3 胸椎棘突起（T_3）と肩峰角の距離 A で行われる．その値は，肩甲棘基部から肩峰角の距離として定義された肩甲骨の長さ B で標準化される（図 8-50）[18]．

図 8-51 は左投げ投手を背面から見た図であり，左肩甲骨の外転，下制，下方回旋が見受けられる．

肩関節外転挙上動作評価：下垂位から外転挙上した際の肩甲骨と上腕骨のバランスや動きをチェックする．左右で比較するのも 1 つの方法である．この症例では右外転 90°付近から上腕骨の挙上が始まり，それを補うように肩甲骨の上方回旋

4. 評価——全身的評価

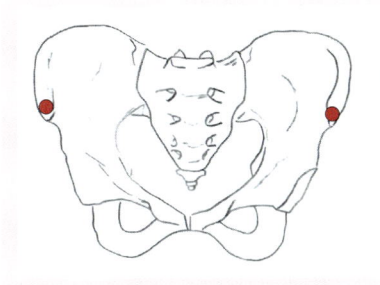

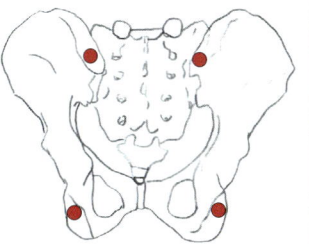

図 8-47 骨盤の前額面での評価
①両側 ASIS の高低差を評価
②両側 PSIS の高低差を評価
③両側の腸骨稜の高低差を評価

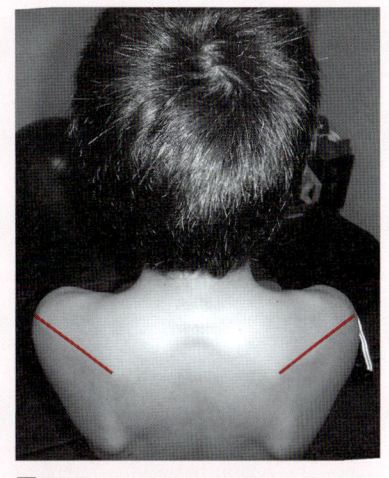

図 8-48 scapular plane

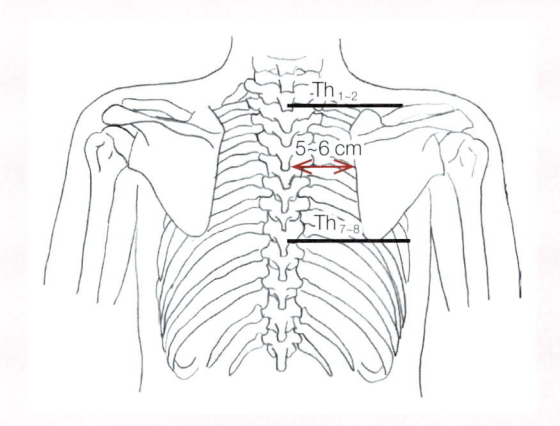

図 8-49 肩甲骨の高さ評価
(Kapandji AI. 2010[17] を改変)

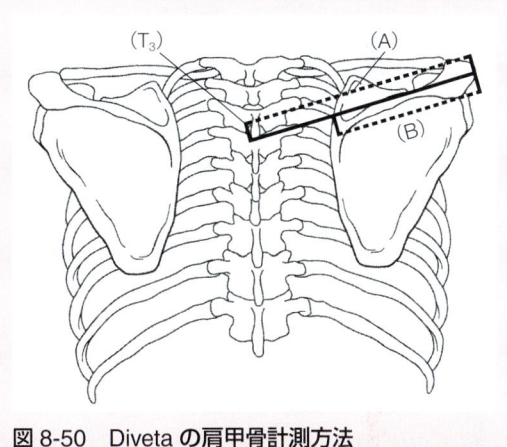

図 8-50 Diveta の肩甲骨計測方法
(筒井廣明, 山口光國. 2004[18] を改変)
第 3 胸椎棘突起（T_3）と肩峰角の距離 A で行われる．その値は，肩甲棘基部から肩峰角の距離として定義された肩甲骨の長さ B で標準化される．

が左側に比べて早期からみられている（**図 8-52**）．
前腕回外評価：テーブルなどの上に，前腕を中間位で置き，尺側を軸に橈側（母指）回転させ，回外 ROM を評価する．回外時に制限がみられることが多く，手関節を尺屈させて代償させたりすることがよくみられる（**図 8-53**）．

前腕回外に ROM 制限があると投球時の後期コッキング期から加速期にかけて前腕で担うはずの運動を行えないため，肩甲骨面に対して上腕骨の回旋運動を増強させることになる．

下肢・体幹機能評価

「手投げ」の投球フォームは投球動作時の早期からの体の開きが原因である．ワインドアップ期からコッキング期に移る際，投球側から非投球側への体重移動時に体幹の並進運動がスムーズに行えていないことが多い．
並進運動による評価：本症例では，左並進運動時に右殿部の離床がみられ，胸椎部の可動性低下がみられる．その代償として，胸椎部での右回旋と腰椎部位での ROM 増大がみられる．脊柱方向へ

341

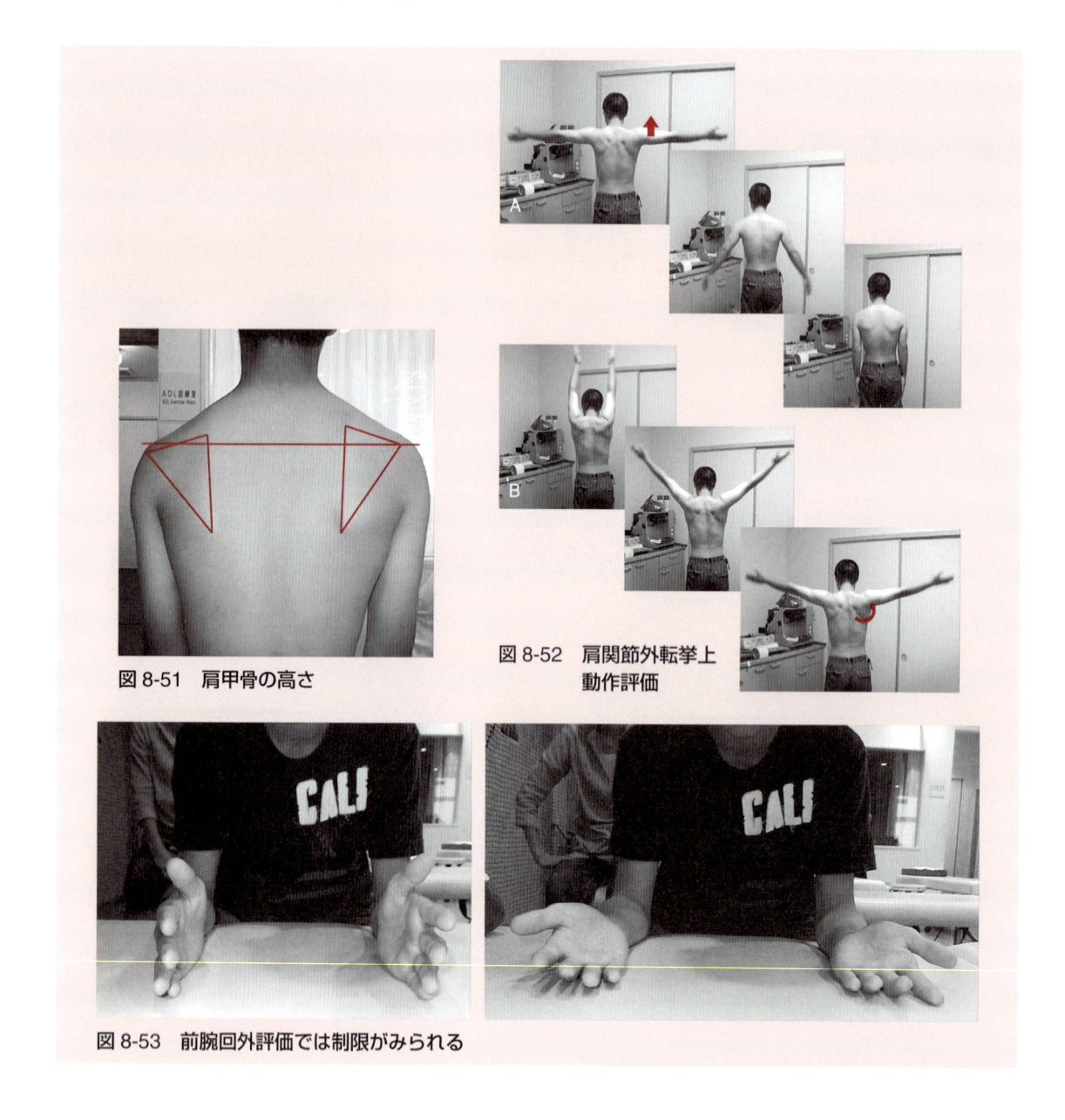

図 8-51　肩甲骨の高さ

図 8-52　肩関節外転挙上動作評価

図 8-53　前腕回外評価では制限がみられる

の右肩甲骨内転運動ができず，右肩甲骨の下方回旋がみられている（図 8-54）．

体幹回旋運動による評価：左体幹回旋時に右胸腰椎部の可動性低下がみられる（図 8-55）．

腹斜筋機能テスト：股関節90°屈曲挙上，膝関節はリラックス肢位にて保持させ，骨盤の傾斜がみられるほうの外腹斜筋の機能不全が疑われる（図8-56）．

この症例は早期コッキング期での並進運動が少なく，後期コッキング期において，現場でもよく使われている言葉で「体の開きが早い」状態がみられている．動作分析的表現をすると，非投球側の前腕回内，肩甲骨外転・前傾位の状態で，ここではガイドアームがみられず，体幹の早期回旋が出現している．その結果として，下肢，体幹，上肢の回旋運動連鎖のバランスが崩れ，体幹回旋運動の減少を上肢で補うことで肩関節外旋運動が増強され，肩関節にメカニカルストレスが出現して

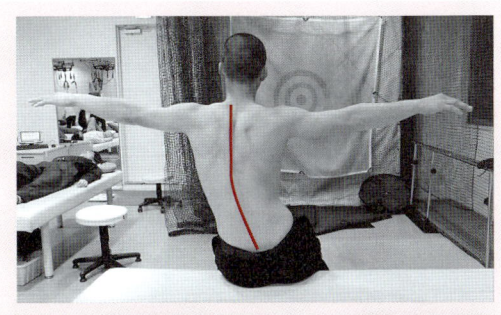

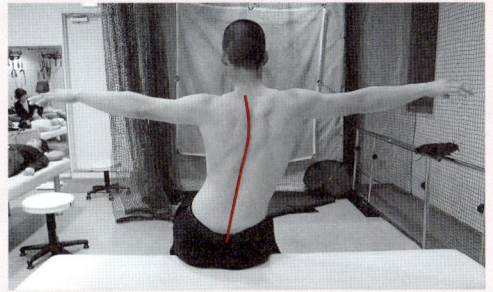

図 8-54　並進運動による評価

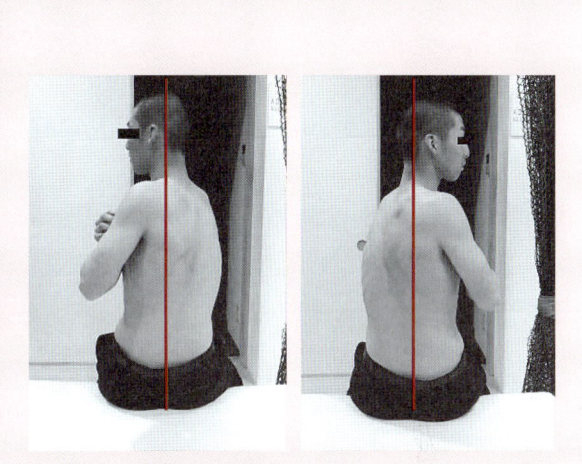

図 8-55　体幹回旋運動による評価

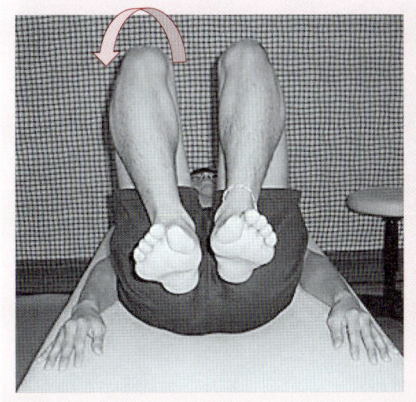

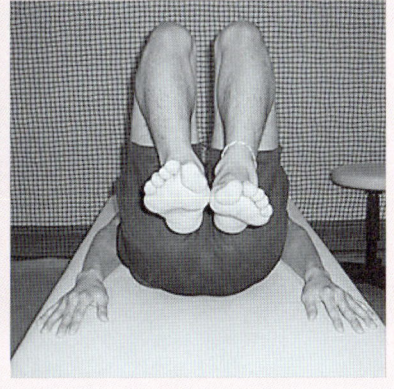

図 8-56　腹斜筋機能テスト
股関節 90°屈曲挙上，膝関節はリラックス肢位にて保持させ，骨盤の傾斜がみられるほうの外腹斜筋の機能不全が疑われる．

いる（図 8-57）．

　以上の評価から，この症例は，右外腹斜筋機能不全による第 5 肋骨リングの偏位がみられるものと思われる．柿崎ら[19]によると，臨床的にみても第 5 肋骨リングのレベルにおいて凹凸状の不規則な配列が顕著にみられるとの報告もあり（図 8-58），第 5 肋骨リングの偏位は体幹部の並進運動，回旋運動に影響を与える．

　外腹斜筋は前鋸筋と筋連結があり，肩甲胸郭関節の機能にもかかわりをもつ．外腹斜筋の優位性が右側に認められると，同側の前鋸筋にも優位性を認められる．

　外腹斜筋と前鋸筋は，解剖学上，第 5〜8 肋骨までで強固に筋連結しているため，前鋸筋による肩甲骨を胸郭へ引きつける作用にも影響を与える（図 8-59）．

　これらのことから外腹斜筋の片側的な優位性による第 5 肋骨リングの変位は肩関節へのメカニカルストレスにつながることがわかる．

　そのほかにも並進側と反対の骨盤を引き上げる腰方形筋や脊柱の分節的な並進運動を行わせる多裂筋の機能を評価するのにも有用である．

図 8-57　投球動作
後期コッキング期／早期コッキング期

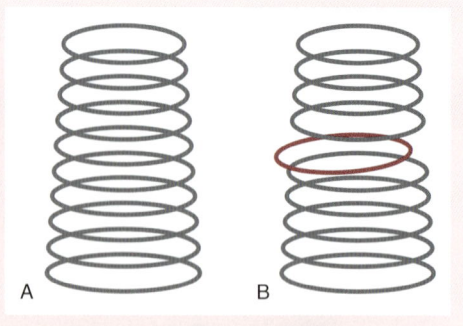

図 8-58　肋骨，胸郭のリング運動
（柿崎藤泰．2009[19]）を改変）
A：肋骨リングが規則的に配列しているモデル．
B：肋骨リングが不規則的に配列しているモデル．
臨床的にその不規則性は5肋骨リングによくみられる．
胸郭を胸椎と一対の肋骨で作られる肋骨リングの集合体としてとらえる．

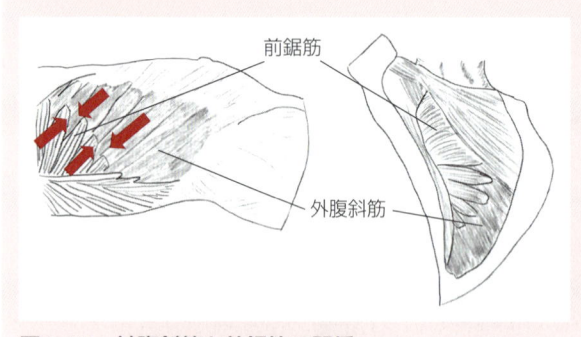

図 8-59　外腹斜筋と前鋸筋の関係
外腹斜筋と前鋸筋は解剖学上第5～8肋骨までで強固に筋連結しているため，前鋸筋による肩甲骨を胸郭へ引きつける作用が起こる．

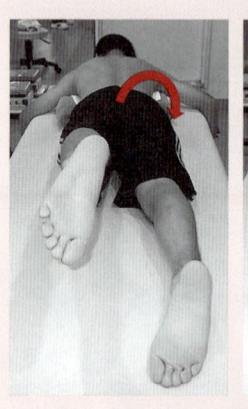

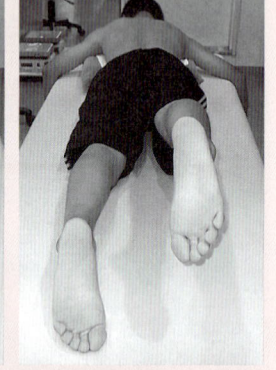

図 8-60　腹臥位での下肢挙上（逆SLR）テスト
下肢を30°挙上位で保持させる評価．骨盤などの代償による傾斜がみられたほうの多裂筋の機能不全を診るテスト．

腹臥位での下肢挙上（逆SLR）テスト：下肢を30°挙上位で保持させる評価．骨盤などの代償による傾斜がみられたほうの多裂筋の機能不全を診るテスト（図8-60）．

両側の多裂筋の機能は脊柱の伸展方向に働くため投球時のワインドアップ期からコッキング期への体幹の伸展活動に必要である．

多裂筋は片側のみの収縮では同側の側屈作用がある．ワインドアップ期からコッキング期に移る際，非投球側から投球側への体重移動時には体幹の並進運動時に筋活動が必要となってくる．

一般的動作による評価

投球動作だけでは素早い運動であるため把握することは難しい．そこでさまざまな動作を行わせることで，運動パターンの異常を見つけ出すきっかけになりうる．

前屈動作を診る：胸郭，脊柱，骨盤，股関節のmalalignment，柔軟性低下を評価する要素となりうる．図のように側弯症を有しており，立位では両肩峰を結ぶ線と両上前腸骨棘を結ぶ線が平行でなくても，前屈位となることで平行となることがあ

る．これは動作時に骨盤・胸郭などをバランスよく使用することで保持しているものと思われる．こういった現象の変化をとらえるのも重要である（図8-61）．

片脚立位バランスを診る：矢状面での片脚立位により，骨盤前・後傾，体幹前・後方向への傾斜に伴う胸・腰椎の弯曲を診る（図8-62）．

身体をまっすぐ支えるためには，身体重量を床から跳ね返す床反力により身体が保持されている．床反力ベクトルが関節中心から逸脱すると回転モーメントが発生し，関節モーメントを保持するために関節には付加的な筋活動が必要となる．関節中心から床反力ベクトルが一直線にくるような片脚バランスを作ることは重要である．

前額面での片脚立位により，足部の回内・外の対応や骨盤の左右への傾斜による胸・腰椎の弯曲，肩甲骨のバランス保持能力等を診るための指標となる（図8-63）．

両上肢を挙上させることでより課題に対しての負荷をかけ不安定な状態を作り出す．上肢，体幹，下肢の連動性に対するバランス能力の評価にもなりうる（図8-64）．

しゃがみ込み動作を診る：足関節，膝関節，股関節，骨盤帯，脊柱のROMやバランスを評価するのに有用である．ワインドアップ期からfoot plantの時期に足関節，股関節の柔軟性がないと投球側への体重移動がスムーズに行われず，骨盤後傾位となり，上半身重心の後方化が起こり，肩甲帯外転・前傾位となることで，投球時に肩関節へのメカニカルストレスを引き起こす．しゃがみ込みができず後方へ倒れてしまう場合は身体重心の後方偏位が疑われる．最近の子どもたちは生活習慣の変化からか踵を着けてしゃがめない子が多い．この症例は骨盤後傾し，上半身重心が下半身重心よりも後方にあり，後方へ倒れる回転モーメントが加わっている（図8-65）．

歩行観察：投球動作と同じ下肢・体幹の回旋動作

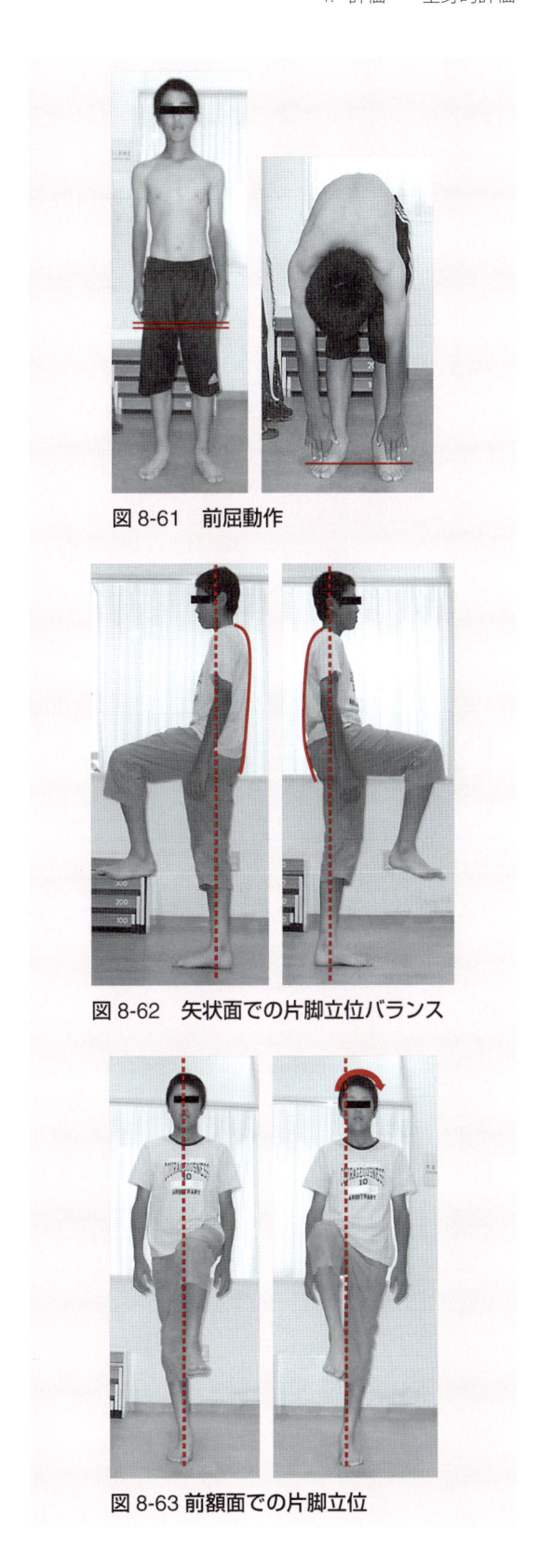

図8-61　前屈動作

図8-62　矢状面での片脚立位バランス

図8-63　前額面での片脚立位

図 8-64　両上肢を挙上しての片脚立位
両上肢を挙上させることでより課題に対しての負荷をかけ不安定な状態を作り出す．上肢，体幹，下肢の連動性に対するバランス能力の評価にもなりうる．

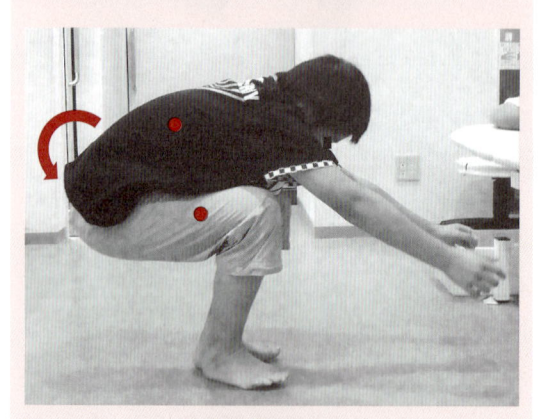

図 8-65　しゃがみ込み動作

図 8-66　ワインドアップ期

であり，歩行時の流動性の低下は下肢・体幹の malalignment による連動性の低下，バランス能力の低下を示唆している．

投球動作を評価する

　投球動作は 1.4 秒と早いためすべての動作を把握することは非常に難しい．そのためポイントをつかんで評価することをお勧めする．

ワインドアップ期：この相では骨盤の前後傾を確認し，体幹の傾斜を診る．この症例では骨盤後傾により，上半身重心の後方偏位が起こり，体幹後方傾斜がみられる．それに対して釣り合いを取るために，片脚支持側の膝関節を屈曲させ，下半身重心を前方化させている（図 8-66）．

早期コッキング期：この相では，foot plant の位置，骨盤の前後傾，非投球側の上肢の位置，投球側の上肢の位置を確認する．この症例では foot plant 時に骨盤後傾がみられ，非投球側の肩甲骨内転，上肢水平伸展により体幹回旋運動がみられる．本来この時期では非投球側の肩甲骨は外転し，上肢がガイドアームとなり体幹並進運動がみられるはずである．投球側の上肢では肘下がり，肩関節水平伸展がみられる（図 8-67）．

後期コッキング期：この相では，肩関節が最大外旋肢位にあり，上半身重心が前方へ移動を始め，体幹が弓状になる．この時期に internal impingement が起こりやすい．この症例では，上半身重心の後方化により胸椎部での弓なりが少なく，肩関節の過外旋がみられる（図 8-68）．

加速期：この相では，非投球側の肩関節と投球側の肩関節，投球側の肘関節を結んだ線である肩-肩-肘ラインを診る．ゼロポジションの肢位を意味している位置で，この肢位での破綻は肩関節へのメカニカルストレスを引き起こす．肩峰下インピンジメント症候群を起こしやすい時期である．この症例では骨盤が後方へ引け，投球側の肘下がりがみられ，肩-肩-肘ラインが一直線上にみられない

図 8-67 早期コッキング期

図 8-68 後期コッキング期

図 8-69 加速期

（図 8-69）．

フォロースルー期：この相では，ステップ足に体重が載り，股関節屈曲・内旋し，体幹回旋とともに投球側の肩甲骨外転を確認する．投球時の運動エネルギーを減速できないとSLAP損傷を起こしやすい．この症例ではステップ足に体重が載りきれず，股関節屈曲・体幹回旋運動の減少がみられ

る（図 8-70）．

5. 治療

さまざまな評価を行い病態把握ができたら，それぞれに対して治療アプローチを行っていく．以下に代表的な治療アプローチを紹介していく（**表 8-4**）．

図 8-70　フォロースルー期

表 8-4　治療アプローチ
1. 病態部の時期の確認
2. 肩関節への直接的アプローチ
3. 肩甲胸郭・体幹から肩へのアプローチ
4. 各投球動作から判断して機能的にとらえる
5. 手へのアプローチ（ボールの握り方）
6. 足部からのアプローチ
7. 投球動作指導

病態部の時期の確認

　肩関節のなかで「何がどのように破綻しているのか？」「関節機能にどのような影響が生じているのか？」「どのような刺激で損傷が起こり得たのか？」，画像所見，臨床所見から診断し，肩関節が破綻するストーリーを組み立てていく．それを元に運動機能を向上させるための治療を選択していくことが治療の展開のポイントとなってくる．

急性期：関節内の炎症性滑膜の増生や損傷部の腫張，充血が生じ，炎症が広範囲にわたると，わずかな運動や関節圧の上昇により疼痛が出現するため，この時期は病態改善が主たる目的となる．ROM 改善のための積極的な運動は極力避け，炎症軽減を目的とした安静を促すべき肢位・日常生活上の留意点についての指導が必要である．

回復期：炎症後の滑膜肥厚や瘢痕組織の残存による軟部組織の柔軟性の低下による運動の制限と考えられるため，積極的な ROM 改善が必要になる．

　肩関節の治療を行っていくにあたり，「臼蓋上腕関節の器質的破綻によるものか？」「肩甲胸郭関節による安定性低下によるものか？」「体幹の安定性低下によるものか？」を判断する必要がある．

肩関節への直接的アプローチ

側臥位での肩関節へのアプローチ

　側臥位にて，肩甲骨挙上・下制・内転・外転・上方回旋・下方回旋の ROM を確認する（図 8-71）．併せて肋骨・脊柱の動きも確認する必要がある．各 ROM を確認したあとに，上腕骨頭と肩甲骨の面を合わせ scapular plane 上にて肘関節を伸展させ，上腕と前腕の alignment も整える．前腕の alignment が崩れていると肩関節での求心位を保持できなくなる．肩甲骨が過度に上方回旋することが多く，下方回旋を促通させながら上肢をゼロポジションの位置に保持させ，前鋸筋の促通も行う（図 8-72）．肩甲上腕関節の動きは常に肩甲骨関節窩を基準として上腕骨が動き，適合するだけでなく，リーチ動作のように上腕骨の動きが先行し，上腕骨骨頭の位置を基準に肩甲骨関節窩が動き，適合するといった，協調運動により関節の適合が図られている．挙上時の setting phase がこれにあたる．

背臥位での肩関節へのアプローチ

肩甲上腕関節の動きは常に肩甲骨関節窩を基準として上腕骨が動き，上腕骨頭の位置を基準に肩甲骨関節窩が動くといった，協調運動により関節の適合が図られている．徒手的に肩甲骨を動かした際に上腕骨頭が関節窩との適合がうまくいっているかを感じながらROM運動を促通する（図8-73）．

Cuff-Y エクササイズ：肩甲上腕関節の安定化を目的に山口[15]らが考案したCuff-Yエクササイズを参考として行っている．まず，セラピストによる徒手的な等尺性の運動から開始し，腱板を滑走させるようなイメージで行い，徐々に関節運動を伴う抵抗運動へと移行する．内旋・外旋運動は中間位より内旋域で行うと疼痛が少なくなる．

炎症期を脱した治療開始初期では，無負荷で回旋運動を，疼痛を誘発しない範囲で行わせる．次の段階としては腱板のおのおのの筋に対し，外転角度を，下垂位，45°，90°，120°と変化させ運動を行う（図8-74）．肩甲骨の固定力がなく，肘関節屈曲などの代償動作を伴うときは，肘関節屈曲位にて上腕部にセラバンドを巻き外転運動を行う（図8-75）．

内転運動はボールを脇に挟み行う．この運動は初動作で肩甲骨の上方回旋がみられるため肩甲骨の動きを伴ったCuff-Yエクササイズとなる（図8-76）．

下垂位にて肘関節90°屈曲位で内旋・外旋運動を行う．このとき，前腕回内・回外の代償動作を伴

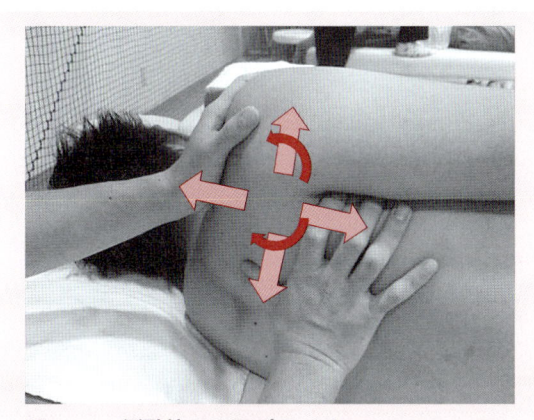

図 8-71　側臥位でのアプローチ

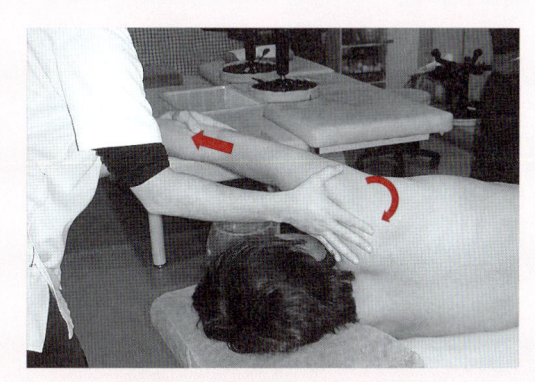

図 8-72　肩甲骨を下方回旋させ上肢をゼロポジションの位置に保持させながらの前鋸筋の促通

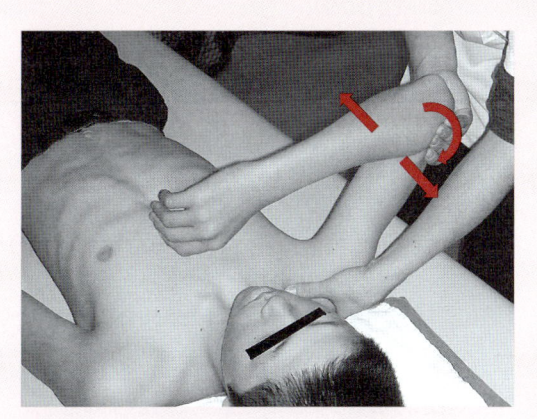

図 8-73　背臥位での肩関節へのアプローチ

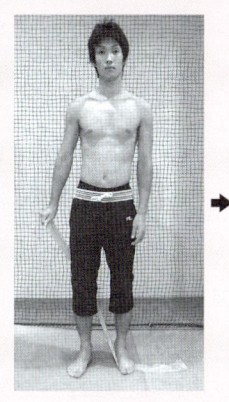

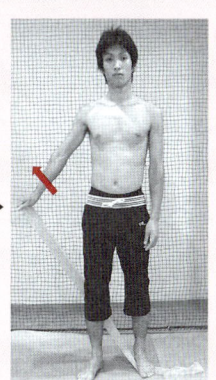

図 8-74　外転挙上運動

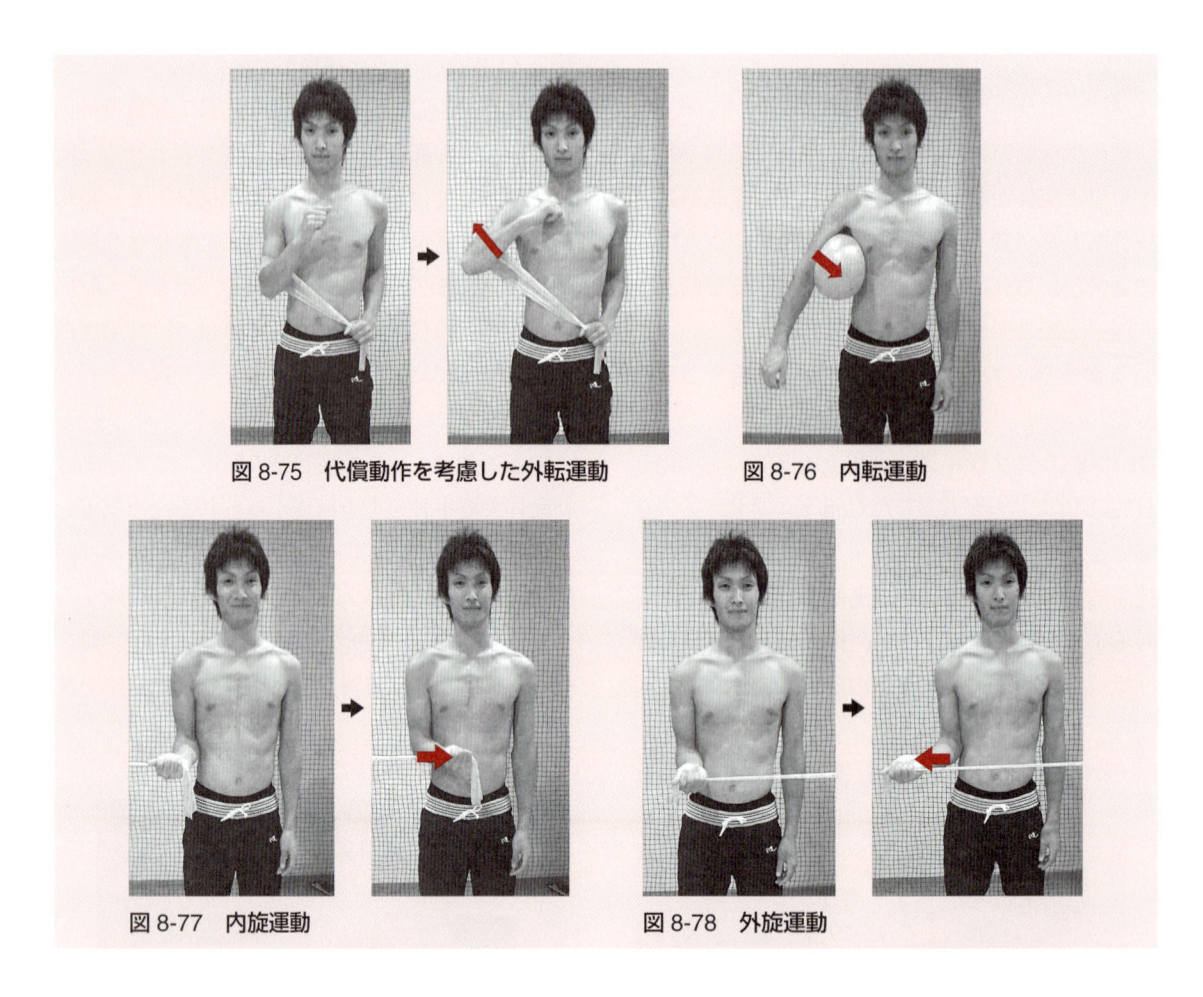

図 8-75　代償動作を考慮した外転運動　　図 8-76　内転運動

図 8-77　内旋運動　　図 8-78　外旋運動

うことがあるので注意する（図 8-77，78）．

肩甲胸郭・体幹から肩へのアプローチ

　肩甲上腕関節・肩甲胸郭関節の機能が獲得されていても症状が持続する症例に対しては，肩甲上腕関節・肩甲胸郭関節の協調した複合体としての機能を高め，さらに，下肢・体幹・肩複合体の運動連鎖の問題点を解決するための運動を行わせる．
肩甲胸郭関節機能破綻：肩関節外転挙上時に ROM 制限があり，肩関節に器質的な破綻がない場合に対して，膝立ち位にて下肢を回旋させた際に肩の ROM が向上すれば，骨盤・体幹の偏位による肩甲胸郭関節の機能破綻が疑われる．肩関節 90°屈曲テスト，腹斜筋機能テストが陽性となった場合，外腹斜筋に対するアプローチを実施する．背臥位にて殿部にエアスタビライザーを置き，下肢体幹を軽度回旋させ，腹斜筋群の求心性収縮を促通する[18]．外腹斜筋の促通には股関節の代償動作が起こらないよう，骨盤帯・下肢を把持して実施する（図 8-79）．

各投球動作から判断して機能的にとらえる

　投球障害肩を治療するにあたって，各投球動作の相でも診ていく必要がある．

ワインドアップ期からコッキング期にかけて

　体幹が後方傾斜することで，体幹の回旋運動が制限され，結果として「肘下がり」や「手投げ」の投球動作になることを多く経験する．
　腹臥位での下肢挙上（逆 SLR）テストにより陽

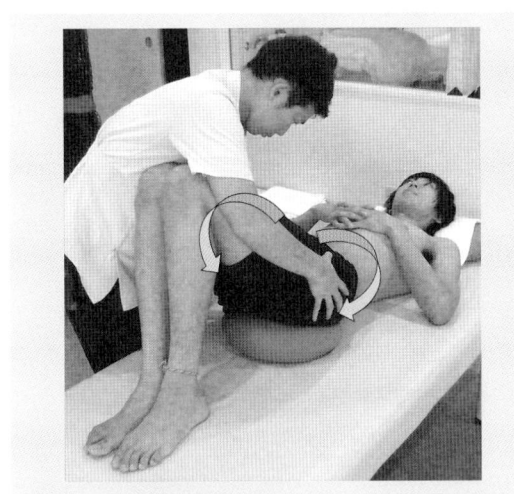

図 8-79 外腹斜筋の促通
背臥位にて殿部にエアスタビライザーを置き，下肢体幹を軽度回旋させ腹斜筋群の求心性収縮を促通する．外腹斜筋の促通には股関節の代償動作が起こらないよう，骨盤帯，下肢を把持して実施する．

性となった場合，両側の多裂筋の機能である脊柱の伸展方向に働くことができず，ワインドアップ期からコッキング期への体幹の後方傾斜がみられる．また，多裂筋は片側のみの収縮では同側の側屈作用があるため，ワインドアップ期からコッキング期に移る際，非投球側から投球側への体重移動時には体幹の並進運動時にスムーズな動作が行えなくなる．

これに対するアプローチとして上・下肢対角線挙上運動として，体幹を一直線に保持し，肩関節ゼロポジションの位置で保持する（図 8-80）．片脚立位の体幹伸展方向への意識をすると効果的である．

腕立て位を保持することで下肢・体幹・肩甲帯の安定性を図る．とくに肩甲胸郭関節を固定することを意識するとよい．肩甲帯-上肢保持腕立て伏せの肢位から支持面積を小さくするとより効果的になる（図 8-81）．

ストレッチポールを使用した片足挙げにて下肢・体幹連動性の治療を行う（図 8-82）．

骨盤前傾・胸椎伸展位にて下肢を挙上すること

5. 治療——各投球動作から判断して機能的にとらえる

でワインドアップ期でのバランスが評価できるのと同時に，下肢を保持することで腸腰筋を利用した股関節屈曲のトレーニングとなる．

ボールを挟んでの抗重力伸展エクササイズを行う．膝にボールを挟んで股関節内転・伸展，骨盤前傾，体幹抗重力方向へ意識して行うことで，内転筋，外旋六筋，腸腰筋を促通することができる（図 8-83）．

BOSUを使用しての片脚立位バランスエクササイズはよりワインドアップ期に近づけた抗重力位でのバランスエクササイズとなる[20]（図 8-84）．

早期コッキング期から後期コッキング期にかけて

「手投げ」の投球フォームは，投球動作の早期からの体の開きが原因である．体幹並進運動と体幹回旋運動には肩甲骨と骨盤の運動が関与してくる．それに対するアプローチとしてエアスタビライザーを用い，座圧を変化させることで骨盤・胸郭へアプローチする（図 8-85A～F）．

福井ら[5]によると，座圧中心の移動と体幹の運動連鎖，座圧中心と肩甲骨のalignmentの関係が報告されている（図 8-86，87）．

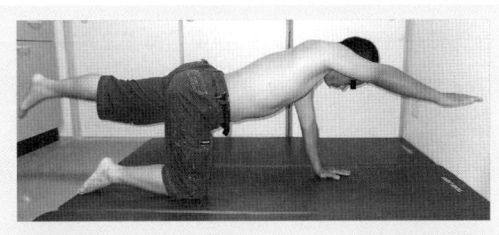

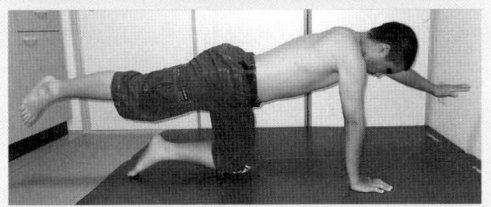

図 8-80
上・下肢対角線挙上運動．体幹を一直線に保持する．肩関節ゼロポジションの位置で保持する．

図 8-81　腕立て位保持
肩甲帯-上肢保持腕立て伏せの肢位から支持面積を小さくするとより効果的になる．

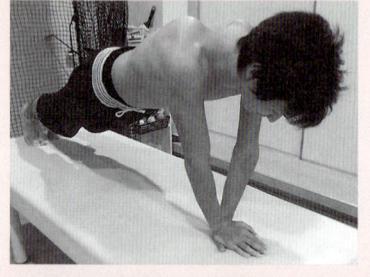

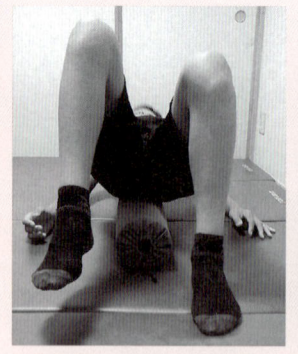

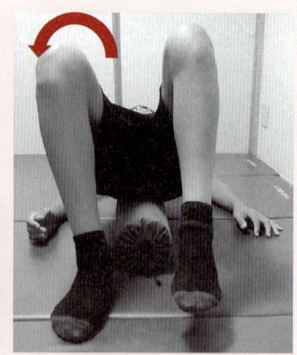

図 8-82　ストレッチポールを使用した片足挙げ

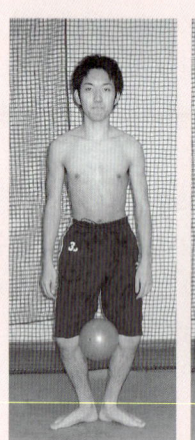

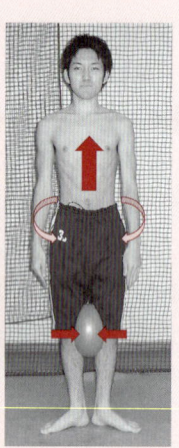

図 8-83　ボールを挟んでの抗重力伸展エクササイズ

図 8-84　BOSU を使用しての片脚立位バランスエクササイズ

コッキング期から加速期にかけて

　テイクバック動作の時期にあたり，「肘下がり」の投球フォームでは，腱板筋や僧帽筋の機能低下がよくみられる．ゼロポジション肢位で上肢を保持することが困難となるため，過度の肩関節水平伸展をさせてバランスをとることで，肩関節にメカニカルストレスがかかり構造的破綻を招く結果となる．

ゼロポジション近似肢位での上肢挙上位での腱板機能エクササイズ：腹臥位にて肘屈曲させた状態で体幹を保持し，セラバンドにて外旋運動を行わせる（図 8-88）．肩甲胸郭関節を固定させる意識で行うと効果がよい．

手へのアプローチ（ボールの握り方）

　ボールの握り方を指導することも大切である．ある投手は「ピンポン球を投げる感覚で投球している」と言っており，またある投手は「鉄の球を投げるような感覚で投球している」と言っていた．

5. 治療——手へのアプローチ（ボールの握り方）

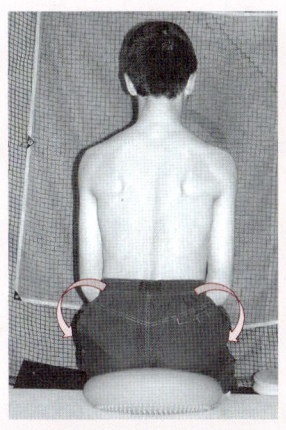

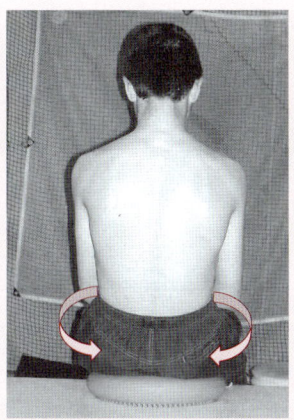

A：骨盤前傾エクササイズ　　B：骨盤後傾エクササイズ　　C：骨盤右前方へのエクササイズ

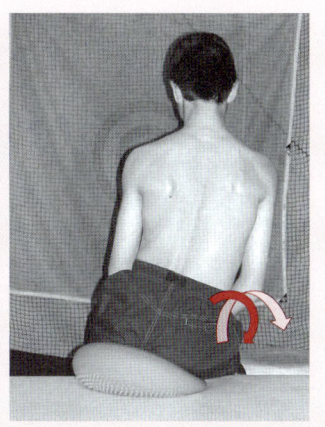

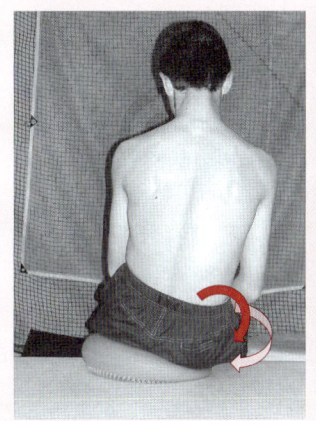

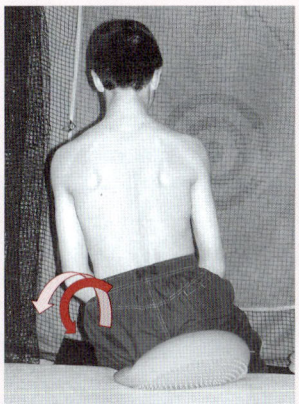

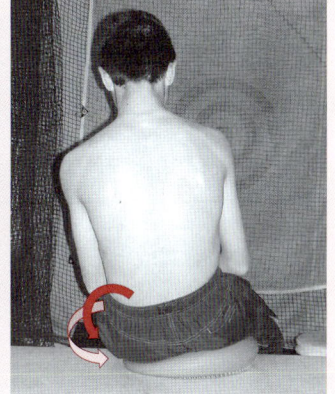

D：骨盤右後方へのエクササイズ　　E：骨盤左前方へのエクササイズ　　F：骨盤左後方へのエクササイズ

図 8-85　エアスタビライザーを用いての骨盤・胸郭へのアプローチ

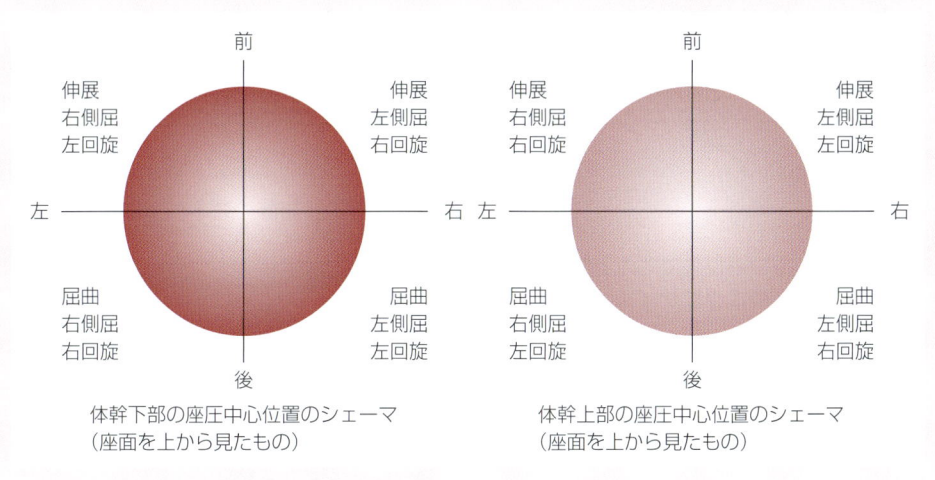

体幹下部の座圧中心位置のシェーマ
（座面を上から見たもの）

前
伸展　　　　　　　　伸展
右側屈　　　　　　　左側屈
左回旋　　　　　　　右回旋
左　　　　　　　　　　　　　右
屈曲　　　　　　　　屈曲
右側屈　　　　　　　左側屈
右回旋　　　　　　　左回旋
後

体幹上部の座圧中心位置のシェーマ
（座面を上から見たもの）

前
伸展　　　　　　　　伸展
右側屈　　　　　　　左側屈
左回旋　　　　　　　右回旋
左　　　　　　　　　　　　　右
屈曲　　　　　　　　屈曲
右側屈　　　　　　　左側屈
左回旋　　　　　　　右回旋
後

図 8-86　座圧中心の移動と体幹の運動連鎖（山口光國ほか，2009[5]）を改変）

図 8-87　座圧中心と肩甲骨の alignment の関係
（山口光國ほか，2009[5])を改変）

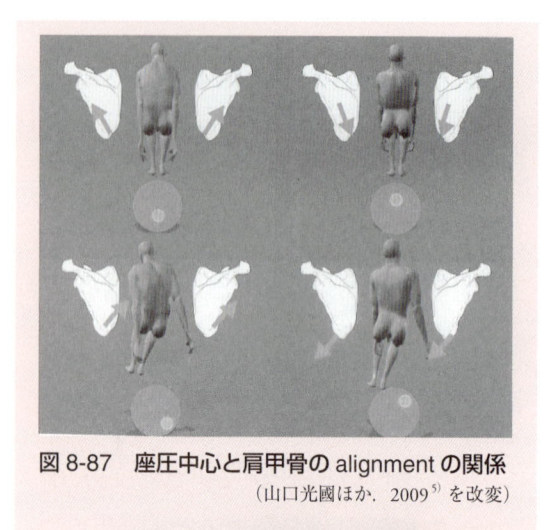

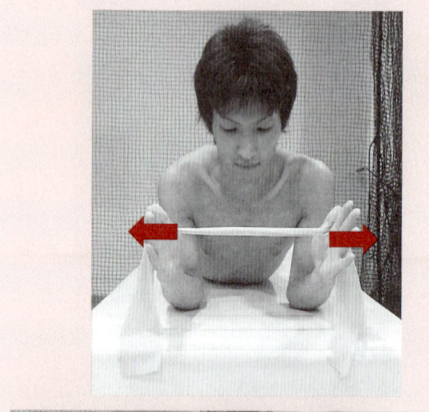

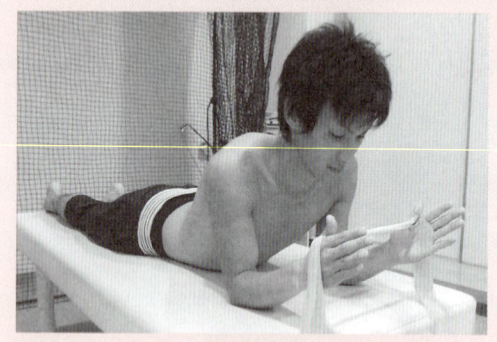

図 8-88　ゼロポジション近似肢位での上肢挙上位での腱板機能エクササイズ

これは一見全然違うことを言っているように思えるが，感覚の違いだけであって，ボールを投げる瞬間までは指の先まで力を抜いて投げているということである．ボールの握り方によっても上肢の動きは大きく変わる．たとえば母指の腹側で強くつかむように握ると，必要以上に「握る」動作が強まりやすく，連動してテイクバックで前腕回内，肩関節内旋，肩甲骨前傾を助長してしまい，最大外旋位への運動が妨げられることになるため，手指，手部，前腕の影響を肩関節が受けることも少なくない．

　ボールの握り方としては中央に凹み（アーチ）ができ，小指と環指で握り込み，母指の内側，示指，中指で軽く握る手内在筋握りが好ましいとされている（図 8-89）．一方，小指，環指の握りが不十分で，母指の腹，示指，中指で握る外在筋優位であると，前腕の回内・回外運動が制限され，肩の内旋・外旋運動に影響を及ぼす．

　この症例は，上腕外旋・前腕回内・手関節尺屈・母指対立位となっており，コッキング期とほぼ同じ肢位である（図 8-90）．加速期にかけて肩関節の外旋が増強し，投球障害へと陥る．

　これに対して以下に述べる治療を実施し，前腕の alignment の改善を図る．

上腕骨内側上顆付着部筋のストレッチ（図 8-91）

　肘関節伸展位にて上腕骨内，外側上顆を結んだ線と前腕内，外側茎状突起を結んだ線を平行になるように手関節背屈をさせることで，屈筋群のストレッチを行う．

上腕骨外側上顆付着部筋のストレッチ（図 8-92）

　肘関節伸展位にて，前腕回内，手関節掌屈させることで伸展筋群のストレッチを行う．

長橈側手根伸筋のストレッチ（図 8-93）

　長橈側手根伸筋の伸張性低下がみられると，長橈側手根伸筋の停止部は第 2 中手骨底背側にあるため，力を抜いていても第 2 指 PIP 関節の伸展がみられる（図 8-94）．

　肘関節屈曲・手関節掌屈位にて第 2 指 PIP・MP 関節を屈曲させることで長橈側手根伸筋のストレッチを行う．

5. 治療——足部からのアプローチ

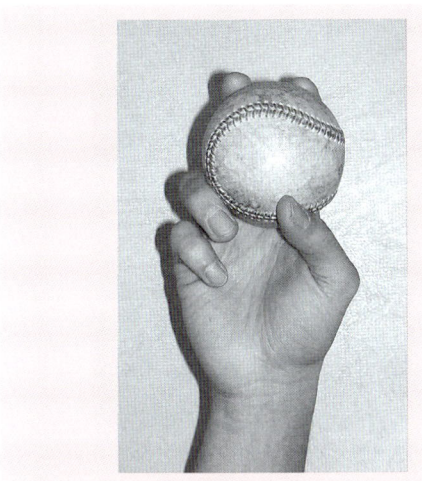

図 8-89 ボールの握り方
中央に凹み（アーチ）ができるのが正しいボールの握り．小指と環指を巻き込み，母指の内側で支え軽く握る．

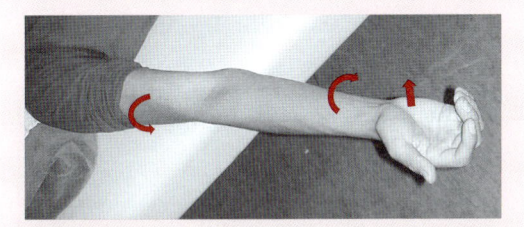

A：前腕 malalignment

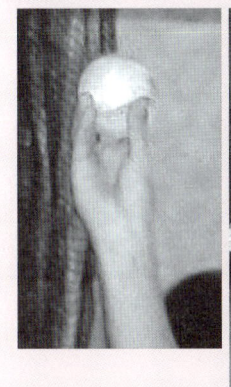

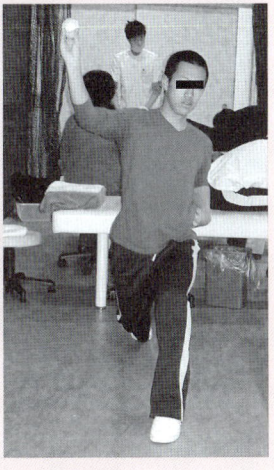

B：前腕 malalignment による投球動作
図 8-90 前腕 alignment の改善前

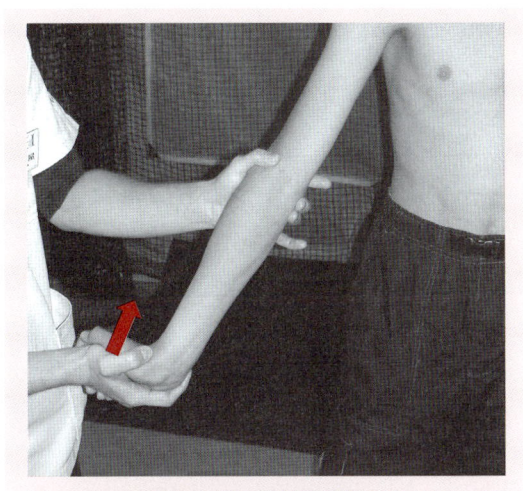

図 8-91 上腕骨内側上顆付着部筋のストレッチ

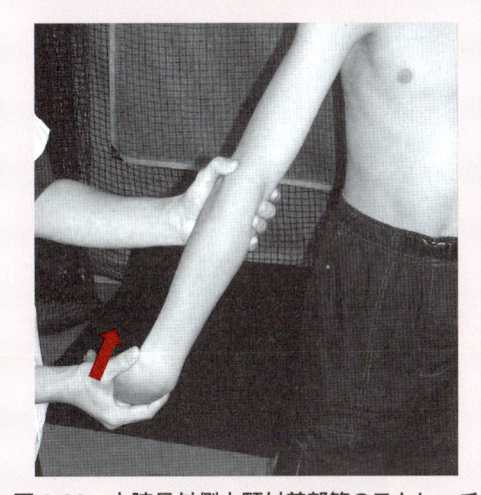

図 8-92 上腕骨外側上顆付着部筋のストレッチ

となる．手関節中間位，手指伸展位から MP 関節 90°屈曲させる．これを 10 回繰り返し行う．

これらのアプローチにより前腕 alignment 改善がみられ，コッキング期の手関節尺屈が消失し，肩関節外旋増強も消失した（図 8-96）．

足部からのアプローチ

下肢に障害を負ったあとに運動連鎖障害をきたし，投球障害肩へ移行するケースも少なくない．当院では入谷式足底板療法を処方し（図 8-97）[21]，足部アーチを操作することで無意識化でのコントロールを行い，投球動作へと連鎖的に波及させて

虫様筋エクササイズ（図 8-95）

手の内在筋である虫様筋エクササイズは，ボールを握る際に手のアーチを保持させるために重要

355

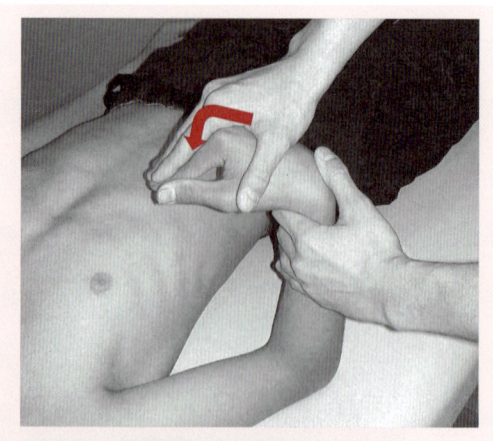

図 8-93　長橈側手根伸筋のストレッチ

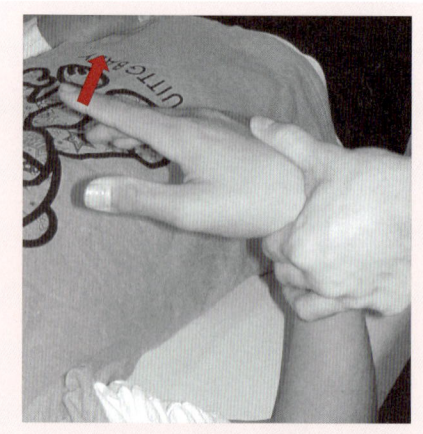

図 8-94　長橈側手根伸筋の伸張性がない患者

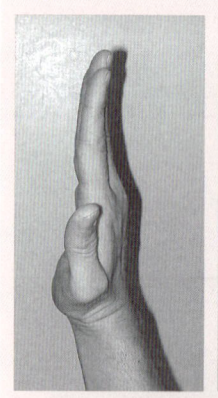

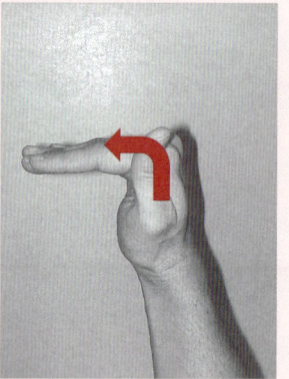

図 8-95　虫様筋エクササイズ

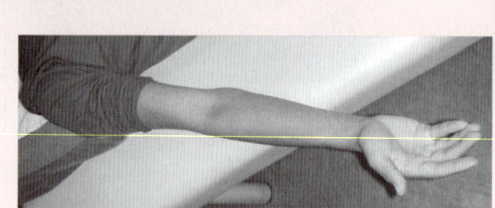

A：治療後の前腕 alignment
図 8-96　前腕 alignment の改善

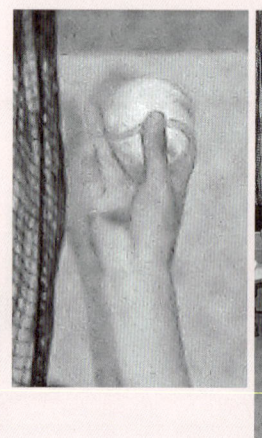

B：治療後の alignment 改善による投球動作

ストレス軽減を図る．
　この症例はしゃがみ込み動作ができず，足部に何らかの原因があると示唆される（図 8-98，99）．後期コッキング期にて重心が前方に移動できず，体幹の早期回旋が出現してしまう（図 8-100）．この症例に対し，足の後足部横アーチに 1 mm のパットを貼付することで，foot plant 時にステップ足の床反力ベクトルが膝関節の後方を通るため，膝・股関節の屈曲が出しやすくなり，結果的に上半身重心の前方化につながる（図 8-101）．継続的にコントロールする場合は入谷式足底板を挿入する．

投球動作指導

　身体機能が改善されても動作に問題がある場合は，理学療法士としての立場から投球動作を指導する．選手に対してはできるだけ専門用語は避け，

わかりやすい言語で説明をするほうがよい．投球動作で悩んでいる選手に対して，身体の機能的な問題で投球動作に影響が出ているのか，あるいは技術的な問題によりできないのかを見極める必要がある．

投球動作を指導するポイントとしては，「肩の内旋・外旋で投げるのではなく，体幹の回旋と前腕の回内・外で投げる」ことである．渡邊ら[22]が提唱する5段階に分けての投球動作チェックによる機能診断を指導していく．

> ソフトボール下手投げ

ソフトボールの投手のように下から投げさせ，腕の動きをチェックする．フォロースルーのときに前腕が回内位になっているかどうかをチェックする．技術が未熟な選手の場合，フォロースルーする場合でも前腕が回外位になっているケースが多い（図8-102）．

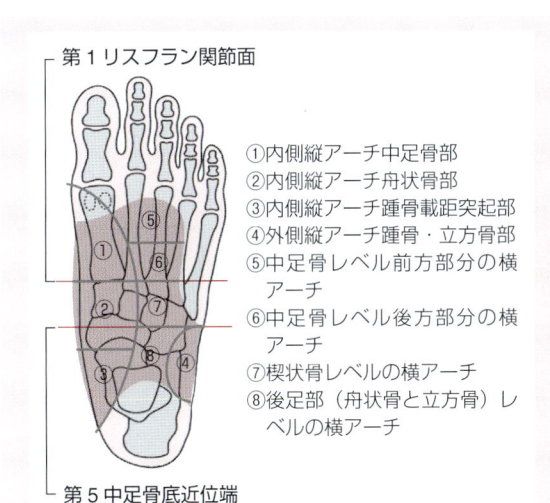

図8-97 入谷式足底板療法（入谷 誠，2008[21]を改変）

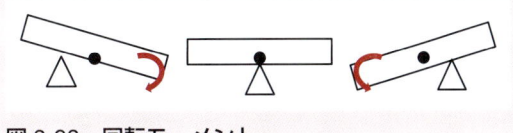

① 内側縦アーチ中足骨部
② 内側縦アーチ舟状骨部
③ 内側縦アーチ踵骨載距突起部
④ 外側縦アーチ踵骨・立方骨部
⑤ 中足骨レベル前方部分の横アーチ
⑥ 中足骨レベル後方部分の横アーチ
⑦ 楔状骨レベルの横アーチ
⑧ 後足部（舟状骨と立方骨）レベルの横アーチ

図8-98 回転モーメント

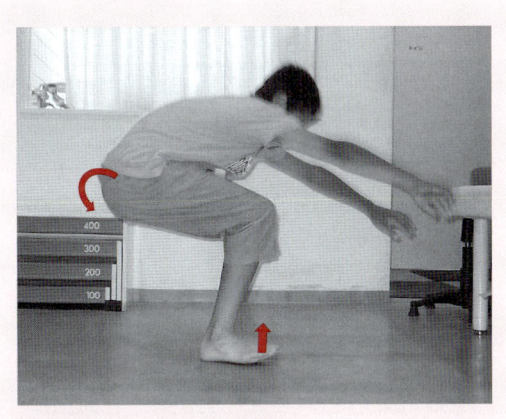

図8-99 しゃがみ込み動作

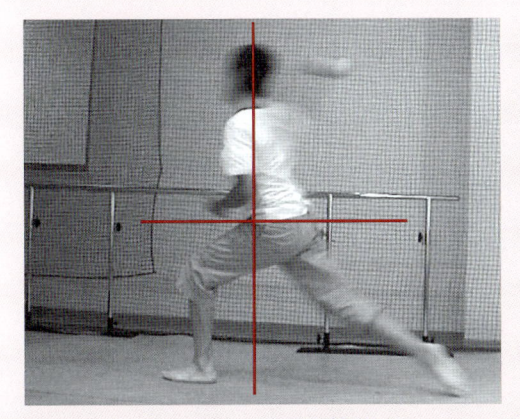

図8-100 パットなしでの投球動作

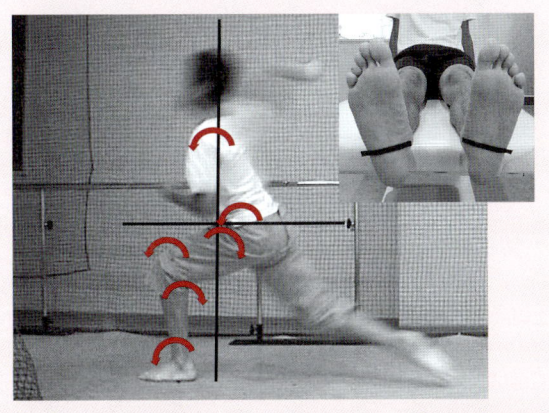

図8-101 左足底に1mm長のパットを貼付しての投球動作

357

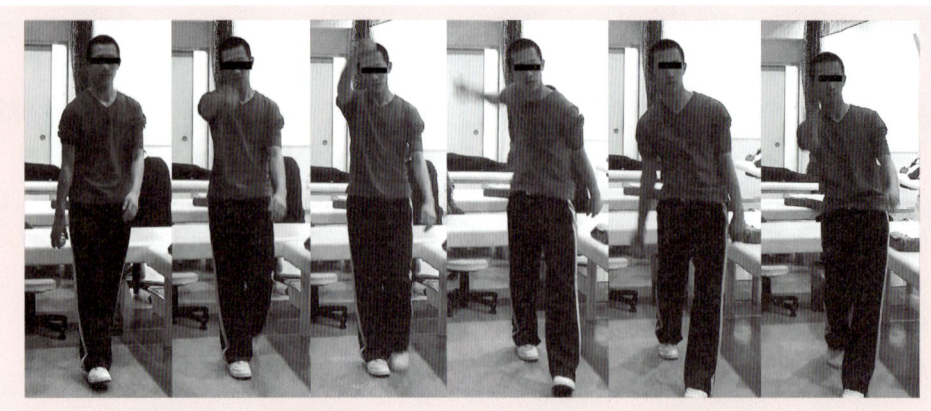

図 8-102　ソフトボール下手投げ

図 8-103　真横投げ

真横投げ

　腕を真横に振って投げさせ，腕が肩甲骨面上にあるかどうかをチェックする．肩甲骨の内転が不十分だと腕が肩甲骨面より後ろであがるため肘があがらない．また，肘の伸展制限があるとフォロースルーで腕は肩甲骨面より前に出てくる．いずれにしてもこうした投げ方では，前腕の回内・回外でなく，肩の内旋・外旋で投げることが大切である（図 8-103）．

正面を向いての体重移動での投球

　これは下半身から体幹への運動連鎖を診る方法で，正面を向き，右投げの場合は左足に体重を載せてから右足に体重移動させ，投球と同時に左足に体重を移動させる．体重移動と体幹の回旋のタイミングが診ることが大切である（図 8-104）．

投球側を向いての体重移動での投球

　これも下半身から体幹への運動連鎖を診る方法で，より投球に近い状態にして，右投げの場合は前足である左足に体重を載せてから右足に体重移動させ，投球と同時に左足に体重を移動させる．体重移動と体幹の回旋のタイミングが診ることが大切である（図 8-105）．

ラケットを使用しての投球動作

　ボールを投げる際に手に力が入りやすく前腕屈筋優位に使うような選手にはラケットを使用して投球フォームを指導する．ラケットの柄を，環指，

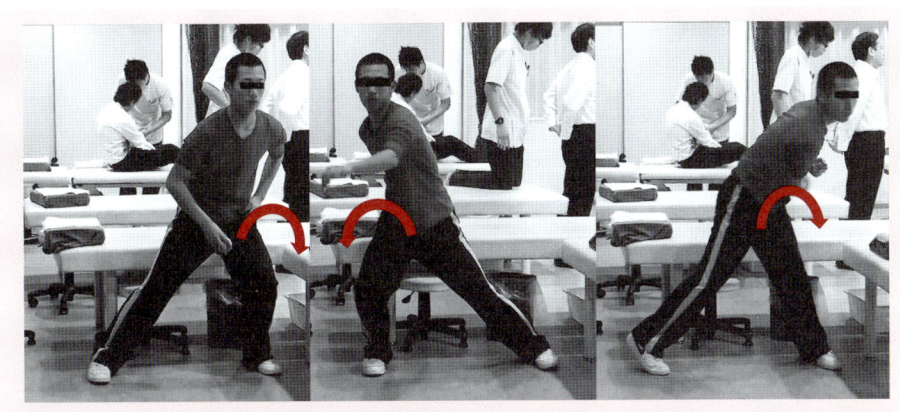

図8-104　正面を向いての体重移動での投球

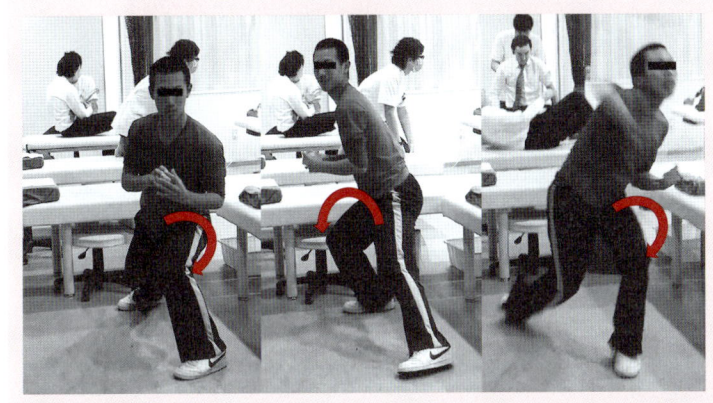

図8-105　投球側を向いての体重移動での投球

図8-106　ラケットを使用しての投球動作

小指，母指で握り，示指，中指は力を抜くように把持し，投球動作を行う．ラケットは柄が長いため前腕の回内・回外のイメージがつきやすい（図8-106）．

6. おわりに

投球障害肩の原因がどこからきているかはさまざまな可能性が考えられる．同じ人であってもそのときどきによって異なり，「何でここが痛いのか？」，「何でここにストレスがかかるのか？」，「何でこんな動きをしているのか？」を考え，原因追究していくしかない．投球動作はとても速い運動であるため，すべてを把握することはとても難しい．さまざまな評価をすることで肩関節にかかる

メカニカルストレスを機能解剖し，運動連鎖を踏まえてストーリー立てて考えていき，治療アプローチにつなげていくことが大切である．

参考文献

1) 三原研一：バイオメカニクスと投球フォーム．関節外科 27：32-42，2008.
2) 信原克哉：肩　その機能と臨床　第3版．医学書院，2001.
3) 佐志隆士：肩関節のMRI撮像と読影の基本テクニック．メジカルビュー社，2000.
4) 水野智明：肩関節の病態運動学と理学療法Ⅱ．理学療法 26(6)：757-764，2009.
5) 山口光國，福井　勉，入谷　誠：結果の出せる整形外科理学療法．メジカルビュー社，2009，pp136-138.
6) 池上博泰：投球による肩の障害（投球障害肩）の管理 MB．Orthop 21：17-21，2008.
7) 西中直也ほか：投球障害肩に対する保存的治療とその限界．MB Orthop 16：51-58，2003.
8) Snyder SJ, et al：SLAP lesion of the shoulder. Arthroscopy 6：274-279, 1990.
9) 山崎哲也：肩関節内の損傷，特にSLAP損傷の管理．MB Orthop 21：9-15，2008.
10) Andrews JR, et al：Glenoid labrum tears related to the long head the biceps. Am J Sports Med 13：337-341, 1985.
11) Walch G et al：Impingement of the deep surface of the supraspinatus tendon on the posterior-superior glenoid rim：An arthroscop-ic study. J shoulder Elbow Surg 1：238-245, 1992.
12) Burkhart SS, et al：The Peel-Back mecha-nism：Its role in producing and extending posterior Type Ⅱ SLAP lesions and its effect on SLAP repair rehabilitation. Arthroscopy 14：637-640, 1998.
13) Burkhart SS：Internal impingement of the shoulder. Instr Course Lect 55：29-34, 2006.
14) Neer CS Ⅱ：Anterior acromioplasty for the chronic impingement syndrome in the should-er：a preminary report. J Bone Joint Surg 54-A：41-50, 1974.
15) 筒井廣明，山口光國：投球障害肩　こう診てこう治せ．メジカルビュー社，2004.
16) 鈴木　淳，信原克哉：肩診療マニュアル　第3版．医歯薬出版，2004，pp38-42.
17) Kapandji AI：カパンディ　関節の生理学　Ⅰ上肢．原著第6版．医歯薬出版，2010，pp40-41.
18) 筒井廣明，山口光國：投球障害肩　こう診てこう治せ．メジカルビュー社，2004，p79.
19) 柿崎藤泰：胸郭の病態運動学と理学療法．理学療法 26(3)：431-440，2009.
20) 内山英司，勝木秀治：スポーツ外傷・障害に対する術後のリハビリテーション．運動と医学の出版社，2010，pp82-86.
21) 入谷　誠：入谷式足底板の現在．Sportsmedicine 102：6-12，2008.
22) 渡邊幹彦：機能診断による治療方法の選択．関節外科 22：41-46，2003.

第9章 野球における投球障害―投球障害肘

　投球障害肘とは，投球動作を繰り返すことで引き起こされる肘関節のスポーツ障害を指す．一般的には，野球肘と総称され，主に小・中学生などを中心に骨端線閉鎖前における成長過程にて起きることが多い．野球肘における分類は，障害発生の年齢層が児童期から成人期と幅広いため，年齢別にも分けられる．

　そのため，成長期のスポーツ障害としてだけではなく，もはや広義のスポーツ障害としてとらえていかなければならない[1]．

　障害の多くは，局所である肘関節のみの問題による発生機序は少なく，ほかの部位からの影響を受けて生じることが多い．そのため，問題点の抽出・評価は局所のみならず，歩行やそのほかの動作からも行わなければならない．

　さらには，少子化や活動場所の縮小・減少，選手を取り巻く生活環境や試合数・大会の増加など，選手に及ぼす影響は身体機能・能力だけではなく，さまざまな要因に目を向けて治療を展開していく必要がある．

　そこで，外来整形外科では短時間で結果を残すためにトップダウン的な視点で，局所を含めた全身的な理学的評価・運動療法を展開していく必要がある．

1. 肘関節の解剖とスポーツ障害肘における特徴

　肘関節は，上腕骨遠位，尺骨，橈骨からなり，1つの関節腔内に腕尺関節，腕橈関節，近位橈尺関節の3つの関節体をもつ複合体である（図9-1）．

　この複合体の関節構造と運動は，腕尺関節が上腕骨滑車と尺骨滑車切痕からなる蝶番関節で，主に肘関節の屈伸に関与する．腕橈関節は上腕骨小頭と橈骨頭窩からなる球関節で，近位橈尺関節は尺骨橈骨切痕と橈骨頭の関節環状面からなる車軸関節であり，遠位橈尺関節とともに前腕の回内-回外が起こる．

　肘関節の安定化機構は，腕橈関節における橈骨切痕と輪状靱帯，近位橈尺関節における上腕骨滑車と滑車切痕により適合性を高め，肘関節の安定性に大きく関与する．

　内側では，前腕の回内筋群および手指・手関節の屈筋群や側副靱帯により支持性を高める．外側では前腕の回外筋や手指・手関節伸筋群が付着し，

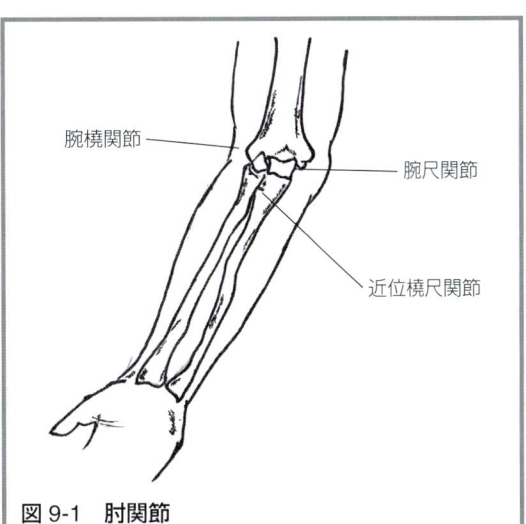

図9-1　肘関節
関節腔内に腕尺関節，腕橈関節，近位橈尺関節の3つの関節からなる複合関節．

関節包や橈骨輪状靱帯，外側尺骨側副靱帯，方形靱帯によって構造的な支持性を得られる．

また，肘関節は，肩関節と手関節・手指を結びつけ，上肢の機能的距離を調節する関節である．そのため，日常生活では摂食や更衣，清潔動作などの日常生活動作や，近年では電子機器の発達・普及により携帯電話やパソコンの使用など多くの動作に重要となる関節である．

野球をはじめとするオーバーヘッドスポーツ*において肘関節複合体は，腕尺関節に生じる屈曲–伸展の1軸性の運動に加え，加速度の強い外反ストレスや橈尺関節による前腕の回内・回外など複合的な運動が生じるため，過剰に負担がかかる．

この複雑な運動が円滑に行われるには，前述の内側・外側側副靱帯や関節包などの軟部組織や，上腕骨から前腕・手指にかけて走行する筋群などのさまざまな組織による安定性が必要となる．

2．病態

投球動作における相分け

投球障害は疼痛を出現する相（phase）を把握することが重要となる．とくに，問診の際には，疼痛部位と同様に，一連の投球動作のなかでどの肢位で疼痛が発生するかを必ず確認するべきである．

そこで，まず一連の投球動作を区分して考える必要があり，以下の区分を用いて相ごとの特徴を説明する．なお，相は，①ワインドアップ期（wind up phase），②早期コッキング期（early cocking phase），③後期コッキング期（late cocking phase），④加速期（acceleration phase），⑤フォロースルー期（follow through phase）に区分する．

---

* 頸部・頭部と同等の高さ，もしくはそれ以上の高さに上肢が位置する動作が行われるスポーツである．

ワインドアップ期

ワインドアップ期は，投球動作開始からステップ足が片脚立位にて最大挙上するまでを示す．

この相は非投球側への重心移動という課題に向けての準備段階としてとらえられる．この相の破綻は上肢・体幹のさまざまな代償を生じ，非投球側への体重移動能力を低下させることが多い．

さまざまな代償や重心移動能力低下はワインドアップ期以降の相に影響を与え，投球障害を引き起こす要因となりやすい．

コッキング期

コッキング期は，投球方向への移動が開始され，ステップ足が接地し，投球側の肩関節が体幹の回旋に伴い，最大外旋するまでを示す．

この相をさらに分類すると，ステップ足が完全に接地するまでの早期コッキング期，体幹が非投球側へ回旋し，それに合わせて投球側の肩関節が最大外旋するまでの後期コッキング期という2つに分けられる．

早期コッキング期は，テイクバック動作をするために投球側肩関節外転90°，水平外転15°が起こり，ステップ足が完全に接地（以下，foot plant）する相を示す．この相では，投球側への体幹回旋，肩甲胸郭関節における肩甲骨の可動性が重要となる．

後期コッキング期は，foot plantから体幹が非投球側へ回旋して真正面を向き，投球側の肩関節が最大外旋運動する相をいう．この相では，自然と投球側の肘関節外反力が増強し，加速期へ移行する時期となる．Fleisigらによると，投球動作におけるコッキング期の終了時に肘関節外反に抵抗して生じ，内反トルクが最大値を示す[45]．

加速期

加速期は，投球側の肩関節が最大外旋運動から

内旋運動に切り替わり，ボールをリリースするまでを示す．この相は，肩関節のみでなく，急激に肘関節伸展・前腕回内運動が加速する．この急激な変化に対して，体幹〜上肢が円滑に対応できた場合は，リリース時に非投球側の肩関節，投球側の肩関節・肘関節が一直線上に位置する．この状態は，肩-肩-肘ラインとよばれる．

フォロースルー期

フォロースルー期は，ボールリリースから投球動作の終了までを示す．

この相は，リリース直後に上肢が肩甲骨面上に位置し，リリース時以降に上肢全体が体幹に巻き付くように前方へ投げ出される．

リリース時以降は，上肢の運動とともにステップ足の股関節屈曲・内旋や体幹の回旋運動が重要となる．これは，加速期にて加速したパワーを急激な減速エネルギーで全身に吸収させるためである．その結果，局所への負担を軽減させ，また，この相では肩関節に加わる牽引力は体重の1.5倍にも及ぶ．

損傷部位による分類

投球障害肘では損傷部位によって大きく，内側型，外側型，後側型の3つに分けられる．内側型は，コッキング期〜加速期における外反力と内側への牽引力により発症しやすい．外側型は加速期〜フォロースルー期における腕橈関節への圧迫力，後側型はフォロースルー期における急激な肘関節伸展ストレスにより発症しやすい[3]．

内側型

投球動作による肘関節内側への障害は臨床上多い．

内側型の多くが，投球動作中，とくにコッキング期〜加速期にかけて肘関節への外反ストレスが増大した際に症状をきたす．Fleisigらによると，投

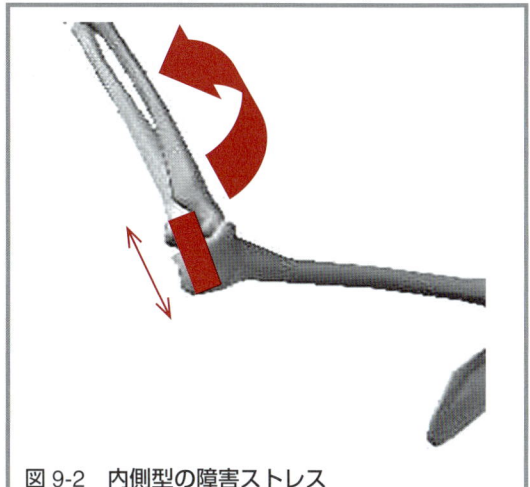

図9-2　内側型の障害ストレス
コッキング期〜加速期にかけての外反力，内側への牽引力にて発症しやすい．

球動作におけるコッキング期の終了時に肘関節外反に対抗するために生ずる内反トルクが最大値となる[45]．

また，肘関節内側は構造的な特徴として靱帯性の安定化機構が少なく，生理的な外反があり，構造上外反ストレスが容易に生じやすいために内側型の障害が多いと考える（**図9-2**）[2]．

上腕骨内側上顆炎（回内屈筋群損傷）

上腕骨内側上顆には，前腕回内筋および手関節・手指屈筋群（円回内筋，橈側手根屈筋，長掌筋，尺側手根屈筋，浅指屈筋）が起始している．これらの筋群は，まず投球時の肘関節外反ストレスに対して制御機構として作用する．

そのほかの機能としては，投球動作においてボールを把持しリリースするために，手指屈曲・手関節掌屈・前腕回内という複合的な動作を遂行させる．

つまり，固定性と可動性を持ち合わせなければならない．その結果，これらの筋群は炎症や微小断裂を生じ，上腕骨内側上顆部への疼痛や投球制限を生じ，とくに円回内筋，橈側手根屈筋，長掌筋に障害をきたしやすい．

円回内筋は肘関節屈曲位での回内に作用すると

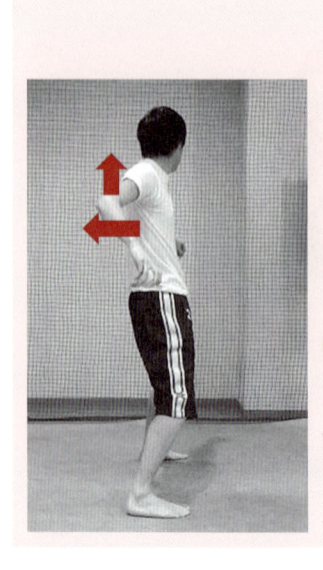

図9-3 前腕可動性低下による肩関節の過剰運動
前腕可動域低下や疼痛出現により，肩関節の過剰運動が発生し肩関節機能の破綻するおそれもある．

図9-4 手関節掌屈・尺屈増強の要因
コッキング期〜加速期にかけて非投球側の肩関節水平外転・外旋，肘関節屈曲運動が早まり，いわゆる体の開きが早くなることでリリース時に手関節掌屈・尺屈が増強する．

同時に，外反ストレスに対しての動的な支持機構としても作用するため，障害を引き起こしやすい．

長掌筋はアーム長が長く，ボールを握る動作で優位に手関節掌屈が起こると疼痛をきたす．過剰にスナップ*をボールのリリースできかせると発生しやすい．

橈側手根屈筋は手関節掌屈に作用する．しかし，前腕の回外位では回内作用を有し，前腕が回外から回内への運動の切り替えが起こるコッキング期から加速期にかけて優位に働くためであると考える．

その一方で，変化球の投球を開始すると，カーブやスライダー投球時では，加速期〜フォロースルー期に横回転の意識が強くなって手関節尺屈・掌屈を増強させ，尺側手根屈筋の活動が高まる．

また，シュートボールを多用する投手では，前腕回内を過剰に意識することで手関節橈屈・掌屈が増強し，橈側手根屈筋・円回内筋のover useを生じ，疼痛や投球障害を呈する．その結果，肩関節の内旋・内転・水平屈曲の動作が連動しにくくなり，フォロースルー期直前に急激な肩関節内旋動作が生じ，肘関節への外反ストレスが増強すると考えられる．反対に，前腕可動域低下や疼痛出現により，肩関節の過剰運動が発生し肩関節機能の破綻するおそれもある（図9-3）．

また，手関節尺屈・掌屈を増強させる要因として，コッキング期〜加速期にかけて非投球側の肩節関節水平外転・外旋と肘関節屈曲運動が早まり，いわゆる体の開きが早くなることもあげられる．その結果，投球側のリリースポイントが体に近づき，前腕〜手指の運動が過剰に起こる（図9-4）．

上腕骨内側上顆剥離骨折（リトルリーグ肘）

前述のように，上腕骨内側上顆は，手指・手関節屈筋群，前腕回内筋群の起始部である．また，肘関節構成体における骨化中心核の出現時期は，1歳前後から12歳ごろまでと異なるが，そのなかでも内側上顆は6〜9歳ごろに点状の骨化中心核が出現し，最も遅く骨化する成長帯であるといわれている[4,5]．

内側上顆は，骨端線閉鎖以前に肘関節内側への伸長ストレス付加により，骨片の剥離や骨端線の離開が生じる．この骨端線閉鎖前の内側上顆裂離，骨端線離開をリトルリーグ肘という．その際，疼

---

* 野球の投球や打撃，ゴルフのインパクトの際に，手首の力を働かせること．

痛を生じた機序が重要であり，1回の投球で急激に生じた場合は裂離骨折の可能性が高い[6]．

症状は，肘内側部の運動時痛，内側上顆への圧痛，肘関節可動域制限であるが，X線写真などの医学的所見において無症状の場合もある[5]．

内側側副靱帯損傷 (injury of medial collateral ligament)

内側側副靱帯（medial collateral ligament：MCL）損傷は，上腕骨内側上顆炎と同様に臨床上多く経験する疾患であり，内側上顆炎との鑑別には触診が重要となる．MCLは前部線維束（索状部），横行線維束（斜走部），後部線維束（扇状部）からなる（図9-5）．肘関節は伸展位において骨性の支持機構が作用するため，MCLによる外反ストレスに対する制御への関与は低い[7]．

しかし，肘関節屈曲位では外反ストレスに対する制御にMCLが最も関与することから，肘関節の屈曲角度が減少しながら外反ストレスが増大するコッキング期～加速期で疼痛が増強してくる[8]．

そのMCLのなかでもとくに，前部線維束（索状部）は肘関節伸展位より屈曲20°までを除く，屈曲-伸展の全可動域を通じて緊張し，肘関節内側の安定性にはとても重要であり，最も外反ストレスに対して強く制動力が働く．また，前部線維束（索状部）は前方線維と後方線維に分かれ，前方線維は肘関節屈曲60°前後までで最も緊張し，後方線維はそれ以上の屈曲するにつれて緊張を高める．後部線維束（扇状部）は，最大屈曲位付近でのみ緊張となり，横行線維束（斜走部）はもはや肘関節の外反ストレス制動には関与しない．そのため，投球障害肘におけるMCL損傷は前部線維束が圧倒的に多い[9]（図9-6）．

前述したような肘関節に対する内反トルクは，半分以上をMCLが担う．

その値は，MCLの破断強度とほぼ等しく，肘関節周囲の動的安定化機構が未熟な少年期の選手には過度な負担といえる[10]．

外側型

肘関節外側型の障害では，主に発育期である小学生高学年～中学生にかけて好発し，投球時に加わる肘関節へのたび重なる外反ストレスの結果，前腕回内筋，手関節・手指屈筋群やMCLによる内側の制御力が低下し，外側への圧迫力が増強することにより障害を呈する．

さらに，加速期～フォロースルー期における前腕回内・肘関節伸展運動が加わることで剪断力が増し，内側型に比べ予後が不良になることが多い

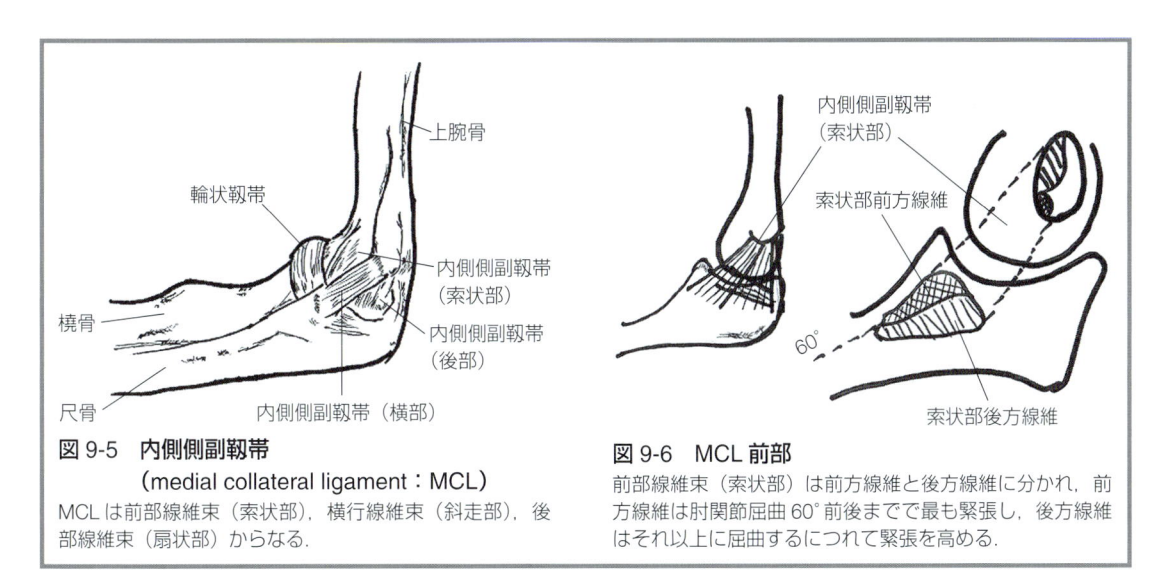

図9-5　内側側副靱帯 (medial collateral ligament：MCL)
MCLは前部線維束（索状部），横行線維束（斜走部），後部線維束（扇状部）からなる．

図9-6　MCL前部
前部線維束（索状部）は前方線維と後方線維に分かれ，前方線維は肘関節屈曲60°前後までで最も緊張し，後方線維はそれ以上に屈曲するにつれて緊張を高める．

図 9-7　外側型の障害ストレス
加速期〜フォロースルー期にかけて，外反・肘関節伸展が助長されるため，腕橈関節への圧迫力が高まり発症しやすい．

図 9-8　腕橈関節面での圧縮ストレス
前腕回内運動時や肘関節屈曲運動時に，モーメントアームの長い上腕二頭筋などの張力により橈骨頭窩が上腕骨小頭方向へ牽引される．

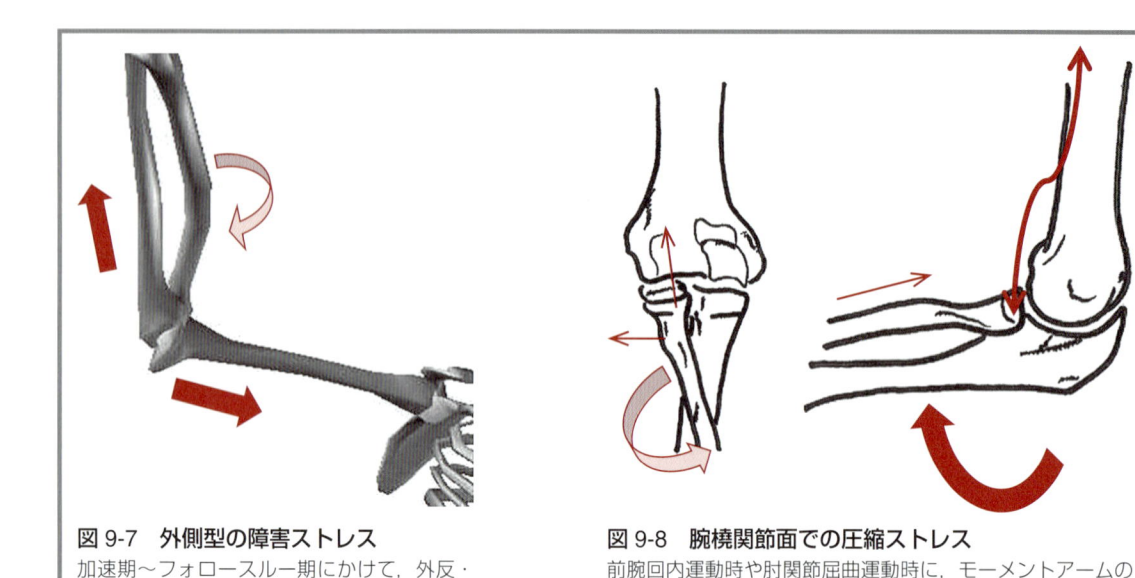

（図9-7）．

　また，前腕回内が過剰に起こることで肘関節内反ストレスが増強し，外側側副靱帯（lateral collateral ligament：LCL）・手関節伸筋群が制御機構として作用する．このストレスが頻回に繰り返すことで，LCLの損傷や外側上顆炎を引き起こす．

離断性骨軟骨炎 (osteochondritis dissecans：OCD)

　離断性骨軟骨炎は，スポーツにおいて若年者に多くみられるover useによる関節面の骨軟骨障害である[11]．関節面の一部が離断し，小さな骨軟骨片となり，進行すると遊離体にまで至り，最終的には壊死まで引き起こす．

　外側型の冒頭で述べたように，投球動作を繰り返すことで外反ストレスに対する制御力が低下する．その結果，増大した圧迫・剪断力が，腕橈関節面，とくに上腕骨小頭部に作用し，OCDを呈する．

　回内運動時，橈骨頭が外側へ偏位し，橈骨頭窩（内側）と上腕骨小頭の距離が接近することで腕橈関節面での圧縮ストレスも変化する[12]．また，伸展位では接触面が生じない腕橈関節において自動屈曲の際は，モーメントアームの長い上腕二頭筋などの張力により橈骨頭窩が上腕骨小頭方向へ牽引される[13]．その上腕二頭筋が加速期でフォロースルー期に向けて肘関節伸展が増加するのに対してブレーキ役として作用することを考えると，加速期での外側への圧縮ストレスが容易に増加する（図9-8）．

　これらのことからも，加速期での腕橈関節面，とくに好発部位である上腕骨小頭部への圧迫・剪断力ストレスが助長しやすいといえる．

　三浪らの分類によると，病期として透亮型，分離型，遊離体型の3期に区分される[5]．

後方型

　肘関節の内側型や外側型に比べ，比較的少ないが，一般的に後方型の場合は，肘頭と肘頭窩が衝突することで起こる場合と上腕三頭筋の牽引力によって生じる場合など諸説がある（図9-9）．

　肘関節において屈曲-伸展運動時では，屈曲するにつれて肘頭側の関節面へ圧縮力が増大し，伸展

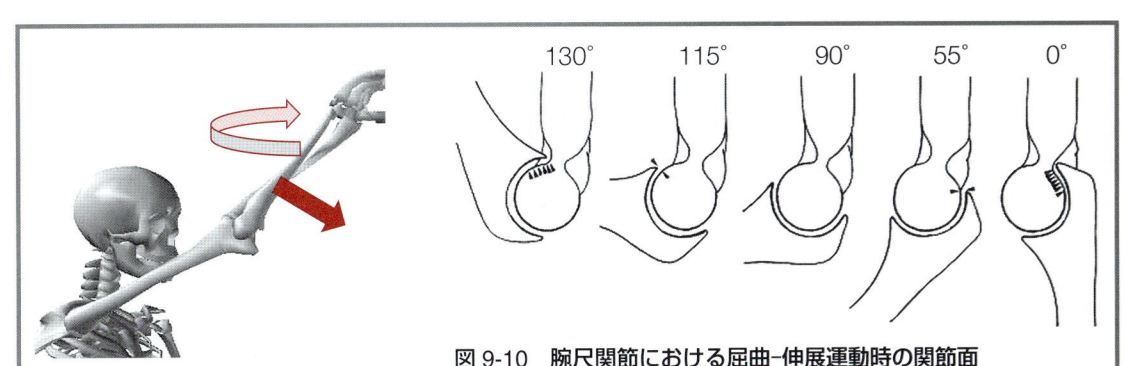

図9-9 後側型の障害ストレス
フォロースルー期にかけての急激な肘関節伸展ストレスにより発症しやすい.

図9-10 腕尺関節における屈曲-伸展運動時の関節面
屈曲-伸展運動時では,屈曲するにつれて肘頭側の関節面へ圧縮力が増大し,伸展するにつれて鉤状突起側の関節面へ圧縮力が増大する(矢印は軟骨被覆のない部分を示す).
(山嵜 勉. 2004[46])

するにつれて鉤状突起側の関節面へ圧縮力が増大する[14].

しかし,上腕三頭筋の牽引力が増大することで,本来なら鉤状突起側での圧縮力が増える伸展運動時に,肘頭側の関節面へ圧縮力が増え,肘頭骨端核の分離や骨端線離開を生じる.進行例では骨棘形成,さらには肘頭疲労骨折を呈するものもある(図9-10).

肘頭疲労骨折

肘関節における疲労骨折は下肢や腰椎に比べ少なく,疲労骨折全体の1～5%ほどであるといわれている[15].発症メカニズムは,主に肘関節外反・伸展ストレスと上腕三頭筋の牽引ストレスによるものと考えられている.

しかし,上腕三頭筋の解剖学的付着部は肘頭尖端ではなく尺骨背面に広く付着しているため,骨折線の分類を考慮すると,上腕三頭筋の牽引力のみで引き起こされる疲労骨折は少ない.一方,加速期～フォロースルー期において,肘頭尖端と肘頭窩にて伸展と外反ストレスが加わりimpingementが生じることで疲労骨折を呈すると考えられる.これは,外側型と同様に内側支持機構の破綻により発症しやすくなる.

肘頭疲労骨折の分類としては,伊藤らによる,physeal type, classical type, transitional type, sclerotic type, distal typeの5つに分類される[16].

症状は,フォロースルー期における疼痛,肘頭の圧痛,肘関節の急激な伸展運動などがある.

尺骨神経障害

尺骨神経は上腕三頭筋内側頭の内側方に沿って下行する.その後,上腕の中間部1/3と遠位部1/3との境界で内側二頭筋溝を離れ,肘頭と上腕骨内側上顆のあいだの尺骨神経溝に達する.主に前腕尺側の屈筋群,手掌部尺側や手内在筋の運動を司る.表在感覚枝は,手部尺側の掌・背側の表在感覚を支配している[17](図9-11).

尺骨神経は,さまざまな要因による圧迫・牽引ストレスにより神経症状を引き起こす.その要因

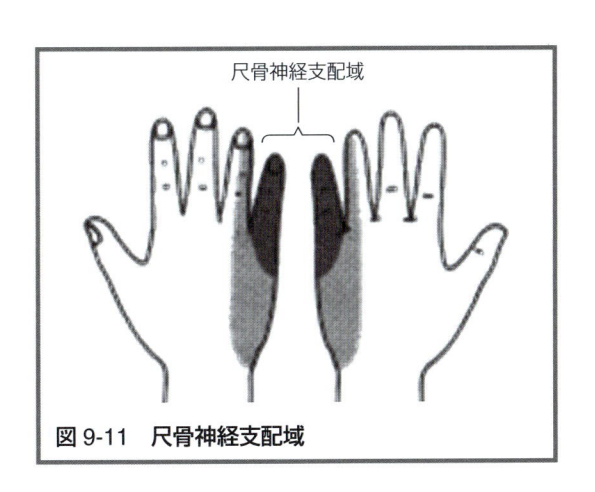

図9-11 尺骨神経支配域

は，上腕骨尺骨神経溝に続き尺側手根屈筋の二頭間・滑車上肘靱帯で形成されるアーチからなるトンネルである肘部管での圧迫や上腕三頭筋内側頭の肥大によるものが多い[18]．また，野球選手では手関節掌屈筋に作用する尺側手根屈筋が強く発達しており，回内筋筋膜により尺骨神経は鈎状突起結節部で絞扼を受ける[19]．

症状としては，肘関節内側痛に加え，小指の深指屈筋，小指外転筋，第1背側骨間筋，母指内転筋の軽微な筋力低下，小指側の痺れ，intrinsic musclesの筋萎縮，Tinel徴候などがみられる．

症状の進行に伴い，尺骨神経症状の感覚障害，筋萎縮感覚障害，握力低下が強くなるなど日常生活にも支障をきたす[20]．

3. 評価

問診・触診

発症時期，疼痛部位，疼痛が出現する投球相，投球時以外の疼痛有無などを評価する．とくに，内側，外側，後側の大別した部位を聞いたのち，上腕骨内側上顆部，上腕骨小頭，橈骨頭，肘頭，肘関節周囲・前腕筋群など圧痛部位の確認は，治療を行ううえで重要な情報となりうる．その際，前腕屈筋群や回内筋，さらには手関節・手指の柔軟性も確認することで，過剰なスナップスローやボールの把持の仕方も把握できる．そのほか，急性か慢性かという受傷機転や肘関節およびその他の部位の既往歴を確認するのも重要である．

また，近年の少子化によりチームの人数が減少し，練習や試合における個人にかかる負担が増大している．そのため，不十分な休養，選手の成長に見合っていない起用頻度などに発展してしまうので，チーム状況や練習・試合の頻度，シーズンオフの過ごし方，監督・コーチとの協力体制が取れるかどうかなどの把握も必要となる．

視診

ヒューター線 (huter line)

上腕骨外側上顆，内側上顆，肘頭を結ぶ線（図9-12）

ヒューター三角 (huter triangle)

肘関節屈曲90°における上腕骨外側上顆，内側上顆，肘頭を結ぶ三角形（図9-12）

このとき，肘関節の後方から上記の3カ所を結んだ線が二等辺三角形に位置することで中間位とする．

前腕回内時は，近位橈尺関節で橈骨頭に2mm程度の外側偏位が生じるため，腕尺関節で尺骨の外転運動（外反）が起こる．肘頭-内側上顆間が狭い場合には前腕回外位，肘頭-外側上顆間が狭い場合は前腕回内位と判断する[21,22]（図9-13，14）．

運搬角 (carrying angle)

上腕骨と前腕の各長軸のなす角度．この運搬角は男性で約170°，女性で約165°．運搬角が小さいほど，肘関節へ外反ストレスが加わりやすくなり，MCLや前腕屈筋群・回内筋の伸張力，外側での圧

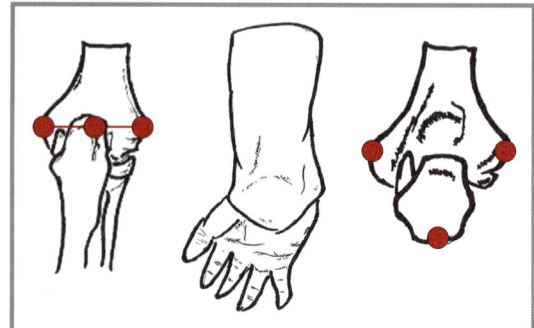

図9-12 ヒューター線，ヒューター三角
上腕骨外側上顆・内側上顆・肘頭を結ぶ線をヒューター線，肘関節屈曲90°における上腕骨外側上顆，内側上顆，肘頭を結ぶ三角形をヒューター三角という．
肘関節の後方から上記の3カ所を結んだ線が二等辺三角形に位置することで中間位とする．

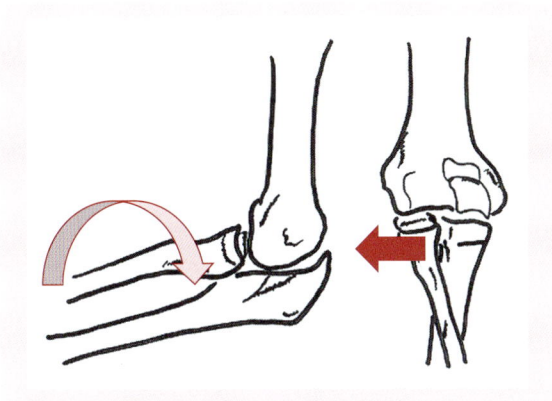

図 9-13　前腕回内運動での橈骨頭偏位
前腕回内時は，近位橈尺関節で橈骨頭に 2 mm 程度の外側偏位が生じるため，腕尺関節で尺骨の外転運動（外反）が生じる．

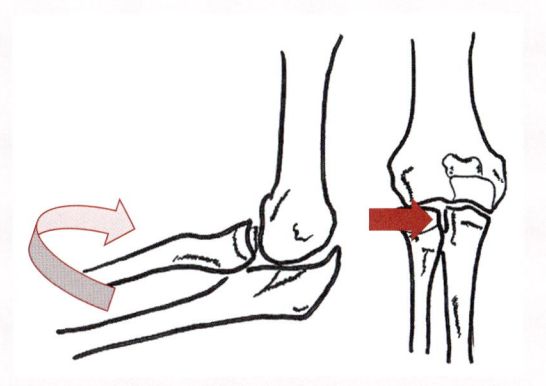

図 9-14　前腕回外運動での橈骨頭偏位
前腕回外運動時は，近位橈尺関節で橈骨頭に 2 mm 程度の内側偏位が生じ，橈骨頭の軸回旋が起こる．

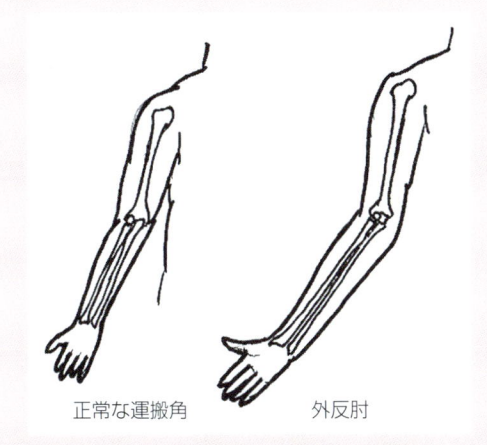

図 9-15　正常範囲内での運搬角と外反肘
上腕骨と前腕の各長軸のなす角度．運搬角が小さいほど，肘関節へ外反ストレスが加わりやすくなり，MCL や前腕屈筋群・回内筋の伸張力，外側での圧縮応力が増加する．

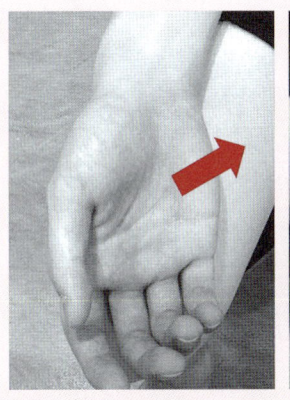

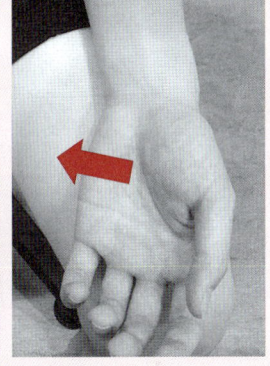

図 9-16　手関節皮線・母指の掌側偏位量
皮線の陰影が深い症例では，投球時に手関節尺側優位の運動が予測され，変化球の多投による投球フォームの破綻の可能性がある．

縮応力が増加する[23]（図 9-15）．

手関節にみられる皮線および母指の掌側偏位量

座位で上肢を自然下垂した状態で，手掌面を天井に向けるように大腿前面の上に手を置き，両側手関節の皮線の深さ，および母指の尺側偏位量を確認する．皮線の陰影が深い症例では，投球時に手関節尺側優位の運動が予測され，変化球の多投による投球フォームの破綻の可能性がある[24]（図 9-16）．

整形外科的テスト

肘関節内反・外反ストレステスト

内反ストレステストは，上腕骨最大内旋位にて肘関節軽度屈曲し，内反ストレスを加える．陽性であれば，外側側副靱帯損傷が考えられる．

外反ストレステストでは，伸展位，軽度屈曲位でそれぞれ行い，上腕骨外旋位にて上腕部を固定した状態で外反ストレスを加える（図 9-17）．

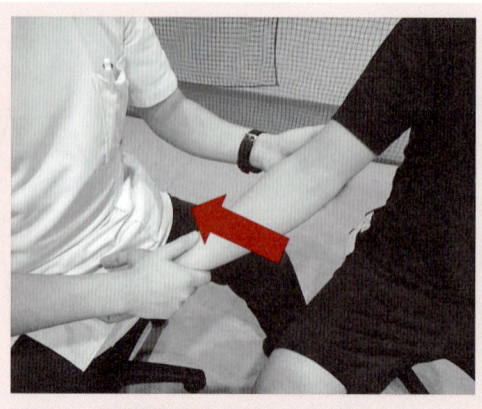

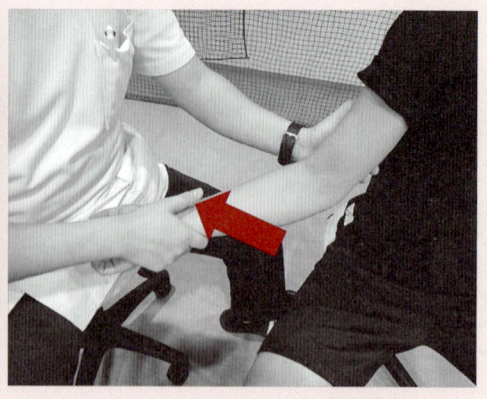

図9-17 肘関節外反ストレステスト
伸展位，軽度屈曲位でそれぞれ行い，上腕骨外旋位にて上腕部を固定した状態で外反ストレスを加える．軽度屈曲位での外反ストレスに対してはMCL前方線維が優位に働くため，肘関節屈曲60〜90°での外反ストレステスト陽性の場合はMCLのとくに前方線維を疑う．

　肘関節の外反ストレスに対して伸展位では骨性の支持機構が作用するため，前腕屈筋群やMCLによる外反ストレスに対する関与は低い．しかし，軽度屈曲位での外反ストレスに対してはMCL前方線維が優位に働くため，肘関節屈曲60〜90°での外反ストレステスト陽性の場合はMCLのとくに前方線維を疑う．

　また，肘関節屈曲45°での外反ストレスは橈骨頭の小頭への圧迫によりOCDもチェックすることができる[16]．

　しかし，肘関節伸展0°での外反ストレステスト単独で疼痛が誘発された場合には注意が必要である．それは，前述したように，肘関節伸展位での外反ストレスに対する支持機構は腕尺関節による骨性のもので，靱帯成分の関与は乏しいからである．肘関節伸展0°での外反ストレステストが陽性の場合には，腕尺関節，とくに肘頭の尺側縁の骨棘形成部分の肘頭窩とのimpingementを疑う[25,26]．

MVST（moving valgus stress test）（図9-18）

　肘関節に外反ストレスを加えながら，肘関節の屈曲・伸展を行う．このテストは，投球時のコッキング期〜加速期に近似し，疼痛が誘発されやすいため慎重な処置が求められる．肘関節屈曲90°前後で陽性の場合はMCL損傷が考えられる[16]．

肘関節屈曲試験（elbow flexion test）（図9-19）

　肘関節最大屈曲位にて，肩関節80〜90°屈曲，手関節最大背屈位を保持させる．尺骨神経症状があれば，1分以内に環指，小指のしびれや疼痛が出現する[26]．

手関節掌屈テスト（図9-20）

　肘関節伸展・回外位，手関節背屈位から抵抗を加えながら手関節を掌屈させると，内側上顆に疼痛が誘発される[14,25]．

前腕回内テスト（図9-21）

　肘関節伸展・回外位，手関節背屈位から抵抗を加えながら前腕回内させると，内側上顆に疼痛が誘発される[14,25]．

肘関節伸展強制テスト

　自動的に肘関節伸展を行って疼痛を生じない場合でも，検者が他動的に肘関節の伸展を強制すると，上腕三頭筋の急激な収縮により肘頭部分に疼痛を生じる．陽性であれば，肘頭の疲労骨折を疑う（図9-22）．

3. 評価――関節可動域テスト

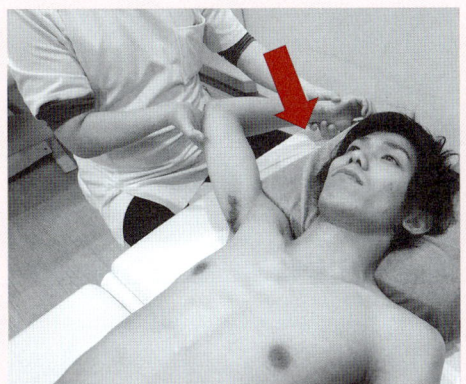

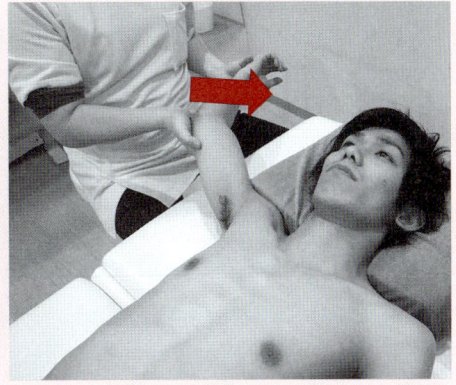

図 9-18　MVSC テスト
投球時のコッキング期〜加速期に近似し，疼痛が誘発されやすいため慎重な処置が求められる．肘関節屈曲 90°前後で陽性の場合は MCL 損傷が考えられる．

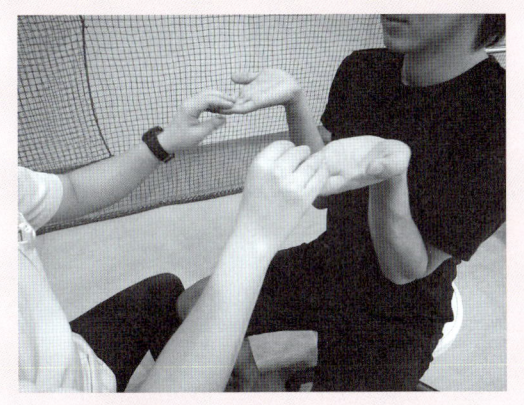

図 9-19　肘関節屈曲試験
肘関節最大屈曲位にて，肩関節 80〜90°屈曲，手関節最大背屈位を保持させる．
尺骨神経症状があれば，1 分以内に環指，小指のしびれや疼痛が出現する．

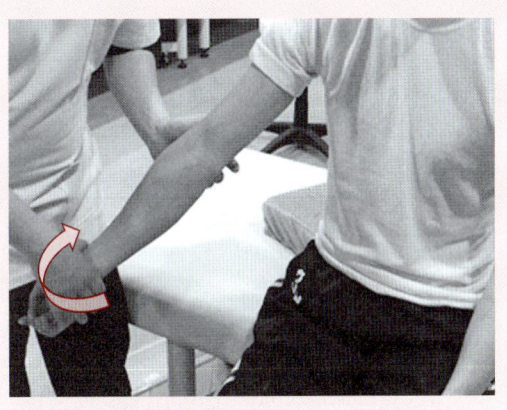

図 9-20　手関節掌屈テスト
肘関節伸展・回外位，手関節背屈位から抵抗を加えながら手関節を掌屈させると，内側上顆に疼痛が誘発される．

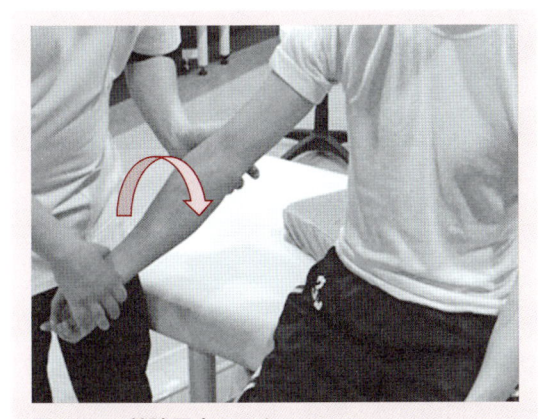

図 9-21　前腕回内テスト
肘関節伸展・回外位，手関節背屈位から抵抗を加えながら前腕回内させると，内側上顆に疼痛が誘発される．

関節可動域（range of motion：ROM）テスト（理論と技術，外来整形）

上肢

　局所では，肘関節屈曲・伸展，前腕回内・回外の ROM を確認する．

　肘関節の伸展が完全に行えることで，腕尺関節は MCL 前部線維束の大部分，前部関節包，屈筋群，とくに上腕筋の広い腱によって安定化される[13]．

　そのため，肘関節伸展では，伸展の増大に伴う肘関節外反の増大，橈骨頭の徒手的な誘導による

371

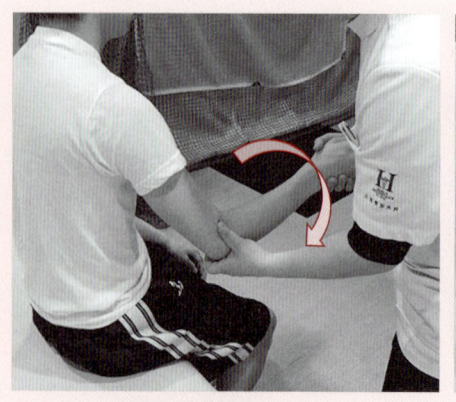

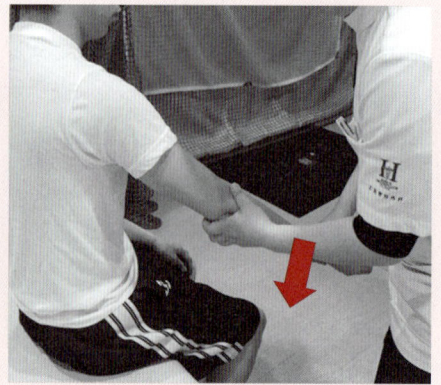

図9-22　肘関節伸展強制テスト
検者が他動的に肘関節の伸展を強制すると，上腕三頭筋の急激な収縮により肘頭部分に疼痛を生じる．陽性であれば，肘頭の疲労骨折を疑う．

ROMや疼痛の変化も確認する．鉤状突起と鉤突窩間，肘頭と肘頭窩間で生じる骨性のimpingementや上腕二頭筋・三頭筋，上腕筋，肘筋などが制限因子，疼痛の要因となりうるのと同時にend feelも確認する．

一方で，前腕の回内・回外は，ヒトの特長である道具を使用する機能において重要な役割を担っている．とくに近位橈尺関節のROM低下が起こると，肩関節や遠位橈尺関節や手根骨部で代償されることが多く，手関節・手指の疼痛や機能低下を引き起こす．

前腕回内外では，橈骨頭が前後・内外側に移動するため，腕橈関節にストレスを加えることができる．そこで，橈骨頭を前後・内外に誘導し，ROMや疼痛の変化を確認するとともに，上腕回旋角度の変化における回内・回外運動も評価する（図9-23，24）．

前者では遠位部による影響が示唆され，後者では近位部での影響が示唆される．また，手指・手関節屈筋群は骨間膜から起始する筋が多く，同筋の緊張は骨間膜を前方に伸張し，回内運動を阻害する[28]．

そのほか，肩関節のROM，とくに内旋・外旋・外転を確認する．野球などのオーバーヘッドスポーツは，肩関節の外旋が助長されるので内旋制限が生じやすい．肩関節内旋制限により肩甲骨のmalalignmentや前腕から遠位での代償動作が増加してくる．

反対に，肩関節外旋制限がみられると，投球側への体幹側屈，肩甲帯下制，肩関節水平外転を増強し，後期コッキング期～加速期にかけて肘関節外反ストレスを助長させ，肘関節内側部の障害を出現させる．

また，姿勢性の影響から，肩関節屈曲・外転制限により肩甲骨挙上が強まり，ゼロポジションを保持できず，「肘下がり」の現象が生じる．このように，肩関節の問題が肘関節に影響を及ぼすため十分な評価が必要となる[29]．

体幹

体幹のROMは，とくに回旋動作を評価する．上部体幹と下部体幹での回旋要素も評価すると代償動作もとらえやすい．

座位にて骨盤中間位を保持させ，検者は下位肋骨を把持し，左右に体幹回旋を行う．その際，下位肋骨回旋運動・頸部・肩甲帯の代償を触診・視診で確認する（図9-25）．

回旋ROM制限は，投球時の早期体重移動や体

3. 評価——関節可動域テスト

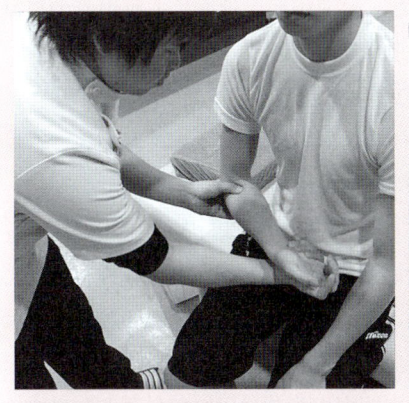

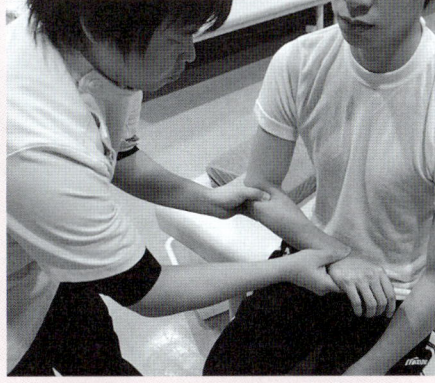

図 9-23 橈骨頭誘導による前腕回内・回外 ROM 評価
橈骨頭を前後・内外に誘導し，ROM や疼痛の変化を確認する．この評価では，遠位部による影響が示唆される．

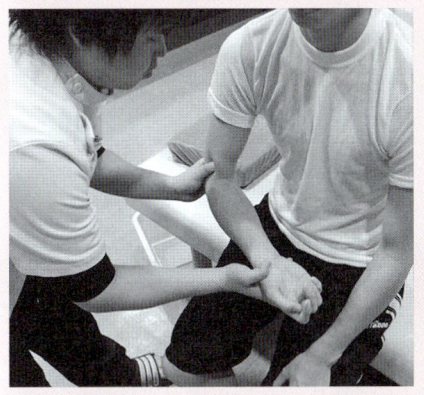

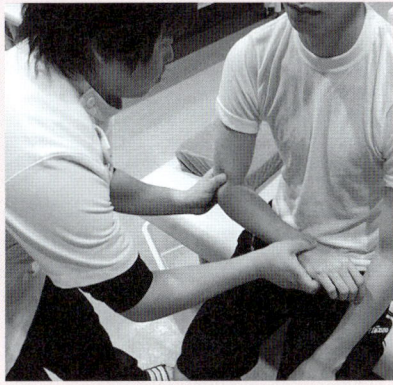

図 9-24 上腕回旋角度変化による前腕回内・回外 ROM 評価
上腕回旋角度の変化における，ROM や疼痛の変化を確認する．この評価では，近位部での影響が示唆される．

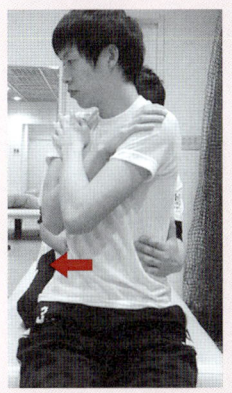

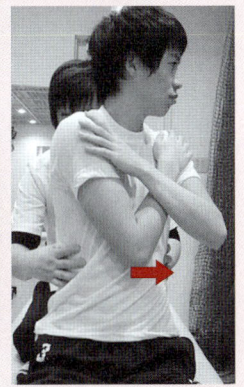

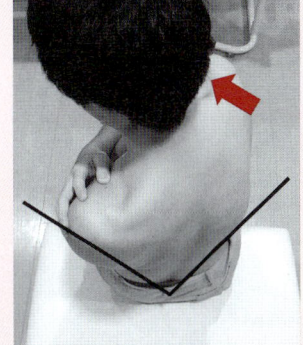

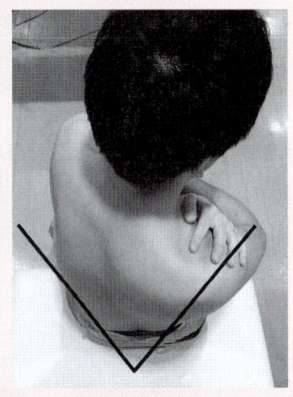

図 9-25 体幹回旋 ROM 評価
座位にて骨盤中間位を保持させ，検者は下位肋骨を把持し，左右に体幹回旋を行う．その際に，頸部・肩甲帯などの代償を視診にて確認する必要がある．

図 9-26 体幹回旋 ROM 評価にてみられる代償
回旋 ROM 制限は，投球時の早期体重移動や体の開きを助長し，肩関節・股関節の代償を増強させる結果となる．上記では左への回旋を右肩甲骨の運動で代償している．

の開きを助長し，肩関節・股関節の代償を増強させる結果となり，必要であれば胸郭形態・柔軟性の評価を確認する（図 9-26）．

また，体幹は骨盤からの影響を受けやすいため，骨盤の傾斜角度変化により体幹回旋角度が変化することがあり，前傾位，中間位，後傾位にてそれぞれ確認する必要がある．

下肢

投球動作を遂行するには，下肢と体幹との協調

性を機能させることが重要となる．そのため，下肢関節 ROM 評価は必須であり，とくに非投球の股関節は，側屈曲・内旋・内転，投球側の股関節伸展・内旋，足関節底背屈の制限の有無を評価する．

筋力評価

肘関節周囲における筋力の評価は数少ないが，一般的に筋力評価として用いるのは徒手筋力評価であり，上腕二頭筋と上腕三頭筋の筋力に関しては break test を行う．

肩関節周囲では，棘上筋・棘下筋テスト，lift off テストを中心に，三角筋や僧帽筋などの筋力評価を行う．とくに，肩甲骨内転・下制，あるいは，母指をそれぞれ上下に向け，肩甲骨面での外転の抵抗運動を行う[30]．

この際，僧帽筋中部・下部線維，または，棘上筋・棘下筋の筋力低下が問題なのか，肩甲骨周囲・肩甲胸郭関節の固定性の問題なのかを評価する[30]．

また，elbow extension test（EET）および elbow push test（EPT），正挙テストで投球障害側の脱力の有無を確認する．

それぞれの抵抗運動にて，投球障害側に脱力現象が起きる．これらは，筋力評価のみならず体幹機能，肩甲胸郭関節機能もみられる（図 9-27～29）．その際，脱力現象のほかに，肩甲骨の翼状（winging）や動作の非円滑性などがみられた場合は，肩甲胸郭関節の固定性を疑い，抵抗運動時に体幹が後方へシフトした場合は，土台である体幹機能の低下を意味する[31,32]（図 9-30）．

手指においては，小指の深指屈筋，小指外転筋，第 1 背側骨間筋，母指内転筋など尺骨神経支配筋の軽微な筋力低下がみられると尺骨神経障害が疑われる．しかし，内側型の障害が合併していることが多く，内側型の症状に隠れて見落としやすいので注意する必要がある．

体幹では，ROM で前述したように体幹回旋は重要であるため，腹斜筋群は内外・左右差を確認する．体幹回旋筋力低下は肩関節水平外転を助長させ，いわゆる「体の開き」が早期に出現してしまう．

また，成長段階の小学生や中学生では，とくに体幹筋の表層筋・深層筋にかかわらず，全体的に筋力が未発達なのでワインドアップ期～コッキング期にかけて，体幹の動揺が後方や投球側へ著明にみられる（図 9-31）．

下肢では，軸足と接地足ともに大殿筋の筋力が必要となる．ワインドアップ時の軸足は，片脚立位の安定化を得るためや接地足での股関節屈曲を伴った体幹前傾を保持するためどちらも CKC での

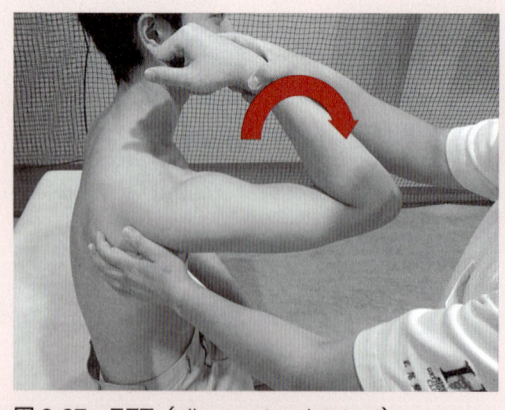

図 9-27　EET（elbow extension test）
上腕三頭筋の筋力評価で，肘関節屈曲 100°以上から抵抗下にて伸展させる．投球障害側では，肘が下がるなど脱力現象が生じる．

3. 評価──筋力評価

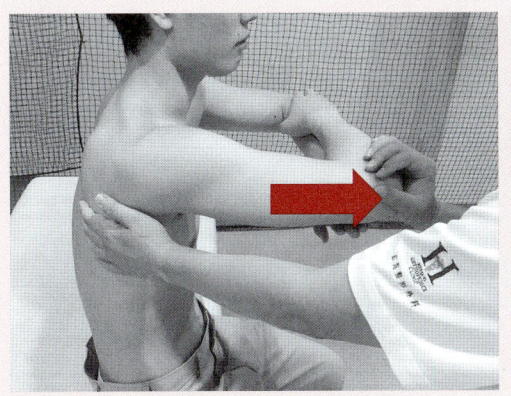

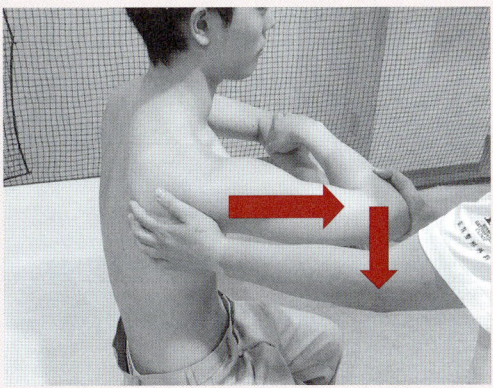

図9-28 EPT（elbow push test）
前鋸筋の筋力テストで，肘関節90°屈曲位にて肘頭に対して抵抗下に肩甲骨を前方突出させる．投球障害側では，肘が下がるなど脱力現象が生じる．

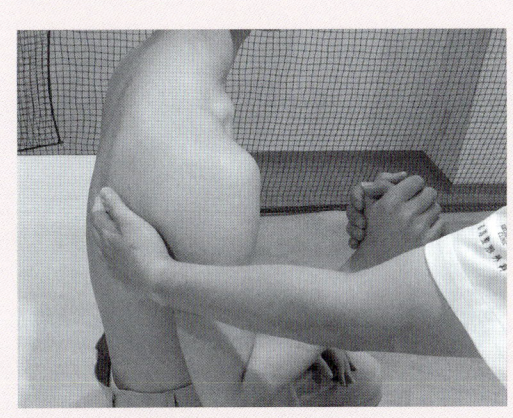

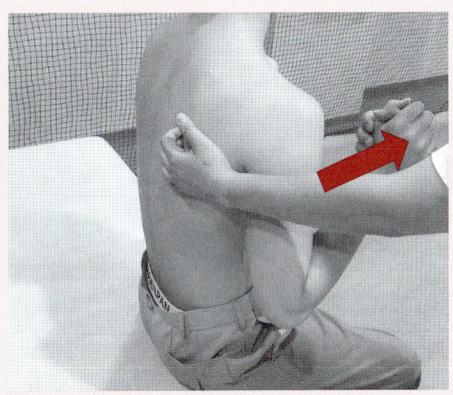

図9-29 正挙テスト
両足底面を離床した状態で座位をとらせ，測定側の上肢を肩甲骨面よりさらに肩関節約20°伸展位をとらせた状態から，抵抗下にて肩関節を屈曲しながら，肘関節伸展するように指示する．この際，検者は片側の上肢で測定肢の前腕に抵抗を加えるが，他側は被検者の検査側の肩甲骨後面に当て，抵抗時の肩甲骨の翼状（winging）の有無を評価する．

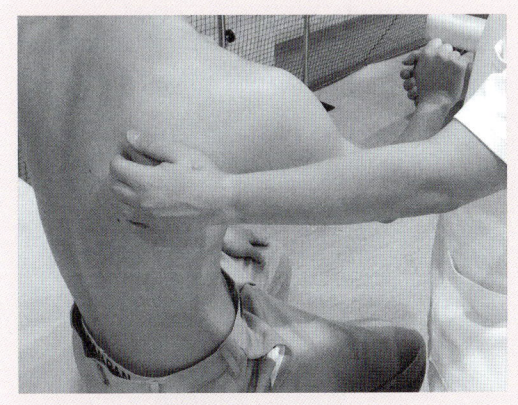

図9-30 正挙テストの代償
winging（翼状肩甲）がみられた場合には，肩甲胸郭関節固定性低下を，体幹の後方への動揺がみられた場合には，体幹の固定性低下を疑う．

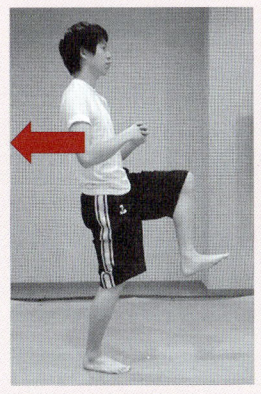

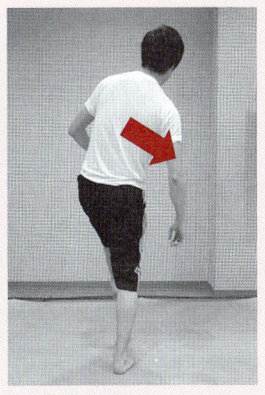

図9-31 体幹筋力低下による動揺性増強
成長段階の小学生や中学生では，とくに体幹筋の表層筋・深層筋にかかわらず，全体的に筋力が未発達なのでワインドアップ期〜コッキング期にかけて，体幹の動揺が後方や投球側へ著明にみられる．

375

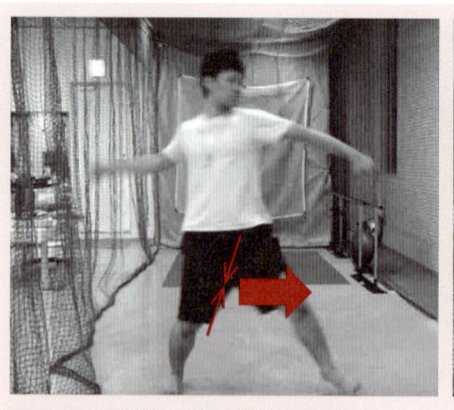

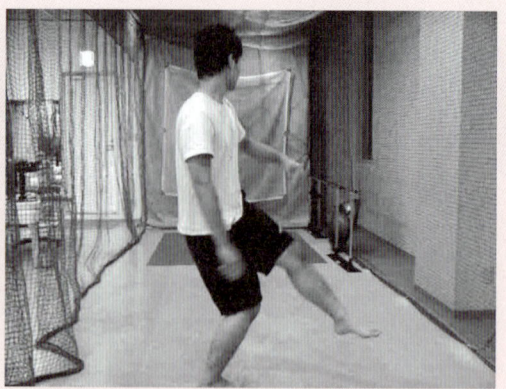

図 9-32　腸腰筋・股関節内転筋群
ワインドアップ期〜加速期での股関節屈曲,重心移動のコントロールするために重要となる.

遠心性収縮が重要となる.

また,ワインドアップ期にて非投球側の股関節屈曲を行う腸腰筋や加速期にて非投球側への重心移動を制御する投球側股関節内転筋群の筋力も必要に応じて評価する.非投球側への重心移動をコントロールするために重要となる(図9-32).

しかし,どの項目にもあてはまるが,姿勢性由来の機能低下なのか,単なる筋力低下なのかを評価することが重要である.筋力低下と判断しても,姿勢・alignmentの改善により筋力発揮が変化することは多々あるため,回復過程が良好でない場合は全体的な視点から治療を展開していくことも必要となる.

肢位・姿勢評価

肢位・姿勢評価において,肘関節のみをとらえることは困難である.しかし,投球動作全体として,問題点をとらえるためには,肢位・姿勢評価は投球障害肘に有用な項目であり,肢位・姿勢不良は肘関節に限らず,投球にかかわる身体の機能を推察するために重要な情報である.

上肢の肢位

通常,肘関節伸展位,自然下垂位にて評価する.山口は,肩甲骨関節窩面(scapula plane)の方向を肩甲棘の延長線上とし,肩甲棘下の体部の傾きを肩甲骨関節窩面と想定している.この延長線と,上腕骨内側上顆-外側上顆を結んだ線が平行になる状態を双方の中間位とする[33,34)](図9-33).

この肢位において,肘関節屈曲位の場合は,肘関節伸展制限のほかに,上腕二頭筋の過緊張や肩甲帯のmalalignmentによるものが考えられる.

肩甲骨malalignmentとは,この場合,空間上において肩甲骨前傾もしくは過度な肩甲骨の内転位を指す.相対的に肩関節が伸展位をとることで,上肢を機能的な位置に保持するために肘関節屈曲

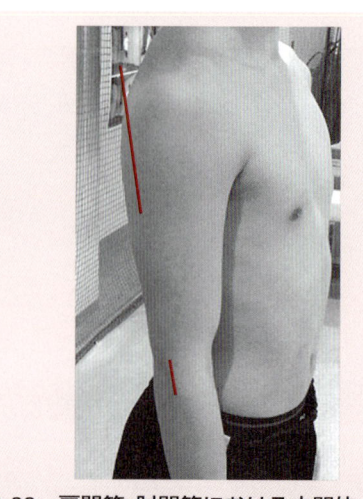

図 9-33　肩関節-肘関節における中間位
肩甲棘の延長線と上腕骨内側上顆-外側上顆を結んだ線が肩甲骨面と平行になる状態を双方の中間位とする.

位にすることで日常生活を遂行させる（図9-34）.

OCDの際に述べたようなモーメントアームの長い上腕二頭筋の張力により，橈骨頭窩が上腕骨小頭方向へ圧縮する要因を増強させる[33]．

上腕骨内側上顆-外側上顆を結ぶ線とscapula planeの関係の偏位と前腕肢位の偏位が同側方向（肩関節内旋位・前腕回内位，肩関節外旋位・前腕回外位）に認められた場合は，肩甲上腕関節周囲の筋活動バランスの問題，肩甲上腕ROM制限の影響が疑われる（図9-35）．

このほか，前腕部は中間位を保ちながら，上腕部の偏位がある場合は前腕部から影響を，上腕部と前腕部で異なる偏位を呈している場合には，肩関節に限らず，肘関節・前腕部の評価も必要である[33]．

姿勢評価

矢状面

立位姿勢における矢状面上での指標となるalignmentは図9-37に表記する．このalignmentを結んだ線が，重心線，いわゆる身体重心を通過することが理想である．

福井らは上半身重心と下半身重心の2点の観察から，容易にこの身体重心観察点を評価する方法を定義した．その方法を用いて，頭位・脊柱・股関節・膝関節の矢状面上での偏位を観察する[41]（図9-36, 37）．

耳垂・肩峰の前方偏位が生じている場合，ワインドアップ期〜コッキング期において胸椎伸展運動低下や片脚立位の不安定性から増強した後方への回転モーメントに対して，頭部前方突出，肩甲帯屈曲・前方回旋により前方への回転モーメントを発生させ代償運動を生じている．前述したように，このような肩甲骨malalignmentにより上腕・前腕の不良肢位が生じる．最近では，学校や塾などでの長時間座位を強いられる学生が多く，胸腰椎後弯・骨盤後傾位や，逆に骨盤前方移動増強・腰椎前弯，肩甲骨内転位をとるなど，体幹伸展機構を破綻した結果，さまざまな不良姿勢が生じている[41]（図9-38）．

前額面上

前額面上でも，矢状面と同様に指標となるalign-

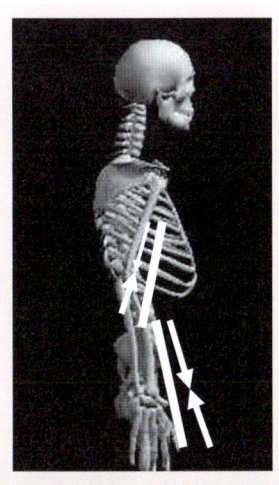

図9-34 肩甲帯のmalalignment
相対的に肩関節が伸展位を呈し，上肢を機能的な位置に保持するために，肘関節屈曲位にすることで日常生活を遂行させる．また，上腕二頭筋の過緊張の場合も考えられる．

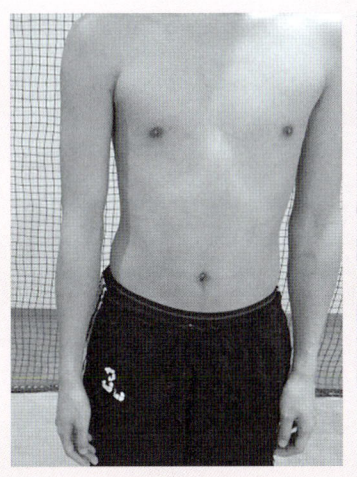

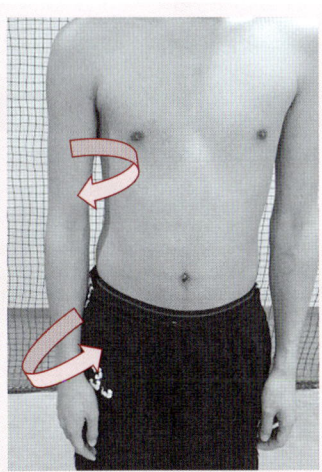

図9-35 上腕外旋-前腕回内位増強
上腕骨内側上顆-外側上顆を結ぶ線とscapula planeの関係の偏位と前腕肢位の偏位が同側方向に認められた場合は，肩甲上腕関節周囲の筋活動バランスの問題，肩甲上腕ROM制限の影響が疑われる．

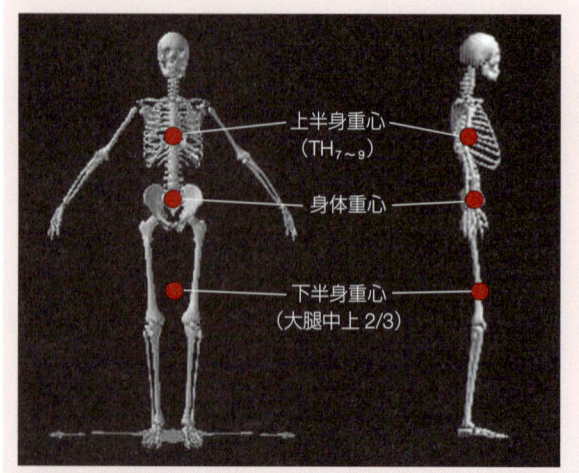

図9-36 身体重心の評価　　　　（福井 勉, 2010[41]）を改変）
上半身重心と下半身重心の2点の観察から，容易に身体重心観察点を評価する方法である．

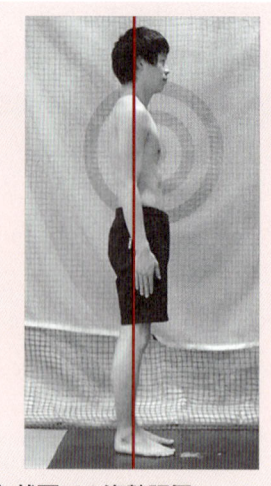

図9-37 矢状面での姿勢評価
上半身重心と下半身重心の中点を観察することで，頭位・脊柱・股関節・膝関節の矢状面上での偏位を観察する．

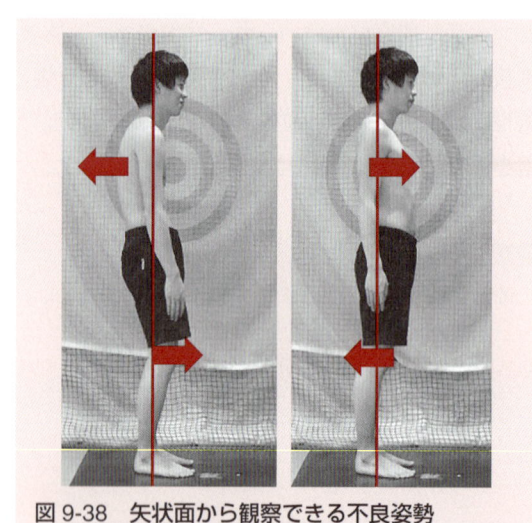

図9-38 矢状面から観察できる不良姿勢
耳垂・肩峰の前方偏位が生じている場合，ワインドアップ期〜コッキング期において胸椎伸展運動低下や片脚立位の不安定性から増強した後方への回転モーメントに対して，頭部前方突出，肩甲帯屈曲・前方回旋により前方への回転モーメントを発生させ代償運動を生じている．

mentは図9-39に表記したものである．頭部の偏位・両側肩峰を結んだ線の不均衡がみられる場合は，前額面上での左右への動揺を頸部の立ち直りや肩甲骨挙上，肩関節外転が著明に代償されることが多くみられる．

とくに，ワインドアップ時に，上肢・肩甲帯をバランサーとして用いることによる前額面上での姿勢不良が多く，両側肩峰だけではなく，肩甲骨alignmentの左右差をとらえることも重要である（図9-39）．

それと同様に，両腸骨の高さや椎骨棘突起の偏位などは，体幹だけでなく，下肢，とくに股関節機能の左右差などが疑われるため，体幹・下肢の機能評価も十分に必要となる．

また，両上前腸骨棘（ASIS）から床面へ下ろした垂線が，同側の足底面に対して内側か外側かにより股関節機能低下や投球時の重心移動能力の低下を疑う（図9-40）．

水平面上

水平面上での指標は，対象となる被検者の頭上からの評価となり，主に両肩峰の位置や腸骨稜の向きが重要である．肩峰の位置に関しては，矢状面上や前額面上でも述べたように，あらゆる要因にて水平面上においても偏位を生じる．また，腸骨稜の向きにより骨盤回旋量や in flare[*1]，out flare[*2] の評価を行う（図9-41）．ただし，水平面では回旋運動が重心付近だけでなく，ほかのどの体節

*1 ASISから仙骨の距離が近くなる．腸骨が外方を向いた状態．
*2 ASISから仙骨の距離が遠くなる．腸骨が内方を向いた状態．

3. 評価──肢位・姿勢評価

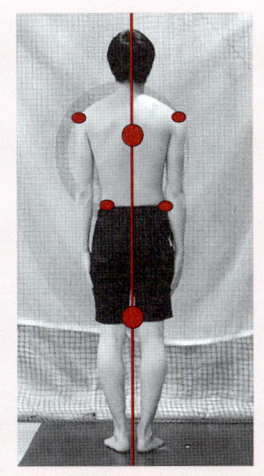

図9-39　前額面上での姿勢評価

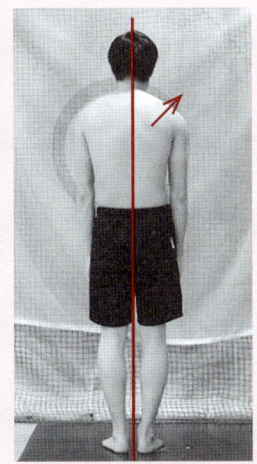

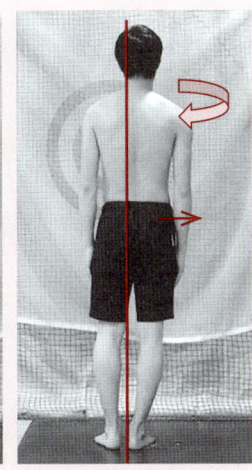

図9-40　投球障害時にみられる前額面上の不良姿勢
頭部の偏位・両側肩峰を結んだ線の不均衡がみられる場合は，前額面上での左右への動揺を頸部の立ち直りや肩甲骨挙上，肩関節外転が著明に代償されることが多くみられる．両腸骨の高さや椎骨棘突起の偏位などは，体幹だけでなく，下肢，とくに股関節機能の左右差などが疑われるため，体幹・下肢の機能評価も十分に必要となる．

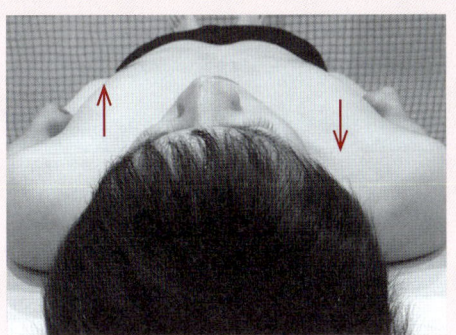

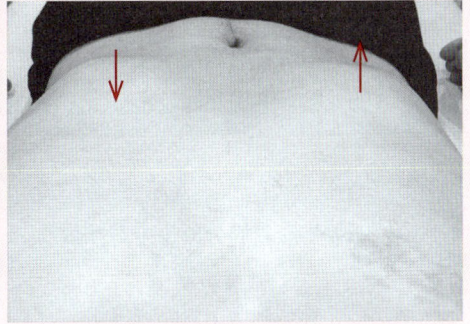

図9-41　水平面上での姿勢評価
対象となる被検者の頭上からの評価となり，主に両肩峰の位置や腸骨稜の向きが重要である．場合によっては，下肢・骨盤帯の影響を示唆するために立位だけでなく，座位や臥位にて個々に評価していく必要もある．

に生じているかの評価をすることも重要である．場合によっては，下肢・骨盤帯の影響を示唆するために立位だけでなく，座位や臥位にて個々に評価していく必要もある．

胸郭形態・体幹機能評価

投球動作を行ううえで，体幹は力の伝達中枢である．上方からは頭部の質量を受け下肢へ伝え，一方で下肢からは床反力や下肢から受けた力を頭頸部・上肢へ伝える（図9-42）．

近年では四肢の運動時に体幹筋の先行的な収縮がみられるとの報告も散見されるため，やはり投球動作においても重要な役割を担っていると考える．

肋骨弓と肋骨下角の評価

触診にて肋骨弓下方部の筋緊張を左右で比較する．胸郭を胸椎と一対の肋骨で作られる肋骨のリングとしてとらえると，その肋骨リングはおのおの規則的に配列されていることが理想である．しかし，臨床では肋骨リングの配列を評価すると，

379

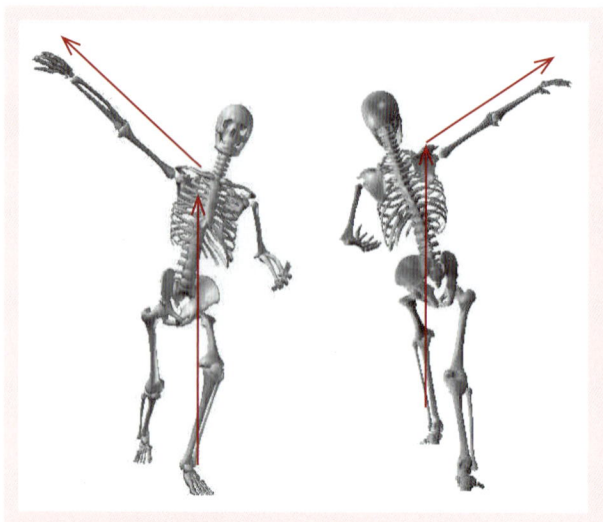

図 9-42　体幹・胸郭は力の伝達中枢
投球動作を行ううえで，体幹は力の伝達中枢である．上方からは頭部の質量を受け下肢へ伝え，一方で下肢からは床反力や下肢から受けた力を頭頸部・上肢へ伝える．その伝達も，上記のように両肩関節と投球側の肘関節が配列される状態を理想とし，一般的に肩-肩-肘ラインとよばれる．

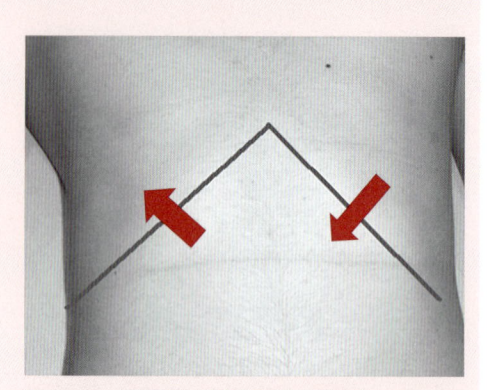

図 9-43　肋骨弓と肋骨下角の評価
触診，または，視診にて肋骨弓下方部の筋緊張肋骨弓の広がりを左右で比較する．また，単純に下位肋骨の高低差や肋骨下角の左右への広がり方によって前後方向への制限や回旋運動制限が考えられる．

その配列に凸状の乱れの存在を確認することがある．とくに，第 5 肋骨リングが左回旋を呈していることが多い．

その原因として考えられるのが，外腹斜筋による牽引力である．その外腹斜筋の優位差を触診にて観察する．

また，単純に下位肋骨の高低差や肋骨下角の左右への広がり方によって前後方向への制限や回旋運動制限が考えられる[35]（図 9-43）．

肩関節 90°屈曲テスト

このテストは，被検者を背臥位にして指先まで伸展させた状態で両側肩関節 90°屈曲位にさせ，左右の指の高さに差が生じているかどうか確認する．前鋸筋は外腹斜筋と筋連結があり，肩甲胸郭関節の機能にも関与する．よって，高低差があることで低い側での前鋸筋と外腹斜筋のラインの機能低下を示唆する[35]（図 9-44）．

肩関節水平外転テスト

肋骨弓の評価にて前述したように，第 5 肋骨リングの回旋偏位が起きることで，呼吸運動に関わる筋活動を阻害される．このレベルでの肋骨を挙上する筋は上後鋸筋であり，この筋は僧帽筋や小菱形筋と筋連結しており，肩甲骨の内転運動に影響を及ぼすことが考えられる．そのため，腹臥位にて両肩関節 90°外転位にて肩関節を水平外転させると，十分な肩甲骨の内転運動が行われず，上位肋骨の後方回旋側の肩関節水平外転が困難となる[35]（図 9-45）．

この場合，僧帽筋下部線維や菱形筋，広背筋の機能低下が疑われる．

広背筋は，骨盤帯の安定性に寄与するアウターユニットである後斜走系として，連結に由来する対側の大殿筋と胸背筋膜を介して筋連結しているため，投球動作においては重要な因子となる．

胸郭拡張差

体幹機能において，呼吸筋のリラクセーションができているかどうかを確認する．リラクセーションが良好であると胸郭，腹部の可動性は大きくなる．柔軟な胸郭は，体幹安定化システムには重要なポイントである．

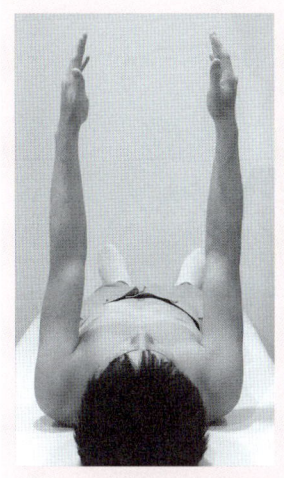

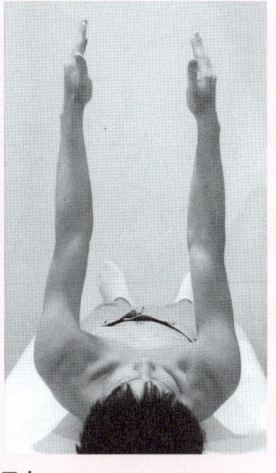

図9-44 肩関節90°屈曲テスト
このテストは，被検者を背臥位にして指先まで伸展させた状態で両側肩関節90°屈曲位にさせ，左右の指の高さに差が生じているかどうか確認する．高低差があることで低い側での前鋸筋と外腹斜筋のラインの機能低下を示唆する．

図9-45 肩甲骨水平内転テスト
腹臥位にて両肩関節90°外転位にて肩関節を水平外転させると，十分な肩甲骨の内転運動が行われず，上位肋骨の後方回旋側の肩関節水平内転が困難となる．この場合，僧帽筋下部線維や菱形筋，広背筋の機能低下が疑われる．

　その胸郭可動性を臨床にて簡便に測定するには，徒手的に観察する方法により情報を得る．

　徒手的に腋窩線上，剣状突起下端線上，第10肋骨線上で，各部位を両側から把持し，最大呼息から最大吸息にかけて，動きの大きさ，左右差の有無を，動きの方向を観察する．とくに，左右非対称な胸郭運動の有無の観察は重要である．その原因として，脊柱の機能的側弯が考えられる．運動器の機能低下や心理的な因子などにより姿勢を補償する結果として生じ，胸郭の動きはそれに依存する．前額面上で捻転を伴ったS字状のカーブを生じ，とくに上半身重心付近にてそのカーブが切り返してくる．その凸側で肋骨下制運動が低下してくる[36]．

自動下肢伸展挙上（ASLR）テスト

　被検者を背臥位として，自動運動で下肢を挙上するように指示する．主観的に下肢挙上の容易さを問診するとともに検者も左右差を観察する．体幹で生み出した力を下肢に伝えるために骨盤帯の安定化が必要だが，ASLRの際に挙上側の骨盤帯に同側への回旋・動揺がみられた場合は，下肢への荷重伝達障害があると判断する（図9-46）．

　続いて，徒手的に両側の寛骨をin flareやout flareへの誘導や広背筋の張力を変化させ，骨盤の閉鎖力を増加させた状態で，再度下肢を伸展挙上した際に動揺が改善すれば，治療展開へ反映させることができる[37]（図9-47，48）．

腹臥位での下肢伸展挙上

　ASLRと同様に，腹臥位で下肢を交互に自動で伸展するように指示し，主観的かつ客観的に下肢への荷重伝達能力を評価する（図9-49）．その際に，腰部での代償や水平面における骨盤の過度の回旋が生じないか確認するために，上後腸骨棘（PSIS）や下位肋骨部での触診を行う．

　次に，徒手的に寛骨を通して仙腸関節を圧迫することで，閉鎖位に増加させた状態で下肢伸展挙上運動が改善するかどうか評価する．

　また，下肢伸展挙上時に同側の下位肋骨の下方運動を誘導することで改善する場合は，胸郭形態を徒手的に改善する必要がある[36]（図9-50）．

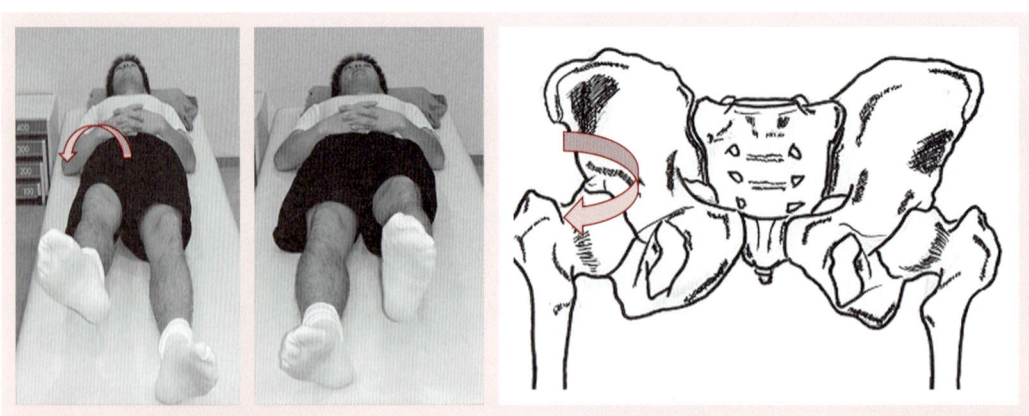

図9-46　自動下肢伸展挙上テスト

被検者を背臥位として，自動運動で下肢を挙上するように指示する．主観的に下肢挙上の容易さを問診するとともに検者も左右差を観察する．
ASLRの際に挙上側の骨盤帯に回旋・動揺がみられた場合は，下肢への荷重伝達障害があると判断する．

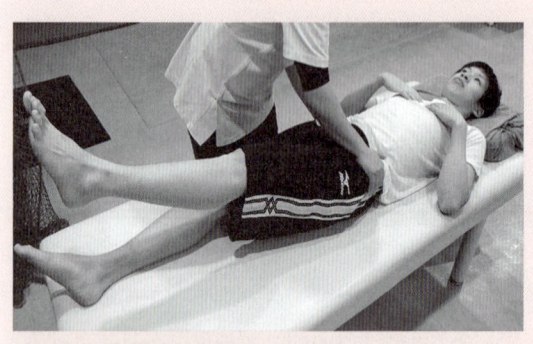

図9-47　閉鎖力を増加させた場合

徒手的に両側の寛骨をin flareやout flareへの誘導し，骨盤の閉鎖力を増加させた状態で，再度下肢を伸展挙上した際に動揺が改善すれば，治療展開へ反映させることができる．

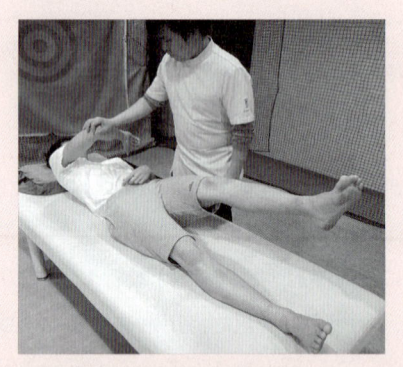

図9-48　閉鎖力を増加させた場合

徒手的に広背筋の張力を変化させ，骨盤の閉鎖力を増加させた状態で，再度下肢を伸展挙上した際に動揺が改善すれば，治療展開へ反映させることができる．

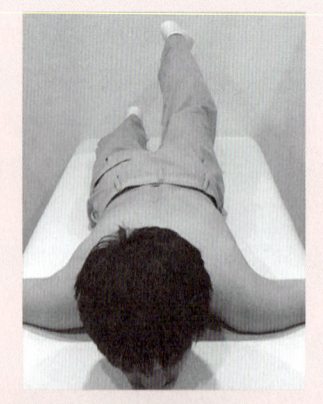

図9-49　腹臥位での下肢伸展挙上

腹臥位で下肢を交互に自動で伸展するように指示し，主観的かつ客観的に下肢への荷重伝達能力を評価する．その際に，腰部での代償や水平面における骨盤の過度の回旋が生じないか確認するために，PSISや下位肋骨部での触診を行う．

動作評価

前腕回内・回外動作

　肩関節機能が肘関節に影響を及ぼすことがあるが，反対に，肘関節・前腕の機能低下が肩関節の運動に影響を及ぼすこともある．前腕の回内・回外運動は肩関節内旋・外旋運動に連動しやすい．前腕回内・回外運動は前腕長軸を回転軸とした回転運動である．その回転軸は，大別すると尺骨側を回転軸とする場合と橈骨側を回転軸とする場合，それら2つの中間位とする（図9-51）．

　肘関節屈曲位にて橈骨側を回転軸にして回内運

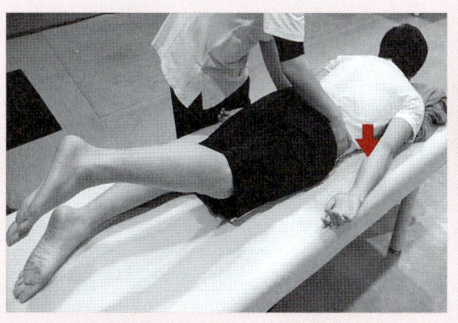

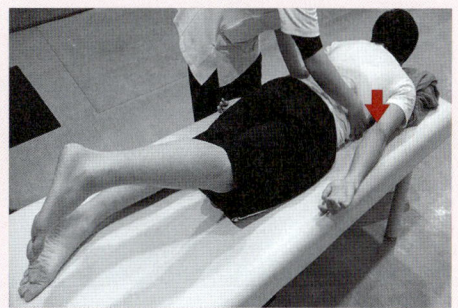

図9-50　腹臥位での下肢伸展挙上

寛骨を圧迫した状態での下肢伸展挙上　　　下位肋骨を圧迫した状態での下肢伸展挙上

徒手的に寛骨を通して仙腸関節を圧迫することで閉鎖位に増加させた状態で下肢伸展挙上運動が改善するかどうか評価する．また，下肢伸展挙上時に同側の下位肋骨の下方運動を誘導することで改善する場合は，胸郭形態を徒手的に改善する必要がある．

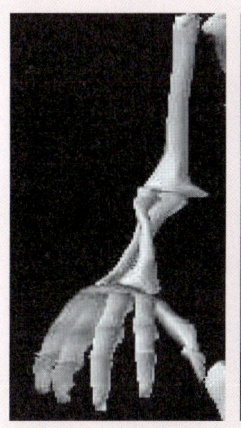

図9-51　運動軸の違いによる前腕の回内・回外運動

前腕回内・回外運動は前腕長軸を回転軸とした回転運動である．その回転軸は，大別すると尺骨側を回転軸とする場合と橈骨側を回転軸とする場合，それら2つの中間位とする．

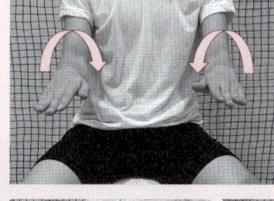

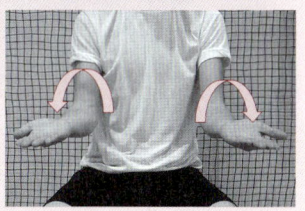

図9-52　回内・回外運動評価

肘関節屈曲90°にて体幹固定した状態で両側の前腕の回内・回外運動を行う．回内運動にて前腕屈筋群が代償してきてしまい，手指MP関節屈曲や手関節掌屈が投球側に生じていることが多い．

動を行った場合，尺骨が上方に動くために肩関節外転運動が生じやすい．橈骨側を回転軸とした回内運動を行うことで，加速期〜フォロースルー期にかけて肩関節外転運動，肩甲骨挙上が増強され，リリースポイントで肩-肩-肘ラインの配列が揃わずに，肘関節外反ストレスの増強や前腕屈筋群過剰収縮を引き起こす結果となりうる．

また，肘関節屈曲90°にて体幹固定した状態で両側の前腕の回内・回外運動を行い，左右での円滑性を比べる必要がある（図9-52）．この際，前腕の動きも重要だが，手指・手関節がどのような対応しているかも確認する．回内運動にて前腕屈筋群が代償してきてしまい，手指MP関節屈曲や手関節掌屈が投球側に生じていることが多い[12,17]．

リーチ動作

投球障害をきたしている症例に座位での前方・肩甲骨面上でのリーチ動作を行うと肩甲骨の運動や体幹回旋，骨盤挙上・下制などの，全身運動の低下が起こりやすくなる．本来であれば，リーチ側への肩甲骨上方回旋・外転運動，対側肩甲骨の内転・下制運動，体幹回旋，リーチ側骨盤の下制，

対側骨盤挙上などの運動が十分にみられる．

　リーチ動作のような動きは，投球動作において上肢，いわゆる肩関節から遠位の動きに合わせて肩甲骨の位置調整が図られている状態，すなわちフォロースルー期～ボールリリース直後の状態と類似してくる（図9-53）．

　一方で，リーチ動作が不良な場合は，ワインドアップ期から早期コッキング期において，投球側の肩関節水平外転が増強する．それに伴い，投球側の肩関節内転・外転ROMの減少，非投球側への体幹回旋が早期に出現し，その結果「体の開き」が早くなり，「肘下がり」が生じる．

　このリーチ動作が不良な場合は，結果的に関節窩が投球方向に向かず，骨頭が関節窩に対して前方へ逸脱する方向に常に力が加わっているものと考えられる．

　また，併せて側方へのリーチ動作を行い，リーチ側の体幹上部や骨盤の挙上・下制運動の確認も必要となってくる．これはワインドアップを安定化させるために重要な評価となる（図9-54）．

上肢挙上（片側・両側）

　肢位・姿勢の評価で述べたように，肩甲骨・脊柱のmalalignmentによって肩甲骨内転・脊柱伸展運動に制限を生じる．本来，上肢挙上運動において肩関節は，屈曲120°以降に要支持関節として機能を移行するため，肩甲骨後傾・内転，胸椎伸展運動，胸郭可動性（とくに前方移動）が必要となる[38]．

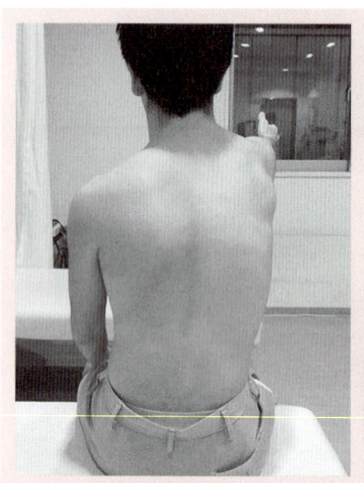

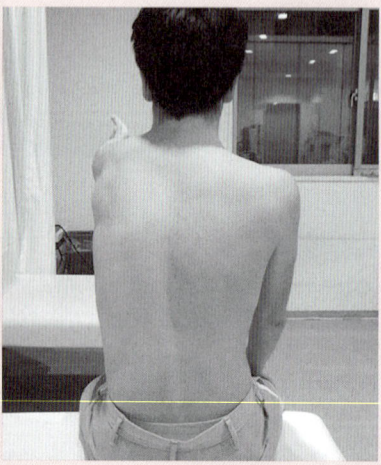

図9-53　前方へのリーチ動作
本来であれば，リーチ側への肩甲骨上方回旋・外転運動，対側肩甲骨の内転・下制運動，体幹回旋，リーチ側骨盤の下制，対側骨盤挙上などの運動が十分にみられる．リーチ動作のような動きは，投球動作において上肢，いわゆる肩関節から遠位の動きに合わせて，肩甲骨の位置調整が図られている状態，すなわちフォロースルー期～ボールリリース直後の状態と類似してくる．

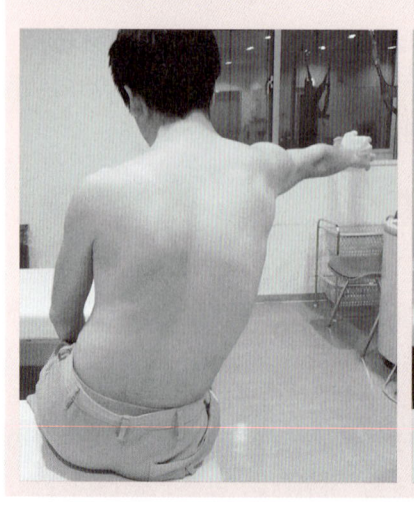

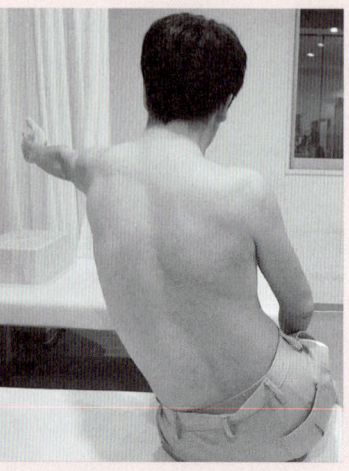

図9-54　側方（肩甲骨面）へのリーチ動作
併わせて側方へのリーチ動作を行い，リーチ側の体幹上部や骨盤の挙上・下制運動も確認も必要となってくる．これはワインドアップ期を安定化させるために，重要な評価となる．

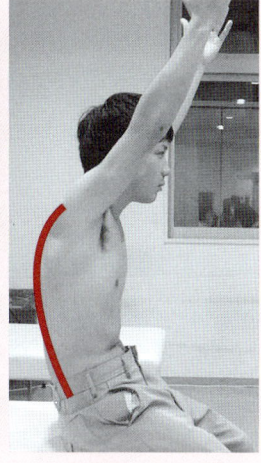

3. 評価——動作評価

図 9-55　上肢挙上
肩甲骨挙上や頭部前方偏位が増強し，肩関節外旋や肘関節伸展が過剰に生じ，外反ストレスを増強させる結果となってしまう．

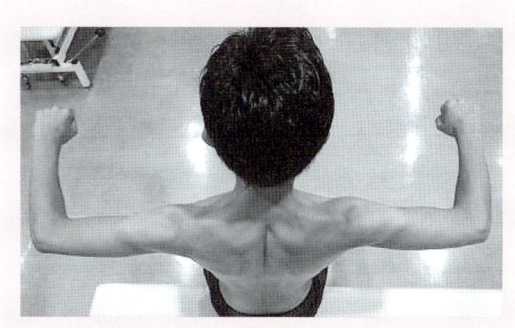

図 9-56　上肢引き込み動作
上肢の引き込み動作は，肩関節屈曲 90°・外転 90°にて水平外転を行い，肩甲骨内転が伴うかを確認する．片側ではわかりにくい場合は両側同時に行う．これは，早期コッキング時，いわゆるテイクバックにおいて，肩甲骨内転を伴った肩関節水平外転が遂行できるか推察できる．その際，scapula plane と上腕骨長軸のあいだの角度が小さいほうがより負荷がかかりにくく，「肘下がり」も起こりにくい．

図のような上肢挙上では，肩甲骨挙上や頭部前方偏位が増強し，投球時においても後期コッキング期～加速期にかけて上肢のしなりを有効的に使えず，肩関節外旋や肘関節伸展に頼ってしまい，外反ストレスを増強させる結果となってしまう（図9-55）．

上肢引き込み動作

上肢の引き込み動作は，肩関節屈曲 90°・外転 90°にて水平外転を行い，肩甲骨内転が伴うかを確認する．片側ではわかりにくい場合は両側同時に行う（図 9-56）．

これは，早期コッキング時，いわゆるテイクバックにおいて，肩甲骨内転を伴った肩関節水平外転が遂行できるか推察できる．その際，scapula plane と上腕骨長軸のあいだの角度が小さいほうがより負荷がかかりにくく，「肘下がり」も起こりにくい[39]．

肩甲胸郭関節の固定性や前腕可動性の低下がみられる場合には，投球側の肩関節水平外転や上腕骨頭前方偏位が増強し，肘関節だけでなく肩関節への負荷も示唆される（図 9-57）[44]．

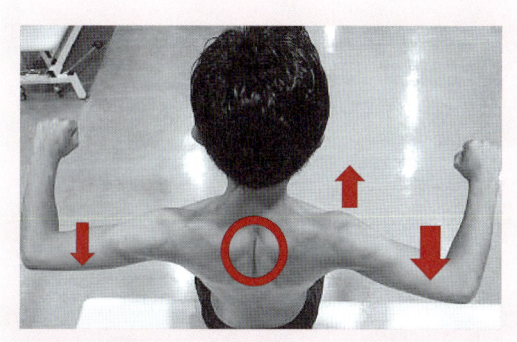

図 9-57　上肢引き込み動作
肩甲胸郭関節の固定性や前腕可動性の低下がみられる場合には，投球側の肩関節水平外転や上腕骨頭前方偏位が増強し，肘関節だけでなく肩関節への負荷も示唆される．

座位での体幹回旋評価

座位にて体幹上部と体幹下部の回旋の差を確認する．体幹上部では肩甲帯を触診し，体幹下部では下位肋骨を触診して回旋動作を行う．

体幹下部での回旋動作の際に，回旋側は肋骨の後方回旋と後方移動が生じ，対側は肋骨の前方回旋と前方移動が生じる．見た目上や主観的に回旋制限がなくても，それらの動きが低下していることがある．とくに，前方回旋が出にくい場合は，

385

同側の体幹上部での回旋を確認すると，肩甲帯の屈曲，肩甲骨前傾・外転，上腕骨頭の前方偏位が反対側に比較すると優位に出現することが圧倒的に多い[42]．

投球時において体幹回旋は重要な機能となるため，制限が生じている場合は，上半身重心の後方化や非投球側の水平外転増強，下位肋骨の後方回旋増強，いわゆる「体の開き」が早くなる．

立位での回旋評価

座位での体幹回旋評価と同様ではあるが，当然のように下肢の影響も含まれるため，代償運動との関連性から問題点を抽出することが重要となる．

たとえば，左回旋した場合では，体幹左回旋，右股関節外旋および膝関節外反，左股関節内旋および膝関節内反が生じる．骨盤の前傾・後傾，前方回旋・後方回旋も伴うため，両手で腸骨を把持し，触診しながら回旋を行う．

片脚立位

片脚立位の評価は，ワインドアップ時に反映されるため次のようなことに着目する．前額面上では，体幹・頸部側屈，両側肩峰の高さ，上肢の代償反応を観察する（図9-58）．

体幹側屈は，いわゆる上半身重心の移動量の大きさを意味し，上半身重心からの垂線が片側の足圧中心内に位置しないことでバランスをとるためにさまざまな対応が生じてくる．

また，上肢・肩甲帯の代償反応は，リリースにむけて鞭のようにしなる可動性が低下し，バランサーとしての機能を担ってしまったために起こりうる．

矢状面上では，前額面上と同様に体幹機能低下や骨盤帯の荷重伝達障害などにより，上半身重心の前後への移動量や下肢荷重関節の対応を評価する．これら前額面上，矢状面上での評価を行うことでコッキング期〜加速期にかけて起こりやすい「体の開き」や「肘下がり」，肘関節外反ストレス増強させる因子を見極める一助になる（図9-59）．

機能・能力的にみれば，挙上側の寛骨の後方回旋，支持側の寛骨の前方回旋が起こり，対側への体重移動量およびバランス維持能力も含めて触知して

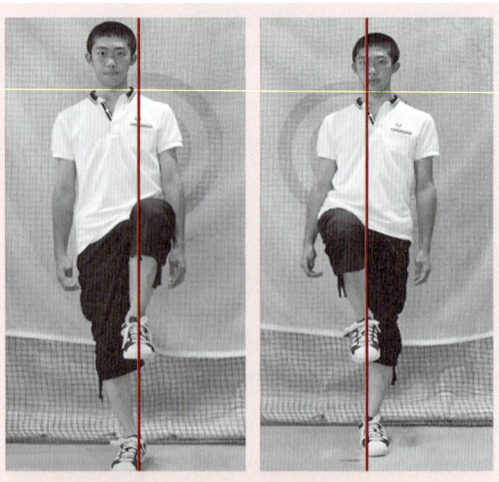

図9-58　前額面上からの片脚立位評価
片脚立位の評価は，ワインドアップ時に反映されるため次のようなことに着目する．前額面上では，体幹・頸部側屈，両側肩峰の高さ，上肢の代償反応を観察する．

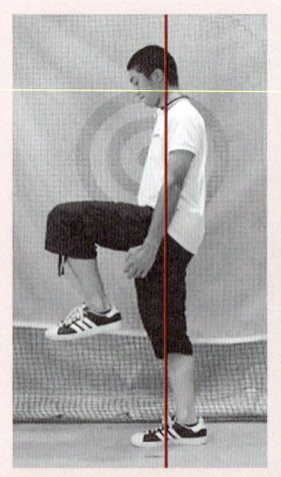

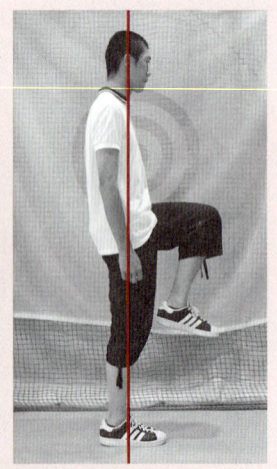

図9-59　矢状面上からの片脚立位評価
矢状面上では，前額面上と同様に体幹機能低下や骨盤帯の荷重伝達障害などにより，上半身重心の前後への移動量や下肢荷重関節の対応を評価する．片脚立位からfoot plantまでの動作を確認するために，上半身重心の前後への移動量や下肢荷重関節の対応を評価することが必要となる．

評価する必要がある[37].

steping（lange）動作

コッキング期〜加速期にかけて非投球側下肢の足底接地に類似した動作として，片側ずつ下肢を一歩踏み出す動作を交互に行う．

前方からは，膝関節・足関節の外側への動揺の有無や股関節内旋・内転の減少を評価する．

これらの現象が観察される場合は，足底接地時に側方への不安定性がみられ，加速期にかけて非投球側への体幹側屈や「肘下がり」により肘関節への外反ストレスが増強してくると予想される．

非投球側の踏み込んだ足が外側に接地することで投球動作中は骨盤の回旋が早期に生じ，体の開きが早くなることも上記のストレスを強める結果となる（図9-60）．

側方からは足・膝・股関節屈曲や体幹前後傾を評価し，これらの現象が観察される場合は，上半身重心が後方化し，胸郭可動性を保てず，フォロースルー期の上肢への負荷が増強する．その結果，リリースポイントが近くなるため，肘関節への外反ストレスが増加し，投手であれば球離れが早くなる．それは，打者にとってはボールが見えやすくなるということであり，容易に打たれることも考えられる．

また，非投球側にて沈み込みが大きくなると，衝撃吸収のために体幹回旋に制限を生じ，肘関節外反ストレスを増強させてしまう（図9-61）．

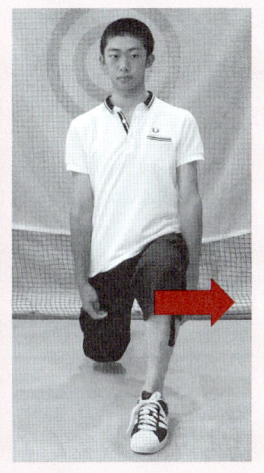

図9-60　steping動作（前額面）
膝関節・足関節の外側への動揺性増加や股関節内旋・内転の減少を評価する．この場合，足底接地時に側方への不安定性がみられ，加速期にかけて非投球側への体幹側屈や「肘下がり」により肘関節への外反ストレスが増強してくると予想される．

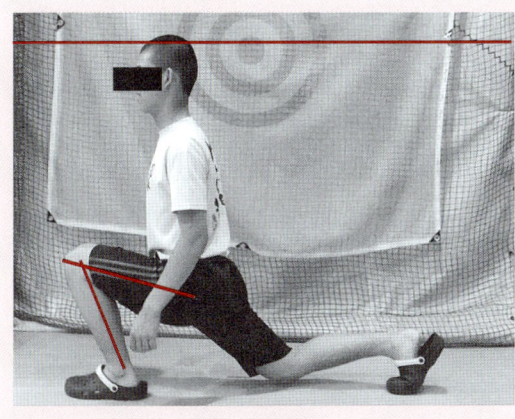

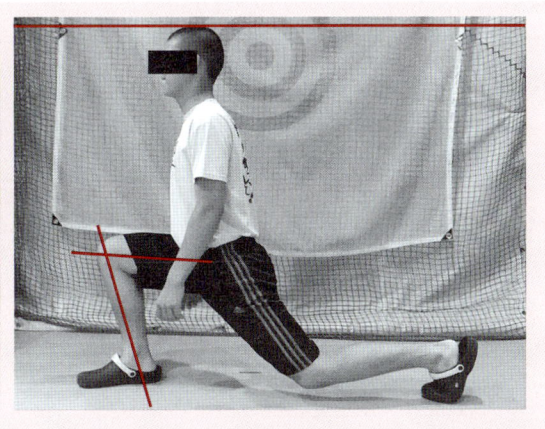

図9-61　steping動作（矢状面）
矢状面上において，左右で比べると非投球側の下肢が重心移動を上手くできずに，上半身重心が後方化し，胸郭可動性を保てず，上肢への負担が増加し，いわゆる「手投げ」が生じてきてしまうおそれがある．図のように非投球側にて沈み込みが大きくなり，衝撃吸収のために体幹回旋に制限を生じ，肘関節外反ストレスを増強させてしまう．

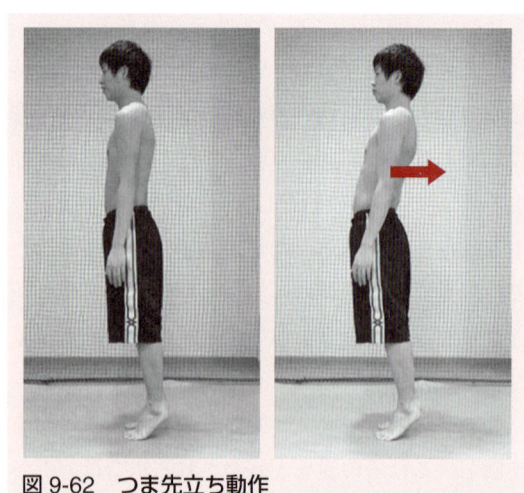

第9章　野球における投球障害—投球障害肘

図9-62　つま先立ち動作
ワインドアップ時の上半身重心の位置や体幹の可動性，コッキング期〜加速期にかけての非投球側の足底接地時や投球側の蹴り出し時の支持性を把握する．

つま先立ち動作

　投球動作において，リリース時に手部まで力を伝達するためには，下肢〜体幹〜上肢へのおのおのの機能が重要になってくる．そのため，つま先立ちを行うことで，足部の支持性，とくに前足部の支持性を確認する．前足部支持性を確認することで，前足部のどこに支持性の低下している部位があるのか，前足部に体重移動した際に上半身はどのような対応をとるか評価することで，投球においてワインドアップ時の上半身重心の位置や体幹の可動性，コッキング期〜加速期にかけての非投球側の足底接地時や投球側の蹴り出し時の支持性を把握することができる（図9-62）．

歩行との関連性

　投球障害肘を診るうえで，歩行も重要な評価項目ととらえている．投球動作と歩行は動作として関連性がないように感じられるが，投球動作を行う以前に選手はヒトとして確実に二足歩行を行わなければならない．その歩行を注意深く観察していると投球動作に関連している部分があるため，歩行を見るだけでも投球における問題点を見出す

ことが可能である．

LR（荷重応答期）〜MSt（立脚中期）での体幹側屈・骨盤帯前方移動増強

　この動作においては，前述したようにワインドアップ期〜コッキング期において前額面上での体幹動揺や後方重心の増強が助長され，投球側の上肢，とくに肩関節がバランサーとして働き，肩甲骨挙上や肩甲帯屈曲・前方回旋が生じ，結果的に肩関節外転角度が減少し，いわゆる「肘下がり」をきたすことで肘関節外反ストレスが生じることが考えられる．

　また，体幹が投球側に側屈することで上半身重心が同側に大きく移動し，下半身重心が相対的に非投球側へ移動することでコッキング期〜加速期にかけて，十分な重心移動が行えず，いわゆる「手投げ」といわれる状態になる．

立脚中期以降での投球側の足部回内増強

　この動作では，内側縦アーチの低下や外側接地増大による立脚中期以降での足部回内増強，対側への重心移動が早まる．その結果，歩幅が減少し，後期コッキング期〜加速期において非投球側の足底接地が早まり，リリースポイントが身体に近くなり後方化が生じ，投球側の肘関節屈曲・前腕回内が増強する．

　また，foot plantが早まると，非投球側の骨盤後方回旋が増強し，非投球側の肩関節水平外転が早期出現する．

　その結果，肘関節への外反ストレスが増大し，前腕屈筋群の過緊張やMCLの伸長力増加が生じる．

足底接地（foot stanp：FS）の早期化

　この動作は，前脛骨筋の遠心性収縮機能のみではなく，前述の足部過回内や投球側の前足部支持性低下などによるものだが，投球時では非投球側

の足底接地が早まる．

アンクルロッカー機能が低下し，骨盤前方移動増強にもつながる．

非投球側膝関節の外側動揺（lateral thrust）出現，骨盤の側方動揺増強

この動作も投球側の前足部の支持性低下により，対側への重心移動が早まってFSが早期に出現することになり，投球時では加速期にて非投球側の膝関節の側方動揺や非投球側への体幹側屈がみられ，結果的に終期にかけて肘関節外反ストレスが助長される．

過大な前方への上肢の振り

立脚終期に前方への推進力が低下した場合は，肩甲帯の前方突出が増加し，推進力を生み出す場合がある．この場合，体幹回旋が制限され，肩甲帯で代償している場合が多い．そのため，「体の開き」の早期出現や不十分な重心移動が増加してしまう．

過大な後方への上肢の振り

前方と同様に，対側の蹴り出し機能が低下し，推進力を生むために，左上肢の後方への振りを増大してしまうとともに，体幹の回旋運動を補うために生じている場合もある．

ポジション別による特異性の把握

投球障害は，投手だけに限らずほかのポジションを守る選手でも発症する．しかし，投球障害例では投手を中心とした報告が多く，その他選手の個体差を述べるものは少ない．ポジションの個体差を把握することは，投球障害を幅広い視点から分析するために重要なことである．

また，ポジション別の特性を知ることは，投球動作における問題点を分割的な視点から把握をすることの一助となる．

捕手

捕手は，投手が投げた分だけ送球する機会があり，走者をアウトにするためにいかに早く送球するかを要求される面もある．しかし，捕手の送球姿勢は投手と異なり，必ずしも自分のタイミングや効率的なフォームで投げられるとは限らない．

また，ボールのコースや球種，状況に応じて異なる捕球姿勢をとるため，骨盤・股関節・脊柱での可動性によっては，体幹・上肢への過剰な努力を生み，投球障害を引き起こす（図9-63）．

捕手の特徴は，矢状面上において骨盤前傾や股関節屈曲制限，脊柱伸展運動が減少すると，身体重心の上下動が増加し，盗塁された際の送球にかかる時間も遅延する．その結果，加速期～フォロースルー期にて肩関節の内旋が増強し，肘関節外反ストレスが増加する．それに加え，股関節内外旋・体幹回旋の制限が生じることが多く，後方重心の増強や左肩関節水平外転が早期に起こると，投球側肘関節へ外反ストレスが増強する．とくに，盗塁された際には捕球してからテイクバックをとるまでに，非投球側の肩関節水平内転・投球側への体幹回旋の減少が問題となることが多い（図9-64，65）．

そのため，捕球姿勢時の骨盤・脊柱alignmentや重心の上下動，低い姿勢のままでの下肢の組換え運動，前述したような捕球からテイクバックまでの位置を動作から確認する必要がある（図9-66，67）．

内野手（一塁手，二塁手，三塁手，遊撃手）

内野手は，捕手ほど構えが特異的ではないが，打球の方向や送球先までの距離や位置，捕球した体勢，走者の足の速さなど，毎回のように状況が異なり，アウトカウントを増やすために，いかに早く正確に送球するかを必要とされる（図9-68）．

たとえば，遊撃手が内野ゴロをとって一塁へ送

図9-63 捕手姿勢
ボールのコースや球種，状況に応じて異なる捕球姿勢をとるため，骨盤・股関節・脊柱での可動性によっては，体幹・上肢への過剰な努力を生み，投球障害を引き起こす．

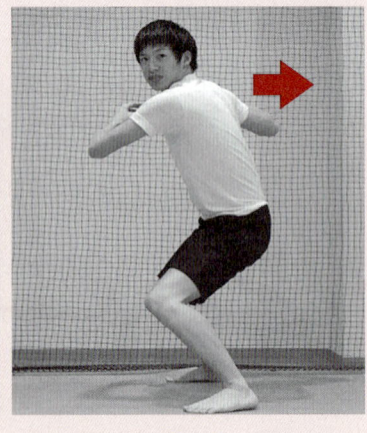

図9-64 捕手の送球体勢（前方）
骨盤前傾や股関節屈曲制限，脊柱伸展運動が減少すると，身体重心の上下動が増加し，盗塁された際の送球にかかる時間も遅延する．その結果，加速期〜フォロースルー期にて肩関節の内旋が増強し，肘関節外反ストレスが増加する．

図9-65 捕手の送球姿勢（側方）
盗塁された際には捕球してからテイクバックをとるまでに，非投球側の肩関節水平内転・投球側への体幹回旋の減少が問題となることが多い．さらに，後方重心の増強や左肩関節水平外転が早期に起こると，投球側肘関節へ外反ストレスが増強する．

球し，走者をアウトにする．この1つの作業においても，正面に飛んでくる高くて緩いバウンドのゴロと，二塁に近いところに飛んでくる低くて速いバウンドのゴロとでは，同じ遊撃手へのゴロでも大きく異なる．前者では，ボールに対して体幹が正面に向いているので，捕球した勢いで，体幹回旋や非投球側下肢の安定した接地を得られる．しかし，後者では，捕球時に重心を下げるために，股関節・膝関節屈曲，足関節背屈，体幹回旋・側屈・屈曲などが伴い，一塁に投げるために，身体全体の向きを急激に90°近く回転させなければならない．また，走者の速さによっては回転する間もなく，

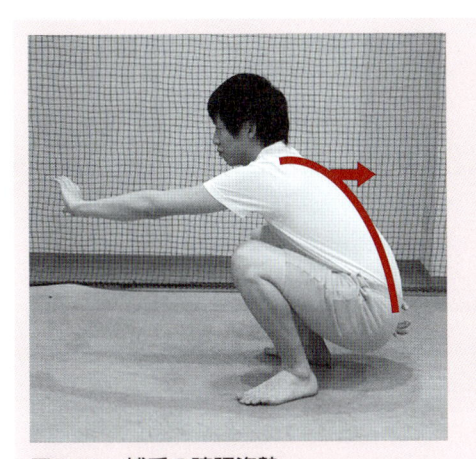

3. 評価——ポジション別による特異性の把握

図 9-66 捕手の確認姿勢
捕球姿勢時の骨盤・脊柱 alignment や重心の上下動を実際に動作から確認する必要がある．

図 9-67 捕手の確認動作
低い姿勢のままでの下肢の組換え運動を実際に動作から確認する必要がある．

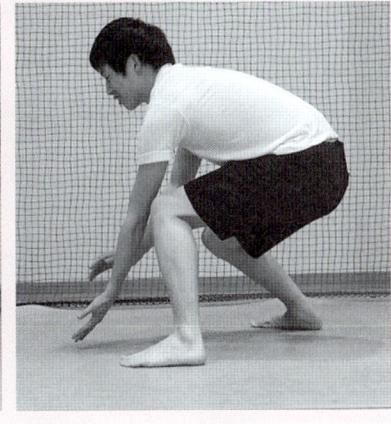

図 9-68 内野手姿勢
打球の方向や送球先までの距離や位置，捕球した体勢，走者の足の速さなど，毎回のように状況が異なり，アウトカウントを増やすために，いかに早く正確に送球するかが必要とされる．

打球に追いつくまでの速度により非投球側へ身体が流れながら送球することになる．その際の，リリースポイントも一定ではない．

そのため，投げる方向に直交し，非投球側への重心移動を行ったときに，オーバースロー，スリークォーター，サイドスローなど，さまざまな位置で送球をさせることで，どの位置での動きが円滑に起こっていないかを確認することも重要である．たとえば，サイドスローやアンダースローでは一連の動作が円滑に行えているのにもかかわらず，リリースポイントを上げるほど非円滑性がみられる場合には，投球側の骨盤挙上・前方回旋，または，肩関節外転可動性低下などの問題が考えられる（図9-69）．

一方で，リリースポイントが低くなるサイドスローやアンダースローにおいて非円滑性がみられる場合には，おもに体幹回旋・側屈などの可動性の問題や，前腕・手関節・手指の可動性，ボールの握りなどの問題があげられる．

内野手のなかでも特異性が存在し，三塁手・遊撃手と二塁手では一塁への距離や送球する際の身体の向きが異なり，下肢・体幹の大きな動きが必要とされる．

一塁手・三塁手と二塁手・遊撃手では，打球に対する動きの方向が大きく異なる．

二塁手・遊撃手は，センターラインに近いところを守ることで守備範囲が広がるため，一塁手・三塁手に比べ左右方向への動きが大きくなる．

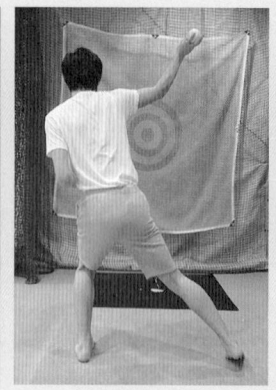

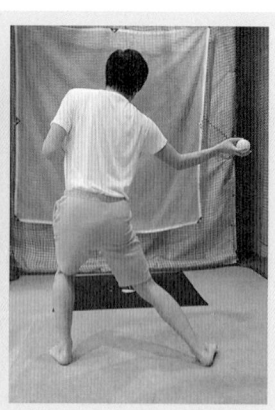

図9-69 内野手送球姿勢
投げる方向に直交し，非投球側への重心移動を行ったときに，オーバースロー，スリークォーター，サイドスローなど，さまざまな位置で送球をさせることで，どの位置での動きが円滑に起こっていないかを確認することも重要である．

そのため，どちらの打球に反応しにくいか，捕球しにくいかを把握することは重要な情報となる．なぜなら，打球への反応を把握することで，股関節・体幹回旋の制限が推測できるからである．さらには，投球動作中のどの相において問題が生じているのかを絞りやすくなる．

たとえば，遊撃手の場合であれば，選手の主観で，左方向（二遊間）の打球を捕球しにくい，また届きにくいなどの状況があれば，体幹の左回旋，左股関節屈曲・内旋・内転，右股関節伸展・外旋・外転などの運動制限が示唆される．このことにより，迅速かつ動作に着目した局所以外の評価や治療が行えるようになる．

そこで，実際に左右おのおのの方向にランジ動作を行い，非投球側上肢でボールを捕球するようにリーチ動作をする．その際に，ランジした方向に体幹の回旋をしてもらい，体幹・下肢を中心に動作の確認を行う必要がある（図9-70, 71）．

また，内野手には素早い送球が要求されるため，捕手のときと同様に捕球してテイクバックをとり，コッキング期～加速期の動作にかけて，体幹・肩関節への代償が少なく，前腕の回内・回外を含んだ肘関節から遠位での柔軟性が維持されているかを膝立ち位でのスナップスローにて確認する（図9-72）．

外野手（左翼手，中堅手，右翼手）

外野手は，投手や内野手に比べ送球機会が少なくなるが，送球距離が長く，送球以外にカバーリングなどの動作が多い．外野手は，足の速さや肩の強さなどに特化していて，打撃力が多少あれば守らせるというような考え方がいまだにあるが，外野手こそ優れた身体能力が必要であると考える．

そのため，投手と同様に全身的な機能の低下は，送球障害を引き起こす要因となる可能性を高くする．

また，中堅手であれば，二塁手，遊撃手と同様に前後左右への動きが多く，送球する方向は選手から見てどちらかの方向に偏ることは少ない．しかし，左翼手，右翼手であれば，一塁手，三塁手と同様に，ファールラインに近い位置で守っているため，送球する方向も偏り，とくに右翼手は，選手から見て右側に投げることがほとんどであり，選手から見て左側，つまり，一塁方向に投げることが少ない．その結果，一側方向への回旋制限，身体重心の後方化が起こりやすい．

そこで，より長い距離を投げる外野手に対しては，ワインドアップ期～早期コッキング期に類似

3. 評価──ポジション別による特異性の把握

図 9-70 内野手ランジ動作（回旋なし）
実際に左右おのおのの方向にランジ動作を行い，非投球側上肢でボールを捕球するようにリーチ動作をする．その際の，体幹・下肢の反応を確認する．

図 9-71 内野手ランジ動作（回旋あり）
ランジした方向に体幹の回旋をしてもらい，体幹・下肢を中心に動作の確認を行う必要がある．たとえば，遊撃手の場合であれば，選手の主観で左方向（二遊間）の打球を捕球しにくい，また届きにくいなどの状況があれば，体幹の左回旋，左股関節屈曲・内旋・内転，右股関節伸展・外旋・外転などの運動制限が示唆される．

図 9-72 内野手（スナップスロー）
内野手には素早い送球が要求されるため，捕手のときと同様に捕球してテイクバックをとり，コッキング期〜加速期の動作にかけて，体幹・肩関節への代償が少なく，前腕の回内・回外を含んだ肘関節から遠位での柔軟性が維持されているかを膝立ち位でのスナップスローにて確認する．

図9-73 外野手（foot plantまでの反復動作）
より長い距離を投げる外野手に対しては，ワインドアップ期〜早期コッキング期に類似した動作の確認に重点を置くべきであるため，片脚立位だけでなく，片脚立位からのfoot plantまでの動作を確認する．

した動作の確認に重点を置くべきであるため，片脚立位だけでなく，片脚立位からのfoot plantまでの動作を確認する（図9-73）．その際に，動作開始直後における体幹の偏位や送球側の股関節外転運動，foot plant時の非送球側下肢の動揺性を詳細に評価する必要がある．

一方で，外野手は捕球動作においても，内野手と異なり，助走をつけてその反動で送球動作を遂行することが多い．実際に捕球時の姿勢を再現させると，体幹回旋や股関節屈曲・内旋運動が減少している場合には，図のように体幹前屈・側屈を増強させて捕球動作を行う（図9-74）．その結果，捕球後のテイクバックでは回旋要素が減少し，体幹の後方へのモーメントが増大し，送球側の肩関節水平外転や身体重心の後方化を助長させ，肘関節外反ストレスを増強させる要因となる．

ほかにも，前項で述べたような歩行からの関連も強く，小学生や中学生などの低年齢の場合に遠くに投げようとする意識が強くなると，ワインドアップ期〜早期コッキング期にかけて送球側への体幹側屈・伸展の増強が生じて，送球障害を引き起こす可能性がある．その要因は多岐にわたる．

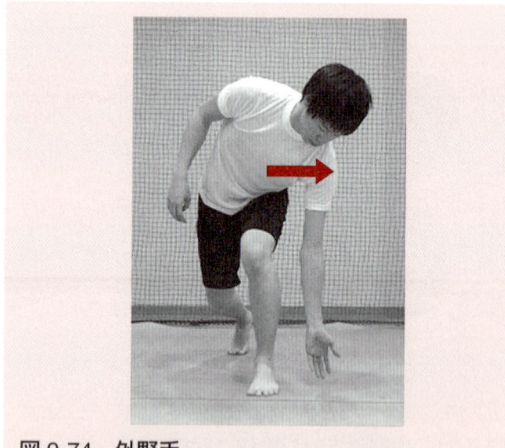

図9-74 外野手
捕球時の姿勢を再現させると，体幹回旋や股関節屈曲・内旋運動が減少している場合には，このように体幹前屈・側屈を増強させて捕球動作を行う．

4. 治療

前腕筋群緊張緩和

まず，局所的には，筋緊張の軽減，柔軟性の改善のためにアプローチをしていく．前腕・手指においては，とくに円回内筋，尺側手根屈筋などの筋緊張が増強していることが多い．

円回内筋や屈筋群の筋緊張緩和を目的に，肘関節伸展・前腕を最大回外位とし，手関節背屈・手指伸展位を保持し，ストレッチを行う．セルフエクササイズとしても指導する．これらは，体幹可

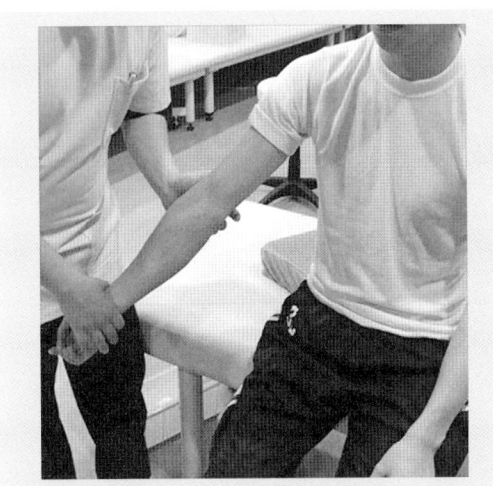

図 9-75 前腕ストレッチエクササイズ
局所的には，筋緊張の軽減，柔軟性の改善のためにアプローチをしていく．円回内筋や屈筋群の筋緊張緩和を目的に，肘関節伸展・前腕を最大回外位とし，手関節背屈・手指伸展位を保持し，ストレッチを行う．

動性の低下や早期に起こる「体の開き」などにより不安定なリリースに起因する（図9-75）[42]．

肘関節安定化

肘筋促通（関節包の緊張補助）するため，橈骨頭の誘導を行い回内・回外運動させる．橈尺関節 alignment 適正化，腕橈骨筋促通により前腕中間位を保持することで肘関節のヒューター三角 alignment を調整する．ヒューター三角の調整は，コッキング期～加速期における前腕の回内運動を伴った肘関節伸展の可動性向上を目的とする．

手指 MP 関節伸展可動性の獲得

投球障害の場合は，投球側の手指 MP 関節に伸展制限を生じることが多く，浅指屈筋，深指屈筋，長掌筋，尺側手根屈筋の筋緊張増強が制限因子となりうる．これらの屈筋群の筋緊張の緩和や手根中央関節のモビライゼーションにより，手指 MP 伸展可動性を改善させる．

臨床では，結果として前腕の可動性も向上することが多くみられるため，手指 MP 関節伸展可動性改善は重要な項目である．

肩関節可動域獲得

投球側の肩関節外旋制限により，肩関節の水平外転が強制され，後期コッキング期～加速期にかけて肘関節への外反力を増強する．その際に，非投球側への体幹回旋や下肢の支持性の低下が重なると，「体の開き」を助長し，より外反力が強まる．そのため，投球側の肩関節外旋 ROM は，投球障害肘において必要な項目である．

投球動作時に下肢から伝達された力をより効率的に上肢へ伝えるためには，できるかぎり対称性のある調和のとれた胸郭・体幹の運動を再構築していくことが重要である．そこで，胸郭の形態に影響を及ぼす筋の調整法と姿勢の修正法を踏まえて，体幹機能向上エクササイズを紹介する．

回旋偏位改善，胸郭可動性向上，肋骨下制運動

背臥位にて，呼気に合わせて肋骨弓下方部から圧迫することで呼気介助を行う．可能であれば股関節と膝関節を 90°屈曲位にして，骨盤帯を挙上させる．腹部前面筋の緊張が高く難渋することが多いため，その際は，内側上方への横隔膜肋骨部を持ち上げるような介助や，胸骨下方部へ軽い圧迫を加えながらの表層筋の抑制を行う．この動きが生じてくると，呼気終末にかけて上位腹部での過活動が抑制され，下位腹部への筋収縮が生じてくる．その結果，腹腔内圧上昇による体幹伸展機構が再構築される（図9-76）[35]．

その後，上位腹部と下位腹部が分離できた段階で，呼気に合わせて，下位腹部の引き込み運動を行うことで腹横筋の活動が活性化し，より腹腔内圧を上昇させ体幹安定化を図ると同時に体幹可動性の改善も促すことができる．

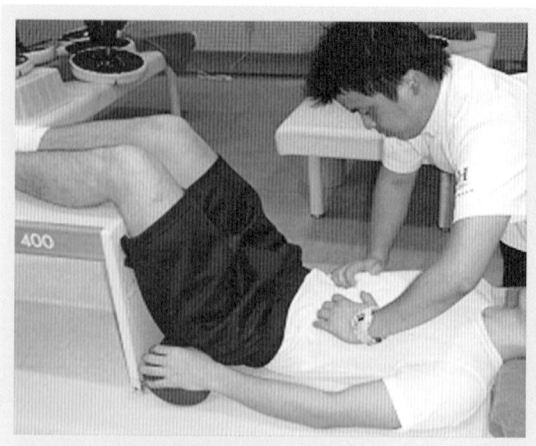

図9-76 胸郭可動性向上
呼気に合わせて胸郭に圧迫を加える．可能であれば，股関節と膝関節を90°屈曲位にして骨盤帯を挙上させる．その際，腹横筋収縮を確認しながら，腹直筋の強い収縮が起こらない程度で行う．これにより呼気終末にかけて，上位腹部での過活動が抑制され，下位腹部への筋収縮が生じてくる．その結果，腹腔内圧上昇による体幹伸展機構が再構築される．

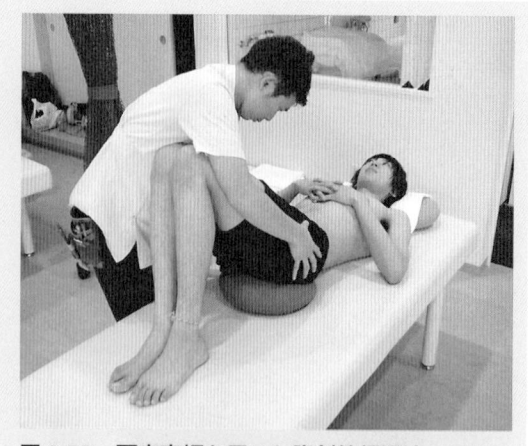

図9-77 不安定板を用いた腹斜筋促通法
腰椎レベルでの回旋運動を行うことが重要となるため，股関節の回旋運動が生じないように比較的小さい運動で誘導する．

不安定板を用いての外腹斜筋エクササイズ

前述したように，外腹斜筋が優位に作用することで肋骨の回旋偏位を引き起こす．この場合，対側の外腹斜筋の機能を高め，両側のバランスを整える必要がある．

背臥位にて股関節および膝関節を屈曲し，殿部の下に不安定板を挿入する．そして，上部体幹を固定し，下部体幹を中間位から外腹斜筋の優位側とは対側の外腹斜筋の収縮を促す．その際，筋連結する前鋸筋の機能向上は外腹斜筋の機能にも影響を及ぼすために，先行して前鋸筋固有収縮を高めてから移行するとより効果的である（図9-77）[35]．

胸郭後方の安定化

肩甲骨下方部の安定性低下は，上位および下位肋骨の挙上位の定着化を引き起こすため，僧帽筋下部線維や広背筋の機能向上が必要である．肩甲骨下方部の安定性低下が認められる場合，対側の大殿筋の機能低下を伴うことが多い．これは，骨盤帯の安定性に寄与する後方斜走系の影響である．後方斜走系は，広背筋から胸背筋膜を介して大殿筋によって構成されるアウターユニットの1つである．肩甲骨下方部の安定化を図るためには，対側の大殿筋の機能を高める必要がある．また，一側肩関節伸展・内旋運動と対側肩関節屈曲・外旋運動を同時に行うことで肩甲骨下方部の安定を図る（図9-78）[35]．

その後，よりダイナミックな動作で胸郭後方の安定化を図るために四つ這い位となり，肩甲骨外転・上方回旋を伴った胸椎屈曲運動，肩甲骨内転・下方回旋を伴った胸椎伸展運動や，片側のみの上肢・下肢挙上，一側上肢対側下肢挙上保持からの屈曲運動などを行う．徐々に難易度を高めて，インナーユニットの活性化だけではなく，柔軟性や筋持久力の向上，アウターユニットの強化も図ることが，投球障害の再発防止ともなる（図9-79）．

胸椎伸展運動

座位にて両手を後頭部へあてがい，肘を前方に

4. 治療——肩関節可動域獲得

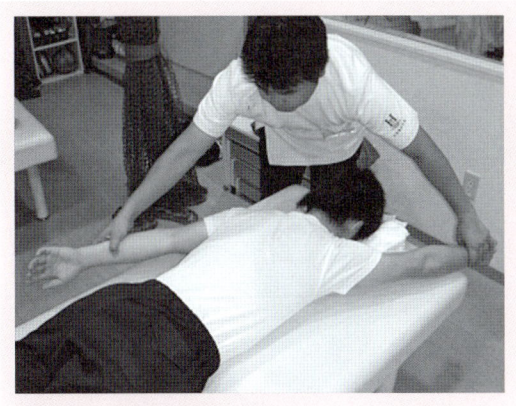

図 9-78 胸郭後方の安定化①
肩甲骨下方部の安定化を図るためには，対側の大殿筋の機能を高める必要がある．また，一側肩関節伸展・内旋運動と対側肩関節屈曲・外旋運動を同時に行うことで肩甲骨下方部の安定を図る．

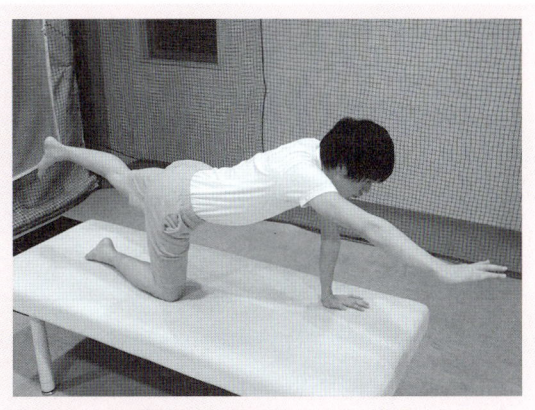

図 9-79 胸郭後方の安定化②
四つ這い位となり，肩甲骨外転，上方回旋を伴った胸椎屈曲運動，肩甲骨内転・下方回旋を伴った胸椎伸展運動や，片側のみの上肢・下肢挙上，一側上肢対側下肢挙上保持からの屈曲運動などを行う．

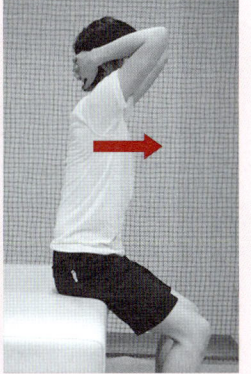

図 9-80 胸椎伸展運動
座位にて両手を後頭部へあてがい，肘を前方に向け，前上方へ押し上げるように胸椎伸展運動を行う．その際，腰椎前弯が増強しないように注意する．

向け，前上方へ押し上げるように胸椎伸展運動を行う．その際，腰椎前弯が増強しないように注意する．肘頭を前方に向けた状態で反応が不良であれば，肩関節の水平外転を増加させて行うと運動が誘導しやすい（図9-80）．

バランスボールエクササイズ

背臥位で，股関節・膝関節屈曲位 90°にて両下肢をボール上に置き，ボールを手前に転がすように動かす．その際，膝関節屈曲運動を優位に行うのではなく，股関節屈曲運動を意識させる（図9-81）．

この運動において，インナーユニットを構成する腸腰筋を促通させるために，前述したように，必要に応じて胸骨下方部や肋骨弓下方部を圧迫し，アウターユニットの抑制をすることに注意する．

座位では，ボールの上に座りながらお腹を引き込むような意識や，頭頂部を天井から吊られるような意識で状態を保持し，ボールの上を上下に動くように指示する．これにより，動作中の体幹伸展機構の活動を促す．

そのほかに，小学生や中学生など成長過程の途中にある患者においては全体的な体幹筋力の未熟さがみられるため，腹直筋を含めた体幹筋の促通や肩甲胸郭関節機能の向上も必要となってくる．

不安定板などを用いた動的バランストレーニング

身体バランスの破綻は，投球動作の破綻に直結するためにその防止が重要な要素となる．とくに，上肢・肩甲帯でバランサーの役割を担うほどバランス反応を余儀なくされると，投球動作において上肢の本来のかかわりが阻害され，結果的に投球動作に支障をきたす[44]．

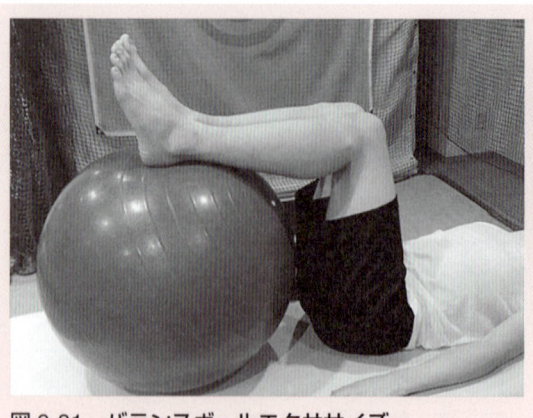

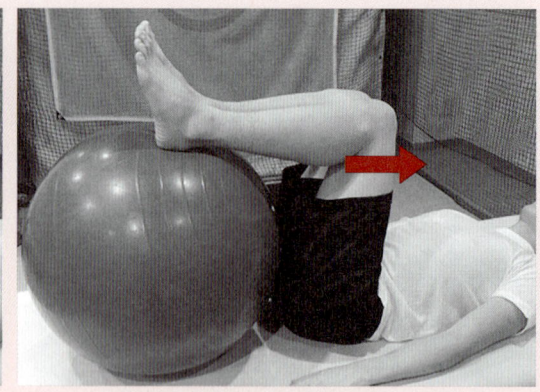

第9章 野球における投球障害—投球障害肘

図9-81 バランスボールエクササイズ
背臥位で，股関節・膝関節屈曲位90°にて両下肢をボール上に置き，ボールを手前に転がすように動かす．その際，膝関節屈曲運動を優位に行うのではなく，股関節屈曲運動を意識させる．

座位では，ベッドや椅子にて下肢を浮かした状態で座り，前方・肩甲骨面上でのリーチ動作を行う．リーチ動作の評価でも述べたように，体幹の前後傾・傾斜や上肢での過剰な代償が起こらないことが理想である．

バランスボード上では，ワインドアップ時の身体バランス能力獲得を目標に，まず支持面が安定した状態での両脚でのしゃがみ込みや片脚立位などの動的バランス向上を図る（図9-82）．その後，支持面を不安定にした状態も同様に行う（図9-83）．

また，投手にかぎらず，捕手におけるセカンドスローや，内野手においては各塁への送球，外野手においてもクッションボール捕球後の送球など，必ずしも安定した状態で送球することばかりではないため，上肢への負荷を軽減させるには動的バランス能力獲得は重要となる．

動作指導

投球障害の治療に携わるうえで，運動に直結する評価が少なく，反対に運動そのものが評価になるものが多い．そのため，さまざまな運動を施行することでトップダウン的に問題点が抽出される．そこで，対象となる部位や相を例にあげて，動作に結びつくエクササイズを紹介する．

上肢へのアプローチ

おもに，上肢へのアプローチを行う場合は，ワインドアップ期～早期コッキング期にてテイクバックをとった際に，投球側の過剰な肩関節水平外転や肩甲骨挙上などの代償がみられたときである．

また，コッキング期～加速期にて外反ストレス増大した状態から，肘関節屈曲を維持したまま投球側の肩関節内旋を増強させてボールリリースした場合にも行う必要がある．

天井投げ

天井投げとは，背臥位となり，投球側の肘関節から末梢の運動のみでボールを天井に向けて投げることである．この際に，ボールが上がる軌道と落ちてくる軌道が同様な軌道をとるように真上に投げることがポイントである．そのために，余分な力を抜き，肘関節伸展・前腕回内が上腕と肘関節～末梢とで分離した運動が必要とされる．

バトンエクササイズ

バトンエクササイズとは，天井投げと同様に，脱力した状態で肘関節伸展・前腕回内が上腕と肘関節～末梢とで分離した運動が目的である．バトンやステッキのような棒状の物を用いて行う．

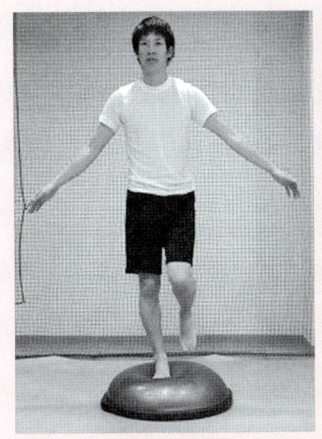

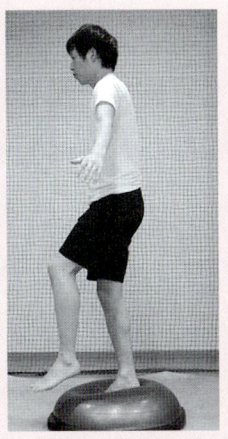

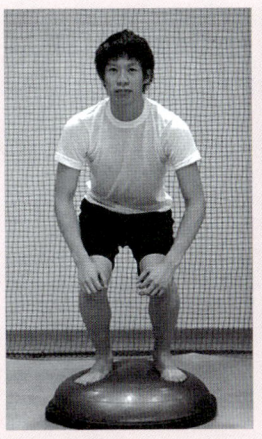

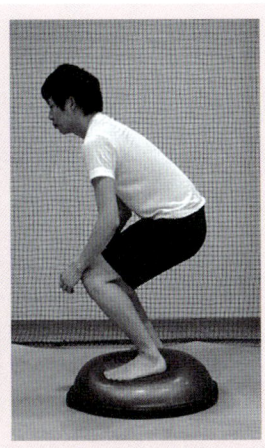

図 9-82　不安定板を用いたトレーニング（支持面が安定した状態）
ワインドアップ時の身体バランス能力獲得を目標に，まず支持面が安定した状態での両脚でのしゃがみ込みや片脚立位などの動的バランス向上を図る．

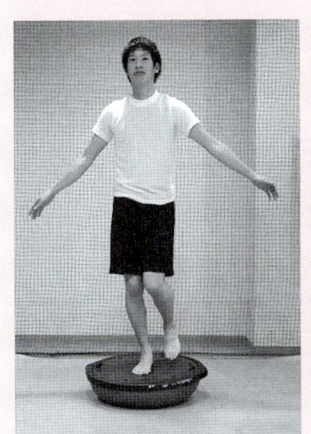

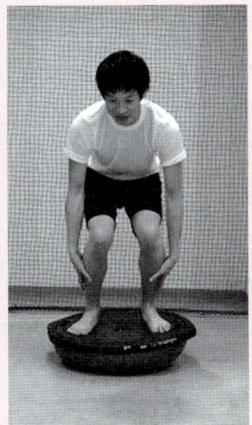

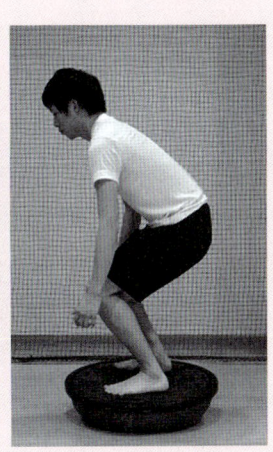

図 9-83　不安定板を用いたトレーニング（支持面が不安定な状態）
支持面を不安定にした状態も同様に行う．

前腕の回内外のみでバトンを8の字を描くように動かす．この動きが円滑に行えることで，加速期〜フォロースルー期にてリリースポイントが安定し，手指・手関節，肩関節の代償運動を引き起こすことなく遂行できる．

横向き投げ（図 9-84）

投球方向に対して非投球側に身体を向けて，自然とゼロポジションまで振りあげ，その位置から下へ振り下ろすように投げる．その際，リリース後に投球側の母指が床面に向くように意識させる．

リリース後に投球側の母指が床面に向かない場合は，前腕の回内可動性が低下しているものと考えられる．

また，リリース後の投球が非投球側へ流れる場合や投球側への体幹側屈，屈曲がみられる場合は，体幹機能の問題も考えられる．

体幹〜上肢の動作的連結を意識したアプローチ

主に，下記のアプローチを行うのは，コッキング期以降にてテイクバックからボールリリースまでのあいだに，「体の開き」が早期に起こり，リリースポイントが近いときである．

図9-84 投球指導（横向き投げ）
投球方向に対して非投球側に身体を向けて，自然とゼロポジションまで振りあげ，その位置から下へ振り下ろすように投げる．その際，リリース後に投球側の母指が床面に向くように意識させる．

また，投球側・非投球側ともに重心移動量が低下し，コッキング期以降の動作全般に体幹回旋の減少がみられた場合にも必要となる．

座位での投球

下肢からの影響を取り除くため，背もたれのない椅子やベッド上で端座位になり，体幹の回旋を意識させるように投げさせる（図9-85, 86）．その際，肘関節の運動が過剰に起こらないように，体幹の最大回旋を用いるように伝える．

投球側肩関節ROM低下や体幹回旋制限がある場合は，投げたボールが身体を向けている方向に逸れる，もしくは，両膝関節が内外側に大きく動くなどの現象がみられる．

また，肘関節の疼痛が強い場合や体幹回旋を強く意識させる場合には，バランスボールを使って行う．

真下投げ

タオルや実際にボールを真下にたたきつけるように投げさせる（図9-87）．接地足に体重移動して，股関節周囲の大きな筋群の力を発揮させ，その力を体幹で上肢へと伝達し，上肢がボールに力を伝えるという，一連の動作を学習するために行う．ただし，当てやすい距離で無理のないフォームで行う．

その後，テープなどで範囲を決め，リリース時の細かい手指・前腕の動作も学習させることでリリース直前までの脱力感を意識させることができて，より実践的な投球フォームの獲得を図りやすくなる[45]．

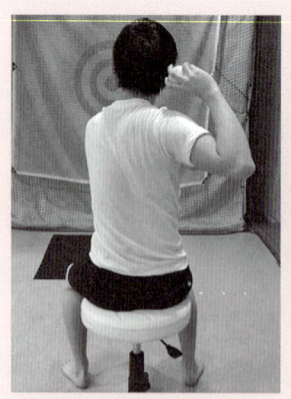

図9-85 座位での投球
下肢からの影響を取り除くため，背もたれのない椅子やベッド上で端座位になり，体幹の回旋を意識させるように投げさせる．

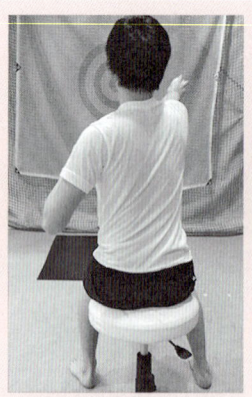

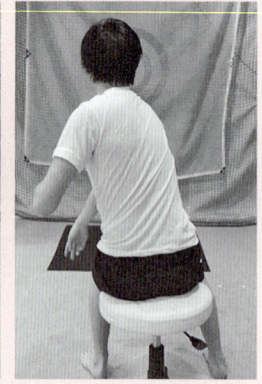

図9-86 座位での投球
肘関節の運動が過剰に起こらないように，体幹の最大回旋を用いるように伝える．投球側肩関節ROM低下や体幹回旋制限がある場合は，投げたボールが身体を向けている方向に逸れる，もしくは，両膝関節が内外側に大きく動くなどの現象がみられる．

その際に，タオルやボールが床面に接触したときの音を確認することで，体幹〜上肢への効率的な運動が行われているかどうかの評価にもなる．

正面向きでの投球

座位からの投球と同様に体幹回旋を意識させるが，投球側に直交するように立って投げさせるため，軸足と接地足への重心移動や下肢の動揺を制御することを加えて意識させる（図 9-88）．

その際に，重心移動を大きく行わせ，テイクバックのときに軸足方向へ，フォロースルーのときにはステップ足方向にしっかりと荷重させる．体幹の回旋量も確認する．

また，荷重した際に膝関節の動揺や足部の過剰な努力がみられていないかも確認する．

加速期を意識したチューブエクササイズ

後期コッキング期〜加速期において肘関節の外反ストレスが最も大きくなるのは前述したとおりであるが，それと同時に肩関節外旋も最大となる．そのため，肩甲骨後傾・下方回旋・内転，上位肋骨の後方回旋が必要となる．

強度の弱いチューブもしくはセラバンドを用いて，後期コッキング期〜加速期に類似した動作を行う．

軽く foot stanp した状態にし，軸足でチューブもしくはセラバンドを踏む．その状態で，投球側でチューブもしくはセラバンドを掴み，上肢はボールをリリース位置まで挙上させる．

その際に，肘関節は屈曲位に保ち，胸椎伸展を行う．そのときに，前述した肩甲骨や上位肋骨の動きを学習させる（図 9-89）．

視診や触診にて，制限される部分や動きが円滑に起こってない部分を評価して，個別に治療していくことも必要となる．

下肢〜体幹の動作的連結を意識したアプローチ

主に，下記のアプローチを行うのは，ワインドアップ期〜コッキング期における著しい体幹の側方，または，後方への動揺の出現や foot stanp した際に下肢不安定性の増強がみられたときである．

支持脚による身体移動の運動

軸足側大腿部にタオルや弾性の強いセラバンドなどを用いてワインドアップ期〜コッキング期の動作を再現させ，身体移動時に投球方向と逆の抵抗をかけ，投球側である軸足の運動学習を図る（図 9-90）．軸足側の内転筋機能や体幹機能低下がある場合には，コッキング期に向けて重心移動を行う

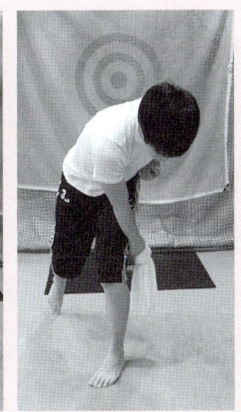

図 9-87 真下投げ
タオルやボールが床面に接触したときの音を確認することで，体幹〜上肢への効率的な運動が行われているかの評価にもなる．

図 9-88 正面向きでの投球
重心移動を大きく行わせ，テイクバックのときに軸足方向へ，フォローのときにはステップ足方向にしっかりと荷重させる．

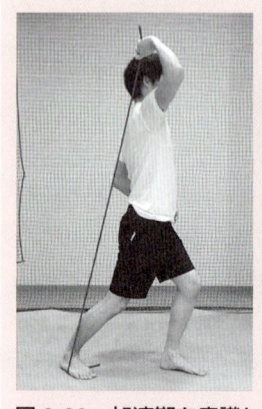

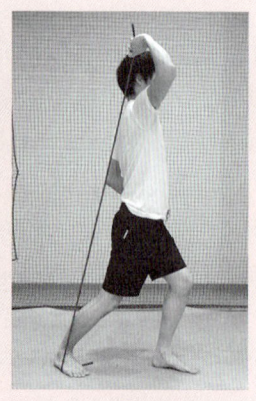

第9章 野球における投球障害—投球障害肘

図9-89 加速期を意識したチューブエクササイズ
後期コッキング期〜加速期において肩甲骨後傾・下方回旋・内転,上位肋骨の後方回旋が必要となる.軸足でチューブもしくはセラバンドを踏む.その状態で,投球側でチューブもしくはセラバンドを掴み,上肢はボールをリリース位置まで挙上させる.その際に,肘関節は屈曲位に保ち,胸椎伸展を行う.そのときに,前述した肩甲骨や上位肋骨の動きを学習させる.

際に体幹側屈や非投球側股関節の外転・外旋の早期出現がみられる.

foot plant に対する反復練習

ワインドアップ期〜コッキング期の動作を再現させるために,投球動作を数回行わせて foot plant の位置がほぼ一定に遂行できるか確認する.上記項目と同様の目的で行う.

軸足ジャンプ動作

軸足でその場で飛び上がり,体幹・下肢に動揺が少ない状態で着地する.そのジャンプ動作を2,3回繰り返したのち,投球させる.これは,投球時に軸足への体重移動を意識させ,早期コッキング期〜加速期にかけての支持脚の運動学習を図るためである(図9-91).

また,テープなどで位置を設定し,なるべく同じ位置に着地させるようにする.下肢の荷重伝達能力の低下や体幹伸展機構の破綻がみられる場合には,着地の不規則さや体幹・上肢の努力的な代償がみられ,ジャンプの間隔が短縮あるいは延長するなど,運動そのものが困難となる.

steping (lange) 動作での回旋動作エクササイズ

評価項目でもあげたように,コッキング期〜加速期にかけて非投球側下肢の足底接地に類似した動作として,片側ずつ下肢を一歩踏み出す動作を交互に行う.

投球時と同様に foot stanp した状態にし,コッキング期〜加速期にかけて生じる非投球側への体幹回旋・骨盤回旋,足部可動性など確認しながら反復して行う(図9-92).

その際に,チューブやセラバンドを非投球側上肢に持たせて,動作に連結するように,非投球側

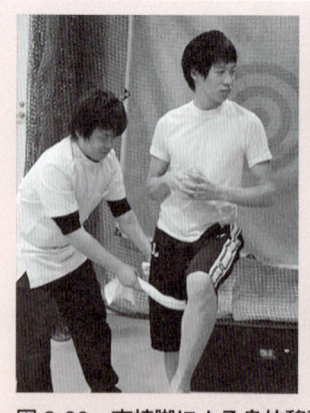

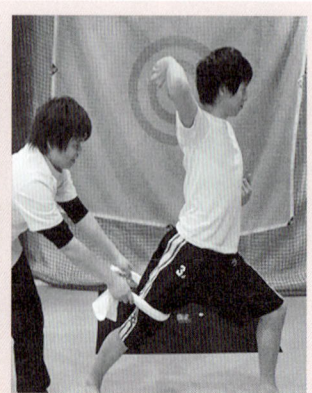

図9-90 支持脚による身体移動の運動
軸足側大腿部にタオルや弾性の強いチューブ・セラバンドなどを用いてワインドアップ期〜コッキング期の動作を再現させ,身体移動時に投球方向と逆の抵抗をかけ,投球側である軸足の運動学習を図る.

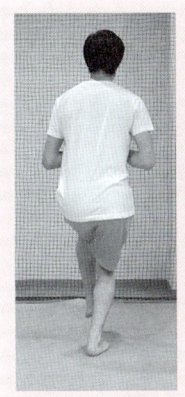

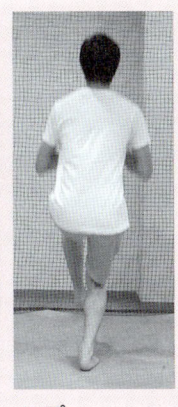

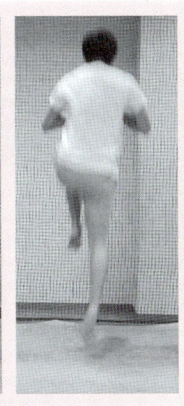

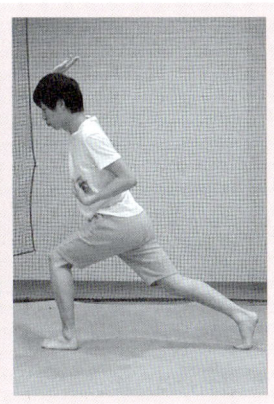

図9-91 軸足ジャンプ
軸足でその場で飛び上がり，体幹・下肢に動揺が少ない状態で着地する．そのジャンプ動作を2，3回繰り返したのち，投球させる．これは，投球時に軸足への体重移動を意識させ，早期コッキング期〜加速期にかけての支持脚の運動学習を図るためである．

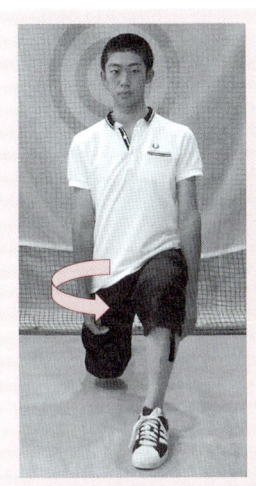

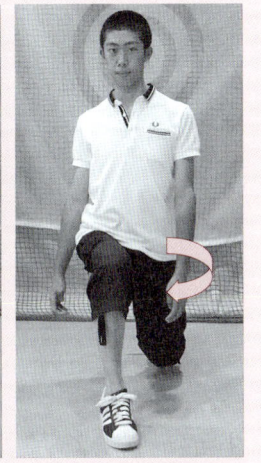

図9-92 steping（lange）動作での回旋動作エクササイズ
コッキング期〜加速期にかけて非投球側下肢の足底接地に類似した動作として，片側ずつ下肢を一歩踏み出す動作を交互に行う．投球時と同様に foot stanp した状態にし，コッキング期〜加速期にかけて生じる非投球側への体幹回旋・骨盤回旋，足部可動性など確認しながら反復して行う．

上肢の引き込み動作を同時に行ってもよい．非投球側上肢の引き込み動作を合わせた場合には，非投球側の肩甲骨内転，体幹回旋などの動作も確認するように行う．

非投球側下肢の片脚着地エクササイズ

この運動では，フォロースルー期での非投球側下肢の股関節屈曲・内旋・内転，膝関節屈曲，足関節背屈位での支持性を促す．

投球側下肢のみ，もしくは両足で前方へジャンプする．ジャンプしたあとに，非投球側下肢（ステップ足）で着地する．その際に，フォロースルー期の状態と類似したような股関節屈曲・内旋・内転，膝関節屈曲，足関節背屈位の状態を意識させる（図9-93）．

過度な体幹の前傾・後傾，側屈，回旋などが生じないか確認しながら行う．よりパフォーマンスレベルをあげるのであれば，台のような高さのある場所から行い，加速度や荷重量をあげることで，難易度が増し，動作に結びつく．

投球側上肢−非投球側下肢（ステップ足）の解剖学連結を考慮したエクササイズ

非投球側下肢の片脚着地と同様に，フォロースルー期に結びつけるような目的として，背臥位にて投球側肘関節を非投球側大腿内側に向かって近づける．これにより，体幹の左回旋を伴った状態で，非投球側屈曲・内転・内旋を促すこととなる．結果として，投球側の外腹斜筋と非投球側の股関節内転筋の活動性向上を図る（図9-94）．

これは，骨盤帯の安定性に寄与するアウターユニットである前斜走系である腹斜筋群，介在部の

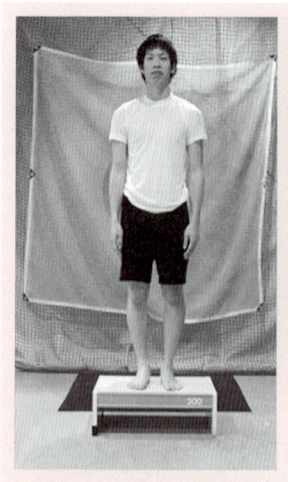

図9-93　非投球側下肢の片脚着地エクササイズ
この運動では，フォロースルー期での非投球側下肢の股関節屈曲・内旋・内転，膝関節屈曲，足関節背屈位での支持性を促す．過度な体幹の前傾・後傾，側屈，回旋などが生じないか確認しながら行う．

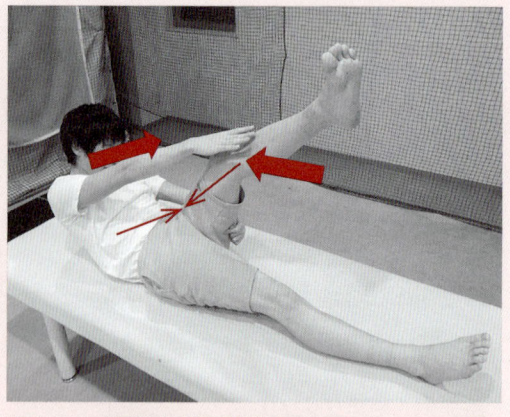

図9-94　投球側上肢-非投球側下肢（ステップ足）の解剖学連結を考慮したエクササイズ
背臥位にて投球側肘関節を非投球側大腿内側に向かって近づける．これにより，体幹の左回旋を伴った状態で，非投球側屈曲・内転・内旋を促すこととなる．結果として，投球側の外腹斜筋と非投球側の股関節内転筋の活動性向上を図る．

前腹部筋膜，対側の股関節内転筋群の連結に由来する．

腹斜筋群は，動作の初期相に関与するため，腹横筋と同様に体幹の安定化に重要である[42]．

また，逆に考えるとワインドアップ期〜コッキング期にて体幹回旋や股関節に問題点を見出したのであれば，反対のラインを促通すれば動作に連結する結果となる．

参考文献・引用文献

1) 柏口新二：野球肘―発症メカニズムとその予防・再発予防．臨床スポーツ医学 25：179-183，2008．
2) 馬見塚尚孝ほか：野球肘診療マニュアル　中学生の野球肘の実態ならびに治療について．MB Orthop 10(8)：9-16，1997．
3) 高原政利ほか：野球肘の保存治療と予防．MB Orthop 21(13)：37-43，2008．
4) 松浦哲也：上肢スポーツ損傷の診断と治療．臨床スポーツ医学 26(5)：541-545，2009．
5) 三浪明男：成長期のスポーツ障害Ⅱ 整形外科 肘・手．MB Orthop 13(4)：57-63，2000．
6) 安藤　亮ほか：手・肘関節におけるスポーツ障害-最近のトピックス-．関節外科 28(12)：54-61，2009．
7) 村田英明ほか：他肘尺側側副靱帯損傷における外反ストレスについて．中部整災誌 36：1717-1718，1983．
8) 青木光広：スポーツによる手関節・肘関節障害の診断．関節外科 30(3)：282-291，2011．
9) 村上恒二ほか：上肢のスポーツ障害　内側型野球肘の鑑別診断と治療．MB Orthop 16(9)：19-26，2003．
10) 岩崎倫政：アスリートの肘損傷．臨床スポーツ医学 28(5)：493-495，2011．
11) 島田幸造ほか：上肢スポーツ損傷の診断と治療．臨床スポーツ医学 26(5)：499-505，2009．
12) Castaing J ほか：関節・運動器の機能解剖　上肢・脊柱編．協同医書出版社，2002，pp45-62．
13) Neumann DA：筋骨格系のキネシオロジー．医歯薬出版，2008，pp152-155．
14) 遠藤　優ほか：整形外科理学療法の理論と技術．改訂第13版．メジカルビュー社，2004，pp252-257．
15) 高原政利ほか：野球肘の保存治療と予防．MB Orthop 21(13)：37-43，2008．
16) 古島弘三ほか：野球肘の診断と治療．関節外科 27(8)：1024-1034，2008．

17) 平沢　興ほか：分担解剖学 2．金原出版，1950．
18) 園部俊晴ほか：スポーツ外傷・障害に対する術後のリハビリテーション．運動と医学の出版社，2010．
19) 古島弘三ほか：肘頭疲労骨折および肘周辺疲労骨折について．臨床スポーツ医学 26（5）：507-514，2009．
20) 高原政利：野球肘の診断と治療．関節外科 27（8）：989-996，2008．
21) Neumann DA：筋骨格系のキネシオロジー．医歯薬出版，2008，p162．
22) Kapandji AI：カパンジー機能解剖学 Ⅰ上肢．医歯薬出版，2010，pp122-123．
23) Neumann DA：筋骨格系のキネシオロジー．医歯薬出版，2008，pp149-152．
24) 山口光國：投球障害肩こう診てこう治せ．第1版，メジカルビュー社，2004，pp45-46．
25) 村田英明：野球肘診療マニュアル 肘関節の内側障害．MB Orthop 10(8)：55-65，1997．
26) 村上恒二ほか：上肢のスポーツ障害．MB Orthpedics 16(2)：19-26，2003．
27) 渡會公治：野球肘マニュアル 投球フォームと野球肘．MB Orthop 10(8)：47-54，1997．
28) 財前知典：外来整形外科のための退行変性疾患の理学療法．医歯薬出版，2010．
29) 宮下浩二：肘関節機能の評価法と臨床推論の進め方．理学療法 25(9)：1282-1288，2008．
30) 岩堀裕介：診断のための理学所見のとり方-野球選手の肩のスポーツ障害を中心に-．関節外科 22(9)：26-40，2003．
31) 菅谷啓之：スポーツ障害肩の診断と治療方針の選択．Med Reha 110：53-59，2009．
32) 藤井康成：実践 肩のこり・痛みの診かた治しかた．第1版，全日本病院出版会，2008，pp63-75．
33) 山口光國：投球障害肩こう診てこう治せ．第1版，メジカルビュー社，2004，pp37-42．
34) 山口光國：肩関節機能の評価法と臨床推論の進め方．理学療法 25(9)：1274-1281，2008．
35) 柿崎藤泰：胸郭の病態運動学と理学療法．理学療法 26(3)：431-440，2009．
36) 柿崎藤泰ほか：呼吸運動療法の理論と技術．改訂第3版，メジカルビュー社，2005，pp114-139．
37) Lee D：ペルビックアプローチ．改訂第3版，医道の日本社，2004，pp75-105．
38) 信原克哉：肩　その機能と臨床．第3版，医学書院，2001，pp48-88．
39) 久保田正一：関節病態運動学 32 肘関節の病態運動学と理学療法-解剖学・運動学の観点から投球動作を考える-．理学療法 26(8)：1004-1016，2009．
40) 宮下浩二：肘関節のスポーツ外傷・障害再発予防への理学療法の取り組み．理学療法 26(3)：409-416，2009．
41) 山口光國ほか：結果の出せる整形外科理学療法．改訂第3版，メジカルビュー社，2010，pp96-176．
42) 久保田正一：肘関節のスポーツ外傷・障害再発予防への理学療法の取り組み．理学療法 26(8)：1014-1016，2008．
43) Lee D：ペルビックアプローチ．改訂第3版，医道の日本社，2004，pp52-55
44) 山口光國：投球障害肩こう診てこう治せ．第1版，メジカルビュー社，2004，pp106-109．
45) Fleisig GS, Andrews JR, Dillman CJ et al：Kinetics of baseball pitching with implications about injury mechanism. Am J Sports Med 23：233-239．1995．
46) 山嵜　勉：整形外科理学療法の理論と技術．メジカルビュー社，2004，p254．

第10章 サッカー障害

1. サッカー障害の病態

　サッカーワールドカップ（以下，W杯）において日本は，1998年のフランス大会に出場以降，2002年の日韓共催を経て，2010年の南アフリカ大会まで連続出場し，2011年には女子W杯で世界一となった．また，日本人のサッカー選手が，海外移籍して活躍することで，国内におけるサッカーへの関心が高まった．それによりサッカー人口は増加し，サッカー障害も増えている．

　発育期の適度なスポーツ活動は，心身の健全な発育を促す一方，過度な運動やスポーツ活動は，さまざまな外傷を含めた身体の障害を招く．その障害から引き起こされる疼痛によりサッカーへの意欲を失う報告もされている[1]．筆者は，この疼痛を取り除き，早期に復帰させることがサッカー界における底辺の拡大に貢献すると考える．

　サッカー障害には，接触型・非接触型がある．激しいプレーはサッカーの醍醐味であるが，接触型サッカー障害は突発的な不可抗力的側面が多く，発生頻度の減少は難しい．しかし，非接触型サッカー障害は，発生メカニズムを十分に理解し解明することで予防が可能である．また，接触型においても受傷後や手術後などの現場復帰に向けたリハビリテーションおよび再発予防にも，発生メカニズムを理解することは有効である[2]．

　ボールを蹴る動作を求められるスポーツは限られている．そのなかでもサッカーは，多種多様なキック動作が求められる．非効率な動作は，膝関節周囲筋や靱帯および軟部組織の over use における機能障害が多い．また，サッカー障害の発生機序はボールに触れていない時間（オフ・ザ・ボール）でも考えられる．たとえばランニング，サイドステップ，ジャンプ，カッティングなどの動作である．それらの動作が非効率かつ反復的に行われ，メカニカルストレスが生じることで，おのおのの関節，筋，靱帯，軟部組織に疼痛を引き起こす．検者は，キック動作を含む非効率なサッカー動作を把握し，評価・考察することで治療を展開する必要がある．膝関節は，股関節と足関節に挟まれている中間の関節であり，双方の影響を受けるため，評価や治療を展開していくうえで念頭に入れておくことが大切である．

サッカーキック動作

　サッカーキック動作には，さまざまなキックの種類がある．状況に応じて瞬時に判断し多種多様なキック動作が要求される．パスを主とするインサイドキック，シュートを主とするインステップキック，ロングパスを主とするインフロントキックなどがサッカーキック動作の大部分を占める．その他アウトサイドキック，チップキック，ヒールキックなどがある（**表10-1〜4**）．

　選手による身体の対応は多岐にわたり，そのなかでも膝関節に疼痛が生じやすいキック動作の代表例を以下に記載する．

第10章　サッカー障害

表10-1　キック動作1

	特　徴
インサイドキック	・インパクトは，股関節外旋位，膝関節軽度屈曲位，足関節中間位または背屈位にて行う． ・近距離から中距離のキック時に選択される． ・足部内側面でボールインパクトする． ・ボールとの接触面が広く，ボールをコントロールしやすい． ・最も多用されるキックである． ・蹴り足側は股関節の可動制限により体幹回旋や骨盤の前方および側方移動などの代償運動が生じることが多い． ・近距離キックでは，テイクバック時の股関節伸展運動は減少し膝関節伸展運動が優位となる． ・前足部遠位でのボールインパクトでは，蹴り足側の下腿外旋，股関節外旋が強制され，縫工筋や膝関節内側支持機構へのメカニカルストレスが増大する． ・股関節外旋位にて内転運動によりボールインパクトするため，股関節内転筋群にメカニカルストレスが増大する．

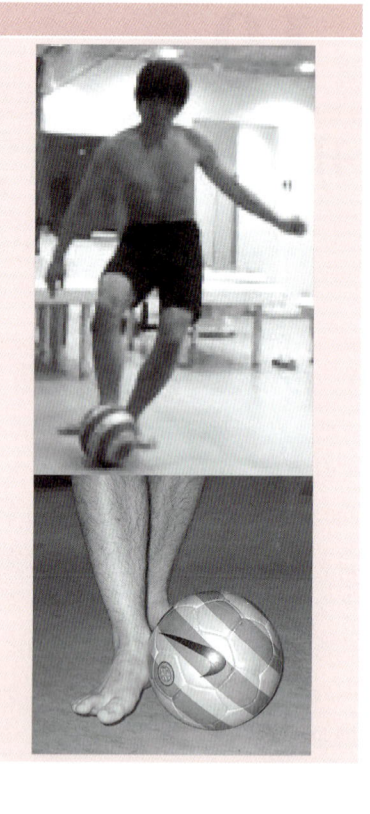

表10-2　キック動作2

	特　徴
インステップキック	・インパクトは，股関節中間位，膝関節伸展位，足関節底屈位にて行う． ・主にシュート時や長距離キック時に選択される． ・キックのなかで最も飛距離が出やすい． ・ボール接触面は狭く，ボールコントロールが難しい． ・ボールの中心を足背でインパクトする． ・蹴り足側は，大腿直筋の多用により膝関節伸展機構へのメカニカルストレスは増大する．

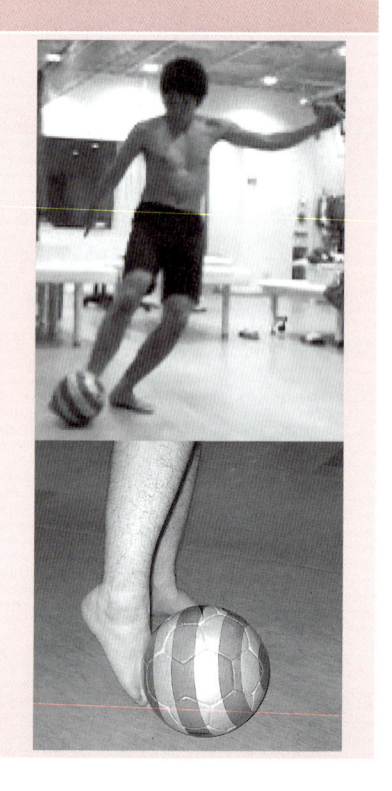

表10-3 キック動作3

	特　徴
インフロントキック	・インパクトは，股関節やや外旋位，膝関節伸展位，足関節やや底屈位にて行う． ・フォロースルー時は股関節内転位となる． ・中距離から長距離キック時に選択される． ・足背やや内側でインパクトする． ・接触面は，インステップキックより広く，回転要素を加えることが可能である．

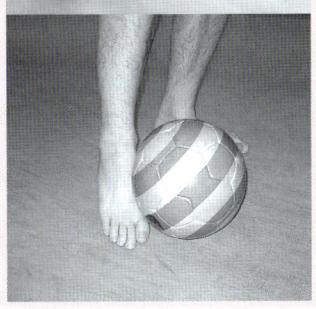

表10-4 キック動作4

	特　徴
アウトサイドキック	・インパクトは，股関節やや内旋位，膝関節伸展位，足関節底屈（内返し）にて行う． ・野球でいうシュート回転をかける． ・近距離から中距離キック時に選択される．
チップキック	・インパクトは，股関節屈曲位，膝関節屈曲位，足関節底屈または背屈位にて行う． ・フォロースルー時は，股関節および膝関節屈曲位となる． ・ループボール時に選択される．
ヒールキック	・インパクトは，踵部にて行う． ・後方へのキック時に選択される．

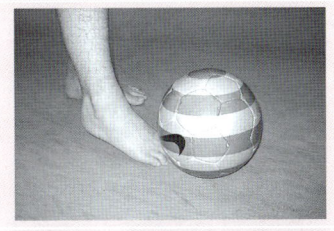

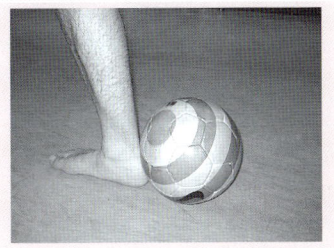

サッカーキックにおける相

サッカーキック動作は，原則として6つの相に分けられる．①アプローチ期（approach phase），②テイクバック期（take back phase），③コッキング期（cocking phase），④アクセレレーション期（acceleration phase），⑤インパクト期（impact phase），⑥フォロースルー期（follow through phase）である（図10-1〜6）[3]．

アプローチ期（図10-1）

アプローチ期は，ボールの進行方向に対して斜めから行う．斜走することにより，骨盤の回旋力が生み出されボールへのインパクト時に力を効率的に伝達できる．成長期の選手は，アプローチ時の骨盤の回旋モーメントが不足していることが多い．回旋要素の不足は，それ以降の相における回旋モーメントを補償するため代償動作が生じやすい．

テイクバック期〜コッキング期（図10-2, 3）

テイクバック期は，蹴り足が地面から離れ，股関節伸展角度が最大になり，コッキング期は，蹴り足のスイングが後方から前方へ切り替わる相であり，膝関節最大屈曲角度となる．その際に蹴り足と対側上肢は，適切な tension arc が形成される（図10-7）．蹴り足側では，股関節伸展と膝関節屈曲モーメントが十分に生じることでアクセレレーション時の膝関節伸展加速度が増加する．軸足側では，膝関節軽度屈曲位を保持し地面に接地することで，アクセレレーション時のキックの効率化が得られる．したがって軸足側の安定性が蹴り足側に反映される．

アクセレレーション期〜インパクト期〜フォロースルー期（図10-4〜6）

インパクト期〜フォロースルー期は，軸足側からフォロースルー後の蹴り足側へ体重移動する．蹴り足側の足関節は，インステップキックでは底屈位，インサイドキックでは中間位または軽度背屈位で固定する．それらの固定力は，スイングスピードを効率的にボールへ伝達する．インパクト後は，蹴り足と対側上肢が対角的に協調している（以下，クロスモーション）運動が生じる．適切なクロスモーションの形成は，体幹安定化の影響を受ける（図10-8）．

図10-1 アプローチ期
ボールに対して軸足が踏み込むまでの相．

図10-2 テイクバック期
蹴り足が地面から離れ股関節伸展角度が最大になる相．

図10-3 コッキング期
蹴り足が後方移動から前方移動へ変換する相．

1. サッカー障害の病態——サッカーキックにおける相

図10-4 アクセレレーション期
蹴り足の加速度が増し，膝関節角度最大屈曲からインパクトまでの相．

図10-5 インパクト期
足部がボールにインパクトする相．

図10-6 フォロースルー期
インパクト後蹴り足が再度地面に着地するまでの相．

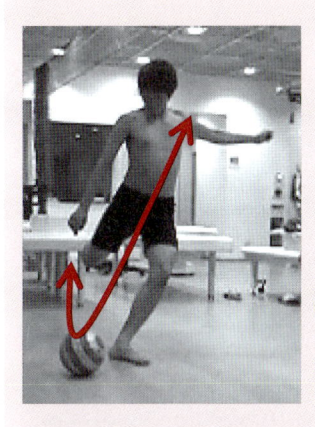

図10-7 tension arc
一側上肢挙上と対側股関節伸展および膝関節屈曲における協調性運動．

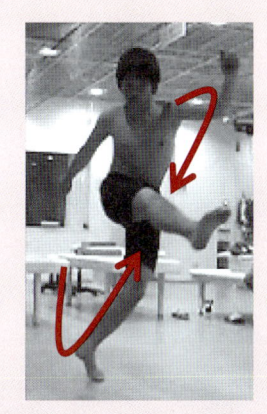

図10-8 クロスモーション
一側上肢クロスモーションと対側股関節屈曲および膝関節伸展における協調性運動．

フォロースルー期　　インパクト期　アクセレレーション期　テイクバック期～コッキング期　　アプローチ期

図10-9 非効率なインサイドキック（矢状面）
アプローチ期：十分な体幹右回旋が得られず，早期の体幹左回旋が出現している．
テイクバック期～コッキング期：上半身重心が後方に位置している．
アクセレレーション期：骨盤後傾位により前方並進運動が得られていない．
インパクト期：上半身重心が後方に位置し，その制御として下腿前傾角度が増大し前方へのモーメントを得ている．
フォロースルー期：上半身重心が後方に位置している．

411

図 10-10　非効率なインサイドキック（前額面）
アプローチ期：体幹右回旋が不十分のため体幹左回旋が早期に出現している．
テイクバック期〜コッキング期：骨盤に対して上半身が左回旋を生じる．
アクセレレーション期：体幹側方推進運動が行えず骨盤側方移動および体幹右側屈が生じている．
インパクト期：股関節外旋が十分に得られず，骨盤の右回旋運動が優位である．
フォロースルー期：骨盤後傾および体幹を右後方へ移動させることで蹴り足を振り出す．

図 10-11　効率的なインサイドキック（矢状面）
アプローチ期：体幹右回旋において前方推進力が得られている．
テイクバック期〜コッキング期：体幹前方並進運動が生じている．
アクセレレーション期：骨盤が適正な位置を保つ．
インパクト期：下腿前傾角度が減少している．
フォロースルー期：上半身重心が前方に位置している．

インサイドキックの特徴　（図 10-9 〜 12）

　インサイドキックはサッカーで最も多用される．パスに用いるキックであり，ボールコントロールが重視される．蹴り足側は，股関節外旋位，膝関節軽度屈曲位，足関節中間位または背屈位である．軸足側は，股・膝関節軽度屈曲位，足関節中間位である．インパクトは，足部内側でインパクトを行い，ボール接触面はその他のキックより広い．

　日本では，クラブ活動などで最初にインサイドキックから教えることが多い．指導者は，選手に，ボールの真横に軸足を置き，安定して片足で立ち，蹴り足を押し出すように指導する傾向がある[1]．

　上記のインサイドキックでは上半身重心を後方へ移動することが多い．軸足側の大腿直筋が遠心性制御として働くため，膝蓋骨を介して膝蓋腱や

図 10-12　効率的なインサイドキック（前額面）
アプローチ期：効率的な体幹右回旋が生じている．
テイクバック期～コッキング期：効率的な体幹左回旋が生じ，協調的な tension arc が形成されている．
アクセレレーション期：体幹側方並進運動により軸足側へ重心移動が生じる．
インパクト期：ボールに効率的な力を伝達している．
フォロースルー期：協調的なクロスモーションが生じ，蹴り足が次の動作遂行の一歩目となる．

脛骨粗面，および周囲の組織にメカニカルストレスが繰り返し加わり，疼痛を引き起こす．蹴り足側の股関節外旋の可動域制限があると，骨盤を含む体幹が蹴り足側に回旋する代償運動が起き，結果的に上半身重心の後方化が助長される[4]．

臨床現場では膝伸展機構の破綻により，膝関節前面に疼痛を訴えることが多い．また膝関節前面痛は，大腿直筋の over use により引き起こされることが多く，蹴り足側が注目されるが，実際は軸足側に疼痛を有することが多いと報告されている[5]．

インステップキックの特徴 （図 10-13～16）

インステップキックは，速いシュート，ライナー性で遠くへボールを飛ばしたいときに選択する．ボールとの接触面積はその他のキックと比べて小さく，ボールを点で合わせる感覚に近い．特徴として，アプローチ時の前方推進力と，コッキング～アクセレレーション時のクロスモーションによる体幹の回旋モーメントをボールに伝達することがあげられる．

評価のポイントは，アプローチ時の体幹右回旋，ボールインパクト前の左回旋，インパクト時の体幹右回旋の円滑性があげられ，それらの体幹の回旋モーメントが円滑に行えているか，および軸足側が安定しているか，の 2 点が重要である．

非効率なインステップキックの例をあげると，前額面では，軸足接地時に，下肢，体幹の不安定性による軸足側への骨盤外側方移動を招き，膝関節は knee out となる．アプローチからの前方推進力は前方から側方へ偏位し，体幹の回旋を優位とするインステップキック動作となることが多い．そのため，前方への推進力が効率的にボールに伝達されない．

矢状面では，軸足接地時に骨盤が前方移動すると腰椎は前弯が増大し，相対的に上半身重心は後方に位置する．上半身には，後方へ倒れるモーメントが加わり，大腿直筋は遠心性制御として働く．また，そのインステップキックでは，蹴り足側の股関節とボールとの位置が離れる．その距離を調整するために，軸足側の下腿前傾角度を増大させることで，大腿直筋にはさらなる遠心性制御が働き，膝関節へのメカニカルストレスは増大する．

413

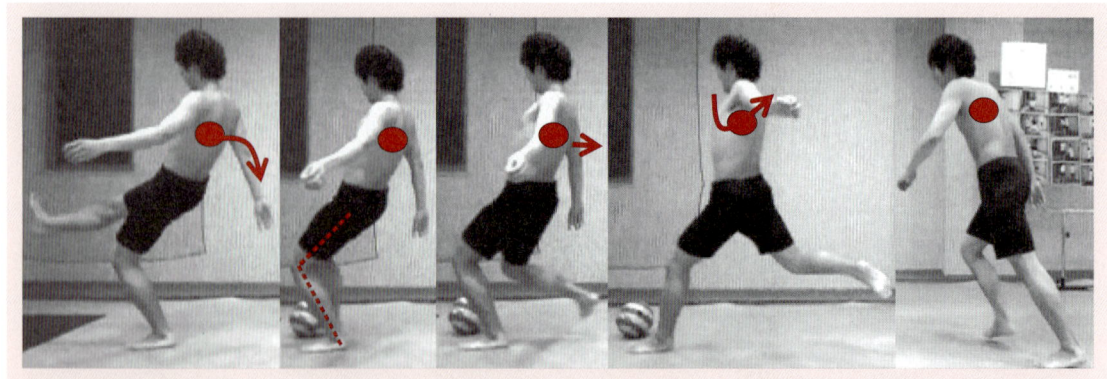

フォロースルー期　インパクト期　アクセレレーション期　テイクバック期〜コッキング期　アプローチ期

図 10-13　非効率なインステップキック（矢状面）
アプローチ期：体幹右回旋運動が不十分である．
テイクバック期〜コッキング期：過剰な体幹左回旋が生じている．
アクセレレーション期：体幹前方並進運動が生じず，上半身重心が後方に位置している．
インパクト期：上半身重心が後方に位置しているため，制御として下腿前傾角度が増大している．
フォロースルー期：蹴り足を振り出すことで下半身重心が前方化となり，上半身重心の後方化が助長される．

フォロースルー期　インパクト期　アクセレレーション期　テイクバック期〜コッキング期　アプローチ期

図 10-14　非効率なインステップキック（前額面）
アプローチ期：体幹右回旋が不十分であり，早期の体幹左回旋が生じている．
テイクバック期〜コッキング期：骨盤に対して体幹左回旋が生じている．
アクセレレーション期：体幹右側屈が生じ，膝関節前内方移動にて重心制御を行う．
インパクト期：骨盤前方並進運動が得られていない．
フォロースルー期：上半身重心が後方に位置し，重心制御として下腿前傾角度が増大している．

矢状面上での対応だけでなく，前額面上での調整が必要であれば下腿は外反し，軸足側は knee in となり，鵞足停止筋，前十字靱帯（ACL）などにメカニカルストレスが加わる．

トップアスリートレベルでは，インパクトをボールの中心で行い，下肢全体を押し出すように接地時間を延長させ，無回転ボール（いわゆるブレ球）をボールに伝達できる．軸足や骨盤帯および体幹安定性により各機能が協調性に働くことで行える技術である．成長期のサッカー選手は，各機能が成熟していない．無回転ボールをキックすることは，さまざまなメカニカルストレスを生じさせることが予想される．筆者は，成長期のサッカー選手において無回転ボールを指導することを推薦しない．成長期では，各機能が十分に発揮され，ボールの中心をインパクトできるよう指導する．そし

1. サッカー障害の病態──下腿の方向により加わるメカニカルストレスと予想されるスポーツ障害

図 10-15　効率的なインステップキック（矢状面）
フォロースルー期　　インパクト期　　アクセレーション期　テイクバック期～コッキング期　アプローチ期

アプローチ期：効率的な体幹右回旋が生じている．
テイクバック期～コッキング期：上半身重心は前方に位置している．効率的な体幹左回旋および上肢運動が生じている．
アクセレーション期：適正な骨盤の位置を保っている．
インパクト期：効率的にボールに力を伝達している．
フォロースルー期：体幹右回旋が生じ，上半身重心が前方に位置しているため，蹴り足が次の動作の一歩目になる．

図 10-16　効率的なインステップキック（前額面）
フォロースルー期　　インパクト期　　アクセレーション期　テイクバック期～コッキング期　アプローチ期

アプローチ期：効率的な体幹右回旋が生じている．
テイクバック期～コッキング期：効率的な体幹左回旋および上肢運動が生じ，協調的な tension arc が形成されている．
アクセレーション期：軸足側への体幹側方並進運動が生じている．
インパクト期：効率的にボールに力を伝達している．
フォロースルー期：協調的なクロスモーションが生じ，蹴り足が次の動作遂行の一歩目となる．

て身体が成熟され，各関節の安定性が得られてから指導することを勧める．

ポジション特性によるキック動作の特徴

袴田[5]は，サッカーのポジション別にキック動作に特徴があると述べている．

膝伸展機構障害は，守備的なポジションに多く，守備的なポジションでは，ボールを高く遠くへ飛ばすためにボールの中心より下をインパクトする機会が多い．軸足側の膝関節は，蹴り足側の足部とボールの距離を補償するため軸足側の下腿前傾角度を増大させるなどの一例が考えられる．

下腿の方向により加わるメカニカルストレスと予想されるスポーツ障害

大腿に対して，下腿の偏位および移動方向を評価することで予想される病態を図 10-17 ～ 23 に示す．

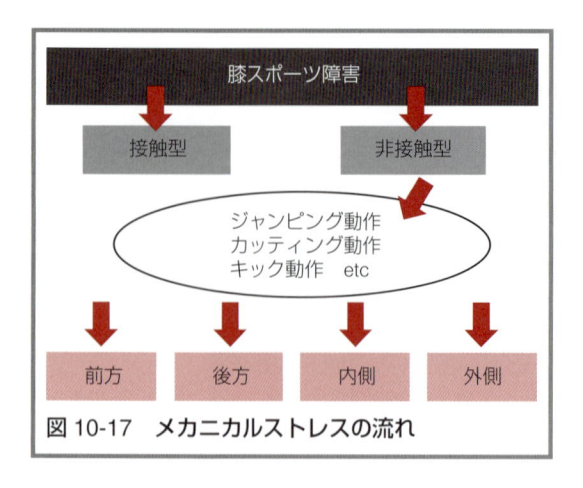

第10章 サッカー障害

図 10-17 メカニカルストレスの流れ

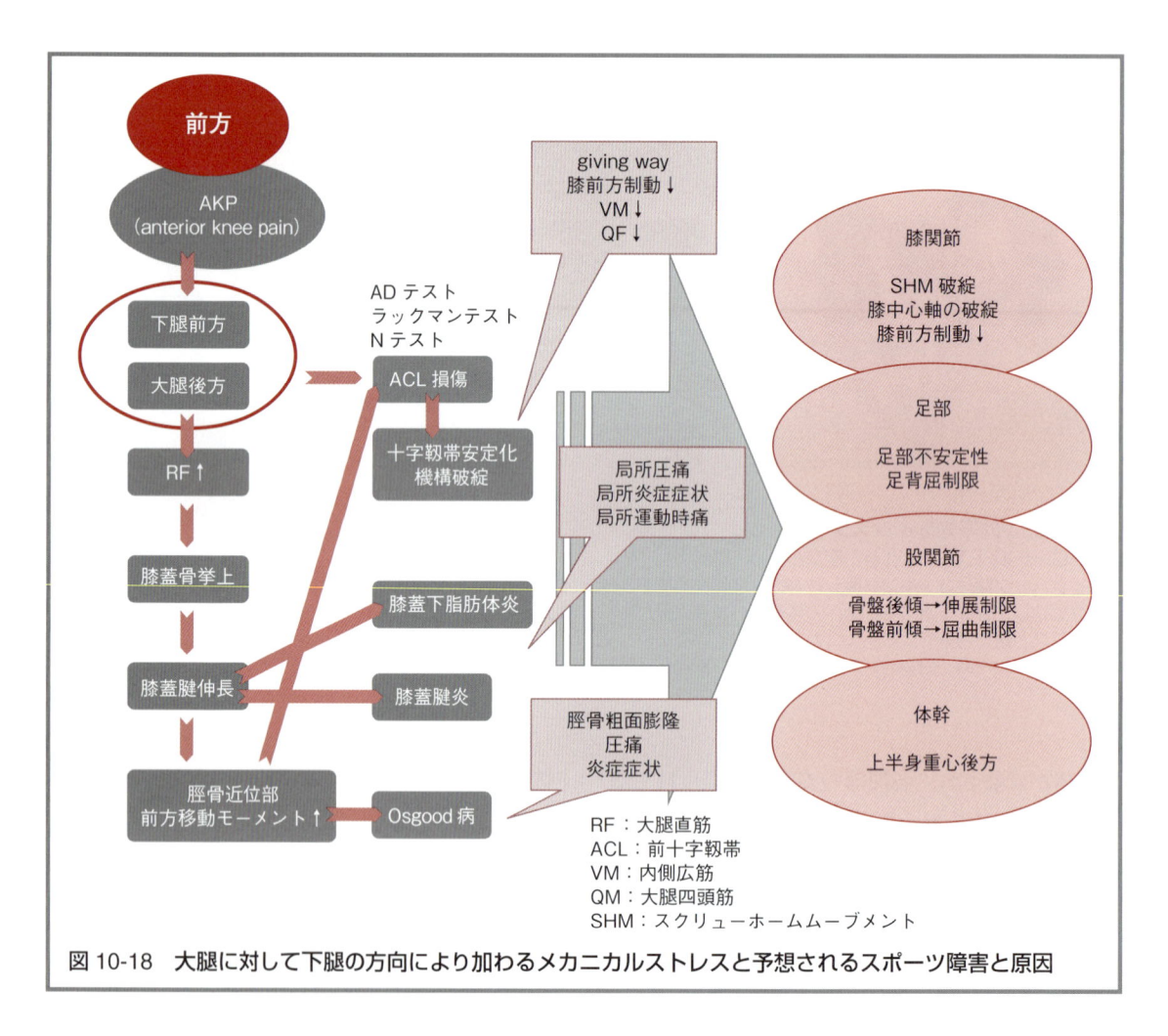

図 10-18 大腿に対して下腿の方向により加わるメカニカルストレスと予想されるスポーツ障害と原因

RF：大腿直筋
ACL：前十字靱帯
VM：内側広筋
QM：大腿四頭筋
SHM：スクリューホームムーブメント

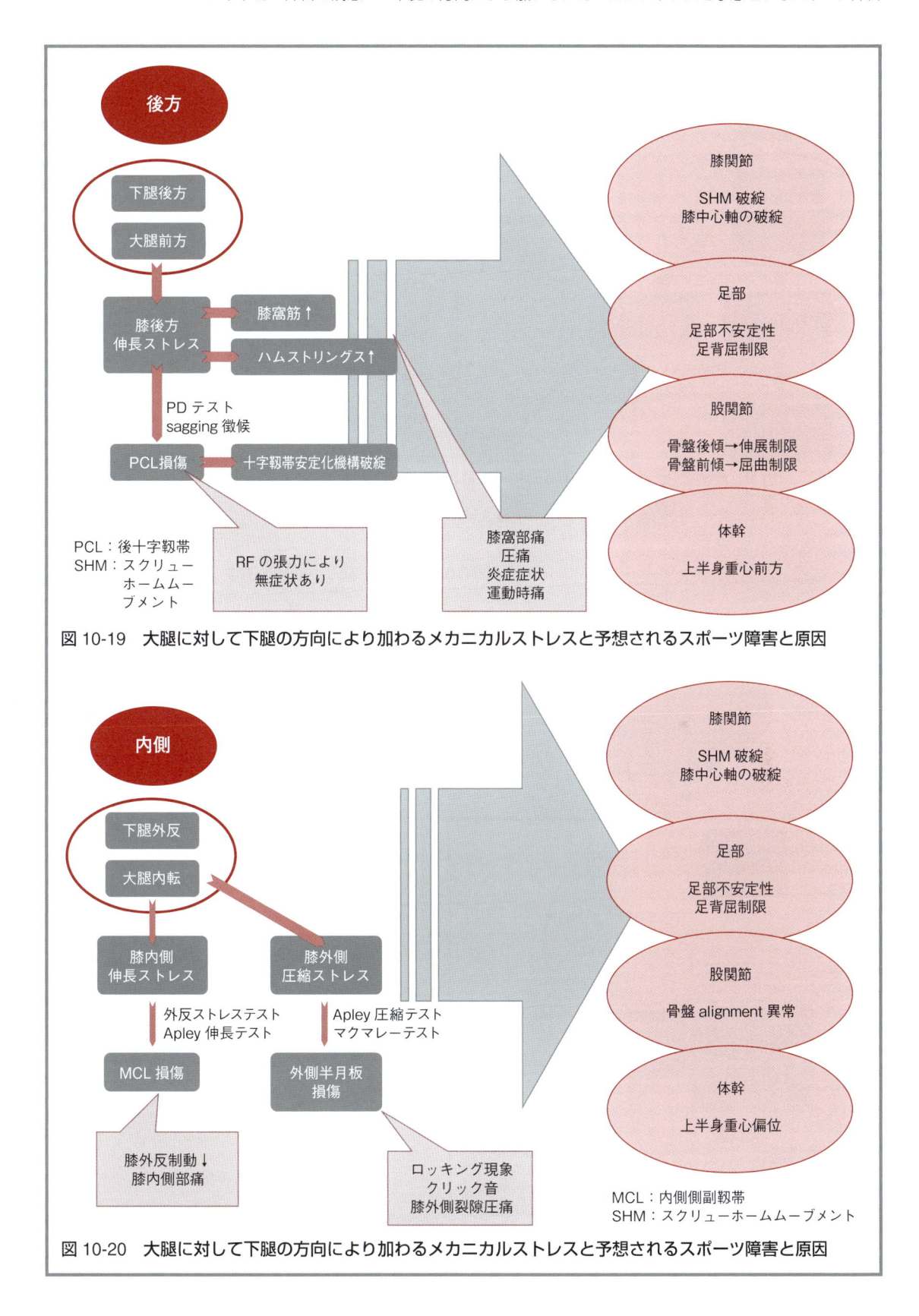

1. サッカー障害の病態──下腿の方向により加わるメカニカルストレスと予想されるスポーツ障害

図 10-19 大腿に対して下腿の方向により加わるメカニカルストレスと予想されるスポーツ障害と原因

図 10-20 大腿に対して下腿の方向により加わるメカニカルストレスと予想されるスポーツ障害と原因

417

第10章 サッカー障害

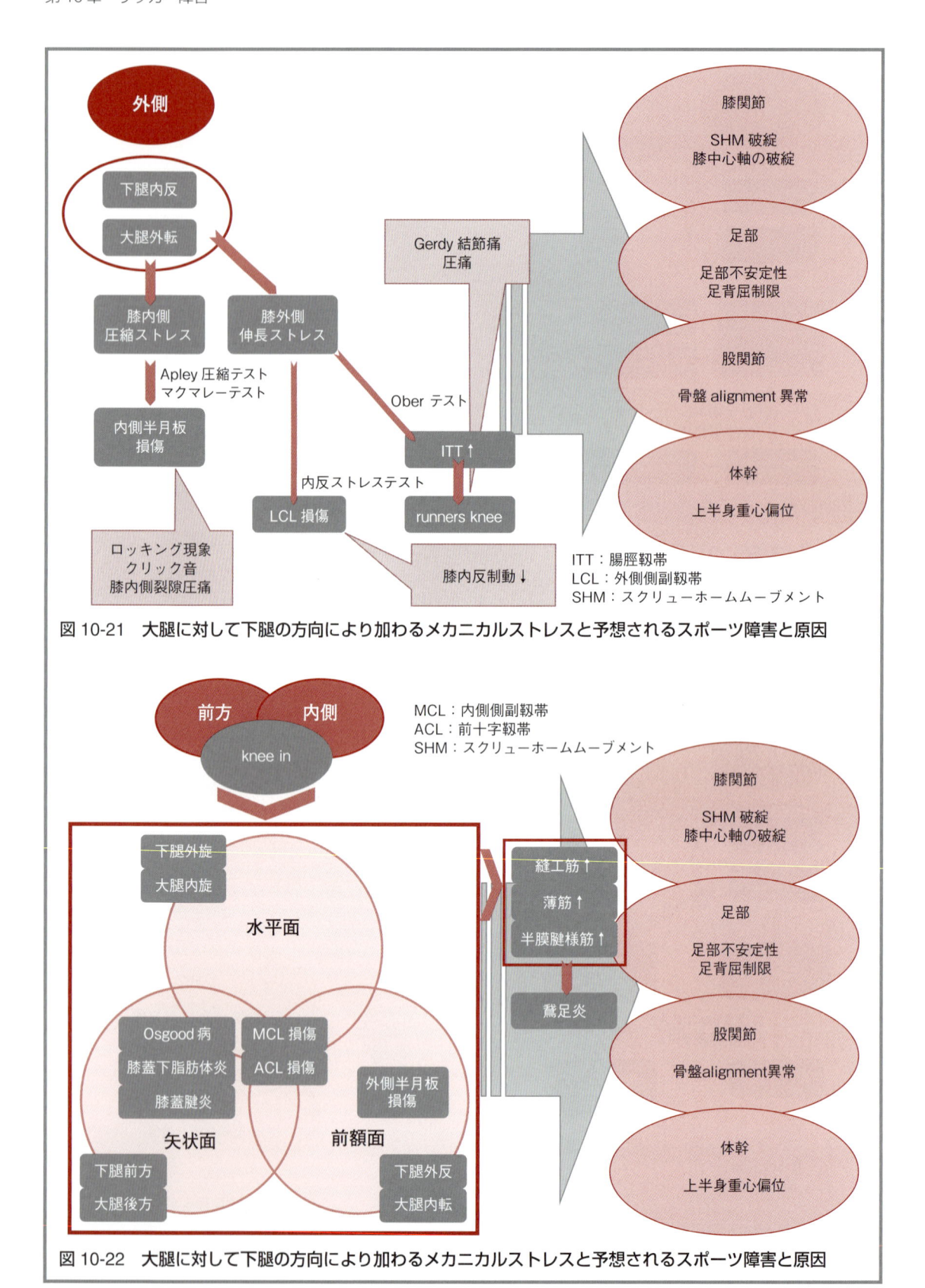

図10-21 大腿に対して下腿の方向により加わるメカニカルストレスと予想されるスポーツ障害と原因

ITT：腸脛靱帯
LCL：外側側副靱帯
SHM：スクリューホームムーブメント

MCL：内側側副靱帯
ACL：前十字靱帯
SHM：スクリューホームムーブメント

図10-22 大腿に対して下腿の方向により加わるメカニカルストレスと予想されるスポーツ障害と原因

2. 評価——機能評価

図10-23 大腿に対して下腿の方向により加わるメカニカルストレスと予想されるスポーツ障害と原因

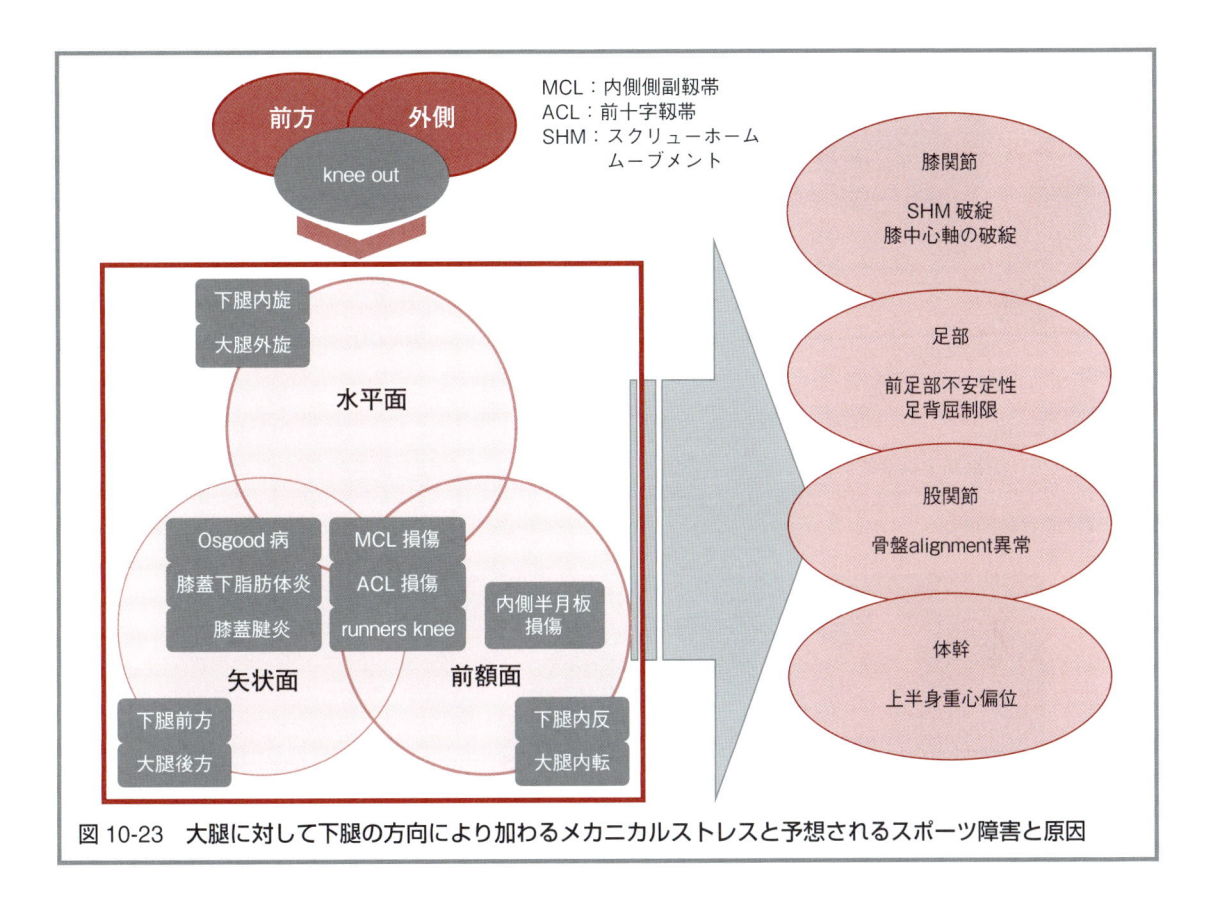

MCL：内側側副靱帯
ACL：前十字靱帯
SHM：スクリューホームムーブメント

2. 評価

機能評価

　機能評価は，筋力の発揮や収縮するタイミングの左右差を把握することが重要である．各機能評価の詳細は各章で述べられているため，ここではサッカー動作に重要な体幹筋群および下肢筋群の機能の代表的な評価をあげる．

インナーユニット機能評価（図10-24）

　開始肢位は背臥位．被検者は膝関節伸展位を保持し，下肢を挙上させる．検者は，骨盤回旋などの代償運動の左右差を注意深く観察して把握する．次に，腹横筋，多裂筋，横隔膜，骨盤底筋群の各筋を徒手にて一時的に活動を高める（図10-25〜28）．代償運動の消失または軽減された筋の機能低

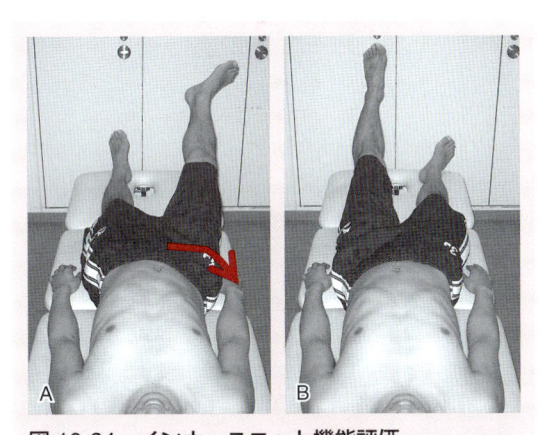

図10-24　インナーユニット機能評価
A：機能低下：骨盤右回旋が生じる．インナーユニット機能低下が示唆される．
B：正常：骨盤および体幹が適正な位置を保つ．

下が示唆される[6]．

多裂筋機能評価（図10-29，30）

　開始肢位は，腹臥位．膝関節伸展位にて股関節

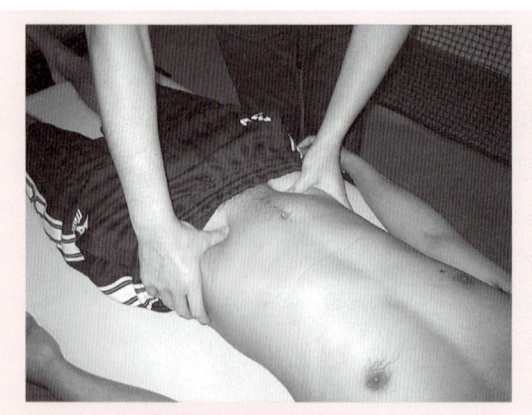

図 10-25 腹横筋の徒手的介助
検者は，上前腸骨棘の二横指内側に徒手的に圧迫を加え，一時的に活動を高める．

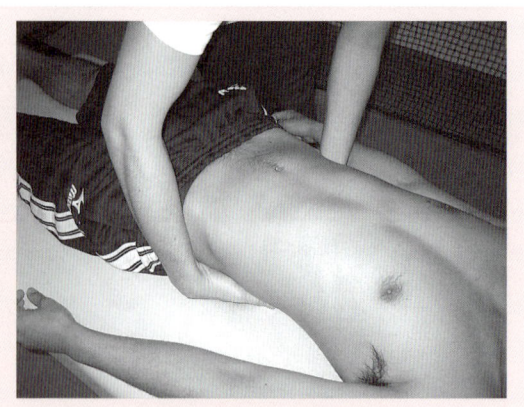

図 10-26 多裂筋の徒手的介助
検者は，背部から腰椎レベルの多裂筋に徒手的に圧迫を加え，一時的に活動を高める．

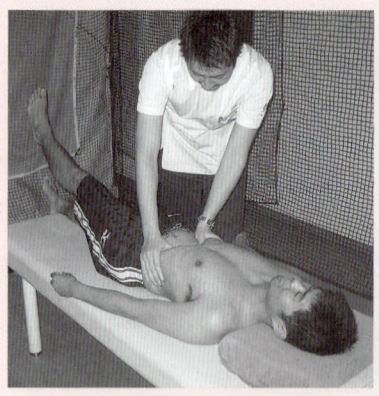

図 10-27 横隔膜の徒手的介助
検者は，肋骨弓下方部に徒手的に圧迫を加え，一時的に活動を高める．

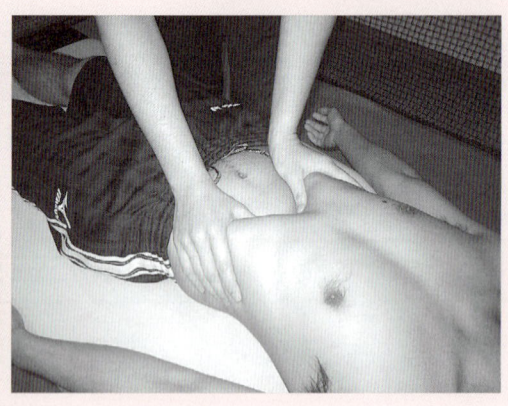

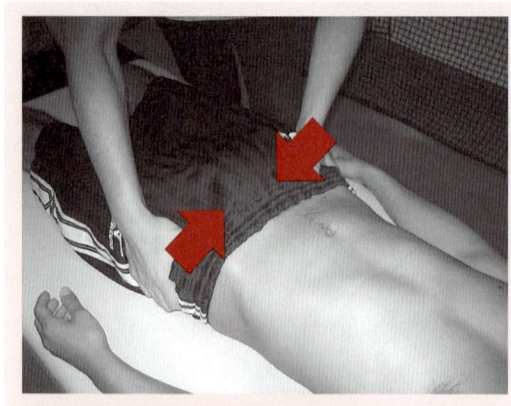

図 10-28 骨盤底筋群の徒手的介助
検者は，骨盤を把持し閉鎖位方向へ徒手的に圧迫を加え，一時的に活動を高める．

伸展を行う．検者は腰椎レベルの棘突起に隣接する筋の膨隆を触診し，左右差を比較し，骨盤および体幹の対側への回旋や，過度な腰椎前弯の増強などの代償運動を注意深く観察する．筋膨隆の劣位側や筋収縮のタイミングの遅延および代償運動が生じた側の多裂筋機能低下が示唆される．

外腹斜筋機能評価（図 10-31A～D）

開始肢位は背臥位．骨盤に不安定板，高さ 20 cm の台上に足部を置き，骨盤の水平位を確認する．体幹回旋を伴わないように骨盤を左右に回旋させる．骨盤回旋が十分に行われない場合は，外腹斜筋機能低下が示唆される．骨盤の可動性がわずか

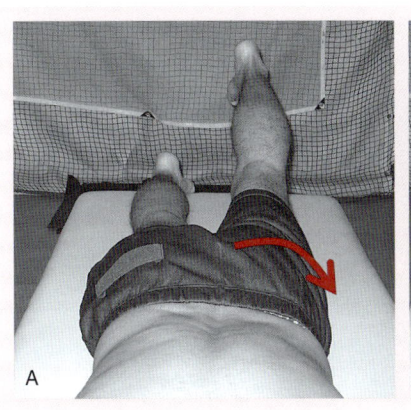

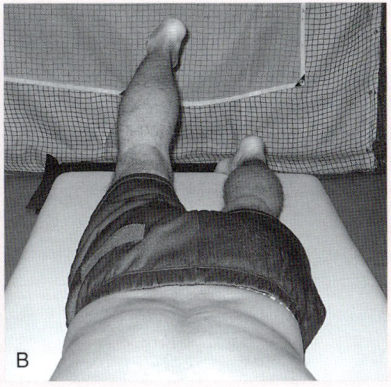

図 10-29　多裂筋機能評価
A：機能低下：骨盤左回旋が生じている．
B：正常：骨盤が適正な位置を保持し，股関節伸展運動が行われている．

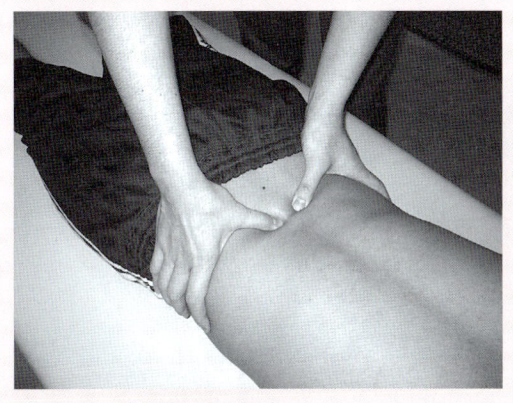

図 10-30　多裂筋の触診
腰椎レベル棘突起直横の多裂筋を触診し，筋膨隆の左右差を確認する．

なため，検者は骨盤を把持し，注意深く左右差を評価する．また体幹の回旋や偏位などの代償運動にも注意する．

上記の評価で判別不能の場合は，足部に不安定板を置き不安定要素を増すことで代償運動が生じやすくなる．

腰方形筋機能評価（図 10-32）

開始肢位は腹臥位．被検者は骨盤を頭側へ引き上げる．検者は，骨盤を把持し，骨盤の回旋や体幹の代償運動を注意深く観察する．劣位側は，腰方形筋機能低下が示唆される．

大殿筋機能評価（図 10-33）

開始肢位は腹臥位．被検者は膝関節 90°屈曲位を保持し，股関節伸展を行う．検者は，多裂筋が先行して収縮するか触診し，体幹伸展などの代償運動の左右差を注意深く観察する．低位側や多裂筋の収縮タイミングの遅延側は，大殿筋機能低下が示唆される．

腸腰筋機能評価（図 10-34A，B）

開始肢位は座位．被検者は膝関節 90°を保持し股関節屈曲を行う．検者は骨盤を把持し，骨盤後傾の運動量や体幹による代償運動の左右差を注意深く観察する．骨盤後傾運動の優位側は，腸腰筋機能低下が示唆される．

大腿四頭筋機能評価（図 10-35）

開始肢位は座位．被検者は膝関節 90°位から伸展を行う．検者は広筋群を触診し，一方で下腿遠位を把持しながら抵抗を加え，膝関節最終域での広筋群が収縮するタイミングや筋力発揮，代償運動の左右差を注意深く評価・観察する．広筋群の筋収縮の遅延や筋力発揮劣位側の大腿四頭筋は機能低下が示唆される．

また，膝蓋骨の位置を評価することで大腿四頭筋機能評価の一助となる（図 10-36）．膝蓋骨高位

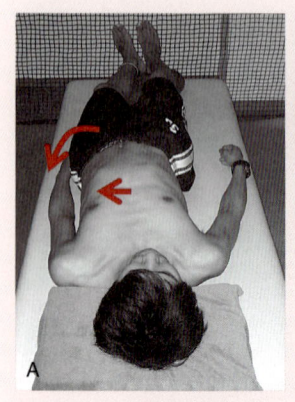

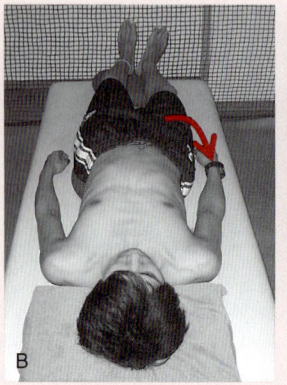

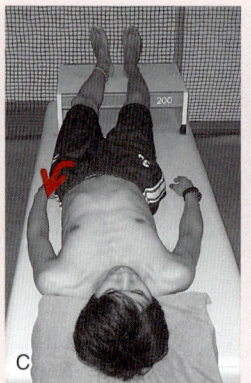

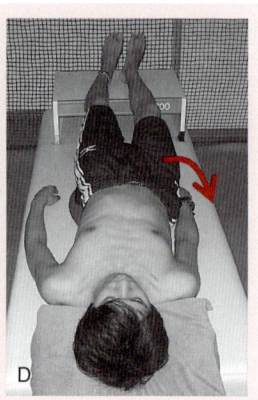

図 10-31 外腹斜筋機能評価
A：機能低下：骨盤左回旋時に体幹の回旋が伴う．左外腹斜筋の機能低下が示唆される．
B：正常：体幹が適正な位置を保っている．
C：機能低下：骨盤回旋可動域が減少．
D：正常：骨盤回旋可動域が十分に得られている．

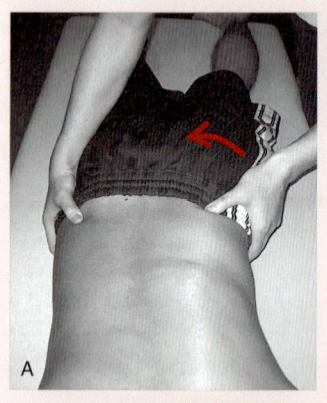

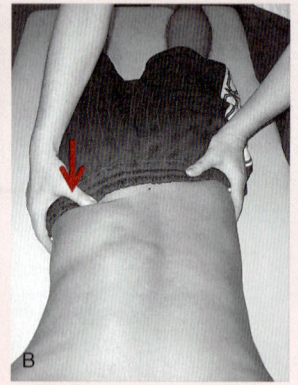

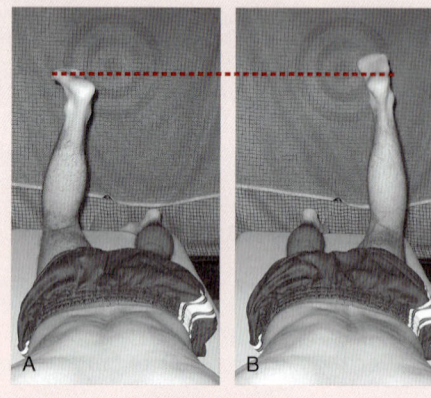

図 10-32 腰方形筋機能評価
A：機能低下：骨盤左回旋の代償運動が生じる．
B：正常：適正な骨盤引き上げ動作が可能である．

図 10-33 大殿筋機能評価
A：機能低下：低位がみられる．
B：正常：股関節中間位にて伸展運動が行われている．

側は，骨盤後傾位であることが多く，大腿直筋が持続的に緊張することで膝蓋骨が牽引され高位を示す[7]．膝蓋骨高位側の大腿直筋は，持続的に遠心性に働くことで筋力発揮が困難となり，大腿四頭筋機能低下が推察される．

広筋群機能評価は，開始肢位は背臥位である．検者は，被検者の膝窩部にタオルなどを置き，広筋群を触診する．被検者は，タオルを押し潰すように膝関節伸展を行う．広筋群は，膝関節伸展最終域で働くため，筋収縮の遅延側や筋力発揮の劣位側は，広筋群機能低下が示唆される（図 10-37）．

ハムストリングス機能評価（図 10-38）

開始肢位は腹臥位．被検者は膝関節90°屈曲位から膝関節屈曲を行う．検者は下腿遠位を把持し，ハムストリングスを触診しながら代償運動などの左右差を注意深く観察する．筋の収縮タイミングや筋力発揮の劣位側は，ハムストリングス機能低下が示唆される．

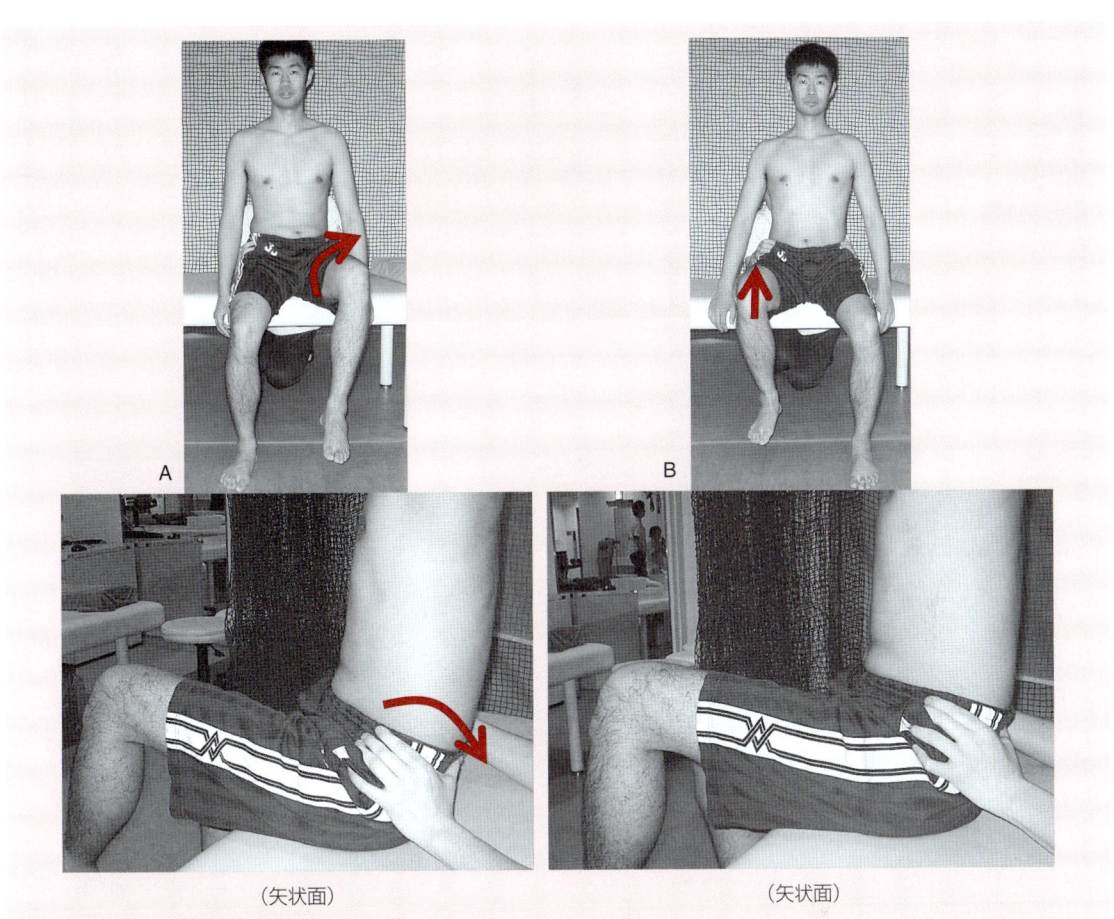

図10-34 腸腰筋機能評価
A：機能低下：骨盤後傾運動，股関節外転および外旋の代償運動が生じる．
B：正常：骨盤中間位を保持し股関節屈曲運動が可能である．

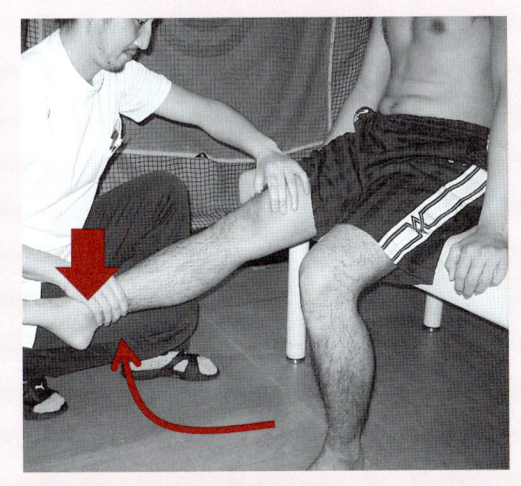

図10-35 大腿四頭筋機能評価
広筋群の収縮タイミングおよび体幹などの代償運動を観察する．

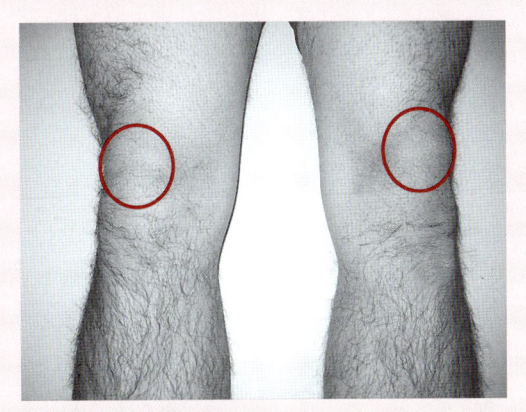

図10-36 膝蓋骨評価
左膝蓋骨の高位がみられる．

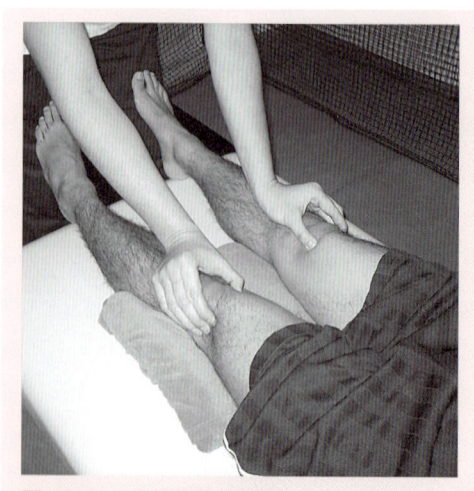

図 10-37　広筋群機能評価
検者は，広筋群の収縮タイミングの左右差を注意深く観察する．

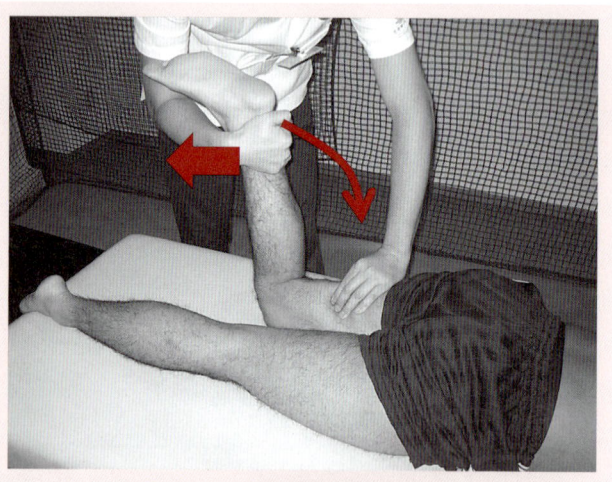

図 10-38　ハムストリングス機能評価
検者は，ハムストリングスの収縮タイミングおよび代償運動を観察する．

動作機能評価

体幹並進動作機能評価（図 10-39）

開始肢位は座位．検者は，並進動作において脊柱の分節的な運動が行われていることを確認する．また左右差や多裂筋の筋収縮，タイミング，並進動作の同側骨盤の下制，対側骨盤の挙上も確認する．

下肢との分節的な並進動作では，座位で下肢を浮かせて並進動作を行う．足関節制御を取り除いた状態で行うことで，骨盤および体幹の影響にて左右差が生じていると考えられる[8]．

体幹回旋動作機能評価（図 10-40, 41）

開始肢位は膝立ち位．検者は体幹回旋を行わせ，左右差，代償動作を確認する．股関節制御を取り除いた状態では座位にて行う．双方を行い，治療展開を決定する．図では，座位での体幹右回旋に可動性低下がみられ，膝立ち位での体幹左回旋が優位にみられた．それにより体幹左回旋において股関節ストラテジーが優位と推察される．

移動方向による再現痛の把握（図 10-42）

頻回なメカニカルストレスは，機能障害を生じ，疼痛を引き起こす．膝関節痛は，おのおのの関節，筋などの機能低下により生じ，非効率な動作が起こる．被検者は特質的なポジション別動作やパフォーマンスを発揮するため，特定な方向に非効率な動作を行うことが多い．検者は膝関節の不安定性が生じる移動方向を把握することで，治療展開の重要な情報を得られる．

閉眼ジャンプ動作評価（図 10-43）

閉眼にてジャンプ動作を数回行わせる．検者は，前方移動または後方移動のどちらが優位かを注意深く観察する．

前方移動が優位の者は，上半身重心が前方位となることが多い．そのため上半身には前方へ倒れるモーメントが加わり，膝関節屈筋群は遠心性制御として作用するため，過活動していることが示唆される．

また後方移動が優位の者は，上半身重心が後方位となることが多い．そのため上半身には後方へ倒れるモーメントが加わり，膝関節伸筋群は遠心

2. 評価——動作機能評価

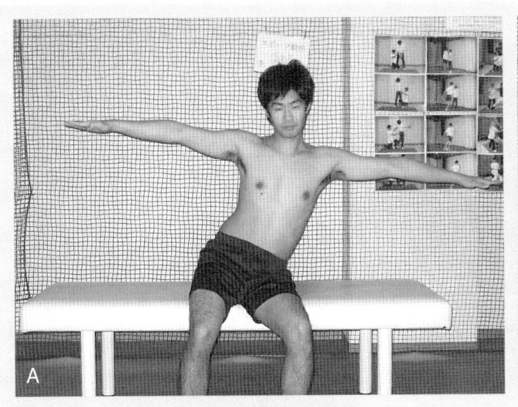

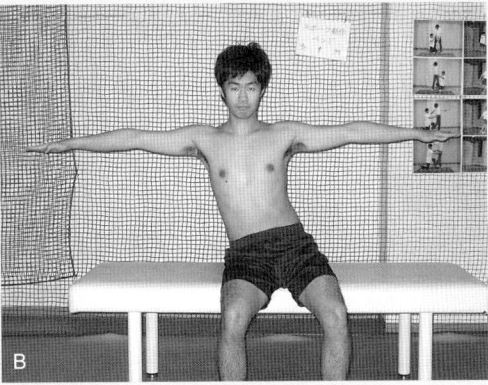

図 10-39　体幹並進動作機能評価
A：機能低下：左体幹の伸張性低下．
B：正常：効率的な並進動作．

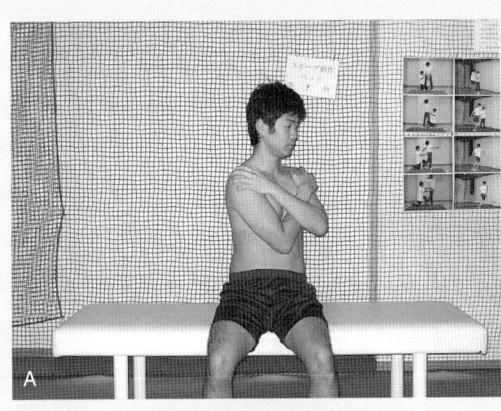

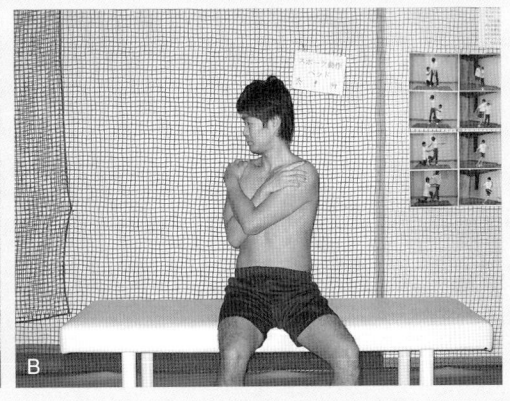

図 10-40　体幹回旋動作機能評価（座位）
A：機能低下：体幹伸展運動を伴う回旋動作．
B：正常：効率的な回旋動作．

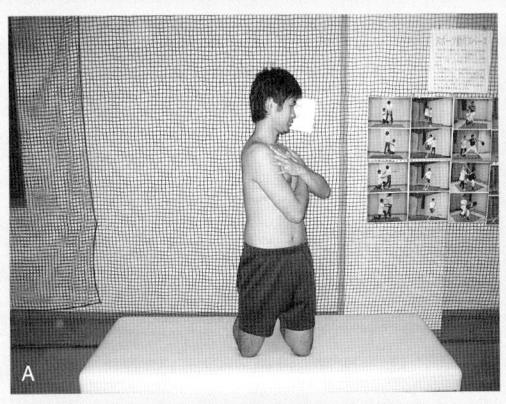

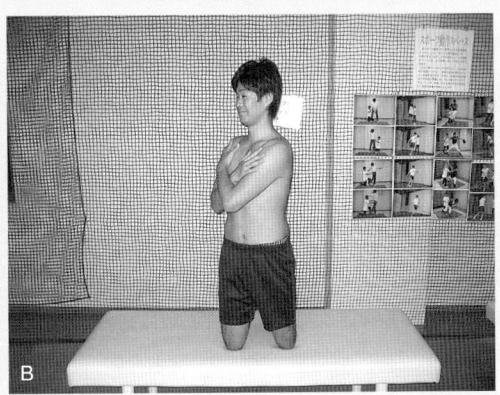

図 10-41　体幹回旋動作機能評価（膝立ち位）
A：機能低下：過剰な股関節ストラテジーによる体幹回旋動作．
B：正常：効率的な回旋動作．

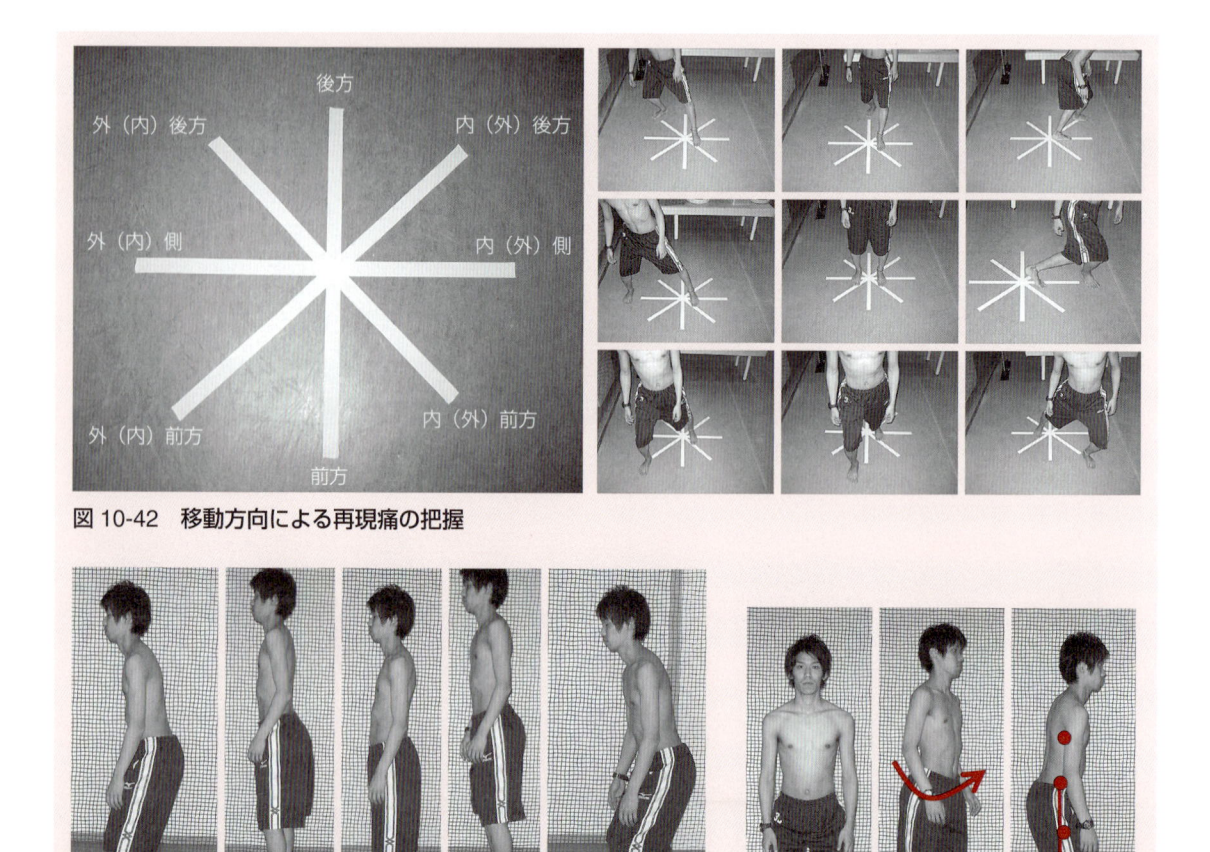

図10-42 移動方向による再現痛の把握

図10-43 閉眼ジャンプ動作評価

図10-44 方向転換ジャンプ動作評価

性制御として作用するため，過活動していることが示唆される．

閉眼ジャンプ動作は，被検者の視覚情報を遮断するため身体感覚を優位とした評価であり，どのように対応する傾向かを把握することで，治療の方向性が設定しやすく，治療達成度の目安ともなる．

方向転換ジャンプ動作評価（図10-44）

サッカーはさまざまな動作の組み合わせであり，状況の変化により複雑に変化する．被検者の疼痛動作を理解し，把握するためにも評価を細分化する必要がある．方向転換ジャンプ動作評価は，単純な上下のジャンプ動作だけでなく応用させることで疼痛動作の把握が容易となり，被検者自身も疼痛動作を体感できる．方向転換ジャンプ動作における評価のポイントは，疼痛の有無，どの相で疼痛が生じるのか，体幹を含むおのおのの関節が十分に機能を発揮しているかに着目する．臨床において多くみられる現象は，方向転換後着地時に起こる膝関節の前額面上の動揺である．方向転換時の回転モーメントを制御すべく，膝関節の側方動揺が生じる．それらが頻回に加わることで膝関節外側・内側支持機構が破綻され，疼痛を引き起

こすものである．

矢状面では，衝撃吸収の際の下腿前傾角度の増加により大腿直筋は遠心性制御として作用する．そのメカニカルストレスを頻回に受けることにより膝伸展機構が破綻され疼痛を引き起こすものである．

着地動作評価（図 10-45）

着地動作評価は，被検者に 20 〜 30 cm の高さの台からジャンプして着地させる．この評価は，ジャンプ動作の着地時において膝関節痛を評価する情報となる．着地動作時に生じる膝関節痛の多くは，衝撃吸収がおのおのの関節で十分に得られず，特定の関節や筋および靱帯の over use であることが多い．膝関節は，衝撃吸収の調整を担うため over use を生じやすい．言い換えれば，股関節，足関節および体幹の衝撃吸収機能が十分に発揮されれば膝関節へのメカニカルストレスは軽減されることが示唆される．

スクワット動作評価（図 10-46）

スクワット動作評価は，足関節，膝関節，股関節および体幹機能が十分に協調して機能が発揮され遂行されているか確認する．矢状面での屈筋，伸筋の活動が重要である．スクワット動作での膝関節前面痛は，上半身重心が後方へ位置していることが多い．これは上半身重心の前方移動が十分に得られず膝関節の knee in-out および下腿前傾角度増大にて補償していることが推察される．検者は，上半身重心の前方移動機能を評価・考察する必要がある．とくに骨盤前傾や股関節伸筋制御機能，体幹安定化機能，足関節機能を評価する必要がある．

サッカー動作では，キック動作など片脚にて動作を遂行することも多い．前額面では膝外側・内側支持機構，矢状面では膝前面支持機構および膝伸展機構を評価・考察する必要がある．

サイドレンジ機能評価（図 10-47）

サッカー動作は，矢状面，前額面，水平面すべての移動が必要である．とくに前額面上の移動で疼痛を有する者は，前額面上の移動に要するおのおのの関節，筋などの機能低下が生じている．サイドレンジは前額面上の移動の一歩目となることが多く，サイドステップやカッティングなどで疼痛を有する者のメカニカルストレスを把握するうえで重要な情報となる．

膝関節は中間関節であり，足関節，股関節，骨

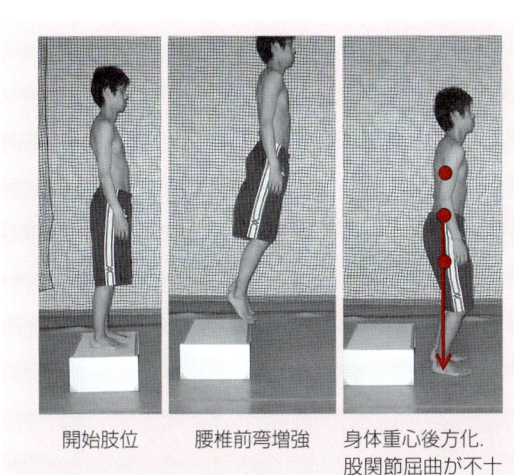

開始肢位　　腰椎前弯増強　　身体重心後方化，
　　　　　　　　　　　　　股関節屈曲が不十分である．

図 10-45　着地動作評価

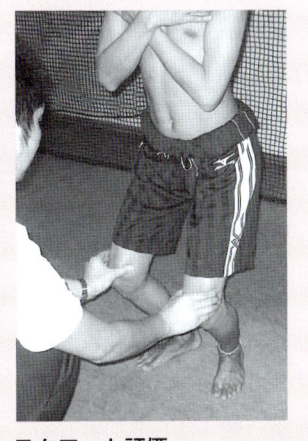

図 10-46　スクワット評価
膝の動揺を観察する．骨盤前傾を含む股関節屈曲と膝関節屈曲のタイミングを観察する．

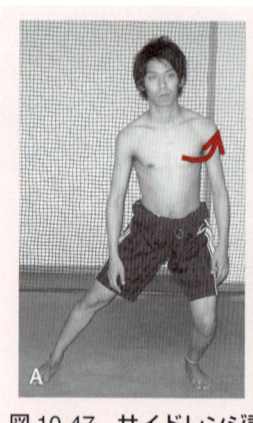

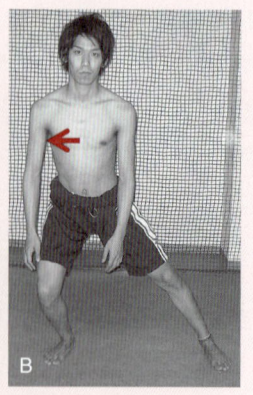

図 10-47 サイドレンジ評価
A：機能低下：体感左回旋が生じている．
B：正常：適正な体幹並進動作が可能である．

盤帯および体幹機能の影響が反映されやすく，局所的な評価・治療を施行しても，効果や治療達成度は低くなる．検者は，おのおのの機能が協調し十分に発揮するかを評価する．

たとえば前額面上では，体幹並進運動に寄与している腰方形筋，多裂筋などの筋が機能低下により，側屈や回旋を含む動作において上半身重心の移動量が大きくなる．サイドレンジ方向の同側に側屈すれば，上半身重心は過度に同側へ移動する．その補償として下半身重心を対側へ移動するために同側の膝関節は内反し，内側支持機構には伸長ストレス，外側支持機構には圧縮ストレスが加わる．またその反対に，サイドレンジ方向の対側に体幹側屈を行えば，十分な同側の重心移動を行うことができない．その補償として下半身重心をサイドレンジの同側へ移動させるため，膝関節が外反することで，外側支持機構には伸長ストレス，内側支持機構には圧縮ストレスが加わる．

矢状面上では，骨盤前傾角度および股関節屈曲角度が不十分であれば，上半身重心は後方に位置する．上半身には後方へ倒れるモーメントが加わり，膝関節伸展筋群は遠心性制御として過剰に作用し，メカニカルストレスが加わることにより膝関節前面痛を引き起こす．

被検者の動作遂行による対応は多岐にわたる．検者は，サイドレンジにおけるおのおのの関節，筋の機能低下により，重心移動機能低下が起こることで，結果的に膝関節にメカニカルストレスが生じているか評価・考察する必要がある．

筋連結機能評価

サッカー動作は全身運動であり，動作に必要な筋群が協調的に発揮されることが重要である．協調的に発揮するには，体幹（中枢）の安定化が必要であり，それにより四肢（末梢）の自由度が向上する．筆者は，筋連結する筋群を1つのユニットとしてとらえ，それらの機能が協調して発揮することを目的に，以下の筋連結機能評価の代表例をあげる．

後部斜方系連結機能評価（図 10-48）

広背筋と対側の大殿筋の筋連結を評価する．開始肢位は腹臥位．一側上肢と対側下肢を伸展軽度挙上する．検者は両側の左右差，筋収縮のタイミング，代償動作の部位を観察する．その際に，多裂筋が先立って収縮するかどうかということと左右差を触診する．筋収縮タイミングの遅延や体幹回旋などの代償運動は，後部斜方系連結機能低下が示唆される．

前部斜方系連結機能評価（図 10-49）

腹斜筋と対側内転筋の筋連結を評価する．開始肢位は背臥位．一側上肢と対側下肢を屈曲軽度挙上する．検者は両側の左右差，筋収縮のタイミング，代償動作の部位を観察する．過剰な体幹回旋や一側下肢または上肢の過活動は，前部斜方系連結機能低下が示唆される．

前鋸筋・外腹斜筋筋連結評価（図 10-50A）

背臥位で，前鋸筋と同側外腹斜筋の筋連結を評価する．開始肢位は背臥位．肩90°屈曲位から両側

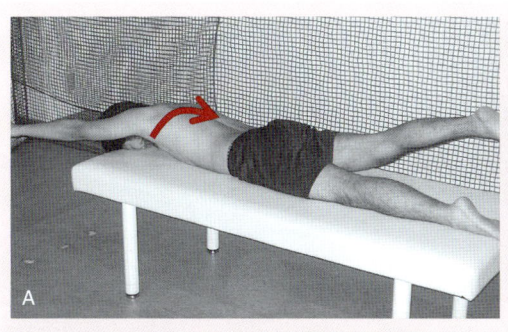

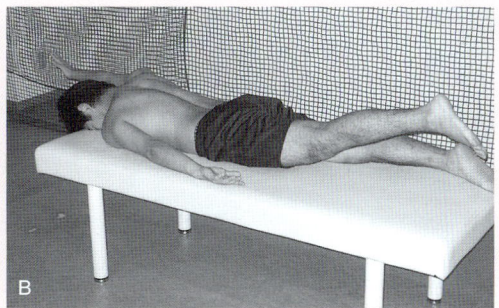

図 10-48 後部斜方系連結機能評価（腹臥位）
A：機能低下：体幹の回旋による代償運動が起こる．
B：正常：協調的に行うことができている．

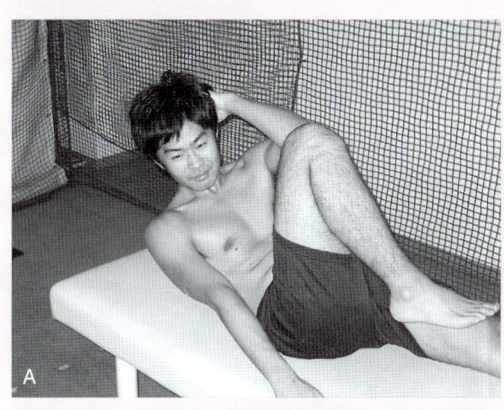

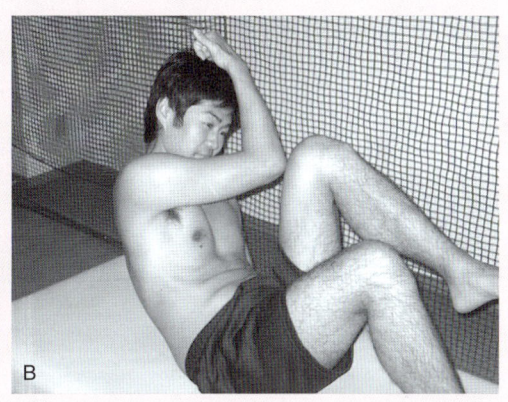

図 10-49 前部斜方系連結機能評価（上下肢屈曲位）
A：機能低下：体幹屈筋にて代償している．
B：正常：協調的に行うことができている．

リーチ動作を行う．検者は両側の外腹斜筋を触診しながら，筋収縮や収縮タイミングの左右差を確認する（図10-50B）．筋収縮の遅延や代償運動，またはリーチ動作の低位側は，前鋸筋-外腹斜筋筋連結機能低下が示唆される．また，サッカーキック動作では，インパクト期〜フォロースルー期において身体の動揺がみられる場合は連結機能低下が示唆される．

外腹斜筋機能および下肢連結機能評価（図10-51）

開始肢位は背臥位．膝関節90°屈曲位．骨盤の下に不安定板を置き，骨盤が水平位に保持しているかを確認する．一側の膝関節を伸展位に保持させる．骨盤が水平位を保てず同側への回旋や腰椎の前弯増強などが認められたら，外腹斜筋および下肢連結機能低下が示唆される．分離テストでは，動作において先行して働く腹横筋などのインナーユニットの活動を徒手的に，一時的に高める．骨盤の同側への回旋が生じると外腹斜筋機能低下が示唆される．

前斜走系連結機能評価（図10-52）

開始肢位は背臥位．膝関節屈曲位にて骨盤に不安定板を置く．一側上肢を挙上し，対側下肢の膝関節を伸展させる．前鋸筋-外腹斜筋-対側内転筋群の連結を評価する．身体の動揺または代償運動が生じる側の連結機能低下が示唆される．

サッカーキック動作では，インパクト期〜フォロースルー期において身体の動揺がみられる場合は連結機能低下が示唆される．

第10章　サッカー障害

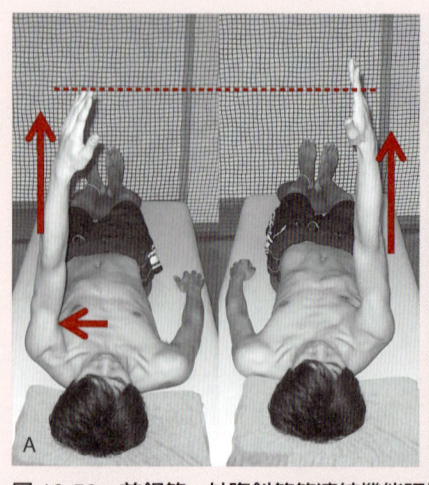

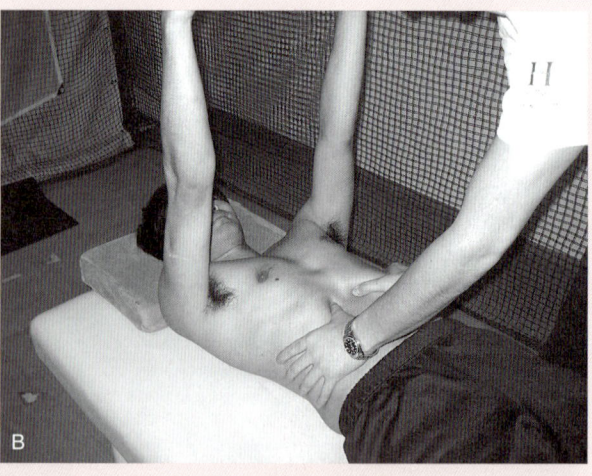

図 10-50　前鋸筋・外腹斜筋筋連結機能評価
A：(左) 機能低下：体幹左偏位を伴う．リーチ動作が低位．(右) 正常：適正な骨盤回旋が得られている．十分なリーチ動作が得られている．
B：検者は，外腹斜筋を触診し，筋収縮のタイミングの左右差を確認する．

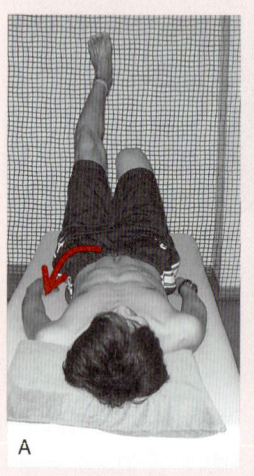

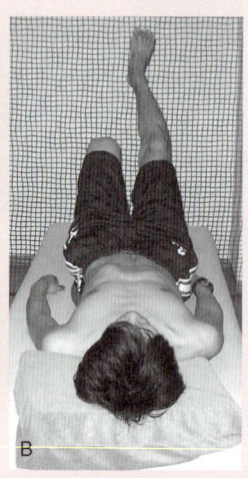

図 10-51　外腹斜筋機能および下肢連結機能評価
A：機能低下：体幹の回旋が伴う．左外腹斜筋および下肢連結機能低下が示唆される．
B：正常：体幹が適正な位置を保っている．

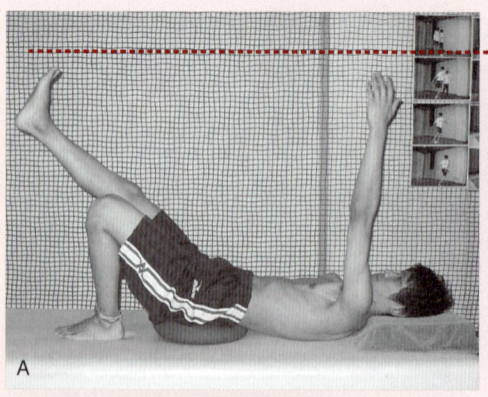

図 10-52　前斜走系連結機能評価
A：機能低下：リーチ動作が低位を示す．
B：正常：協調的に行うことができている．

前鋸筋・外腹斜筋筋連結機能および下肢連結機能評価（図10-53）

評価肢位は背臥位，膝関節90°位，肩関節屈曲位，前腕中間位とする．骨盤の下に不安定板を置き，骨盤が水平に位置していることを確認する．一側の膝関節を伸展位で保持し，同側の上肢にてリーチ動作を行う．骨盤の同側への回旋やそのほかの代償運動が生じると，前鋸筋・外腹斜筋筋連結機能および下肢連結機能低下が示唆される．またリーチ動作において手指の左右差も，低位側では，前鋸筋・外腹斜筋筋連結機能低下が示唆される．被検者に体感させるために，リーチ動作遂行のしやすさを比較させることもある．

サッカーキック動作部位別

骨盤帯機能評価（図10-54）

検者は，テイクバック期〜フォロースルー期において骨盤帯の不安定性の有無を把握する．膝関節は，股関節と足関節にはさまれた中間関節である．骨盤帯の不安定性は，結果的に膝関節にメカニカルストレスを引き起こす．股関節，足関節の評価や治療は各章で述べられているため，膝関節へメカニカルストレスが生じやすい骨盤不安定性の代表例をあげる．

前額面上では，骨盤側方移動があげられる．被検者の動作における身体の対応は多岐にわたるため，検者は，骨盤側方移動に伴う上半身重心の移動方向や膝関節の移動方向も注意深く観察する．

矢状面では骨盤前方移動があげられる．骨盤前方移動では，上半身重心が後方に位置していることが多い．膝関節では，その補償として下腿前傾角度の増大による膝伸展機構へのメカニカルストレスが予想される．

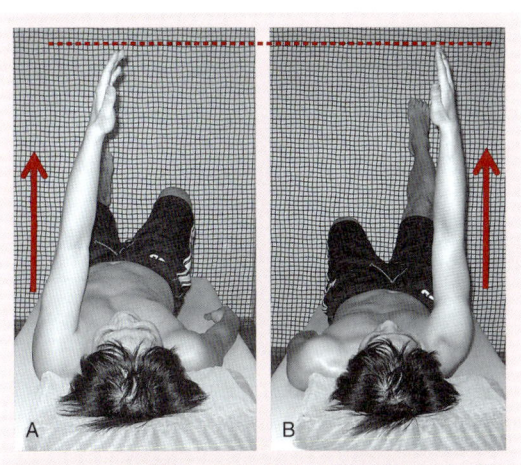

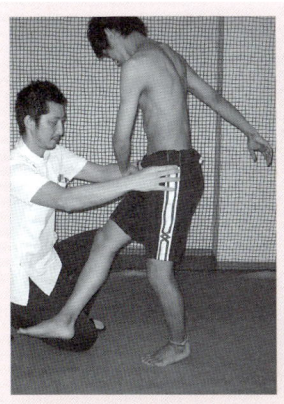

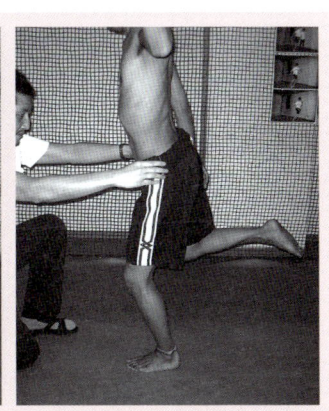

図10-53 前鋸筋・外腹斜筋筋連結機能および下肢連結機能評価
A. 機能低下：リーチ動作が低位を示す．
B. 正常：適正な骨盤回旋が得られている．十分なリーチ動作が得られている．

図10-54 骨盤帯を含む股関節機能評価 テイクバック期〜フォロースルー期
フォロースルー　インパクト　テイクバック

膝関節機能評価（図10-55）

　検者は，テイクバック期〜フォロースルー期における膝関節不安定性が出現するかどうかを観察し，局所的に膝関節に不安定性が生じているか，骨盤帯および体幹の不安定性の補償により膝関節にメカニカルストレスが加わるかを見極める．

　前額面では，外反・内反の側方移動に注目する．外側方移動では，外側支持機構に伸長ストレスと内側支持機構に圧縮ストレスが生じる．また膝外側方移動は骨盤運動を伴って生じているか，もしくは単独で生じているかによっても治療の方向性が異なる．骨盤を伴う膝関節外側方移動では，骨盤帯および体幹と膝関節の外側移動制御機能に対して評価や治療を展開する．単独での膝関節外側方移動は，膝関節および足関節に対して評価や治療を展開する．

　矢状面では，下腿前傾角度の増大があげられる．下腿前傾角度の増大は，膝伸展機構へメカニカルストレスが生じる．下腿前傾角度の増大が生じている者は，上半身重心が後方に位置していることが多い．上半身重心後方化は，体幹安定化に寄与するインナーユニットの機能低下や，骨盤後傾制御機能である股関節伸筋の機能低下が推察される．膝関節では，安定化を図る単関節筋の機能低下が推察され，足関節では，前足部における機能低下が推察される．検者は，それらの機能低下を詳細に評価し，治療展開する必要がある．

　水平面では，特定の筋による過活動により，大腿骨と脛骨のmalalignmentを招き，各支持機構がメカニカルストレスを生じる．膝十字靱帯安定化機構では，大腿骨に対して脛骨が内旋することでACLと後十字靱帯（PCL）が捻転し，膝関節裂隙が狭小化し，膝関節は安定化する．一方，大腿骨に対して脛骨が外旋することでACLとPCLはその捻転が解除されて関節裂隙が拡大し，膝関節は不安定となる．

　検者は，大腿骨に対して下腿の誘導は股関節や足関節に反映されることを理解したうえで，内旋または外旋誘導することによりメカニカルストレスが引き起こす動作が減少することを把握し，評価や治療を展開する必要がある．

相別機能評価

　サッカーキックは全身運動であり，下肢，骨盤帯および体幹機能が連結して協調的に働く高度な動作である．各機能が低下することで，その機能を補償するためにほかの機能も十分に発揮されない．

　インパクト前は，アプローチ時の前方推進力お

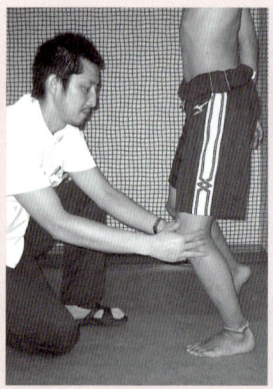

フォロースルー　　インパクト　　テイクバック
図10-55　膝関節機能評価　テイクバック期〜フォロースルー期

よび tension arc やクロスモーションで得られた回旋力を，円滑にインパクトへ移行させる相である．支持側の安定性は不可欠であり，インパクト時以降の機能および動作にも影響される．この相では，骨盤外側方移動や前方移動により膝関節不安定性を招き，とくに骨盤帯と体幹連結機能低下によって，疼痛の発生やパフォーマンス低下を生じることが多い．

インパクト時は，アプローチ時の前方推進力やテイクバックおよびコッキング時の tension arc で得られた回旋力をボールに正確に変換させる相である．この相では，骨盤帯および体幹連結機能低下だけでなく，下肢機能低下によって種々の問題が生じる．とくに軸足側の安定性は不可欠であり，下肢と骨盤帯および体幹の連結機能が十分に発揮されることで，蹴り足はボールに正確かつ強い力を伝達できる．インパクト時には，骨盤前方・外側方移動や膝関節前方・側方移動，またはその双方が knee in-out の膝関節不安定性を招くことが多い．軸足側の不安定性は，メカニカルストレスの要因である非効率な動作を生み出す．その軸足側の不安定性や機能低下を補償すべく蹴り足側の過活動が生じ，疼痛を引き起こすことも例外ではない．トップアスリートレベルでは，支持足の安定化や下肢，骨盤および体幹の連結機能は特化している．安定化が得られることで蹴り足側の自由度が向上し，特質的なパフォーマンスが発揮できる．

インパクト後では，骨盤外側方移動や knee in-out により膝関節不安定性を招き，とくに足部と膝関節の連結機能低下が多い．

フォロースルー時は，ボールスピードを高めるために前方推進力や回旋力をボールに伝達させる相である．軸足側の足関節の背屈制限や前足部の不安定性により，heel lift が早期に出現する．それにより下腿前傾角度が増大し，膝関節前方にメカニカルストレスが加わることが多い．

歩行分析

歩行は，各関節と筋などの機能低下や協調性低下を示す．歩行が安定して，おのおのの機能が十分に発揮されなければ，サッカー動作も効率よく行うことはできず，高度なパフォーマンスも発揮できない．歩行において問題点を把握し理解することは，サッカー動作による障害の治療を展開するうえで重要な情報となる．

たとえば膝関節外側方移動に偏位すると，膝関節外側支持機構には伸長ストレスが加わり，内側支持機構には圧縮ストレスが加わる．この外側方移動は，initial contact（以下，IC）〜 mid stance（以下，MS）相に出現しやすい．下腿における前傾角度の増大により大腿直筋が遠心性に働き，脛骨粗面に牽引ストレスが加わる場合では，とくに MS 〜 HL（heel lift）相に疼痛が出現しやすい．日常生活動作が改善されることで運動学習が促され，サッカー動作も改善されることは多い．また同じメカニカルストレスでも，IC と MS で出現するものではメカニカルストレスの原因は異なり，治療展開が異なる．IC では，外側方移動が出現する場合は対側は推進期であることから同側だけの問題とは限らない．対側の推進力が十分に得られず早期に同側を接地し，その推進力の補償として膝関節外側方移動が生じることが推察される．MS の膝関節の外側方移動は，同側の機能低下が推察される．その膝外側方移動を制御する筋などの機能低下が推察されるため，評価・考察する必要がある．

それらの解釈はサッカーキック動作においても考えられる．サッカー動作における軸足接地時，いわゆるテイクバック〜コッキング時に，膝外側方移動が生じる場合，歩行にて HC 時のそのメカニカルストレスが出現していることが多い．また，軸足荷重時，いわゆるアクセレレーション〜インパクト時に，膝外側方移動，内側方移動および下腿前傾角度の増大が生じている場合，歩行におい

てもそれらのメカニカルストレスが出現していることが多い.

検者は，膝関節痛の同側の問題と対側の問題のどちらを補償することで出現しているかを判断する．そして，どちらの影響が大きいのか考察し治療展開していくことが，メカニカルストレスおよび疼痛の軽減へとつながる.

3. 治療

筆者は，スポーツ障害に対してファンクションレベル（function level），ダイナミックレベル（dynamic level），スポーツレベル（sports level）の3つのカテゴリーで運動療法を考える（図10-56）.

たとえばキック動作時に疼痛を訴える者に対してスポーツレベルの治療アプローチを展開しても効果は十分に得られず，技術も不安定なものとなり十分に機能を発揮できない．ファンクションレベル，ダイナミックレベルの動作が行えなければ，特定の部位，筋，靱帯，軟部組織などに反復的にメカニカルストレスが生じ，疼痛が再発する（図10-57）．理学療法士は技術を提供するのではなく，その選手が持ち合わせている技術を十分に発揮できるための機能（ベース）を提供する必要がある.

各関節の機能が発揮でき，安定した効率のよい動作によって安定と動作の両立が可能になる．そして，それらのバリエーションの豊富さにより技術が磨かれていることを忘れてはならない.

ファンクションレベル

下腿後方移動へのアプローチ

ハムストリングス促通

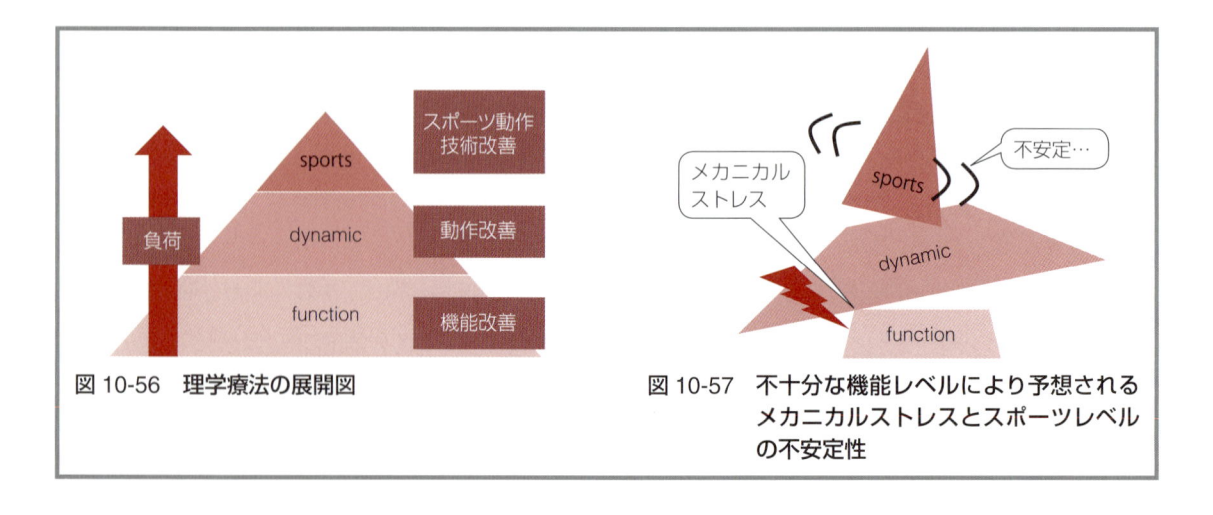

固有筋促通（求心性収縮）（図10-58）

開始肢位は座位．膝関節軽度屈曲位から膝関節を屈曲させる．検者は股関節の内外旋や過剰な代償を伴わないように注意する.

遠心性エクササイズ（図10-59）

開始肢位は膝立ち位．検者は下腿遠位を把持し，被検者は上半身を前傾させる．その際に過剰な腰椎前弯などが生じないように注意しながらハムストリングスを促通させる.

上半身重心前方位におけるスクワット動作（図10-60）

開始肢位は立位．スクワット姿勢をとらせ，殿部を後方へ突き出し，上肢を前方へ伸ばさせる．その際に，骨盤前傾位，胸椎伸展運動を保たせる．上半身重心前方，骨盤前傾位にてハムストリングスを促通させる.

不安定板を用いたエクササイズ（図10-61）

不安定板を用いて不安定な状況下でメカニカル

図10-56 理学療法の展開図

図10-57 不十分な機能レベルにより予想されるメカニカルストレスとスポーツレベルの不安定性

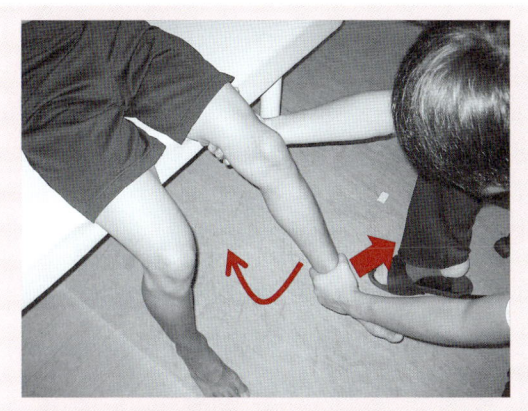

図 10-58　固有筋促通（求心性収縮）　ハムストリングス
筋収縮タイミングの左右差を確認する．

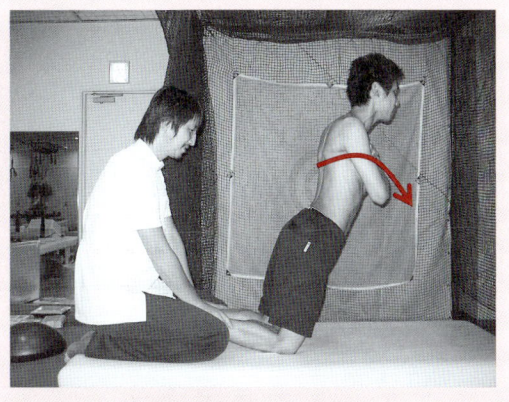

図 10-59　下腿後方移動へのアプローチ　ハムストリングス（遠心性収縮）
検者は下腿遠位を把持する．代償運動をさせないように行う．

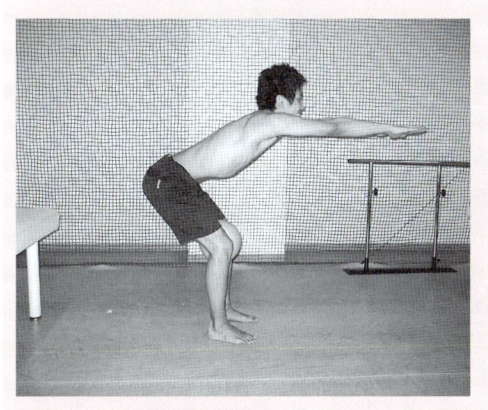

図 10-60　下腿後方移動へのアプローチ　ハムストリングス
上半身重心前方化を維持しながらハムストリングスを遠心性に促通する．

図 10-61　不安定板を用いたエクササイズ
不安定な状況下で運動学習を促す．

ストレスを引き起こすような動作がないように意識させ，運動学習させる．

下腿三頭筋促通

求心性エクササイズ（図 10-62）

開始肢位は座位．検者は中足骨直下を母指で足底から圧迫する．被検者は軽度膝関節屈曲位で足関節を底屈させる．

足部把持エクササイズ（図 10-63）

中足骨を検者の母指で足底から圧迫し，足趾屈曲時のアーチ挙上を介助しながら行う．収縮を確認してから棒などを足趾で把持させる．加重位ではゴルフボールなどを足底に当て，感覚を促通する[9]．

下腿前方移動へのアプローチ

大腿四頭筋促通（図 10-64）

開始肢位は背臥位．検者は膝関節を軽度屈曲させ，大腿四頭筋を触診しながら被検者に膝関節を伸展させる．いわゆる quad setting だが，筋力強化が目的ではなく，あくまで固有筋収縮を加え，脛骨前方移動を目的とした alignment 矯正が目的である．

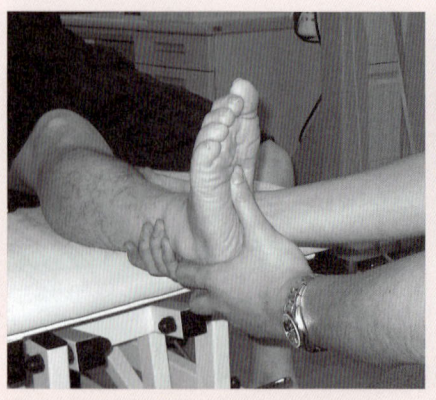

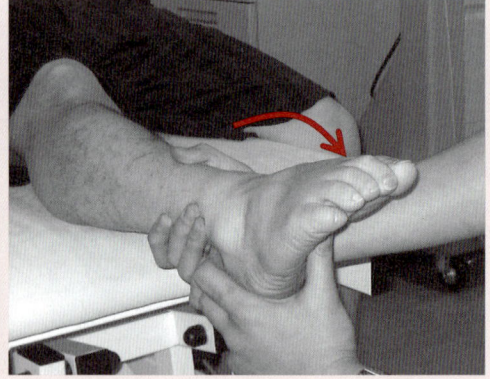

図10-62 下腿後方移動へのアプローチ（下腿三頭筋促通）
母指で足底から中足骨頭直下を圧迫しながら足関節を底屈させる．

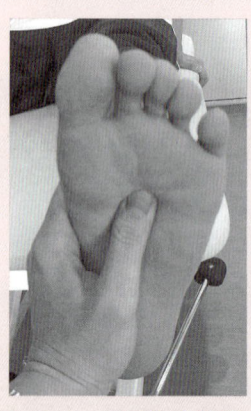

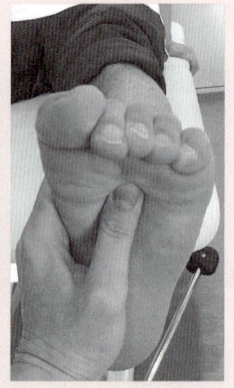

図10-63 下腿後方移動へのアプローチ（アーチ挙上での足部把持エクササイズ）
足部横アーチを挙上させて足趾を屈曲させる．

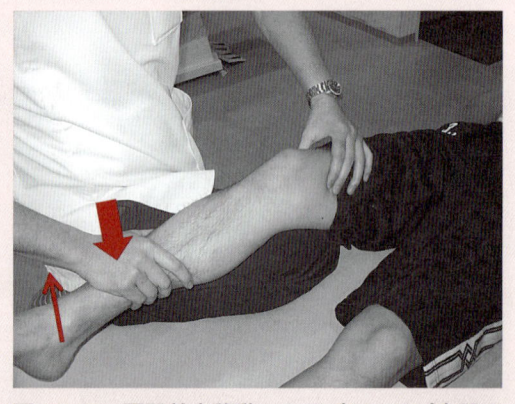

図10-64 下腿前方移動へのアプローチ（大腿四頭筋促通）
大腿四頭筋の収縮を確認する．あくまで筋収縮を加えたalignmentの矯正が目的である．

下腿内旋アプローチ

内側ハムストリングス促通（図10-65）

開始肢位は腹臥位．検者は被検者の膝関節を90°屈曲位させ，膝関節下腿を内旋させた状態で，内側ハムストリングス（半膜様筋・半腱様筋）を触診しながら被検者に膝関節を屈曲させる．

下腿外旋アプローチ

大腿二頭筋長頭促通（図10-66）

開始肢位は腹臥位，膝関節90°屈曲位．被検者の下腿を外旋させた状態で検者は外側ハムストリングス（大腿二頭筋）を触診しながら被検者に膝関節を屈曲させる．

大腿前方移動へのアプローチ

腸腰筋促通（図10-67）

開始肢位は背臥位，レッドコードによる膝関節・股関節90°屈曲位．検者は被検者に下腿が平衡に動くように指示し，大腿直筋やハムストリングスに筋収縮が加わらないよう触診しながら行う．また，一時的に活動を高めるために，インナーユニットを，後述する横隔膜リリースや腹横筋に対してアプローチすることで，さらに効果的に腸腰筋が促通される．

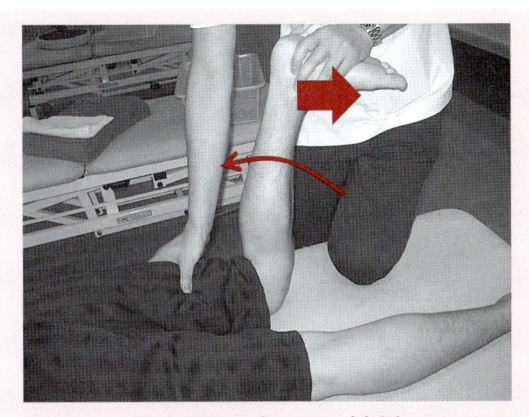

図 10-65　下腿内旋アプローチ（内側ハムストリングス促通）
内側ハムストリングスを触診しながら下腿を内旋位にて膝屈曲させる.

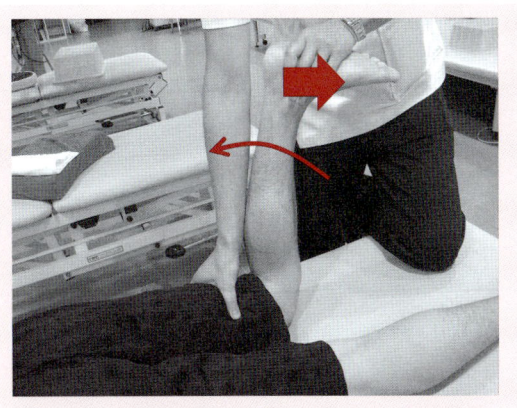

図 10-66　下腿外旋アプローチ（大腿二頭筋促通）
大腿二頭筋を触診しながら下腿を外旋位にて膝屈曲させる.

図 10-67　前方移動へのアプローチ（腸腰筋促通）
レッドコードにて股関節・膝関節 90°屈曲位. 下腿が平衡に動くように指示し, 大腿直筋・ハムストリングスなどに収縮が生じないように検者は触診しながら行う.

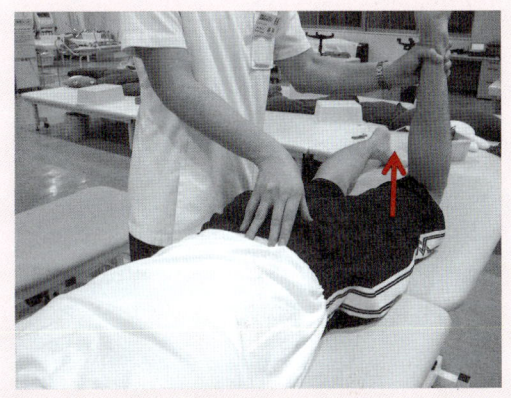

図 10-68　大腿後方移動アプローチ（大殿筋促通）
腹臥位にて膝関節 90°屈曲位を保持しながら股関節を伸展させる. その際, 検者は大殿筋の収縮がみられることを確認する. また大殿筋が収縮する前に多裂筋が先立って収縮することも確認する.

大腿後方移動へのアプローチ

大殿筋促通（図 10-68）

　開始肢位は腹臥位, 膝関節 90°屈曲位. 検者は大殿筋と多裂筋を触診しながら行う. 被検者は股関節を伸展させる. 体幹の回旋などの代償運動がみられる場合は大殿筋の機能低下が示唆されるため, 注意深く観察する必要がある. また大殿筋が収縮する前にローカルマッスルである多裂筋の先行した収縮を確認する.

大腿外転移動へのアプローチ

中殿筋促通（図 10-69）

　開始肢位は背臥位, レッドコードによる軽度下肢挙上位. 検者は中殿筋を触診しながら被検者の下肢を股関節内転方向へ動かす. その際に中殿筋が遠心性に働いているかを確認する.

大腿内転移動へのアプローチ

内転筋群促通（図 10-70）

　開始肢位は背臥位, 股関節・膝関節 45°屈曲位.

437

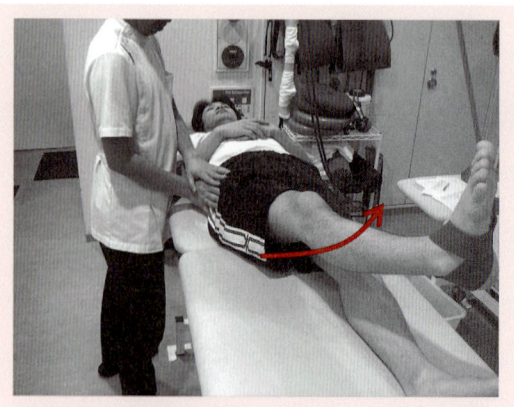

図10-69 大腿外転移動へのアプローチ（中殿筋促通）
レッドコードで下腿遠位を把持し，股関節軽度屈曲位にて股関節内転運動することで，中殿筋の遠心性に収縮がみられるかを確認する．

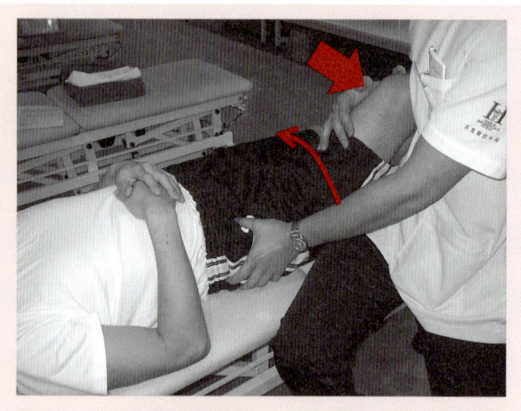

図10-70 大腿内転移動へのアプローチ（内転筋群促通）
長内転筋を触診しながら股関節内転運動を行わせる．

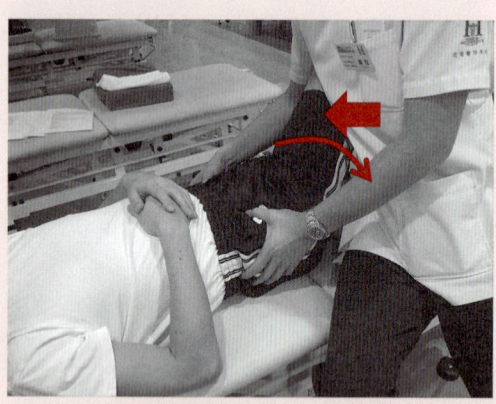

図10-71 大腿外旋アプローチ（骨盤前方回旋誘導，外旋筋促通）
下肢が動かないように外旋筋群に対して等尺性収縮を行わせ，骨盤前方回旋を確認する．

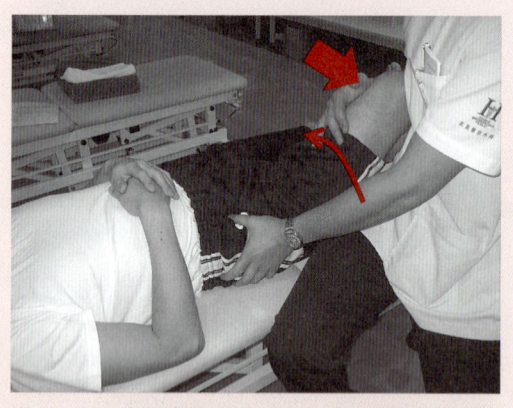

図10-72 大腿内旋アプローチ（骨盤後方回旋誘導，内旋筋促通）
下肢が動かないように内旋筋群に対して等尺性収縮を行わせ，骨盤後方回旋を確認する．

骨盤の代償がないように股関節外転・外旋させ，その状態から被検者に下肢を閉じるように指示する．検者は長内転筋を触診しながら行う．

大腿外旋アプローチ

骨盤前方回旋誘導および外旋筋群促通（図10-71）

開始肢位は背臥位，股関節・膝関節45°屈曲位．検者は，骨盤の代償が起こらないように，股関節内旋・内転させた状態から被検者に下肢を開くように指示する．検者が，下肢が動かないように外旋筋群に対して等尺性収縮を加えることで骨盤前方回旋が誘導される．

大腿内旋アプローチ

骨盤後方回旋誘導および内旋筋促通（図10-72）

開始肢位は背臥位，股関節・膝関節45°屈曲位．骨盤の代償が生じないように股関節外旋・外転させ，その状態から被検者に下肢を閉じるように指示する．検者は被検者の足が動かないように内旋筋群に対して等尺性収縮を加える．それにより骨盤後方回旋も誘導される．

体幹へのアプローチ

横隔膜リリース（図10-73）

開始肢位は背臥位，膝関節・股関節90°屈曲位．骨盤を浮かせた状態で行う．レッドコードなど自重を免荷できる環境下で施行すると効果的である．検者は肋骨下弓部から指を挿入し，最終呼気で胸骨下角の減少，横隔膜の呼気介助を行う．レッドコードの代用としてバランスボールを使用することがあるが，その際は下肢の筋緊張を軽減させるために重りなどを下腿遠位部に置く[10]．

多裂筋促通（図10-74）

開始肢位は背臥位，膝関節・股関節90°屈曲位．手指で膝を把持する．その際，上肢をリラックスした状態に保ち，上肢の力で下肢を開排しないように指示する．下肢開排最終域で多裂筋の収縮を確認する．股関節外旋に可動域制限があり痛みを有する場合は開始肢位にて深呼吸させ，呼気時に合わせて検者が腰椎レベルの棘突起直横を触診しながら圧迫し，収縮を確認する．

腹横筋促通（図10-75）

開始肢位は背臥位，膝関節・股関節90°屈曲位．骨盤を浮かせた状態で行う．被検者に深呼吸をさせ，検者は片手で上前腸骨棘から二横指内下方に置き，腹横筋を触診しながら最終呼気時に軽い圧迫を加え，もう片方の手で呼気時の胸郭の下制を介助する．それを数回施行させ腹直筋や外腹斜筋などの収縮がみられず，最終呼気時に腹横筋が検者の指腹を跳ね返すような呼吸をできるまで行う．

並進動作エクササイズ（図10-76）

脊柱の分節的な並進が行えているかを確認する．体幹が，分節的な並進が行えず体幹側屈する場合や，対側の多裂筋が機能低下している場合，体幹機能低下が示唆される．

骨盤へのアプローチ

骨盤前傾エクササイズ（図10-77）

開始肢位は座位，膝関節・股関節90°屈曲位．足底は床面に接地させる．検者は被検者の上前腸骨棘（以下，ASIS）と上後腸骨棘（以下，PSIS）を確認し，骨盤前傾運動させる際にASIS内側を圧迫するように股関節屈曲を誘導する．脊柱の後弯が伴わないように注意する．

骨盤後傾エクササイズ（図10-78）

開始肢位は座位，膝関節・股関節90°屈曲位．足底は床面に接地させる．検者は被検者のASISとPSISを確認し，骨盤後傾運動をさせる．脊柱の後弯のみの見かけ上の後傾運動に注意する．

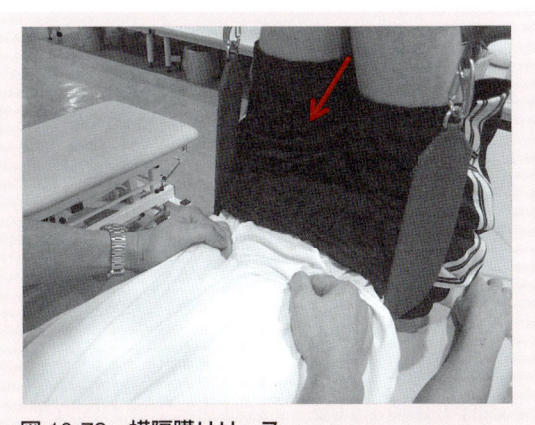

図10-73　横隔膜リリース
肋骨弓下方部から指を挿入し，最終呼気で胸骨下角の減少，横隔膜の呼気介助を行う．

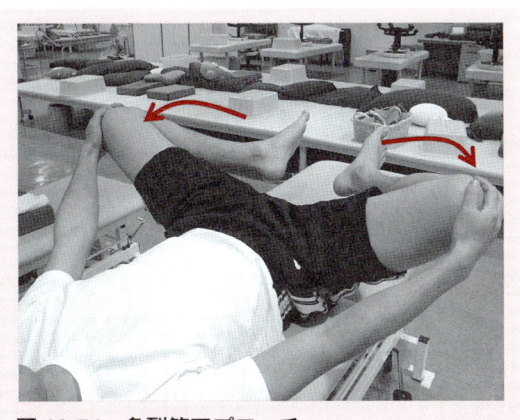

図10-74　多裂筋アプローチ
上肢の力で誘導するのではなく，上肢の力は抜いて下肢の開排にて行うように注意する．

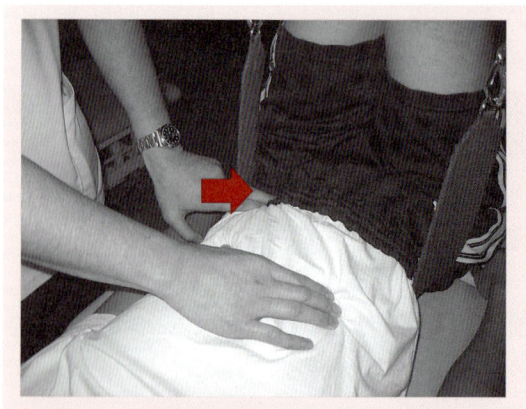

図 10-75　腹横筋アプローチ
レッドコードを用いて股関節・膝関節 90°屈曲位にて骨盤挙上させ，深呼吸させる．検者は呼気時に胸郭が下制するのをアシストしながら，もう片方の手では最終呼気時に腹横筋の収縮を確認する．

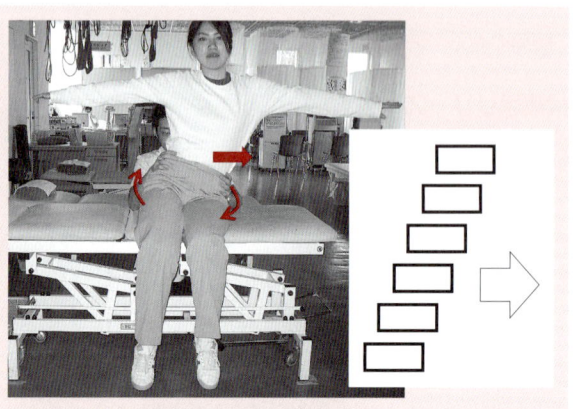

図 10-76　並進動作エクササイズ
検者は，骨盤の挙上および下制を誘導する．また，脊柱に分節的な運動が生じるかを確認する．

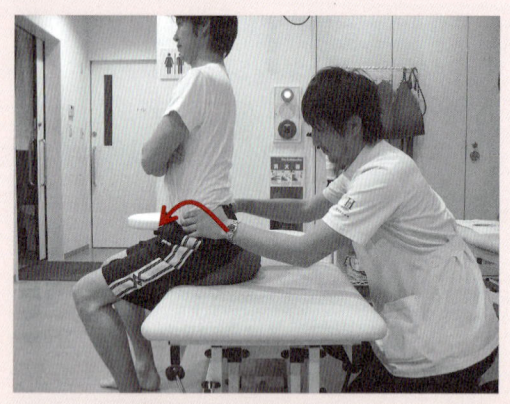

図 10-77　骨盤前傾エクササイズ
上前腸骨棘内側を指で把持し支点を作ることで股関節屈曲運動を伴った骨盤前傾運動を行う．その際に脊柱後弯運動が伴わないようにする．

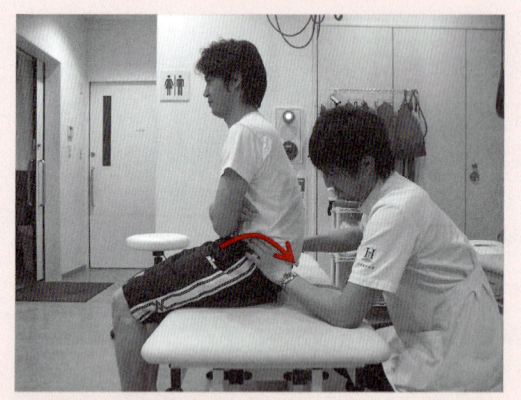

図 10-78　骨盤後傾エクササイズ
骨盤後傾運動を誘導する．

ダイナミックエクササイズ（図 10-79, 80）

　動作をより複雑にかつ不安定性を加える．検者は，膝関節へのメカニカルストレスが生じていないかを観察する．おのおのの関節，筋を十分に機能発揮させ，かつ協調的に働かせ運動学習をさせる．

アプローチ～テイクバックを意識したレンジトレーニング（図 10-81）（軸足：右　蹴り足：左）

　開始肢位は安静立位．被検者には左上肢を対側へクロスさせ，同時に右下肢を踏み出させる．次に左上肢を同側へ挙上させ，左下肢のレンジ動作を行わせる．検者は，キック動作においてアプローチ時の体幹右回旋，上肢動作，下肢の踏み出しが協調的に行われているかどうかを確認する．またレンジ動作時に，膝関節や骨盤帯および体幹に不

3. 治療──ダイナミックエクササイズ

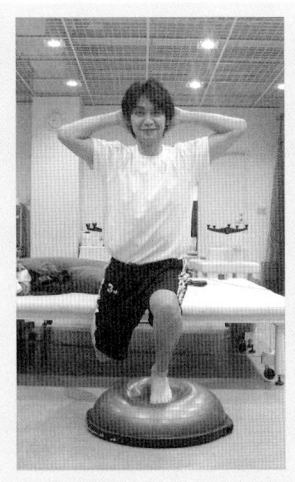

図10-79 ダイナミックエクササイズの一例
検者は，不安定な状況下で各機能が十分に機能するかを確認する．

図10-80 ダイナミックエクササイズの一例
検者は，不安定な状況下で各機能が十分に機能するかを確認する．

安定性が生じていないかを確認し，各機能が十分に発揮できるよう支持する．このトレーニングは，アプローチ～テイクバック時までの協調性やレンジ動作安定性を運動学習させるのが目的である．

キック動作において体幹の回旋は，アプローチ時の右回旋，インパクト時までの左回旋，フォロースルー時までの右回旋の連動性が重要である．また，次の相への円滑な移行に必要であり，ボールに力を効率的に伝達させるためにそれらの体幹回旋は重要である．テイクバック～コッキング時の軸足側および体幹の安定性は，適正なtension arcの形成（いわゆるタメ）に関与し，コッキング～アクセレレーション時の蹴り足の加速度まで波及する．身体の安定性は蹴り足の自由度に寄与し，多彩なキックバリエーションの獲得が可能になる．

テイクバック～フォロースルーを意識したレンジトレーニング（図10-82）（軸足：右　蹴り足：左）

開始肢位は安静立位．被検者は，左上肢を挙上し，同時に同側下肢を前へ出しレンジ動作を行う．次に左上肢をクロスさせ，同時に片脚立位を行いながら右下肢を振り出し重心移動する．

検者は，フォロースルーを意識した右下肢の振り出し時の体幹右回旋，上肢動作，左下肢屈曲位からの伸展運動と下肢の踏み出しおよび重心移動が協調的に行えているかどうかを確認する．またテイクバックを意識した左下肢レンジ動作時に，膝関節や骨盤帯および体幹に不安定性が出現していないかを確認，または各機能が十分に発揮できるよう支持や誘導を行い，運動学習を促す．

上述したように，キック動作時の体幹回旋運動は非常に重要であり，またフォロースルー時の体幹右回旋は，ボールに効率的に力を伝達させる．とくに左下肢レンジ動作の安定性は，テイクバック時の安定性に寄与し，インパクトからフォロースルー時の適正なクロスモーションの形成に関与する[10]．

トップアスリートレベルでは，体幹の回旋要素の切り替えを円滑に施行することが特化される．たとえば，肩甲骨の外内転運動で体幹回旋運動の要素を生み出し，キック動作が完成される．そのため，正確かつ強力な力を素早くボールに伝達することが可能となる．それらの動作獲得は，機能レベルが十分に習得され，日々の練習での運動学習によるものである．

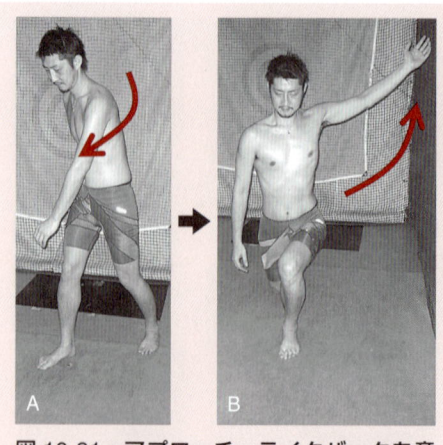

図10-81 アプローチ～テイクバックを意識したレンジトレーニング
A：アプローチ時を意識した左上肢のクロス動作，体幹右回旋位からの開始肢位．
B：テイクバック時を意識した左上肢挙上，レンジ動作．

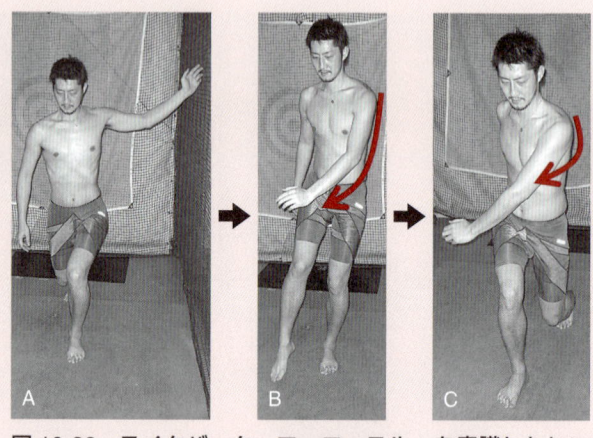

図10-82 テイクバック～フォロースルーを意識したレンジトレーニング
A：テイクバック時を意識した左上肢の挙上位，体幹左回旋位からの開始肢位．
B：インパクト時を意識した左上肢クロス動作．
C：フォロースルー時を意識した左上肢のクロス動作，体幹右回旋位によるレンジ動作．

骨盤や体幹および軸足下肢の安定化トレーニング（図10-83）

　検者は，事前にどの相で骨盤帯および体幹の不安定性が出現するかを把握する．本来のキック動作では，体幹の回旋運動が求められ，骨盤帯および体幹の安定化は回旋運動に寄与するため，このトレーニングは，骨盤や体幹および軸足側下肢の安定性や協調性が目的である．

　開始肢位は，安静立位．検者は，被検者のキック動作を阻害しないよう骨盤帯にゴムバンドを巻き，適度な張力を保つ．検者は，ゴムバンドを支点とし，被検者に骨盤および体幹の前方並進位を誘導させる．被検者は，テイクバック～フォロースルーまでのキック動作を行う．検者は，選手にも不安定性を認識させ安定化を図ることで，運動学習が効果的に促され，治療達成度が向上する．

　骨盤帯および体幹の安定性は，四肢の自由度に貢献し，キック動作のバリエーションが得られる．このトレーニングは，キック動作時に骨盤後傾位による上半身重心の後方移動が生じ，その補償として膝関節に不安定性がみられる被検者に効果的である．

前方並進動作を意識したトレーニング（図10-84）

　開始肢位は安静立位．検者は，骨盤および体幹の前方並進を誘導し，多裂筋を触診する．被検者は前方並進位を保持し，キック動作を行う．このトレーニングは，キック動作において骨盤前方移動がみられる被検者に効果的である．骨盤前方移動する被検者は，前方並進運動が十分に行えず上半身重心も後方に位置していることが多い．それらは，股関節伸筋の遠心性制御機能低下や多裂筋機能低下が示唆される．検者は，多裂筋を徒手的に促通し，前方並進位におけるキック動作を運動学習させる．

側方並進動作を意識したトレーニング（図10-85, 86）

　開始肢位は安静立位．検者は，骨盤および体幹の側方並進を誘導し，選手は側方並進位を保持し

3. 治療——ダイナミックエクササイズ

| テイクバック | インパクト | フォロースルー |

図10-83　骨盤や体幹および軸足下肢の安定化トレーニング

| テイクバック | インパクト | フォロースルー |

図10-84　前方並進動作を意識したトレーニング

| テイクバック | インパクト | フォロースルー |

図10-85　側方並進動作を意識したトレーニング

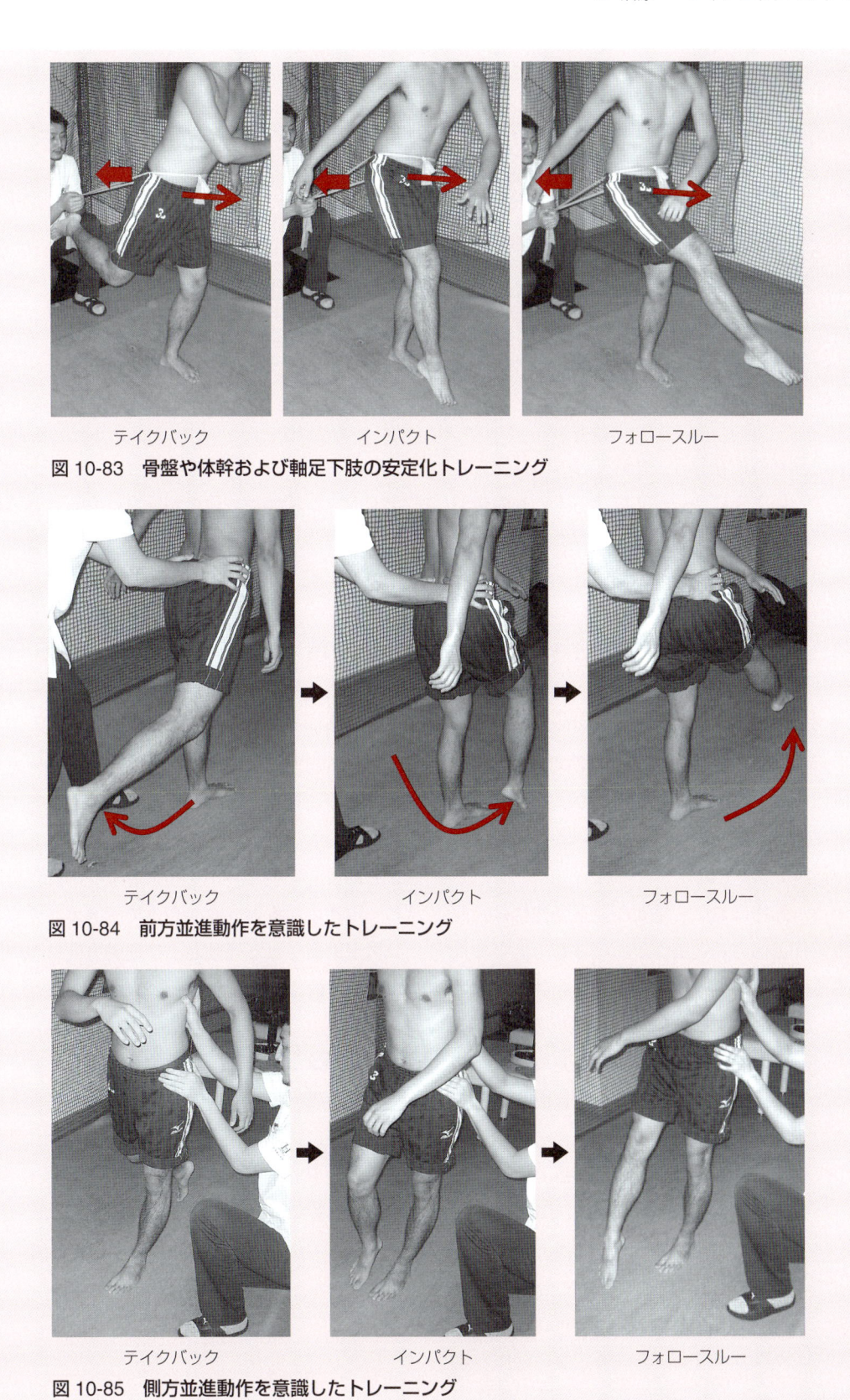

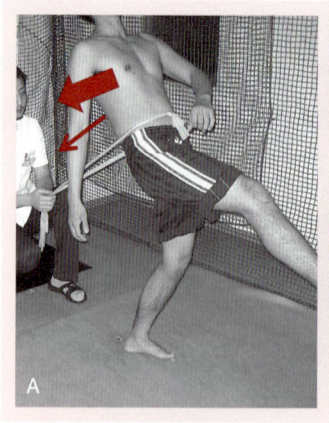

図10-86 代償運動の代表例
A：ゴムバンドの後方牽引力が強すぎて上半身が後方移動している．
B：ゴムバンドの牽引力に対して体幹屈曲にて代償運動を行う．

ながらキック動作を行う．骨盤帯のみの外側方移動が生じないように注意が必要である．骨盤帯および体幹の不安定性が起因である骨盤外側方移動は，多裂筋および腰方形筋の機能低下が示唆される．

検者は，それらの筋群が協調的に働くかを確認し，キック動作を運動学習させる．

体幹並進動作は，重心移動を効率的に行えるため，サッカー動作において重要な動作である．サッカー動作の多くは片脚立位で行われることが多い．効率的に支持基底面内に重心を収めるためには並進動作機能が必要である．

サッカー動作において重要な並進動作には，前方並進動作と側方並進動作があげられ，上半身重心を効率的にコントロールできる．非効率な並進動作は，矢状面および前額面の動揺が増大し，その補償としておのおのの関節が不安定となり，筋や靱帯などが遠心性制御として過剰に働くことでメカニカルストレスが生じる．サッカーは，状況に応じて瞬時に重心移動を必要とする．各並進動作は，パフォーマンス向上にも不可欠である．

スポーツエクササイズ

実際にボールを用いて実践に近い動作で行い，膝関節にメカニカルストレスが生じない動作の運動学習を行う．ただし，その被検者はその動作によりパフォーマンスを維持していることもあり，ポジション特性や被検者が独自にもっている感覚を読み取り，コミュニケーションを図りながら動作のバリエーションを提供する必要がある．

注意事項

疼痛によりサッカー活動を休止している被検者は，活動量を補うために筋力トレーニングを行う．しかし，筋力維持を目的とした筋力トレーニングが非効率な運動となることも多くみられる．検者は，そのトレーニングが局所のメカニカルストレスを助長していないかを問診および評価から把握し，現在の治療達成度からみて，メカニカルストレスが助長される運動および運動方向については十分に被検者に理解させることが必要である．

4. おわりに

被検者は，歩行や姿勢・動作において検者に対して平等に情報を提供している．われわれ理学療法士はそれに対して傍観者であってはならない．常に当事者でいなければならないと考えている．

参考文献・引用文献

1) 中村泰介ほか：知っておきたい一流選手のボールの扱いのこと．サッカー選手なら知っておきたい「からだ」のこと．大修館書店，2006，pp14-27.
2) 蒲田和芳：膝下腿外旋症候群(1)．sports medicine（315）：40-44，2001.
3) 広瀬統一：スポーツ動作の観察・分析⑦蹴る．アスリートのリハビリテーションとリコンディショニング上巻，外傷学総論/検査・測定と評価．文光堂，2010，pp202-210.
4) 石原孝尚：ボールの高さから見たサッカーにおけるキックの動作解析．吉備国際大学研究紀要（21）：1-5，2011.
5) 袴田さち子：osgood-schlatter病と理学療法．スポーツ障害の理学療法．三輪書店，2001，pp108-121.
6) Lee D：主観的検査と客観的検査．ペルビック・アプローチ．医道の日本社，2001，pp75-105.
7) 福井 勉：体幹からみた動きと理学療法の展開．結果の出せる整形外科理学療法—運動連鎖から全身をみる，メジカルビュー社，2009，pp76-143.
8) 山野仁志：運動連鎖と理学療法．スポーツ障害の理学療法．三輪書店，2001，pp51-65.
9) 園部俊晴：膝関節疾患膝十字靱帯（ACL）損傷に対する術後のリハビリテーション．スポーツ外傷・障害に対する術後のリハビリテーション，運動と医学の出版社，2010，pp116-193.
10) 関口 剛：運動器不安定症．外来整形外科のための退行性疾患の理学療法，医歯薬出版，2010，pp189-207.
11) 柿崎藤泰：変形性胸椎症．外来整形外科のための退行性疾患の理学療法，医歯薬出版，2010，pp105-130.
12) 布目寛幸：サッカーに関する二軸動作（理論）の科学性の検証—二軸の非科学性を問う．体育学研究53（2）：491-500，2008.

索 引

和文

あ

アウターユニット	264
アウトサイドキック	409
アキレス腱周囲炎	86
アキレス腱障害	91
アキレス腱断裂	86
アクセレレーション期	410, 411
握力把持評価	178
足のアーチ	75
足の骨構成	75
圧縮ストレス	294
アプレー圧迫テスト	39
アプレー牽引テスト	38
アプローチ期	410
安静時吸気筋	245

い

一側の外腹斜筋の過収縮に対するアプローチ	284
一側の大殿筋と広背筋ラインの過収縮に対するアプローチ	285
一側の腰方形筋の過収縮に対するアプローチ	283
移動方向による再現痛の把握	424
入谷式足底板	92
入谷式足底板療法	357
入谷式徒手誘導	91
インサイドキック	408
インステップキック	408
インターナルインピンジメント	112
インナーユニット	112, 264
インナーユニット機能評価	419
インパクト期	410, 411
インフロントキック	409

う

烏口肩峰靱帯	103
烏口鎖骨靱帯	104
烏口上腕靱帯	103
烏口腕筋	105
内返し	78
運動療法	92
運動連鎖アプローチ	200
運動連鎖を考慮したアプローチ	199
運搬角	139, 142, 368

え

腋窩神経障害	330
エリーテスト	39, 41
円回内筋	144
円回内筋症候群	165, 172
遠心性エクササイズ	434

お

横隔膜	245, 246
横隔膜リリース	439
黄色靱帯	240, 289
横突間靱帯	240
横突棘筋群収縮運動	70
横突棘筋群による脊柱の安定化	69
オーバーヘッド動作	109
オーベルテスト	31, 32
起き上がりテスト	34
オスグッド−シュラッター病	29, 58
オバーテスト	31, 32, 40

か

外果	76
回外筋	144
外傷性頸部症候群	218
回旋筋	104
回旋筋腱板	104, 327
回旋偏位改善，胸郭可動性向上，肋骨下制運動	395
外側安定化機構	157
外側腋窩隙	108
外側広筋	21
外側側副靱帯	8, 9, 10, 76, 139, 142
外側側副靱帯損傷	28
外側半月板	9
外側半月板損傷	39
回内筋・回外筋の調節	196
回内屈筋群損傷	363
外反ストレステスト	38, 39, 170
外反母趾	99
外腹斜筋	253, 254, 290, 291
外腹斜筋機能および下肢連結機能評価	429
外腹斜筋機能評価	273, 420
外閉鎖筋	19
外来筋	150
下関節上腕靱帯	325
嗅ぎタバコ窩	152
下肢機能評価	47
下肢伸展運動	46, 47
下肢伸展挙上テスト	31, 33, 304, 381
下肢体幹機能評価	46
下肢体幹協調運動評価	46
荷重位における上肢運動連鎖	161
下垂位での内旋・外旋テスト	333
下双子筋	19
鵞足炎	30
加速期	324, 325, 346, 362, 401
下腿傾斜	90
下腿三頭筋	81
下腿三頭筋促通	435
滑液包炎	25
カッティング動作	64
下部僧帽筋の筋力テスト	336
果部捻転	90
簡易なアーチ保持テーピング法	96
寛骨臼	5
寛骨臼前捻角	23
環軸関節	205
関節可動域測定	44
関節唇	5, 103
関節内の組織衝突	328
関節包	5, 7, 8, 9, 76, 103, 139, 141
環椎	205
環椎後頭関節	205

き

キック動作	62
機能的尖足	90
機能補助によるスクワット	52, 53
基部骨折	87
臼蓋	103
臼蓋上腕靱帯	103
球関節	1
求心性エクササイズ	435
胸横筋	252
胸郭運動の評価	269
胸郭拡張差	380
胸郭後方の安定化	396
胸郭正中化による脊柱 alignment へ

索引

——のアプローチ	234
胸郭の可動性評価	270
胸骨	238
胸鎖関節	101, 106
——の評価	119
胸鎖乳突筋	251, 252
強制吸気筋	247
胸椎	237
胸椎横突起の alignment 評価	268
胸椎棘突起の alignment 評価	267
胸椎伸展運動	396
胸椎伸展評価	180
胸椎椎間板ヘルニア	255
胸部脊髄症	255
胸腰筋膜	254
胸肋関節	240
棘下筋	104
棘下筋テスト	115
棘上・棘間靱帯炎	255
棘上筋	104
棘上靱帯	240, 289
棘突起	290
距骨	76
距骨下関節	77
距舟関節	77
距踵関節	77
距腿関節	76
棘間靱帯	240, 289
筋・筋膜性腰痛症	304
近位手根骨誘導	196
近位橈尺関節	139, 141
筋・筋膜性腰背部痛	255
筋区画症候群	86

く

屈筋支帯	84
グラスピングテスト	40, 41
グリマステスト	41

け

脛骨顆部	7
脛骨後方落ち込み徴候	37
脛骨骨膜炎	86
脛骨疲労骨折	86
形状学的閉鎖	263
頸体角	23
頸長筋，頭長筋の作用	231
頸椎	205
——の側方安定化	232
頸椎回旋～肩甲骨連鎖の評価	124
頸椎カラーの力学的特性	229
頸椎椎間板ヘルニア	217
頸椎捻挫	218
脛腓靱帯	76
頸部神経根症診断	220
頸部伸展運動に伴う胸椎伸展運動	279
楔間関節	77
楔舟関節	77
楔立方関節	77
牽引力	328
肩関節 90°挙上位での肩甲骨安定化の評価	123
肩関節 90°屈曲テスト	335, 380
肩関節運動に伴う肩甲帯の運動連鎖	121
肩関節外転挙上動作評価	340
肩関節水平外転テスト	380
肩関節複合体	109
肩甲下筋	104
肩甲下筋テスト	115, 334
肩甲胸郭関節	101, 107
——の評価	121
肩甲胸郭関節機能破綻	350
肩甲挙筋	108
肩甲骨安定性の評価	122
肩甲骨水平内転テスト	336
肩甲骨の評価	340
肩甲上神経障害	330
肩甲上腕関節	101
肩甲上腕リズム	107
肩鎖関節	101, 108
——の前後方向の mobility 評価	120
——の評価	120
肩鎖関節症	113
腱鞘	155
腱板疎部損傷	329
腱板断裂	329
腱板へのアプローチ	131
肩峰下インピンジメント	112
肩峰下インピンジメント症候群	329
肩峰下滑液包	106
肩峰上腕関節	101, 106

こ

後外側不安定テスト	38
後期コッキング期	324, 325, 346
後鋸筋	249, 250
後距腓靱帯	77
広筋群	21
後傾	293
後脛距靱帯	76
後脛骨筋	82
後脛骨筋腱炎	88, 96
後十字靱帯	10, 11
後十字靱帯損傷	27
後縦靱帯	240, 289
抗重力位でのアプローチ	135
抗重力活動	111
後柱	289
広背筋	105, 250, 251
後部斜方系連結機能評価	428
後方安定化機構	157
後方インピンジメントテスト	114
後方落ち込み	37
後方引き出しテスト	37, 38
股関節	1
——の骨構造	3
——の軟部組織伸張運動	66, 67
股関節外旋筋群	19, 20
——による股関節安定化	66
股関節外転筋群	17, 18
股関節屈曲機能評価	48, 49
股関節伸展テスト	277
股関節内転・外転機能評価	48, 49
股関節内転筋群	19, 20
股関節内転筋抵抗テスト（臥位）	34
股関節内転筋抵抗テスト（座位）	34
呼気筋	247
呼吸	243
呼吸機能評価	269
骨間筋	152
コッキング期	362, 410
骨端症	25
骨盤後傾エクササイズ	439
骨盤後方回旋誘導および内旋筋促通	438
骨盤前傾運動の低下に対するアプローチ	283
骨盤前傾エクササイズ	439
骨盤前方回旋誘導および外旋筋群促通	438
骨盤帯機能評価	431
骨盤帯の側方移動時の腰仙部安定性の評価	313
骨盤底筋群機能に伴う抗重力伸展活動の学習	317
骨盤底筋群機能評価	308
固有筋促通	434
固有伸筋	152
ゴルフ動作	189
転がりすべり運動	11
コンパートメント症候群	86

さ

座圧中心移動に伴う骨盤と腰椎の動きの評価	310
座圧中心評価	278
座位での体幹回旋評価	385
座位での投球	400
サイドレンジ機能評価	427
座位にてスリングアプローチ	234
鎖骨下筋	108, 251
坐骨結節部滑液包炎	25, 26, 31, 57
——に対する疼痛評価	33
坐骨大腿靱帯	5, 6
三角筋	104, 105
三角骨障害	87
三角靱帯	76
三角線維軟骨複合体損傷	165

し

シーバー病	87, 99
肢位別手関節掌屈テスト	169
肢位別手関節背屈テスト	167
肢位を変化させての挙上抵抗テスト	337
軸回旋ストレス	294

447

索引

軸足ジャンプ動作	402
軸椎	205
支持脚による身体移動の運動	401
矢状面の足関節制御を抑制したスクワット	51
矢状面の平衡機能に着目したスクワット	49
姿勢alignment評価	266
姿勢分析	53
指節間関節	78
指節骨	145
膝蓋下脂肪体炎	30, 58
膝蓋腱炎	28, 58
膝蓋骨	7, 8
膝蓋骨アプレヘンションテスト	41
膝蓋骨軌道	30
膝蓋大腿関節	1
膝蓋軟骨軟化症	30, 58
膝窩筋	21, 22
膝窩筋収縮運動	68
膝関節	1
——の骨構造	3
膝関節外反ストレステスト	43, 44
膝関節機能評価	432
膝関節屈曲機能評価	48, 50
膝関節屈曲ストレステスト	43, 44
膝関節後方構成体の損傷	58
膝関節伸展機能評価	48, 50
膝関節伸展ストレステスト	43, 44
膝関節内反ストレステスト	43, 44
自動下肢伸展挙上テスト	46, 272, 381
四辺形間隙	108
斜角筋	246, 247
しゃがみ込み動作評価	315
尺側手根屈筋	148
尺側手根伸筋	148
尺側手根伸筋腱鞘炎	167
ジャンパー膝	28
ジャンパー膝病期分類	29
ジャンプ動作	62
十字靱帯	8, 10
重心線	23
手関節掌屈テスト	370
手関節にみられる皮線および母指の掌側偏位量	369
手関節の安定化機構	158
手根管	155
手根骨	145
手指屈曲テスト	170
手指伸展テスト	167
上位頸椎（後頭下筋群）リリース	229
小円筋	104
小円筋・肩甲下筋のダイレクトストレッチ	131
上関節上腕靱帯	325
小胸筋	108, 251
上肢-体幹連結評価（自動）	180
上肢-体幹連結評価（他動）	179

小指球筋	154
上肢挙上	384
上肢挙上〜脊柱伸展の評価	124
上肢挙上位での肩甲骨安定方向へのmobility評価	124
上肢帯の軸形成	197
上肢引き込み動作	385
上双子筋	19
小殿筋	17, 18
小転子部滑液包炎	25, 26, 31, 57
——に対する疼痛評価	33
上半身重心前方位におけるスクワット動作	434
踵腓靱帯	76
正面向きでの投球	401
正面を向いての体重移動での投球	358
小腰筋	16
踵立方関節	77
上腕筋	143
上腕骨外側上顆炎	164, 167, 188
上腕骨外側上顆付着部筋のストレッチ	354
上腕骨近位骨端離開	331
上腕骨頭	103
——の後方へのmobility改善	130
上腕骨内側上顆炎	164, 169, 188, 363
上腕骨内側上顆剥離骨折	364
上腕骨内側上顆付着部筋のストレッチ	354
上腕三頭筋	144
——の再学習	137
上腕三頭筋内側頭・上腕筋の調整	194
上腕二頭筋	104, 143
——の再学習	137
上腕二頭筋長頭腱炎	113, 330
初期外転テスト	115
ショパール関節	77
上方関節唇損傷	327
伸筋支帯	84
深指屈筋	150
シンスプリント	86, 94
靱帯	5, 103
身体平衡機能評価	48
深部腱反射	223, 306

す

髄核	287
スカルパ三角	21
スクリューホームムーブメント	11, 12
スクワット	49
スクワット動作評価	427
スパズム	118
スピードテスト	116, 339
スポーツエクササイズ	444
スポーツ動作分析	59
スリングを使用した胸椎伸展	279
スリングを用いた腹部前面筋リリース	134

せ

正挙テスト	375
精密把持評価	179
生理的な腰椎前弯alignment獲得に対するアプローチ	315
脊柱alignmentへのアプローチ	232
脊柱管	290
脊柱伸展の可動性評価	269
脊柱の動きと同期させた肩甲骨へのアプローチ	133
脊椎alignment評価	267
脊椎深筋群	248
脊椎中間筋群	249
セバー病	87
ゼロポジション	106
ゼロポジション近似肢位での上肢挙上位での腱板機能エクササイズ	352
線維輪	287
前額面の足関節制御を抑制したスクワット	53
前額面の平衡機能に着目したスクワット	51
前鋸筋	107, 250, 251
——の筋力テスト	335
——の評価	123
前鋸筋・外腹斜筋筋連結機能および下肢連結機能評価	431
前鋸筋・外腹斜筋筋連結評価	428
前距腓靱帯	76
前傾	293
前距距靱帯	76
前脛骨筋	79
浅指屈筋	150
前斜走系連結機能評価	429
前十字靱帯	10, 11
前十字靱帯損傷	27
前縦靱帯	240, 287
剪断ストレス	294
前柱	287
仙腸関節機能評価	307
仙腸関節痛	304
前部斜方系連結機能評価	428
前方安定化機構	157
前方引き出しテスト	36, 37
前腕回外テスト	167
前腕回外評価	341
前腕回転軸評価（回内外動作）	179
前腕回内・回外動作	382
前腕回内テスト	169, 370
前腕骨間膜アプローチ	195
前腕コンパートメント症候群	167
前腕の安定化機構	158

そ

早期コッキング期	324, 325, 346
走行	59
双子筋	20

448

| 索引 |

総指伸筋	150, 151
相別機能評価	432
僧帽筋	107, 250, 251
僧帽筋中部線維の評価	123
側臥位での肩関節へのアプローチ	348
足根洞	77
足底筋	82
足底筋膜炎	96
側副靱帯	8
側腹部のストレッチ	135
足部把持エクササイズ	435
鼠径周辺部痛	26, 31, 58
鼠径部痛	26
鼠径部痛症候群	26
足関節インピンジメント症候群	87
足関節靱帯損傷	86
足根管	84
足根洞症候群	87
外返し	78
ソフトボール下手投げ	357

た

大円筋	105
体幹安定化筋による長軸方向への伸展	68
体幹インナーユニット	292
体幹回旋運動による評価	342
体幹回旋時の腰仙部安定性の評価	314
体幹回旋動作機能評価	424
体幹回旋評価	182
体幹機能評価	46
体幹屈曲時の腰仙部安定性の評価	311
体幹後屈テスト	33
体幹伸展時の腰仙部安定性の評価	312
体幹正中位保持における下肢運動	70
体幹前屈テスト	33
体幹側屈テスト	32
体幹に対する上肢 alignment 評価	179
体幹の側屈・回旋動作の繰り返しにより発症する腰仙部痛	298
体幹並進動作機能評価	424
大胸筋	105, 251
第5中足骨骨折	87
第3腓骨筋	80
ダイ式テーピング法	97
大腿筋膜張筋	17, 18
——に対する抵抗テスト	32
大腿脛骨関節	1
大腿骨外顆	7
大腿骨顆部	7
大腿骨頸部前捻角	23
大腿骨頭	4
大腿骨内顆	7
大腿四頭筋機能評価	421
大腿四頭筋促通	435
大腿直筋	13
——を抑制した広筋群収縮運動	67
大腿二頭筋	14
大腿二頭筋長頭促通	436
大腿方形筋	19, 20
大殿筋	17, 19
大殿筋機能評価	421
大殿筋促通	437
大殿筋抵抗テスト	32
大転子部滑液包炎	25, 26, 31, 57
——に対する疼痛評価	32
大内転筋	20, 21
ダイナミックエクササイズ	440
第二肩関節	106
大腰筋	16, 252
ダウバーン徴候	115
タオルを利用した頸椎前弯 alignment へのアプローチ	231
多方向性不安定症	329
多裂筋機能評価	48, 419
多裂筋促通	439
多裂筋促通運動	69
多裂筋による安定化	68
短橈側手根伸筋	148
短内転筋	20, 21
短腓骨筋	81

ち

知覚・筋力検査	306
恥骨筋	19, 20
恥骨結合炎	26, 31, 57
——における疼痛評価	34
恥骨大腿靱帯	5, 6
チップキック	409
着地動作評価	427
肘角	139, 142
中間広筋	21
肘関節	361
——の安定化機構	157
肘関節屈曲位における前腕回内・回外へのアプローチ	136
中関節上腕靱帯	325
肘関節伸展位における前腕回内・回外へのアプローチ	136
肘関節伸展強制テスト	370
肘関節内反・外反ストレステスト	369
肘関節内反ストレステスト	168
肘筋	144
中手骨	145
中足趾節関節	78
中殿筋	17, 18
中殿筋促通	437
肘頭疲労骨折	367
虫様筋	152
虫様筋エクササイズ	355
腸脛靱帯	10, 11
腸脛靱帯炎	29
腸骨筋	16
腸骨大腿靱帯	5, 6
長趾屈筋	83
長軸方向への伸展運動	69
長趾伸筋	79, 80
長掌筋	148
長橈側手根伸筋	148
——のストレッチ	354
長内転筋	20, 21
長腓骨筋	80
長母趾屈筋	82, 83
長母指屈筋	150
長母趾伸筋	79
腸腰筋	16, 17, 290
——による股関節安定化	67
腸腰筋機能評価	421
腸腰筋促通	436
チンイン姿勢	212

つ

椎間関節	205, 239, 289
椎間板	205, 287
椎体間関節	239
つま先立ち動作	388

て

テイクバック期	410
テーピング	92
テニス動作	185
手のアーチ	146
デルマトーム	223
天井投げ	398

と

投球障害肘	361
投球側上肢-非投球側下肢（ステップ足）の解剖学連結を考慮したエクササイズ	403
投球側を向いての体重移動での投球	358
頭頸部 alignment 評価	124
頭頸部へのスリングアプローチ	231
ドゥケルバン病	165, 172
橈骨頭・尺骨 alignment 改善	195
橈骨輪状靱帯	139
動作時の腰仙部安定性の評価	311
動作分析	54
橈側手根屈筋	147
橈側手根伸筋腱鞘炎	167
頭部前方位の補正	231
トーマステスト	31, 33
徒手筋力検査法	45
徒手的な肩甲骨 mobility 改善	132

な

内果	76
内在筋	83, 152
内旋可動域の確保	131
内側安定化機構	157
内側広筋	21
内側側副靱帯	8, 9, 10, 76, 139, 141
内側側副靱帯損傷	27, 365
内側ハムストリングス促通	436

索引

内側半月板	9
内転筋群促通	437
内反ストレステスト	38, 39
内腹斜筋	253, 290, 291
内閉鎖筋	19
内閉鎖筋・梨状筋機能の改善	316

に
ニアー徴候	114
ニアーテスト	338
二分種子骨	88

の
ノブルコンプレッションテスト	40

は
バーナー症候群	219
ハーフボールによる胸椎伸展	279
背臥位での肩関節へのアプローチ	349
背臥位にてスリングアプローチ	234
薄筋	16, 20
薄筋抵抗テスト	41, 42
バックハンドストローク	187
バトンエクササイズ	398
ハムストリングス	14, 15
ハムストリングス機能評価	422
ハムストリングス促通	434
バランスディスクを用いた協調運動	71
バランスボールエクササイズ	397
半月板	7, 9
半月板損傷	28
半腱様筋	14
半腱様筋抵抗テスト	42
板状筋	249, 250
バンドを用いた評価	227
半膜様筋	14

ひ
ヒールキック	409
非荷重位における運動連鎖	161
腓骨筋腱炎	87, 94
腓骨筋腱脱臼	87
膝関節	1
——の骨構造	3
膝関節外反ストレステスト	43, 44
膝関節機能評価	432
膝関節屈曲機能評価	48, 50
膝関節屈曲ストレステスト	43, 44
膝関節後方支持組織の損傷	58
膝関節伸展機能評価	48, 50
膝関節伸展ストレステスト	43, 44
膝関節内反ストレステスト	43, 44
肘関節	361
——の安定化機構	157
肘関節屈曲位における前腕回内・回外へのアプローチ	136
肘関節屈曲試験	370
肘関節伸展位における前腕回内・回外へのアプローチ	136
肘関節伸展強制テスト	370
肘関節内反・外反ストレステスト	369
肘関節内反ストレステスト	168
非投球側下肢の片脚着地エクササイズ	403
腓腹筋	21, 22
ピボットシフトテスト	36
ヒューター三角	139, 142, 368
ヒューター線	139, 142, 368
病的反射	223

ふ
不安定板などを用いた動的バランストレーニング	397
不安定板を用いたエクササイズ	434
不安定板を用いての外腹斜筋エクササイズ	396
フォアハンドストローク	187
フォロースルー期	324, 325, 347, 363, 410, 411
不規則な肋骨リングの配列に対してのアプローチ	282
腹横筋	253
——による体幹安定化	68
腹横筋機能評価	48, 274
腹横筋促通	439
腹臥位での下肢挙上（逆SLR）テスト	344
腹臥位での下肢伸展挙上	381
腹斜筋機能テスト	342
腹直筋	254, 290
フットボーラーズ アンクル	87
ブラガード徴候	33

へ
閉眼ジャンプ動作評価	424
閉鎖筋	20
並進運動による評価	341
並進動作エクササイズ	439
並進動作評価	183
ペインフルアーク徴候	114
片脚立位	386

ほ
方形回内筋	148
縫工筋	13, 14
縫工筋抵抗テスト	42
方向転換ジャンプ動作評価	426
ホーキンス徴候	114
ホーキンテスト	338
ボールを使った腹部前面筋のリリース	134
ボールを用いた安定化運動	69
ボールを用いた協調運動	70
歩行評価	183
母指CM関節	146
母指IP関節	146
母指球筋	154
母趾種子骨障害	97
母指伸筋群	150, 151
ホッファ徴候	41
ボンネットテスト	33

ま
マクマレーテスト	38
真下投げ	400
真横投げ	358
マンシェット	275

み
ミクリッツ線	23

め
メカニカルストレス	294

や
ヤーガソンテスト	116, 339

よ
腰椎～肩甲帯の評価	124
腰椎機能評価	306
腰椎抗重力活動に伴う頭頸部位置の修正	235
腰椎椎間関節症	304
腰椎椎間板ヘルニア	301
——の分類	301
腰椎の前額面上alignmentに対するアプローチ	316
腰椎の前弯減少に伴う腰仙部痛	298
腰椎の前弯増強に伴う腰仙部痛	297
腰椎の分節的伸展運動評価	226
腰椎分離症	303
腰椎分離すべり症	303
腰背部筋群の評価	275
腰方形筋	252
腰方形筋機能評価	421
横向き投げ	399

ら
ラケットを使用しての投球動作	358
ラセーグ徴候	33
ラックマンテスト	36
ランナー膝	29
ランナー膝症状分類	29

り
リーチ動作	383
力学的閉鎖	263
梨状筋	19, 20
梨状筋症候群	26, 33, 58
——における疼痛評価	35
——の歩行	36
梨状筋伸張テスト	35
リスフラン関節	77
離断性骨軟骨炎	366

索引

立位姿勢評価	311	
立位での回旋評価	386	
リトルリーグショルダー	331	
リトルリーグ肘	364	
リバースピボットシフトテスト	38	
菱形筋	108, 250	
両坐骨を支持した状態での分節的な脊柱運動の評価	310	

る

ルシュカ関節	205

れ

列離骨折	25

ろ

ローザー-ネラトン線	23
肋椎関節	240
肋軟骨間関節	241
肋間筋群	247
肋骨	238
——の下制運動が困難な場合に対するアプローチ	282
肋骨弓と肋骨下角の評価	379
肋骨挙筋	252
肋骨骨折	256
肋骨リングの評価	272

わ

ワインドアップ期	323, 324, 346, 362
腕尺関節	139, 141
腕尺関節圧縮ストレステスト	171
腕尺関節回旋ストレステスト	171
腕橈関節	139, 140
腕橈関節ストレステスト	169
腕橈骨筋	143

索引

欧文

A

abdominal resistive test	34
acceleration phase	325, 362
acetabula	5
Achilles peritendinitis	86
Achilles tendon rupture	86
ACL	11
ACL 損傷	27, 58
acromioclavicular joint	101, 108
acromiohumeral joint	101, 106
active straight leg raise	46
adductor brevis	21
adductor longs	21
adductor magnus	21
anconeus	144
annular ligament of radius	139
anterior apprehension テスト	336
anterior cruciate ligament	11
anterior cruciate ligament injury	27
anterior drawer test	36
anterior longitudinal ligament	287
anterior talo fibular ligament	76
anterior talo tibial ligament	76
Apley 圧迫テスト	39, 40
Apley 牽引テスト	38, 40
apophyseal joint	239
apophysitis	25
ASLR	46, 381
ASLR テスト	47, 272
avulsion fracture	25

B

Babinski 徴候	224
Barré-Liéou 症候群	218
Bennett 病変	330
biceps brachii	104, 143
biceps femoris	14
Bonnet テスト	33, 35
brachialis	143
brachioradialis	143
Bragard 徴候	33, 35
bursitis	25

C

calcaneo fibular ligament	76
capcele	5, 76, 103
capsule	7, 139
carpal bone	145
carpal metacarpal joint of Ⅱ～Ⅴ finger	146
carpal metacarpal joint of thumb	146
carpal tunnel	155
carrying angle	139, 368
CE 角	23, 24
chondromalacia patellae	30

Chopart 関節	77
closed kinetic chain（CKC）における運動	12
collateral ligament	8
compartment syndrome	86
compartment syndrome of forearm	167
coracobrachialis	105
costovertebral joint	240
counter neutation	293
crank テスト	337
cruciate ligament	8
cubital angle	139
Cuff-Y エクササイズ	349

D

Dawbarn sign	115
de Quervain disease	165
deltoid ligament	76
deltoideus	104
dermatome	223
diaphragm	245
DIP 関節	146
dislocation of the peroneus tendon	87
distal iinter phalangeal joint	146
distraction test	117
drop arm 徴候	338

E

early cocking phase	325, 362
ECR	167
ECU	167
EET	374
Eichhoff テスト	172
elbow extension test	374
elbow flexion test	370
elbow impingement テスト	168
elbow push test	375
Ely テスト	39
empty can test	115
EPT	375
equinus	90
ERG	118
eversion	78
extensor carpal radialis brevis	148
extensor carpal radialis longs	148
extensor carpal ulnaris	148
extensor carpi radialis	167
extensor carpi ulnaris	167
extensor digitorum communis	150
extensor digitorum longs	79
extensor digitorum proprius	152
extensor hallus longs	79
external abdominal oblique	253
external rotation gain	118
extrinsic muscles	150

F

FABERE テスト	305

fascet joint	289
femoral nerve stretching test	305
femur condyle	7
femur head	4
femur tibia angle	23
Finkelstein テスト	172
flavum ligament	289
flexor carpal radialis	147
flexor carpal ulnaris	148
flexor digitorum longs	83
flexor digitorum profundus	150
flexor digitorum superficialis	150
flexor hallucis longs	82
flexor pollicis longs	150
FNST	305
follow through phase	325, 362
foot plant に対する反復練習	402
footballer's ankle	87
force closure	263
form closure	263
FTA	23, 24
full can test	115

G

Gaenslen 検査	305
gastrocnemius	21
gemellus	19
GIRD	118
glenohumeral internal rotation deficit	118
glenohumeral joint	101
glenoid	103
gluteus major	17
gluteus maximus resistive test	32
gluteus medius	17
gluteus minor	17
gracilis	16
gracilis resistive test	41
grasping test	40
grimace test	41
groin pain	26

H

hamstrings	14
Hawkins impingement sign	114
Hawkins impingement test	338
high arc	116
hip adductors resistive test	34
hip joint abductors	17
hip joint adductors	19
hip joint external rotators	19
Hoffa sign	41
Hoffmann 徴候	223
horizontal arc	117
humeral head	103
humeral lateral epicondylitis	164
humeroradial joint	139
humeroulnar joint	139

humerus medial epicondylitis	164	
huter line	139, 368	
huter triangle	139, 368	
hypothenar	154	

I
IGHL	325	
iliacus	16	
ilio tibial tract	11	
iliofemoral ligament	5	
iliopectineal bursitis	26	
iliopsoas	16, 290	
iliotibial band syndrome	29	
inflammation of infrapatellar fat pad	30	
infraspinatus	104	
initial abduction test	115	
injury of medial collateral ligament	365	
inner muscles unit of trunk	292	
inner unit	112	
inter phalangeal joint of thumb	146	
interbody joint	239	
interchondral joint	241	
intercostales muscles	247	
interior gleno humeral ligament	325	
internal abdominal oblique	253	
internal impingement	328, 329	
interosseous	152	
interspinous ligament	289	
intrinsic muscles	152	
inversion	78	
IP 関節	78	
ischiofemoral ligament	5	
ischiogluteal bursitis	26	
ITT	11	

J
Jackson head compression test	222	
Jackson shoulder distraction test	222	
Jones 骨折	87	
jumper's knee	28	

K
Kemp テスト	305	
K 点	221, 222	

L
labrum	5, 103	
Lachman テスト	36, 37	
lange 動作での回旋動作エクササイズ	402	
Lasègue 徴候	33, 35	
late cocking phase	325, 362	
lateral collateral ligament	8, 76, 139	
lateral collateral ligament injury	28	
lateral malleolus	76	
lateral meniscus	39	
latissimus dorsi	105, 250	
LCL 損傷	28	

levator scapulae	108	
levatores costarum	252	
lift off test	115	
ligament	5, 103	
ligament injury of ankle joint	86	
Lisfranc 関節	77	
LM	39	
lumbricalis	152	
Luschka 関節	205	

M
manual muscle testing	45	
MCL 損傷	27	
McMurray テスト	38, 40	
MDI	329	
medial collateral ligament	8, 76, 139	
medial collateral ligament injury	27	
medial malleolus	76	
meniscus	7	
meniscus injury	28	
meniscus tears	28	
metacarpal bone	145	
metacarpal phalangeal joint	146	
metatarsal 5 fracture	87	
MGHL	325	
middle gleno humeral ligament	325	
Mikulicz 線	23	
MMT	45	
moving valgus stress test	370	
MP 関節	78, 146	
multidirectional instability	329	
MVST	370	

N
N test	36	
Neer impingement sign	114	
Neer impingement test	338	
neutation	293	
Noble compression test	40	
N テスト	36, 37	

O
Ober test	40	
obliquus externus	290	
obliquus internus	290	
obturatorius	19	
OCD	366	
open kinetic chain（OKC）における運動	12	
os trigonum	87	
Osgood-Schlatter disease	29	
osteitis pubis	26	
osteochondritis dissecans	366	

P
painful arc sign	114	
palmaris longs	148	
patella	7	

patella apprehension sign	41	
patellar tendinitis	28	
patellar tracking	30	
Patrick テスト	305	
PCL	11	
PCL 損傷	27, 58	
pectineus	19	
pectoralis major	105, 251	
pectoralis minor	108, 251	
peel back 現象	328	
peroneus brevis	81	
peroneus longs	80	
peroneus tendinosus	87	
peroneus tertius	80	
pes anserinus syndrome	30	
pes anserinus tendinitis/bursitis	30	
pes anserinus tendino-bursitis	30	
phalangeal bone	145	
piano key sign	113, 116	
PIP 関節	146	
piriform tension test	35	
piriformis	19	
piriformis syndrome	26	
pivot-shift test	36	
plantalis	82	
popliteus	21	
posterior cruciate ligament	11	
posterior cruciate ligament injury	27	
posterior drawer test	37	
posterior external-rotation test	38	
posterior longitudinal ligament	289	
posterior sag	37	
posterior talo fibular ligament	77	
posterior talo tibial ligament	76	
pronator quadratus	148	
pronator teres	144	
pronator teres syndrome	165	
proximal inter phalangeal joint	146	
proximal radioulnar joint	139	
psoas major	16, 252	
psoas minor	16	
pubofemoral ligament	5	

Q
quadratus femoris	19	
quadratus lumborum	252	
quadri lateral space	108	
Q 角	23, 24	

R
range of motion test	44	
rectus abdominis	254, 290	
rectus femoris	13	
reverse pivot-shift test	38	
rhomboideus	108, 250	
ribs	238	
rolling and sliding	11	
ROM-t	44	

索引

Roser-Nelaton	23
rotation gliding	11
rotator cuff	104, 327
rotator interval lesion	329
rotators	104
runner's knee	29

S

sartorius	13
sartorius resistive test	42
scalene muscles	246
scapulohumeral rhythm	107, 110
scapulothoracic joint	101, 107
Scarpa 三角	21
screw home movement	11
semimenbranosus	14
semitendinosus	14
semitendinous resistive test	42
serratus anterior	107, 250
sesamoid bifida	88
Sever disease	87
SGHL	325
shinsplint	86
SLAP 損傷	327, 328
SLR	31
SLR テスト	304
snuff box	152
speed test	339
spinal canal	290
spinator	144
spino-humeral angle	117
spinous process	290
splenius	249
spraspinatus	104
Spurling test	222
steping 動作	387
——での回旋動作エクササイズ	402
sternoclavicular joint	101, 106
sternocleidomastoid	251
sternocostal joint	240
sternum	238
straight leg raising	31
straight leg raising テスト	304
sub acromional bursa	106
subclavius	108, 251
subscapulalis	104
sulcus 徴候	338
superior gleno humeral ligament	325
superior labrum anterior and posterior 損傷	327
supraspinous ligament	289

T

talus	76
tarsal sinus syndrome	87
tarsal tunnel	84
tendon sheath	155
tensor fascia lata	17
tensor fasciae latae resistive test	32
teres major	105
teres minor	104
TFCC	165
TFCC 安定化機構の改善	197
TFCC 遠位部ストレステスト	171
TFCC 近位部ストレステスト	171
TFCC 損傷	171
thenar	154
Thomas test	31
thoracic myelopathy	255
thoracic spine	237
thoracolumbar fascia	254
thumb down テスト	333
thumb extensors	150
tibia condyle	7
tibial posterior sagging sign	37
tibialis anterior	79
tibialis posterior	82
tibilis posterior tendinitis	88
tibiofibular ligament	76
toe-in テスト	43, 45
toe-out テスト	43, 45
Tossy の分類	113
traction injury	328
transversus abdominis	253
transversus thoracis	252
trapezius	107, 250
Trendelenburg 徴候	17, 18
Trendelenburg 跛行	17, 18
triangular fibro cartilage complex	165
triceps brachii	144
triceps tertius	81
trochanteric bursitis	26
trunk anteflexion test	33
trunk lateroflexion test	32
trunk retroflexion test	33

V

valgus stress test	38
Valleix 徴候	305
Valsalva sign	222
Valsalva 徴候	304
varus stress test	38
vastus intermedialis	21
vastus lateralis	21
vastus medialis	21
vastus muscles	21
vertebral disc	287

W

wind up phase	323, 362
windlass mechanism	76

Y

Yergason test	339

Z

zero position	106

数字

120°挙上位での内旋・外旋テスト	334
Ⅱ～Ⅴ指の CM 関節	146
45°挙上位での内旋・外旋テスト	333
90°外転評価	117

【編者略歴】

小 関 博 久

1986年	金沢医科大学卒業
1986年	日本医科大学付属病院救命救急センター研修医
1987年	昭和大学医学部整形外科学教室入局
1992年	学校法人小関学院理事長
1996年	昭和大学医学部整形外科学教室退局
	東都リハビリテーション学院学院長
2005年	広尾整形外科理事長兼務

医学博士
日本整形外科学会認定整形外科専門医

**外来整形外科のための
スポーツ外傷・障害の理学療法**　　ISBN 978-4-263-21935-5

2014年 3 月25日　第1版第1刷発行
2014年11月20日　第1版第2刷発行

編　者　小　関　博　久
発行者　大　畑　秀　穂

発行所　医歯薬出版株式会社

〒113-8612　東京都文京区本駒込1-7-10
TEL.(03)5395-7628(編集)・7616(販売)
FAX.(03)5395-7609(編集)・8563(販売)
http://www.ishiyaku.co.jp/
郵便振替番号 00190-5-13816

乱丁，落丁の際はお取り替えいたします　　印刷・あづま堂印刷／製本・愛千製本所

© Ishiyaku Publishers, Inc., 2014. Printed in Japan

本書の複製権・翻訳権・翻案権・上映権・譲渡権・貸与権・公衆送信権（送信可能化権を含む）・口述権は，医歯薬出版㈱が保有します．

本書を無断で複製する行為（コピー，スキャン，デジタルデータ化など）は，「私的使用のための複製」などの著作権法上の限られた例外を除き禁じられています．また私的使用に該当する場合であっても，請負業者等の第三者に依頼し上記の行為を行うことは違法となります．

JCOPY ＜㈳出版者著作権管理機構　委託出版物＞

本書を複写される場合は，そのつど事前に㈳出版者著作権管理機構（電話 03-3513-6969，FAX 03-3513-6979，e-mail: info@jcopy.or.jp）の許諾を得てください．

外来整形外科のための
退行変性疾患の理学療法

■小関博久（東都リハビリテーション学院理事長・学院長）編著
■B5判　224頁　2色刷　定価（本体5,800円＋税）

ISBN978-4-263-21355-1

◆本書の主な特徴

- 整形外科治療には保存療法と手術療法があるが，保存療法のひとつとして理学療法が古くから行われており，とくに外来整形外科疾患に対しては重要な治療方法である．
- 本書では運動連鎖に注目し，四肢・体幹全体のalignmentを改善することで治療する理学療法について取りあげている．そして整形外科疾患の，変形性関節症・変形性脊椎症・肩関節周囲炎などの退行変性疾患に対する治療について解説した．
- これらの疾患は，外来受診率が高く，通院によって治療されることが多い．また，高齢化社会であるわが国では骨粗鬆症とともに増加傾向にあり，病期が進行していくと日常生活に重大な支障をもたらす．相対する関節面の適合が完全に一致している状態の骨と骨の位置関係を維持できる四肢のalignmentに改善できれば，日常生活に支障をきたすことは少なくなる．四肢のalignmentは体幹の支持機能に影響されるため，四肢・体幹全体の良好なalignmentを形成する必要がある．このような考え方で行われる運動療法の技術は，機能解剖学を礎として運動連鎖に注目したうえで応用する技術であり，本書では懇切に解説した．

◆本書の主要目次

第1章 変形性関節症
関節の機能解剖総論
関節の機能　分類　基本構造　関節の種類　関節運動
変形性関節症総論
変形性関節症（骨関節症）　分類　症状　X線所見　好発部位　治療（一般的な治療）
変形性関節症各論
変形性股関節症　変形性膝関節症　変形性足関節症　変形性肘関節症と変形性指関節症

第2章 変形性脊椎症
変形性頸椎症
頸椎の機能解剖　変形性頸椎症の病態　変形性頸椎症の評価　変形性頸椎症の治療　変形性頸椎症の合併症
変形性胸椎症

胸椎・胸郭の機能解剖　変形性胸椎症の病態　変形性胸椎症の胸郭症状の病態とその評価　理学療法による治療
変形性腰椎症
腰椎の機能解剖　変形性腰椎症の病態　腰痛の評価　腰椎の治療

第3章 肩関節周囲炎
肩関節の機能解剖
肩甲骨の形態　肩関節の種類　肩関節の可動域　肩甲上腕関節の構成体　肩甲上腕関節の筋　ゼロポジション　肩峰上腕関節（第2肩関節）　胸鎖関節　肩甲胸郭関節　肩甲胸郭関節の運動筋　肩鎖関節
肩関節周囲炎の病態
概念　病態による分類
肩関節周囲炎の評価と治療
理学療法評価　理学療法による治療

第4章 骨粗鬆症
骨代謝の基礎
骨の成分と代謝　ホルモン
骨粗鬆症の病態・原因・症状
病態　原因　症状
骨粗鬆症の治療
化学療法　理学療法

第5章 運動器不安定症
定義
概念
診断
機能評価基準
評価と治療
加齢に伴う身体機能の変化　転倒メカニズム　運動器不安定症の障害構造のとらえかた　理学療法評価　理学療法アプローチ

● 弊社の全出版物の情報はホームページでご覧いただけます．http://www.ishiyaku.co.jp/

医歯薬出版株式会社／〒113-8612 東京都文京区本駒込1-7-10／TEL.03-5395-7610　FAX.03-5395-7611